Die Finanzierung des Umweltschutzes im Rahmen
einer rationalen Umweltpolitik

Finanzwissenschaftliche Schriften

Herausgegeben
von den Professoren
Albers, Krause-Junk, Littmann, Oberhauser, Pohmer, Schmidt

Band 9

PETER LANG
Frankfurt am Main · Bern · Las Vegas

Hans P. Fischer

Die Finanzierung des Umweltschutzes im Rahmen einer rationalen Umweltpolitik

PETER LANG
Frankfurt am Main · Bern · Las Vegas

CIP-Kurztitelaufnahme der Deutschen Bibliothek

Fischer, Hans P.:

Die Finanzierung des Umweltschutzes im Rahmen einer rationalen Umweltpolitik. - Frankfurt am Main, Bern, Las Vegas: Lang, 1978.
(Finanzwissenschaftliche Schriften; Bd. 9)
ISBN 3-261-02660-X

Gedruckt mit freundlicher Unterstützung der „Freunde der Universität Mainz e. V.".

ISBN 3-261-02660-X

Druck: Fotokop Wilhelm Weihert KG, Darmstadt
Titelsatz: Fotosatz Aragall, Wolfsgangstraße 92, Frankfurt am Main.

Vorwort

Umweltschutz ist zweifellos eine interdisziplinäre und multidisziplinäre Aufgabe. Eine wissenschaftliche Arbeit über den Umweltschutz kann das meines Erachtens nicht ignorieren. Beim Verfassen einer Dissertation steht man dabei vor dem Dilemma, keine Teamarbeit schreiben zu dürfen. Ich habe mich deshalb zu dem - für die Sache und auch für mich - weniger befriedigenden Weg entschieden, mich so weit in die außerökonomischen Gebiete des Umweltschutzes einzuarbeiten und die dabei erlangten Kenntnisse so weit zu berücksichtigen, wie mir dies für die Untermauerung der ökonomischen Analyse notwendig schien. Ich bin bewußt die Gefahr des Dilettantismus eingegangen, um die - wie ich meine - schlimmere Alternative zu vermeiden: die Ignoranz der Interdependenzen, die zwischen Ökologie und Ökonomie bestehen.

Die Arbeit wurde im Frühjahr 1977, das Literaturstudium bis auf einige Ausnahmen bereits Mitte 1976 beendet. Sie wurde vom Fachbereich Rechts- und Wirtschaftswissenschaften der Johannes Gutenberg-Universität Mainz im Sommersemester 1977 als Dissertation angenommen.

Die Arbeit entstand während meiner Tätigkeit als wissenschaftlicher Mitarbeiter von Herrn Professor Dr. Kurt Schmidt am Lehrstuhl für Volkswirtschaftslehre und Finanzwissenschaft der Johannes Gutenberg-Universität Mainz. Sollte die Arbeit zu erkennen geben, daß ihr Entstehen nicht nur auf "knowledge of the book" sondern auch auf "knowledge of the practice" beruht, so wäre dies auf den heilsamen Einfluß von Herrn Professor Schmidt zurückzuführen. Dafür wäre ich ihm dann ebenso zu Dank verpflichtet, wie ich es für die Geduld bin, die er bei Entstehung der Arbeit aufgebracht hat. Herrn Professor Dr. Klaus Rose danke ich für die Bereitschaft, das Koreferat übernommen zu haben.
Für die Mühe, die mit dem Schreiben des Manuskripts verbunden war, möchte ich Frau Elke Pfennig danken.

Inhaltsverzeichnis

Abkürzungsverzeichnis

In das Abkürzungsverzeichnis haben wir nur Abkürzungen aufgenommen, die mehrmals vorkommen und von denen wir annehmen, daß sie dem Leser unbekannt sein könnten.

AbfG	Abfallbeseitigungsgesetz
BauNVO	Baunutzungsverordnung
BBauG	Bundesbaugesetz
BImSchG	Bundesimmissionsschutzgesetz
BSB_5	Biochemischer Sauerstoffbedarf in fünf Tagen
c.p.	ceteris paribus
CSB	Chemischer Sauerstoffbedarf
DFG	Deutsche Forschungsgemeinschaft
E.P.A.	Environmental Protection Agency
EStDV	Einkommensteuer-Durchführungsverordnung
GewO	Gewerbeordnung
GWB	Gesetz gegen Wettbewerbsbeschränkungen
H.M.S.O.	Her Majesty's Stationary Office
IAWR	Internationale Arbeitsgemeinschaft der Wasserwerke am Rhein
InvZulG	Investitionszulagengesetz
J.E.C.	Joint Economic Committee
MIK	Maximale Immissionskonzentration
MKRO	Ministerkonferenz für Raumordnung
NZZ, FA	Neue Zürcher Zeitung, Fernausgabe
ppm	parts per million
ROG	Raumordnungsgesetz
RSU	Der Rat von Sachverständigen für Umweltfragen
StBFG	Städtebauförderungsgesetz
StPO	Strafprozeßordnung
StVZO	Straßenverkehrszulassungsordnung
TAL	Technische Anleitung zur Reinhaltung der Luft
U.S.C.E.Q.	United States Council on Environmental Quality

U.S.G.P.O.	United States Government Printing Office
UStatG	Umweltstatistikgesetz
UWG	Gesetz gegen unlauteren Wettbewerb
VDI	Verein Deutscher Ingenieure
WHO	World Health Organization
WMO	World Meteorological Organization

Einleitung

I. Umweltbelastung und Budgetbelastung

Die Belastung der Umwelt mit Schadstoffen aller Art und die damit verbundenen Gefahren für die menschliche Gesundheit und das ökologische Gleichgewicht haben zu Beginn der siebziger Jahre vor allem in den Industriestaaten zur Aufstellung von Programmen geführt, die einen Schutz der Umwelt und damit des Menschen vor den Gefahren der Umweltbelastung gewährleisten sollen. Die Aufstellung der Umweltschutzprogramme wurde in den meisten Ländern durch Kostenschätzungen ergänzt [1].
Je nach dem Stand der Umweltbelastung in den einzelnen Ländern und der Strenge der Ziele, die durch die Realisierung der jeweiligen Umweltprogramme erreicht werden sollten, ergaben sich unterschiedlich hohe finanzielle Belastungen. Setzt man die für unterschiedliche Zeiträume geschätzten durchschnittlichen Umweltschutzaufwendungen pro Jahr zum jeweiligen Bruttosozialprodukt in Beziehung, so erhält man z.B. für die USA 2,2 %, für die Bundesrepublik Deutschland 1,8 %, für die Niederlande 1 bis 1,5 % und für Italien 0,6 %, wobei der Anteil im Laufe der Jahre steigt [2].
In absoluten Zahlen wurden für die Bundesrepublik Deutschland durch das Umweltprogramm entstehende Ausgaben in Höhe von 36 Mrd. DM für die Jahre von 1971 bis 1975 geschätzt, wobei 18,9 Mrd. DM (also ungefähr 55 %) auf den Staat entfallen sollten. Das bedeutete eine durchschnittliche jährliche Belastung der öffentlichen Haushalte von 3,8 Mrd. DM, wovon rund 83 % (also ungefähr

---

1) Vgl. OECD-Environment Directorate, Survey of Pollution Control Cost Estimates Made in Member Countries, Paris 1972. Für die Bundesrepublik Deutschland schätzten Ackermann, Geschka und Karsten die voraussichtliche Gesamtbelastung der Volkswirtschaft durch das Umweltprogramm der Bundesregierung; vgl. Materialienband zum Umweltprogramm der Bundesregierung (zu BT-Drucksache VI/2710), Bonn 1971, S. 593 ff.

2) Vgl. OECD-Environment Directorate, Analysis of Costs of Pollution Control, Paris 1973, S. 4 ff.

3,1 Mrd. DM) auf die Kommunen entfallen sollten [3]. Dies schienen in den Jahren, in denen die Steuereinnahmen noch reichlich flossen, keine zu hohen Mehrbelastungen der öffentlichen Haushalte zu sein, wenn auch für die Gemeinden Finanzierungsprobleme vorauszusehen waren. Nach der Verabschiedung des Umweltprogramms verschlechterte sich indessen die Haushaltslage aus verschiedenen Gründen. Die Finanzierung der im Umweltprogramm vorgesehenen öffentlichen Ausgaben wurde mit der Abschwächung der Konjunktur schwieriger, da die Steuereinnahmen nicht mehr in genügendem Umfang stiegen. Infolge der Ölkrise kam es zu einer teilweisen Substitution der Energieträger (vor allem von leichtem zu schwerem Heizöl), was die Belastung der Luft mit Schwefeloxiden erhöhte; die langfristig geplante Substitution fossiler Brennstoffe durch die Kernenergie wurde in verstärktem Umfang in Angriff genommen. Die zunehmende Luftbelastung und die steigende Gefahr der radioaktiven Umweltbelastung führte nun bei einer gegenüber Umweltfragen sensibilisierten Bevölkerung zur Forderung nach mehr Umweltschutz. Die im Umweltprogramm vorgesehenen Maßnahmen erwiesen sich - soweit sie überhaupt durchgeführt wurden - auch auf dem Gebiet des Gewässerschutzes und des Lärmschutzes als unzureichend - nicht nur, weil die objektiv meßbaren Belastungen stiegen, sondern auch weil die umweltbewußter gewordene Bevölkerung strengere Maßstäbe bei der Beurteilung der Umweltsituation anlegte.

Es gilt nun das Dilemma zu lösen, den gestiegenen Ansprüchen der Bevölkerung an die Umweltqualität bei der angespannten Lage der öffentlichen Haushalte in der Bundesrepublik Deutschland gerecht zu werden. Eine Umweltpolitik, die diese Aufgabe lösen soll, muß die umweltpolitischen Ziele zu erreichen versuchen, ohne den budgetpolitischen Bogen zu überspannen, oder anders formuliert: Die Umweltpolitik muß bei der Verfolgung der umweltpolitischen Ziele die budgetpolitischen Restriktionen beachten. Einer weite-

---

3) Vgl. Geschka, H./Lichtwer, L., Schätzungen der monetären Aufwendungen für Umweltschutz in der Bundesrepublik Deutschland für den Zeitraum 1971-1975, in: Battelle-Informationen 14, 1972, S. 4.

ren Belastung der öffentlichen Budgets durch die Erfüllung umweltpolitischer Aufgaben sind in der Bundesrepublik Deutschland durch die Höhe der Staatsquote, aber auch der Steuer- und Kreditfinanzierungsquote enge Grenzen gesetzt [4]. Aktzeptiert man die Meinung, daß die Staatsquote nicht weiter steigen darf, so können überproportional zu den Steuereinnahmen steigende öffentliche Ausgaben für den Umweltschutz nur dann getätigt werden, wenn andere Ausgaben unterproportional steigen (Umstrukturierung der Ausgaben). Da eine solche Umstrukturierung wegen der gesetzlich oder vertraglich fixierten Höhe vieler öffentlicher Ausgaben und wegen des Einflusses von Interessengruppen nur in engen Grenzen möglich ist, muß in diesem Fall die Devise lauten, daß das Budget möglichst von Umweltschutzausgaben freigehalten werden soll.
Läßt man eine Erhöung der Staatsquote zu, bietet sich zu deren Finanzierung eine Erhöhung der Abgabenquote und/oder der Kreditfinanzierungsquote an. Eine weitere Erhöhung der Kreditfinanzierungsquote ist wegen der hohen Neuverschuldung des Staates in den letzten Jahren äußerst problematisch. Da auch die Steuerbelastung in der Bundesrepublik Deutschland hoch ist, empfiehlt sich auch keine Erhöhung der Steuerquote; was bleibt, ist eine Erhöhung der Gebührenquote. Daraus kann man die Forderung ableiten, daß der Staat seine Umweltschutzausgaben in möglichst großem Umfang durch die Erhebung von Gebühren finanzieren soll.
Zusammenfassend kann man bis hierher sagen, daß eine den budgetpolitischen Restriktionen gerecht werdende Umweltpolitik möglichst wenige öffentliche Ausgaben und für die unbedingt notwendigen öffentlichen Umweltschutzausgaben nach Möglichkeit eine Gebührenfinanzierung vorsehen soll.
Eine solche vordergründig auf Minimierung der Budgetbelastung bedachte Umweltpolitik kann allerdings so hohe budgetwirksame Folgekosten hervorrufen, daß die Gesamtbelastung der öffentlichen Budgets größer wird, als wenn der Staat selbst gleich

---

4) Vgl. Sachverständigenrat zur Begutachtung der gesamtwirtschaftlichen Entwicklung (SVR), Vor dem Aufschwung, Jahresgutachten 1975/76, Stuttgart und Mainz, 1975, S. 124 f. und S. 166 ff.

alle notwendigen Umweltschutzmaßnahmen finanziert hätte. Offenbar gibt es hinsichtlich der Budgetbelastung ein Optimum, das dort liegt, wo die Summe aus direkten öffentlichen Umweltschutzausgaben und den Folgekosten, die durch die Art der Finanzierung dieser Umweltschutzausgaben entstehen, ein Minimum ist.
Neben der Belastung der öffentlichen Haushalte kann es aber auch zu einer Entlastung infolge des Umweltschutzes kommen, dann nämlich, wenn der Umweltschutz eines seiner Hauptziele, den Schutz der menschlichen Gesundheit, erreicht; die Folge kann eine spürbare Entlastung der Gesundheitsbudgets der öffentlichen Gebietskörperschaften sein. Ein besserer Gesundheitszustand der Bevölkerung kann darüber hinaus zu Produktivitätsfortschritten führen, die das Wachstum des Bruttosozialprodukts und damit der Steuereinnahmen begünstigen, so daß sich durch den Umweltschutz auch eine Verbesserung auf der Einnahmenseite der öffentlichen Budgets ergeben kann. Zumindest langfristig ist es denkbar, daß sich die öffentlichen Umweltschutzausgaben in dem Sinne rentieren, daß sie in anderen öffentlichen Bereichen zu Minderausgaben und/oder zu allgemeinen Einnahmenerhöhungen führen, welche die ursprünglichen Umweltschutzausgaben überkompensieren.
Die Reduzierung der Umweltbelastung muß also keineswegs eine dauerhafte Budgetbelastung zur Folge haben.

II. Disposition

Ziel dieser Arbeit ist zu untersuchen, wie sich eine rationale, d.h. zielorientierte, Umweltpolitik unter der Nebenbedingung gestalten läßt, daß der Gesamthaushalt von Bund, Ländern und Gemeinden möglichst wenig belastet wird.
Dazu müssen zuerst die Bedingungen einer rationalen Umweltpolitik aufgezeigt werden (I. bis III. Kapitel). Wie eine solche rationale Umweltpolitik aussehen kann, wollen wir anhand des folgenden Ablaufschemas mit Rückkopplung erläutern [5]:

5) Dieses Ablaufschema enthält einen Regelkreis. Die Umwelt stellt die Regelstrecke dar und die Regierung den Regler. Meßgrößen sind die ermittelten Meßdaten der Umweltbelastung, Führungsgrößen die operational definierten Ziele des Umweltschutzes und Stellgrößen die umweltpolitischen Maßnahmen,

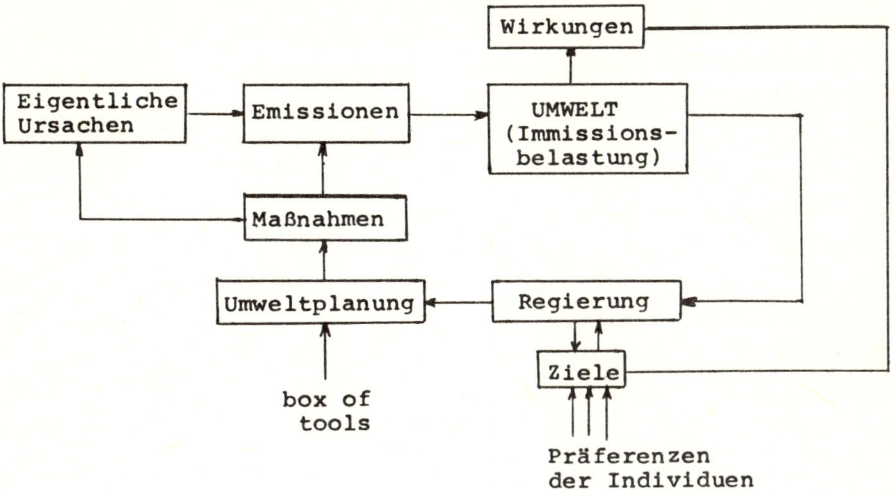

Abb. 1

Grundlage einer rationalen Umweltpolitik ist die systematische Sammlung von Informationen über Art und Umfang der in der Umwelt vorkommenden Schadstoffkonzentrationen (der Immissionsbelastungen), ihrer Wirkungen, ihrer Herkunft (Emissionsquellen) und ihrer Ursachen (I. Kapitel).

Die Kenntnis der Schadstoffwirkungen ist notwendig, um die Ziele der Umweltpolitik operational zu definieren; bei der Bildung der Umweltschutzziele sind auch Interdependenzen mit anderen Zielen zu berücksichtigen (II. Kapitel).

Die Ermittlung von Art und Umfang der tatsächlichen Schadstoffkonzentrationen ist erforderlich, um sie mit den zulässigen Schadstoffkonzentrationen, den Zielen, zu vergleichen. Dieser Soll-Ist-Vergleich ist zusammen mit der Identifikation der Emissionsquellen und der Ermittlung der eigentlichen Ursachen der Umweltbelastung Voraussetzung einer rationalen Umweltplanung, deren Aufgabe es ist, die zur Verfügung stehenden Maßnahmen des technischen und nicht-technischen Umweltschutzes optimal zu

---

die ergriffen werden, wenn die Meßgrößen größer als die Führungsgrößen sind.

kombinieren (III. Kapitel).

Im IV. (und letzten) Kapitel untersuchen wir, wie die geplanten Umweltschutzmaßnahmen so durchgeführt werden können, daß sie zur Realisierung der Umweltschutzziele führen und dabei die öffentlichen Haushalte möglichst wenig belasten.
Zunächst werden wir prüfen, inwieweit der Umweltschutz eine öffentliche Aufgabe ist und inwieweit dies für die Allokation der Umweltschutz a u s g a b e n zwischen privatem und öffentlichem Sektor relevant ist.
Sodann werden wir die Instrumente der beiden Finanzierungsprinzipien des Umweltschutzes, also des Verursacher- und Gemeinlastprinzips darstellen und kritisch würdigen. Wir werden dabei besonderen Wert auf die Untersuchung der Allokationseffizienz der Instrumente sowie ihre Informations- und Administrationskosten legen.
Sodann untersuchen wir, inwieweit das öffentliche Budget durch die Anwendung der alternativen Instrumente des Verursacher- und Gemeinlastprinzips be- und entlastet werden kann. Wir berücksichtigen dabei sowohl die direkten als auch die indirekten Wirkungen auf das Budget; letztere entstehen dadurch, daß andere Ziele als der Umweltschutz durch die umweltpolitischen Maßnahmen tangiert werden [6].
Eine zusammenfassende Beurteilung der umweltpolitischen Instrumente hinsichtlich ihrer Eignung, die umweltpolitischen Ziele im Rahmen einer marktwirtschaftlichen Ordnung möglichst effizient zu erreichen, beendet das Kapitel.

---

6) Hier zeigt sich eine Redundanz - nicht nur bei der Behandlung des Themas, sondern auch eine in der politischen Realität vorhandene - zwischen der Formulierung der Umweltschutzziele und den Wirkungen der diese Ziele anstrebenden Umweltpolitik. Der Verfasser steht hier vor dem gleichen Dilemma wie die Politiker und Wissenschaftler, die bei der Zielbildung mitwirken. Es müssen die Ziele formuliert werden, ohne daß man die Wirkungen kennt, die von der Realisierung dieser Ziele auf die Erreichung anderer Ziele ausgehen, wodurch die Erreichung der Umweltschutzziele selbst gefährdet werden kann. Die Konsequenz kann nur sein, daß die Zielsetzung in einem iterativen Prozeß erfolgen muß.

Hauptteil

I. Zur systematischen Sammlung von Daten der Umweltbelastung

A. Zur Notwendigkeit umweltrelevanter Informationen

Grundlegende Voraussetzung für einen ökonomischen Umweltschutz sind qualitativ und quantitativ ausreichende Informationen über die tatsächliche (gegenwärtige) und die in der Zukunft erwartete Umweltbelastung, ihre Wirkungen und ihre Ursachen. Ohne solche Informationen ist keine rationale Umweltplanung und -politik möglich [1]. Ohne rationale Umweltplanung ist einer ökonomischen Kriterien genügenden Finanzierung des Umweltschutzes die Grundlage entzogen - sowohl im öffentlichen wie auch im privaten Bereich: Es würde entweder zuviel oder zuwenig für den Umweltschutz ausgegeben. Ein beredtes Beispiel für eine solche Fehlallokation - eben auf mangelnde Informationen zurückzuführen - liefert ein anderer Bereich, nämlich der Bildungssektor. So wie heute der Zustand der Umwelt wurde in der zweiten Hälfte der sechziger Jahre der Zustand des Bildungswesens als katastrophal

---

1) Zum allgemeinen Zusammenhang zwischen Information, Planung und rationaler Wirtschaftspolitik vgl. Wille, E., Planung und Information, Berlin 1970, S. 24 ff. und S. 113 ff. Auf die speziellen Erfordernisse der Umweltplanung zugeschnittene Informationen werden in zwei Studien EDV-Anlagen produzierender Unternehmen dargestellt: vgl. Günther, U. u.a., Umweltschutz-Informations- und Steuerungssystem, IBM-DV-Anwendung, o.O., 1972; Birkle, M. u.a., Informationssystem Umwelt. Konzept eines Meß- und Planungsinformationssystems für Umweltmaßnahmen, hrsg. von der Siemens AG, München 1973. Diese Studien erfolgten wohl im Hinblick darauf, dem Bundesinnenministerium bzw. dem Umweltbundesamt die hard ware für das inzwischen im Aufbau befindliche Umwelt- Planungs- und Informationssystem (UMPLIS) verkaufen zu können; vgl. Kunz, W./Rittel, H., Projekt UMPLIS - Aufgaben und Aufbau, in: Umwelt, 1973, 3, S. 43 ff.; Kitschler, W., Aufbau eines Informationssystems für Umweltplanung, in: Allg. Stat. Archiv, Bd. 59, 1975, S. 25 ff.

bezeichnet [2]. Ohne ausreichende Analyse der Situation wurden die falschen Maßnahmen ergriffen. Die finanziell stark geförderte akademische Ausbildung führte zu einem Überangebot an Akademikern; die berufliche Ausbildung wurde dagegen stark vernachlässigt. Damit die Ressourcen und finanziellen Mittel nicht auch auf dem Gebiet des Umweltschutzes fehlgeleitet werden, bedarf es einer auf möglichst gesicherten Daten über die Umweltsituation und ihre Entwicklung fußenden Analyse.

Es ist nun keineswegs so, daß es überhaupt an Diagnosen und Prognosen der gegenwärtigen und zukünftigen Umweltsituation fehlt [3]. Das Gegenteil ist der Fall: Eine Flut von Presseartikeln, Funk- und Fernsehsendungen, populärwissenschaftlichen Büchern, Broschüren von Unternehmensverbänden, Gewerkschaften, Kirchen, Naturschutzverbänden liefern ebenso Informationen wie wissenschaftliche (oder doch diesen Ausspruch erhebende) Publikationen von einzelnen Wissenschaftlern (vom Theologen bis zum Futorologen) und Forschungsinstituten. Fast alle diese Informationen unterscheiden sich voneinander in ihren Aussagen, selbst wenn sie sich auf die allgemeine Situation und Entwicklung der Umwelt beziehen. Einige Unternehmerverbände verharmlosen die Umweltsituation, einige Naturschutzverbände dramatisieren sie und einige Futurologen prophezeien den Weltuntergang durch Umweltverschmutzung. Aufgrund solcher Informationen läßt sich ebensowenig eine Umweltplanung und Umweltpolitik aufbauen wie aufgrund fehlender Informationen. Es kommt darauf an, möglichst umfassende objektive Daten über Art und Umfang der Umweltbelastung zu erhalten, und dies kann nur durch Messungen der

---

2) Vgl. Ronge, V., Die Umwelt im kapitalistischen System, in: Glagow, M. (Hrsg.), Umweltgefährdung und Gesellschaftssystem, München 1972, S. 99.

3) Sogar die amtliche Statistik sammelte in der Bundesrepublik Deutschland auch bisher schon Daten über die Umweltbelastung, meistens allerdings nur in der Form indirekter Indikatoren; vgl. Bartelmus, P., Probleme der Entwicklung eines umweltstatistischen Systems, in: Statistische Hefte, N.F., 14. Jg., 1973, S. 140; Baltes, H./Nowak, W., Umweltstatistik - Ein Instrument der Umweltplanung, in: Wirtschaft und Statistik, 1974, 4, S. 237.

Umweltdaten und deren Erfassung in einer Umweltstatistik erreicht werden. "Monitoring is the key to effective environmental protection programs"[4].

4) U.S. Environmental Protection Agency, Research and Monitoring, U.S. Government Printing Office (G.P.O.), Washington, D.C., 1972, S. 12. Monitoring bedeutet auch Überwachen. Darin zeigt sich die doppelte Funktion der Messung: Sie soll Daten der Umweltbelastung für die Planung liefern und den Erfolg der aufgrund der Planung ergriffenen Maßnahmen kontrollieren.

"Der Mensch ist mit dem Verstande und der schöpferischen Kraft begabt, um das, was ihm gegeben ist, zu vermehren; bis jetzt aber hat er nicht geschöpft, sondern nur vernichtet.

Die Wälder werden immer seltener und seltener, die Flüsse versiegen, das Wild ist verschwunden, das Klima verdorben und mit jedem Tag wird die Erde immer ärmer und häßlicher".

(Anton Tschechow, Onkel Wanja)

B. Zur Diagnose der Umweltsituation

1. Zur Diagnose von Art und Umfang der Umweltbelastung

a) Zur Notwendigkeit einer Umweltstatistik

Für eine rationale Umweltplanung müssen die Daten über Art und Umfang der Umweltbelastung möglichst vollständig sein. Die Grenze ist dort zu ziehen, wo die Kosten der Datenerfassung größer werden als deren Nutzen für die Umweltplanung und damit für die Umweltpolitik. Natürlich ist die Bestimmung dieser Grenze äußerst schwierig. Sie scheint uns jedoch um ein vielfaches höher zu liegen als die durchschnittlich rund sechs Millionen DM pro Jahr, welche für die Durchführung des Umweltstatistikgesetzes der Bundesrepublik Deutschland veranschlagt wurden [5]; hier muß man allerdings sogleich hinzufügen, daß dieses Gesetz keinesfalls den Anforderungen genügt, die an eine Umweltstatistik, die für Zwecke der Umweltplanung dienen soll [6], gestellt werden muß. Ganz im Gegensatz dazu wollen wir nun versuchen, ein sehr anspruchsvolles System der Umweltstatistik zu entwerfen, wohl wissend, daß wir damit sehr wahrscheinlich die oben aufgezeigte Grenze überschreiten. Es erscheint uns jedoch

---

5) Vgl. Entwurf eines Gesetzes über Umweltstatistiken, BT-Drucksache 7/988, S. 12.

6) Vgl. § 1 Umweltstatistikgesetz (UStatG)

besser, ein solch umfassendes umweltstatistisches System zunächst einmal voll durchzustrukturieren und dann - kostenbedingte - Abstriche zu machen.

b) Der institutionelle Rahmen

In diesem Abschnitt befassen wir uns nur mit der Statistik der mengenmäßigen Umweltbelastungen [7]. Wir orientieren uns dabei an dem Weg, den die einzelnen Schadstoffe zurücklegen. Diesen Weg kann man in drei Teile gliedern: Emission, Transport und Immission der Schadstoffe [8]. Für die Wirkungen der Schadstoffe auf die natürliche und materielle Umwelt sowie vor allem auf den Menschen ist die Immissionskonzentration der Schadstoffe maßgebend. Es ist also besonders wichtig, die Konzentration der einzelnen Schadstoffimmissionen zu messen. Ein vorbeugender Umweltschutz - und dies sollte Umweltschutz, wenn immer möglich, sein - benötigt dagegen vor allem Daten darüber, woher die einzelnen Schadstoffe kommen, also über die Emissionsquellen. Denn nur Maßnahmen im Bereich des Emittenten - seien sie technischer, juristischer oder ökonomischer Natur - können letztlich zu hohe Immissionskonzentrationen via Reduktion der Emissionen verhindern. Theoretisch ist es nun möglich, aufgrund der Immissionskonzentration die Emissionskonzentration und auch die Emissionsquelle mit Hilfe komplizierter mathematischer Modelle zu ermitteln [9]. Dies geschieht z.B. bei der Luftbelastung unter Zugrundelegung meteorologischer und topologischer Daten. Man versucht quasi den Weg der Schadstoffe von ihrer Immission zur Emissionsquelle zurückzuverfolgen. Zumindest wenn viele Emittenten und viele Schadstoffe vorliegen, ist dies jedoch ein ziemlich aussichtsloses Unterfangen [10].

---

7) Zur Statistik der Wirkungen siehe unten S. 61 ff.

8) Vgl. Bartelmus, P., Probleme der Entwicklung eines umweltstatistischen Systems, a.a.O., S. 124.

9) Vgl. Günther, U. u.a., Umweltschutz- Informations- und Steuerungssystem, a.a.O., S. 32 ff.

10) Vgl. Halbritter, G., Abgabenprinzip und Bewertungsproblematik, in: Zur Problematik des Verursacherprinzips. Berlin 1972, S. 36.

Der einzige zuverlässige Weg, dieses Zurechnungsproblem in den Griff zu bekommen, ist eine Messung der Emissionsmengen je Zeiteinheit direkt an der Emissionsquelle oder in den Fällen, wo dies - wegen der Vielzahl der Emissionsquellen wie bei privaten Haushalten und Kraftfahrzeugen - aus Kostengründen nicht möglich ist, eine Berechnung der Emissionsmengen mit Hilfe sogenannter Emissionsfaktoren [11].
Die Begriffe Emission und Immission sollen hier im weitesten Sinne gebraucht werden. Üblicherweise spricht man nur bei luftbelastenden Schadstoffen und Lärm von Emission und Immission, manchmal auch bei Belastungen der Gewässer. Wir wollen diese Begriffe auch ausdehnen auf Belastungen des Bodens.
Emissionsquellen sind in der Regel Punktquellen: Schornsteine (Luftbelastung), Radiolautsprecher (Lärm), Abflußrohre (Gewässerbelastung), Fabriktore (Abfall) Giftspritzen (Pestizide) sind einige typische Beispiele. Der Ort der Emissionsmessung ist damit eindeutig bestimmt. Anders verhält es sich mit den Immissionen. Die Immissionen finden in dem gesamten Umweltmedium statt. So stellt sich die Frage, wo die Immissionen gemessen werden sollen. Um einen zuverlässigen Überblick über die Immissionen zu erlangen, wird nichts anderes übrigbleiben, als das betreffende Umweltmedium mit einem Meßstellennetz zu überziehen [12]. Je dichter die Maschen dieses Netzes sind, um so informativer ist die Messung der Immissionsbelastung.

Das folgende Schema faßt diese Ausführungen noch einmal zusammen:

---

11) Vgl. Dreyhaupt, F.J., Das Emissionskataster, in: Schultze, H. (Hrsg.), Umwelt-Report, Frankfurt 1972, S. 213. Näheres hierzu siehe unten S. 51 ff.

12) Vgl. U.S. Environmental Protection Agency, Research and Monitoring, a.a.O., S. 12. Sehr detaillierte Vorstellungen zur Messung der Luftbelastung unterbreiten Günther, U. u.a., Umweltschutz-Informations- und Steuerungssystem, a.a.O., und Birkle, M. u.a., Informationssystem Umwelt, a.a.O.

Es bedeuten: EQ (Emissionsquellen),
EM (Emissionsmessung),
die Punkte stellen Immissionsmeßstellen
des jeweiligen Netzes dar.
LM_i (Luft- und Lärmmeßstationen), i = 1,...,m
GM_i (Gewässermeßstationen); i = 1,...,n
BM_i (Bodenmeßstationen); i = 1,...,r

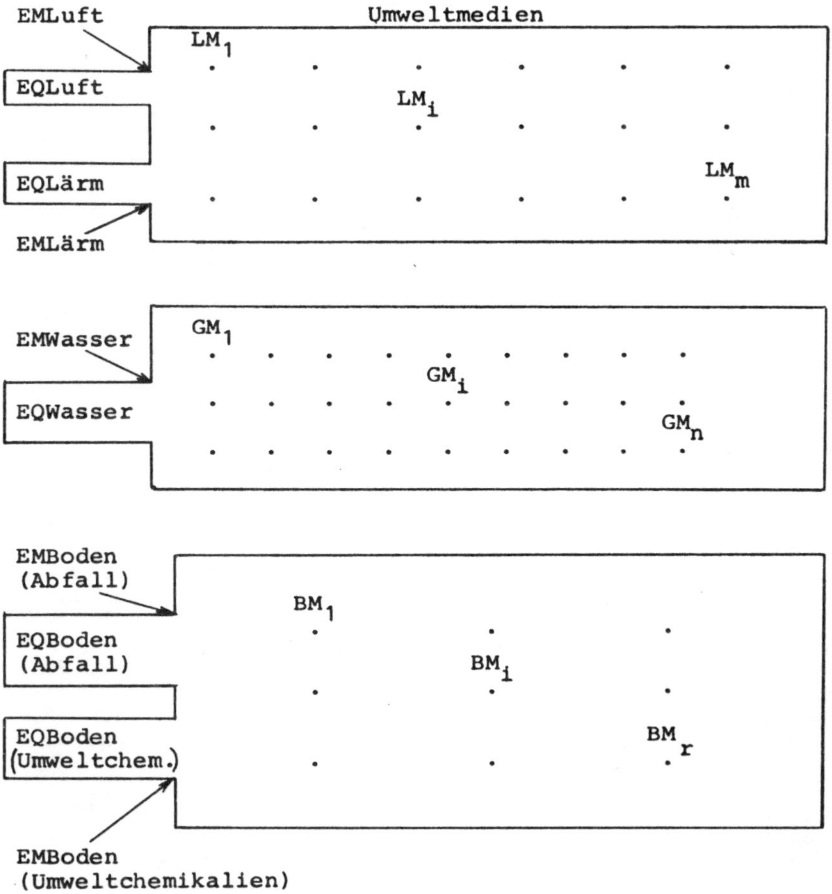

Abb. 2

Hiermit ist der institutionelle Rahmen der Messung abgesteckt. Es gilt nun noch zu entscheiden, in welchen Zeitabständen die Messungen vorgenommen werden sollen und welche Schadstoffe zu erfassen sind. Grundsätzlich können die Messungen kontinuierlich, zu regelmäßigen oder unregelmäßigen Zeitpunkten oder während bestimmter Zeitabschnitte erfolgen. Das vollständigste Bild über die Umweltbelastung (Immissionen) und ihre Ursachen (EQ) erhielte man bei einer kontinuierlichen Messung aller Emissionen und Immissionen [13]. Eine solche Messung ist nicht nur

---

13) Technisch ist eine kontinuierliche Messung vor allem der Luftbelastung und des Lärms, aber auch der Gewässerbelastung, heute kaum noch ein Problem, besonders seit die naßchemischen Meßverfahren immer mehr durch Meßgeräte ersetzt werden, die auf die physikalischen und physikochemischen Eigenschaften der Schadstoffe ansprechen. Welche Entwicklung die Umwelt-Meßtechnik in den letzten zehn Jahren genommen hat, wird klar, wenn man eine Untersuchung der OECD aus dem Jahre 1964 (OECD, Methods of Measuring Air Pollution, Paris 1964) mit einer Monographie von Katz, M., Measurement of Air Pollutants. Guide to the Selection of Methods, Genf 1969, oder gar der neuesten Entwicklung vergleicht, über die ausführlich in vielen Beiträgen der Zeitschriften "Umwelt" (hrsg. vom VDI) und "U - das technische Umweltmagazin" berichtet wird. Besonders durch die Verbindung der Gaschromatographie mit Flammenionisations-, Massen- oder Atomabsorptionsspektrometern als Dedektoren können mehrere Schadstoffe in der Luft gleichzeitig kontinuierlich und automatisch gemessen werden; vgl. dazu Morgan, G.B./Ozolins, G./Tabor, E.C., Air Pollution Surveillance System, in: Science, vol. 170, 1970, S. 289-296; Ball, D.F., The Identification and Measurement of Gaseous Pollutants, in:International Journal of Environmental Studies, vol. 1, 1971, S. 267 ff.; Becker, Herbert, Gleichzeitig mehrere Stoffe messen, in: Umwelt, 1973, 6, S. 25 ff.; Günther, P., Exakte Messung - reinere Luft, in: U, 1972, 4, S. 34.
Im Bereich des technisch möglichen ist auch bereits heute eine kontinuierliche Erfassung der Schadstoffkonzentration in der Luft durch Satelliten. Der Vorteil einer solchen Fernerkundung besteht darin, daß die gleichzeitige Beobachtung ganzer Gebiete eine größere Aussagekraft hat als die punktuelle Messung; vgl. dazu Lichtwer, L./Schaude, G.R., Nutzen der Fernerkundung der Erde, in: Battelle-Information 18, Frankfurt, 1974, S. 34 ff. Noch im Entwicklungsstadium befindet sich die Laser-Lidar-Technik zur Messung der Luftbelastung. Zwar ist schon heute eine Identifikation vieler Schadstoffe möglich; für die quantitative Messung kleiner Konzentrationen sind die Laser-Lidar-Geräte

aus Kostengründen utopisch, sie ist auch gar nicht notwendig, da manche Belastungen - vor allem des Bodens - diskontinuierlich erfolgen, wenn sie auch kontinuierlich fortwirken. Darüber hinaus stellt sich bei der Messung der Bodenbelastung auch noch ein technisches Meßproblem. Es gibt keine die Bodenbelastung kontinuierlich messenden Geräte wie sie für die Belastung der Luft und der Gewässer sowie des Lärms zur Verfügung stehen. Es müssen immer erst Bodenproben genommen und dann in einem Labor untersucht werden. Eine kontinuierliche Messung der Luft- und Gewässerbelastung sowie des Lärms ist heute emissions- und immissionsseitig kaum noch ein technisches, doch ein Kostenproblem. Zumindest die wegen ihrer hohen Konzentration oder ihrer Toxizität für die Umwelt und den Menschen besonders gefährlichen Schadstoffe müssen jedoch u.E. bereits heute emissions- und immissionsseitig kontinuierlich gemessen werden. Welche Schadstoffe dies sind, ist von Region zu Region verschieden und im Einzelfall zu entscheiden. Für die nächsten Jahre ist aber auf alle Fälle eine kontinuierliche Messung möglichst vieler Schadstoffemissionen und -immissionen in Luft und Wasser sowie des Lärms anzustreben [14].
Als letztes muß nun noch entschieden werden, welche Schadstoffe gemessen werden sollen und wie sie für die statistische Erfassung einzuteilen sind. Diese Kategorisierung der Schadstoffe bildet zusammen mit einer katastermäßigen Registrierung [15] der Emissionen und Immissionen die Grundlage für ein umweltstatistisches System.

---

jedoch noch nicht weit genug entwickelt; vgl. dazu Kuper, G., Laser-Lidar, was kann es wirklich?, in: Umwelt, 1972, 1, S. 40 ff. und Becker, Herbert, Der Nachweis von Luftfremdstoffen mit abstimmbaren Lasern, in: Umwelt, 1972, 1, S. 45 f. Einen beeindruckenden Überblick über das Angebot deutscher Unternehmen auf umweltmeßtechnischem Gebiet gibt die vom Verband der Deutschen Feinmechanischen und Optischen Industrie herausgegebene Broschüre "Umweltmeßtechnik, Instrumente der Feinmechanik und Optik", Köln 1974.

14) Vgl. Rat von Sachverständigen für Umweltfragen (RSU), Umweltgutachten 1974, Stuttgart und Mainz 1974, S. 39.

15) Vgl. Baltes, H./Nowak, W., Umweltstatistik - ein Instrument der Umweltplanung, a.a.O., S. 238.

c) Arten der Umweltbelastung

aa) Erfassungs- und Einteilungskriterien

Keiner der in die Umwelt gelangenden Stoffe ist per se schädlich; es kommt immer auf die Konzentration dieser Stoffe in Luft, Wasser und Boden an, ob sie zu Schadstoffen werden. Manche Stoffe können in relativ großen Mengen emittiert werden, ohne die Qualität von Schadstoffen zu erlangen, sei es weil sie sich schnell verflüchtigen (etwa Abgase), durch die Selbstreinigungskraft, die allen Umweltmedien mehr oder weniger eigen ist, beseitigt oder ganz einfach abgebaut werden (wie etwa manche Umweltchemikalien) oder weil die Umwelt und die Menschen relativ hohe Konzentrationen dieser Stoffe schadlos aufnehmen können (z.B. CO_2). Andere Schadstoffe sind dagegen bereits in kleinsten Konzentrationen äußerst gefährlich für die Umwelt und den Menschen, sei es wegen ihrer Toxizität (z.B. Schwermetalle und ihre Verbindungen) oder weil sie sich nur langsam abbauen (z.B. DDT). Wann die für den Menschen und die Umwelt schädliche Konzentration eines Schadstoffs erreicht ist, kann nur wieder durch Messungen in den einzelnen Umweltmedien festgestellt werden. Es kann nun nicht Aufgabe eines Meßstellennetzes sein, alle überhaupt nur denkbaren Schadstoffe zu messen, gleichgültig wie weit ihre Konzentration von der Schädlichkeitsgrenze [16] entfernt ist. Dies muß im Rahmen spezieller Messungen erfolgen, die zwar auch von den Stationen des Meßstellennetzes vorgenommen werden könnten, sofern sie die Einrichtungen dafür haben, besser jedoch von speziellen "Meßtrupps", die mit einem mobilen Meßlabor [17] ausgerüstet sind, in bestimmten Zeitabständen durchgeführt werden sollten [18]. Die festen Stationen des Meßstellennetzes sollten

16) Zur Bestimmung der Schädlichkeitsgrenzen siehe unten S.137 ff.

17) Vgl. o.V., Fahrendes Meßlabor für Umweltdaten, in: Umwelt, 1971, 6, S. 45 und Schütz, H., Umweltschutz-Meßwagen, Einzelbericht L 3474 zu Hartmann & Braun-Meßwerte, o.O. und J., S.3.

18) Hinweise darauf, wann Messungen neuer Schadstoffe aufzunehmen sind, können bestimmte Indikatoren liefern. Als besonders billige und doch zuverlässige Indikatoren haben sich Pflanzen (besonders Flechten) und Tiere erwiesen, vgl. Hawksworth, D. L., Lichens as Litmus for Air Pollution: A Historical Review,

sich allein auf die (möglichst kontinuierliche) Messung der Schadstoffe beschränken, die etwa eine bestimmte prozentuale Marge unterhalb der Schädlichkeitsgrenze überschritten haben. Ist die Schädlichkeitsgrenze für einen luftbelastenden Stoff z.B. 1 mg/m^3 Luft, so kann man ihn dann in den Meßkatalog aufnehmen, wenn er bei einer Routinemessung - etwa mit dem mobilen Meßlabor - eine Konzentration von 0,01 oder 0,001 oder 0,0001 usw. mg/m^3 erreicht hat. Ob die Sicherheitsmarge, ab der man eine laufende Messung vornehmen wird 100, 1000, 10000 oder gar noch mehr Prozent unter der Schädlichkeitsgrenze liegt, hängt von der Gefährlichkeit des Stoffes und auch von den Kosten der Messung ab. Bei radioaktiven Substanzen z.B. wird man schon bei weit unter der Schädlichkeitsgrenze festgestellten Konzentrationen eine laufende Messung einführen. Was die Immissionsseite betrifft - und damit das Meßstellennetz - können wir resümieren, daß alle die Schadstoffe laufend (möglichst kontinuierlich) gemessen werden sollen, die eine, je nach Gefährlichkeit der Stoffe verschiedene Marge unterhalb der Schädlichkeitsgrenze überschritten haben. Das setzt natürlich voraus, daß die Schädlichkeitsgrenzen bekannt sind. Ist das nicht der Fall, sollte eine weitere prozentuale Sicherheitsmarge für die Aufnahme in den Schadstoffkatalog des Meßstellennetzes eingeführt werden. Emissionsseitig sind zunächst auf jeden Fall die Stoffe zu messen, die auch immissionsseitig gemessen werden, anders wäre

---

in: International Journal of Environmental Studies, vol. 1, 1971, S. 281 ff.; Georgii, H.-W., Die lufthygienisch-meteorologische Modelluntersuchung im Untermaingebiet, in: Schultze, H. (Hrsg.), Umweltreport, a.a.O., S. 220; van Haut, H./Guderian, R., Pflanzen als Indikatoren der Luftverschmutzung, in: Probleme der Umweltforschung, Berlin 1973, S. 36 f.; Jürging, P., Flechten - Bioindikatoren der Luftverunreinigung?, in: Steubing, L./Kunze, C./Jäger (Hrsg.), Belastung und Belastbarkeit von Ökosystemen. Tagungsbericht der Gesellschaft für Ökologie, Giessen 1972, S. 145; Hahn, J./Aehnelt, E., Die Fruchtbarkeit der Tiere als biologischer Indikator für Umweltbelastungen, ebenda, S. 49 ff.; Antweiler, H., Tiere als Indikatoren der Luftverschmutzung, in: Probleme der Umweltforschung, a.a.O., S. 46 ff.; Meyl, A.H., Abwässer in Küstennähe, in: DFG-Mitteilungen 2/74, S. 28.

- wie bereits erwähnt - eine Zurechnung der eventuell eintretenden Schäden auf die Verursacher kaum möglich. Einige der immissionsseitig gemessenen Stoffe können allerdings emissionsseitig gar nicht gemessen werden, da sie erst durch chemische Reaktionen nach der Emission entstehen (z.B. Ozon). Es sind darüber hinaus aber auch all jene Emissionen zu messen, die noch nicht in den Katalog der immissionsseitig zu messenden Schadstoffe aufgenommen wurden, jedoch potentiell schädlich sind.

Nach diesen allgemeinen Vorbemerkungen wollen wir nun vorschlagen, welche Arten der Umweltbelastung in einem umweltstatistischen System, das dem Anspruch, Grundlage einer rationalen Umweltplanung zu werden, genügt, berücksichtigt werden müßten. Wir sind uns der Willkür unseres Vorschlags bewußt. Mit gutem Grund können sicher weitere Schadstoffe zur Erfassung vorgeschlagen werden, mit weniger gutem Grund allerdings die Streichung irgendeines von uns vorgeschlagenen Schadstoffes. Wir stützen uns bei unserem Vorschlag auf die Kataloge der Umweltbelastungsarten vor allem im Umweltprogramm der Bundesregierung [19], dem ersten Gutachten des Rates von Sachverständigen für Umweltfragen (RSU) [20] und der Reports des U.S. Council on Environmental Quality [21], aber auch auf eine Fülle spezieller Untersuchungen [22] über die verschiedenen Arten der Umweltbelastung.
Als Einteilungskriterium wählen wir das jeweils belastete Um-

---

19) Vgl. Materialienband zum Umweltprogramm der Bundesregierung, a.a.O.

20) Vgl. RSU, Umweltgutachten 1974, a.a.O.

21) Seit 1970 erscheint jährlich ein Report, herausgegeben vom U.S.G.P.O., Washington, D.C. 1970 ff.

22) Diese speziellen Untersuchungen befassen sich entweder allgemein mit den verschiedenen Arten der Umweltbelastung oder sie beziehen sich konkret auf bestimmte Länder, Lufträume und Gewässer. Jede Literaturauswahl - und nur eine solche käme bei der Fülle der Veröffentlichungen in Frage - wäre hier willkürlich, weshalb wir ganz darauf verzichten wollen.

weltmedium, also die Luft, die Gewässer und den Boden[23], ferner die Pflanzen- und Tierwelt sowie die Kontamination der Lebensmittel; hinzu kommt der Lärm als ein Faktor, der den Menschen direkt schädigt, wenn sich auch der Schall der Luft als Transportmittel bedient.

bb) Arten der Luftbelastung

Für eine laufende (möglichst kontinuierliche) immissionsseitige Messung schlagen wir folgende luftbelastenden Stoffe vor:

Stäube	
Schwefeloxide	(SO_2,SO_3)
Stickoxide	(NO_2,NO_3)
Kohlenmonoxid	(CO)
Chlorwasserstoff	(HCl)
Fluor und Fluorwasserstoff	(F,FH)
Blei	(Pb)
Kadmium	(Cd)
Geruchsstoffe	(H_2S, Merkaptane)
Radioaktivität	

cc) Arten der Gewässerbelastung

Für den Zustand der Gewässer spielen nicht nur Art und Konzentration der eingeleiteten Schadstoffe eine Rolle sondern auch die durch die Schadstoffe hervorgerufenen biologischen, chemischen und physikalischen Veränderungen. Deshalb ist es notwendig, neben der Konzentration der Schadstoffe auch den biologischen, chemischen und physikalischen Zustand der Gewässer mit Hilfe bestimmter Kennziffern zu messen.

Die Schadstoffe kann man noch einmal unterteilen in primär ökologisch schädliche und primär gesundheitsschädliche Stoffe.

---

23) Vgl. Hueting, R., The Set-Up of the Statistical System within which the Deterioration of the Human Environment will be Estimated, in: OECD (Hrsg.), Problems of Environmental Economics, Paris 1972, S. 99; Bartels, H., Statistik als Hilfsmittel der Umweltpolitik, in: Allgemeines Statistisches Archiv, Bd. 59, 1975, S. 12.

Wir schlagen vor, folgende Schadstoffe bzw. Schadstoffgruppen laufend (möglichst kontinuierlich) zu messen:

(1) Primär ökologisch schädliche Stoffe
Phosphorverbindungen (u.a. menschliche und tierische Exkremente, Detergentien, Düngemittel)
Stickstoffverbindungen (u.a. Düngemittel und Abfälle)
Mineralöl(produkte)
feste Abfälle (u.a. Schrott, Giftfässer)

(2) Primär gesundheitsschädliche Stoffe
Verbindungen von Schwermetallen wie Quecksilber (Hg), Blei (Pb), Kadmium (Cd)
Pestizide (u.a. chlorierte Kohlenwasserstoffe wie DDT, Phosphorsäure wie E 605)
andere chlorierte Kohlenwasserstoffe (z.B. PCB)
Aromatische Kohlenwasserstoffe (Benzpyren, Phenole)
Pathogene Mikroorganismen (Bakterien, Viren, Wurmeier)

Weiterhin schlagen wir vor, die folgenden den biologischen, chemischen und physikalischen Zustand der Gewässer kennzeichnenden Größen zu messen:
Biochemischer Sauerstoffbedarf (BSB) [24)]
Chemischer Sauerstoffbedarf (CSB) [25)]
pH-Wert [26)]

---

24) Der biochemische Sauerstoffbedarf ist "eine Meßzahl für den Anteil fäulnisfähiger organischer Substanzen im Abwasser; meist als 5-tägiger biochemischer Sauerstoffbedarf, BSB_5, angegeben; das ist die Menge Sauerstoff in mg/l, die die Bakterien benötigen, um die organische Substanz in 5 Tagen bei 20° C zu zersetzen (Sauerstoffzehrung)" (Herder-Lexikon Umwelt, Freiburg 1973, S. 40).

25) Der chemische Sauerstoffbedarf entspricht dem "Kaliumdichromatverbrauch ($K_2Cr_2O_7$) als Maß für die Gesamtmenge oxydierbarer organischer Verbindungen; er liegt immer höher als der BSB" (Herder-Lexikon Umwelt, a.a.O., S. 53).

26) Der pH-Wert "bezeichnet die Wasserstoffionenkonzentration als Maß für neutrale, saure oder alkalische Reaktionen von wässrigen Lösungen: neutrales Wasser hat einen pH-Wert von 7, saures kleiner als 7, alkalisches Wasser größer als 7 (bis 14)" (Umwelt - ABC, Wiesbaden 1972, S. 114).

Temperatur

Trübung

Radioaktivität

dd) Arten der Bodenbelastung

Die Arten der Bodenbelastung sind äußerst heterogen. Eine scharfe Abgrenzung der verschiedenen Arten ist kaum möglich, da fast jede Art der Bodenbelastung Merkmale hat, nach denen man sie auch in andere Kategorien einteilen könnte. Wir wollen die Bodenbelastungsarten in zwei Hauptgruppen einteilen [27]: (1) primär quantitative Bodenbelastungen und (2) primär qualitative Bodenbelastungen.

ad (1): Zu den primär quantitativen Bodenbelastungen zählen

- (a) die Überbauung des Bodens mit
  - (aa) Siedlungen [28]
    - (aaa) Wohnsiedlungen
    - (bbb) Industrie- und Gewerbesiedlungen
  - (bb) Verkehrsbauten
    - (aaa) Straßen, Parkplätze
    - (bbb) Flugplätze
    - (ccc) Gleiskörper
  - (cc) Freizeit- und Erholungsstätten
- (b) Eingriffe in die Bodensubstanz
  - (aa) Abbau von Bodenschätzen
  - (bb) Erosion

ad (2): Zu den primär qualitativen Bodenbelastungen gehören

- (a) Eingriffe in die Bodenfruchtbarkeit durch Umwelt-

---

27) Ähnliche Einteilung bei Olschowy, G./Mrass, W./Kullmer, H.J./Bürger, K., Zur Belastung der Landschaft, in: Schriftenreihe für Landespflege und Naturschutz, Heft 4, Bonn-Bad Godesberg, 1969, S. 16.

28) Eine Belastung des Bodens stellt hier nicht nur die Überbauung als solche dar (volumenmäßige Belastung); hinzu kommt noch eine strukturelle Belastung durch eine "Bebauung am falschen Ort" (Zersiedlung, Bebauung landschaftlich reizvoller Gebiete und ähnliches); vgl. dazu Olschowy, G., Zersiedlung der freien Landschaft, in: Olschowy, G. (Hrsg.), Belastete Landschaft - gefährdete Umwelt, München 1971, S. 327.

chemikalien und Öl

(aa) Düngemittel

(aaa) organische Dünger

(bbb) anorganische Dünger (Stickstoff- und Phosphorverbindungen, Kalium, Calzium Magnesium, u.a.)

(bb) Pestizide (Herbizide, Fungizide, Insektizide)

(cc) Öl

(b) die Deponie von Abfällen [29)]

(aa) Hausmüll- und hausmüllähnliche Abfälle

(bb) Industriemüll

(cc) Abfälle aus der Viehhaltung und Schlachtung

(dd) Verpackungsmaterial (Papier, Kunststoffe)

(ee) Abfälle aus dem medizinischen Bereich

(ff) Inertmaterial (Bauschutt u.ä.)

(gg) Autowracks und Altreifen

(hh) Klärschlamm

(ii) Radioaktive Abfälle

Manche der Bodenbelastungsarten wie die Überbauung des Bodens, der Abbau von Bodenschätzen und die Verwendung von Umweltchemikalien wie Düngemittel und Pestizide haben einen ganz anderen Charakter als die anderen Arten der Umweltbelastung. Die Schadstoffe, welche Luft und Gewässer belasten, der Abfall und der

---

29) Eine Systematisierung der Abfallarten ist wohl eine der schwierigsten Vorarbeiten für eine Abfallstatistik (vgl. Baltes, H./Nowak, W., Umweltstatistik - ein Instrument der Umweltplanung, a.a.O., S. 242 und Bartels, H., Statistik als Hilfsmittel der Umweltpolitik, a.a.O., S. 17 f.); über weitere Klassifizierungsversuche vgl. U.S. Council on Environmental Quality, Environmental Quality, The First Annual Report, Washington, D.C., 1970, S. 107 ff.; Brennpunkt Müllproblem, hrsg. vom Presse- und Informationsamt der Bundesregierung in Zusammenarbeit mit dem Bundesministerium für Gesundheitswesen, Bamberg 1968; Müller, H.-J., Stadtreinigung im Rahmen des Umweltschutzes, in: Der Städtetag, 1971, 7, S. 405; Olschowy, G., Bilanz des Abfallproblems, in: Olschowy, G. (Hrsg.), Belastete Landschaft - gefährdete Umwelt, a.a.O., S. 217 ff.; Höffken, F., Probleme der Abfallbehandlung, ebenda, S. 224 ff.

Lärm sind - wenn wir von ihrer mutwilligen Erzeugung absehen - ungewollte Nebenprodukte, die bei der Produktion oder dem Konsum anfallen. Der Bau von Siedlungen, Verkehrsanlagen, Freizeit- und Erholungsstätten, der Abbau von Bodenschätzen, die Verwendung von Pestiziden und Düngemitteln sind dagegen bewußte Maßnahmen von z.T. lebenswichtiger Bedeutung. Ohne Düngemittel und Pestizide wäre der Hunger in der Welt noch größer. Ohne den Bau von Wohnungen wäre kein menschenwürdiges Leben dankbar. Ohne den Abbau von Bodenschätzen, den Bau von Industrie- und Verkehrsanlagen wäre der Wohlstand (ausgedrückt durch das reale Bruttosozialprodukt) pro Kopf der Bevölkerung viel geringer. Diese Arten der Umweltbelastung haben also einen besonders ambivalenten Charakter, da sie es selbst sind, die auch einen Nutzen stiften, während es bei den als Nebenprodukte bezeichneten Abgasen, Abwässern und Abfällen die jeweiligen Kuppelprodukte sind, welche den Nutzen stiften.

ee) Arten der Pflanzen- und Tierbelastung

Die Belastungen der Pflanzen- und Tierwelt kann man in indirekte und direkte Belastungen einteilen.
Zu den indirekten Belastungen gehören die Belastungen, die via Kontakt der Pflanzen und Tiere mit den belasteten Umweltmedien (Luft, Wasser, Boden) erfolgen. Insofern sind dies bereits (ökologische) Wirkungen der verschiedenen Belastungen der Umweltmedien und werden weiter unten behandelt [30].
Direkte Belastungen der Pflanzen- und Tierwelt sind dagegen solche, die gezielt auf eine Vernichtung ausgerichtet sind, wie die Abholzung von Wäldern, die Jagd nach Tieren und die Verwendung von Bioziden (u.a. Insektizide, Herbizide, Fungizide), die durch Vernichtung bestimmter Pflanzen- und Tierarten andere Pflanzen- und Tierarten schützen sollen.

---

30) Siehe unten S. 61 ff.

ff) Arten der Lebensmittelbelastung

Wir wollen unterscheiden zwischen einer indirekten und einer direkten Belastung der Lebensmittel. Indirekt werden die Lebensmittel dadurch belastet, daß die "Rohprodukte" Pflanzen und Tiere - wie oben geschildert - durch den Umweltkontakt Schadstoffe aufnehmen, die bis zu ihrer Verarbeitung als Nahrungsmittel nicht vollständig abgebaut werden (Rückstände). Insoweit gehört die Behandlung der Lebensmittelbelastung in das Kapitel über die (gesundheitsschädlichen) Wirkungen der Belastung der verschiedenen Umweltmedien, Pflanzen und Tiere [31]. Neben dieser unbeabsichtigten Kontamination der Lebensmittel durch nicht oder nur schwer abbaubare Stoffe wie Insektizide (u.a. DDT, Aldrin, Dieldin, Lindan) Herbizide, Fungizide, Schwermetalle (u.a. Blei, Kadmium, Quecksilber), künstliche Radionuklide (vor allem Caesium 137, Strontium 90 und Jod 131 - letzteres ist allerdings relativ schnell abbaubar -), speziellen Produkten wie Salmonellenkeimen, PCB und HCB [32] und Rückständen aus Düngemitteln (vor allem Stickstoffverbindungen) werden Nahrungsmittel auch bewußt mit Fremdstoffen belastet, und zwar in Form von Zusatzstoffen - in erster Linie zwecks Konservierung (vor allem Nitrite und Nitrate) - und Zusätzen zum Tierfutter (Antibiotika, hormonwirksame Verbindungen, Psychopharmaka) zwecks Verbesserung der Fleischqualität der geschlachteten Tiere [33].

gg) Arten des Lärms

Lärm wird allgemein als Schall, der von Menschen als störend oder belästigend empfunden wird, definiert [34]. Die Einteilung der Lärmarten erfolgt in der Regel nach den verursachenden Schallquellenbereichen [35].

---

31) Siehe unten S. 88 ff.

32) Vgl. Deutsche Gesellschaft für Ernährung e.V., Ernährungsbericht 1972, Frankfurt/M., 1973, S. 130 ff.

33) Vgl. RSU, Umweltgutachten 1974, a.a.O., S. 66 f.

34) Vgl. ebenda, S. 77.

35) Vgl. ebenda, S. 83 ff.

Man unterscheidet:

(1) Industrielärm

(2) Baulärm

(3) Verkehrslärm (Kfz, Schiene, Flugzeuge, Schiffe)

(4) Wohnlärm

d) Die katastermäßige Erfassung der umweltbelastenden Schadstoffe

aa) Zur Aufstellung von Immissionskatastern

(1) Aufgaben der Immissionskataster

Wenn feststeht, welche Arten der Umweltbelastung in welchen Zeitabständen und an welchen Orten gemessen werden sollen und die notwendigen Meßvorrichtungen installiert sind, kann man den Umfang der Umweltbelastung in sogenannten Immissionskatastern tabellarisch [36] oder kartographisch für jeden Ökofaktor, die Lebensmittel und den Lärm getrennt darstellen. Je dichter das Meßstellennetz ist und je häufiger gemessen wird, um so lückenloser sind die Informationen über die Belastung des betreffenden Umweltmediums. Die Kenntnis der räumlichen Verteilung der Immissionskonzentrationen ist Voraussetzung für die Ermittlung der Wirkungen der verschiedenen Arten der Umweltbelastung und damit auch für deren Bewertung.

(2) Das Immissionskataster "Luft"

(a) Die Luftbelastungsmatrix

Die katastermäßige Erfassung der Luftbelastung erfolgt aufgrund der Messungen der Schadstoffkonzentrationen in den verschiedenen Stationen des Meßstellennetzes. Bei m Meßstellen j und n Schadstoffen i kann man in einer m x n - Matrix die Luftbelastung des gesamten Meßgebietes tabellarisch sehr übersichtlich darstellen. Würde man für ein Gebiet eine Maschenweite des Luftmeßstellen-

---

36) Solche Umweltbelastungsmatrizen haben in der Literatur ganz unterschiedliche Namen. Sie heißen z.B. ökologische Input-Output-Tabellen (vgl. Anno 709 p.R., Schlußbericht der Prospektivkonferenz der Neuen Helvetischen Gesellschaft, Aarau und Frankfurt/M. 1973, S. 270 f.) oder Umweltbilanzen (vgl. Häfele, W., Stoffbilanzen, in: Zur Problematik des Verursacherprinzips, Berlin 1972, S. 23).

netzes von r km wählen, so ergäbe sich bei einer Gesamtfläche des Gebietes von s km^2 für $m = \frac{s}{r^2}$ [37]. Für die Bundesrepublik Deutschland mit einer Fläche von rund 250000 km^2 ergäbe sich bei einer Maschenweite von 50 km (25 km) eine Anzahl von 100 (400) Meßstationen [38].

Die Luftbelastungsmatrix hätte allgemein folgendes Aussehen:

Schadstoffart i / Meßstation j	1 2 3 4 . . . . n
1	
2	
3	
4	
.	
.	
.	
.	
.	
.	
.	
.	
.	
.	
m	

Abb. 3

---

37) Die Niederlande haben ein Meßstellennetz für die Luftbelastungsmessung geplant, das im Endausbau eine Maschenweite von 28 km haben soll (vgl. Sandscheper, G., Luftüberwachungsnetz für die Niederlande, in: Umwelt, 1971, 6, S. 35).

38) In der Bundesrepublik Deutschland haben die Bundesländer mit dem Bau eigener Meßstellennetze begonnen. In Bayern sollen im Endausbau 85 feste automatisierte Luftmeßstationen kontinuierlich die Luftbelastung messen (vgl. o.V., Initiative für Bayerns Luft, in: U, 1973, 5, S. 46). In Baden-Württemberg baut Siemens ein automatisches kontinuierlich messendes Netz von 14 Stationen, Die Immissionen werden zusammen mit den Wetterdaten gemessen, um so Rückschlüsse auf die Emittenten zu ermöglichen (vgl. Siemens AG., Forschung und Entwicklung, München o.J.). Auch in den anderen Bundesländern ist der Bau oder zumindest die Planung von Meßstellennetzen be-

Die Messung der Schadstoffkonzentrationen in der Luft erfolgt am besten in der heute üblichen Dimension mg/m^3 oder bei sehr kleinen Konzentrationen in $\mu g/m^3$.

(b) Luftbelastungskarten

Recht anschaulich kann man die Luftbelastung auch kartographisch darstellen. Jedem Schadstoff kann man eine bestimmte Farbe (z.B. SO_2 rot, CO blau, usw.) und jeder Schadstoffkonzentration eine andere Tönung (z.B. weiß, hell-, mittel- und dunkelrot für unbedeutende, niedrige, mittlere und hohe SO_2-Konzentrationen bzw. weiß, hell-, mittel- und dunkelblau für unbedeutende, niedrige, mittlere und hohe CO-Konzentrationen) zuordnen. In einer SO_2-Belastungskarte erhält nun jedes Maschenquadrat jene Farbtönung, die der dort gemessenen SO_2-Konzentration entspricht. Einen recht guten, wenn auch nicht so genau wie in der Matrix quantifizierten Überblick über die gesamte Luftbelastung erhält man, wenn man die Luftbelastungskarten für alle Schadstoffe auf durchsichtiges Material druckt und dann übereinanderlegt. Die bei Durchsicht oder Durchleuchtung hellen Stellen sind die reineren Gebiete; je undurchsichtiger die Maschenquadrate sind um so belasteter ist dagegen die Luft in diesem Gebiet. Kartographisch kann man die verschiedenen Konzentrationen eines Schadstoffes auch mit Hilfe von Isobelastungslinien darstellen (vgl. Abbildung 4) [39].

---

reits weit fortgeschritten. Leider besteht die Gefahr der mangelnden Koordination, denn nicht nur die Standorte müssen aufeinander abgestimmt werden, sondern auch die Meßgeräte, da die Meßergebnisse bei unterschiedlichen Geräten zum Teil stark differieren (vgl. Jessel, U., Seven Years Experience in Air Pollution Monitoring in Germany, in: DFG-Mitteilungen, 2/74, S. 43). Man kann nur hoffen, daß die Verwaltungsvorschriften über Meßobjekte, Meßverfahren und -geräte, bei der Zahl und Lage der Meßstellen zu beachtende Grundsätze und die Auswertung der Meßergebnisse, die der Bundesminister des Innern zur einheitlichen Beurteilung der Meßdaten nach § 45 BImSchG erlassen kann, nicht zu spät kommen.

39) Vgl. Günther, U. u.a., Umweltschutz-Informations- und Steuerungssystem, a.a.O., S. 36; Birkle, M. u.a., Informationssystem Umwelt, a.a.O., S. 69.

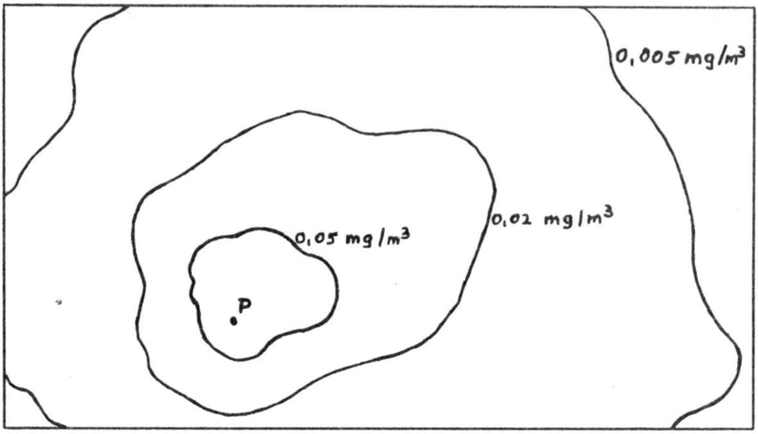

Abb. 4

In Abbildung 4 sind Isobelastungslinien für SO_2 angegeben. Sie bezeichnen die Verteilung unterschiedlicher Immissionskonzentrationen, die durch die SO_2-Emission aus einer Punktquelle P verursacht wurden.

(c) Verfeinerungen des Immissionskatasters "Luft"

Das bisher dargestellte Immissionskataster beruht auf einem sehr starren Meßstellennetz. Dies hat den Vorteil, daß auch belastungsarme Gebiete, der sogenannte Background [40], bei der Messung berücksichtigt werden; es hat allerdings den Nachteil, daß in stark belasteten Gebieten unter Umständen nicht genügend Messungen vorgenommen werden. Will man die Gesamtzahl der Meß-

40) Die Messung in den Reinluftgebieten, dem sogenannten Background, ist deshalb besonders wichtig, weil auch niedrige Konzentrationen von luftbelastenden Schadstoffen langfristig schädlich werden können (Langzeitwirkung, schleichende Gefahr); vgl. dazu de Haar, U., Das Meßstellenprojekt "Reinhaltung der Luft", in: Umschau in Technik und Wissenschaft, 1970, Heft 23, S. 746; Rönicke, G., Messung der Luftverunreinigung im Rahmen eines Netzes von Backgroundstationen, in: Olschowy, G., Belastete Landschaft - gefährdete Umwelt, a.a. O., S. 107; Erikson, E., The Importance of Investigating Global Background Pollution, in: Meteorological Aspects of Air Pollution, WMO-Technical Note No. 106, Genf 1970, S. 32.

stationen unverändert lassen, kann man in solchen Fällen, die Background-Stationen zugunsten zusätzlicher Meßstationen in stark belasteten Gebieten verringern. Will man auf keine Backgroundstationen verzichten, kann man zusätzliche Messungen in den Belastungsgebieten nur durch Einrichtung weiterer Meßstationen (eventuell auch mobiler Art) vornehmen.
Bisher haben wir noch nichts über den Standort der Meßstationen innerhalb der "Maschenquadrate" des Meßstellennetzes gesagt. Eine starre Lösung wäre es, wenn die Meßstationen genau in der Mitte des jeweiligen Maschenquadrates errichtet würden. Dies ist in vielen Fällen aus den verschiedensten Gründen sicher nicht möglich, darüber hinaus aber auch gar nicht empfehlenswert. Der beste Standort innerhalb der Maschenquadrate wäre dort, wo die Belastung der Luft im allgemeinen am größten ist. Diesen Standort könnte man z.B. mit einer mobilen Meßstation ermitteln. Doch stellen sich auch dem meist Schwierigkeiten entgegen. Dann sind Neherungslösungen zu suchen. Es muß auch darauf geachtet werden, daß sich benachbarte Meßstationen nicht zu nahe rücken, etwa weil die größte Luftbelastung gerade auf der Grenze zwischen den beiden Meßstellengebieten besteht. Allgemein kann man sagen, daß die Standortwahl der Meßstationen nur so variiert werden soll, daß die Vollständigkeit und Vergleichbarkeit der Meßdaten erhalten bleibt. Der Standort der Meßstationen sollte sich in erster Linie nach sachlichen Gesichtspunkten richten und weniger nach Verwaltungs- oder Ländergrenzen [41].

(3) Das Immissionskataster "Gewässer"

(a) Einteilung der Gewässerarten

Im Gegensatz zur Luft, die sich über dem gesamten Land befindet, sind Gewässer an bestimmte Grenzen gebunden. Für die katastermäßige Erfassung der Gewässerbelastung empfiehlt sich daher zunächst eine Einteilung der Gewässerarten.

Wir wollen folgende Einteilung vornehmen:

41) Vgl. Birkle, M. u.a., Informationssystem Umwelt, a.a.O., S. 24.

(1) Oberflächengewässer

(a) Meer

(aa) offenes Meer

(bb) Küstengewässer

(b) Seen

(c) Talsperren

(d) Flüsse und Kanäle

(2) Grundwasser

Jedes dieser Gewässer wirft spezifische Meßprobleme auf, nicht zuletzt in bezug auf den Standort der Meßstationen. Soll auf der Wasseroberfläche oder am Gewässergrund [42], am Ufer oder auf dem offenen Gewässer die Belastung gemessen werden? Entscheidungen darüber sind ebenso wichtig wie darüber, ob kontinuierlich oder nur in bestimmten oder unbestimmten Zeitabständen der Zustand der Gewässer gemessen werden soll.

Außerdem ist es nur sinnvoll, sich auf ganz bestimmte Gewässer der jeweiligen Gewässerart zu beziehen (die Nordsee, die Ostseeküste, den Bodensee, die Edertalsperre, den Rhein, den Rhein-Herne-Kanal); es ist mit anderen Worten ein Immissionskataster wiederum in Form einer Matrix oder einer Karte für jedes konkrete Gewässer aufzustellen. Das Meßgebiet wird durch die Ufer der Gewässer bestimmt. Die Meßstationen sollten möglichst dicht und gleichmäßig verteilt sein, so daß sie die Gewässerqualität umfassend widergeben [43].

---

42) Der BSB_5 sollte z.B. möglichst auf dem Gewässergrund gemessen werden, da dort der Sauerstoffverbrauch am größten ist, also das "Umkippen" beginnt.

43) Die Fa. Siemens AG baut in Belgien ein Meßstellennetz für die Gewässer, das im Endausbau 240 Meßstationen umfassen soll; vgl. Siemens AG, Forschung und Entwicklung, a.a.O., S. 41. In den USA gibt es rund 900 dem Bund unterstehende Meßstationen sowie rund 1000 Langzeit- und 5000 Kurzzeit-Meßstationen der Bundesstaaten (vgl. U.S. Environmental Protection Agency, Research and Monitoring, a.a.O., S. 15). In der Bundesrepublik Deutschland sind die Länder dabei, ihr Gewässer-Meßstellennetz auszubauen (vgl. o.V.,Gewässerüberwachung in Hessen, in: U, 1973, 2, S. 26). Die Gesamtsituation eines Gewässers kann besonders gut beurteilt werden, wenn die stationären Messungen durch eine Überwachung aus

(b) Gewässerbelastungsmatrix

Die Belastungsmatrix für ein Gewässer, z.B. den Rhein, enthält nicht nur die Schadstoffe, sondern auch die Daten, die den biologischen, chemischen und physikalischen Zustand widergeben. Bei p Meßstationen am Rhein und q zu messenden Schadstoffen und s zu messenden Eigenschaften erhält man folgende Matrix:

		Eigenschaften		
	Schadstoffe	biolog.	chem.	physik.
Meß-station	1 2 3 4 5 ...q	1 2 3	4 5 6	7 8 9 ...s
1				
2				
3				
4				
5				
.				
.				
.				
.				
.				
.				
.				
p				

Abb. 5

(c) Gewässerbelastungskarten

Für jedes Gewässer kann auch eine Belastungskarte angefertigt werden [44]. Sie kann wieder in verschiedenen Farbtönen die Be-

---

der Luft (aus Flugzeugen oder Satelliten) ergänzt werden (vgl. Rokosch, P., Mit Flugzeug und Kamera, in: U, 1972, 5, S. 34).

44) Ein relativ kostengünstiges Verfahren zur Herstellung solcher Gewässergütekarten ist die Fotographie der Gewässer aus Satelliten oder Flugzeugen (vgl. Lichtwer, L./Schaude, G.R., Nutzen der Fernerkundung der Erde, a.a.O., S. 41).

lastungsgrade des Gewässers durch einen Schadstoff darstellen oder aber bestimmte Eigenschaften biologischer, chemischer oder physikalischer Natur. Man kann auch zunächst auf Grund der Gewässerbelastung durch Schadstoffe und die dadurch bedingten Änderungen der Qualität des Gewässers Güteklassen bilden und jeder Güteklasse eine Farbe zuordnen [45].

(4) Das Immissionskataster "Boden"
Bei manchen Arten der Bodenbelastung fallen Emission und Immission zusammen, da kein Transport der "Schadstoffe" im weitesten Sinne stattfindet. Dies gilt besonders für die primär quantitative Bodenbelastung durch Überbauung und Eingriffe in die Bodensubstanz. Bei Umweltchemikalien und Abfall kann man dagegen durchaus zwischen Emission und Immission unterscheiden.
(1) Die Erfassung der Flächennutzung
Die primär quantitative Belastung des Bodens kann durch eine Statistik der Flächennutzung erfaßt werden [46]. Sie soll in bestimmten Zeitabständen darüber Auskunft geben, wie der gesamte Boden eines Landes genutzt wird: zur Bebauung, land- und forstwirtschaftlichen Nutzung, Abbau von Bodenschätzen, Freizeit und Erholung oder gar nicht (Sozialbrache). Die Darstellung kann in Tabellenform oder - übersichtlicher - kartographisch erfolgen. Eine solche Flächennutzungskarte kann wertvolle Hinweise darauf geben, wo bestimmte für die Bodennutzung typische Arten der Belastung der Ökosysteme, der Lebensmittel sowie durch Lärm zu erwarten sind [47].
(2) Das Immissionskataster "Umweltchemikalien und Öl"
Die Bodenbelastung durch Umweltchemikalien und Öl kann nur durch die Analyse von Bodenproben ermittelt werden. Hierüber ein einigermaßen vollständiges Bild zu gewinnen, ist äußerst aufwendig. Eine Beschränkung der Bodenanalysen auf die landwirtschaft-

---

45) Vgl. RSU, Umweltprobleme des Rheins, Mainz u.a. 1976, Kartenbeilagen.

46) Eine solche Erfassung wird bereits vom Statistischen Bundesamt durchgeführt; vgl. dazu die Statistischen Jahrbücher.

47) Insofern kann die Flächennutzungskarte als Grundlage für ein Emissionskataster dienen.

liche Nutzfläche scheint allerdings vertretbar [48]. Die Bodenproben sind möglichst an den am stärksten mit Umweltchemikalien belasteten Stellen der landwirtschaftlichen Nutzfläche in bestimmten Zeitabständen (etwa vor dem Säen oder Pflanzen und kurz vor der Ernte) vorzunehmen [49]. Die Erfassung kann wiederum in einer Matrix und mit Hilfe von Karten erfolgen.

(3) Das Immissionskataster "Abfall"

Art und Menge (in Gewichts- und Volumeneinheiten) des Abfalls sowie dessen Verbleib werden im Immissionskataster "Abfall" erfaßt. Es ist anzustreben, daß die endgültige Ablagerung des Abfalls nur noch in geordneten Deponien erfolgt [50]; solange dies nicht der Fall ist, müssen auch die wilden Deponien erfaßt werden [51]. Die Immissionsmessung erfolgt in den Deponien. In den geordneten Deponien wird genau Buch geführt über Art und Menge des Abfalls [52]. In den wilden Deponien müssen spezielle Untersuchungen der Abfallzusammensetzung erfolgen. Da die verschiedenen Abfallarten ganz unterschiedlich behandelt und gelagert werden müssen, empfiehlt es sich, Deponien für spezielle Abfallarten einzurichten, also etwa jeweils Deponien für Industrie-

---

49) In den USA z.B. wird jährlich in 3000 Stationen der Pestizidgehalt des Bodens gemessen (vgl. U.S. Environmental Protection Agency, Research and Monitoring, a.a.O., S. 15).

50) Wenn dieses Ziel erreicht ist, kann man den Abfall in die Kategorie der primär quantitativen Bodenbelastung einordnen, denn eine geordnete Deponie sollte keine qualitativen Auswirkungen auf den Boden (und das Grundwasser) haben.

51) Vgl. U.S. Environmental Protection Agency, Research and Monitoring, a.a.O., S. 16.

52) Dies wird insbesondere bei giftigen Abfällen durch die Bestimmung des § 11 AbfBG in Verbindung mit der Abfallnachweisverordnung erleichtert. Nach § 11 (3) AbfBG kann von Unternehmen die Führung von Nachweisbüchern verlangt werden, in denen Art und Umfang giftiger Abfälle sowie deren Beseitigung erfaßt sein müssen. Der Transport solcher Abfälle wird mit Hilfe von Begleitscheinen überwacht, die vom Empfänger der Abfälle in der Deponie zu quittieren sind (vgl. Bulletin der Bundesregierung Nr. 94, v. 13.8.1974, S. 974 und Frey, P., Giftmüll-Produzenten werden erfaßt, in: Umwelt, 1974, 1, S. 20). Die emissionsseitige Erfassung der Abfälle in Verbindung mit dem Begleitscheinverfahren ermöglicht also auch die immissionsseitige Feststellung (den Verbleib) von Abfallart und -menge.

müll ("Sondermüll"), Hausmüll und radioaktive Abfälle. Dies gewährleistet nicht nur eher eine sachkundige Behandlung des Abfalls, es erleichtert auch die Erfassung.
Die Deponien und die in ihnen gelagerten Abfallarten und -mengen können sowohl tabellarisch als auch kartographisch erfaßt werden.

(5) Die katastermäßige Erfassung der Pflanzen- und Tierweltbelastung

Die indirekten Arten der Pflanzen- und Tierweltbelastung müssen in den Wirkungskatastern für das jeweilige Umweltmedium erfaßt werden [53], während die verschiedenen direkten Arten tabellarisch (z.B. Zählung des Tierbestandes) oder kartographisch (z.B. in Form von Vegetationskarten) erfaßt werden können.

(6) Die katastermäßige Erfassung der Lebensmittelbelastung

Für die katastermäßige Erfassung der Lebensmittelbelastung empfiehlt sich zunächst eine Einteilung der Lebensmittelarten. Man kann unterteilen in [54]

(A) Lebensmittel tierischer Herkunft
- (1) Fleisch
  - (a) von Säugetieren
    - (aa) Haustieren
    - (bb) Wildtieren
  - (b) von Geflügel
    - (aa) Hausgeflügel
    - (bb) Wildgeflügel
  - (c) von Fischen und anderen Wassertieren
    - (aa) aus Binnengewässern
    - (bb) aus dem Meer
- (2) andere Tierprodukte
  - (a) Milch

---

53) Siehe unten S. 61 ff.

54) Zusammengestellt nach: Deutsche Gesellschaft für Ernährung e.V., Ernährungsbericht 1972, Frankfurt/M. 1973, S. 129 ff.

(b) Fette

(c) Eier

(d) Honig

(B) Lebensmittel pflanzlicher Herkunft

(1) Getreide und Getreideprodukte

(2) Obst und Obstprodukte

(3) Gemüse und Gemüseprodukte

In einer Matrix können diese Lebensmittelarten - eventuell nach weiteren Untergliederungen - mit den verschiedenen Arten der Schadstoffrückstände und den Nahrungsmitteln absichtlich beigegebenen Stoffen kombiniert dargestellt werden.

(7) Das Immissionskataster "Lärm"

Lärm schädigt außer der Tierwelt keinen Ökofaktor, sondern führt direkt zu einer Schädigung der menschlichen Gesundheit; deshalb empfiehlt sich eine Messung des Lärms vor allem dort, wo der Mensch in erster Linie von ihm belastet werden kann, also in den Arbeits-, Wohn-, Freizeit- und Erholungsgebieten. Die Messungen sollten möglichst kontinuierlich erfolgen. Das Meßstellennetz sollte vor allem in Ballungsgebieten möglichst dicht sein, da die Lärmquellen sehr zahlreich sind, ihre Wirkung jedoch je nach Siedlungsdichte und -höhe auf einen mehr oder weniger kleinen Raum beschränkt ist.

Die Darstellung der Lärmbelastung kann wiederum tabellarisch oder kartographisch [55] erfolgen.

(8) Die Gesamtbelastung der Umwelt

Im Rahmen der Suche nach einem neuen Wohlstandsindikator, der das Bruttosozialprodukt als Maß für den Wohlstand eines Landes ablösen und die sogenannte Lebensqualität zum Ausdruck bringen

---

55) Vgl. Dreyhaupt, F.J., Die modellmäßige Ermittlung und Darstellung der Lärmverteilung in Stadtstrukturen, in: Deutscher Arbeitsring für Lärmbekämpfung e.V. (Hrsg.), Verkehrslärmtagung in Bonn-Bad Godesberg vom 19./20. April 1971, S. 13. Die Darstellung in den Lärmkarten kann durch Linien gleicher Schallpegel z.B. in 5 dB(A)-Abstufungen erfolgen (vgl. RSU, Umweltgutachten 1974, a.a.O., S. 96).

soll, versucht man, einen Gesamtindikator (bzw. Totalindex) für die Umweltqualität zu finden [56].
Man könnte daher so vorgehen, daß man die mengenmäßige Belastung der verschiedenen Umweltmedien, der Pflanzen- und Tierwelt, der Lebensmittel sowie den Lärm in einer Region durch Ziffern kennzeichnet, die den Charakter informativer Indikatoren [57] haben.
Das Hauptproblem bei der Erfassung der Gesamtbelastung ist die Aggregation der einzelnen Indikatoren zu einem Umweltindikator - vor allem wegen einer adäquaten Gewichtung der einzelnen Indikatoren [58]. Trotz der großen Anstrengungen bei der Suche nach einem Umweltindikator möchten wir bezweifeln, daß es in absehbarer Zeit gelingt, einen aussagekräftigen Indikator für die gesamte Umweltqualität zu finden [59]. Das Beispiel der USA, wo fast jede größere Stadt einen eigenen Luftgüteindex (Air Pollution Index) hat, der in einer Kennziffer oder verbalen Bezeichnung täglich veröffentlicht wird und Auskunft über die

---

56) Vgl. Cazes, B., Environmental Quality Indicators and Social Indicators, in: OECD, Problems of Environmental Economics, a.a.O., S. 80 f.; Krengel, R., Die Messung der Umweltverschmutzung - ein neuer Wohlstandsindikator, in: Gumpel, W./ Keese, D. (Hrsg.), Probleme des Industrialismus in Ost und West, Festschrift für Hans Raupach, München 1973, S. 436; von Borries, D.F.W., Zur Konstruktion von Umweltindizes, in: Allgemeines Statistisches Archiv, Bd. 59, 1975, S. 47; RSU, Umweltgutachten 1974, a.a.O., S. 219.

57) Vgl. Leipert, C., Soziale Indikatoren, Überblick über den Stand der Diskussion, in: Konjunkturpolitik, 19. Jg., 1973, S. 221.

58) Vgl. ebenda, S. 230; RSU, Umweltgutachten 1974, a.a.O., S. 204; Hansmeyer, K.-H., Anforderungen der Umweltpolitik an die amtliche Statistik, in: Allgemeines Statistisches Archiv, Bd. 59, 1975, S. 9; Scherrer, H.U., Gesamtbewertung der Umweltbelastung, in: Neue Züricher Zeitung (NZZ), Fernausgabe (FA) Nr. 131 vom 14.5.1972.

59) Optimistischer sind hier u.a. Leipert, C., Soziale Indikatoren, a.a.O., S. 242 und Creutz, G., Bericht über die Diskussion der Vorträge zum Thema "Umweltschutz und Statistik" auf der 45. Jahreshauptversammlung der Deutschen Statistischen Gesellschaft am 26.9.1974 in Dortmund, in: Allgemeines Statistisches Archiv, Bd. 59, 1975, S. 70.

herrschende Belastung der Luft mit verschiedenen Schadstoffen geben soll, zeigt, wie wenig aussagekräftig solche Indizes im Grunde sind [60)] - und bei ihnen handelt es sich nur um den Gesamtbelastungsindex eines Umweltmediums und nicht einen solchen der gesamten Umwelt.

bb) Die Aufstellung von Emissionskatastern

(1) Aufgaben der Emissionskataster

Während die Aufstellung von Immissionskatastern wichtig für die Feststellung der Wirkungen der Umweltbelastung und damit für deren Bewertung ist, dienen Emissionskataster via Ermittlung der Emissionsquellen primär der Feststellung der Verursacher sowie der Art und Höhe der Emission [61)]. Wir wollen uns hier nur kurz dem Problem zuwenden, ob die Emittenten tatsächlich auch die Verursacher der Umweltbelastung sind. Die emittierenden Produzenten behaupten, ihre Emissionen wären die Folge davon, daß sie die Nachfrage nach Gütern befriedigen wollen. Um die nachgefragten Güter anbieten zu können, müßten sie sie produzieren und das sei mit Emissionen verbunden. Die eigentlichen Verursacher ihrer Emissionen seien somit die Endnachfrager. Die emittierenden Haushalte behaupten, daß ihre Emissionen (z.B. SO_2, Kunststoffabfälle) Folgen des Angebots der Produzenten (Heizöl, Verpackungsmaterial) seien; folglich seien diese die eigentlichen Verursacher. Gegen die Argumentation der emittierenden Produzenten läßt sich einwenden, daß wir heute überwiegend Verkäufermärkte haben und die Werbung immer mehr dahin wirkt, daß sich die Nachfrage nach dem Angebot richtet. Die Argumentation der emittierenden Haushalte wäre nur dann stichhaltig, wenn es keine zumutbaren emissionsfreien oder -ärmeren

---

6o) Vgl. Thom, G.C./Ott, W.R., Air Pollution Indices, A Compendium and Assessment of Indices Used in the United States and Canada, U.S.G.P.O., Washington, D.C., 1975.

61) Vgl. Dreyhaupt, F.J., Luftreinhaltung als Faktor der Stadt- und Regionalplanung, Aachen 1970, S. 101; Günther, U. u.a., Umweltschutz-Informations- und Steuerungssysteme, a.a.O., S. 28.

Alternativen zu den Gütern gäbe, die bei ihnen Emissionen hervorrufen.
Wollte man sich in jedem Einzelfall darauf einlassen, festzustellen, ob ein Käufermarkt oder Verkäufermarkt besteht und ob Alternativen zu den Emissionen bewirkenden Gütern bestehen und ob diese zumutbar sind, würde die Suche nach dem Verursacher zu einem kostspieligen Unterfangen. Wir wollen als Verursacher deshalb einfach diejenigen bezeichnen, die im juristischen Sinne Eigentümer der Emissionsquellen sind.
Dem Versuch, mit Hilfe einer Verflechtungsanalyse [62] den eigentlichen (ökonomischen) Verursacher einer Umweltbelastung festzustellen, messen wir nur akademische Bedeutung bei. Es ist zwar bereits gelungen, eine solche Verflechtungsanalyse für SO_2 in der Bundesrepublik Deutschland durchzuführen [63]. Will man jedoch auf der Grundlage der durch eine Verflechtungsanalyse ermittelten ökonomischen Verursacher das Verursacherprinzip durchsetzen, so ist - um Wettbewerbsverzerrungen zu vermeiden - eine solche Verflechtungsanalyse zumindest für die wichtigsten Schadstoffe notwendig - ein unter Kostengesichtspunkten zu aufwendiges Verfahren, zumal es andere Möglichkeiten gibt, die ökonomischen Verursacher zu treffen, nämlich via Überwälzung von Steuern, die irgendwo in der Verursachungskette auf den (Faktor-) Input oder (Güter-) Output erhoben werden [64]. Berücksichtigt man, daß die Überwälzungschancen (neben den Angebotselastizitäten) von den Nachfrageelastizitäten abhängen und daß in den Nachfrageelastizitäten die Bedürfnisintensität nach den Gütern zum Ausdruck kommt - je starrer die Nachfrage ist, um so mehr wird das Gut begehrt und um so mehr kann ceteris paribus von der Steuer überwälzt werden -, so ist dies dem Markt überlassene Verfahren der Identifizierung der ökonomischen Verursacher der Verflechtungsanalyse bei weitem überlegen.
Das Hauptverdienst der Verflechtungsanalyse ist u.E., deutlich

62) Vgl. RSU, Umweltgutachten 1974, a.a.O., S. 229 ff.

63) Vgl. ebenda, S. 234 ff.

64) Siehe unten S. 341 ff.

gemacht zu haben, daß manche scheinbar umweltfreundliche Sektoren (auch Endnachfragesektoren), weil sie selbst kaum Schadstoffe emittieren, indirekt - via Bezug von Vorleistungen, deren Produktion sehr emissionsintensiv ist - beträchtlich zur Umweltbelastung beitragen [65].
Neben der Emissionsquelle und damit dem Verursacher muß das Emissionskataster aber auch Art und Menge der Emissionen erfassen, denn die Höhe der Emissionen bestimmt neben anderen Einflußfaktoren die Höhe der Immissionen und der durch sie hervorgerufenen Schäden [66]. Die Messung der Emissionen wird damit zur Grundlage für die Heranziehung der Emittenten (Verursacher) zur Behebung des Schadens.

(2) Einteilung der Emittenten
Unter ökonomischen und auch speziell finanzwirtschaftlichen Gesichtspunkten scheint eine institutionelle Gliederung der Emittenten wie in der volkswirtschaftlichen Gesamtrechnung in die Sektoren Unternehmen, private Haushalte, Staat und Ausland sinnvoll [67]. In all diesen Sektoren befinden sich Betreiber emittierender stationärer und mobiler Anlagen. Da mobile Emissionsquellen (Verkehrsmittel) besondere Probleme bei der katastermäßigen Erfassung aufwerfen, wollen wir sie aus der institutionellen Gliederung herausnehmen und als eigenen Sektor Verkehr zusammenfassen. Da wir in dieser Arbeit von Problemen

---

65) Vgl. RSU, Umweltgutachten 1974, a.a.O., S. 236.

66) Mit Hilfe von Diffusionsmodellen kann man, ausgehend von den gemessenen Emissionswerten, die Immissionskonzentration berechnen (vgl. Dreyhaupt, F.J., Emissionskataster als Hilfsmittel zur Luftreinhaltung, in: Institut für gewerbliche Wasserwirtschaft und Luftreinhaltung e.V. (Hrsg.), Umweltschutz - eine Aufgabe unserer Zeit, Köln 1971, S. 50.

67) Naturwissenschaftlich-technisch orientierte Untersuchungen unterscheiden meist zwischen Industrie, Haushalt und Kleingewerbe sowie Verkehr; vgl. dazu Georgii, H.W., Die lufthygienisch-meteorologische Modelluntersuchung im Rhein-Main-Gebiet, a.a.O., S. 217 f. und Dreyhaupt, F.J., Luftreinhaltung als Faktor der Stadt- und Regionalplanung, a.a.O., S. 1.

der nationalen Grenzen überschreitenden Umweltbelastung absehen [68], betrachten wir im folgenden die vier Emittentengruppen Unternehmen, Haushalte, Staat und Verkehr. Diese Einteilung ist jedoch noch viel zu grob. Vor allem der Sektor Unternehmen muß tiefer gegliedert werden. Hier bietet sich zunächst eine weitere Untergliederung nach Branchen an, da viele Arten der Umweltbelastung branchentypisch sind [69]. Wir empfehlen für die Gliederung des Unternehmenssektors diejenige der amtlichen Statistik [70]. In vielen Fällen, besonders in Ballungsgebieten, wird es jedoch notwendig sein, bis zu den einzelnen Unternehmen - ja u.U. gar bis zu den emittierenden Anlagen bestimmter Unternehmen zu gliedern. Je nach der mit der Emissionserfassung einhergehenden Problemstellung können dann die Mengen gleicher Schadstoffe, die aus verschiedenen Quellen emittiert wurden, wieder aggregiert werden - u.U. auf Branchenebene oder gar für den gesamten Unternehmenssektor.

Bei den privaten Haushalten halten wir eine weitere Untergliederung nicht für sinnvoll.

Der Staat kommt aus verschiedenen Gründen als Emittent in Frage. Zum einen ist er ebenso wie Unternehmen und private Haushalte Eigentümer von Emissionsquellen (z.B. bei öffentlichen Unternehmen), zum anderen ist er qua Gesetz verantwortlich für die Vermeidung oder Beseitigung bestimmter Emissionen (z.B. für die

---

68) Zur Feststellung, welche Länder bei grenzüberschreitender Luftbelastung Verursacher sind, hat die OECD Meßstationen in ganz Europa aufgebaut; vgl. o.V., Who "Exports" and who "Imports" Pollution?, in: OECD-Observer, No. 70, 1974, S. 12 f.; zu weiteren Problemen der grenzüberschreitenden Umweltbelastungen vgl. OECD (Hrsg.), Problems in Transfortier Pollution, Paris 1974.

69) Vgl. Krengel, R., Die Messung der Umweltverschmutzung - ein neuer Wohlstandsindikator, a.a.O., S. 431. Für die Fluor- und die Fluorwasserstoffemission ist z.B. überwiegend die Aluminiumindustrie verantwortlich, für die Emission von Pestiziden die Landwirtschaft usw.

70) Von dieser Gliederung geht z.B. auch der RSU aus, wenn er den Beitrag der verschiedenen Sektoren zur SO_2-Belastung untersucht, vgl. RSU, Umweltgutachten 1974, a.a.O., S. 237 f.

Klärung kommunaler Abwässer) [71]. Kommt z.B. eine öffentliche Gebietskörperschaft dieser gesetzlichen Verpflichtung nicht nach, so wollen wir nicht den Sektor aus dem die Emissionen stammen, sondern diese Gebietskörperschaft als eigentlichen Emittenten bezeichnen. Wir nehmen eine Untergliederung des Sektors Staat in öffentliche Gebietskörperschaften (und hier wiederum in Bund, Länder und Gemeinden) sowie in öffentliche Unternehmen (und hier wiederum gemäß Branchen [72]) sowie Bundesbahn und Bundespost) vor.
Die Einteilung des Sektors Verkehr erfolgt am sinnvollsten nach den Verkehrswegen Straße, Schiene, Wasser und Luft. Emissionsquellen sind also Kraftfahrzeuge und Motorräder, Bahnen, Schiffe und Flugzeuge.

(3) Zur Erfassung der Emissionsquellen
Die Erfassung von Emissionen wirft wegen der großen Dichte bestimmter Emissionsquellen Probleme auf. Dies soll am Beispiel der Emissionen luftbelastender Stoffe verdeutlicht werden. Die Emissionsquellen im Bereich des Sektors Unternehmen (und hier vor allem im industriellen Sektor und weniger im kleingewerblichen Sektor und Dienstleistungsbereich) sind - selbst in Ballungsgebieten - räumlich relativ weit verteilt und somit relativ einfach zu identifizieren; ihre Anzahl ist relativ gering. Man spricht in diesem Fall von Punktquellen. An ihnen kann die Emissionsmenge relativ leicht gemessen werden.
Anders verhält es sich dagegen mit sehr dicht verteilten Emissionsquellen wie wir sie in den Sektoren "private Haushalte" (Wohnhäuser) und "Verkehr" (Kraftfahrzeuge) vorfinden. Im Fall der Hausbrandemissionen aus Wohnsiedlungen spricht man von

---

71) Gemeinde- und Landkreisordnungen der Länder bestimmen z.B., daß die Gemeinden für die Abwasserbeseitigung zuständig sind (vgl. Bock, J., Wasser, Abwasser und Müll heute und morgen, in: Wasser und Boden, Bd. 22, 1970, Heft 5, S. 118). Auch der ehemalige Bundesminister Genscher spricht in einem Interview von Gemeinden als Verursachern von Umweltbelastungen (vgl. Die Wirtschaftswoche, Nr. 23, vom 1.6.1973).

72) Besonders wichtig ist hier sicher die Energiebranche.

Flächenquellen, im Fall der Kfz-Emissionen von Linienquellen [73]. Bei Flächen- und Linienquellen ist zwar auch eine Messung der Emissionen an jeder einzelnen Quelle (Schornstein, Auspuff) möglich, aus Kostengründen jedoch kaum durchführbar. An die Stelle der Messung tritt hier eine Berechnung der Emissionen. Bei der Berechnung der Hausbrandemissionen müssen zunächst die verwendeten Brennstoffarten und der Brennstoffverbrauch ermittelt werden. Beides kann man z.B. durch eine Repräsentativumfrage feststellen [74]. Eine andere Methode zur Ermittlung des Brennstoffverbrauchs ist die stereoskopische Luftbildauswertung, mit der man das Volumen der fotographierten Gebäude bestimmen und daraus Rückschlüsse auf den Brennstoffverbrauch ziehen kann [75]. Mit Hilfe von Emissionsfaktoren, die angeben, wieviel kg Schadstoffe bei Verbrennung von 1 t Heizmaterial emittiert werden, kann man nun die Emissionsmengen berechnen [76].

Schwieriger ist die Berechnung der Abgasemissionen von Kraftfahrzeugen [77]. Die Emissionsmengen je Zeiteinheit hängen ab von Art und Menge des Kraftstoffverbrauchs und vom Fahrverhalten. Der Kraftstoffverbrauch wiederum ist abhängig von der Anzahl der Kraftfahrzeuge und von den Fahrzeugtypen (Hubraum, Nutzlastklasse). Das Fahrverhalten ist vor allem eine Funktion der Verkehrsdichte. Für die Bestimmung der Emissionsfaktoren ist es

---

73) Vgl. Dreyhaupt, F.J., Das Emissionskataster, a.a.O., S. 212.

74) Vgl. ebenda, S. 213 und derselbe, Luftreinhaltung als Faktor der Stadt- und Regionalplanung, a.a.O., S. 111; Günther, U. u.a., Umweltschutz- Informations- und Steuerungssystem, a.a.O., S. 28 f.

75) Vgl. Dreyhaupt, F.J., Luftreinhaltung als Faktor der Stadt- und Regionalplanung, a.a.O., S. 111.

76) Vgl. ebenda, S. 112. Auch für industrielle Branchen kann man eine Berechnung der Emissionen vornehmen, und zwar mit Hilfe branchenspezifischer Emissionskoeffizienten (vgl. Krengel, R., Die Messung der Umweltverschmutzung - ein neuer Wohlstandindikator, a.a.O., S. 433 f.)

77) Zum folgenden vgl. Dreyhaupt, F.J., Luftreinhaltung als Faktor der Stadt- und Regionalplanung, a.a.O., S. 113 ff. und ausführlicher bei May, H./Plassmann, E., Abgasemissionen von Kraftfahrzeugen in Großstädten und industriellen Ballungsgebieten, Köln 1973, S. 68 ff.

notwendig, Anzahl und Art der Kraftfahrzeuge pro Zeiteinheit und Einheitsfläche oder Einheitsstrecke zu bestimmen. Das kann durch Auszählung oder Luftbildaufnahmen geschehen. Außerdem muß das Fahrverhalten registriert werden. Dies kann durch den Einsatz von Testfahrzeugen erfolgen, welche die in Frage kommenden Straßen zu verschiedenen Zeiten abfahren, oder durch die Fahrt auf Prüfständen mit der Simulation verschiedener Verkehrssituationen.

Die hier geschilderten Möglichkeiten der emissionsseitigen katastermäßigen Erfassung umweltbelastender Schadstoffe durch Messung oder Berechnung bestehen auch für die Emissionen in anderen Umweltmedien und für den Lärm, so daß es grundsätzlich keine unüberwindbaren Schwierigkeiten gibt, Emissionskataster für die Bereiche Luft, Gewässer, Boden sowie den Lärm aufzustellen. Gesetzlich geregelt sind in der Bundesrepublik Deutschland die katastermäßige Erfassung luftbelastender Emissionen (§ 46 BImSchG) und giftiger Abfälle (§ 11 AbfBG). Am fortgeschrittensten sind sicher die theoretischen [78) und praktischen [79) Arbeiten bei der Aufstellung von Emissionskatastern für den Be-

78) Vgl. z.B. die Schriftenreihe Umweltschutz des TÜV Rheinland e.V., Bd. 1-5, in denen die theoretischen Grundlagen für die katastermäßige Erfassung luftbelastender Stoffe allgemein (Bd. 1 und 2) und für die Sektoren Straßenverkehr (Bd.3), Industrieunternehmen (Bd. 4) und private Haushalte sowie kleingewerbliche Betriebe (Bd. 5) konkret herausgearbeitet werden.

79) Um praktische Erfahrungen für die Aufstellung von Emissionskatastern zu gewinnen, wurde in der Region Untermain ein Modellversuch für die emissionsseitige Erfassung luftbelastender Stoffe speziell für Ballungsgebiete gestartet (vgl. BT-Drucksache VI/2036). Einige Städte, z.B. Köln, haben bereits Emissionskataster aufgestellt (vgl. May, H./Plassmann, E., Abgasemissionen von Kraftfahrzeugen in Großstädten und industriellen Ballungsgebieten, a.a.O.). Auch einzelne Unternehmen erfassen bereits freiwillig bestimmte Schadstoffe in Emissionskatastern (vgl. Häberle, M., Zur Erstellung eines Geruchskatasters der BASF Ludwigshafen, in: Umwelt 1973,6, S. 39 ff.)

reich der Luftbelastung [80]. Bei analoger Anwendung des § 46 BImSchG auf den Lärm wird auch die Erfassung aller Lärmquellen in einem flächenbezogenen Lärmkataster, wie sie der RSU fordert [81], möglich sein. Für die emissionsseitige Erfassung der Gewässer- und Bodenbelastung (außer durch giftige Abfälle und Bebauung) fehlen bisher die gesetzlichen Grundlagen.

cc) Zur statistischen Aufbereitung der Katasterdaten

Die in den Emissions- und Immissionskatastern gesammelten Daten geben bei hinreichender Vollständigkeit ein differenziertes Bild über Art, Umfang und Herkunft der umweltbelastenden Stoffe; sie müssen jedoch noch aufbereitet werden, um statistischen Anforderungen zu genügen.

Vor allem die Analyse der Wirkungen der Umweltbelastung erfordert Angaben darüber, wie groß die Belastung einer bestimmten Region zu einem bestimmten Zeitpunkt oder in einem bestimmten Zeitraum durch bestimmte Schadstoffe ist.

Der amtlichen Statistik obliegt es also, die Daten aus den Emissions- und Immissionskatastern zu regionalisieren [82], mit einer Zeitdimension zu versehen und zu aggregieren.

(1) Regionalisierung der Daten

Das Emissionskataster "Luft" gibt u.a. Auskunft über den Standort und die Anzahl der Emissionsquellen. Nehmen wir an, es weise

---

80) Abgesehen natürlich von der schon lange bestehenden katastermäßigen Erfassung der Grundstücke eines ganzen Landes bei den Kataster- oder Vermessungsämtern der Gemeinden. Hier kann man sowohl die Art der Bodenbelastung (Bebauung oder nicht) als auch den Eigentümer (Emittent im weiteren Sinne) der jeweiligen Katasterparzeilen feststellen.

81) Vgl. RSU, Umweltgutachten 1974, a.a.O., S. 96.

82) Vgl. Bartelmus, P., Probleme der Entwicklung eines umweltstatistischen Systems, a.a.O., S. 130 und S. 140; Krengel, R., Die Messung der Umweltverschmutzung - ein neuer Wohlstandindikator, a.a.O., S. 433; Entwurf eines Gesetzes über Umweltstatistiken, a.a.O., S. 8; Häfele, W., Stoffbilanzen, a.a.O., S. 23; Hansmeyer, K.-H., Anforderungen der Umweltpolitik an die amtliche Statistik, a.a.O., S. 7 f.

die Schornsteine des Kraftwerkes A und der Erdölraffinerie B - in beiden Fällen Punktquellen - und die Siedlung C (eine Flächenquelle) als Emittenten von SO_2 aus (vgl. Abb. 6). Das Immissionskataster "Luft" zeige in den Maschenquadraten c11, c12, d11, d12, e11 und e12 eine besonders hohe SO_2-Konzentration. Unter Berücksichtigung dieser Daten sowie der meteorologischen und topologischen Verhältnisse können wir nun eine SO_2-Belastungsregion bilden [83]. Nehmen wir an, es herrsche in dem in Frage kommenden Gebiet vor allem Nordwestwind und es werde im Osten durch den Kamm K eines Höhenzuges begrenzt, so könnten wir das schraffiert gekennzeichnete Gebiet als Belastungsregion bezeichnen.

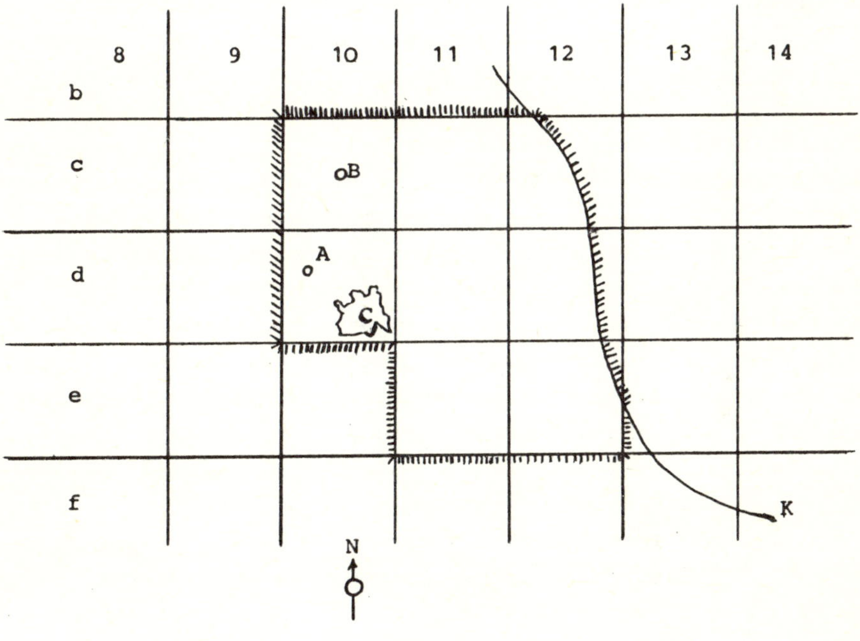

Abb. 6

83) In den USA werden "air basins" gebildet; das sind nicht an Bundesstaatengrenzen gebundene Gebiete, die unter dem Gesichtspunkt der Immissionsbelastung sowie topologischer und meteorologischer Gegebenheiten abgegrenzt werden (vgl. Blair, R.D., The Clean Air Act of 1970, in: Land Economics, vol. 49, 1973, S. 262).

Wir beziehen die Emissionsquellen mit in das Belastungsgebiet ein - obwohl an ihrem Standort in c10 und d10 keine hohe SO_2-Konzentration gemessen wird (Schornsteine von A und B sind sehr hoch, C liegt an der Ostgrenze von d10, starke Luftbewegung) -, damit sich Verursacher und Träger der SO_2-Belastung in der gleichen Region befinden. Es lassen sich nun für alle Schadstoffe und alle Umweltmedien solche Belastungsregionen bilden. Diese Belastungsregionen werden sich mehr oder weniger überlagern und es wird Gebiete geben, in denen alle Umweltmedien durch eine Vielzahl von Schadstoffen belastet sind. Solche Vielfach-Belastungsregionen können zu neuen Schwerpunktregionen der Umweltbelastung zusammengefaßt werden. Zur Bildung solcher Umweltregionen können grundsätzlich die gleichen statistischen Verfahren angewandt werden wie bei der Bildung von Wirtschaftsräumen [84].

(2) Die zeitliche Dimensionierung der Daten

Die Zeitdimension, mit der die Daten in die Emissions- und Immissionskataster eingetragen werden, ist in der Regel meßtechnisch bedingt und genügt oft nicht den Ansprüchen einer Wirkungsanalyse der Umweltbelastung. Bei nicht kontinuierlicher Messung aber kontinuierlicher Emission bzw. Immission müssen z.B. Emissions- und Immissionsdaten zeitlich hochgerechnet werden; umgekehrt müssen bei kontinuierlicher Messung aber diskontinuierlicher Emission oder Immission Zeiten der Spitzenbelastung statistisch festgehalten und nicht nur gemittelt werden. Es ist für jeden Schadstoff festzulegen, ob seine Emission oder Immission entweder in Sekunden-, Minuten-, Stunden-, Tages-, Monats- bzw. Jahresdurchschnittswerten oder ob auch Maxima der Emissionsraten und Immissionskonzentrationen angegeben werden sollen.

---

84) Vgl. z.B. Fischer, A., Die Struktur von Wirtschaftsräumen. Ein Beitrag zur Anwendung statistischer Methoden in der Regionalforschung, Wiesbaden 1969; Schulze, P.M., Regions- und Informationssystem, unveröffentlichte Habilitationsschrift, Mainz 1975; Bartelmus, P., Probleme der Entwicklung eines umweltstatistischen Systems, a.a.O., S. 143.

(3) Die Aggregation der Daten

Manche Schadstoffe, wie z.B. Blei, wirken über alle drei Umweltmedien auf die menschliche Gesundheit. Die Gesamtbelastung einer Region durch Blei kann man also nur feststellen, wenn man die Bleikonzentration aus den Immissionskatastern Luft, Gewässer und Boden aggregiert.

"Das Bekannte ist darum,
daß es bekannt ist,
noch nicht erkannt".

(G.W.F. Hegel,
Phänomenologie des Geistes)

2. Zur Diagnose der Schadstoffwirkungen

a) Zur statistischen Erfassung der Schadstoffwirkungen

Die Kenntnis der Wirkungen der Schadstoffe auf die Umwelt und den Menschen ist nicht nur - wie bereits erwähnt - Voraussetzung für eine Bewertung der Schäden, sondern auch für die konkrete Formulierung der umweltpolitischen Ziele [85]. Deshalb ist eine Statistik der eingetretenen Schäden [86] ebenso wichtig wie die Statistik der (emittierten und immittierten) Schadstoffmengen. Die regionalisierte Statistik der Schadstoffkonzentrationen ist dabei Voraussetzung für die Schadensstatistik, denn nur wenn Art und Menge der Schadstoffe in der Umwelt bekannt sind, lassen sich eventuell Beziehungen zwischen ihnen und den von ihnen bewirkten Schäden messen. Um die Wirkungen der Schadstoffe auf die menschliche Gesundheit zu messen, könnten bereits vorhandene Statistiken des Gesundheitswesens herangezogen werden, wenn sie durch eine umweltrelevante Krankheitsgliederung verbessert und durch Korrelationsrechnungen ergänzt würden [87]. Daneben müßten auch die Wirkungen der Schadstoffe auf die natürliche oder materielle Umwelt erfaßt werden [88]. Die größte

---

85) Vgl. dazu unten S. 137 ff.

86) Der RSU spricht von einem Wirkungskataster, das neben Emissions- und Immissionskataster die dritte wesentliche Informationsquelle für den Umweltschutz sein soll (vgl. RSU, Umweltgutachten 1974, a.a.O., S. 18).

87) Vgl. Bartelmus, P., Probleme der Entwicklung eines umweltstatistischen Systems, a.a.O., S. 139 ff.; Bartels, H., Statistik als Hilfsmittel der Umweltpolitik, a.a.O., S. 22.

88) Vgl. Bartelmus, P., Probleme der Entwicklung eines umweltstatistischen Systems, a.a.O., S. 142.

Schwierigkeit bei der Erfassung der Schadstoffwirkungen auf die Umwelt und den Menschen dürfte darin liegen, einen eindeutigen Ursache-Wirkungs-Zusammenhang zwischen Schadstoffimmission und dem Schaden nachzuweisen [89]. Das liegt u.a. daran, daß z.B. eine Krankheit mehrere Ursachen haben kann. Eine starke Korrelation zwischen einer hohen Schadstoffkonzentration und einer Krankheit, die durch diesen Schadstoff hervorgerufen werden kann, ist daher noch kein Beweis für die tatsächliche Verursachung. Nur selten - und dies in der Regel bei "Katastrophen" - wurde ein eindeutiger Ursache-Wirkungs-Zusammenhang nachgewiesen. Das heißt nun keineswegs, daß man auf Korrelationsrechnungen verzichten soll: Wenn es häufig und an verschiedenen Orten zu starken Korrelationen zwischen einer bestimmten Schadstoffkonzentration und einer bestimmten Krankheit kommt, so können u.U. Regressionsanalysen einen ursächlichen Zusammenhang feststellen. Um eine aussagekräftige Statistik der durch die Schadstoffe bewirkten Schäden aufstellen zu können, ist - neben der Statistik der Schadstoffmengen - eine möglichst vollständige Kenntnis der Schadstoffwirkungen sowie eine Systematisierung der Schäden notwendig.

b) Zur Systematisierung der Schäden

Die in die Umwelt emittierten Schadstoffe bewirken in der Regel zunächst eine Belastung der Umwelt selbst und dann über diese eine Belastung des Menschen [90]. Manche Schadstoffe und der Lärm

89) Vorausgesetzt man weiß, daß ein solcher Zusammenhang überhaupt bestehen kann. Bei vielen Schadstoffen v e r m u t e t man bestenfalls eine gesundheitsschädliche Wirkung oder umgekehrt formuliert: Bei bestimmten Krankheiten vermutet man als Ursache umweltbelastende Schadstoffe.

90) Umweltschutz ist also Menschenschutz; vgl. Goldsmith, E./ Allen, R., Planspiel zum Überleben, Stuttgart 1972, S. 15; Schaefer, H., Die Ökologie als Problem des Umweltschutzes, in: Schaefer, H. (Hrsg.), Folgen der Zivilisation, Therapie oder Untergang?, Frankfurt/M. 1974, S. 98; Bauer, R.K., Methodische Grundprobleme der Umweltstatistik, in: Allgemeines Statistisches Archiv, Bd. 59, 1975, S. 33; van Belle, G./Schneiderman, M., Some Statistical Aspects of Environmental Pollution and Protection, in: International Statistical Review, vol. 41, 1975, S. 319.

führen jedoch direkt zu einer Gesundheitsschädigung beim Menschen. Teilt man die Umwelt in eine natürliche und materielle Umwelt ein, so kann man noch unterscheiden zwischen ökologischen Schäden und Sachschäden. Die ökologischen Schäden unterteilt man am besten noch nach den betroffenen Umweltmedien Luft, Wasser und Boden. Ökologische Schäden können an den Umweltmedien selbst hervorgerufen werden und/oder an den in ihnen lebenden Tieren und Pflanzen. Ferner kann es zu Beeinflussungen des Klimas via ökologischen Schäden an Luft, Wasser, Boden und Pflanzenwelt kommen. Auch Schäden in einem Umweltmedium können Schäden in den anderen Umweltmedien bewirken. Alle diese ökologischen Schäden können ebenso wie die Sachschäden die menschliche Gesundheit beeinflussen. Die möglichen Wirkungen sind noch einmal in dem folgenden Schema zusammengefaßt:

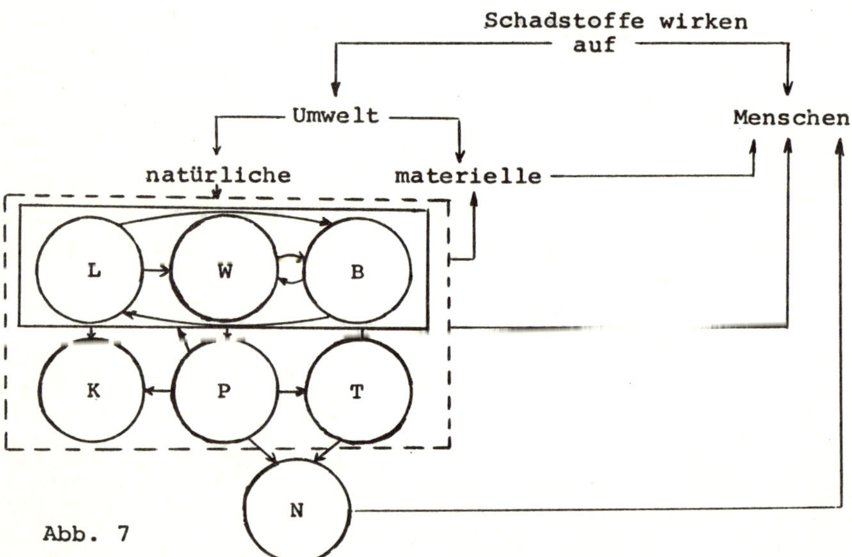

Abb. 7

Es bedeuten: L = Luft
W = Wasser
B = Boden
K = Klima
P = Pflanzenwelt
T = Tierwelt
N = Nahrungsmittel

☐ = Gesamtheit der Umweltmedien

⬚ = Gesamtheit der Ökofaktoren

⟶ = Richtung der Wirkung

Diesem Gliederungsschema der Schadstoffwirkungen folgend, wollen wir die Wirkungen der Schadstoffe [91] in dem folgenden Abschnitt darstellen.

c) Die Wirkungen der Schadstoffe

aa) Die Wirkungen der Schadstoffe auf die Umwelt der Menschen

(1) Ökologische Wirkungen

(a) Störungen des ökologischen Gleichgewichts

Die Ökologie kann man als die Wissenschaft von der Struktur und Funktion der Ökosysteme bezeichnen [92]. Diese Ökosysteme bestehen aus den Ökofaktoren Luft, Wasser und Boden (Biotop) der Pflanzen- und Tierwelt (Biozönose) sowie dem Klima; sie bilden zusammen die Biosphäre. Innerhalb der Ökosysteme und zwischen den Ökosystemen besteht ein natürliches Gleichgewicht, das sogenannte ökologische (oder biologische) Gleichgewicht [93]. Es ist dadurch gekennzeichnet, daß die jährliche Produktion an organischer Masse gleich dem Gesamtverbrauch an organischer Masse ist. Gelangen nun Schadstoffe in ein Ökosystem, so kann qua Behinderung der Produktion (oder Überproduktion) organischer Masse und/oder durch zusätzlichen (verminderten) Verbrauch organischer Masse das ökologische Gleichgewicht dieses Ökosystems, aber auch der gesamten Biosphäre [94] gestört werden. Da die natürliche Umwelt

---

91) Es handelt sich dabei zumindest um die potentiellen Wirkungen der Schadstoffe, denn ob sie tatsächlich schädlich sind, hängt natürlich von ihrer Konzentration ab.

92) Vgl. dazu und den folgenden Ausführungen dieses Abschnittes Odum, E.P., Ökologie, München-Basel-Wien 1967, S. 11. Zur Komplexität der das ökologische Gleichgewicht verkörpernden Kreisläufe vgl. McHale, J., Der ökologische Kontext, Frankfurt/M. 1974, S. 51 ff. Eingriffe in diese Kreisläufe können zur Störung des gesamten ökologischen Gleichgewichts führen (vgl. ebenda, S. 94).

93) Vgl. Schäfer, G., Kybernetische Modelle als Hilfsmittel zur Darstellung ökologischer Zusammenhänge, in: Steubing, L./ Kunze, C./Jäger, J., Belastung und Belastbarkeit von Ökosystemen, a.a.O., S. 181 ff.; Klausewitz, W./Schäfer, W./ Tobias, W., Umwelt 2000, Kleine Senckenberg Reihe, Bd. 3, Frankfurt/M. 1971, S. 18 ff.

94) Vgl. Stockmann, H.-U., Die natürlichen Faktoren in der Planung, in: Institut für Raumforschung, Informationen, Bd. 20, 1970, S. 365.

jedoch zum einen anpassungsfähig ist (man spricht deshalb von einem dynamischen ökologischen Gleichgewicht [95]) und zum anderen Selbstreinigungskräfte entwickelt, führt nicht jede Schadstoffmenge, sondern erst eine bestimmte Schadstoffkonzentration zu einer Störung des ökologischen Gleichgewichts. Die Ökosysteme sind bis zu bestimmten Grenzen belastbar [96]. Nur die über diese Belastungsgrenzen hinausgehenden Wirkungen wollen wir als ökologische Schäden bezeichnen.

(b) Ökologische Wirkungen der Luftbelastung

Die Belastung des Umweltmediums Luft kann (α) zu Schäden an diesem selbst führen, indem es seine natürliche Zusammensetzung über die Belastungsgrenzen hinaus verändert; darüber hinaus kann die Belastung (β) Schäden in anderen Umweltmedien hervorrufen; ferner kann sie (γ) Schäden bei den vom Lebensraum Luft abhängigen Pflanzen und Tieren bewirken; weiterhin sind (δ) Klimaveränderungen denkbar.

(α) Die untere Luftschicht, die Troposphäre, besteht in reinem Zustand aus rund 77% Stickstoff und 21% Sauerstoff; der Rest besteht aus Wasser, Edelgasen und Kohlendioxid.
Eine der von Ökologen meist diskutierten Fragen ist nun, ob die ständig steigende Verbrennung fossiler Brennstoffe zu einem nicht mehr reparablen Schaden am Sauerstoffhaushalt - einem O_2-Defizit - der Troposphäre führen kann [97]. Während einige Autoren diese Gefahr eines Sauerstoffdefizits in der Atmosphäre als gering betrachten [98], halten andere sie be-

95) Vgl. Schaefer, H., Die Ökologie als Problem des Umweltschutzes, a.a.O., S. 118.

96) Nur Schadstoffkonzentrationen, die über diese Grenzen - mit deren Bestimmung wir uns unten befassen (vgl. S. 137 ff.) - hinausgehen, stellen Umweltbelastungen dar; vgl. dazu Ellenberg, H., Belastung und Belastbarkeit von Ökosystemen, in: Steubing, L./Kunze, C./Jäger, J., Belastung und Belastbarkeit von Ökosystemen, a.a.O., S. 19 ff.

97) Vgl. Olschowy, G./Mrass, W./Kullmer, H.J./Bürger, K., Zur Belastung der Landschaft, a.a.O., S. 34.

98) Vgl. Schaefer, H., Die Ökologie als Problem des Umweltschutzes, a.a.O., S. 108.

reits für akut [99]. Bei differenzierter Betrachtung des Problems haben beide Seiten recht: Global ist in absehbarer Zeit nicht die Gefahr der Sauerstoffverarmung vorhanden, regional und vor allem lokal besteht jedoch die Gefahr eines belastenden Sauerstoffverbrauchs. So soll in den USA im Jahre 1966 die Sauerstoffproduktion (durch Photosynthese) weniger als 60% des Sauerstoffverbrauchs (durch Atmung der Lebewesen und Verbrennung fossiler Brennstoffe) betragen haben; dieses Sauerstoffdefizit wurde jedoch durch Luftzirkulation aus dem pazifischen Raum ausgeglichen [100], es wurde mit anderen Worten Sauerstoff (kostenlos) in die USA importiert. Erst wenn ein solcher Ausgleich der Sauerstoffbilanz nicht mehr möglich ist, kommt es zu einer Sauerstoffkrise [101].
Über der Troposphäre befindet sich als nächste Luftschicht die Stratosphäre. Durch die NO_x-Emissionen von Überschallverkehrsflugzeugen (SST), die in Stratosphärenhöhe fliegen, kann es zu einer Schädigung des die Stratosphäre umgebenden Ozonschildes kommen, der die Erdoberfläche vor der schädlichen UV-Strahlung schützt [102].

(β) Die Belastung der Luft mit Schadstoffen kann dadurch zu Belastungen der beiden anderen Umweltmedien Wasser und Boden führen, daß die Schadstoffe in der Luft mit dem Niederschlag in die Gewässer und den Boden gelangen.
So führt die SO_2-Belastung der Luft zu einer Versäuerung der Niederschläge und damit der Oberflächengewässer und des Bodens: der pH-Wert in den Gewässern und im Boden sinkt. Wird

---

99) Vgl. LaMont Cole, C., A Race for Survival, in: Pole, N. (Hrsg.), Environmental Solutions, Cambridge 1972, S. 19 f.

100) Vgl. ebenda.

101) Vgl. Egli, E., Natur in Not, Gefahren der Zivilisationslandschaft, 2. Aufl., Bern und Stuttgart 1970, S. 18 ff.

102) Vgl. World Meteorological Organization (WMO), Meteorology and the Human Environment, WMO-No. 313, Genf 1971, S. 32. Man stellt sich vor, daß das emittierte NO bzw. NO_2 mit O_3 zu NO_2 bzw. NO_3 oxidiert und O_2 freisetzt (vgl. Schmidt-Burbach, G.M., Klimaveränderungen im urbanen Bereich, in: U, 1973, 4, S. 24.

der pH-Wert der Gewässer kleiner als 5,5 sterben Edelfische, sinkt er unter 4, so ist organisches Leben nur noch bedingt möglich [103]. Eine Senkung des pH-Werts im Boden führt zu einer Störung des Stickstoffkreislaufs und letztlich zur Auswaschung für das Pflanzenwachstum notwendiger Spurenelemente [104]. Auch Staubteile und an diese gebundene Schadstoffe wie Bleipartikel gelangen mit dem Regen auf die Erdoberfläche und führen so zu einer zusätzlichen Belastung der Gewässer und des Bodens.

(γ) Zu den akutesten ökologischen Wirkungen der Luftbelastung gehören die Schäden an der Pflanzen- und Tierwelt.

(γ_1) Für die Pflanzenwelt am gefährlichsten ist, da am weitesten verbreitet, die SO_2-Belastung der Luft [105]. Besonders gefährdet ist durch SO_2 der Nadelholzbestand [106]. Nicht weniger gefährlich sind jedoch Fluorwasserstoff, Chlorwasserstoff, der photochemische Smog mit seinen Komponenten PAN (Peroxyacetylnitrat) und Ozon [107] sowie Stäube. Die Wir-

---

103) Vgl. Rönicke, G., Die Atmosphäre, ihre Entwicklung und gegenwärtige Situation. Änderungen durch den Einfluß des Menschen, in: Sioli, H. (Hrsg.), Ökologie und Lebensschutz in internationaler Sicht, Freiburg 1973, S. 49 ff.

104) Vgl. RSU, Umweltgutachten 1974, a.a.O., S. 120.

105) Vgl. Guderian, R., Wirkungen von Luftverunreinigungen auf Pflanzen, in: Schultze, H. (Hrsg.), Umweltreport, a.a.O., S. 206.

106) Vgl. Dreyhaupt, F.J., Luftreinhaltung als Faktor der Stadt- und Regionalplanung, a.a.O., S. 42 und Lahmann, E., Literaturstudie über die ökonomischen Konsequenzen der Schäden und Belästigungen, die durch die Luftverschmutzung durch Schwefeldioxid sowohl bei Materialien und der Vegetation als auch bei Mensch und Tier hervorgerufen werden, o.O., 1974, S. 31.

107) Die Bildung von photochemischem Smog stellt ein Beispiel für die Kombinationswirkung luftbelastender Stoffe - hier von NO_2 und ungesättigten Kohlenwasserstoffen - dar; unter dem Einfluß des Sonnenlichtes (Photolyse) bilden sich dabei u.a. Ozon und PAN; besonders letzteres stellt ein starkes Pflanzengift dar (vgl. Becker, K.H./Schurath, U., Photochemie der Luftverschmutzung, in: Schultze, H. (Hrsg.), Umweltreport, a.a.O., S. 230 f. und RSU, Umweltgutachten 1974, a.a.O., S. 119).

kungen auf die Pflanzen sind sich ähnlich: In allen Fällen wird die Photosynthese gestört; es kommt zu Nekrosen, Blattfall, Wachstumsbehinderungen und schließlich dem Absterben der Pflanzen[108].

(γ_2) Tiere sind am meisten durch Fluor- und Bleiimmissionen gefährdet, und zwar weniger durch Einatmung als durch die Aufnahme via Niederschläge mit Fluor- oder Bleiverbindungen kontaminierter Nahrung. Es kann zu Bleivergiftungen und zur sogenannten Fluorose, einer Knochenveränderung, kommen[109].

(δ) Zu den spekulativsten Veröffentlichungen auf dem Gebiet der Umweltbelastung zählen diejenigen über eine Modifikation des Klimas durch die Belastung der Luft mit Schadstoffen. Die Prognosen einiger Futurologen oder futurologisch argumentierender Ökologen reichen vom globalen Hitzetod bzw. einer Überschwemmungskatastrophe bis zu einer bevorstehenden Eiszeit[110]. Die "Hitzetod"- bzw. "Überschwemmungskatastrophenvertreter" argumentieren folgendermaßen[111]:

---

108) Vgl. Guderian, R., Wirkungen von Luftverunreinigungen auf Pflanzen, a.a.O., S. 206 ff.; Dreyhaupt, F.J., Luftreinhaltung als Faktor der Stadt- und Regionalplanung, a.a.O., S. 45 f.; RSU, Umweltgutachten 1974, a.a.O., S. 21 f. und S. 119; WMO, Air Pollutants, Meteorology, and Plant Injury, Technical Note No. 96, Genf 1968, S. 6 ff.; Materialienband zum Umweltprogramm der Bundesregierung, a.a.O., S. 208; Olschowy, G., Katalog ökologischer Noxen und der von ihnen bedingten Schäden, in: Schaefer, H. (Hrsg.), Folgen der Zivilisation, a.a.O., S. 160.

109) Vgl. RSU, Umweltgutachten 1974, a.a.O., S. 21; Dreyhaupt, F.J., Luftreinhaltung als Faktor der Stadt- und Regionalplanung, a.a.O., S. 42; Olschowy, G./Mrass, W./Kullmer, H. J./Bürger, K., Zur Belastung der Landschaft, a.a.O., S. 34; Egli, E., Natur in Not, a.a.O., S. 40.

110) Vgl. z.B. Taylor, G.R., Das Selbstmordprogramm, Frankfurt/M. 1971, S. 60 ff.

111) Vgl. Fritsch, B., Umwelt und Grenzen des Wachstums, in: Mitteilungen der List-Gesellschaft, Fasc. 8 (1973/74), Nr. 5, S. 92 ff.; McHale, J., Der ökologische Kontext, a.a.O., S. 74 ff.; Rönicke, G., Die Atmosphäre, ihre Entwicklung und gegenwärtige Situation, a.a.O., S. 45 f.; Schaefer, H., Die Ökologie als Problem des Umweltschutzes, a.a.O., S. 108 f.; WMO, Meteorology and the Human Environment, a.a.O., S. 23.

Der steigende Energieverbrauch in der Welt äußert sich wegen der Verbrennung fossiler Brennstoffe in einem exponentiellen Anstieg von CO_2 in der Atmosphäre; da CO_2 die nächtliche (relativ langwellige) Wärmeabstrahlung von der während des Tages durch die (relativ kurzwellige) Sonneneinstrahlung aufgeheizten Erdoberfläche absorbiert, vermindert ein Anstieg von CO_2 in der Atmosphäre zunehmend die Rückstrahlung von Wärme an den Weltraum; es kommt also zu einem allmählichen Anstieg der Temperatur auf der Erde ("Treibhauseffekt") mit der Folge, daß die polaren Eisflächen und Gletscher in den Gebirgen schmelzen, wodurch der Wasserspiegel der Meere ansteigt und weite Landstriche überschwemmt; es kommt zu einer polwärts gerichteten globalen Verlagerung der Klimazonen, was zu einer Versteppung z.B. der Mittelmeerländer und Kaliforniens führen würde [112]. Gegen diese Folgen des CO_2 spricht, daß die fossilen Brennstoffe erschöpft sein werden, bevor die geschilderten Folgen eintreten können [113]. Die Energie wird in Zukunft immer mehr durch Kernkraftwerke erzeugt werden. Dadurch hat sich das Problem der Aufwärmung der Atmosphäre jedoch nur verlagert, denn die Kühlung der Kernreaktoren führt ebenfalls zu einer thermischen Belastung der Atmosphäre [114] - entweder direkt via Abwärme der Kühltürme oder indirekt via thermische Belastung der Gewässer. Damit verlagert sich das Problem der Klimabeeinflussung allerdings auch von der globalen auf die

112) Vgl. Flohn, H./Fraedrich, K., Eingriffe in das Klima, in: Umwelt, 1973, 5, S. 21.

113) Vgl. Schaefer, H., Die Ökologie als Problem des Umweltschutzes, a.a.O., S. 108.

114) Vgl. Kiese, O., Die Rolle künstlich erzeugter Wärme in der Atmosphäre, in: Steubing, L./Kunze, C./ Jäger, J. (Hrsg.), Belastung und Belastbarkeit von Ökosystemen, a.a.O., S. 178.

lokale oder höchstens regionale Ebene [115], nämlich auf die Umgebung der Kernkraftwerke: Es kann durch die Abwärme der Kernkraftwerke zur Beeinflussung des Mikroklimas kommen.
Die Prognostiker einer neuen Eiszeit argumentieren, daß die Belastung der Luft mit Stäuben und die dadurch bedingte Dunstbildung zu einer verringerten Sonneneinstrahlung und damit zu einer Senkung der Tagestemperatur führt [116]; dem steht entgegen, daß gerade dieser Dunst in der Nacht die Wärmeabstrahlung von der Erde behindert, so daß die nächtliche Temperatur steigt. Andererseits stellen die Staubpartikel aber auch Kondensationskerne dar, die zu Nebel, Wolkenbildung und damit schließlich zu Niederschlägen führen [117], was sich temperatursenkend auswirkt.
Zusammenfassend kann man wohl sagen, daß in absehbarer Zukunft höchstens regionale Modifikationen des Klimas durch die Belastung der Luft mit Schadstoffen (einschl. Abwärme) zu erwarten sind und die Art der Klimaveränderung (Temperatur, Niederschlagshäufigkeit) von den regionalen bzw. lokalen Luftbelastungsverhältnissen abhängt.

(c) Ökologische Wirkungen der Gewässerbelastung

Die ökologischen Wirkungen, die von der Gewässerbelastung mit Schadstoffen ausgehen, hängen sehr stark vom Gewässertyp ab, vor allem vom Gewässervolumen, der Gewässertiefe und der Strömung. Ein kleines, flaches, stehendes Gewässer (z.B. ein Teich) wird

---

115) Vgl. Kiese, O., Die Rolle künstlich erzeugter Wärme in der Atmosphäre, in: Steubing, L./Kunze, C./Jäger, J. (Hrsg.), Belastung und Belastbarkeit von Ökosystemen, a.a.O., S. 178; Flohn, H., Klimaschwankungen und Klimamodifikation: Fakten und Probleme, in: Universitas, 28. Jg., 1973, S. 1297; Budyko, M.I., Das Klima der Zukunft, in: Forschung '73, Frankfurt/M. 1972, S. 93; Landsberg, H.E., Man-made Climatic Changes, in: Science, vol. 170, 1970, Nr. 3964, S. 1268.

116) Vgl. Rönicke, G., Die Atmosphäre, ihre Entwicklung und gegenwärtige Situation, a.a.O., S. 48 f.; WMO, Meteorology and the Human Environment, a.a.O., S. 32.

117) Vgl. Landsberg, H.E., Man-made Climatic Changes, a.a.O., S. 1272.

von einer bestimmten Schadstoffart und -menge ceteris paribus stärker belastet als ein - um das andere Extrem zu nennen - Meer mit einer großen Tiefe und starken Strömung, da die Selbstreinigungskraft eines Gewässers mit dessen Tiefe und Strömung zunimmt[118].

Man kann die ökologischen Wirkungen der Gewässerbelastung in drei Gruppen einteilen: (α) in sauerstoffverzehrende Wirkungen, (β) in toxische Wirkungen auf Pflanzen- und Tierwelt der Gewässer und (γ) in Wirkungen auf das Klima. Die zweite Gruppe von Gewässerbelastungen führt wiederum zu einem Sauerstoffverzehr via Zersetzung der getöteten Pflanzen und Tiere[119].

(α) Die Sauerstoffbilanz eines Gewässers ist ausgeglichen, wenn die Sauerstoffproduktion (z.B. durch die Photosynthese des Phytoplanktons) und die Sauerstoffzufuhr (aus der Luft) dem Sauerstoffverzehr (z.B. durch das Zersetzen toter Wasserbewohner) entsprechen. Dieses Gleichgewicht kann gestört werden, indem (α_1) der Sauerstoffverzehr erhöht und/oder (α_2) die Sauerstoffproduktion bzw. die (α_3) Sauerstoffzufuhr behindert werden. Alle drei Fälle wollen wir anhand typischer Beispiele erläutern.

(α_1) Zu einer Erhöhung des Sauerstoffverbrauchs kommt es in den Gewässern vor allem durch die Belastung mit Stickstoff- und Phosphorverbindungen. Stickstoffverbindungen gelangen in erster Linie durch Abschwemmung landwirtschaftlich genutzter Böden, die mit Stickstoff gedüngt wurden, in die Gewässer; Phosphorverbindungen kommen ebenfalls via Abschwemmung phosphorgedüngter Böden in die Gewässer, daneben aber auch durch die Fäkalien und Waschmittelabwässer der

---

118) Vgl. Liebmann, H., Die Wasserqualität der oberbayerischen Seen, in: Olschowy, G. (Hrsg.), Belastete Landschaft - gefährdete Umwelt, a.a.O., S. 66.

119) Vgl. U.S. Department of the Interior/Federal Water Pollution Control Administration, The Economics of Clean Water, Bd. 2, U.S.G.P.O., Washington, D.C., 1970, S. xi.

Haushalte [120].

N- und P-Verbindungen stellen eine wichtige Nährstoffanreicherung der Gewässer dar und führen vor allem zu einem starken Wachstum des Phytoplanktons und damit aber auch der (tierischen) Lebewesen, die sich von dem Phytoplankton ernähren. Die Zunahme des Phytoplanktons hat zunächst einen durchaus positiven Einfluß auf den Sauerstoffhaushalt der Gewässer, denn das Phytoplankton sorgt ja durch Photosynthese für die Sauerstoffproduktion. Zum gesteigerten Sauerstoffverzehr kommt es erst durch die Zersetzung der gestiegenen Anzahl an Lebewesen [121]. Reicht der Sauerstoff nicht mehr aus, um die Lebewesen zu zersetzen, sinken sie zum Grund des Gewässers und beginnen dort zu faulen (anaerobe Zersetzung), wobei sich giftige Gase wie Schwefelwasserstoff (H_2S), Ammoniak und Methan bilden, welche wiederum zu einem Sterben der Lebewesen im Wasser führen können [122]. Diesen ganzen Vorgang bezeichnet man als Eutrophierung [123]. Sie kann im Extremfall zur Verlandung eines Gewässers führen [124]: "das Gewässer stirbt".

---

120) Vgl. U.S. Council on Environmental Quality, Environmental Quality, The First Annual Report, a.a.O., S. 31; Liebmann, H., Die Wasserqualität der oberbayerischen Seen, a.a.O., S. 67; RSU, Umweltgutachten 1974, a.a.O., S. 55 f.; Materialienband zum Umweltprogramm der Bundesregierung, a.a.O., S. 99 f. und S. 129; Simonis, W., Eutrophierung, in: Schaefer, H. (Hrsg.), Folgen der Zivilisation, a.a.O., S. 171.

121) Vgl. Elster, H.-J., Ökologische Probleme der Binnengewässer, in: Forschung'73, a.a.O., S. 208; Schwoerbel, J., Biologie des Wassers, in: Schröder, B. (Hrsg.), Wasser, Frankfurt/M. 1970, S. 234.

122) Vgl. Firnhaber, R.B., Patient Bodensee. Wie lange noch Trinkwasserspeicher?, in: Umwelt, 1971, 3, S. 27; Klee, O., Eine Klärwerke-Kur für den Bodensee, in: Kosmos, 1971, 12, S. 508; Olschowy, G.,/Mrass, W./Kullmer, H.J./Bürger, K., Zur Belastung der Landschaft, a.a.O., S. 27.

123) Vgl. neben der zu diesem Problemkreis angegebenen Literatur in den Fußnoten 118 bis 122 vor allem die ausführliche Untersuchung der OECD (Hrsg.), Eutrophication in Large Lakes and Impoundments, Uppsala Symposium, Report Prepared by C.P. Milway, Paris 1970.

124) Vgl. Simonis, W., Eutrophierung, a.a.O., S. 172.

Neben diesem biochemisch bedingten Sauerstoffverzehr durch Eutrophierung gibt es noch den rein physikalisch bedingten Sauerstoffverbrauch in Gewässern durch deren thermische Belastung mit Kühlwasser aus Kernkraftwerken [125]; aber auch der biochemische Sauerstoffbedarf steigt durch die höhere thermische Belastung [126]. Andererseits kann die Aufwärmung der Gewässer im Winter ökologisch positive Wirkungen haben, da sie ein Zufrieren der Gewässer verhindert [127].

(α_2) Die Sauerstoffproduktion in den Gewässern kann durch Zerstörung der an der Sauerstoffproduktion beteiligten Organismen erfolgen. Es muß nicht unbedingt eine Belastung der Sauerstoffproduzenten durch toxische Stoffe sein [128]; auch feste Stoffe, die in Gewässer abgelagert werden, können durch Zerstörung der Bodenfauna die Sauerstoffproduktion behindern [129].

(α_3) Die Sauerstoffzufuhr aus der Luft kann durch die Belastung eines Gewässers mit Öl verhindert werden [130].

(β) Die Pflanzen- und Tierwelt der Gewässer wird, wie bereits dargestellt, durch die Eutrophierung und auch die thermische Belastung, die beide zu einem Sauerstoffverzehr führen, gefährdet. Die sauerstoffzehrende Belastung der Gewässer hat vor allem eine Gefährdung der Fische zur Folge [131].

---

125) Vgl. König, H.-W., Thermische Belastung der Fließgewässer, in: Olschowy, G. (Hrsg.), Belastete Landschaft - gefährdete Umwelt, a.a.O., S. 57.

126) Vgl. ebenda, S. 58.

127) Vgl. The Economy, Energy, and the Environment. A Background Study prepared for the Use of the J.E.C., U.S.G.P.O., Washington, D.C., 1970, S. 96.

128) Vgl. Schwoerbel, J., Biologie des Wassers, a.a.O., S. 235.

129) Vgl. Materialienband zum Umweltprogramm der Bundesregierung, a.a.O., S. 183.

130) Vgl. Ant, H., Ölverschmutzung der Meere und ihre Folgen, in: Olschowy, G. (Hrsg.), Belastete Landschaft - gefährdete Umwelt, a.a.O., S. 90.

131) Vgl. The Economy, Energy, and the Environment, a.a.O., S. 95; König, H.-W., Thermische Belastung der Fließgewässer, a.a.O., S. 58 und RSU, Umweltgutachten 1974, a.a.O., S. 58.

Die ökologischen Wirkungen einer toxischen Belastung äußern sich in erster Linie in einer Ausrottung einzelner Arten und damit einer Verschiebung der Biozönosen; Schädlinge können überhand nehmen [132]. Vor allem Mineralölprodukte gefährden die Biozönosen der im Wasser lebenden Tiere und Pflanzen [133].

Die Ausrottung kann auf verschiedene Weise vor sich gehen. Am spektakulärsten ist die als Ölpest bekannte Belastung von Seevögeln mit Öl, das die Gefieder verklebt und so allmählich den Tod der Tiere herbeiführt [134]. Neben dieser "mechanischen" Art der Tötung, können Öl und Mineralölprodukte aber auch toxisch wirken [135]. Aufsehen erregten ferner akute Vergiftungen von Fischen, beispielsweise die zu einem großen Fischsterben führende Belastung des Rheins durch das Insektizid Endosulfan (Thiodan) im Jahre 1969 [136].

Subtiler und gefährlicher sind allerdings chronische Vergiftungen etwa durch Pestizide oder Schwermetallverbindungen, die über die Nahrungskette zu einer allmählichen Ansammlung der Giftstoffe bzw. ihrer Metabolismen im Körper der Tiere führen und so entweder ihren Tod (Seehunde, Seevögel, Fische) oder Fortpflanzungsschäden bewirken. Am bekanntesten ist das Beispiel des DDT und seines Metaboliten DDE. Das in allen Weltmeeren nachgewiesene Pflanzenschutzmittel DDT wird vom

---

132) Vgl. Ant, H., Verschmutzung der Fließgewässer und ihre Folgen am Beispiel der Lippe und des Rheins, in: Olschowy, G. (Hrsg.), Belastete Landschaft - gefährdete Umwelt, a.a.O., S. 46 f.

133) Vgl. RSU, Umweltgutachten 1974, a.a.O., S. 56.

134) Vgl. Gerlach, S.A., Auswirkungen der Meeresverschmutzung auf das Leben im Meer und die Nahrungsketten, in: Schultze, H. (Hrsg.), Umweltreport, a.a.O., S. 156.

135) Vgl. Ant, H., Ölverschmutzung der Meere und ihre Folgen, a.a.O., S. 87.

136) Vgl. Ant, H., Biologische Probleme der Verschmutzung und akuten Vergiftung von Fließgewässern, unter besonderer Berücksichtigung der Rheinvergiftung im Sommer 1969, in: Schriftenreihe für Landespflege und Naturschutz, Heft 4, Bonn-Bad Godesberg 1969, S. 97 ff.

Phytoplankton, dem ersten Glied der Nahrungskette, im Meer aufgenommen; dieses wird vom Zooplankton gefressen; das Zooplankton dient kleineren Meerestieren, die wiederum von den Fischen gefressen werden, als Nahrung. Die Fische schließlich sind die Hauptnahrung von Seevögeln, Pinguinen, Robben. In jedem Glied der Nahrungskette sammelt sich das nur langsam abbaubare DDT (bzw. DDE) an, so daß schließlich für die höheren Lebewesen so starke Konzentrationen entstehen, daß sie vergiftet werden oder - wie z.B. bei den Kalifornischen Pelikanen - die Ansammlung von DDT in den Vogeleiern führt zu einer derartigen Verdünnung der Eierschalen, daß sie bei der Brut zerbrechen [137]. Die Anwendung schnell abbaubarer Insektizide wie etwa des Phosphorsäureesters E 605 hatte zwar nicht diese negativen ökologischen Wirkungen; aber es wirkte zu undifferenziert und vernichtete auch Nutzinsekten [138].

(γ) Von der Eutrophierung mit der thermischen Belastung der Gewässer können Wirkungen auf das (Mikro-)Klima ausgehen. Die Eutrophierung kann via Verlandung eines Gewässers die Verringerung des Niederschlags bewirken; die thermische Belastung der Gewässer führt dagegen via stärkere Verdunstung zur größeren Nebel- und Niederschlagsbildung [139].

(d) Ökologische Wirkungen der Bodenbelastung

Wir wollen die ökologischen Wirkungen der Bodenbelastung (α) in Wirkungen auf den Boden selbst, (β) in Wirkungen auf die beiden anderen Umweltmedien Luft und Gewässer, (γ) in Wirkungen auf die Pflanzen- und Tierwelt und (δ) in Wirkungen auf das Klima ein-

137) Vgl. Gerlach, S.A., Auswirkungen der Meeresverschmutzung auf das Leben im Meer und die Nahrungsketten, a.a.O., S. 157.

138) Vgl. Klausewitz, W./Schäfer, W./Tobias, W., Umwelt 2000, a.a.O., S. 40.

139) Vgl. The Economy, Energy, and the Environment, a.a.O., S. 96.

teilen.

(α) Die größte Belastung für den Boden selbst erfolgt durch den Eingriff des Menschen in den natürlichen Stickstoffkreislauf durch die Düngung mit Stickstoff. Die Folge ist eine Humusverarmung des Bodens verbunden mit einer Nitratauswaschung [140], was durch eine weitere Stickstoffdüngung kompensiert werden soll. Es kommt zu einem kumulativen Prozeß der Humusvernichtung, der bei nicht rechtzeitigem Eingreifen mit der Erosion des Bodens [141] und damit einer Abschwemmung der in der Humusdecke befindlichen pflanzlichen Nährstoffe, vor allem von Stickstoff, Phosphor und Kalium endet [142].

(β) Damit sind wir bereits bei den ökologischen Wirkungen der Bodenbelastung in anderen Umweltbereichen. Wir haben oben bereits dargestellt, wie Stickstoff- und Phosphorverbindungen durch Abschwemmung gedüngter Böden zur Entrophierung der Gewässer beitragen. Auch andere auf oder im Boden befindliche Schadstoffe wie Abfälle [143] und Pestizide [144] können durch Abschwemmung in die Oberflächengewässer und durch Versickerung ins Grundwasser gelangen, und dies um so mehr, je dünner die Humusdecke ist, die eine Filterung und

---

140) Vgl. Borneff, J., Schadstoffe im Wasser: Herkunft, Bedeutung und Beseitigung, in: Zentralblatt für Bakteriologie, Parasitenkunde, Infektionskrankheiten und Hygiene, I. Abt. Orig. B., Bd. 155, Heft 3, 1971, S. 222.

141) Vgl. Preuschen, G., Der Einfluß der Landwirtschaftsformen auf die Änderung in der natürlichen Umwelt, in: Sioli, H. (Hrsg.), Ökologie und Lebensschutz in internationaler Sicht, a.a.O., S. 273.

142) Vgl. Kovda, V.A., Boden, Mensch und Biosphäre, in: Aufgabe Zukunft - Qualität des Lebens, Frankfurt/M. 1972, Bd. 4, S. 120.
Wir verkennen dabei nicht die positive Wirkung der Düngung auf die Nahrungsmittelproduktion.

143) Vgl. Olschowy, G./Mrass, W./Kullmer, H.J./Bürger, K., Zur Belastung der Landschaft, a.a.O., S. 17 und 53.

144) Vgl. Domsch, K.H., Zum Problem der Biozide, in: Olschowy, G. (Hrsg.), Belastete Landschaft - gefährdete Umwelt, a.a. O., S. 144.

Umwandlung vieler Schadstoffe vornimmt [145].

(γ) In erster Linie wirkt sich die Bodenbelastung jedoch auf das Pflanzenwachstum aus [146], entweder via Schädigung der Humusdecke [147] oder via Belastung der Bodenfauna mit Pestiziden und die folgende Aufnahme der mikrobiellen Wirkstoffmetaboliten durch die Pflanzen [148].

Die flächenmäßige Belastung des Bodens durch Baumaßnahmen aller Art geht natürlich auch zu Lasten der Vegetation, aber ebenso (wegen der Biotopvernichtung) zu Lasten der Tierwelt [149]. Auch der Straßenverkehr führt zum Tod vieler Tiere [150].

(δ) Beeinflussungen des (Mikro-)Klimas gehen von der flächenmäßigen Belastung des Bodens durch Bebauung aus. So wird das Windfeld durch die künstliche "Oberflächenrauhigkeit" beeinflußt, die durch die Bebauung der Landschaft mit Siedlungen entsteht [151]. Die Baumasse (Häuser, Straßen) speichert die Sonnenwärme [152]. Die durchschnittliche Temperatur ist in städtischen Gebieten zum einen deshalb, aber auch wegen der

---

145) Vgl. Ulrich, B., Die Filterfunktion von Böden, in: Steubing, L./Kunze, C./Jäger, J. (Hrsg.), Belastung und Belastbarkeit von Ökosystemen, a.a.O., S. 169; Benecke, P., Ökologische Probleme des Wasserhaushalts auf dem Lande, in: Probleme der Umweltforschung, a.a.O., S. 114.

146) Vgl. Olschowy, G., Zur Belastung des Bodens, in: Olschowy, G. (Hrsg.), Belastete Landschaft - gefährdete Umwelt, a.a.O., S. 141.

147) Vgl. Preuschen, G., Der Einfluß der Landwirtschaftsformen auf die Änderung in der natürlichen Umwelt, a.a.O., S. 273 f.

148) Vgl. Schaefer, H., Die Ökologie als Problem des Umweltschutzes, a.a.O., S. 119; Kovda, V.A., Boden, Mensch und Biosphäre, a.a.O., S. 130 f.

149) Vgl. RSU, Umweltgutachten 1974, a.a.O., S. 133 f.; Olschowy, G., Katalog ökologischer Noxen und der von ihnen bedingten Schäden, a.a.O., S. 165; Olschowy, G./Mrass, W./Kullmer, H. J./Bürger, K., Zur Belastung der Landschaft, a.a.O., S. 43.

150) Vgl. ebenda, S. 43; Olschowy, G., Katalog ökologischer Noxen und der von ihnen bedingten Schäden, a.a.O., S. 166 f.

151) Vgl. Schmidt-Burbach, G.M., Klimaänderung im urbanen Bereich, a.a.O., S. 24.

152) Vgl. ebenda.

dort vorhandenen künstlichen Wäremquellen und des geringeren Windes größer und schwankt zwischen Tag und Nacht weniger als in ländlichen Gebieten [153].

(e) Ökologische Wirkungen der Vegetations- und Tierweltbelastungen

Fauna und Flora werden indirekt durch die oben geschilderten Belastungen der Umweltmedien Luft, Wasser und Boden geschädigt. Zu unmittelbaren Schäden an Pflanzen und Tieren kommt es durch die Verwendung von Pflanzenschutzmitteln. Obwohl diese Mittel - wie ihr Name sagt - den Schutz der Pflanzen zur Aufgabe haben, führen sie bei undifferenziertem Einsatz [154] zu Pflanzen- und Tierschädigungen [155] und damit (α) zu einer beträchtlichen Störung des ökologischen Gleichgewichts, (β) zu Auswirkungen auf die Umweltmedien Luft, Wasser und Boden und (γ) zur Beeinträchtigung des Klimas.

(α) Das ökologische Gleichgewicht kann durch Ausrottung oder Schädigung einer Pflanzen- oder Tierart gestört werden, weil diese Ausrottung zu einem Überhandnehmen (Schädlinge) oder der Belastung der Pflanzen- und Tierarten (wegen Nahrungsentzugs) führen kann, so daß wieder korrigierende Maßnahmen notwendig sind, die ihrerseits wiederum ökologisch nachteilige Folgen haben können [156]. Die nicht beabsichtigte Schä-

---

153) Vgl. McCormick, R.A., Meteorological Aspects of Air Pollution in Urban and Industrial Districts, in: WMO, Meteorological Aspects of Air Pollution, a.a.O., S. 7.

154) Besonders negativ wirkt sich die Besprühung von Wäldern mit Herbiziden zwecks Unkrautvernichtung aus (vgl. Wellenstein, G., Chemie aus dem Hubschrauber, in: U, 1974, 2, S. 36 f.).

155) Zu den Klassikern der Umweltschutzliteratur zählt das Buch von Rachel Carson, Der stumme Frühling, München 1970, das besonders eindrücklich auf die Gefahren der Pflanzenschutzmittel für die Tierwelt hinweist.

156) Zu einigen Beispielen vgl. RSU, Umweltgutachten 1974, a.a.O., S. 144 ff.; Kurir, A., Chemische Pflanzenbekämpfung - Gefahr für Mensch und Tier, Teil I, in: U, 1974, 4, S. 23; Olschowy, G./Mrass, W./Kullmer, H.J./Bürger, K., Zur Belastung der Landschaft, a.a.O., S. 43 ff.

digung von Tieren durch die Verwendung von Pestiziden muß nicht durch direkte Aufnahme des Schadstoffes erfolgen, sondern kann auch wieder über die Nahrungskette geschehen [157]. Die Liste der in den letzten 300 Jahren ausgerotteten Säugetier- und Vogelarten (durch alle Arten der Belastung) ist beeindruckend [158]. Sicher nicht so spektakulär, aber vielleicht ökologisch nicht minder schädlich ist die Gefährdung vieler tausender von Pflanzenarten [159], denn das Verschwinden jeder Tier- oder Pflanzenart bedeutet eine Verringerung der Stabilität der Biosphäre: "Der Wert eines Ökosystems ist eng mit seiner Vielfalt verbunden"[160].

(β) Die Ausrottung von Pflanzen oder gar ganzen Wäldern hat auch Auswirkungen auf die Umweltmedien. Pflanzen und vor allem Wälder üben eine beträchtliche Filterfunktion in bezug auf die Staubbelastung der Luft und auch den Lärm aus [161]. Besonders Waldboden ist gut zur Speicherung von Regenwasser geeignet [162], er sorgt damit für eine gleichmäßige Wasserverteilung: In Regenzeiten werden Überschwemmungen verhindert, in Trockenzeiten dient er als Wasserreservoir [163]. Pflanzen sind die Voraussetzung der Humusbildung, denn Humus ist

---

157) Vgl. Olschowy, G., Katalog ökologischer Noxen und der von ihnen bedingten Schäden, a.a.O., S. 165; Passino, R., Industrie und Landschaft, in: Offner, H. (Hrsg.), Die Zukunft der Landschaft in Europa, München 1971, S. 11; Maldague, M.E., Landwirtschaft und Forstwesen, in: Offner, H. (Hrsg.), Die Zukunft der Landschaft in Europa, a.a.O., S. 94.

158) Vgl. Klausewitz, W./Schäfer, W./Tobias, W., Umwelt 2000, a.a.O., S. 10 ff.

159) Schmid, R., Gefährdete Pflanzen in der heutigen Welt, in: Universitas, 28. Jg. 1973, S. 1351 ff.

160) Maldague, M.E., Landwirtschaft und Forstwesen, a.a.O., S. 103.

161) Diese Schutzfunktion darf natürlich nicht überstrapaziert werden, weil sonst die Wälder selbst Schaden nehmen, vgl. o. S. 64 f.

162) Vgl. Preuschen, G., Der Einfluß der Landwirtschaftsformen auf die Änderung in der natürlichen Umwelt, a.a.O., S. 272.

163) Vgl. Olschowy, G., Katalog ökologischer Noxen und der von ihnen bedingten Schäden, a.a.O., S. 159.

nichts anderes als der Rückstand (noch) nicht abgebauter Pflanzen [164]. Die Ausrottung von Pflanzen oder gar ganzen Wäldern bedeutet also letztlich die Vernichtung der Humusschicht mit der Folge der Erosion [165].

(γ) Die Vegetationsbelastung etwa in Form der Vernichtung eines Waldgebietes kann zu einer Veränderung der kleinklimatischen Verhältnisse führen [166]. Die Abholzung eines Waldes mit der nachfolgenden Erosion ist der klassische Fall lokaler Klimabeeinflussung [167]. Die Folgen sind Temperaturerhöhung, Rückgang der Luftfeuchtigkeit und Niederschläge und eine Erhöhung der Windgeschwindigkeit an der Erdoberfläche [168].

(2) Wirkungen auf die materielle Umwelt (Sachgüter)

(a) Systematisierung der Wirkungen

Die Belastung aller drei Umweltmedien kann zu schädlichen Wirkungen auf Sachgüter (von der Kleidung über das Auto bis zum Kunstdenkmal) führen. Wir wollen diese Wirkungen getrennt für die einzelnen Umweltmedien untersuchen.

(b) Wirkungen der Luftbelastung auf die gebaute Umwelt

Am vielfältigsten und auch am meisten untersucht sind die Wirkungen der Luftbelastung auf eine Reihe von Sachgütern. Wir können unterscheiden zwischen Wirkungen auf Bauwerke, wobei historische Bauwerke oder auch Kunstdenkmäler eine besondere

---

164) Vgl. Preuschen, G., Der Einfluß der Landwirtschaftsformen auf die Änderung in der natürlichen Umwelt, a.a.O., S. 272.

165) Vgl. Kovda, V.A., Boden, Mensch und Biosphäre, a.a.O., S. 125; Olschowy, G./Mrass, W./Kullmer, H.J./Bürger, K., Zur Belastung der Landschaft, a.a.O., S. 41; Benecke, P., Ökologische Probleme des Wasserhaushalts auf dem Lande, a.a. O., S. 41.

166) Vgl. Olschowy, G./Mrass, W./Kullmer, H.J./Bürger, K., Zur Belastung der Landschaft, a.a.O., S. 41.

167) Vgl. Landsberg, H.E., Man-made Climatic Changes, a.a.O., S. 1269.

168) Vgl. ebenda und Budyko, M.I., Das Klima der Zukunft, a.a.O., S. 87.

Beachtung verdienen, Metalle und Textilien [169].
Als Ursache für das Brüchigwerden von Natursteinbauten und die Korrosion von Metallen (z.B. bei Kraftfahrzeugen) wird die Belastung der Luft vor allem mit Schwefeldioxid, Chlorwasserstoff und katalytisch wirkenden Schwermetallpartikeln angegeben [170]. Besonderes Aufsehen haben in letzter Zeit die Schäden an unwiederbringlichen historischen Bauwerken wie der Akropolis [171], dem Kölner Dom [172] oder dem Freiburger Münster [173] durch die SO_2-Belastung erregt. Man stellt sich den Mechanismus der Zerstörung so vor, daß das SO_2 mit dem Kalkstein, Marmor, Schiefer oder Mörtel an den Gebäuden reagiert und zu Sulfat wird, das dann durch den Regen fortgewaschen wird [174]. Die Ursache für den Zerfall von Bauwerken ist natürlich nicht nur die Luftbelastung mit Schadstoffen; auch die Witterung spielt dabei eine Rolle, und es ist zumindest sehr schwer, wenn nicht gar unmöglich zu sagen, wieviel von der Zerstörung auf die Luftbelastung und wieviel auf die Verwitterung zurückzuführen ist [175].

---

169) Vgl. Materialienband zum Umweltprogramm der Bundesregierung, a.a.O., S. 209; Dreyhaupt, F.J., Luftreinhaltung als Faktor der Stadt- und Regionalplanung, a.a.O., S. 46 ff.

170) Vgl. ebenda, S. 47; RSU, Umweltgutachten 1974, a.a.O., S. 22; Lahmann, E., Literaturstudie über die ökonomischen Konsequenzen ..., a.a.O., S. 24 f.

171) Vgl. o.V., Krebs zerstört die Akropolis, in: U, 1974, 4, S. 12.

172) Vgl. o.V., Der Dom im Wettlauf mit der Zeit, in: Umwelt, 1972, 6, S. 38 f.

173) Vgl. Rönicke, G., Die Atmosphäre, ihre Entwicklung und gegenwärtige Situation, a.a.O., S. 35 ff.

174) Vgl. Lahmann, E., Literaturstudie über die ökonomischen Konsequenzen ..., a.a.O., S. 25.

175) Von manchen Autoren wird bestritten, daß die SO_2-Belastung der Luft für den Zerfall von Bauwerken verantwortlich ist; sie glauben ihn allein auf die Verwitterung zurückführen zu können; vgl. dazu Riederer, J., Plädoyer für die Verwitterung. Steinschäden auch ohne Rauchgas, in: Umwelt, 1974, 1, S. 42 f. und Frey, P., Streit um den Zerfall von Baudenkmälern: Luftverunreinigung oder Verwitterung?, in: Umwelt, 1973, 2, S. 22 f.

Bei den Metallen sind vor allem Zink, Nickel und Eisen wegen der SO_2-Belastung einer verstärkten Korrosion ausgesetzt [176]. Aber auch andere Schadstoffe in der Luft wie Chlor- und Fluorwasserstoff und Stickoxide greifen Metalle an [177]. Textilien und auch Leder werden ebenfalls von der SO_2-Belastung aber auch z.B. von Stäuben beschädigt [178].

(c) Wirkungen der Gewässerbelastung auf Sachgüter

Die thermische Belastung der Gewässer führt zu einer Erhöhung der Korrosionsgeschwindigkeit [179]. Das kann vor allem zu Schäden an Schiffen und Unterwasserleitungen führen.

(d) Wirkungen der Boden- oder Vegetationsbelastung auf Sachgüter

Boden- oder Vegetationsbelastungen wie etwa die Vernichtung eines Waldes mit nachfolgender Erosion können vor allem im Hochgebirge zu Schäden an Sachgütern führen, denn Wälder sind ein guter Schutz gegen Schneelawinen [180]; Erosionen begünstigen Steinlawinen.

bb) Die Wirkungen der Schadstoffe auf die menschliche Gesundheit

(1) Zur Definition der menschlichen Gesundheit

Für eine Bewertung der Schadstoffwirkungen ist es notwendig, den Begriff der menschlichen Gesundheit zu definieren. Wir wollen die Definition der World Health Organisation (WHO) übernehmen, die auch nach Aussage von Medizinern "Leitlinie ökologischer

---

176) Vgl. Lahmann, E., Literaturstudie über die ökonomischen Konsequenzen ..., a.a.O., S. 24.

177) Vgl. Dreyhaupt, F.J., Luftreinhaltung als Faktor der Stadt- und Regionalplanung, a.a.O., S. 47.

178) Vgl. Lahmann, E., Literaturstudie über die ökonomischen Konsequenzen ..., a.a.O., S. 24.

179) Bei einer Erhöhung der Wassertemperatur um 10° C verdoppelt sich die Korrosionsgeschwindigkeit (vgl. König, H.-W., Thermische Belastung der Fließgewässer, a.a.O., S. 59).

180) Vgl. Olschowy, G., Katalog ökologischer Noxen und der von ihnen bedingten Schäden, a.a.O., S. 159.

Forderungen werden (muß)" [181]: "Die Gesundheit ist der Zustand des vollständigen körperlichen, geistigen und sozialen Wohlbefindens und nicht nur das Freisein von Krankheit und Gebrechen" [182]. Diese Definition scheint auf den ersten Blick sehr anspruchsvoll zu sein, da sie neben dem körperlichen Wohlbefinden auch das - sehr subjektiv bedingte - geistige (besser vielleicht seelische) und soziale Wohlbefinden fordert. Damit wird ausgesagt, daß auch die seelisch labilen und sensiblen Menschen sich wohlfühlen sollen. Dies scheint vor allem deswegen gerechtfertigt, da Störungen des seelischen und sozialen Wohlbefindens zu körperlichen Krankheiten bei den Betroffenen führen können und auch - etwa via Aggresivität - zu Störungen des Wohlbefindens der Mitmenschen.

Mag es noch relativ einfach sein, physisches Wohlbefinden zu definieren, so ist es sehr schwierig ein Maß für seelisches oder gar soziales Wohlbefinden zu bestimmen [183]. Gerade letztere können aber durch verschiedene Arten der Umweltbelastung hervorgerufen werden [184]. Da es auch von individuellen Faktoren (körperliche und seelische Konstitution, Erziehung u.v.a.m.) abhängt, ob sich ein Mensch gesund fühlt, läßt sich kein "gesunder Standardmensch" definieren - Gesundheit nach der Defination der WHO ist ein relativer Begriff [185]. Die gesundheitliche Belastbarkeit durch Schadstoffe hängt - auf physische Faktoren beschränkt - z.B. von Alter, Geschlecht, Konstitution und Disposition des

---

181) Klosterkötter, W., Lärmwirkungen und Lebensqualität, in: U, 1973, 3, S. 19.

182) Satzung der WHO, Präambel, abgedruckt in: Dokumente, Heft 6, hrsg. von der Forschungsstelle für Völkerrecht und ausländisches öffentliches Recht der Universität Hamburg, Frankfurt 1952.

183) Vgl. WHO, Measurement of Levels of Health, Technical Report Series No. 137, Genf 1957, S. 17.

184) Vgl. dazu unten S. 90 ff.

185) Vgl. Lüth, P., Was ist Gesundheit? - Was ist Krankheit?. in: Die Neue Gesellschaft, 20. Jg., 1973, S. 832.

einzelnen Menschen ab [186]. Die Menschen sind mit anderen Worten gegenüber gewissen Umweltbelastungen - individuell unterschiedlich - adaptionsfähig [187]. Diese Anpassungsfähigkeit ist jedoch begrenzt. Auch sehr geringe, aber häufig auftretende Belastungen können zu irreparablen Gesundheitsschäden führen [188]. Für konkrete gesundheitspolitische Maßnahmen - und zu ihnen gehört der Umweltschutz! - genügt diese allgemeine Definition der Gesundheit nicht. Eine Operationalisierung des Gesundheitsbegriffs läßt sich jedoch erst vornehmen, wenn die Wirkungen der Schadstoffe auf die menschliche Gesundheit bekannt sind. Bevor wir uns jedoch den einzelnen Schadstoffwirkungen auf die Gesundheit zuwenden, wollen wir uns mit einigen methodischen Problemen der Feststellung dieser Schadstoffwirkungen befassen.

(2) Probleme bei der Erfassung der Schadstoffwirkungen

Der Nachweis eines Zusammenhangs zwischen einer Krankheit und einer Immissionsbelastung ist ein großes ätiologisches Problem [189], dessen Lösung aber u.a. dann erforderlich ist, wenn man das Verursacherprinzip bei der Finanzierung des Umweltschutzes anwenden [190] oder aber gar den Umweltschutz überhaupt rechtfertigen will. Die Schwierigkeiten entstehen dadurch, daß es meist mehrere Ursachen für die gleiche Krankheit gibt (multifactorial etiology) [191]. Der Nachweis, daß gerade die Immis-

---

186) Vgl. auch die Definition von Krankheit, in: Zetkin/ Schaldach, Wörterbuch der Medizin, 5. Aufl., Bd. 2, München 1974, S. 758.

187) Lowenstein, F.W., Man's Health as Depending on His Environment, in: Sioli, H. (Hrsg.), Ökologie und Lebensschutz in internationaler Sicht, a.a.O., S. 245.

188) Vgl. Dubos, R., Man, Medicine, and Environment, Harmondsworth 1970, S. 123.

189) Die Ätiologie ist die Lehre von den krankheitsverursachenden Faktoren; vgl. Borneff, J., Hygiene, Ein Leitfaden für Studenten und Ärzte, Stuttgart 1971, S. 9 und Lüth, P., Was ist Gesundheit? - Was ist Krankheit?, a.a.O., S. 834.

190) Vgl. Repenning, K., Das Verursacherprinzip, in: Zur Prolematik des Verursacherprinzips, a.a.O., S. 9.

191) Vgl. Dubos, R., Man, Medicine, and Environment, a.a.O., S. 105 f.

sionsbelastung für die Krankheit verantwortlich ist, wird daher kaum möglich sein. Hinzu kommt, daß in der Regel mehrere Schadstoffe gleichzeitig auf den Menschen einwirken, so daß die Identifikation des krankheitsverursachenden Faktors schwierig ist[192]. Noch komplizierter wird die Feststellung der krankheitsauslösenden Schadstoffe bei Kombinationswirkungen oder gar bei synergistischen Effekten [193]. Kaum einfacher ist der Nachweis chronischer Wirkungen der Umweltbelastung [194], da die verursachende Immissionsbelastung und das Auftreten der Krankheit oft Jahrzehnte - bei Erbschäden gar Generationen! - auseinanderliegen können [195]. Umgekehrt ist der Nachweis relativ einfach, wenn Immission und Krankheit oder gar Tod zeitlich dicht zusammenliegen, also bei akuten Schäden [196]. Deshalb werden auch vor allem die Smog-Katastrophen von Maastal (193o), Donora (1948) und London (1952) zitiert, wenn es um den Nachweis geht, daß Umweltbelastungen zu Krankheit und gar Tod führen können [197].

---

192) Vgl. Cassell, E.J., The Health Effects of Air Pollution and their Implications for Control, in: Law and Contemporary Problems, vol. 33, 1968, S. 198 f.; Olschowy, G., Auswirkung der Luftverunreinigung auf den Menschen, in: Olschowy, G. (Hrsg.), Belastete Landschaft - gefährdete Umwelt, a. a.O., S. 127.

193) Vgl. Schneider, Wolfgang, Verursacherprinzip oder die Belastung aller?, in: Gumpel, W./Keese, D. (Hrsg.), Probleme des Industrialismus in Ost und West, a.a.O., S. 473. Ein synergistischer Effekt liegt vor, wenn der kombinierte Effekt der Schadstoffe größer ist als die Summe der Einzeleffekte (vgl. ebenda).

194) Vgl. Schaefer, H., Der Mensch in der technisch veränderten Welt, in: Schaefer, H. (Hrsg.), Folgen der Zivilisation, a.a.O., S. 34; Dubos, R., Promises and Hazards of Man's Adaptability, in: Jarrett, H. (Hrsg.), Environmental Quality in a Growing Economy, 3. Aufl., Baltimore und London 1971, S. 25.

195) Vgl. Marquardt, H., Die Auslösung von Erbschäden und Krebs durch Umweltfaktoren, in: Universitas, 28. Jg., 1973, S. 1315.

196) Vgl. ebenda, S. 1314 f.; Schlipköter, H.-W./Dolgner, R., Epidemiologische Untersuchungen im Zusammenhang mit lufthygienischen Fragen, in: Zentralblatt für Bakteriologie ..., a.a.O., S. 274.

197) Vgl. Cassell, E.J., The Health Effect of Air Pollution and their Implications for Control, a.a.O., S. 2O4.

Mit den soeben skizzierten Problemen hat vor allem die epidemiologische Methode, die im folgenden Abschnitt dargestellt wird, zu kämpfen. Andere Methoden zum Nachweis eines Ursache-Wirkungszusammenhangs zwischen Immission und Krankheit sind Laboratoriumsversuche mit Tieren und die Heranziehung gewerbetoxikologischer bzw. arbeitsmedizinischer Untersuchungen. Auch sie sollen im nächsten Abschnitt dargestellt und ihre Vor- und Nachteile gegenüber der Epidemiologie abgewogen werden.

(3) Methoden zur Erfassung der Schadstoffwirkungen auf die Gesundheit

(a) Epidemiologische Studien

Mit Hilfe von epidemiologischen Studien wird versucht, einen Zusammenhang zwischen Morbiditäts- bzw. Mortalitätsraten einerseits und Immissionsbelastung andererseits nachzuweisen. Man bedient sich dabei statistischer Methoden von der - sicher ungeeigneten - einfachen Korrelationsrechnung bis hin zur multiplen Regression und Diskriminanzanalyse [198]. Die Untersuchungen basieren auf den Morbiditäts- und Mortalitätsstatistiken, die teilweise erhebliche Mängel aufweisen. Die Morbiditätsstatistik weist u.a. wegen Selbstbehandlungen große Lücken auf [199] und die Mortalitätsstatistik, in der die Todesursachen erfaßt werden, ist problematisch, da oft mehrere Krankheiten vorhanden sind, die den Tod herbeigeführt haben können [200]. Ob die Daten über die Immissionskonzentration verschiedener Schadstoffe quantitativ und qualitativ den Ansprüchen einer glaubwürdigen epidemiolo-

---

198) Vgl. Lawther, P.J/Martin, A.E./Wilkins, E.T., Epidemiology of Air Pollution, Report on a Symposium, WHO Public Health Papers, No. 15, Genf 1962; Gardner, M.J., Using the Environment to Explain and Predict Mortality, in: Journal of the Royal Statistical Society, vol. 136, 1973, S. 428; Lave, L.B./Seskin, E.P., Health and Air Pollution, in: Swedish Journal of Economics, vol. 73, 1971, S. 76 ff.

199) Vgl. Borneff, J., Hygiene, a.a.O., S. 3.

200) Vgl. ebenda, S. 7.

gischen Studie genügen, möchten wir ebenfalls bezweifeln [201]. Ob der Nachweis gesundheitsschädlicher Wirkungen der Umweltbelastung anhand von Veränderungen der Morbiditätsrate oder der Mortalitätsrate erfolgen soll, ist umstritten. Lave und Seskin z.B. verwenden in ihrer Untersuchung die Mortalitätsrate [202], was von einigen Autoren deshalb befürwortet wird, weil die Morbiditätsstatistiken unbefriedigend sind [203]. Andere Autoren halten dagegen die Morbiditätsrate für eine bessere Größe, da die Mortalitätsrate etwa infolge irgendeiner kurzfristig hohen Immissionskonzentration beträchtlich über den langfristigen Trend ansteigt, bald danach aber ebenso beträchtlich unter diesen langfristigen Trend sinkt, so daß der Tod infolge der Immissionsbelastung nur etwa 24-48 Stunden früher eingetreten ist [204]. Ob man in solchen Fällen noch von einem ursächlichen Zusammenhang zwischen Tod und Immissionsbelastung sprechen kann, scheint zumindest zweifelhaft. Die bisher geschilderten Schwierigkeiten epidemiologischer Studien lassen sich durch eine Verbesserung der Mortalitäts- und Morbiditätsstatistiken einerseits und die Einführung von Immissionskatastern andererseits zumindest stark vermindern.
Die eigentliche Crux besteht darin, daß eine Vielzahl von Schadstoffen gleichzeitig auf die Gesundheit wirken und so auf Grund epidemiologischer Studien bestenfalls unspezifische Wirkungen feststellbar sind, etwa der Art, daß mit dem Ansteigen der Luftverschmutzung die Sterblichkeit oder die Häufigkeit einer be-

---

201) Hier wird die Bedeutung der Aufstellung von Immissionskatastern besonders klar. Vgl. auch van Belle, G./Schneiderman, M., Some Statistical Aspects of Environmental Pollution and Protection, a.a.O., S. 321.

202) Vgl. Lave, L.P./Seskin, E.P., Health and Air Pollution, a.a.O., S. 76 ff.

203) Vgl. Schaefer, H., Hinweise auf Umweltschäden aus Lebenserwartung, spezifischen Sterblichkeiten, Sterbeziffern und Krankheitshäufigkeiten, in: Schaefer, H. (Hrsg.), Folgen der Zivilisation, a.a.O., S. 73.

204) Lawther, P.J./Martin, A.E./Wilkins, E.T., Epidemiology of Air Pollution, a.a.O., S. 24.

stimmten Krankheit steigt [205]. Damit ist jedoch noch keineswegs der Tod oder Krankheit verursachende Schadstoff bestimmt [206]. Um auf Grund epidemiologischer Untersuchungen Aussagen der Art machen zu können, daß ein bestimmter Schadstoff in einer bestimmten Konzentration eine bestimmte Krankheit hervorruft, müßten die Morbiditätsraten zweier völlig homogener Bevölkerungsgruppen, die sich nur im Grad der Belastung durch diesen Schadstoff unterscheiden, verglichen werden [207]. Solche "idealen" Voraussetzungen lassen sich in der Realität jedoch kaum finden. Es ist zwar möglich, bestimmte Störfaktoren (z.B. Zigarettenrauchen) auszuschalten, indem man besonders geeignete Beobachtungsobjekte (z.B. Kinder) wählt [208], aber noch so große Verfeinerungen der epidemiologischen Studien können nichts daran ändern, daß sie nicht geeignet sind, einen eindeutigen Nachweis für einen Ursachen-Wirkungszusammenhang zwischen bestimmten Immissionskonzentrationen und Mortalitäts- bzw. Morbiditätsraten zu liefern; die festgestellten Zusammenhänge haben lediglich Wahrscheinlichkeitscharakter [209].

(b) Laborversuche mit Tieren

Tierversuche ermöglichen das, was bei epidemiologischen Studien praktisch ausgeschlossen ist: die isolierte Betrachtung der Wirkung eines Schadstoffs mit variabler Dosierung und Konzentra-

---

205) Vgl. Schaefer, H., Hinweise auf Umweltschäden ..., a.a.O., S. 83.

206) Vgl. Hettche, H.O., Gesundheit und Großstadtluft, in: Staub, Bd. 21, 1961, S. 50.

207) Vgl. Cassell, E.J., The Health Effect of Air Pollution and their Implications for Control, a.a.O., S. 200 f.; Lawther, P.J./Martin, A.E./Wilkins, E.T., Epidemiology of Air Pollution, a.a.O., S. 18 f.

208) Vgl. Schlipköter, H.-W., Belastungen des Menschen durch die Umweltverschmutzung, in: Probleme der Umweltforschung, a.a. O., S. 58 ff.; Schlipköter, H.-W./Dolgner, R., Epidemiologische Untersuchungen im Zusammenhang mit lufthygienischen Fragen, a.a.O., S. 278.

209) Vgl. Schaefer, H., Der Mensch in der technisch veränderten Welt, a.a.O., S. 26 f.

tion [210] - allerdings nur auf die Gesundheit eines Versuchstieres, womit auch gleich der Nachteil dieser Methode genannt ist. Denn die Ergebnisse aus Tierversuchen sind nur sehr bedingt auf den Menschen übertragbar [211], da z.B. bei Mensch und Tier eine unterschiedliche Entgiftung der Schadstoffe möglich ist [212]. Ein weiterer Nachteil ist, daß fast nur akute Wirkungen eines Schadstoffs auf das Versuchtstier festgestellt werden können; Tierversuche liefern also vor allem den "toxikologischen Zugang" zum Problem des Nachweises von Schadstoffwirkungen [213]. Laborversuche mit Menschen würden zwar eindeutige Aussagen über den Ursache-Wirkungszusammenhang verschiedener Schadstoffe zulassen, verbieten sich jedoch aus ethischen Gründen. Mehr oder weniger freiwillig stellt der Mensch jedoch an manchen Arbeitsplätzen, wo er der Belastung durch bestimmte Schadstoffe ausgesetzt ist, eine Art "Versuchskaninchen" dar. Diesen Umstand macht sich die nun zu schildernde dritte Methode der Feststellung von Schadstoffwirkungen auf die menschliche Gesundheit zunutze.

(c) Heranziehung arbeitsmedizinischer und gewerbetoxikologischer Untersuchungen

Durch Beobachtungen und Untersuchungen von Menschen, die an ihrem Arbeitsplatz Schadstoffbelastungen ausgesetzt sind, lassen sich relativ zuverlässig die Wirkungen dieser Schadstoffe auf die

---

210) Vgl. Antweiler, H./Pott, F., Tierexperimentelle Ergebnisse über die Wirkung partikel- und gasförmiger Luftverunreinigungen, in: Zentralblatt für Bakteriologie ..., a.a.O., S. 264.

211) Vgl. Schlipköter, H.-W./Dolgner, R., Epidemiologische Untersuchungen im Zusammenhang mit lufthygienischen Fragen, a.a. O., S. 273; Borneff, J., Hygiene, a.a.O., S. 12 f.; Cassell, E.J., The Health Effects of Air Pollution and their Implications for Control, a.a.O., S. 204; van Belle, G./ Schneiderman, M., Some Statistical Aspects of Environmental Pollution and Protection, a.a.O., S. 323.

212) Vgl. Henschler, D., Versuch einer Zuordnung von chemischen Noxen und Schäden beim Menschen, in: Schaefer, H. (Hrsg.), Folgen der Zivilisation, a.a.O., S. 47.

213) Vgl. Schaefer, H., Hinweise auf Umweltschäden ..., a.a.O., S. 73.

menschliche Gesundheit feststellen [214]. Das gilt sowohl für akute Wirkungen wie Vergiftungen als auch für chronische Erkrankungen. Methodisch von Nachteil ist hier, daß manche Stoffe, welche die Umwelt belasten, am Arbeitsplatz nicht vorkommen. Eine Übertragung der arbeitsmedizinischen Untersuchungen auf die Umweltbelastung ist allerdings oft nicht möglich, weil die Personen am Arbeitsplatz nur während der Arbeitszeit der Schadstoffbelastung ausgesetzt sind, also bis zum nächsten Arbeitstag eine gewisse Erholungszeit haben, während die Schadstoffbelastung in der Umwelt permanent sein kann.

(d) Vergleich der Methoden

Aus der Darstellung der Methoden ist ersichtlich, daß keine Methode allein voll befriedigende Ergebnisse über den Zusammenhang zwischen Umweltbelastung und Krankheit liefern kann. Manche Autoren geben jedoch epidemiologischen Untersuchungen eindeutig den Vorzug [215], u.a. deswegen, weil Langzeiteffekte von Schadstoffen (chronische Wirkungen) nur mit Hilfe epidemiologischer Untersuchungen festgestellt werden können [216]. Zweifellos bedarf es jedoch der Ergänzung der epidemiologischen Studien durch tierexperimentelle Forschungen im Labor [217].

---

214) Vgl. Coenen, R. u.a., Alternativen zur Umweltmisere, Raubbau oder Partnerschaft, München 1972, S. 109; Valentin, H., Arbeitsmedizinische Untersuchungen von Berufstätigen, in: Der Städtetag, 1971, Heft 3, S. 177; Henschler, D., Versuch einer Zuordnung von chemischen Noxen und Schäden beim Menschen, a.a.O., S. 58 f.

215) Vgl. Borneff, J., Hygiene, a.a.O., S. 12 f.; Lawther, P.J./Martin, A.E./Wilkins, E.T., Epidemiology of Air Pollution, a.a.O., S. 26.

216) Vgl. Schlipköter, H.-W./Dolgner, R., Epidemiologische Untersuchungen im Zusammenhang mit lufthygienischen Fragen, a.a.O., S. 273 f.

217) Vgl. Schlipköter, H.-W., Die Luftverunreinigung als gesundheitliches Problem, in: Schultze, H. (Hrsg.), Umwelt-Report, a.a.O., S. 200; Henschler, D., Versuch einer Zuordnung von chemischen Noxen und Schäden beim Menschen, a.a.O., S. 49; Lawther, P.J./Martin, A.E./Wilkins, E.T., Epidemiology of Air Pollution, a.a.O., S. 15.

(4) Systematisierung der Schadstoffwirkungen auf die menschliche Gesundheit

Für die systematische Erfassung der Schadstoffwirkungen in einem Wirkungskataster [218)] ist eine Einteilung der Schadstoffwirkungen nach gemeinsamen Merkmalen notwendig. Es sind verschiedene Gliederungsmöglichkeiten denkbar.

(a) Ausgehend von dem Schema der gesamten Schadstoffwirkungen [219)] könnte man die gesundheitsschädlichen Wirkungen in direkte und indirekte unterteilen [220)]. Die direkt gesundheitsschädlichen Wirkungen wären diejenigen, die von Schadstoffkonzentrationen ausgelöst werden, die per se keine ökologischen Schäden hervorrufen können (z.B. Lärm, Gerüche) bzw. unter der ökologisch schädlichen Immissionskonzentration liegen. Demgemäß sind die indirekten gesundheitsschädlichen Wirkungen diejenigen, die über eine Belastung der Ökofaktoren auf den Menschen wirken, z.B. durch Reduzierung der Nahrungsmittelreserven (etwa infolge der Erosion), die Verschandelung der Landschaft oder die Verseuchung des Trinkwassers [221)].

(b) Des weiteren ist eine Einteilung der gesundheitsschädlichen Wirkungen nach den Wegen der Schadstoffaufnahme möglich. Man kann hierbei zunächst einmal zwischen der Aufnahme durch Einatmung, Nahrung (einschl. Trinkwasser) und Hautkontakt unterscheiden [222)]. Da wir von der Gesundheitsdefinition der WHO ausgehen und demzufolge auch bereits Beeinträchtigungen des Wohlbefindens als gesundheitsschädlich bezeichnen, können wir auch die Sinnesorgane Gehör, Nase und Auge als Aufnahmeorgane gesundheitsschädlicher Umweltbelastungen, nämlich

---

218) Vgl. dazu unten S. 111 f.

219) Vgl. oben S. 60.

220) Vgl. Coenen, R. u.a., Alternativen zur Umweltmisere, a.a. O., S. 155.

221) Vgl. ebenda.

222) Bär, F./Grunow, W., Hygienisch-toxikologische Aspekte der Umweltsituation, in: Schultze, H. (Hrsg.), Umwelt-Report, a.a.O. S. 287; Henschler, D., Versuch einer Zuordnung von chemischen Noxen und Schäden beim Menschen, a.a.O., S. 46.

von Lärm, Gerüchen und ästhetischen Beeinträchtigungen bezeichnen.

(c) Von der Definition der WHO ausgehend kann man zwischen physischen, psychischen und sozialpsychischen Wirkungen der Umweltbelastung unterscheiden. Vor allem den letzten beiden Wirkungen wird noch zu wenig Beachtung geschenkt [223].

(d) Legt man die Zeit, die zwischen Immissionsbelastung und Krankheitsentstehung vergeht als Unterscheidungsmerkmal zugrunde, so kann man zwischen akuten, chronischen, teratogenen und mutagenen Wirkungen unterscheiden [224]. Bei akuten Schäden können der Zeitpunkt der Immissionsbelastung und der des Gesundheitsschadens sehr dicht beieinander liegen (z.B. bei Kohlenmonoxidvergiftungen von Verkehrspolizisten). Chronische Schäden treten dagegen erst nach Jahren oder Jahrzehnten auf; zu ihnen gehören auch die kanzerogenen Schäden, Teratogene Wirkungen sind embryonale Mißbildungen, betreffen also die nächste Generation. Mutagene Wirkungen, also Erbschäden, können noch spätere Generationen treffen.

(e) Schließlich bietet sich noch eine Gliederung der gesundheitsschädlichen Wirkungen nach den Ökofaktoren oder Umweltmedien an, deren sich die Schadstoffe als Träger bedienen; man kann also unterteilen in gesundheitsschädliche Wirkungen der Luft-, Gewässer-, Boden-, Pflanzen-, Tierwelt- und Lebensmittelbelastung. Als spezielle gesundheitsschädliche Immission kommt noch der Lärm hinzu. Welche der fünf aufgezeigten Gliederungsmöglichkeiten man wählt, hängt vom jeweiligen Untersuchungsziel ab. Auch Kombinationen der Gliederungsarten sind denkbar. Für unsere Zwecke scheint die

---

223) Vgl. Picht, G., Umweltschutz und Politik, in: von Weizsäcker, E. (Hrsg.), Humanökologie und Umweltschutz, Studien zur Friedensforschung, Bd. 8, Stuttgart und München 1972, S. 83; Friedman, S., Facing Man and Society: The Challenge, in: Tsuru, S. (Hrsg.), Proceedings of the International Symposium on Environmental Disruption, Tokio 1970, S. 33 ff.

224) Vgl. Bär, F./Grunow, W., Hygienisch-toxikologische Aspekte der Umweltsituation, a.a.O., S. 287 f.; Marquardt, H., Die Auslösung von Erbschäden und Krebs durch Umweltfaktoren, a. a.O., S. 1314 f.

letzte Gliederung am besten geeignet zu sein. Wir wollen sie für die nun folgende Darstellung der Schadstoffwirkungen auf die menschliche Gesundheit zugrunde legen. Vollständigkeit ist dabei im Rahmen dieser Arbeit nicht möglich.

(5) Darstellung von Schadstoffwirkungen auf die menschliche Gesundheit

(a) Gesunheitsschädliche Wirkungen der Luftbelastung

Wie bereits erwähnt, sind die Ergebnisse epidemiologischer Studien über den Zusammenhang zwischen Morbiditäts- bzw. Mortalitätsrate einer Krankheit einerseits und Luftbelastung durch Schadstoffe andererseits recht unspezifischer Natur; sie sagen also nichts konkretes darüber aus, welche Schadstoffe für die jeweilige Krankheit oder den Tod verantwortlich sind [225]. Die Ergänzung epidemiologischer Studien durch Tierexperimente und arbeitsmedizinische Erkenntnisse haben jedoch Ergebnisse von hohem Wahrscheinlichkeitscharakter erbracht. Über die wichtigsten dieser Ergebnisse wird im folgenden berichtet:

(α) Staubwirkungen

Staub ist zum einen an sich gesundheitsschädlich, zum anderen deswegen, weil er als "Schlepper" für andere schädliche Substanzen vor allem in die Atemwege und die Lunge dient. Direkt gesundheitsschädlich ist der Staub zunächst deshalb, weil er - in der Atmosphäre verteilt - zu einer Verringerung der UV-Strahlung führt, was bei Kindern zu Rachitis führen kann [226].

---

225) Vgl. Lave, L.B./Seskin, E.P., Air Pollution and Human Health, a.a.O., S. 367 ff. Hier werden Zusammenhänge zwischen der Mortalitätsrate infolge Bronchitis, Lungenkrebs, Herzgefäßerkrankungen, Atemwegserkrankungen und der Säuglingssterblichkeit einerseits sowie der Luftbelastung andererseits hergeleitet.

226) Vgl. Coenen, R. u.a., Alternativen zur Umweltmisere, a.a. O., S. 126; Schlipköter, H.-W. bei der öffentlichen Anhörung des Innenausschusses des Deutschen Bundestages, abgedruckt in: Zur Sache 3/72, Umweltschutz (II), Bonn 1972, S. 18; Olschowy, G./Mrass, W./Kullmer, H.J./Bürger, K., Zur Belastung der Landschaft, a.a.O., S. 34; Hötker, D./ Wierling, L., Umweltschutz im Ruhrgebiet, in: Bundesbaublatt, Bd. 20, 1971, S. 325.

Staubteilchen mit einem Durchmesser unter 5/1000 mm können in die kleinsten Verästelungen der Lunge (die Alveolen) vordringen und dort die Schleimhäute schädigen [227]. Besonders schädlich sind Stäube jedoch deswegen, weil sie als Transportmittel für andere Schadstoffe fungieren. In Verbindung mit SO_2, das an den Staubpartikeln kondensieren und so via schwefelige Säure (H_2SO_3) zu Schwefelsäure (H_2SO_4) werden kann, können Stäube chronische Bronchitis und chronische Erkrankungen der Lunge begünstigen [228]. Asbeststaub kann z.B. in Verbindung mit 3,4-Benzpyren zu Lungenkrebs führen [229]. Ohne Bindung an Asbeststaub wird 3,4-Benzpyren dagegen in der Lunge ziemlich schnell abgebaut [230].

(β) SO_x-Wirkungen

SO_2 und SO_3 können neben den nur in Verbindung mit Stäuben auftretenden gesundheitsschädlichen Wirkungen zu Reizerscheinungen an den Augen und in den Luftwegen führen [231] und das Knochen-

---

227) Vgl. Coenen, R. u.a., Alternativen zur Umweltmisere, a.a.O., S. 112. Besonders gefährlich sind wegen ihrer Feinheit und Struktur Asbestfasern und Metallstäube (vgl. Grefen, K., Feinstäube gefährden den Städter, in: Umwelt, 1974, 4, S. 22).

228) Vgl. RSU, Umweltgutachten 1974, a.a.O., S. 18; Cassell, E.J., The Health Effects of Air Pollution and their Implications for Control, a.a.O., S. 205 f.; Villiers, A.J. de, The Effects of Air Pollution on Health, in: Irving, R.M./ Priddle, G.B. (Hrsg.), Crisis, London 1971, S. 119. Von weitaus größerer Bedeutung für das Entstehen dieser Erkrankung scheint jedoch das Rauchen von Zigaretten zu sein (vgl. z.B. Cassell, E.J., The Health Effects of Air Pollution and their Implications for Control, a.a.O., S. 208; Schmidt, Ferdinand, Krebsursache: Abgas oder Tabakrauch, in: Umwelt, 1971, 6, S. 28 ff.). Inwieweit bei Rauchern der Tabakrauch oder die Luftverschmutzung für Bronchitis, Lungen- und Atemwegserkrankungen bis hin zum Krebs verantwortlich sind, ist umstritten und die Diskussion darüber teilweise ideologisch gefärbt.

229) Vgl. Olschowy, G., Auswirkungen der Luftverunreinigung auf den Menschen, a.a.O., S. 129; Beck, E.G., Fasermengen sind schwer zu messen, in: Umwelt, 1975, 4, S. 31.

230) Vgl. Schlipköter, H.-W., Die Luftverunreinigung als gesundheitliches Problem, a.a.O., S. 203 f.

231) Vgl. Materialienband zum Umweltprogramm der Bundesregierung, a.a.O., S. 209.

wachstum bei Kindern verzögern [232].

(γ) NO_x-Wirkungen

Stickoxide können, ähnlich wie SO_x, eine Reizung der Augen und Luftwege bewirken [233]. Gefährlicher ist jedoch die durch NO_2 hervorgerufene Verhinderung der Infektionsresistenz gegenüber Bakterien [234]. Auch hier ist es eher eine Art Katalysatorfunktion, die schädlich ist und weniger der Stoff selbst.

(δ) CO-Wirkungen

CO ist vor allem deswegen gesundheitsschädlich, weil es mit Hämoglobin, das für den Transport des Sauerstoffs aus dem Blut in die Gewebe verantwortlich ist, zu Carboxyhämoglobin (COHb) reagiert [235]; das so gebundene Hämoglobin ist nicht mehr zum Sauerstofftransport geeignet, wodurch sich vor allem die Durchblutung der Herzmuskulatur und des Gehirns verschlechtert [236]. Die Wirkungen reichen je nach der Konzentration und Einwirkungsdauer von CO von Beeinträchtigungen der Aufmerksamkeit und einem dadurch bedingten Nachlassen des Reaktionsvermögens [237] bis hin zu akuten Vergiftungen. Auch chronische Wirkungen in Form einer Beeinträchtigung der Funktionen des Zentralnervensytems und des Herz- Kreislauf-Apparates sind möglich [238]. Selbst sehr geringe CO-Konzentrationen können gesundheitsschädlich sein,

---

232) Vgl. Hötker, D./Wierling, L., Umweltschutz im Ruhrgebiet, a.a.O., S. 325.

233) Vgl. Materialienband zum Umweltprogramm der Bundesregierung, a.a.O., S. 209.

234) Vgl. Schlipköter, H.-W., Krank von der Stadtluft, in: U, 1973, 2, S. 21; RSU, Umweltgutachten 1974, a.a.O., S. 19.

235) Vgl. Jermini, C., Die gesundheitlichen Gefährdungen durch Kohlenmonoxid, in: Universitas, 28. Jg., 1973, S. 1239.

236) Vgl. Schlipköter, H.-W., Auswirkungen von Autoabgasen auf die Stadtbevölkerung, in: Forschung'74, Frankfurt/M. 1973, S. 30; derselbe, Die Luftverunreinigung als gesundheitliches Problem, a.a.O., S. 202.

237) Vgl. ebenda; RSU, Umweltgutachten 1974, a.a.O., S. 19.

238) Vgl. Jermini, C., Die gesundheitlichen Gefährdungen durch Kohlenmonoxid, a.a.O., S. 1240.

wenn sie über einen längeren Zeitraum auf den Menschen wirken. Die Wirkung W ist in folgender Form von der CO-Konzentration c und der Wirkungsdauer t abhängig: W = c.t. Die Wirkung ist die gleiche, unabhängig davon, ob z.B. 40 ppm 60 Minuten lang, 80 ppm 30 Minuten lang oder 2400 ppm eine Minute lang wirken [239].

(ε) Bleiwirkungen

Im Gegensatz zu den bisher behandelten in der Atmosphäre vorkommenden Schadstoffen, die fast ausschließlich durch die Atemluft aufgenommen werden, kann aus der Luft stammendes Blei auch mit der Nahrung aufgenommen werden [240]. Die akute Bleivergiftung ist als Folge der Luftbleibelastung sehr unwahrscheinlich, da Blei teilweise durch den Darm und die Nieren wieder ausgeschieden wird. Ein Teil des mit der Nahrung aufgenommenen Bleis wird in der Leber verarbeitet und dann ausgeschieden. Die Bleiverarbeitungskapazität der Leber ist jedoch beschränkt, und es besteht die Gefahr des "Überlaufens", so daß Blei in den Blutkreislauf gelangt und damit den Blutbleispiegel erhöht [241]. Zu einer langfristigen Lagerung und Kumulierung von Blei kann es in den Knochen kommen [242]. Aus diesen Bleidepots kann es im Alter durch Knochenumbauprozesse zu einer Freisetzung der angesammelten Bleimenge kommen, was zu einer starken Erhöhung des Blutbleispiegels führen würde [243].

Mit der Atemluft aufgenommener Staub kann eine zellschädigende Wirkung haben, vor allem auf die für den 3,4-Benzpyrenabbau in

---

239) Vgl. Malorny, G., Allgemeiner Überblick über die Wirkung von Kohlenmonoxid auf den Menschen, in: VDI (Hrsg.), Kohlenmonoxid. Entstehung, Messung und Wirkungskriterien, Düsseldorf 1972, S. 48.

240) Vgl. Materialienband zum Umweltprogramm der Bundesregierung, a.a.O., S. 95; Klausewitz, W./Schäfer, W./Tobias, W., Umwelt 2000, a.a.O., S. 44 und die Ausführungen von Hoschek in: Blei und Umwelt, Berlin 1972, S. 82.

241) Vgl. ebenda.

242) Vgl. ebenda; Schlipköter, H.-W., Auswirkungen von Autoabgasen auf die Stadtbevölkerung, a.a.O., S. 31.

243) Vgl. ebenda.

der Lunge verantwortlichen Alveolarmakrophagen [244]. Auch Störungen des zentralen Nervensystems [245] und Enzymschädigungen [246] werden genannt. Mutagene und teratogene Wirkungen [247] werden vermutet. Darüber hinaus erhöht Blei die Infektionsanfälligkeit [248].

(ζ) Kadmiumwirkungen

Kadmium, das in der Luft vorkommt, gelangt wie Blei auch via Vegetationsaufnahme mit der Nahrung in den menschlichen Körper. Es kann zu einer Entmineralisierung der Knochen führen, der sogenannten Itai-Itai-Krankheit [249]. Ferner ist eine kanzerogene Wirkung möglich [250].

(η) 3,4-Benzpyren-Wirkungen

Die kanzerogene Wirkung von 3,4-Benzpyren ist wohl unbestritten [251]; es bedarf jedoch - wie bereits geschildert - des Vor-

---

244) Vgl. Schlipköter, H.-W./Beck, E.G., Die zellschädigende Wirkung von Blei, in: Umwelt, 1972, 5, S. 52.

245) Vgl. RSU, Umweltgutachten 1974, a.a.O., S. 19 f.

246) Vgl. Materialienband zum Umweltgropramm der Bundesregierung, a.a.O., S. 96.

247) Vgl. ebenda und die Diskussionsbeiträge in: Blei und Umwelt, a.a.O., S. 84 ff.

248) Vgl. Schlipköter, H.-W./Beck, E.G., Die zellschädigende Wirkung von Blei, a.a.O., S. 52.

249) Vgl. RSU, Umweltgutachten 1974, a.a.O., S. 19 f.; Klausewitz, W./Schäfer, W./Tobias, W., Umwelt 2000, a.a.O., S. 50; Hötker, D./Wierling, L., Umweltschutz im Ruhrgebiet, a.a.O., S. 325; Materialienband zum Umweltprogramm der Bundesregierung, a.a.O., S. 97 f.; Stelte, W., Die Kontamination von Lebensmitteln mit schädlichen Stoffen aus der Umwelt, in: Schaefer, H. (Hrsg.), Folgen der Zivilisation, a.a.O., S. 64; Coenen, R. u.a., Alternativen zur Umweltmisere, a.a.O., S. 132 f. Die Itai-Itai-Krankheit wurde allerdings durch Kadmium im Trinkwasser hervorgerufen.

250) Vgl. Borneff, J., Schadstoffe im Wasser, a.a.O., S. 228.

251) Vgl. Gräf, W., Umweltgefährdung durch kanzerogene Substanzen, in: Steubing, L./Kunze, C./Jäger, J. (Hrsg.), Belastung und Belastbarkeit von Ökosystemen, a.a.O., S. 116 f. und Schlipköter, H.-W. bei der Anhörung vor dem Innenausschuss des Deutschen Bundestages, a.a.O., S. 21.

handenseins feiner Stäube, welche die Alveolen am Abbau des 3,4-Benzpyrens in der Lunge hindern [252].

(ϑ) Ozon-Wirkungen

Ozon kann zu Reizungen der Augen und der oberen Luftwege führen. Darüber hinaus schwächt es die Resistenz gegenüber Infektionen [253].

(ι) Geruchsstoff-Wirkungen

Geruchsintensive Stoffe wie Merkaptane oder Schwefelwasserstoff (H_2S) führen zu subjektiv bedingten Belästigungen [254] stellen also keine direkte Gesundheitsgefährdung dar [255], sondern nur eine Beeinträchtigung des Wohlbefindens [256]. Sie können jedoch psychosomatische Schäden auslösen, die ihrerseits zu "echten" Krankheiten führen [257].

(κ) Wirkungen radioaktiver Strahlen

Der Mensch kann den radioaktiven Strahlen direkt oder auf dem Umweg über die Nahrungskette ausgesetzt sein. Im zweiten Fall gelangen die Radionuklide in den Boden und das Wasser, wo sie von Pflanzen und Tieren aufgenommen werden, die als Nahrungsmittel des Menschen dienen [258]. Die Gefahr akuter Schäden, etwa in Form des Strahlensyndroms [259], ist wegen der hohen Kraftwerk-

---

252) Vgl. oben S. 91 und S. 93 f.

253) Vgl. Schlipköter, H.-W., Auswirkungen von Autoabgasen auf die Stadtbevölkerung, a.a.O., S. 32.

254) Vgl. Fodor, G.G./Winneke, G., Belästigung durch geruchsintensive Stoffe, in: Zentralblatt für Bakteriologie ..., a.a.O., S. 292.

255) Vgl. Häberle, M., Zur Erstellung eines Geruchskatasters der BASF Ludwigshafen, a.a.O., S. 39.

256) Vgl. Materialienband zum Umweltprogramm der Bundesregierung, a.a.O., S. 209.

257) Vgl. Fodor, G.G./Winneke, G., Belästigung durch geruchsintensive Stoffe, a.a.O., S. 290.

258) Vgl. Klausewitz, W./Schäfer, W./Tobias, W., Umwelt 2000, a.a.O., S. 76 f. und die Ausführungen von D. Simonis bei der öffentlichen Anhörung des Innenausschusses des Deutschen Bundestages, abgedruckt in: Zur Sache 2/75, Umweltschutz (IV), Bonn 1975, S. 27.

259) Vgl. Graeub, R., Die sanften Mörder, Atomkraftwerke demaskiert, Frankfurt/M. 1974, S. 78 f.

sicherheit sehr gering; diese Gefahr steigt allerdings bei gestörtem Betrieb infolge von Unfällen, Sabotage oder Krieg [260]. Unter "normalen" Bedingungen können ionisierende Strahlungen zu Krebs- und Leukämieerkrankungen (somatische Wirkungen), Mutationen in den Keimzellen (genetische Wirkungen) und embryonalen Mißbildungen (teratogene Wirkungen) führen [261]. Auch kleinste Dosen radioaktiver Belastung können gefährlich sein, da manche radioaktive Substanzen sich im Körper ablagern, kumulieren und sehr langsam abbauen; am bekanntesten ist in dieser Beziehung wohl das Strontium 90, das sich in den Knochen ansammelt, und die Radiojod-Aufnahme durch die Schilddrüse von Kleinkindern über die Nahrungskette Weide → Kuh → Milch [262].

(b) Gesundheitsschädliche Wirkungen der Gewässerbelastung

Eine Reihe von Schadstoffen, die in die Atmosphäre emittiert werden, gelangen auch in die Gewässer, entweder durch direkte Einleitung oder - aus der Atmosphäre - mit dem Regenwasser [263]. Die gesundheitsschädliche Wirkung dieser Schadstoffe ist in der Regel die gleiche wie die direkte, nur daß sie mit der Nahrung oder dem Trinkwasser aufgenommen werden. In diesem Abschnitt können wir deshalb auf die Darstellung der Schadstoffwirkungen verzichten, die auch über die Atmosphäre die menschliche Gesundheit beeinflussen.

(α) Quecksilberwirkungen

Die gesundheitsschädlichen Wirkungen des Quecksilbers wurden welt-

---

260) Vgl. die Ausführungen von E.-H. Graul bei der öffentlichen Anhörung vor dem Innenausschuß des Deutschen Bundestages, abgedruckt in: Zur Sache 2/75, a.a.O., S. 19.

261) Vgl. die Ausführungen von K. Aurand, ebenda, S. 25; Materialienband zum Umweltprogramm der Bundesregierung, a.a.O., S. 115; Klausewitz, W./Schäfer, W./Tobias, W., Umwelt 2000, a.a.O., S. 76 f.; Wachsmann, F., Gefahren durch ionisierende Strahlungen, in: Schultze, H. (Hrsg.), Umwelt-Report, a.a.O., S. 336; Walser, E., Sind Atomreaktoren gefährlich?, in: NZZ, FA Nr. 134 v. 18.5.1971.

262) Vgl. die Ausführungen von W. Jacobi bei der öffentlichen Anhörung vor dem Innenausschuß des Deutschen Bundestages, in: Zur Sache 2/75, a.a.O., S. 35.

263) Schwoerbel, J., Biologie des Wassers, a.a.O., S. 237.

weit durch den Tod von 43 japanischen Fischern bekannt, welche mit Methylquecksilber belastete Fische aus der Bucht von Minamata gegessen hatten [264]. Diese als Minamata-Krankheit bezeichnete gesundheitsschädliche Wirkung des Quecksilbers äußert sich in Störungen des zentralen Nervensystems, die zu Lähmungen und in schweren Fällen zum Tod führen können [265].
Das Quecksilber gelangt über die Nahrungskette Phytoplankton - Zooplankton - Fische (bzw. Krebse, Muscheln) in den menschlichen Organismus [266]. Innerhalb der einzelnen Glieder der Kette kommt es zu Anlagerungen des Quecksilbers. Im Phytoplankton wurden Konzentrationen bis zum 100000fachen der Konzentration im Wasser nachgewiesen [267]. Von Quecksilber können auch teratogene Wirkungen ausgehen [268], und es besteht der Verdacht mutagener [269] und kanzerogener [270] Effekte.

---

264) Vgl. Coenen, R. u.a., Alternativen zur Umweltmisere, a.a.O., S. 134; Materialienband zum Umweltprogramm der Bundesregierung, a.a.O., S. 93; Klausewitz, W./Schäfer, W./Tobias, W., Umwelt 2000, a.a.O., S. 47 f.; Kazantzis, G., The Poison Chain for Mercury in the Environment, in: International Journal of Environmental Studies, vol. 1, 1971, S. 303.

265) Vgl. Coenen, R. u.a., Alternativen zur Umweltmisere, a.a.O., S. 134 ff.; Materialienband zum Umweltprogramm der Bundesregierung, a.a.O., S. 93; Klausewitz, W./Schäfer, W./Tobias, W., Umwelt 2000, a.a.O., S. 47 f.

266) Vgl. Materialienband zum Umweltprogramm der Bundesregierung, a.a.O., S. 182; Kazantzis, G., The Poison Chain for Mercury in the Environment, a.a.O., S. 304; Caspers, H., Sieben Jahre Förderung des Schwerpunktprogramms "Litoralforschung - Abwässer in Küstennähe", in: DFG-Mitteilungen 2/73, S. 65; Borneff, J., Schadstoffe im Wasser, a.a.O., S. 228.

267) Vgl.Klausewitz, W./Schäfer,W./Tobias, W., Umwelt 2000, a.a.O., S. 46; Caspers, H., Sieben Jahre Förderung des Schwerpunktprogramms "Litoralforschung - Abwässer in Küstennähe", a.a.O., S. 65.

268) Vgl. Kazantzis, G., The Poison Chain for Mercury in the Environment, a.a.O., S. 303; Schneider, Wilhelm, Verschmutzende Saubermacher, Bedrohliche Phosphatverschmutzung unserer Gewässer, in: Umwelt, 1971, 3, S. 27; Degenhardt, K.-H., Teratologische Probleme der Umweltverschmutzung, in: Schultze, H. (Hrsg.), Umwelt-Report, a.a.O., S. 293.

269) Vgl. Kazantzis, G., The Poison Chain for Mercury in the Environment, a.a.O., S. 305.

270) Vgl. Borneff, J., Schadstoffe im Wasser, a.a.O., S. 228.

(β) Pestizidwirkungen

(β_1) DDT-Wirkungen

DDT ist die Abkürzung für Dichlor-Diphenyl-Trichloräthylen; es handelt sich also um einen chlorierten Kohlenwasserstoff. DDT ist das wohl bekannteste, wirksamste und zumindest früher am weitesten verbreitete Schädlingsbekämpfungsmittel. Mit seiner Hilfe ist es gelungen, die Malaria so gut wie auszurotten - ein offenbar sehr positiver gesundheitlicher Effekt, den man nicht vergessen sollte (zumal er absolut sicher ist), wenn man die (noch?) nicht bewiesenen gesundheitsschädlichen Effekte des DDT betrachtet [271]. DDT gelangt bei der Anwendung in alle drei Umweltmedien Luft, Wasser und Boden. Die Belastung des Menschen erfolgt über die verschiedenen Nahrungsketten. Dieser Vorgang wird in dem folgenden Schema dargestellt [272]:

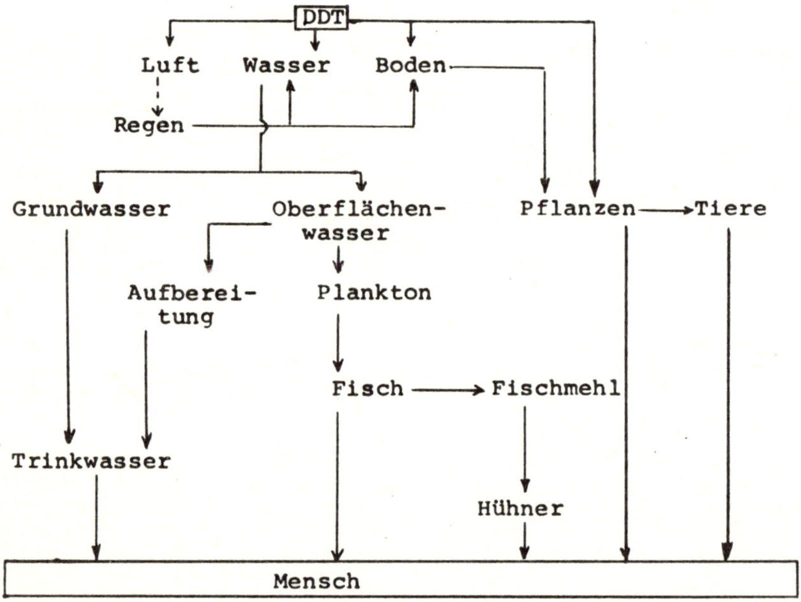

Abb. 8

271) Vgl. Umweltschutz als Mythos, in: NZZ, FA Nr. 308 v. 10.11. 1971.

272) Zusammengestellt nach Borneff, J., Hygiene, a.a.O., S. 73 f. und S. 221.

Etwa 70% des DDT gelangen durch tierische Produkte, 25% durch pflanzliche Nahrung und der Rest über das Wasser (Fische und Grundwasser) in den menschlichen Körper [273]. Die mögliche Gefährlichkeit des DDT beruht darauf, daß es sich nur langsam abbaut (über 20 Jahre), sich in den einzelnen Gliedern der Nahrungskette anreichert und schließlich im Körperfett des Menschen anlagert [274]; es sind also auch geringe Konzentrationen wegen der möglichen Kumulation im Verlauf der Jahre potentiell schädlich. Akute Erkrankungen sind nicht zu erwarten, chronische Schäden können dagegen nicht ausgeschlossen werden. Vermutet werden kanzerogene [275] und teratogene [276] Wirkungen. Solange die Möglichkeit dieser Schäden nicht widerlegt ist, scheint es uns gerechtfertigt, DDT unter die primär gesundheitsschädlichen Stoffe zu subsumieren, auch wenn die ökologischen Schäden bereits offensichtlich sind [277].

(β_2) Phosphorsäureester-Wirkungen

Den Nachteil der großen Persistenz von DDT versuchte man durch die Entwicklung und Anwendung schnell abbaubarer Insektizide zu umgehen; man fand organische Phosphorverbindungen, etwa vom Typ des Phosphorsäureesters E 605, die nur eine kurze Lebensdauer hatten. Dafür sind diese Insektizide aber akut toxisch - E 605 ist ein beliebtes Mord- und Selbstmordmittel - und führen bei entsprechender Dosis zur Atemlähmung und in geringeren Mengen zu chronischen Magen-Darm-Beschwerden [278].

---

273) Vgl. Borneff, J., Schadstoffe im Wasser, a.a.O., S. 225.

274) Vgl. Coenen, R. u.a., Alternativen zur Umweltmisere, a.a.O., S. 142 ff.; Simonis, W., Pestizide und ihre Akkumulation in den "Nahrungsketten", in: Schaefer, H. (Hrsg.), Folgen der Zivilisation, a.a.O., S. 258 f.; Klausewitz, W./Schäfer, W./Tobias, W., Umwelt 2000, a.a.O., S. 36 ff.

275) Vgl. ebenda, S. 39.

276) Degenhardt, K.-H., Teratologische Probleme der Umweltverschmutzung, a.a.O., S. 292.

277) Der RSU betrachtet DDT primär aus ökologischen Gründen als schädlich (vgl. RSU, Umweltgutachten 1974, a.a.O., S. 66).

278) Vgl. Borneff, J., Hygiene, a.a.O., S. 73; Coenen, R. u.a., Alternativen zur Umweltmisere, a.a.O., S. 145.

(γ) PCB-Wirkungen

PCB ist die Abkürzung für Polychlorid-Biphenyl; es handelt sich also wie beim DDT um einen chlorierten Kohlenwasserstoff. Seine gesundheitsschädliche Wirkung ist wie die des DDT noch nicht nachgewiesen [279]. Dies dürfte auch noch schwieriger sein als beim DDT, da PCB noch langsamer abgebaut wird.

(δ) Wirkungen aromatischer Kohlenwasserstoffe

Die kanzerogene Wirkung des 3,4-Benzpyrens wurde bereits geschildert [280].

Daneben gelten vor allem Phenole als gesundheitsschädlich, weil sie als Aktivatoren für krebserzeugende Verbindungen dienen können [281], die Krebsentstehung durch andere Stoffe also begünstigen.

(ε) Wirkungen pathogener Mikroorganismen

Die gesundheitsschädlichen Wirkungen, die von pathogenen Mikroorganismen verursacht werden, gehören zu den klassischen Wirkungen der Gewässerbelastung. Die Bakterien, Viren und Wurmeier stammen vor allem aus dem Fäkalabwasser der Haushalte. Bakterien führen u.a. zu Typhus, Paratyphus, Ruhr und Cholera [282]; Viren sind die Erreger der Poliomyelitis, Hepatitis und Meningitis [283].

(ζ) Wirkungen eutrophierter Gewässer

Eutrophiertes, also sauerstoffarmes Wasser, beeinträchtigt dessen Nutzung als Trinkwasser nicht nur wegen dessen schlechtem Geruch und Geschmack - was nach der WHO-Definition bereits aus-

---

279) Vgl. RSU, Umweltgutachten 1974, a.a.O., S. 66 f.

280) Vgl. S. 94. Im Wasser gelöstes 3,4-Benzpyren ist allerdings weitaus ungefährlicher für die Karzinombildung als das in der Atmosphäre vorkommende (vgl. Borneff, J., Hygiene, a.a.O., S. 68).

281) Vgl. Borneff, J., Schadstoffe im Wasser, a.a.O., S. 228.

282) Vgl. Materialienband zum Umweltprogramm der Bundesregierung, a.a.O., S. 183; Böhnke, B., Was vertragen überhaupt unsere Binnengewässer an Belastungen und welcher Reinigungsgrad läßt sich hieraus für Kläranlagen ableiten, in: Schultze, H. (Hrsg.), Umwelt-Report, a.a.O., S. 96.

283) Vgl. Materialienband zum Umweltprogramm der Bundesregierung, a.a.O., S. 183; Fuß, K., Gewässerschäden - Gewässerschutz, in: Der Landkreis, 1970, Heft 8/9, S. 328.

reichen würde, es als gesundheitsschädlich zu bezeichnen - sondern auch wegen der infolge der Eutrophierung entstehenden Phytoplanktontoxine [284].

(η) Wirkungen weichen Wassers

Eine geringe Wasserhärte kann - wie epidemiologische Untersuchungen vermuten lassen - zu Koronarinfarkten führen, da bei weichem Wasser Spurenstoffe gelöst werden [285].

(ϑ) Wirkungen der thermischen Belastung

Die thermische Belastung der Gewässer führt zu einer Vermehrung der Blaualgen und der pathogenen und apathogenen Bakterien, die alle hochtoxische Stoffe an das Wasser abgeben, die auch bei der Trinkwasseraufbereitung nicht zu beseitigen sind [286].

(ι) Gesundheitsschädliche Wirkungen der Stickstoffdüngung

Durch die Düngung mit Stickstoffverbindungen (vor allem Nitrate) kommt es zu einer Nitratanreicherung in den Pflanzen (z.B. im Spinat) und durch Abschwemmung der Böden sowie Versickerung von Regenwasser unter Umständen auch im Grundwasser [287]. Voraussetzung für eine gesundheitsschädliche Wirkung ist die Umwandlung des Nitrats in Nitrit. Nitrit kann bei Säuglingen zu Blausucht führen [288]. Eine kanzerogene Wirkung kann Nitrit beim Zusammentreffen mit bestimmten sekundären Aminen im Magen-Darm-Trakt haben [289].

---

284) Vgl. Simonis, W., Eutrophierung, a.a.O., S. 170; Borneff, J., Hygiene, a.a.O., S. 103.

285) Vgl. ebenda, S. 50.

286) Vgl. die Ausführungen von K. Höll bei der öffentlichen Anhörung vor dem Innenausschuß des Deutschen Bundestages, in: Zur Sache 2/75, a.a.O., S. 145.

287) Vgl. Borneff, J., Schadstoffe im Wasser, a.a.O., S. 222; Sander, J., Ernährung und Krebs, in: Schultze, H. (Hrsg.), Umwelt-Report, a.a.O., S. 303 f.; Materialienband zum Umweltprogramm der Bundesregierung, a.a.O., S. 99; RSU, Umweltgutachten 1974, a.a.O., S. 121.

288) Vgl. Borneff, J., Schadstoffe im Wasser, a.a.O., S. 222; derselbe, Hygiene, a.a.O., S. 61 f.

289) Vgl. ebenda; Sander, J., Ernährung und Krebs, a.a.O., S. 301 ff.; RSU, Umweltgutachten 1974, a.a.O., S. 121.

(c) Gesundheitsschädliche Wirkungen der Bodenbelastung

(α) Wirkungen der primär quantitativen Bodenbelastung

Die Bebauung des Bodens und der Abbau von Bodenschätzen können ebenso wie die Erosion langfristig zu einer Existenzbedrohung der Menschheit werden, da hierdurch - ceteris paribus - die Nahrungsmittelproduktion eingeengt und die Rohstoffreserven allmählich erschöpft werden. Wir wollen uns hier auf die gesundheitsschädlichen Wirkungen beschränken, die vor allem durch die Art der Bebauung des Bodens mit Siedlungen und Verkehrsbauten hervorgerufen werden, den sogenannten affektiven Emissionen [290]. Da ist zunächst einmal die visuelle Beeinträchtigung zu nennen, die bestimmte Gebäude, Siedlungen und Verkehrsbauten hervorrufen, indem sie Stadt- und Landschaftsbilder zerstören. Solche das ästhetische Empfinden beeinträchtigende Bauten beeinflussen zweifellos das Wohlbefinden [291] und sind somit gesundheitsschädlich. Von der Architektur der Städte können aber auch psychisch und sozial schädliche Wirkungen ausgehen. Neurosen, Aggressionen, Depressivität und andere psychische und soziale Schäden sind als Folgen der kommunikationsfeindlichen Architektur empirisch nachgewiesen [292]. Ein beredtes Beispiel sind die psychischen Krankheitssymptome bei vielen Bewohnern des Märkischen Viertels in Berlin [293].

(β) Herbizid-Wirkungen

Herbizide können eine Reihe von Gesundheitsschäden hervorrufen;

---

290) Vgl. Steckeweh, P., Umweltschutz und Städtebau, in: Bundesbaublatt, Bd. 20, 1971, Heft 2, S. 71.

291) Vgl. Schaefer, H., Die Ökologie als Problem des Umweltschutzes, a.a.O., S. 127; OECD, Effects of Traffic and Roads on the Environment in Urban Areas, Paris 1973, S. 9 ff. und S. 39 ff.; Benthem, R.J., Städtische Ballungen, in: Offner, H. (Hrsg.), Die Zukunft der Landschaft in Europa, a.a.O., S. 19.

292) Vgl. Piperek, M., Bauen als Umweltzerstörung. Eine visuelle Bankrotterklärung, in: Umwelt, 1974, 1, S. 28 f.; Friedman, S., Facing Man and Society: The Challenge, a.a.O., S. 33 f.; Aurand, K., Umweltschutz und Gesundheit, in: Aufgabe Zukunft - Qualität des Lebens, Bd. 4, a.a.O., S. 55.

293) Vgl. Schultz, U., Umwelt aus Beton oder Unsere unmenschlichen Städte, Reinbek 1971, S. 7; Steckeweh, P., Umweltschutz und Städtebau, a.a.O., S. 71.

sie können zu Potenzstörungen und Frigitität führen sowie die Leukämieanfälligkeit steigern [294]. Außerdem können sie teratogene [295] und genetische [296] Effekte haben.

(γ) Wirkungen der Abfälle

Welche gesundheitsschädlichen Wirkungen von den Abfällen ausgehen können, hängt natürlich von der Art der Abfallstoffe ab. Besonders Industriemüll ("Sondermüll") und Abfälle aus dem medizinischen Bereich können hochtoxische Schadstoffe enthalten; Klärschlamm ist erheblich mit Bakterien angereichert [297]. Besonders wenn die Abfälle ungeordnet deponiert werden, locken sie Krankheitsüberträger wie Fliegen, Mücken und Ratten an, so daß sie zu seuchenhygienischen Gefahrenherden werden [298] und darüber hinaus eine visuelle und geruchsintensive Beeinträchtigung darstellen [299].

(d) Gesundheitsschädliche Wirkungen der Pflanzen- und Tierweltbelastung

Neben den in den vorangegangenen Abschnitten geschilderten Gesundheitsgefährdungen infolge der mit der Nahrung verbundenen Aufnahme schadstoffbelasteter Pflanzen und Tiere sind noch andere gesundheitliche Beeinträchtigungen denkbar.

Die Vernichtung von Waldgebieten im Gebirge hat z.B. zur Folge, daß die dort lebenden Menschen verstärkt der Gefahr von Lawinen

---

294) Vgl. Kurir, A., Chemische Pflanzenbekämpfung - Gefahren für Mensch und Tier, Teil 1, a.a.O., S. 23 f. und Teil 2, in: U, 1974, 5, S. 34.

295) Degenhardt, K.-H., Teratologische Probleme der Umweltverschmutzung, a.a.O., S. 292.

296) Vgl. Schaefer, H., Die Ökologie als Problem des Umweltschutzes, a.a.O., S. 119 f.

297) Vgl. Böhnke, B., Was vertragen überhaupt unsere Binnengewässer an Belastungen und welcher Reinigungsgrad läßt sich hieraus für Kläranlagen ableiten?, a.a.O., S. 97.

298) Vgl. Presse- und Informationsamt der Bundesregierung (Hrsg.), Brennpunkt Müllproblem, Bonn 1968, S. 9; Olschowy, G./Mrass, W./Kullmer, H.J./Bürger, K., Zur Belastung der Landschaft, a.a.O., S. 53.

299) Olschowy, G., Bilanz des Abfallproblems, a.a.O., S. 216.

ausgesetzt sind, und die Zerstörung von Wäldern in der Nähe von Ballungsgebieten beraubt die Bevölkerung einer wichtigen Möglichkeit der Naherholung [300).]
Die Dezimierung oder gar vollständige Ausrottung von Pflanzen- und Tierarten führt zu einer Verarmung der Natur, die nicht nur negative ökologische Auswirkungen hat [301)], sondern auch das Wohlbefinden der Menschen negativ beeinflussen kann. Die ökologischen Schäden, wie die Zunahme von Schädlingen, können darüber hinaus ebenfalls gesundheitsgefährdend oder gar existenzbedrohend sein - denken wir nur an die Zunahme von Heuschreckenschwärmen infolge der Vernichtung der natürlichen Feinde der Heuschrecken und die damit verbundene Vernichtung ganzer Ernten.

(e) Gesundheitsschädliche Wirkungen der Lebensmittelbelastung
In diesem Abschnitt wollen wir uns kurz mit den gesundheitsschädlichen Folgen der direkten Lebensmittelbelastung durch Zusatzstoffe zwecks Konservierung und Zusätze zu Futtermitteln befassen; die gesundheitsschädlichen Wirkungen der indirekten Arten der Lebensmittelbelastung, die via Nahrungskette entstehen können, wurden bereits in den vergangenen Abschnitten behandelt. Konservierungsmittel sind vor allem Nitrite und Nitrate. Wie wir bereits wissen, kann Nitrit im Magen-Darm-Trakt mit bestimmten Aminen Nitrosamine bilden, die Krebs hervorrufen [302)].
Als Zusätze zum Tierfutter werden unter anderem Antibiotika und andere Pharmaka verwendet. Folgen können neben toxischen auch allergische Reaktionen und eine Antibiotika-Resistenz sein [303)].

---

300) Vgl. Olschowy, G., Katalog ökologischer Noxen und der von ihnen bedingten Schäden, a.a.O., S. 159.

301) Siehe oben S. 75 ff.

302) Vgl. oben S. 101 und RSU, Umweltgutachten 1974, a.a.O., S. 67; Preussmann, R., Analytik und Entstehung von N-Nitroso-Verbindungen, in: DFG-Mitteilungen 2/74, S. 21 f.

303) Vgl. RSU, Umweltgutachten 1974, a.a.O., S. 67.

(f) Gesundheitsschädliche Wirkungen des Lärms

Ob Lärm gesundheitsschädlich ist, hängt von objektiven Tatbeständen ab - wie der Stärke des Lärms, der Frequenz bzw. der Höhe der Töne und dem zeitlichen Auftreten [304] - und von der individuell verschiedenen Lärmempfindlichkeit der von der Lärmimmission Betroffenen: Lärm wird also subjektiv unterschiedlich empfunden [305]. Die Lärmempfindlichkeit ist unter anderem altersbedingt. Ältere Menschen sind lärmempfindlicher als jüngere, allerdings nicht gegenüber Tönen mit hoher Frequenz, da sie diese nicht mehr wahrnehmen können [306]. Ein weiterer, subjektiver Faktor, der die gesundheitsschädliche Wirkung des Lärms mitbestimmen kann, ist die Einstellung des Individuums zum Lärm an sich, der Lärmquelle und dem Lärmverursacher [307].
Klosterkötter/Gono folgend, wollen wir die Lärmwirkungen in (α) aurale und (β) extraaurale Lärmwirkungen unterteilen; letztere werden noch einmal gegliedert in (β_1) physiologische

---

304) Vgl. Olschowy, G./Mrass, W./Kullmer, H.J./Bürger, K., Zur Belastung der Landschaft, a.a.O., S. 55; Grandjean, E./Gilgen, A./Bättig, K., Die Fluglärmbelastung, in: Städtehygiene, Bd. 20, 1969, Nr. 4, S. 74; Lüscher, E., Gesundheitsschädliche Wirkungen des Lärms und deren Ursachen, in: Zeitschrift für Präventivmedizin, 12/1957, S. 447 f.

305) Vgl. Nitschke, E., Lärm, in: Schultz, U. (Hrsg.), Lebensqualität, Frankfurt/M. 1975, S. 143; Committee on the Problem of Noise, Noise, Final Report, H.M.S.O., Reprint, London 1971, S. 2 und 8; Klosterkötter, W. bei der öffentlichen Anhörung vor dem Innenausschuß des Deutschen Bundestages, in: Zur Sache 4/73, Umweltschutz (III), S. 29.

306) Vgl. Nitschke, E., Lärm, a.a.O., S. 152; Klosterkötter, W., Lärmforschung und Lärmbekämpfung, in: Universitas, 28. Jg., 1973, S. 891; Hösel, G., Umweltkrise und Gesundheitsgefahren, in: Der Städtetag, Bd. 24, 1971, 2, S. 75.

307) Vgl. Lüscher, E., Gesundheitsschädliche Wirkungen des Lärms und deren Ursachen, a.a.O., S. 451; von Eiff, A.W., Mensch und Lärm, in: DFG-Mitteilungen von der Jahresversammlung 1971, Bonn 1971, S. 33; Hörmann, H. bei der öffentlichen Anhörung vor dem Innenausschuß des Deutschen Bundestages, in: Zur Sache 4/73, a.a.O., S. 38; DFG (Hrsg.), Fluglärmwirkungen. Eine interdisziplinäre Untersuchung über die Auswirkungen des Fluglärms auf den Menschen, Bd. 1, Boppard 1974, S. 238.

und (β_2) psychische Lärmwirkungen [308].

(α) Aurale Lärmwirkungen

Die klassiche Lärmwirkung ist der Gehörschaden, der über Schwerhörigkeit bis hin zur Taubheit führen kann [309]. Bei Gehörschäden hervorrufenden Lärmintensitäten (über 90 DIN-Phon) führt kontinuierlicher Lärm eher zu Gehörschäden als diskontinuierlicher Lärm, da das Innenohr dabei keine Erholungsphasen hat. Bei kontinuierlichem Lärm besteht die Gefahr einer dauerhaften Hörschwellenverschiebung (PTS = Permanent Threshold Shift), bei diskontinuierlichen Lärm dagegen nur die einer vorübergehenden (TTS = Temporary Threshold Shift) [310]. Gehörschäden sind fast ausschließlich die Folge von Lärm am Arbeitsplatz [311]. Wahrscheinlich sind jedoch Mikroschädigungen des Innenohrs durch den Alltagslärm ("Sociocusis") eine wesentliche Teilursache des Altershörverlustes [312]. Auch Kommunikationsstörungen durch Lärm zählen Klosterkötter/Gono zu den auralen Lärmwirkungen [313].

---

308) Vgl. Klosterkötter, W./Gono, F., Quellen und gesundheitliche Wirkung des Lärms, in: Zentralblatt für Bakteriologie ..., a.a.O., S. 307 ff.

309) Vgl. von Eiff, A.W., Mensch und Lärm, a.a.O., S. 36; U.S. Environmental Protection Agency, Effects of Noise on People, U.S.G.P.O., Washington, D.C. 1971, S. 6 ff.; RSU, Umweltgutachten 1974, a.a.O., S. 77; Fleischer, K., Schall als Umweltnoxe, in: Schaefer, H. (Hrsg.), Folgen der Zivilisation, a.a.O., S. 68; Klosterkötter, W., Lärmwirkungen auf den Menschen, in: Schultze, H. (Hrsg.), Umwelt-Report, a.a.O., S. 262; U.S. Department of Commerce, The Noise Around Us, U.S.G.P.O., Washington, D.C., 1971, S. 12; Bryan, M./Tempest, W., Cause for Concern - Noise Pollution of the Work Environment, in: International Journal of Environmental Studies, vol. 1, 1971, S. 100; Hösel, G., Umweltkrise und Gesundheitsgefahren, a.a.O., S. 75.

310) Vgl. die Ausführungen von A.W. von Eiff bei der öffentlichen Anhörung vor dem Innenausschuß des Deutschen Bundestages, in: Zur Sache 4/73, a.a.O., S. 40; Fleischer, K., Schall als Umweltnoxe, a.a.O., S. 69.

311) Vgl. die Ausführungen von W. Klosterkötter bei der öffentlichen Anhörung vor dem Innenausschuß des Deutschen Bundestages, a.a.O., S. 34.

312) Vgl. ebenda.

313) Vgl. Klosterkötter, W./Gono, F., Quellen und gesundheitliche Wirkungen des Lärms, a.a.O., S. 307; Klosterkötter, W., Lärmwirkungen auf den Menschen, a.a.O., S. 262; Bryan,

Sie führen jedoch nicht (zumindest nicht direkt) zu physischen Gesundheitsschäden - wenn man von einer möglichen Überanstrengung des Stimmorgans zur Übertönung des Lärms absieht -, sondern infolge der vermehrten Konzentration zu einer psychischen Anspannung und somit eventuell zu einer Beeinträchtigung des Wohlbefindens [314].

(β) Extraaurale Lärmwirkungen

(β_1) Physiologische Lärmwirkungen

Die wichtigste physiologische Lärmwirkung, die bereits ab einer Lautstärke von 60 DIN-Phon einsetzen kann [315], ist die Aktivierung des zentralen und vegetativen Nervensystems [316], was Auswirkungen auf den gesamten Organismus haben kann [317], besonders auf Blutdruck und Stoffwechsel [318]. Möglicherweise ist Lärm ein Risikofaktor für die Entstehung der essentiellen Hypertonie

---

M./Tempest, W., Cause for Concern - Noise Pollution of the Work Environment, a.a.O., S. 100; Committee on the Problem of Noise, Noise, a.a.O., S. 11; U.S. Environmental Protection Agency, Effects of Noise on People, a.a.O., S. 43 ff.; RSU, Umweltgutachten 1974, a.a.O., S. 77; DFG (Hrsg.), Fluglärmwirkungen, Bd. 1, a.a.O., S. 240.

314) Vgl. die Ausführungen von W. Klosterkötter bei der öffentlichen Anhörung vor dem Innenausschuß des Deutschen Bundestages, a.a.O., S. 33.

315) Vgl. Olschowy, G./Mrass, W./Kullmer, H.J./Bürger, K., Zur Belastung der Landschaft, a.a.O., S. 56.

316) Vgl. die Ausführungen von W. Klosterkötter bei der öffentlichen Anhörung vor dem Innenausschuß des Deutschen Bundestages, a.a.O., S. 30 ff.; Klosterkötter, W./Gono, F., Quellen und gesundheitliche Wirkungen des Lärms, a.a.O., S. 308 f.; von Eiff, A.W., Mensch und Lärm, a.a.O., S. 39; Fleischer, K., Schall als Umweltnoxe, a.a.O., S. 70; Grandjean, E./Gilgen, A./Bättig, K., Die Fluglärmbelastung, a.a.O., S. 73; Lüscher, E., Gesundheitsschädliche Wirkungen des Lärms und deren Ursachen, a.a.O., S. 450; RSU, Umweltgutachten 1974, a.a.O., S. 77; Klosterkötter, W., Lärmwirkungen auf den Menschen, a.a.O., S. 262.

317) Vgl. Drobil, M., Der Lärmschutz in der Raumplanung, in: Mitteilungen des österreichischen Instituts für Raumplanung, 1970, 143/1-4, S. 11.

318) Vgl. Hösel, G., Umweltkrise und Gesundheitsgefahren, a.a.O., S. 75; DFG (Hrsg.), Fluglärmwirkungen, Bd. 1, a.a.O., S. 421 f.; Klosterkötter, W., Lärmwirkungen auf den Menschen, a.a.O., S. 263.

(Hochdruckkrankheit)[319].

Die am weitesten verbreitete Folge der Aktivierung des zentralen und vegetativen Nervensystems ist jedoch die Störung von Schlaf, Entspannung und Erholung[320]. Sowohl Schlafdauer als auch Schlafqualität (Schlaftiefe) können gestört werden, so daß ein Schlafdefizit entsteht[321], das physische und psychische Schäden verursachen kann[322].

(β_2) Psychische Lärmwirkungen

Psychische Lärmwirkungen können bereits bei Lärm unterhalb von 60 DIN-Phon eintreten[323]. Der Lärm wird dann einfach als lästig empfunden und kann Ärger, Zorn, Aggresivität, unerträgliche Spannung, Nervosität und Schreckreaktionen auslösen[324]. Diese psychischen Lärmwirkungen - der "Lärmstress"[325] - können

---

319) Vgl. DFG (Hrsg.), Fluglärmwirkungen, Bd. 1, a.a.O., S. 315.

320) Vgl. die Ausführungen von W. Klosterkötter bei der öffentlichen Anhörung vor dem Innenausschuß des Deutschen Bundestages, a.a.O., S. 30 ff.; derselbe, Lärmwirkungen auf den Menschen, a.a.O., S. 262; RSU, Umweltgutachten 1974, a.a.O., S. 77; Committee on the Problem of Noise, Noise, a.a.O., S. 7; Hösel, G., Umweltkrise und Gesundheitsgefahren, a.a.O., S. 75.

321) Vgl. die Ausführungen von W. Klosterkötter bei der öffentlichen Anhörung vor dem Innenausschuß des Deutschen Bundestages, a.a.O., S. 30 ff.; Fleischer, K., Schall als Umweltnoxe, a.a.O., S. 71.

322) Vgl. U.S. Environmental Protection Agency, Effects of Noise on People, a.a.O., S. 78 und die Ausführungen von U.J. Jovanovic bei der öffentlichen Anhörung vor dem Innenausschuß des Deutschen Bundestages, in: Zur Sache 4/73, a.a.O., S. 42 ff.

323) Vgl. Olschowy, G./Mrass, W./Kullmer, H.J./Bürger, K., Zur Belastung der Landschaft, a.a.O., S. 56.

324) Vgl. Klosterkötter, W./Gono, F., Quellen und gesundheitliche Wirkungen des Lärms, a.a.O., S. 309; U.S. Environmental Protection Agency, Effects of Noise on People, a.a.O., S. 101 und S. 134 sowie die Ausführungen von A.W. von Eiff bei der öffentlichen Anhörung vor dem Innenausschuß des Deutschen Bundestages, a.a.O., S. 40 sowie von W. Klosterkötter, ebenda, S. 29 f.

325) Vgl. Klosterkötter, W./Gono, F., Quellen und gesundheitliche Wirkungen des Lärms, a.a.O., S. 309.

wiederum negative Auswirkungen auf das vegetative Nervensystem haben [326] und zu Einschlafstörungen, Schlafunterbrechungen und einer Minderung der Schlafqualität führen [327]. Bei den hier relevanten Lautstärken von unter 60 DIN-Phon hat ungleichmäßiger Lärm eine größere Störwirkung als kontinuierlicher Lärm. Schlafstörungen werden vor allem durch einen Wechsel des Geräuschpegels bewirkt [328].

Eine extraaurale Lärmkrankheit ist bisher nicht bekannt; Lärm ist jedoch zweifellos ein Stressfaktor und wirkt als solcher am Entstehen von Krankheiten mit [329]. Geht man - wie wir das getan haben - von der Gesundheitsdefinition der WHO aus, sind jedoch auch bereits die Belästigungen durch geringeren Lärm gesundheitsschädlich [330].

(γ) Möglichkeiten der Lärmgewöhnung

An Lärmstärken, die zu einem Gehörschaden führen, gibt es keine Gewöhnung. Ob die physiologischen Lärmwirkungen mit der Zeit nachlassen, ist umstritten. Während einige Autoren meinen, Schäden des vegetativen Nervensystems könnten nicht vermieden werden [331], halten andere eine Gewöhnung bis zu einer bestimmten Lautstärke für möglich. Von Eiff meint, daß bis zu 90 dB bei den

---

326) Vgl. Lüscher, E., Gesundheitsschädliche Wirkungen des Lärms und deren Ursachen, a.a.O., S. 450.

327) Vgl. Klosterkötter, W./Gono, F., Quellen und gesundheitliche Wirkungen des Lärms, a.a.O., S. 311.

328) Vgl. Fleischer, K., Schall als Umweltnoxe, a.a.O., S. 71; Klosterkötter, W., Lärmforschung und Lärmbekämpfung, a.a.O., S. 898 und U.J. Jovanovic bei der öffentlichen Anhörung vor dem Innenausschuß des Deutschen Bundestages, a.a.O., S. 42.

329) Vgl. Klosterkötter, W./Gono, F., Quellen und gesundheitliche Wirkungen des Lärms, a.a.O., S. 313; Bryan, M./Tempest, W., Cause for Concern - Noise Pollution of the Work Environment, a.a.O., S. 100.

330) Vgl. Committee on the Problem of Noise, Noise, a.a.O., S. 7; U.S. Department of Commerce, The Noise Around Us, a.a.O., S. 13.

331) Vgl. Fleischer, K., Schall als Umweltnoxe, a.a.O., S. 70; Drobil, M., Der Lärmschutz in der Raumplanung, a.a.O., S. 12; Olschowy, G./Mrass, W./Kullmer, H.J./Bürger, K., Zur Belastung der Landschaft, a.a.O., S. 56.

meisten Menschen eine Gewöhnung eintritt, allerdings nicht bei der peripheren Gefäßreaktion, wo er die Grenze bei etwa 70 dB sieht [332]. Anpassungen an geringen Lärm gelten allgemein als möglich, hängen jedoch von der individuellen Lärmempfindlichkeit und anderen subjektiven Faktoren ab, wie etwa der Einstellung zum Lärmverursacher [333]. Auch objektive Faktoren wie Intensität und Regelmäßigkeit des Lärmgeräusches bestimmen die Adaptionsmöglichkeiten [334]. Andererseits ist zu bedenken, daß auch eine Sensibilisierung möglich ist [335] und die jeweiligen Anpassungsvorgänge den Organismus belasten können [336].

(6) Zur Beachtung der toxikologischen Gesamtsituation

In den vorangegangenen Abschnitten haben wir fast ausschließlich die gesundheitsschädlichen Wirkungen jeweils eines Schadstoffes in einem Medium betrachtet. Häufig kommt der gleiche Schadstoff aber in mehreren Medien gleichzeitig vor, so daß die jeweilige Schadstoffbelastung des Menschen größer ist als die Betrachtung der Belastung eines Mediums vermuten läßt [337]. Schwerwiegender für die menschliche Gesundheit ist allerdings, daß der Mensch nicht nur einem Schadstoff ausgesetzt ist, sondern gleichzeitig von einer Fülle von Schadstoffen belastet wird. Die gesundheitsschädlichen Wirkungen der Schadstoffe

---

332) Vgl. die Ausführungen A.W. von Eiffs bei der öffentlichen Anhörung vor dem Innenausschuß des Deutschen Bundestages, a.a.O., S. 40 ff. und derselbe, Mensch und Lärm, a.a.O., S. 40 f.

333) Vgl. Committee on the Problem of Noise, Noise, a.a.O., S. 10; RSU, Umweltgutachten 1974, a.a.O., S. 79 und die Ausführungen von W. Klosterkötter bei der öffentlichen Anhörung vor dem Innenausschuß des Deutschen Bundestages, a.a.O., S. 37 sowie von H. Hörmann, ebenda, S. 39.

334) Vgl. die Ausführungen von U.J. Jovanovic bei der öffentlichen Anhörung vor dem Innenausschuß des Deutschen Bundestages, a.a.O., S. 47.

335) Vgl. die Ausführungen von W. Klosterkötter, ebenda, S. 37.

336) Vgl. die Ausführungen von H. Hörmann, ebenda, S. 39.

337) Vgl. Bär, F., Die toxikologische Situation in der modernen Zivilisation, in: Sioli, H. (Hrsg.), Ökologie und Lebensschutz in internationaler Sicht, a.a.O., S. 172.

- man spricht von Kombinationswirkung - können sich addieren oder neutralisieren [338]. Auch Synergismen können vorkommen. Darunter versteht man, daß die Gesamtwirkung der Schadstoffe größer ist als die Summe ihrer Einzeleffekte [339]. Manche in der Umwelt vorkommende Stoffe sind an sich nicht gesundheitsschädlich, sondern haben nur eine Katalysator- oder Schlepperfunktion für Schadstoffe [340]. Manchmal sind es auch erst die Abbauprodukte (Metaboliten) der (Schad)Stoffe, die gesundheitsgefährdend wirken [341]. Erst die Beachtung all dieser Faktoren, der sogenannten toxikologischen Gesamtsituation [342], erlaubt eine realistische Einschätzung der Gesundheitsgefahren, die von der Umweltbelastung ausgehen können.

(7) Zur Aufstellung eines Wirkungskatasters

Zuverlässige Informationen über die toxikologische Gesamtsituation kann man nur durch die systematische Erfassung der Schadstoffwirkungen auf den Menschen und seine natürliche und materielle Umwelt gewinnen [343]. Das könnte am besten in einem Wirkungskataster geschehen, das neben Emissions- und Immissionskataster die dritte wesentliche Informationsquelle für die Um-

---

338) Vgl. Bär, F., Die toxikologische Situation in der modernen Zivilisation, in: Sioli, H. (Hrsg.), Ökologie und Lebensschutz in internationaler Sicht, a.a.O., S. 172; Schlipköter, H.-W., Auswirkungen von Autoabgasen auf die Stadtbevölkerung, a.a.O., S. 33.

339) Vgl. Bär, F./Grunow, W., Hygienisch-toxikologische Aspekte der Umweltsituation, a.a.O., S. 290; Cassell, E.J., The Health Effects of Air Pollution, a.a.O., S. 214.

340) Vgl. Bär, F., Die toxikologische Situation in der modernen Zivilisation, a.a.O., S. 185.

341) Vgl. Marquardt, H., Umweltbedingte Mutagenität, in: Schultze, H. (Hrsg.), Umwelt-Report, a.a.O., S. 297.

342) Vgl. Bär, F./Grunow, W., Hygienisch-toxikologische Aspekte der Umweltsituation, a.a.O., S. 289; Coenen, R. u.a., Alternativen zur Umweltmisere, a.a.O., S. 109.

343) Vgl. Entwurf der gesundheitspolitischen Leitsätze, vorgelegt vom Gesundheitspolitischen Ausschuß beim SPD-Vorstand, in: Langzeitprogramm 1, Bonn-Bad Godesberg 1972, S. 195.

weltplanung und die Umweltpolitik darstellen sollte [344]. Die Aufstellung eines solchen Wirkungskatasters erfordert einerseits ein Immissionskataster, das (möglichst kontinuierlich) aufgezeichnete Daten über die Immissionsbelastung einer Region enthält und andererseits gegenüber dem gegenwärtigen Zustand verbesserte Morbiditäts- und Mortalitätsstatistiken, welche zuverlässige epidemiologische Studien erlauben. Die Schadstoffwirkungen können auch mit Hilfe von exponierten Wirkungsobjekten (Bioindikatoren) ermittelt werden, die zu diesem Zweck im Immissionsgebiet verteilt werden [345].

---

344) Vgl. RSU, Umweltgutachten 1974, a.a.O., S.17 f.; Stratmann, H., Emissionsüberwachung und Immissionsschutz, Vortrag beim IBM Seminar "Umweltschutz und Datenverarbeitung" vom 7.-9. März 1973 in Bad Liebenzell, o.O. und J., S. 14 ff.

345) Vgl. RSU, Umweltgutachten 1974, a.a.O., S. 17 f.; von Borries, D.F.W., Zur Konstruktion von Umweltindizes, a.a.O., S. 62.

"Die überhandnehmende Technik quält und ängstigt mich - es wälzt sich herum wie ein Gewitter, langsam, langsam; aber es hat seine Richtung genommen, es wird kommen und treffen".

(J.W. von Goethe, Wilhelm Meisters Wanderjahre)

3. Zur Diagnose der Ursachen der Umweltbelastung

a) Probleme und Ansätze der Ursachendiagnose

Eine langfristig wirksame Therapie der Umweltbelastung, die mehr als ein Kurieren von Symptomen sein will, muß die eigentlichen Ursachen der Umweltbelastung bekämpfen [346]. Dazu bedarf es aber zunächst einer Diagnose der Ursachen, und zwar nicht nur der mehr oder weniger offensichtlichen (und vordergründigen) Ursachen wie der Emission von Schadstoffen, sondern der hinter diesen steckenden tieferen Ursachen [347].

Darüber was diese tieferen Ursachen sind, gibt es verschiedene Hypothesen. Man kann sie in vier Gruppen einteilen, von denen wir die erste nur kurz erwähnen wollen. Das ist die Gruppe, welche das (angeblich) durch die christliche Religion geprägte Verhältnis des Menschen zur Natur als eigentliche Ursache der Umweltbelastung ansieht [348]. Die "orthodox christliche Arroganz

---

346) Vgl. Hödl, E., Umweltpolitik, Die Scheuklappe der "Ökonomisten", in: Die Wirtschaftswoche, 26. Jg., 1972, Heft 8, S. 39; Kade, G., Marktwirtschaft und Umweltschutz, in: gdi-topics 4/71, S. 10.

347) Vgl. von Walterskirchen, K.P., Bemerkungen zur Umweltpolitik, in: Horn, C. u.a. (Hrsg.), Umweltpolitik in Europa, Frauenfeld 1973, S. 13 ff.; Forrester, J.W., Der teufliche Regelkreis, Stuttgart 1972, S. 15 und S. 36; Tschumi, P.A., Bevölkerungswachstum, Wirtschaft und Umweltschutz, in: NZZ, FA Nr. 236 vom 29.8.1971, S. 37.

348) Vgl. White, jr,, L.T., Die historischen Wurzeln unserer ökologischen Krise, in: Lohmann, M. (Hrsg.), Gefährdete Zukunft - Prognosen angloamerikanischer Wissenschaftler, München 1970, S. 20 ff.; Blanke, F., Der Christ und die Erde, in: Natur geplündert oder gehegt. Schriften der Neuen

gegenüber der Natur" [349] ist nach dieser Theorie zusammen mit einer gewissenlosen Ausnutzung der wissenschaftlichen und technischen Entdeckung Ursache für eine bedenkenlose Nutzung der Natur [350]. Unseres Erachtens kann es nicht Gegenstand einer wirtschaftswissenschaftlichen Arbeit sein, diese Theorie auf ihren Erklärungswert zu untersuchen. Wir wollen uns deshalb im folgenden den drei anderen - einer ökonomischen Beurteilung zugänglichen - Ursachendiagnosen zuwenden.

Die erste dieser drei Gruppen glaubt als Ursachen der Umweltbelastung vor allem das Bevölkerungswachstum und die damit einhergehende Bevölkerungsdichte sowie den steigenden Wohlstand diagnostizieren zu können. Diese vor allem von Nicht-Ökonomen gestellte Ursachendiagnose wollen wir als fatalistische Ursachendiagnose bezeichnen.

Die zweite Gruppe von Erklärungsversuchen ist ideologisch geprägt. Ihre Verfechter führen die Umweltbelastung auf das marktwirtschaftliche System und das damit verbundene Gewinnstreben zurück. Wir nennen sie ideologisch geprägte Ursachendiagnose.

Die dritte Gruppe schließlich sieht die Ursache der Umweltbelastung überwiegend in einem Versagen des Staates, der nicht rechtzeitig Umweltschutzmaßnahmen beschlossen und vor allem durchgesetzt hat - obwohl dies grundsätzlich möglich gewesen

---

Helvetischen Gesellschaft, Heft 9, Horgen 1961, S. 11 ff.; Corti, W.R., Mensch und Natur, ebenda, S. 53 ff.; Kade, G., Ökonomische und gesellschaftspolitische Aspekte des Umweltschutzes, in: Gewerkschaftliche Monatshefte, 22. Jg., 1971, S. 259.

349) White, jr., L.T., Die historischen Wurzeln unserer ökologischen Krise, a.a.O., S. 29.

350) Vgl. Huber, G., Geistige Implikationen der Umweltveränderung, in: Leibundgut, H. (Hrsg.), Schutz unseres Lebensraums, München-Bern-Wien 1971, S. 118 ff.; Picht, G., Umweltschutz und Politik, a.a.O., S. 86.
Widerspruch findet diese Ursachendiagnose u.a. bei Moncrief, L.W., The Cultural Basis for Our Environmental Crisis, in: Dorfman, R./Dorfman, N.S. (Hrsg.), Economics of the Environment, New York 1972, S. 285 f.

wäre. Wir wollen hier von einer pragmatischen Ursachendiagnose sprechen [351].

b) Zur fatalistischen Ursachendiagnose

Diese Ursachendiagnose der Umweltbelastung bezeichnen wir deshalb als fatalistisch, weil sie die zunehmende Umweltbelastung mit quasi naturgesetzlicher Gewißheit auf das Bevölkerungswachstum und die damit steigende Bevölkerungsdichte und Urbanisierung einerseits und den steigenden Wohlstand in Form einer durch den technischen Fortschritt ermöglichten real steigenden Pro-Kopf-Produktion bzw. eines real steigenden Pro-Kopf-Konsums andererseits zurückführt [352]. In erster Linie dem technischen Fortschritt, der erst den steigenden Wohlstand bei zunehmender Bevölkerung ermöglicht, werden viele Arten der Umweltbelastung zugeschrieben. Vor allem scheint der Dualismus zwischen Natur und

---

351) Die Bezeichnungen der Ursachendiagnose enthalten zweifellos eine Wertung; der Leser wird zurecht vermuten, daß wir uns der letzten Ursachendiagnose anschließen werden.

352) Vgl. Forrester, J.W., Der teufliche Regelkreis, a.a.O., S. 74 f.; Goldsmith, E./Allen, R., Planspiel zum Überleben, a.a.O., S. 10; Schaefer, H., Die Ökologie als Problem des Umweltschutzes, a.a.O., S. 139; Dubos, R., Promises and Hazards of Man's Adaptability, a.a.O., S. 32; Meadows, D. u.a., Die Grenzen des Wachstums, Bericht des Club of Rome zur Lage der Menschheit, Stuttgart 1972, S. 83; Hardin, G., Die Tragik der Allmende, in: Lohmann, M. (Hrsg.), Gefährdete Zukunft - Prognosen angloamerikanischer Wissenschaftler, a.a.O., S. 38; Lord Llewellyn-Davies/Cowan, P., Stadtplanung und Wissenschaft, ebenda, S. 118; Benthem, R. J., Städtische Ballungen, a.a.O., S. 11; Passino, R., Industrie und Landschaft, a.a.O., S. 40 f.; Moncrief, L.W., The Cultural Basis of Our Environmental Crisis, a.a.O., S. 287 f.; Fisher, J.L., Impact of Population on Resources and the Environment, in: American Economic Review, vol. 61, 1971, Papers and Proceedings, S. 395 ff.; Basler, E., Umweltprobleme aus der Sicht der technischen Entwicklung, in: NZZ, FA Nr. 132 vom 16.5.1971; Tschumi, P.A., Bevölkerungswachstum, Wirtschaft und Umweltschutz, a.a.O.; Meyer-von Gonzenbach, R., Die Beanspruchung der Umwelt durch die Besiedlung, in: Leibundgut, H. (Hrsg.), Schutz unseres Lebensraumes, a.a.O., S. 65 ff.; Istock, C.A., Modern Environmental Deterioration as a Natural Process, in: International Journal of Environmental Studies, vol. 1, 1971, S. 151 ff.

Technik als so sicher zu gelten [353], daß man die im technischen Fortschritt liegenden Möglichkeiten des Umweltschutzes nicht sieht [354]. Die entgegengesetzte Position, wie sie vor allem von Ingenieuren und Technikern vertreten wird, kommt am besten in folgendem Zitat zum Ausdruck: "In a technological society, technology itself can be used creatively to help solve the human problems technology causes" [355]. Der darin sichtbare Fortschrittsglaube eines Technikers ist allerdings kaum weniger naiv als die Fortschrittsfeindlichkeit einiger Biologen. Gerade eine solche Fortschrittsgläubigkeit kann Ursache von einem ungezügelten - d.h. hier hinsichtlich der Umweltbelastung rücksichtslosen - technischen Fortschritt werden [356]. Bei nüchterner Betrachtung ergibt sich, daß der technische Fortschritt an sich nicht umweltfeindlich ist, sondern nur einzelnen Richtungen, in die er

---

353) Vgl. Commoner, B., Die Bedeutung der Biosphäre, in: Lohmann, M. (Hrsg.), Gefährdete Zukunft - Prognosen angloamerikanischer Wissenschaftler, a.a.O., S. 101; Mislin, H., Zerstörung des Lebensraumes und Umweltverantwortung, in: Leibundgut, H. (Hrsg.), Schutz unseres Lebensraumes, a.a.O., S. 19; Henke, W., Umwelt, Technik, Natur, Kultur, in: Recktenwald, H.C. (Hrsg.), Das Umweltproblem aus ökonomischer und juristischer Sicht, Göttingen 1975, S. 31.

354) Vgl. Beckerman, W., Environmental Policy Issues: Real and Fictitious, in: OECD (Hrsg.), Problems of Environmental Economics, a.a.O., S. 22; Zuckerman, S., Technologie und Gesellschaft - Eine Herausforderung an die Privatwirtschaft, Grundsatzbericht vor dem XXIII. Kongress der IHK Wien, o.O., 1971, S. 8; Schär, M., Der Mensch als Nutznießer und Opfer der technischen Entwicklung, in: Leibundgut, H. (Hrsg.), Schutz unseres Lebensraumes, a.a.O., S. 28 ff.; Egli, E., Die Erhaltung der Landschaft, in: Natur geplündert oder gehegt, a.a.O., S. 19 und 27; derselbe, Natur in Not, a.a.O., S. 11 ff., 55 f. und 117; Balke, S., Umweltbedingungen als Lebensgrundlage. Schriftenreihe der Vereinigung Deutscher Gewässerschutz EV-VTG, Nr. 28, Bonn-Bad Godesberg 1970, S. 5 ff.; Menke-Glückert, P., Umweltschutz - Achillesferse oder Herausforderung für die Industriegesellschaft, in: Die Neue Gesellschaft, 1971, 8, S. 581.

355) Smith, R.E., Political Control of Technology to Preserve Human Values, in: The Engineering Economist, vol. 15 (4), 1970, S. 224.

356) Moncrief, L.W., The Cultural Basis for Our Environmental Crisis, a.a.O., S. 291.

gelenkt worden ist [357]. Ebensowenig ist auch der steigende Wohlstand an sich nicht Ursache der Umweltbelastung. "It is the forms and methods of production and consumption to which our society has become accustomed that cause the damage" [358]. Damit erhalten steigender Wohlstand und technischer Fortschritt, aber auch das Bevölkerungswachstum nur noch den Charakter bestenfalls sekundärer Ursachen der Umweltbelastung [359]. Die tieferen Ursachen der Umweltbelastung liegen in der falschen Lenkung des technischen Fortschritts und der damit zusammenhängenden Art der Produktionsverfahren (Prozeßinnovation) und Produkte (Produktinnovation) sowie in den Konsumgewohnheiten [360].

c) Zur ideologisch geprägten Ursachendiagnose

Vor allem Neomarxisten sehen die Ursachen der falschen Lenkung des technischen Fortschritts in Form umweltbelastender Prozeß- und Produktinnovationen und der Konsumgewohnheiten in Form des "Ex und Hopp" in dem marktwirtschaftlichen System selbst begründet; die Umweltbelastung in sozialistischen Ländern sind dagegen ein Erbe des kapitalistischen Systems und Folge der Notwendigkeit einer raschen (nachholenden) Industrialisierung [361]. Vor allem im Profimotiv als Motor des marktwirtschaftlichen Systems wird die eigentliche Ursache für die Umweltbelastung

---

357) Vgl. Jacoby, N.H., The Polluters: Industry or Government?, The Institute of Economic Affairs, London 1972, S. 14 f.

358) Ebenda, S. 13.

359) Vgl. dazu unten S. 126 f.

360) Vgl. Glagow, M., Umweltgefährdung und Gesellschaftssystem, a.a.O., S. 16; Dahmén, E., Umweltschutz und ökonomische Systeme, in: Glagow, M. (Hrsg.), Umweltgefährdung und Gesellschaftssystem, a.a.O., S. 62 f.; Kadè, G., Marktwirtschaft und Umweltschutz, a.a.O., S. 10; Schwarzes Kollektiv, Ökologie und Macht, in: Kursbuch 33, Berlin 1973, S. 113 ff.

361) Vgl. Höhmann, H.-H./Seidenstecher, G./Vajna, T., Umweltschutz und ökonomisches System in Osteuropa, Stuttgart-Berlin-Köln-Mainz, 1973, S. 9 f.

gesehen [362]. In den Bereich krimineller Delikte gehörende Umweltbelastungen (wie im Falle des Reeders Bernhold) werden als Folge des Profitmotivs gedeutet und damit dem marktwirtschaftlichen System angelastet [363].

Der Profit als Differenz zwischen Erlös und Kosten kann (auf der Produktionsseite) durch Kostensenkungen und (auf der Absatzseite) Erlössteigerungen erhöht werden. Die durch das Profitmotiv bestimmte kapitalistische Produktionsweise zeichnet sich nach Ansicht der Neomarxisten und ihren Anschauungen nahestehenden Vertretern durch eine ungezügelte Verwendung der natürlichen Ressourcen aus ("Verschwendungskapitalismus") [364], vor allem der unterbewerteten, wenn nicht gar kostenlosen Produktionsfaktoren Luft, Wasser und Boden, die ebenso wie die "anarchische Dezentralisierung des Produktionsprozesses" [365] für die Umweltbelastung verantwortlich gemacht werden. Auf der Absatzseite äußert sich das Profitmotiv vor allem in der durch Marketing und Werbung herbeigeführten Steigerung der Konsumbe-

---

362) Vgl. Schwarzes Kollektiv, Ökologie und Macht, a.a.O., S. 119; Kade, G., Durch das Profitmotiv in die Katastrophe, in: Die Wirtschaftswoche, 1971, Heft 40, S. 39 ff.; Zschocke, H., Ungelöstes Problem der Umweltgestaltung in Westdeutschland, in: Glagow, M. (Hrsg.), Umweltgefährdung und Gesellschaftssystem, a.a.O., S. 149 ff. Ähnlicher Ansicht ist auch z.B. Sicco Mansholt (vgl. dessen Beitrag in Kursbuch 33, 1973, S. 137); vgl. ferner: Kneese, A.V., Pollution and the Profit Motive, in: Wolozin, H. (Hrsg.), The Economics of Pollution, Morristown, N.J., 1974, S. 221.

363) Vgl. Uhrhammer, C. u.a., Umweltverschmutzung durch Profitinteressen?, in: Dörge, F.W. (Hrsg.), Qualität des Lebens, Opladen 1973, S. 69 ff.

364) Vgl. Vilmar, F., Vergeudungskapitalismus oder Wirtschaftsdemokratie, in: Kapp, K.W./Vilmar, F. (Hrsg.), Sozialisierung der Verluste?, München 1972, S. 12 ff.; Schwarzes Kollektiv, Ökologie und Macht, a.a.O., S. 119; Kade, G., Ökonomische und gesellschaftspolitische Aspekte des Umweltschutzes, a.a.O., S. 263; Kapp, K.W., 'Recycling' in Contemporary China, in: Kyklos, Bd. 27, 1974, S. 297; Salgo, H., The Obsolescence of Growth: Capitalism and the Environmental Crisis, in: Review of Radical Political Economics, vol. 5 (3), 1973, S. 27.

365) Ronge, V., Die Umwelt im kapitalistischen System, a.a.O., S. 107.

dürfnisse, die in Verbindung mit der geplanten Obsoleszenz der angebotenen Güter für die zum Absatz der Güter notwendige Nachfrage sorgt [366]. Die geplante Obsoleszenz und der Kauf "nicht notwendiger" Güter steigern das Abfallproblem im Konsumbereich. Neben dem Profitmotiv wird vor allem die im kapitalistischen System institutionalisierte "private Verfügungsmacht über den Einsatz der produktiven Faktoren" [367] für die Umweltbelatung verantwortlich gemacht.
Die Verfechter der marktwirtschaftlichen Ordnung wehren sich gegen diese Argumentation auf zweierlei Weise. Sie weisen zum einen auf die ihrer Ansicht nach nicht minder großen Umweltbelastungen in den Zentralverwaltungswirtschaften Osteuropas hin und versuchen zum anderen aufzuzeigen, daß das marktwirtschaftliche System nicht als solches für die Umweltbelastung verantwortlich ist, sondern nur einige mit mehr oder weniger marktkonformen Maßnahmen korrigierbare Funktionsmängel [368].
Die Ideologen beider Seiten geraten allzu leicht in die Gefahr das von ihnen verteidigte Wirtschaftsordnungssystem in seiner idealtypischen Form dem realtypischen System der anderen Wirtschaftsordnung gegenüberzustellen. Die Marxisten vergleichen die konkrete Situation in kapitalistischen Ländern mit dem "Idealzustand der eigenen Utopie" [369], oder aber die "Marktwirtschaft wird mit unbegrenzter Freiheit und laissez faire

---

366) Vgl. Kade, G., Ökonomische und gesellschaftspolitische Aspekte des Umweltschutzes, a.a.O., S. 263.

367) Ebenda, S. 269.

368) Vgl. Erhard, L./Müller-Armack, A., Soziale Marktwirtschaft, Frankfurt-Berlin-Wien, 1972, S. 298 ff.; Goldman, M.I., The Convergence of Environmental Disruption, in: Dorfman, R./Dorfman, N.S. (Hrsg.), Economics of the Environment, a.a.O., S. 294 f.; derselbe, Environmental Disruption in the Soviet Union, in: Tsuru, S. (Hrsg.), Proceedings of the International Symposium on Environmental Disruption, a.a.O., S. 171 ff.

369) Issing, O., Zerstörung der Umwelt - ein Versagen des marktwirtschaftlichen Systems?, in: Recktenwald, H.C. (Hrsg.), Das Umweltproblem aus ökonomischer und juristischer Sicht, a.a.O., S. 129; Frey, R.L., Umweltschutz als wirtschaftspolitische Aufgabe, in: Schweizerische Zeitschrift für Volkswirtschaft und Statistik, 108 Jg., 1972, S. 473.

assoziiert"[370], was - wie auch Marktwirtschaftler kaum leugnen werden - zweifellos Umweltbelastungen begünstigen würde. Die Apologeten der marktwirtschaftlichen Ordnung stellen dagegen ein funktionsfähiges marktwirtschaftliches System einem durch Bürokratismus und egoistischem Funktionärsdenken gekennzeichneten zentralverwaltungswirtschaftlichen System gegenüber[371].

Argumentationen auf dieser Ebene führen zu keiner wissenschaftlich fundierten Ursachendiagnose. Zulässig ist nur ein Vergleich der jeweiligen idealtypischen oder realtypischen Formen der Wirtschaftsordnungen[372]. Beim Vergleich der idealtypischen Wirtschaftsordnungen kann man wohl zu dem Ergebnis kommen, daß die Marktwirtschaft - zumindest dann, wenn ihre Laissez faire-Komponente überwiegt - Ursache der Umweltbelastung ist; der auf Eigennutz ("Profit") bedachte Unternehmer wird durch den Konkurrenzmechanismus gerade zur Externalisierung der Umweltkosten gezwungen. Je schlechter seine umweltbezogene Grenzmoral ist, um so größer ist der daraus gezogene Grenzgewinn. Der Staat, dessen wirtschaftspolitische Aktivitäten so gering wie möglich sind, kann daran kaum etwas ändern[373]. In der heutigen Zeit ist es jedoch nicht mehr vertretbar, den Idealtypus der Marktwirtschaft mit einer "Laissez-faire-Wirtschaft" in einem "Nachtwächterstaat" zu identifizieren. Der Idealtypus einer s o z i a l e n Marktwirtschaft kann unseres Erachtens nur mit einem Wirtschaftssystem gleichgesetzt werden, in dem der Staat auch für die Internalisierung der externen Effekte sorgt.

---

370) Möller, H., Zum Begriff der Umweltschäden insbesondere im öffentlichen Sektor, in: Gumpel, W./Keese, D. (Hrsg.), Probleme des Industrialismus in Ost und West, a.a.O., S. 453.

371) Vgl. Erhard, L./Müller-Armack, A., Soziale Marktwirtschaft, a.a.O., S. 295 ff.

372) Vgl. Issing, O., Zerstörung der Umwelt - ein Versagen des marktwirtschaftlichen Systems?, a.a.O., S. 129.

373) Vgl. Hansmeyer, K.-H./Rürup, B., Umweltgefährdung und Gesellschaftssystem, in: Wirtschaftspolitische Chronik, 1973, Heft 2, S. 11 ff.

In der idealtypischen Zentralverwaltungswirtschaft können planexterne Effekte deshalb nicht vorkommen, weil dort die mit allen Informationen versehene, stets das Allgemeinwohl beachtende zentrale Verwaltungsbehörde umweltfreundlich plant, die notwendigen Befehle zur Vermeidung von Umweltbelastungen erteilt und durchsetzt.
Ein Vergleich der realtypischen Wirtschaftsordnungssysteme zeigt, daß in beiden die Umweltbelastung Ausmaße angenommen hat, die Gegenmaßnahmen erfordern. In den marktwirtschaftlich orientierten Industriestaaten ist es offenbar (noch) nicht gelungen, die hinsichtlich der Umweltbelastung vorhandenen Mängel im Allokationsmechanismus Markt hinreichend zu beseitigen - d.h. konkret: die externen Effekte zu internalisieren -, und in den Industriestaaten mit einer Zentralverwaltungswirtschaft erfolgte keine (genügende) Ex ante-Internalisierung der Umweltkosten durch deren Berücksichtigung im Wirtschaftsplan. Diese (bisher) ungenügende Internalisierung der Umweltkosten im Preis bzw. Plan durch den Staat kann man als eigentliche Ursache der Umweltbelastung bezeichnen [374]. Die Gründe hierfür können im markt- und planwirtschaftlichen System - wenn auch mit unterschiedlicher Gewichtung - die gleichen sein: (1) die fehlende oder ungenügende Bereitschaft des Staates, etwas gegen die Umweltbelastung zu unternehmen, (2) das Unvermögen, die Internalisierung durchzusetzen - vorausgesetzt, die Bereitschaft dazu ist vorhanden. Eine Diagnose der Ursachen, die frei von Fatalismus und

---

374) Vgl. Jacoby, N.H., The Polluters: Industry or Government?, a.a.O., S. 19 ff.; The Economics of National Priorities, Hearings before the Subcommittee on Priorities and Economy in Government of the Joint Economic Committee, U.S.G.P.O., Washington, D.C., 1971, S. 221; Schultze, C.L. u.a., Setting National Priorities, The 1972 Budget, Washington, D.C., 1971, S. 238; Würgler, H., Ökonomische und politische Ursachen der Umweltveränderungen, in: Leibundgut, H. (Hrsg.), Schutz unseres Lebensraumes, a.a.O., S. 96 ff.; Materialien zum Bericht zur Lage der Nation 1974, BT-Drucksache 7/2423, S. 393; Dahmen, E., Umweltschutz und ökonomische Systeme, a.a.O., S. 65; U.S. Council on Environmental Quality, First Annual Report, a.a.O., S. 12; derselbe, Second Annual Report, Washington, D.C., 1971, S. 102.

ideologischen Scheuklappen ist - wir bezeichnen sie als pragmatisch -, muß diese systemindifferenten Faktoren als eigentliche Ursachen der Umweltbelastung identifizieren. Wir wollen diese Faktoren im folgenden Abschnitt näher betrachten.

d) Zur pragmatischen Ursachendiagnose

Die mangelnde Bereitschaft des Staates, Maßnahmen gegen die Umweltbelastung zu ergreifen oder zu initiieren, kann wiederum mehrere Ursachen haben. Eine Ursache kann das fehlende Problembewußtsein der Verantwortlichen in Parlament und Regierung einerseits und der Bevölkerung andererseits sein; es können ihnen Informationen über Art, Ausmaß und Wirkungen der Umweltbelastung fehlen [375], so daß niemand eine Veranlassung sieht, etwas gegen die Umweltbelastung zu unternehmen. Folgende vier Fälle von vorhandenem bzw. fehlendem Problembewußtsein bei Bevölkerung und Staat sind denkbar:

Bevölkerung hat / "Staat" hat	kein Problembewußtsein	Problembewußtsein
kein Problembewußtsein	1	3
Problembewußtsein	2	4

375) Vgl. RSU, Umweltgutachten 1974, a.a.O., S. 53; Höhmann, H.-H./Seidenstecher, G., Umweltschutz und ökonomisches System in Osteuropa, a.a.O., S. 28 f.; Seidenfus, H.S., Umweltschutz, politisches System und wirtschaftliche Macht, in: Schneider, H.K./Watrin, C. (Hrsg.), Macht und ökonomisches Gesetz, Bd. 2, Berlin 1972, S. 815; Schmidt, Helmut, Umweltzerstörung und Sozialkosten, in: Kapp, W./Vilmar, F. (Hrsg.), Sozialisierung der Verluste?, a.a.O., S. 100.

Der erste Fall kommt - zumindest in den Industriestaaten - kaum noch als Ursache der Umweltbelastung in Frage. Fall zwei dürfte vor allem in einigen zentralverwaltungswirtschaftlich organisierten Staaten Osteuropas anzutreffen sein. Hier ist bei den Regierenden das Problembewußtsein durchaus vorhanden und Umweltbelastungen werden auch nicht geleugnet [376], andere Aufgaben als Umweltschutz aber für wichtiger gehalten. Gegenüber der Bevölkerung können in den mehr oder weniger totalitären Staaten Informationen über die Umweltbelastung zurückgehalten oder die daraus entstehenden Gefahren verharmlost werden [377], so daß bei der Bevölkerung höchstens ein ungenügendes Problembewußtsein entstehen kann.

Der dritte Fall ist nur bei einer Regierung denkbar, die völlig den Kontakt zu ihrer Bevölkerung verloren hat. Auch das wird kaum in einer parlamentarischen Demokratie der Fall sein, unter Umständen dagegen in einem totalitären Staat. Es ist allerdings auch denkbar, daß die Bürger in einer parlamentarischen Demokratie ihr Problembewußtsein in bezug auf die Umweltbelastung nicht artikulieren, weil sie andere Aufgaben als den Umweltschutz für wichtiger halten.

Selbst im vierten Fall, wo sowohl dem Staat als auch der Bevölkerung das Problem der Umweltbelastung bewußt ist, muß es nicht zur Berücksichtigung des Umweltschutzes bei der Aufstellung des nationalen Zielkatalogs kommen, weil - wie in den Fällen zwei und drei - entweder die eine oder die andere Seite oder aber gar beide Seiten gemeinsam dem Umweltschutz nicht genügend Priorität beimessen. Fehlendes Problembewußtsein kann also keineswegs

---

376) Vgl. Bora, G., Planwirtschaft als Voraussetzung einer wirksamen Umweltpolitik, in: Horn, C. u.a. (Hrsg.), Umweltpolitik in Europa, a.a.O., S. 246; Höhmann, H.-H./Seidenstecher, G./Vajna, T., Umweltschutz und ökonomisches System in Osteuropa, a.a.O., S. 9; Fedorenko, N./Gofman, K., Problems of Optimization in the Planning and Control of the Environment, in: Problems of Economics, vol. 15 (12), 1973, S. 38.

377) Vgl. Erhard, L./Müller-Armack, A., Soziale Marktwirtschaft, a.a.O., S. 298.

die alleinige Ursache der Umweltbelastung sein - oder umgekehrt: Problembewußtsein ist nur die notwendige, aber nicht die hinreichende Bedingung für einen wirksamen Umweltschutz. Konflikte mit anderen (wirtschafts-)politischen Zielen können eine weitere Ursache für einen (ungenügenden) Umweltschutz, also zu große Umweltbelastung sein [378]. Nur wenn das Problembewußtsein vorhanden ist und dem Umweltschutz die Priorität innerhalb der politischen Hierarchie eingeräumt wird, die - eventuell zu Lasten anderer Ziele - notwendig ist, um die Umweltbelastungen zu begrenzen, ist die Grundlage für einen effizienten Umweltschutz vorhanden. Die angemessene Berücksichtigung des Umweltschutzes im nationalen Zielkatalog ist jedoch auch nicht mehr als eine notwendige Bedingung. Noch so hehre Umweltschutzziele bleiben Makulatur, wenn es am Willen und der Fähigkeit zur Durchsetzung der Maßnahmen fehlt, die zur Erreichung der Umweltschutzziele notwendig sind [379]. Am fehlenden Willen zur Durchsetzung zu zweifeln, hieße die Politiker der Heuchelei zu zeihen - eine nicht unbedingt wirklichkeitsfremde Annahme, von der wir jedoch nicht ausgehen wollen: Ursache der Umweltbelastung wäre dann der fehlende Wille, die notwendigen Umweltschutzmaßnahmen zu ergreifen. Von größerer Bedeutung sind unseres Erachtens die Fälle, in denen es zwar nicht am Willen aber an der Fähigkeit der Politiker mangelt, die Umweltschutzmaßnahmen durchzusetzen.

---

378) Besonders in Staaten mit einem Nachholbedarf an Konsum scheint dem wirtschaftlichen Wachstum (noch) eine so große Bedeutung zuzukommen, daß dort von Regierung und Bevölkerung bewußt große Umweltbelastungen in Kauf genommen werden (vgl. Höhmann, H.-H./Seidenstecher, G./Vajna, T., Umweltschutz und ökonomisches System in Osteuropa, a.a.O., S. 10 ff. und S. 168; Ui Jun, Der japanische Kapitalismus als Vorhut der ökologischen Katastrophe, in: Kursbuch 33, Berlin 1973, S. 164; Issing, O., Zerstörung der Umwelt - ein Versagen des marktwirtschaftlichen Systems?, a.a.O., S. 129 f.; Hansmeyer, K.-H./Rürup, B., Umweltgefährdung und Gesellschaftssystem, a.a.O., S. 15 und S. 21 f.)

379) Vgl. Höhmann, H.-H./Seidenstecher, G./Vajna, T., Umweltschutz und ökonomisches System in Osteuropa, a.a.O., S. 12 und S. 31 ff.; Moncrief, L.W., The Cultural Basis for Our Environmental Crisis, a.a.O., S. 291.

Die Durchsetzung der zur Erreichung der Umweltschutzziele notwendigen Maßnahmen kann bereits im (vor-)parlamentarischen Raum an dem Einfluß von Interessengruppen scheitern. Es werden dann zwar unter Umständen Umweltschutzgesetze verabschiedet, doch sind die darin enthaltenen Vorschriften derart verwässert oder unvollständig, daß sie zu keinem ausreichenden Umweltschutz führen [380]. Als Ursache der Umweltbelastung kann man dann den zu starken Einfluß der Interessengruppen auf die Gesetzgebung oder umgekehrt die zu geringe Autorität der Regierung und des Parlaments bezeichnen [381]. Oberflächlich betrachtet können auch technische und finanzielle Schwierigkeiten die Durchsetzung notwendiger Umweltschutzmaßnahmen verhindern. Das ist jedoch nur vordergründig der Fall, da sie durch rechtliche Maßnahmen (wie Verbote bestimmter umweltbelastender Aktivitäten) substituiert werden können, was allerdings zu einer Verschärfung der Zielkonflikte führt.
Die Durchsetzung der als notwendig erachteten Umweltschutzmaßnahmen kann aber nicht nur im Rahmen des Gesetzgebungsverfahrens torpediert werden, die Durchsetzung des selbst alle notwendigen Maßnahmen vorsehenden Umweltschutzgesetzes kann völlig oder zumindest teilweise beim Vollzug scheitern. Ursache der Umweltbelastung ist dann das sogenannte Vollzugsdefizit. Dafür kann - wie im Falle ungenügender Durchsetzungsfähigkeit im (vor-)parlamentarischen Raum - die mangelnde Autorität des Staates Ursache sein. Am Vollzugsdefizit können jedoch neben dem

---

380) Ein Beispiel dafür ist das von allen Parteien des Bundestages verabschiedete Abwasserabgabengesetz; die dort vorgesehene Abgabenhöhe je Schadstoffeinheit ist viel zu niedrig, um eine Internalisierung der Umweltkosten zu bewirken. Für die Wasserverschmutzer ist es viel billiger - und für den Staat fiskalisch ergiebiger! - die Abwasserabgabe zu zahlen als eine Abwasserreinigung vorzunehmen. Siehe dazu unten S. 370 ff.

381) Vgl. Forsthoff, E., Der Staat der Industriegesellschaft, München 1971, S. 120 ff.

fehlenden Willen zur Kontrolle [382] objektive Schwierigkeiten bei der Kontrolle wie Erfassungs- und Zurechnungsprobleme aber auch unklare Kompetenzverteilungen schuld sein [383]. Je strenger die Sanktionen sind, die im Falle eines Verstoßes gegen die Umweltschutzgesetze vorgesehen und ergriffen werden, um so mehr erübrigen sich allerdings Kontrollen. Weniger mangelhafte Kontrolle als ungenügende Sanktionen sind daher die eigentliche Ursache des Vollzugsdefizits beim Umweltschutz. Es kommt dabei nicht nur darauf an, daß solche Sanktionen im Gesetz vorgesehen sind, sondern vor allem darauf, daß sie in voller Strenge ergriffen werden.

e) Fazit der Ursachendiagnose

In den vorangegangenen Ausführungen wurde gezeigt, daß das Bevölkerungswachstum und die damit einhergehende steigende Bevölkerungsdichte sowie steigendes Produktionswachstum und zunehmender Wohlstand verbunden mit bestimmten Konsumgewohnheiten keine eigentlichen Ursachen der Umweltbelastung sind, da sie nicht zwangsläufig zu Umweltbelastungen führen. Es gibt vielmehr technische, juristische und ökonomische Maßnahmen des Umweltschutzes, welche diese negativen Auswirkungen via Internalisierung der ex-

---

382) Vor allem auf kommunaler Ebene scheuen sich manchmal die Behörden, umweltbelastende Unternehmen, die potente Gewerbesteuerzahler sind, zu kontrollieren oder gar zur Rechenschaft zu ziehen; darüber hinaus tragen oft die Gemeinden selbst zur Umweltbelastung bei; vgl. dazu Ewringmann, D./Zimmermann, K., Kommunale Wirtschaftsförderung und Umweltschutz, in: Archiv für Kommunalwissenschaften, 12. Jg., 1973, Bd. 2, S. 293; Steckert, U., Umweltschutz als kommunale Aufgabe, in: Umwelt, 1971, 6, S. 15 f.; Bragdon, C., The Community Noise Problem: Factors Affecting its Management, in: Natural Resources Journal, vol. 10, 1970, S. 694 ff.

383) Lorenz, G., Umweltschutz für eine Großstadt?, in: Umweltschutz - aber wie? Rechtliche Hindernisse, rechtliche Möglichkeiten. Schriften der Evangelischen Akademie in Hessen und Nassau, Heft 95, Frankfurt/M. 1972, S. 55; U.S. Council on Environmental Quality, Environmental Quality, First Annual Report, a.a.O., S. 15.

ternen Effekte auf die Umwelt verhindern können [384]. Damit wird das Nichtergreifen dieser Maßnahmen zur eigentlichen Ursache der Umweltbelastung. Die fehlende oder unzureichende Internalisierung der Umweltexternalitäten selbst hat nun wiederum mehrere Ursachen, nicht - wie Ideologen behaupten - dem marktwirtschaftlichen System immanente Mängel, sondern systemindifferente Faktoren institutioneller Art wie fehlendes oder zu geringes Problembewußtsein infolge unzulänglicher Informationen über Art, Ausmaß und Wirkungen der Umweltbelastungen. Das führt zu einer zu geringen Priorität für den Umweltschutz in der Hierarchie der politischen Ziele und/oder zu Durchsetzungsproblemen auf Gesetzgebungs- und/oder Vollzugsebene infolge des Einflusses von Interessengruppen und zu lascher Durchführung von Kontrollen durch die Behörden sowie zu zaghafter Ergreifung von Sanktionen durch die Gerichte. Die Therapie der Umweltbelastung, also der Umweltschutz, muß vor allem diese institutionellen und systemindifferenten Ursachen bekämpfen.

C. Zur Prognose der Umweltsituation

Für eine langfristige Umweltplanung als Grundlage einer rationalen Umweltpolitik ist neben einer Diagnose der gegenwärtigen auch eine Prognose der zukünftig erwarteten Umweltbelastung erforderlich.

---

384) Die Autoren, die meinen, Bevölkerungswachstum und steigender Konsum seien die primären Ursachen der Umweltbelastung und die Internalisierung der externen Effekte durch ökonomische und rechtliche Maßnahmen nur ein Kurieren an den Symptomen (vgl. z.B. Scherrer, H.U., Gesamtbewertung der Umweltbelastung, a.a.O.), da wachsende Bevölkerung und steigender Konsum den Wirkungsgrad dieser Maßnahmen bald wieder zunichte machen würden, übersehen, daß bei *konsequenter* Durchsetzung der Internalisierung der externen Effekte quasi automatisch via den Marktmechanismus im Falle einer zu stark wachsenden Bevölkerung und zu stark steigendem Konsum in Form steigender Preise Kräfte ausgehen, welche Bevölkerungswachstum und Konsumsteigerung bremsen.

Da die zukünftige Umweltbelastung nicht nur von der Entwicklung physischer Faktoren wie Bevölkerungswachstum, Nahrungsmittel- und Rohstoffangebot sowie Zunahme und Zusammensetzung des Kapitalstocks abhängt, sondern auch von der Entwicklung der Technologie sowie der Wandlung sozialer und ökonomischer Faktoren, ist eine Prognose der zukünftigen Umweltbelastung äußerst schwierig [385].

Es genügt nicht, etwa eine einfache Extrapolation der jeweiligen Schadstoffemissionen in Abhängigkeit von der (geschätzten) Entwicklung bestimmter physischer Indikatoren (z.B. dem Bevölkerungswachstum, dem Wachstum des realen Bruttosozialprodukts und des Energieverbrauchs einschließlich allfälliger Substitutionen der Energieträger [386] oder der Entwicklung des Kraftfahrzeugverkehrs [387]) vorzunehmen. Es müssen darüber hinaus Prognosen über die Entwicklung der Technologie hinsichtlich ihrer positiven und negativen Einflüsse auf die Umwelt abgegeben werden. Es müßte z.B. vorausgesagt werden, wann ein (serienreifer) umweltfreundlicher Automotor entwickelt sein wird. Verschiedene Methoden der technologischen Prognose (technological forecasting) versuchen solche Fragen zu beantworten [388]. Sie haben dabei mit der kaum überwindbaren Schwierigkeit zu kämpfen, Richtung und Umfang kreativer Prozesse vorauszusagen, die Voraussetzung für technologische Entwicklungen sind [389]. Nahezu

---

385) Vgl. U.S. Council on Environmental Quality, Environmental Quality, Third Annual Report, Washington, D.C., 1972, S. 54 ff.

386) Vgl. Die Energiepolitik der Bundesregierung, BT-Drucksache 7/1057, S. 4, wo eine Prognose der Energieentwicklung vorgenommen wird. Auf die Bedingtheit einer solchen Prognose weist u.a. der RSU hin (vgl. RSU, Umweltgutachten 1974, a.a.O., S. 147 ff.).

387) Vgl. Entwicklungstendenzen des Kraftfahrzeugverkehrs in der Bundesrepublik Deutschland bis 1980. Schriftenreihe des Verbandes der Automobilindustrie e.V., Nr. 5, Frankfurt/M. 1970.

388) Vgl. Jantsch, E., Technological Forecasting in Perspective, Paris 1967; Blohm, H./Steinbuch, K. (Hrsg.), Technische Prognosen in der Praxis, Düsseldorf 1972, S. 1 ff.

389) Vgl. U.S. Council on Environmental Quality, Environmental Quality, Third Annual Report, a.a.O., S. 69.

aussichtslos dürfte es auch sein, soziale und ökonomische Faktoren, welche die Umweltbelastung positiv oder negativ beeinflussen, zutreffend zu prognostizieren [390]. Man müßte Fragen der folgenden Art beantworten können: Welche Maßnahmen wird die Regierung in Zukunft zum Schutz der Umwelt ergreifen, und wie werden die Betroffenen darauf reagieren? Wie werden sich die Konsumentenpräferenzen ändern, wenn die Konsumenten umweltbewußter werden? Es bedarf wohl keiner weiteren Erläuterungen, daß solche Prognosen nur äußerst spekulativ sein können.
Darüber hinaus haben Prognosen mit ähnlichen Schwierigkeiten wie Diagnosen zu kämpfen: Es fehlen Informationen über die Wirkungen mancher Schadstoffe, vor allem über Langzeitwirkungen, deren Kenntnis gerade im Rahmen einer Prognose der zukünftigen Umweltsituation sowohl in ökologischer Hinsicht (z.B. langfristige Klimaveränderungen) als auch im Hinblick auf gesundheitsschädliche Folgen (z.B. teratogene und mutagene Schäden) von besonderer Bedeutung ist. Auch mangelnde Kenntnisse über die Anpassungsfähigkeit ökologischer Systeme und des menschlichen Organismus an Umweltbelastungen erschweren eine Prognose der zukünftigen Umweltsituation, weil (langfristige) Prognosen der Umweltentwicklung also offenbar mit einer Vielzahl von Problemen behaftet sind, ist zwangsläufig die langfristige Umweltplanung äußerst schwierig. Sie sollte auf alle Fälle so vorgenommen werden, daß sie an Änderungen der tatsächlichen oder geschätzten Daten schnell und einfach angepaßt werden kann. Dies wird bei einer flexiblen Rahmenplanung eher möglich sein als bei einer starren Detailplanung. Die langfristige Umweltplanung sollte also möglichst flexibel sein und sich möglichst wenig auf Einzelheiten beziehen.

---

390) Vgl. U.S. Council on Environmental Quality, Environmental Quality, Third Annual Report, a.a.O., S. 72.

"Das Ziel muß man früher kennen als die Bahn"

(Jean Paul, Levana oder Erzieh-Lehre)

II. Ziele der Umweltpolitik

A. Umweltschutz als gesellschaftspolitisches Ziel

1. Zur Notwendigkeit eines umweltpolitischen Zielsystems

Die Diagnose (und Prognose) der Umweltbelastung, ihrer Ursachen und Wirkungen ist die erste Voraussetzung für eine rationale Umweltschutzplanung. Eine rationale Planung muß zielorientiert sein; nur operational definierte Ziele für die einzelnen Bereiche des Umweltschutzes können als Maßstab für die Therapie der Umweltbelastung - eben den Umweltschutz - dienen [1]: Erst ein Vergleich der diagnostizierten Umweltbelastungen mit den Umweltschutzzielen gibt Anhaltspunkte dafür, wo und mit welcher Dringlichkeit Umweltschutzmaßnahmen ergriffen werden müssen [2]. Die Ableitung operationaler Ziele des Umweltschutzes ist somit neben den Informationen über die Umweltsituation die zweite Voraussetzung für eine rationale Umweltpolitik.

2. Umweltschutz - ein Produkt der Reformeuphorie?

Vor 1970 existierte unseres Wissens das Wort Umweltschutz nicht, wenn auch die Tatbestände, die wir heute darunter zusammenfassen, wie Immissionsschutz, Gewässerschutz, Abfallbeseitigung, Tierschutz, Pflanzenschutz, Natur- und Landschaftsschutz,

---

1) Vgl. Kapp, K.W., Zur Praxis der Umweltpolitik und der Umweltplanung, in: Kapp, K.W./Vilmar, F. (Hrsg.), Sozialisierung der Verluste?, a.a.O., S. 160.

2) Vgl. Frey, R.L., Umweltschutz als wirtschaftspolitische Aufgabe, in: Schweizerische Zeitschrift für Volkswirtschaft und Statistik, 108 Jg., 1972, S. 453.

Lebensmittelhygiene, Lärmschutz u.a. nicht nur dem Worte nach bekannt waren, sondern auch - mit niedrigerem Stellenwert als heute - politische Aufgaben darstellten. Den Rang eines nationalen Zieles [3)] erlangte der Umweltschutz - nahezu weltweit - erst zu Beginn der 70er Jahre. Dies war in der Bundesrepublik Deutschland eine Zeit, in der - manche meinen allzu euphorisch - innere Reformen in großem Umfang angekündigt wurden. Dieses Zusammentreffen der "Umweltwoge" mit dem (angeblichen) Reform-(über)eifer der damaligen Bundesregierung - der Umweltschutz spielt eine wichtige Rolle in der Regierungserklärung von 1969 [4)]- legt die Vermutung nahe, daß der Umweltschutz ein Produkt dieser (angeblichen) Reformeuphorie war. Daß das jedoch nicht der Fall war, zeigten die ungefähr zur gleichen Zeit einsetzenden Bemühungen der meisten Regierungen - zumindest in den hochindustrialisierten Ländern -, dem Umweltschutz eine höhere Priorität in der Rangskala der politischen Ziele einzuräumen [5)]. Interessant ist, daß gerade internationale Organisationen wie die OECD, die bis dahin ein besonderes Faible für möglichst hohe

---

3) Vgl. Schultze, C.L./Fried, E.R./Rivlin, A.M./Teeters, N.H. (Hrsg.), Setting National Priorities, The 1973 Budget, Washington, D.C., 1972, S. 367; Vaughan, R.D., Environmental Quality - A National Goal, in: Gluckman, L.A. (Hrsg.), Planning for Solid Waste Management, U.S.G.P.O., Washington, D.C. 1971, S. 111 f.; Dürr, E., Wirtschaftspolitische Ziele - Ein historischer Überblick, in: Recktenwald, H.C. (Hrsg.), Das Umweltproblem aus ökonomischer und juristischer Sicht, a.a.O., S. 9; Osswald, A., Grundprobleme des Umweltschutzes, in: Hessen - Informationen, Schriftenreihe der Hessischen Landesregierung, Heft 2, Wiesbaden o.J., S. 37.

4) Vgl. die Regierungserklärung des Bundeskanzlers vor dem Deutschen Bundestag vom 28.10.1969, in: Bulletin des Presse- und Informationsamtes der Bundesregierung, Nr. 132 vom 29. 10.1969.

5) Vgl. die von der Akademie für Raumforschung und Landesplanung als Manuskript vervielfätigten "Materialien Umweltschutz und Raumordnung", Hefte 2 und 3: Übersicht über Ziele und Bestrebungen in Europa, Hannover 1971 und 1972, sowie Heft 7: Ziele und Bestrebungen in hochindustrialisierten außereuropäischen Ländern, Hannover 1973.

Wachstumsraten hatte [6], und die NATO [7], deren eigentliche Aufgabe die Gewährleistung der äußeren Sicherheit ihrer Mitgliedsländer ist, sich mit dem Umweltschutz zu befassen begannen, obwohl sie an ihren ursprünglichen Zielen Abstriche machen müssen, wenn dem Umweltschutz mehr Gewicht eingeräumt wird.
Die Gründe dafür liegen wohl darin, daß in der zunehmenden Umweltbelastung - zumindest langfristig - eine Gefahr gesehen wird, welche die Realisierung anderer Ziele so stark zu beeinträchtigen droht, daß dieser - auch auf Kosten eines (kurz- und mittelfristig) niedrigeren Zielerreichungsgrades bei den traditionellen Zielen - Einhalt geboten werden muß. Mögen diese Erkenntnisse der Umweltgefährdung zunächst auch nur wenige Verantwortliche in Politik, Wirtschaft und Wissenschaft gehabt haben und somit das plötzliche Auftauchen des Umweltschutzes als nationales Ziel ursprünglich auf einen lead [8] zurückzuführen sein, so war es eine, man wäre beinahe geneigt zu sagen "glückliche" Häufung von Katastrophen, wie das Auseinander-

---

6) Vgl. OECD at Work for Environment, Paris 1971; Activities of the OECD in 1972, Paris 1973, S. 59 ff.; OECD and the Environment, in: OECD-Observer Nr. 53, 1971, S. 19 ff.; OECD's Programme on the Environment, in: OECD-Observer No. 50, 1971, S. 7 f.; Environment: A New Programme of International Co-operation, in: OECD-Observer, No. 58, 1972, S. 27 f.; Some Recent OECD Initiatives in the Field of the Environment, in: OECD-Observer, No. 62, 1973, S. 8 ff.

7) Vgl. Nagel, S., Umweltschutz: Neue Aufgabe der NATO, in: Umwelt 1971, 4, S. 25 ff.; Randers, G., NATO's International Governmental Cooperation on Environmental Managemant, in: Kneese, A.V./Rolfe, S.E./Harned, J.W. (Hrsg.), Managing the Environment, International Economic Cooperation for Pollution Control, 2. Aufl., New York-Washington-London 1973, S. 343 ff. Daß sich der Zweck der NATO in absehbarer Zeit erübrigen könnte, weil der Umweltschutz in allen Ländern so hohe Ausgaben erfordert, daß es zu einer allmählichen Abrüstung kommt, scheint nicht mehr als das Wunschdenken einiger Friedensforscher zu sein (vgl. FitzRoy, F.R./von Weizsäcker, E., Einige politisch-ökonomische Fragen im Umweltschutz, in: von Weizsäcker, E. (Hrsg.), Studien zur Friedensforschung a.a.O., S. 120).

8) Vgl. Schmidt, Kurt, Zur politischen Reaktion auf Nachfragewogen in der Staatswirtschaft, in: Finanzarchiv, N.F., Bd. 33, 1974, S. 42.

brechen des Tankers Torrey Canyon, spektakuläre Fischsterben infolge der Verschmutzung von Gewässern und die Menschenleben kostende Minamata- und Itai-Itai-Krankheit [9], welche die Umweltbelastung so stark ins Bewußtsein der Bevölkerung brachten, daß die Basis für den Umweltschutz auch von deren Seite her zumindest gestärkt, wenn auch noch nicht fest verankert wurde. Das Bedürfnis nach einer sauberen Umwelt war geweckt [10]. Mit Umweltschutz ließ sich nun Politik machen; Umweltschutz fand Eingang in die Programme der Parteien, weil sie sich erhofften, dadurch Wählerstimmen zu gewinnen - und das zu recht, wie eine von der Bundesregierung in Auftrag gegebene Umfrage zeigt: Bei der Frage nach den Aufgabenbereichen auf dem Gebiet der inneren Reformen, um die sich die Bundesregierung in Zukunft mehr kümmern soll, wurde der Umweltschutz an erster Stelle genannt [11].
Ob das Bedürfnis nach Umweltschutz bei der Bevölkerung oder den Politikern fest verankert oder nur eine Modeerscheinung war, mußte sich in den Jahren des konjunkturellen Abschwungs und der Energiekrise zeigen, in denen die im Umweltprogramm der Bundesregierung verkündeten Maßnahmen für Private und Staat ausgabenwirksam werden sollten. Würden abnehmende Beschäftigung, sinkende Wachstumsraten, steigende Energiekosten und sinkende Steuereinnahmen Arbeitnehmer, Unternehmer und Staat den Umweltschutz vergessen lassen?
In der Bundesrepublik Deutschland und auch anderen Ländern war dies nicht der Fall: Staat, Wirtschaftsverbände und Gewerkschaften betonten das gemeinsame Interesse an einem wirksamen Umweltschutz, der unabhängig von konjunkturellen Schwankungen

---

9) Vgl. The Torrey Canyon, Report of the Committee of Scientists on the Scientific and Technological Aspects of the Torrey Canyon Desaster, H.M.S.O., London 1967; vgl. ferner oben die Seiten 71, 94, 97.

10) Vgl. Frey, B.S., A Dynamic Theory of Public Goods, in: Finanzarchiv, N.F., Bd. 32, 1973/74, S. 187 f.

11) Vgl. Infas, Die inneren Reformen im Spiegel der Bevölkerungsmeinung, Bonn 1971; Menke-Glückert, P., Das Umweltprogramm der Bundesregierung, in: von Weizsäcker, E. (Hrsg.), Studien zur Friedensforschung, a.a.O., S. 125.

und Energiekrisen betrieben werden soll [12]. Die konjunkturelle Krise hatte somit für den Umweltschutz zunächst einmal die Funktion eines Prüfsteines der Ernsthaftigkeit der Bemühungen um eine saubere Umwelt. Ebenso wichtig war aber, daß - durch Konjunktur- und Energiekrise bedingt - die ersten konkreten Umweltschutzmaßnahmen nicht in eine Zeit der vollen Kassen bei Staat und Privaten fielen und daß so nicht der Formulierung von Maximalzielen im Hinblick auf eine saubere Umwelt Vorschub geleistet, sondern daß durchaus spürbar wurde, daß Umweltschutz teuer ist und zumindest kurzfristig Einbußen bei der Erreichung anderer Ziele erfordert. Nach sechs Jahren "Up and Down with Ecology" [13] kann man wohl feststellen, daß der Umweltschutz fest in der Hierarchie der gesellschaftspolitischen Ziele der Bundesrepublik Deutschland verankert und, wie Gesetzesinitiativen, Umweltschutzinvestitionen und Bürgerinitiativen zeigen, ein Bestandteil der Alltagsbeschäftigung von Politikern und Bürgern geworden ist.

3. Zur Stellung des Umweltschutzes in der Hierarchie der gesellschaftspolitischen Ziele

"Maßstab jeder Umweltpolitik ist ... der Schutz der Würde des Menschen, die bedroht ist, wenn seine Gesundheit und sein Wohlbefinden ... gefährdet werden" [14]. Aus dieser Formulierung, die

---

12) Vgl. Maihofer, W., Umweltpolitik in der Bewährung, in: U 1976, 2, S. 12; Genscher, H.-D., Kein Abstrich beim Umweltschutz, in: U 1974, 1, S. 8; Hartkopf, G., Umweltpolitik nach Gymnich, in: U 1975, 4, S. 8; Die Energiepolitik der Bundesregierung, BT-Drucksache, 7/1057, S. 6 und S. 17; van Schaik, R.J., The Impact of the Economic Situation on Environmental Policies, in: OECD-Observer No. 79, 1976, S. 25.

13) Downs, A., Up and Down with Ecology - The "Issue-attention-cycle", in: Public Interest, vol. 28, 1972, S. 38 ff.; vgl. auch Frey, B.S., A Dynamic Theory of Public Goods, a.a.O., S. 187 ff.

14) Menke-Glückert, P., Das Umweltprogramm der Bundesregierung, a.a.O., S. 127; vgl. auch RSU, Umweltgutachten 1974, a.a.O., S. 5; Genscher, H.-D., Gesellschaftspolitische Aufgabe des Umweltschutzes, in: Bulletin der Bundesregierung, Nr. 178 vom 18.12.1970, S. 1945; DFG, Umweltforschung, Bonn-Bad Godesberg 1971, S. 11.

in ähnlicher Form im Umweltprogramm der Bundesregierung steht[15], kann man schließen, daß oberstes Ziel des Umweltschutzes die Erhaltung bzw. Wiederherstellung der Menschenwürde via Erreichung des Zwischenziels Gesundheit ist. Das Gesundheitsziel erfordert - ausgehend von der Definition der WHO [16] - nicht nur das Freisein von Krankheit, sondern auch Wohlbefinden. Umweltbelastungen können, wie wir aus dem ersten Kapitel wissen, direkt zu Krankheiten führen (z.B. via toxische Belastung des Trinkwassers), aber auch unser Wohlbefinden stören (z.B. durch die Verschandelung der Landschaft mit Verkehrsbauten), wodurch indirekt Krankheiten hervorgerufen werden können. Umweltschutz als Unterziel des Gesundheitsziels hat also zwei Komponenten: den Schutz vor Krankheiten hervorrufenden und den Schutz vor das Wohlbefinden störenden Umweltbelastungen. Die Zielhierarchie hat also folgendes Aussehen:

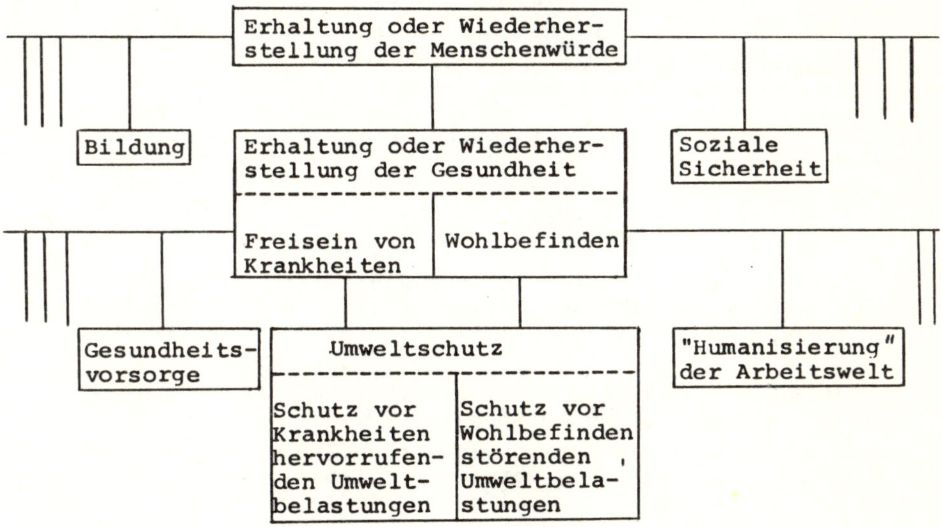

15) Vgl. Das Umweltprogramm der Bundesregierung, 3. Auflage, Stuttgart-Köln-Berlin-Mainz 1973, S. 28.

16) Siehe oben S. 80.

Das Gesundheitsziel gehört zu den Hauptzielbereichen (primary goal areas), die in Hauptziele (social concerns) wie Umweltschutz zerlegt werden; daraufhin erfolgt eine weitere Unterteilung in Unterziele (sub-concerns), die allerdings noch keineswegs operational sein müssen [17].
Eine Unterteilung des Hauptziels Umweltschutz kann zunächst nach den verschiedenen Umweltbereichen erfolgen [18], also in: Schutz vor Luft-, Gewässer- und Bodenbelastungen, Schutz der Pflanzen- und Tierwelt, Schutz der Lebensmittel vor Schadstoffen und Lärmschutz. Weiterhin kann - je nach dem bereits vorhandenen Belastungsniveau der Umweltbereiche - zwischen der Vermeidung und der Beseitigung der Belastungen unterschieden werden, die in den jeweiligen Umweltbereichen vorhanden sind [19]. Außerdem kann man noch zwischen den Komponenten Gesundheitsschutz und Ökosystemschutz differenzieren, obwohl letzterer kein Schutz um der Ökosysteme selbst Willen ist [20], sondern auch im Hinblick zumindest auf das Wohlbefinden der Menschen vorgenommen wird [21]. Das ökologische Ziel könnte lauten: Erhaltung oder Wiederherstellung eines funktionsfähigen Ökosystems (oder ökologischen Gleichgewichts) [22]. Konkretisiert

17) Vgl. Leipert, C., Soziale Indikatoren, a.a.O., S. 241 f.

18) Vgl. RSU, Umweltgutachten 1974, a.a.O., S. 9.

19) Vgl. ebenda und Maihofer, W., Umweltpolitik in der Bewährung, a.a.O., S. 12; Schäfer, Friedrich, Das Verursacherprinzip in der Umweltschutzpolitik, in: Umwelt, 1972, 2, S. 4.

20) Etwas anderer Ansicht ist Frey, R.L., Umweltschutz als wirtschaftspolitische Aufgabe, a.a.O., S. 454.

21) Der RSU schlägt vor, die ökologischen Ziele nach den verschiedenen ökologischen Bereichen (Stadt-, Agrar- und natürliche Ökosysteme) zu differenzieren; in Stadtökosystemen wäre dann das ökologische Ziel Menschenschutz, in Agrarökosystemen Nahrungsmittelschutz und in natürlichen Ökosystemen Naturschutz (vgl. RSU, Umweltgutachten 1974, a.a.O., S. 112). Der Nahrungsmittelschutz, langfristig auch der Naturschutz sind natürlich ebenfalls "Menschenschutz".

22) Vgl. RSU, Umweltprobleme des Rheins, a.a.O., S. 185; RSU, Umweltgutachten 1974, a.a.O., S. 13.

könnten die Unterziele des Umweltschutzes heißen: Luft-, Gewässer-, Boden-, Pflanzen-, Tierwelt- und Lebensmittelbelastung sowie Lärm sollen so gering sein, daß sie zusammen keine Gesundheitsschäden, ökologische Schäden oder Schäden an materiellen Gütern hervorrufen können. Von diesen konkretisierten Unterzielen des Umweltschutzes kann man ausgehen, um operationale Ziele - teilweise in quantifizierter Form, teilweise lediglich qualitativ - abzuleiten [23].

B. Zur Operationalisierung der Ziele des Umweltschutzes

1. Zur Ableitung unschädlicher Immissionskonzentrationen (Immissionsgrenzwerte)

Ausgangspunkt für eine Operationalisierung der Unterziele des Umweltschutzes ist die Ermittlung der Immissionskonzentration eines jeden Schadstoffs, die mit Sicherheit keine Krankheit hervorrufen, das Wohlbefinden stören, ökologische Schäden oder Schäden an Sachgütern herbeiführen kann. Voraussetzung für die Bestimmung solcher Immissionskonzentrationen ist die Kenntnis der Schadstoffwirkungen [24]. Wie wir aus dem ersten Kapitel wissen, können die Wirkungen der Schadstoffe auf die menschliche Gesundheit in Tierversuchen, mit Hilfe epidemiologischer Studien und durch die Heranziehung gewerbetoxikologischer Untersuchungen ermittelt werden, womit auch grundsätzlich die Möglichkeit besteht, die unschädliche Dosis jedes Schadstoffs zu bestimmen [25]. Es ist dabei zu beachten, daß die Ergebnisse von Tierversuchen nicht ohne weiteres auf den Menschen übertragbar sind, daß epidemiologische Studien Wahrscheinlichkeitscharakter haben und daß die Bedingungen für eine Schadstoffbelastung des Menschen am Arbeitsplatz andere sind als in der freien Umwelt.

---

23) Vgl. RSU, Umweltgutachten 1974, a.a.O., S. 9.

24) Vgl. Präambel der VDI-Richtlinien zur Reinhaltung der Luft, abgedruckt in: RSU, Umweltgutachten 1974, a.a.O., S. 15.

25) Vgl. Lange, G., Die Suche nach der gefährlichen Dosis, in: Umwelt, 1973, 5, S. 18.

Dem ist durch Risikozuschläge bei der Bestimmung der gesundheitsunschädlichen Grenzwerte Rechnung zu tragen [26]. Die unschädliche Immissionskonzentration für einen Schadstoff wird in der Regel unter der Annahme abgeleitet, daß nur dieser den Mensch belastet. Die toxikologische Gesamtsituation mit den möglichen kumulativen und synergistischen Effekten bleibt in den meisten Fällen der Grenzwertbestimmung unberücksichtigt [27]. Im allgemeinen ist die toxikologische Gesamtsituation um so gefährlicher, je dichter besiedelt und industrialisiert ein Gebiet ist. Dem könnte man bei der Immissionsgrenzwertbestimmung dadurch Rechnung tragen, daß man je nach Bevölkerungsdichte und Industrialisierungsgrad Belastungszonen [28] definiert und für diese unterschiedliche pauschale Abschläge von den Immissionsgrenzwerten vornimmt. Bei drei Bevölkerungsdichteklassen und drei zu definierenden Graden der Industrialisierung (etwa Emissionsintensität der ansässigen Industriebranchen) ergäben sich neun Belastungszonen:

Ind. grad / Einw. je qkm	unter 100	zwischen 100 und 200	über 200
I (gering)	1	2	3
II (mittel)	4	5	6
III (stark)	7	8	9

26) Vgl. Präambel der VDI-Richtlinien zur Reinhaltung der Luft, a.a.O., S. 16.

27) Die Präambel der VDI-Richtlinien zur Reinhaltung der Luft fordert die Berücksichtigung kumulativer Wirkungen bei der Festlegung der MIK-Werte (vgl. a.a.O., S. 15); bei der DFG laufen Untersuchungen zur Ermittlung von Belastungsgrenzen bei Schadstoffkombinationen in Gewässern (vgl. Meyl, A.H., Abwässer in Küstennähe, in: DFG-Mitteilungen 2/74, S. 29); vgl. auch Kapp, K.W., Zur Praxis der Umweltpolitik und der Umweltplanung, a.a.O., S. 162.

28) Vgl. § 44 (2) Bundesimmissionsschutzgesetz (BImSchG), wonach Belastungsgebiete unter anderem wegen des dort besonders stark vermuteten kumulativen Zusammenwirkens verschiedener Schadstoffe festgelegt werden können; vgl. ferner Binswanger, H.-C., Eine umweltkonforme Wirtschaftsordnung, in: von Walterskirchen, M.P. (Hrsg.), Umweltschutz und Wirtschaftswachstum, a.a.O., S. 139.

Mißt man der Bevölkerungsdichte bei der Verursachung der Umweltbelastung eine geringere Bedeutung bei als dem Industrialisierungsgrad, so ergibt sich eine horizontal verlaufende Durchnummerierung der Belastungsklassen. In Gebieten, die zur höchsten Belastungsklasse 9 gehören, sind die Immissionsgrenzwerte am stärksten zu reduzieren.
Neben dieser räumlichen ist auch eine zeitliche Differenzierung der Immissionsgrenzwerte möglich, da die Einwirkungsdauer der Schadstoffe unterschiedlich sein kann. Die Immissionsgrenzwerte für kurz dauernde Belastungen können höher sein als die für ständige Einwirkungen. Man kann einen Kurz- und Langzeitwert festlegen [29].

Schließlich ist auch noch eine sachliche Differenzierung der Immissionsgrenzwerte denkbar. Wegen unterschiedlicher Nutzungsansprüche an die jeweiligen Umweltmedien können für die Nutzungen, bei denen in der Regel kein direkter Kontakt mit dem Menschen erfolgt, weniger strenge Immissionsgrenzwerte bestimmt werden [30].
Weiterhin ist zu beachten, daß die Immissionsgrenzwerte nicht für einen gesunden Erwachsenen festgelegt werden sollen, sondern für konstitutionell Schwache [31] wie Säuglinge, Greise, Schwangere, Kranke und Behinderte. Bei r Belastungsregionen, n Nutzungsansprüchen und t unterschiedlichen Einwirkungszeiträumen erhielte man r·n·t Immissionsgrenzwerte für jeden Schadstoff, deren Einhaltung gewährleistet, daß durch diesen Schadstoff die Gesundheit nicht gefährdet wird (unschädliche Immissionskonzentration). Für den Schutz der Ökosysteme selbst, die Pflanzen und Tiere sowie den Schutz materieller Güter können

---

29) Vgl. Präambel der VDI-Richtlinien zur Reinhaltung der Luft, a.a.O., S. 16.

30) Vgl. Goldman, M.I./Shoop, R., What is Pollution?, in: Goldman, M.I (Hrsg.), Ecology and Economics, a.a.O., S. 102; RSU, Umweltgutachten 1974, a.a.O., S. 9.

31) Vgl. Präambel der VDI-Richtlinien zur Reinhaltung der Luft, a.a.O., S. 15.

ebenfalls Immissionsgrenzwerte abgeleitet werden [32].
Bei den Stoffen, bei denen gesundheitsschädliche oder ökologisch schädliche Wirkungen (noch) nicht nachgewiesen werden konnten, jedoch ein mehr oder weniger starker Verdacht auf Schädlichkeit besteht, sind - besonders wenn ein Verdacht auf karziogene, teratogene oder mutagene Wirkungen vorliegt - sehr niedrige Immissionsgrenzwerte festzulegen [33], die mehr den Charakter von vorläufigen Richtwerten haben und mit zunehmender Wirkungskenntnis modifiziert werden können [34]. Der Wunsch, für alle Umweltbereiche und alle Schadstoffe Immissionsgrenzwerte festzulegen, wird wohl nie erfüllt werden können - weniger deshalb, weil noch viele Wirkungskenntnisse fehlen, als vielmehr aus dem Grund, daß manche Schadstoffwirkungen nicht quantifizierbar sind.

2. Zur Ableitung von Immissionsstandards

a) Zur Festlegung optimaler Immissionskonzentrationen

Die im vorangegangenen Abschnitt abgeleiteten Immissionsgrenzwerte implizieren, daß bei ihrer Einhaltung keine schädlichen Wirkungen auf den Menschen, seine natürliche und materielle Umwelt ausgehen können. Würden diese "sicheren" Immissionsgrenzwerte zu Zielen des Umweltschutzes erklärt, würde ihre Realisierung einen sehr hohen Aufwand - auch in Form von Opportunitätskosten - erfordern [35]. Aber nicht nur unter ökonomischen

---

32) Vgl. Präambel der VDI-Richtlinien zur Reinhaltung der Luft, a.a.O., S. 16.

33) Vgl. ebenda, S. 15; von Eiff, A.W., Mensch und Lärm, in: DFG-Mitteilungen, Jahresversammlung 1971, S. 44; Gräf, W., Umweltgefährdung durch kancerogene Substanzen, in: Steubing, L./ Kunze, C./Jäger, J. (Hrsg.), Belastung und Belastbarkeit von Ökosystemen, a.a.O., S. 116.

34) Vgl. RSU, Umweltgutachten 1974, a.a.O., S. 221.

35) Vgl. Hazelton, J.E., Effluents and Affluence, in: Goldman, M.I. (Hrsg.), Ecology and Economics, a.a.O., S. 135; Schneider, Wolfgang, Verursacherprinzip oder die Belastung aller?, in: Gumpel, W./Keese, D. (Hrsg.), Probleme des Industrialismus in Ost und West, a.a.O., S. 473, Fußnote 13. Nach Ansicht einiger Autoren sollen bei der Festlegung von

Aspekten sondern auch wegen allgemeiner Risikoüberlegungen [36)] scheint eine so hoch gesteckte Zielsetzung beim Umweltschutz übertrieben zu sein: Der Mensch ist bereit - auch im Hinblick auf seine Gesundheit - bestimmte Risiken einzugehen; er trinkt Alkohol und riskiert dabei eine Leberzirrhose, er raucht Zigaretten und riskiert dabei eine Lungenkrebserkrankung, er ißt soviel, daß durch sein Übergewicht Herz- und Kreislauferkrankungen begünstigt werden, er fährt Ski und riskiert Beinbrüche, usw. Warum sollen nun gerade an die Umweltqualität so hohe Anforderungen gestellt werden, daß von ihr keine Gesundheitsgefahren ausgehen? Dies ist nicht einsichtig, denn die Umweltbelastung ist ebenso wie das Rauchen, Alkoholtrinken und übermäßige Essen nur ein Risikofaktor unter vielen für die menschliche Gesundheit [37)]. Allerdings besteht hinsichtlich der Umweltbelastung ein gewichtiger Unterschied zu den anderen Risikofaktoren: Der Einzelne kann nicht selbst entscheiden, ob und in welchem Umfang er das Risiko der Umweltbelastung tragen will. Über den Risikofaktor Umweltbelastung, dem er ausgesetzt ist, entscheiden andere. Deshalb ist zu fordern, daß bei diesen Zielsetzungsentscheidungen Vertreter möglichst vieler Interessenrichtungen vertreten sind und auf keinen Fall diejenigen majorisiert werden können, die vor allem die Umweltbelastungen zu tragen haben [38)].

Immissionsstandards keine ökonomischen Überlegungen berücksichtigt werden (vgl. Knelson, J.H., Luftqualitätskriterien und Immissionsgrenzwerte für Kohlenmonoxid in den Vereinigten Staaten, in: VDI (Hrsg.), Kohlenmonoxid, a.a.O., S. 98).

36) Vgl. Comar, C.L./Thompson Jr., J.C., Social, Environmental, and Health Costs, in: Summary Report of the Cornell Workshop on Energy and the Environment, a.a.O., S. 30 ff.

37) Vgl. Schäfer, Hans, Hinweise auf Umweltschäden aus Lebenserwartung, spezifischen Sterblichkeiten, Sterbeziffern und Krankheitshäufigkeiten, in: Schäfer, Hans (Hrsg.), Folgen der Zivilisation, a.a.O., S. 90 ff.; Kowalski, E., Strahlengefährdung und Umweltschutz, in: NZZ, FA Nr. 66 vom 7.3.1972.

38) Vgl. Fox, I.K., Institutional Mechanisms, in: Summary Report of the Cornell Workshop on Energy and the Environment, a.a.O., S. 167 ff.

Ausgangswerte bei der Fixierung von verbindlichen Umweltqualitätsnormen in Form von Immissionsstandards sollten die im letzten Abschnitt geschilderten unschädlichen Immissionskonzentrationen sein; von ihnen sind nach Anhörung von Wissenschaftlern, Vertretern von Wirtschaftsverbänden und Umweltschutzorganisationen kostenbedingte Abstriche zu machen [39], wobei für alle das dadurch entstehende Risiko für den Gesundheitszustand der Bevölkerung sichtbar gemacht werden muß. Die optimale Immissionskonzentration für jeden Schadstoff ist dort, wo die Nutzenverluste durch weitere Entfernung vom gesundheitsunschädlichen Immissionsgrenzwert gleich den Kostenersparnissen durch diese "Aufweichung" sind [40] oder umgekehrt - von einer starken Belastung durch einen Schadstoff ausgehend - formuliert: Die Immissionskonzentration hat dann die optimale Höhe erreicht, wenn die Kosten für eine Senkung der Schadstoffimmission um eine Einheit (z.B. 1 $\mu g/m^3$) gleich dem Nutzen dieser Senkung sind, wenn also die Grenzkosten gleich dem Grenznutzen der Immissionsreduktion sind [41]. Diese zunächst leerformelhaft erscheinende Optimumbedingung kann man auch graphisch darstellen (vgl. Abb. 9 a,b). Geht man von den realistischen Annahmen aus, daß die Kosten der Schadensvermeidung K_V mit stei-

---

39) Vgl. Häberle, M., Wo sind die wirklichen Grenzen?, in: Umwelt, 1976, 1, S. 25.

40) Wir gehen nicht so weit wie Möller, der meint, daß man dann nicht mehr von Umweltschäden sprechen kann, wenn Umweltbelastungen als kalkuliertes Risiko in Kauf genommen werden (vgl. Möller, H., Zum Begriff der Umweltschäden insbesondere im öffentlichen Sektor, in: Gumpel, W./Keese, D., Probleme des Industrialismus in Ost und West, a.a.O., S. 439 ff.). Eine chronische Bronchitis infolge der Luftbelastung ist jedoch unseres Erachtens nicht deshalb keine Krankheit mehr, weil sie - etwa zur Erhaltung unseres Arbeitsplatzes - von uns in Kauf genommen wird.

41) Vgl. Thomas, H.A., Ein mathematisches Modell zur Diskussion von Umweltgütenormen, in: Umwelt, 1973, 2, S. 39; Fox, I.K./ Wible, L.F., Information Generation and Communication to Establish Environmental Quality Objectives, in: Natural Resources Journal, vol. 13, 1973, S. 135 f.; U.S.C.E.Q., Environmental Quality, The Second Annual Report, U.S.G.P.O., Washington, D.C., 1971, S. 114; Jacoby, N.H., The Polluters: Industry or Government?, a.a.O., S. 24.

gender (potentieller) Immissionskonzentration s eines bestimmten Schadstoffes überproportional steigen [42], also gilt

$\frac{dK_V}{ds} > 0$ und $\frac{d^2K_V}{ds^2} > 0$, und daß der Nutzen N_V der Schadensvermeidung mit zunehmender (potentieller) Immissionskonzentration nur unterproportional steigt (mit abnehmender Immissionskonzentration überproportional sinkt), also gilt

$\frac{dN_V}{ds} > 0$ und $\frac{d^2N_V}{ds^2} < 0$, so erhält man z.B. den Verlauf der K_V - und N_V - Kurven in Abbildung 9a:

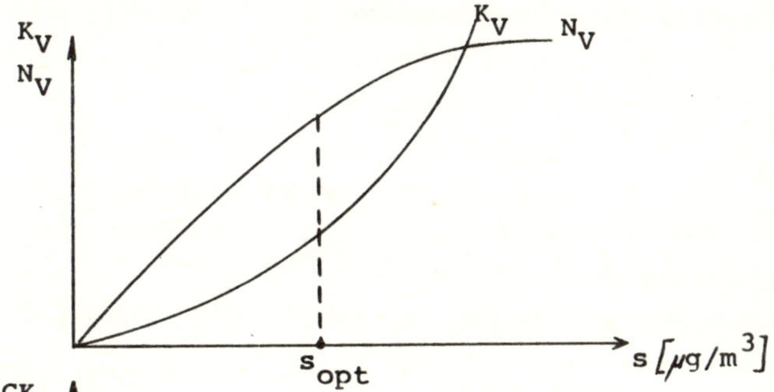

Abb. 9a

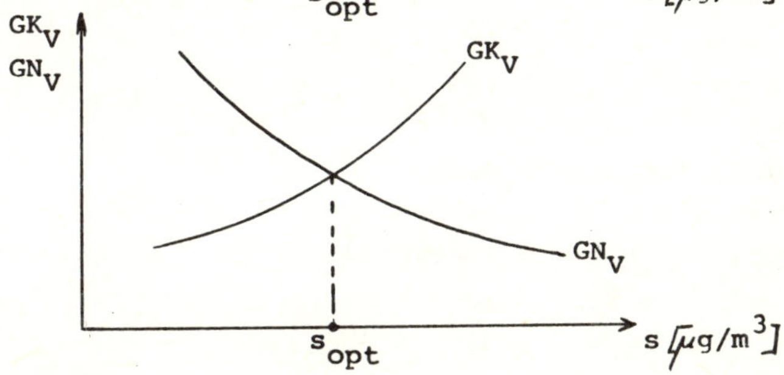

Abb. 9b

42) Vgl. Ackermann, K./Geschka, H./Karsten, D., Die wirtschaftspolitische Lösung: Verursacherprinzip, in: Umwelt, 1972, 2, S. 31; Schultze, C.L./Fried, E.R./Rivlin, A.M./Teeters, N.H., Setting National Priorities, a.a.O., S. 370; Tax Foundation, Pollution Control: Perspectives on the Government Role, A Summary, New York 1971, S. 8; Kohn, R.E., A Cost-Effectiveness Model for Air Pollution Control with a Single Stochastic Variable, in: Journal of the American Statistical Association, vol. 67, 1972, S. 21; Schreiber, M., Kosten der Luftreinhaltung, in: Wasser, Luft und Betrieb, Bd. 15, 1971, 4, S. 146.

Die optimale Immissionskonzentration ist dann bei s_{opt}, wo die Differenz zwischen den Vermeidungskosten und dem Nutzen der Schadensvermeidung am größten ist oder mit anderen Worten, wo die Grenzkosten der Schadensvermeidung GK_V gleich deren Grenznutzen GN_V ist [43] (vgl. Abb. 9b).
Eine formal etwas andere und differenziertere Ableitung der optimalen Immissionskonzentration eines Schadstoffs wollen wir nun noch in Anlehnung an Ridker vornehmen [44]. In Abb. 10a stellt K_R die Kosten der Immissionsreduktion dar. Die Immissionskonzentration in Höhe von s_{max} ist diejenige, die realisiert wird, wenn keine Maßnahmen zur Immissionsreduktion ergriffen werden. Die Kosten der Immissionsreduktion steigen nun mit abnehmender Immissionskonzentration überproportional an. Die Kurve K_B gebe die Kosten der Immissionsbelastung durch die jeweiligen Immissionskonzentrationen an. Bei einer Immissionskonzentration in Höhe von s_u sollen noch keine Schäden entstehen (sie entspricht also der oben abgeleiteten unschädlichen Immissionskonzentration), danach steigen die Schadenskosten mit zunehmender Immissionskonzentration überproportional an. Die optimale Immissionskonzentration s_{opt} liegt nun dort, wo die Gesamtkostenfunktion $K=K_R+K_B$ ihr Minimum hat, oder anders formuliert, wo die Grenzkosten der Immissionsreduktion gleich den Grenzkosten der Immissionsbelastung sind (vgl. Abb. 10b).
Diese formal eleganten, marginalanalytischen Methoden zur Bestimmung der optimalen Immissionskonzentration verschleiern jedoch die Schwierigkeiten, die in der Realität bei der Bestimmung eines solchen Optimums bestehen. Voraussetzung ist

43) Marburger, E.-A., Die ökonomische Beurteilung der städtischen Umweltbelastung durch Automobilabgase. Methoden und Quantifizierungsversuche, Düsseldorf 1974, S. 254; Randall, A./Ives, B./Eastman, C., Bidding Games for Valuation of Aesthetic Environmental Improvements, in: Journal of Environmental Economics and Management, vol. 1, 1974, S. 133; Fry, C.L., Pollution Control. Proper Policies Could Improve Functioning of Market Economy, in: Federal Reserve Bank of Dallas, Business Review, Oct. 1973, S. 1.

44) Vgl. Ridker, R.G., Economic Costs of Air Pollution. Studies in Measurement, New York, Washington, London 1967, S. 5.

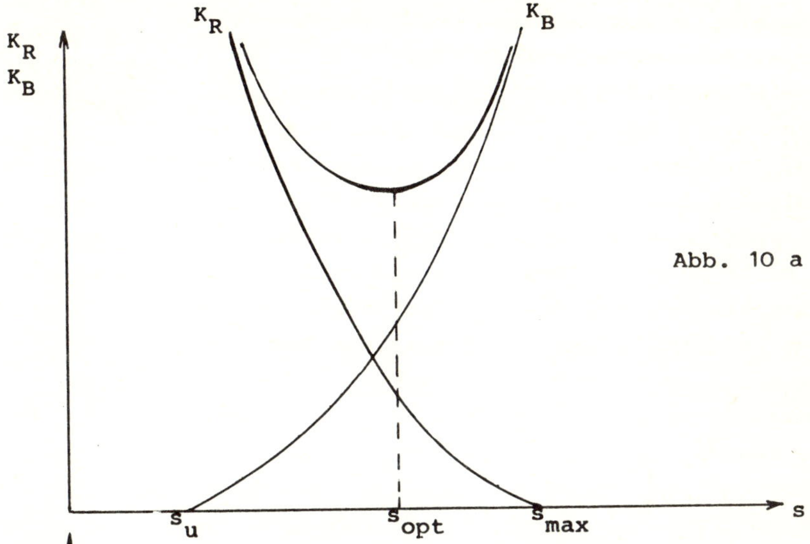

Abb. 10 a

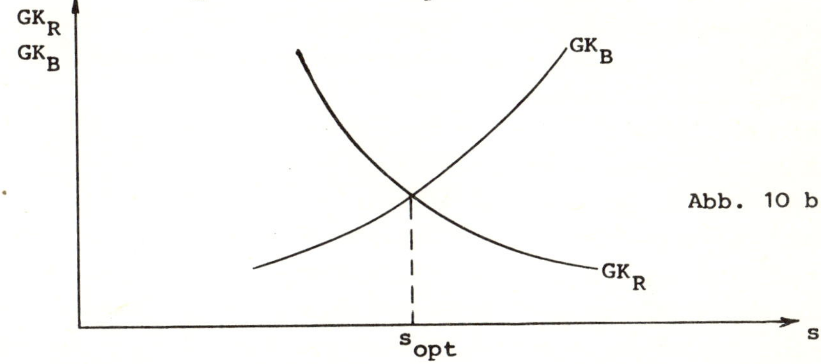

Abb. 10 b

nämlich, daß die Verläufe der Kosten- und Nutzenfunktion bzw. der Grenzkosten- und Grenznutzenfuntion, letztere zumindest im Bereich ihres Schnittpunkts, bekannt sind. Die Möglichkeit, die optimale Immissionskonzentration für jeden einzelnen Schadstoff oder gar das optimale Niveau der gesamten Umweltbelastung mit Hilfe solcher Kosten-Nutzen-Überlegungen zu bestimmen, hängt also davon ab, inwieweit Kosten und Nutzen der Immissionsreduktion eines Schadstoffes bzw. des gesamten Umweltschutzes ermittelt werden können.

b) Zur Festlegung der optimalen Umweltqualität

Rein formal ist es relativ einfach, eine optimale Gesamtbelastung der Umwelt zu bestimmen. Geht man davon aus, daß die gesamte Umweltbelastung U einer Periode von der in dieser Periode produzierten Gütermenge X abhängt, also gilt U=U (X), und unterstellt ferner die Existenz einer sozialen Wohlfahrtsfunktion W=W (U,X), so kann die optimale Umweltbelastung (und Güterproduktion), wie in Abbildung 11 dargestellt, abgeleitet werden [45].

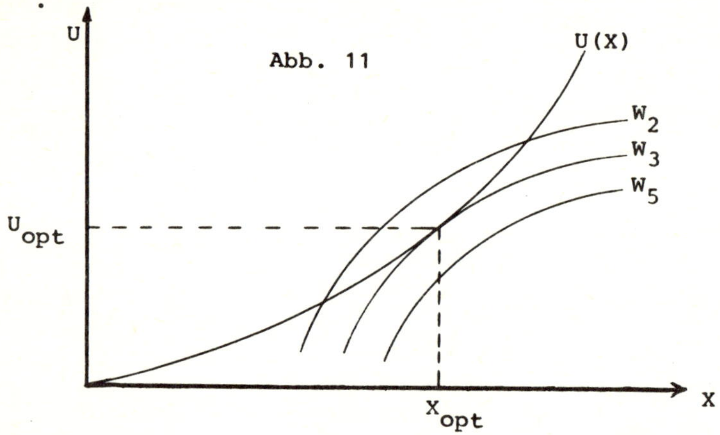

Abb. 11

Es ist hier unterstellt, daß die Umweltbelastung mit steigender Güterproduktion überproportional zunimmt. Die gesellschaftlichen Indifferenzkurven haben den in Abbildung 11 gezeigten Verlauf, weil z.B. auf W_5 die gesellschaftliche Wohlfahrt bei steigender Umweltbelastung nur gleich bleibt, wenn auch die Güterproduktion steigt (Erklärung der positiven Steigung); eine höhere Umweltbelastung läßt außerdem nur bei überproportional

45) Dies ist eine von uns modifizierte Darstellung von Stein, J.L., The 1971 Report of the President's Council of Economic Advisers: Microeconomic Aspects of Public Policy, in: American Economic Review, vol. 61, 1971, S. 533; vgl. auch Beckerman, W., Environmental Policy Issues: Real and Fictitious, a.a.O., S. 20 f. und Frey, R.L., Umweltschutz als wirtschaftspolitische Aufgabe, a.a.O., S. 458.

steigender Produktion die gesellschaftliche Wohlfahrt unverändert (Erklärung der Krümmung). Die gesellschaftliche Wohlfahrt steigt von links oben (hohe Umweltbelastung, geringe Produktion) nach rechts unten (geringe Umweltbelastung, hohe Güterproduktion) an. Die optimale Gesamtbelastung der Umwelt liegt bei U_{opt} und damit bei einer Produktion in Höhe von X_{opt}, also dort, wo eine gesellschaftliche Indifferenzkurve (hier W_3) die Umweltbelastungsfunktion U (X) tangiert.

Diese Bestimmung des optimalen Umweltbelastungs- und damit Umweltschutzniveaus ist aus zwei Gründen nicht operational. Zum einen ist es (bisher) nicht gelungen, eine soziale Wohlfahrtsfunktion aufzustellen, zum anderen existiert (noch) kein Umweltindikator, der die gesamte Umweltqualität wiederzugeben in der Lage wäre. An letzterem scheitert auch der Versuch, die optimale Gesamtbelastung der Umwelt mit Hilfe einer Kosten-Nutzen-Analyse zu bestimmen. Die Aussage, daß das optimale Umweltbelastungsniveau dort liegt, wo die sozialen Grenzkosten des Umweltschutzes gleich dem sozialen Grenznutzen des Umweltschutzes sind [46], wird nicht (erst) deshalb leerformalhaft, weil die Bewertung der sozialen Grenzkosten und Grenznutzen Schwierigkeiten bereitet, sondern (schon) deshalb, weil die verschiedenen Arten der Umweltbelastung nicht auf einen Nenner gebracht werden können.

Wie zuversichtlich man sein kann, mit Hilfe einer Kosten-Nutzen-Analyse die optimale Immissionskonzentration einzelner Schadstoffe zu bestimmen [47], soll im nächsten Abschnitt untersucht werden.

---

46) In Abb. 9b auf Seite 143 wären die Grenzkosten- und Grenznutzen-Kurve durch die soziale Grenzkosten- und die soziale Grenznutzenkurve und die Belastung s durch einen Schadstoff durch einen Umweltindikator zu ersetzen (vgl. Hyman, D.N., The Economics of Governmental Activity, New York u.a., 1973, S. 61 f.).

47) In Japan wurde z.B. mit Hilfe einer Kosten-Nutzen-Analyse ein SO_2-Immissionsstandard festgelegt (vgl. OECD Environment Directorate, Instances, if any, where Cost-Benefit-Analyses has been applied to environmental problems - Japan -, Paris 1972, S. 5 f.).

c) Zur Eignung von Kosten-Nutzen-Analysen bei der Ableitung optimaler Immissionskonzentrationen einzelner Schadstoffe

Interpretieren wir die Ridkerschen Kurven der Abbildungen 10 a und b als soziale Kosten- und Grenzkostenkurven, so gibt SK_R die sozialen Kosten der Immissionsreduktion an und SK_B die sozialen Kosten der Immissionsbelastung. Diese sozialen Kosten der Immissionsbelastung können wir als den sozialen Nutzen der Immissionsreduktion SN_R bezeichnen [48]. Die optimale Immissions-

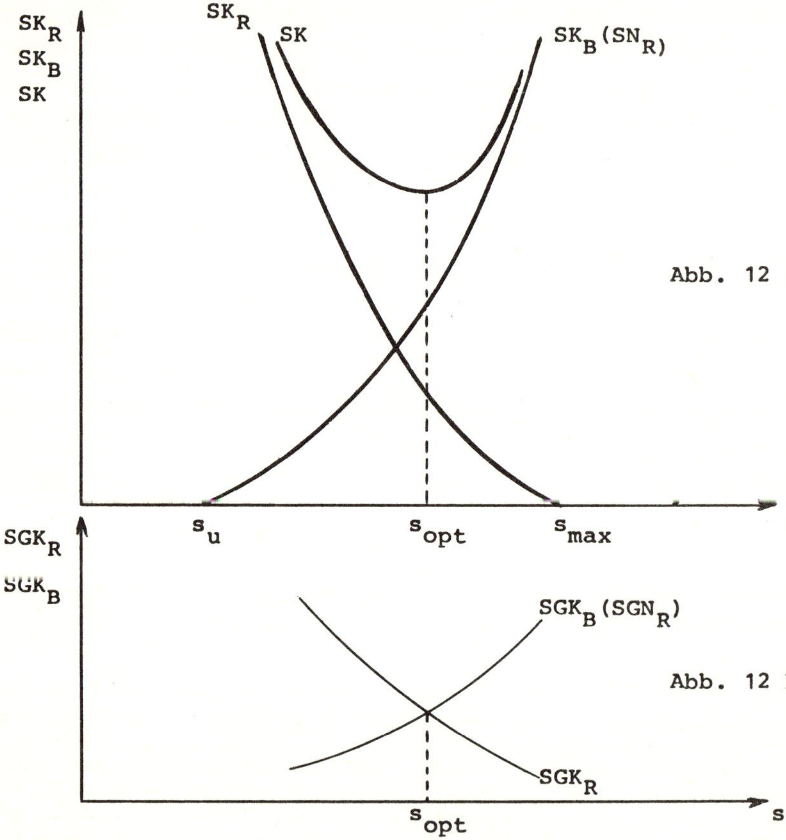

Abb. 12 a

Abb. 12 b

48) Vgl. Lave, L.B./Seskin, E.P., Air Pollution and Human Health, in: Dorfman, R./Dorfman, N.S. (Hrsg.), Economics of the Environment, a.a.O., S. 357.

konzentration s_{opt} liegt dort, wo die gesamten sozialen Kosten $SK = SK_R + SK_B$ ihr Minimum haben [49] oder wo die sozialen Grenzkosten der Immissionsreduktion SGK_R den sozialen Grenzkosten der Immissionsbelastung SGK_B bzw. den sozialen Grenznutzen der Immissionsreduktion SGN_R gleich sind (vgl. Abb. 12 a und b).

Die Schwierigkeiten bei der Bestimmung dieses Optimums bestehen in der Ermittlung a l l e r sozialen (Grenz-)Kosten und a l l e r sozialen (Grenz-)Nutzen; werden nicht alle sozialen Kosten und Nutzen erfaßt, ist s_{opt} nicht die tatsächliche optimale Immissionskonzentration [50].

Wir wollen uns bei der Einteilung der Kosten und Nutzen an die Terminologie des U.S. Council on Environmental Quality (CEQ) anlehnen, der zwischen "abatement costs" (wir wollen von Umweltschutzkosten im engeren Sinne sprechen), Transaktionskosten, Schadenskosten und Ausweichkosten unterscheidet [51]. Dabei zählen die "abatement costs" und die Transaktionskosten zu den sozialen Kosten der Immissionsreduktion und die Schadens- und Ausweichkosten zu den sozialen Kosten der Immissionsbelastung, die den sozialen Nutzen der Immissionsreduktion entsprechen. Die gesamten sozialen Kosten der Immissionsreduktion erhält man jedoch erst, wenn man auch noch die Opportunitätskosten der Immissions-

---

49) Was identisch ist mit der Annahme, daß der Nettonutzen maximiert wird (vgl. U.S.C.E.Q., Environmental Quality, The Fourth Annual Report, Washington, D.C., 1973, S. 109 und Fußnote 132).

50) Vgl. Ridker, R.G., Economic Costs of Air Pollution, a.a.O., S. 10.

51) Vgl. U.S.C.E.Q., Environmental Quality, The Fourth Annual Report, a.a.O., S. 76 f.
Beim U.S.C.E.Q. wird nicht ganz klar, ob er unter "abatement costs" nur die Kosten der Emissionsreduktion versteht und die Kosten, die für eine Verteilung der Schadstoffe oder die Immissionsreduktion aufgewendet werden, bereits als Ausweichkosten (avoidance costs) bezeichnen würde. Wir wollen als abatement costs die Kosten aller drei Umweltschutzmaßnahmen bezeichnen und uns den Begriff Ausweichkosten für die Kosten vorbehalten, die dadurch entstehen, daß Individuen oder Betriebe ein Immissionsgebiet zeitweise oder dauerhaft verlassen.

reduktion berücksichtigt [52].

Bezeichnen wir die "abatement costs" mit K_U, die Transaktionskosten mit K_T, die Opportunitätskosten mit K_O, die Schadenskosten mit K_S und die Ausweichkosten mit K_A, so gelten folgende Beziehungen:

$$SK_R = K_U + K_T + K_O,$$

$$SK_B = K_S + K_A$$

und für die gesamten sozialen Kosten der Immissionsreduktion und Immissionsbelastung gilt:

$$SK = SK_R + SK_B = K_U + K_T + K_O + K_S + K_A .$$

Dort wo diese Sozialkostenfunktion ihr Minimum hat, ist die optimale Immissionskonzentration s_{opt}.

Im folgenden wollen wir untersuchen, wie die einzelnen Kostenarten bestimmt werden können.

(1) Die Ermittlung der sozialen Kosten der Immissionsreduktion

(a) Kosten des Umweltschutzes im engeren Sinne (abatement costs)

Die sozialen Kosten, die durch Maßnahmen der Immissionsreduktion verursacht werden, bestehen zunächst aus den direkten Kosten der Maßnahmen selbst (Investitions- und Betriebskosten). Diese Maßnahmen können entweder an der Emissionsquelle (Emissionsreduktion), während der Ausbreitung des Schadstoffs oder im Immissionsgebiet durchgeführt werden (abatement costs). Diese durch technische Maßnahmen bedingten Umweltschutzkosten (z.B. für den Einbau von SO_2-Abscheidern, den Bau von Kläranlagen, den Bau von Lärmschutzwällen) sind relativ leicht zu bestimmen, da für sie Marktpreise bestehen [53]. Bei der Bewertung dieser Reduktions-

---

52) Vgl. Hyman, D.N., The Economics of Government Activity, a.a.O., S. 61 f.

53) Diese bei privaten Unternehmen und Haushalten, doch auch bei öffentlichen Gebietskörperschaften anfallenden Kosten für die Beschaffung und Unterhaltung von Umweltschutzanlagen im weitesten Sinne sind es vor allem, die bei den verschiedenen Untersuchungen über die gegenwärtige und zukünftige finan-

kosten ist die kostengünstigste Maßnahme oder Maßnahmenkobination zugrundezulegen [54]. Schwierigkeiten bei der Bewertung immissionsreduzierender Investitionen gibt es allerdings dann, wenn die Investitionen nicht allein dem Zweck der Immissionsreduktion dienen. Es kann sein, daß eine Investition, z.B. in

---

zielle Belastung durch den Umweltschutz erfaßt wurden. Vgl. dazu Ackermann, K./Geschka, H./Karsten, D., Gutachten zur Gesamtbelastung der Volkswirtschaft durch das Umweltprogramm der Bundesregierung, in: Materialien zum Umweltprogramm der Bundesregierung, a.a.O., S. 606 ff.; U.S. Department of the Interior/Federal Water Pollution Control Administration, The Cost of Clean Water, vol. I, Summary Report, vol. II, Detailed Analyses, U.S.G.P.O., Washington, D.C., 1968, S. 106 f.; The Cost of Clean Air, Second Report of the Secretary of Health, Education and Welfare to the Congress of the United States, U.S.G.P.O., Washington, D.C., 1970; The Economics of Clean Air, Annual Report of the Administrator of the Environmental Protection Agency to the Congress of the United States, U.S.G.P.O., Washington, D.C., 1971 und 1972.
Diese Untersuchungen versuchen die Investitions- und Betriebskosten von Anlagen zu schätzen, welche eine so große Emissionsreduktion bewirken, daß die Immissionsstandards eingehalten werden können. Die Kostenberechnungen orientieren sich also an bereits formulierten Zielen in Form von Immissionsstandards für die verschiedenen Schadstoffe, während unsere Fragestellung - jedenfalls an dieser Stelle - eine andere ist: Wir wollen die Kosten für die Realisierung unterschiedlicher Immissionskonzentrationen ermitteln, um so eine Funktion der Immissionsreduktionskosten zu erhalten. Die Bewertungsprobleme sind jedoch bei beiden Fragenstellungen die gleichen.
Kostenschätzungen, die sich vor allem auf die betriebswirtschaftlichen Kosten beziehen, nehmen unter anderem vor: Sprenger, R.-U., Struktur und Entwicklung von Umweltschutzaufwendungen in der Industrie, Berlin und München 1975; U.S.C.E.Q./Department of Commerce/Environmental Protection Agency, The Economic Impact of Pollution Control, U.S.G.P.O., Washington, D.C., 1972 (deutsch: Betriebswirtschaftliche Kosten von Umweltschutzmaßnahmen und ihre gesamtwirtschaftliche Auswirkung, Berlin 1972).
Neben diesen umfassenden Kostenschätzungen gibt es eine Fülle von Spezialuntersuchungen über die Kostenbelastung bestimmter Branchen durch den Umweltschutz; jede Literaturauswahl wäre hier rein willkürlich und soll deshalb unterbleiben.

54) Vgl. Foster, C.D./MacKie, P.J., Noise: Economic Aspects of Choice, in: Urban Studies, Bd. 7, 1970, H. 2, S. 124 ff.

ein neues Produktionsverfahren, gar nicht aus Gründen der Immissionsreduktion (via Emissionsbegrenzung) durchgeführt wurde, diese also nur ein umweltfreundlicher Nebeneffekt ist. Dann besteht die Gefahr, daß die gesamte Investition als Umweltschutzinvestition deklariert wird, die Kosten des Umweltschutzes also zu hoch angesetzt werden. Ferner ist es denkbar, daß durch Maßnahmen der Emissionsreduktion Nebenprodukte anfallen, die verkauft werden können. Ebenso können durch Umweltschutzinvestitionen Produktivitätsfortschritte entstehen. Die Erlöse aus dem Verkauf der Nebenprodukte und die Kostenersparnisse durch die Produktivitätsfortschritte sind dann von den Kosten der emissionsreduzierenden Maßnahmen abzuziehen, damit die sozialen Kosten des Umweltschutzes korrekt bewertet werden [55].

(b) Transaktionskosten

Zu den Immissionsreduktionskosten kann man auch die Informationskosten (z.B. für die Messung der Immissionsbelastung) und die Kontrollkosten (z.B. für die Überwachung der Emissionen), aber auch die Forschungs- und Entwicklungskosten zählen [56] - sofern sie nicht in den Preisen der Umweltschutzanlagen enthalten sind -, die z.B. dadurch entstehen, daß die Unternehmen nach emissionsärmeren Produktionsverfahren suchen. Wir wollen, dem CEQ folgend, die Gesamtheit dieser Kosten als Transaktionskosten bezeichnen [57].

---

55) Vgl. U.S.C.E.Q., Environmental Quality, The Fourth Annual Report, a.a.O., S. 89 f.; Sprenger, R.-U., Struktur und Entwicklung von Umweltschutzaufwendungen in der Industrie, a.a.O., S. 107 ff.; Baltes, H./Nowak, W., Umweltstatistik - Ein Instrument der Umweltplanung, a.a.O., S. 244.

56) Die meiste in Fußnote 46) zitierte Literatur enthält auch Schätzungen über die Kosten der Messung, Kontrolle und auch der Forschung und Entwicklung. Die Kosten für diese Maßnahmen sind in der Regel nicht auf die einzelnen Wirtschaftseinheiten zurechenbar und werden deshalb vom Staat getragen (vgl. dazu unten S. 289 ff. und S. 395).

57) Vgl. U.S.C.E.Q., Environmental Quality, The Fourth Annual Report, a.a.O., S. 83 f.

(c) Opportunitätskosten

Die Maßnahmen des Umweltschutzes, die zu abatement costs und Transaktionskosten führen, beanspruchen Ressourcen, die damit zur Realisierung anderer (wirtschafts-)politischer Ziele nicht mehr zur Verfügung stehen. Umweltschutz führt also zu Verzichtskosten [58], die bei der Bestimmung der optimalen Immissionsgrenzwerte berücksichtigt werden müssen. Um diese Verzichtskosten bestimmen zukönnen, ist zunächst die Kenntnis der Wirkungen des Umweltschutzes auf die anderen (wirtschafts-)politischen Ziele notwendig: Es müssen Zielbeziehungsfunktionen [59] zwischen dem Umweltschutz und z.B. der Preisniveaustabilität, der Vollbeschäftigung, dem Wachstum des realen Bruttosozialprodukts und dem Zahlungsbilanzgleichgewicht aufgestellt werden. Diese Zielbeziehungen können komplementär, neutral oder inkompatibel sein. Nur im letzten Fall entstehen Opportunitätskosten in Form von Zielverzichten. Selbst wenn es nun gelänge, diese Zielverzichte quantitativ zu erfassen [60], z. B. in Form geringerer

58) Vgl. Hyman, D.N., The Economics of Government Activity, a.a.O., S. 61 f.; Siebert, H., Probleme von Nutzen-Kosten-Analysen umweltschützender Maßnahmen, in: Wirtschaftsdienst, 53. Jg., 1973, S. 132; RSU, Umweltgutachten 1974, a.a.O., S. 167.

59) Brösse, U., Ziele in der Regionalpolitik. Zielforschung und Probleme der Realisierung von Zielen, Berlin 1972, S. 61 ff.; RSU, Umweltgutachten 1974, a.a.O., S. 11.

60) In einem neoklassischen Wachstumsmodell kann z.B. gezeigt werden, wie sich der Umweltschutz im Verzicht auf entsprechende Mengen eines Konsumgutes niederschlägt (vgl. Alessio, F.J., The Opportunity Cost of Pollution Abatement in a steady-state Expanding Economy, in: The Annals of Regional Science, vol. 5, 1971, S. 87 ff.). Von weitaus größerer praktischer Bedeutung als diese modelltheoretische Untersuchung ist die Ermittlung der Zielverzichte mit Hilfe ökonometrischer Modelle, wie sie in den USA durchgeführt wird (vgl. Evans, M.K., A Forecasting Model Applied to Pollution Control Costs, in: American Economic Review, vol. 63, 1973, papers and proceedings, S. 244 ff.; U.S.C.E.Q./ Department of Commerce/Environmental Protection Agency, The Economic Impact of Pollution Control, a.a.O., S. 11 ff.). Mit Hilfe der Input-Output-Analyse wurde geschätzt, wie das Preisniveau in den USA infolge der Emissionsbeschränkungen steigt (vgl. The Economics of Clean Air, Report of the Administrator of the Environmental Protection Agency to the

Wachstumsraten des realen Bruttosozialprodukts oder eines gestiegenen Preisniveaus, wäre noch nichts über die Bewertung dieser Zielverzichte, also die Höhe der Opportunitätskosten ausgesagt, denn Wachstumsverluste, Preisniveausteigerungen, Beschäftigungseinbußen und Exportverluste können durchaus unterschiedlich bewertet werden. Im Gegensatz zu den "abatement costs" und den Transaktionskosten lassen sich die Opportunitätskosten nur subjektiv bewerten [61]. Hansmeyer weist z.B. darauf hin, daß die Bewertung der Opportunitätskosten "planungsträgerbezogen" [62] ist: Je niedriger die Planungsebene ist, um so höher werden die Opportunitätskosten einer bestimmten Umweltschutzmaßnahme bewertet, da auf unteren Ebenen wegen des dort vorhandenen geringeren Zielspektrums die Zielverzichte konkreter sichtbar werden [63]. Daneben spielen vor allem unterschiedliche Präferenzen, Partei- und Verbandzugehörigkeit derjenigen eine Rolle, welche die Bewertung der Opportunitätskosten vornehmen. Bereits an dieser Stelle wird deutlich, daß die Bestimmung einer optimalen Immissionskonzentration nicht allein aufgrund objektiver Kriterien erfolgen kann.

(2) Die sozialen Kosten der Immissionsbelastung

Die sozialen Kosten der Immissionsbelastung fallen an, wenn keine oder nur ungenügende Immissionsreduktionsmaßnahmen ergriffen werden. Umgekehrt kann man - wie wir bereits wissen - die Vermeidung der sozialen Kosten der Immissionsbelastung (durch die Immissionsreduktion) als den sozialen Nutzen der Immissionsreduktion bezeichnen. Dies setzt allerdings voraus, daß die Schäden der Immissionsbelastung direkt erfaßt und bewertet werden können. Gelingt das nicht oder nur unvollkommen,

---

Congress of the United States, U.S.G.P.O., Washington, D.C., 1971, S. 4-128 ff.).

61) Vgl. Siebert, H., Probleme von Nutzen-Kosten-Analysen umweltschützender Maßnahmen, a.a.O., S. 133.

62) Hansmeyer, K.-H., Volkswirtschaftliche Kosten des Umweltschutzes, in: Giersch, H. (Hrsg.), Das Umweltproblem in ökonomischer Sicht, Tübingen 1974, S. 103

63) Vgl. ebenda.

muß man nach anderen Möglichkeiten der Nutzenbewertung suchen.

(a) Schadenskosten

Die direkte Ermittlung der Schadenskosten, also die monetäre Bewertung der physischen und psychischen Gesundheitsschäden beim Menschen, der ökologischen Schäden und der Schäden an Sachgütern und Kunstwerken, setzt voraus, daß die Wirkungen der Immissionsbelastung quantitativ oder zumindest qualitativ erfaßt werden können. Mit den Möglichkeiten, aber auch den Problemen der Quantifizierung der Wirkungen der Umweltbelastung haben wir uns im I. Kapitel befaßt [64]. Es zeigte sich, daß manche Schäden, wie Beeinträchtigungen des Wohlbefindens, nur qualitativ erfaßt werden können. So entstehen bereits bei der Aufstellung nicht monetärer Schadensfunktionen in vielen Fällen Bewertungsprobleme, die nur subjektiv lösbar sind [65]. Sind aber einmal aufgrund objektiver Erfassung und subjektiver Bewertung Schadensfunktionen der Form

$$D_i = f\ (s_k)$$

aufgestellt [66], wobei D_i den quantifizierten Schaden D des i-ten Objekts ($i = 1,\ldots,m$) durch unterschiedliche Immissionskonzentrationen s des Schadstoffs k ($k = 1,\ldots,n$) bedeutet, gilt es in einem nächsten Schritt diesen Schaden monetär zu bewerten [67].

---

64) Vgl. oben S. 58 ff.

65) Vgl. z.B. die oben S. 105 ff. geschilderte subjektiv unterschiedliche Bewertung der Lärmwirkungen auf das Wohlbefinden verschiedener Menschen.

66) Vgl. Ridker, R.G., Economic Costs of Air Pollution, a.a.O., S. 16 ff.; Lave, L.B./Seskin, E.P., Air Pollution and Human Health, a.a.O., S. 358 ff.
Neben diesen "Klassikern" der Bewertung von Umweltschäden vgl. vor allem die Beiträge in dem von der OECD herausgegebenen Sammelband "Environmental Damage Costs", Record of a Seminar held at the OECD in August 1972, Paris 1974.

67) Vgl. Hueting, R., The Set-Up of the Statistical System within which the Deterioration of the Human Environment will be Estimated, a.a.O., S. 94; Waller, R.A., Environmental Quality, its Measurement and Control, in: Regional Studies, 4, 1970, S. 177; Lave, L.B., Air Pollution Damage: Some Difficulties in Estimating the Value of Abatement, in: Kneese, A.V./Bower, B.T. (Hrsg.), Environmental Quality

Die monetäre Bewertung der Schäden ist realtiv einfach, wenn sie sich in finanziellen Verlusten äußern bzw. die Verhinderung der Schäden durch Maßnahmen möglich ist, für die ein Marktpreis besteht [68]. So entstehen z.B. bei Ernteschäden infolge der Luftbelastung Einnahmeausfälle in der Landwirtschaft; bei Schäden an Gebäuden infolge der SO_2-Belastung entstehen Reparaturkosten; die Heilung von Gesundheitsschäden infolge der Luftbelastung führt zu Behandlungskosten und, wegen der verminderten oder zeitweise oder dauernd eingestellten Arbeitsleistung der Erkrankten entstehen Produktionsausfälle, die sich in verminderten Erlösen (bei den Unternehmen) und Einkommen (bei den Erkrankten) äußern [69]. Einnahmenausfälle, Reparaturkosten, Behandlungskosten und Erlösminderungen können als Werte für den jeweiligen Schaden eingesetzt oder zumindest bei dessen Bewertung herangezogen werden.

Weitaus schwieriger ist die monetäre Bewertung der nicht objektiv meßbaren Schäden, wie etwa Beeinträchtigungen des Wohlbefindens, Störungen des ökologischen Gleichgewichts oder Zer-

---

Analysis, Baltimore und London 1972, S. 215; o.V., How to Estimate the Real Cost of Environmental Damage, in: OECD-Observer, No. 75, 1975, S. 29 f.

68) Vgl. Hueting, R., The Set-Up of the Statistical System within which the Deterioration of the Human Environment will be Estimated, a.a.O., S. 96 ff.; Mc Kean, R.N., Some Problems of Criteria and Acquiring Information, in: Jarret, H. (Hrsg.), Environmental Quality in a Growing Economy, Baltimore und London 1971, S. 62; Ridker, R.G., Economic Costs of Air Pollution, a.a.O., S. 16.

69) Vgl. Lave, L.B./Seskin, E.P., Air Pollution and Human Health, a.a.O., S. 380 ff.; Lave, L.B., Air Pollution Damage: Some Difficulties in Estimating the Value of Abatement, a.a.O., S. 215; Ridker, R.G., Economic Costs of Air Pollution, a.a.O., S. 17; U.S.C.E.Q., Environmental Quality, The Fourth Annual Report, a.a.O., S. 74 ff.; Paul, M.E., Can Aircraft Noise Nuisance be Measured in Money?, in: Oxford Economic Papers, vol. 23, 1971, S. 321; Meyer-Abich, K.M., Was kostet die Umweltverschmutzung?, in: Umweltschutz - aber wie?, a.a.O., S. 15 f. Der U.S.C.E.Q. versuchte die Schäden, die durch einzelne Schadstoffe in der Luft hervorgerufen werden, zu schätzen (vgl. U.S.C.E.Q. Environmental Quality, The Second Annual Report, a.a.O., S. 104 ff.).

störungen unersetzlicher Kunstwerke [70]. Manche dieser Schäden - wie Beeinträchtigungen des Wohlbefindens und manche ökologische Schäden - versucht man mit Hilfe indirekter Bewertungsmethoden zu erfassen. So kann man z.B. mit Hilfe der Willingness-to-pay-Methode versuchen, die Bereitschaft der Bevölkerung zu ermitteln, für die Reduzierung der Immissionsbelastung zu zahlen [71]. Hier wird versucht, durch Umfragen den sozialen Nutzen der Immissionsreduktion festzustellen. Obwohl diese Methode schon einige praktische Bedeutung erlangt hat [72], ist sie doch nur unter großen Vorbehalten anwendbar, da die Möglichkeit nicht ausgeschlossen werden kann, daß die Befragten den Nutzen zu hoch angeben, weil sie sich in der Position des

---

70) Vgl. Fry, C.L., Pollution Control, a.a.O., S. 4; Eickel, K.H./Jud, S., Umweltkosten des Straßenverkehrs, in: Umwelt, 1974, 4, S. 18; Watson jr., W.D., Costs and Benefits of Fly Ash Control, in: Journal of Economics and Business, vol. 26 (3), 1974, S. 178 f.; Nydegger, A., Die Social Costs des Umweltungleichgewichts, in: von Walterskirchen, M.P. (Hrsg.), Umweltschutz und Wirtschaftswachstum, a.a.O., S. 149 f.; U.S. Environmental Protection Agency, The Economic Impact of Noise, U.S.G.P.O., Washington, D.C., 1971, S. 2; U.S.C.E.Q., Environmental Quality, The Second Annual Report, a.a.O., S. 104.

71) Vgl. Reichardt, R., Approaches to the measurement of environment, in: International Social Science Journal, vol. 22, 1970, S. 666 f.; Hueting, R., The Set-Up of the Statistical System within which the Deterioration of the Human Environment Will Be Estimated, a.a.O., S. 96 ff.; Ridker, R.G., Economic Costs of Air Pollution, a.a.O., S. 18.
Zu den verschiedenen Versuchen, die Zahlungsbereitschaft der Bevölkerung für eine saubere Umwelt - und damit den Nutzen des Umweltschutzes - zu ermitteln, vgl. vor allem Freeman III, A.M., On Estimating Air Pollution Control Benefits from Land Value Studies, in: Journal of Environmental Economics and Management, vol. 1, 1974, S. 75 ff.; Randall, A./Ives, B./Eastman, C., Bidding Games for Valuation of Aesthetic Environmental Improvements, a.a.O., S. 135 ff.; Bohm, P., A Note on the Problem of Estimating Benefits from Pollution Control, in: OECD (Hrsg.), Problems of Environmental Economics, a.a.O., S. 87 ff.

72) Vgl. Paul, M.E., Can Aircraft Noise Nuisance Be Measured in Money?, a.a.O., S. 298.

"free rider" glauben, oder aber ihn zu niedrig ansetzen, weil sie befürchten, zur Finanzierung herangezogen zu werden [73]. Raffinierte Befragungstechniken können daran im Prinzip nur wenig ändern [74].

Eine andere Methode versucht die Schäden dadurch zu bewerten, daß sie die Wertminderungen von Grundstücken und Gebäuden (in Form gesunkener Preise und Mieten) in immissionsbelasteten Gebieten in Beziehung zur Immissionsbelastung zu setzen versucht [75]. Man kann dabei so vorgehen, daß man die Wertände-

---

73) Vgl. Foster, C.D./MacKie, P.J., Noise: Economic Aspects of Choice, a.a.O., S. 132; Lave, L.B., Air Pollution Damage: Some Difficulties in Estimating the Value of Abatement, a.a.O., S. 231; Bohm, P., A Note on the Problem of Estimating Benefits from Pollution Control, a.a.O., S. 88.

74) Vgl. Randall, A./Ives, B./Eastman, C., Bidding Games for Valuation of Aesthetic Environmental Improvements, a.a.O., S. 135 f.; Bohm, P., A Note on the Problem of Estimating Benefits from Pollution Control, a.a.O., S. 88 f. An dieser Stelle weist Bohm auch darauf hin, daß die offenbarte Zahlungsbereitschaft nach den Einkommensgruppen, denen die Befragten angehören, gewichtet werden müsse, da die Bereitschaft, einen bestimmten Betrag für Umweltschutzmaßnahmen zu zahlen mit steigendem Einkommen zunehmen würde; dies impliziert allerdings die Annahme eines abnehmenden Grenznutzens des Einkommens; vgl. dazu auch Paul, M.E., Can Aircraft Noise Nuisance be Measured in Money?, a.a.O., S. 311 und Rathjens, G.W., National Environmental Policy: Goals and Priorities, in: Grad, F.K./Rathjens, G.W./ Rosenthal, A.J. (Hrsg.), Environmental Control: Priorities, Policies, and the Law, New York und London 1971, S. 11.

75) Vgl. Ridker, R.G./Henning, J.A., The Determinants of Residential Property Values with Special Reference to Air Pollution, in: Review of Economics and Statistics, vol. 49, 1967, S. 246 ff.; Anderson jr., R.J./Crocker, T.D., Air Pollution and Residential Property Values, in: Urban Studies, vol. 8, 1971, S. 171 ff.; Freeman III, A.M., Air Pollution and Property Values: A Methodological Comment, in: Review of Economics and Statistics, vol. 53, 1971, S. 415 f.; Anderson jr., R.J./Crocker, T.D., Air Pollution and Property Values: A Reply, in: Review of Economics and Statistics, vol. 54, 1972, S. 470 ff.; Freeman III, A.M., Air Pollution and Property Values: A Further Comment, in: Review of Economics and Statistics, vol. 56, 1974, S. 554 ff.; Wieand, K.F., Air Pollution and Property Values: A Study of the Saint Louis Area, in: Journal of Regional Science, vol. 13, 1973, S. 92 ff.; Randall, A./Ives, B./Eastman, C., Bidding

rungen von Gebäuden und Grundstücken im Zeitablauf verfolgt oder daß man ihre Preise in einem belasteten denen in einem vergleichbaren unbelasteten Gebiet gegenüber stellt. Die zeitlichen Wertminderungen bzw. räumlichen Wertunterschiede kann man dann zur monetären Schadensbewertung heranziehen. Gegen diese Bewertungsmethode spricht, daß der Grundstücks- und Gebäudemarkt kein vollkommener Markt ist und daß in den Marktpreisänderungen nicht nur Nachfrageänderungen infolge der Umweltbelastung zum Ausdruck kommen [76]. Den Nachfrage- bzw. Preiseffekt infolge der Umweltbelastung zu isolieren, dürfte daher kaum möglich sein.

Die größten Bewertungsprobleme werfen zwei weitere Kategorien von Schäden auf, nämlich zum einen die irreversiblen Schäden [77] wie unheilbare Gesundheitsschäden, der Tod von Menschen, die Ausrottung von Tier- und Pflanzenarten und die Zerstörung unwiederbringlicher Kunstwerke und zum anderen die Langzeitschäden, die quasi irreversibel sind.
Langzeitschäden, besonders wenn sie erst zukünftige Generationen betreffen (wie genetische Schäden, weltweite Klimaveränderungen) bergen die Tendenz in sich, in der Gegenwart unter-

---

Games for Valuation of Aesthetic Environmental Improvements, a.a.O., S. 184 f.; Pearce, D., The Economic Evaluation of Noise-Generating and Noise Abatement Projects, in: OECD (Hrsg.), Problems of Environmental Economics, a.a.O., S. 105 ff.; Ridker, R.G., Economic Costs of Air Pollution, a.a.O., S. 24 f.

76) Vgl. Waller, R.A., Environmental Quality, its Measurement and Control, a.a.O., S. 184; Foster, C.D./MacKie, P.J., Noise: Economic Aspects of Choice, a.a.O., S. 133 f.; Lave, L.B., Air Pollution Damage: Some Difficulties in Estimating the Value of Abatement, a.a.O., S. 214 und S. 235 f.; Pearce, D., The Economic Evaluation of Noise-Generating and Noise Abatement Projects, a.a.O., S. 109; Ridker, R.G., Economic Costs of Air Pollution, a.a.O., S. 25.

77) Vgl. Fisher, A.C./Krutilla, J.V., Valuing Long Run Ecological Consequences and Irreversibilities, in: Journal of Environmental Economics and Management, vol. 1, 1974, S. 96 ff.; U.S.C.E.Q. Environmental Quality, The Fourth Annual Report, a.a.O., S. 110 ff.

bewertet zu werden, da die Bewertung von Angehörigen einer Generation vorgenommen wird, die nicht unter diesen Schäden zu leiden haben wird [78]. Nur eine ethische Haltung, die auch die Verantwortung für zukünftige Generationen bejaht, kann hier zu einer, auch den zukünftigen Generationen gerecht werdenden Bewertung von Umweltbelastungen mit Langzeitwirkungen führen. Auf alle Fälle ist die Bewertung solcher Schäden äußerst subjektiv.

Der Bewertung im Rahmen einer Kosten-Nutzen-Analyse völlig unzugänglich sind die irreversiblen Schäden [79] - trotz der Versuche, etwa den Tod eines Menschen in Form von Bruttosozialproduktsverlusten zu bewerten - und dies nicht etwa nur deshalb, weil dabei die intangiblen Verluste der Angehörigen des Toten unberücksichtigt bleiben, sondern weil es u.E. aus ethischen Gründen unzulässig ist, das Leben bzw. den Tod von Menschen in ökonomische Kalküle einzubeziehen.
Die Ausrottung einer Tierart oder die Zerstörung eines Ökosystems ist ein unersetzbarer Verlust, den manche in Kauf zu nehmen bereit sind, wenn sie dafür materielle Vorteile erhalten. Für andere mag dieser Verlust durch nichts kompensierbar sein, so daß sich schon aus diesem Grund eine Anwendung der Kosten-Nutzen-Analyse verbietet [80]. Zusammenfassend kann man sagen: Die monetäre Bewertung der Schäden ist nur zum Teil objektiv möglich; bei vielen Arten von Schäden kommt nur eine subjektive Bewertung in Frage; manche Schäden lassen sich überhaupt nicht

---

78) Vgl. Coddington, A./Opschoor, H./Pearce, D., Some Limitations of Benefit-Cost Analysis in Respect of Programmes with Environmental Consequences, in: OECD (Hrsg.), Problems of Environmental Economics, a.a.O., S. 120; Pearce, D., The Economic Evaluation of Noise-Generating and Noise Abatement Projects, a.a.O., S. 103.

79) Vgl. Pearce, D., The Limits of Cost-Benefit Analysis as a Guide to Environmental Policy, in: Kyklos, Bd. 29, 1976, S. 97 ff.

80) Vgl. Mishan, E.J., Evaluation of Life and Limb: A Theoretical Approach, in: Journal of Political Economy, vol. 79, 1971, S. 691 f.

monetär bewerten. Der Anwendung der Kosten-Nutzen-Analyse sind also konzeptionelle (Bewertung irreversibler Schäden) und praktische (unzureichende subjektive Methoden der Nutzenmessung) Grenzen gesetzt.

(b) Ausweichkosten

Statt Maßnahmen zu ergreifen, welche die Immissionskonzentration eines Schadstoffs verringern (was zu Reduktionskosten führt) oder den Schaden zu tragen (was Schadenskosten hervorruft) können die potentiell Geschädigten eines Immissionsgebietes auch der (zu hohen) Immissionskonzentration ausweichen, indem sie das Immissionsgebiet zeitweise (z.B. am Feierabend, an Wochenenden und im Urlaub) oder dauernd (Umzug, Standortverlegung) verlassen. Dadurch entstehen Ausweichkosten [81]. Die Strategie des Ausweichens ist allerdings unseres Erachtens eine denkbar schlechte, denn sie führt dazu, daß unter Umständen nichts gegen regional hohe Immissionskonzentrationen unternommen wird, weil man glaubt, ihnen ausweichen zu können. So entsteht allmählich die Gefahr, daß die Möglichkeiten des Ausweichens vor Immissionsbelastungen - im eigenen Land und auch auf der Erde - immer geringer werden; da andere Planeten wenigstens in naher Zukunft als Ausweichmöglichkeiten nicht in Frage kommen, scheint uns das Ausweichen vor Umweltbelastungen keine akzeptable Lösung der Schadensvermeidung zu sein. Nachteilig an dieser "Schein"-lösung ist auch, daß der Ausweichvorgang selbst - via höheres Verkehrsaufkommen, überfüllte Erholungsgebiete und Zersiedlung der Landschaft - zu weiteren Schäden und damit Kosten führt [82].

---

81) Vgl. U.S.C.E.Q.,Environmental Quality, The Fourth Annual Report, a.a.O., S. 74; Ackermann, K./Geschka, H./Karsten, D., Gutachten zur Gesamtbelastung der Volkswirtschaft durch das Umweltprogramm der Bundesregierung, a.a.O., S. 601.

82) Vgl. Ackermann, K./Geschka, H./Karsten, D., Gutachten zur Gesamtbelastung der Volkswirtschaft durch das Umweltprogramm der Bundesregierung, a.a.O., S. 601.

d) Grenzen der Anwendbarkeit von Kosten-Nutzen-Analysen bei der Bestimmung optimaler Immissionskonzentrationen

Neben den im letzten Abschnitt aufgezeigten Bewertungsproblemen, welche die praktische Eignung der Kosten-Nutzen-Analyse stark begrenzen, entstehen dadurch weitere Probleme, daß zwischen den einzelnen Kostenarten trade-offs bestehen, so daß keine gesonderte Minimierung der einzelnen Kostenarten vorgenommen werden darf, wenn das gesamtwirtschaftliche soziale Kostenminimum realisiert werden soll [83]. Den positiven (d.h. hier: ungünstigen) trade-off zwischen Ausweich- und Schadenskosten haben wir bereits erwähnt. Auch daß zwischen Ausweichkosten und "abatement costs" ein negativer trade-off bestehen kann, d.h. eine Erhöhung der Ausweichkosten kann temporär zu einer Senkung der abatement costs führen, wurde bereits angedeutet. Auf weitere trade-offs weist der CEQ hin [84]. So kann eine Erhöhung der Transaktionskosten (z.B. infolge verstärkter Kontrollen) zu einer überproportionalen Senkung der Schadenskosten oder (z.B. infolge verstärkter Umweltforschung) auch zu einer überproportionalen Senkung der abatement costs führen. Die wegen der trade-offs erforderliche gesamtwirtschaftliche Kostenminimierung stößt besonders in einer marktwirtschaftlich organisierten und dezentralisierten Volkswirtschaft auf große Schwierigkeiten, da hier in der Regel eine einzelwirtschaftliche Kostenminimierung erfolgt [85].

Die Anwendbarkeit der Kosten-Nutzen-Analyse zur Ableitung einer optimalen Immissionskonzentration wird weiterhin dadurch einge-

---

83) Vgl. U.S.C.E.Q. Environmental Quality, The Fourth Annual Report, a.a.O., S. 109 f.

84) Vgl. ebenda.
Dafür, daß zwischen abatement costs und Schadenskosten auch ein positiver trade-off bestehen kann, gibt es viele Beispiele. So führt z.B. der Schutz vor Lärm durch Lärmschutzwälle zu "visuellen" Kosten (vgl. Foster, C.D./MacKie, P.J., Noise: Economic Aspects of Choice, a.a.O., S. 124).

85) Vgl. U.S.C.E.Q. Environmental Quality, The Fourth Annual Report, a.a.O., S. 110.

schränkt, daß die sozialen Kosten des Umweltschutzes von den verschiedenen Einkommensgruppen in unterschiedlicher Höhe getragen werden und die sozialen Nutzen des Umweltschutzes den verschiedenen Einkommensgruppen in unterschiedlichem Umfang zugutekommen. Träger der sozialen Kosten und Empfänger der sozialen Nutzen sind häufig nicht identisch. Umweltschutz verändert also die Einkommensverteilung [86]. Die Realisierung unterschiedlicher Immissionskonzentrationen impliziert eine unterschiedliche Einkommensverteilung, so daß mit der Entscheidung für eine bestimmte Immissionskonzentration auch eine Entscheidung für eine bestimmte Einkommens-(um)verteilung gefällt wird. Die Kosten-Nutzen-Analyse als Entscheidungshilfe der Allokationsabteilung im Sinne Musgraves ist überfordert, wenn sie auch distributive Wirkungen beurteilen soll. Die Festlegung einer bestimmten Immissionskonzentration kann nicht allein aufgrund einer Kosten-Nutzen-Analyse, sondern letztlich nur durch eine politische Entscheidung erfolgen [87]. Das soll keineswegs heißen, daß man auf Kosten-Nutzen-Analysen verzichten soll; sie können bei der Vorbereitung der politischen Entscheidung eine wichtige Hilfe sein, indem sie den Entscheidungsspielraum eingrenzen [88]. Eine qualitative Analyse

86) Vgl. Lave, L.B., Air Pollution Damage: Some Difficulties in Estimating the Value of Abatement, a.a.O., S. 238; Comar, C.L./Thompson jr., J.C., Social, Environmental and Health Costs, a.a.O., S. 36; Halbritter, G., Abgabenprinzip und Bewertungsproblematik, in: Zur Problematik des Verursacherprinzips, a.a.O., S. 36.

87) Vgl. Siebert, H., Probleme von Nutzen-Kosten-Analysen umweltschützender Maßnahmen, a.a.O., S. 135; Waller, R.A., Environmental Quality, its Measurement and Control, a.a.O., S. 186; Schultze, C.L./Fried, E.R./ Rivlin, A.M./Teeters, N.H., Setting National Priorities, The 1973 Budget, a.a.O., S. 374 f.; Seidenfus, H.S., Umweltschutz, politisches System und wirtschaftliche Macht, in: Schneider, H.K./Watrin, C. (Hrsg.), Macht und ökonomisches Gesetz, Schriften des Vereins für Socialpolitik, N.F., Bd. 74, Berlin, 1973, S. 821.

88) Vgl. Ackermann, K./Geschka, H./Karsten, D., Gutachten zur Gesamtbelastung der Volkswirtschaft durch das Umweltprogramm der Bundesregierung, a.a.O., S. 603.

nicht quantifizierbarer Faktoren kann als weitere Entscheidungshilfe die Kosten-Nutzen-Analyse ergänzen [89].

e) Zur Festlegung von Immissionsstandards durch politische Entscheidung

aa) Von der optimalen Immissionskonzentration zum Immissionsstandard

Die Nichtanwendbarkeit der Kosten-Nutzen-Analyse bei irreversiblen Umweltschäden und praktische Schwierigkeiten bei der Bewertung sozialer Kosten und Nutzen lassen uns zu dem Schluß kommen, daß die gesetzliche Festlegung eines Immissionsstandards für einen bestimmten Schadstoff nur sehr bedingt von der im vorletzten Abschnitt abgeleiteten optimalen Immissionskonzentration ausgehen kann.

Eine Gleichsetzung von optimaler Immissionskonzentration und Immissionsstandard, wie sie explizit oder implizit einigen Autoren vorschwebt [90], halten wir auch deshalb nicht für sinnvoll, da sich die optimale Immissionskonzentration zu häufig ändert [91]. So kann die optimale Immissionskonzentration z.B. mit steigendem technischen Fortschritt sinken [92], was sich (infolge einer Verringerung der abatement costs und evtl. auch der Transaktionskosten) in einer Linksdrehung der sozialen Kostenfunktion äußert (vgl. Abb. 13 a, b).

Ebenso kommt es z.B. infolge eines gestiegenen Umweltbewußtseins, das sich wegen der Höherbewertung einiger Schäden in

89) Vgl. Ridker, R.G., Economic Costs of Air Pollution, a.a.O., S. 10; Nydegger, A., Die Social Costs des Umweltungleichgewichts, a.a.O., S. 150.

90) Vgl. Jacoby, N.H., The Polluters: Industry or Government?, a.a.O., S. 24; Ridker, R.G., Economic Costs of Air Pollution, a.a.O., S. 10 f.

91) Vgl. Waller, R.A., Environmental Quality, its Measurement and Control, a.a.O., S. 187; Meyer-Abich, K.M., Was kostet die Umweltverschmutzung?, a.a.O., S. 10.

92) Vgl. Siebert, H., Probleme von Nutzen-Kosten-Analysen umweltschützender Maßnahmen, a.a.O., S. 135; Meyer-Abich, K.M., Was kostet die Umweltverschmutzung?, a.a.O., S. 10.

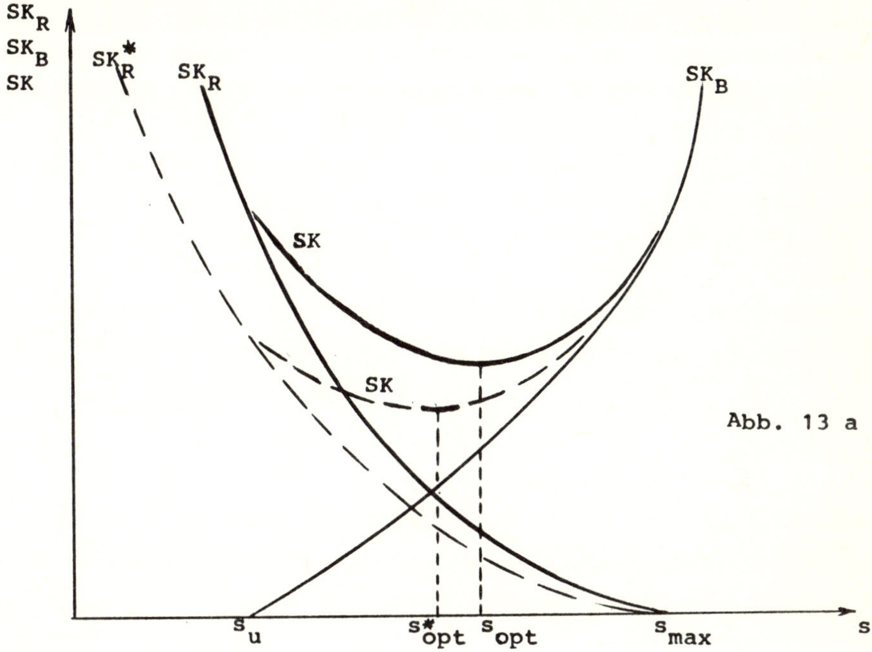

Abb. 13 a

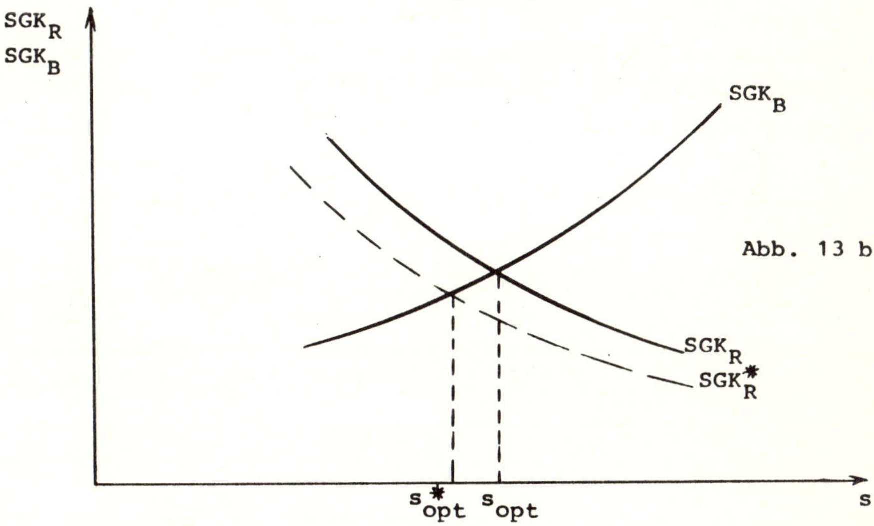

Abb. 13 b

einer Linksdrehung der sozialen Nutzenfunktion äußert, zu einer Verringerung der optimalen Immissionskonzentration [93] (vgl. Abb. 14 a, b).

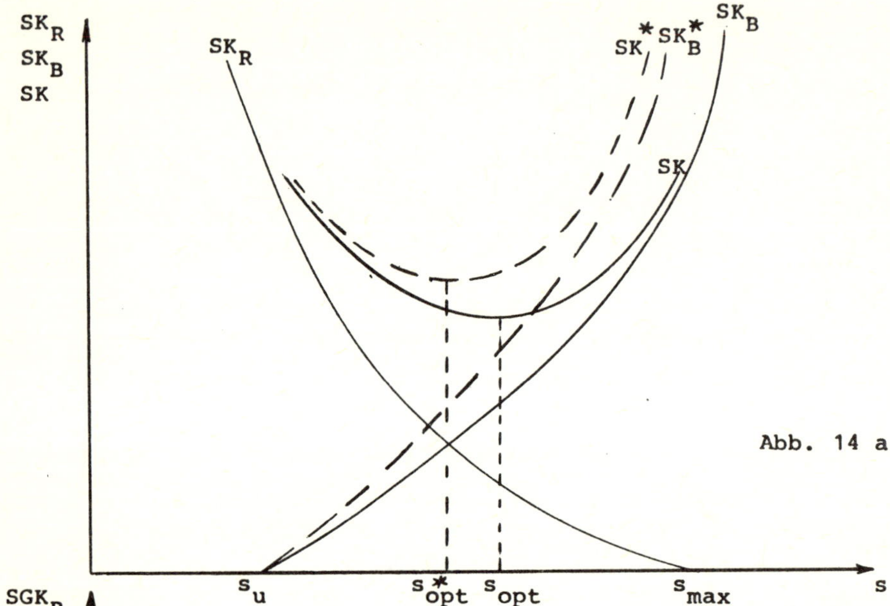

Abb. 14 a

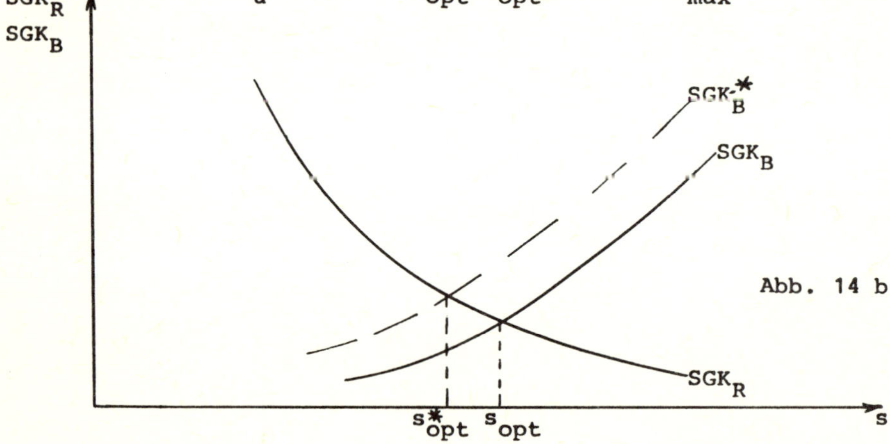

Abb. 14 b

93) Vgl. Siebert, H., Probleme von Nutzen-Kosten-Analysen umweltschützender Maßnahmen, a.a.O., S. 135; Waller, R.A., Environmental Quality, its Measurement and Control, a.a.O., S. 188.

Würde der Immissionsstandard in Höhe der optimalen Immissionskonzentration fixiert, wäre eine ständige Anpassung des Immissionsstandards an die Veränderungen der optimalen Immissionskonzentration notwendig. Verwaltung und Legislative wäre nahezu ununterbrochen damit beschäftigt, neue Immissionsstandards zu ermitteln und zu normieren. Dies würde nicht nur zu einem unvertretbar hohen Aufwand führen, es widerspricht auch dem Charakter eines Immissionsstandards als nicht nur kurzfristig gültigem Grenzwert, der zwar nicht über-, aber durchaus unterschritten werden darf. Er ist kein anzustrebendes Ziel!
Es stellt sich zunächst die Frage, ob der festzulegende Immissionsstandard größer oder kleiner als die optimale Immissionskonzentration sein soll - falls eine solche überhaupt ermittelt werden konnte. Auf den ersten Blick scheint es so, daß der Immissionsstandard zwischen s_{opt} und s_{max} liegen sollte, um nicht die Realisierung der optimalen Immissionskonzentration zu verhindern. Diese Lösung ist jedoch u.E. abzulehnen; sie birgt die Gefahr in sich, daß nicht das gesamtwirtschaftliche Optimum in s_{opt} angestrebt wird, sondern - wegen der einzelwirtschaftlichen Entscheidungsfreiheit - ein Punkt rechts davon, weil dort die einzelwirtschaftlichen Immissionsreduktionskosten geringer sind.
Folgende Gründe sprechen u.E. dafür, den Immissionsstandard zwischen s_u und s_{opt} festzulegen:
(1) Es besteht eine systematische Tendenz, die sozialen Kosten der Immissionsreduktion zu überschätzen und die sozialen Kosten der Immissionsbelastung (den sozialen Nutzen der Immissionsreduktion) zu unterschätzen [94], so daß die ermittelte optimale Immissionskonzentration zu hoch ist. Die Überschätzung der sozialen Kosten der Immissionsreduktion rührt unter anderem wohl daher, daß die abatement costs durch Umfragen bei den

---

94) Vgl. Ackermann, K./Geschka, H./Karsten, D., Gutachten zur Gesamtbelastung der Volkswirtschaft durch das Umweltprogramm der Bundesregierung, a.a.O., S. 600; Lave, L.B., Air Pollution Damage: Some Difficulties in Estimating the Value of Abatement, a.a.O., S. 238.

Unternehmen ermittelt werden, was tendenziell dazu führt, daß sie zu hoch angegeben werden [95]. Außerdem werden wohl günstige trade-offs außer acht gelassen; so wird z.B. nicht berücksichtigt, daß eine Erhöhung der Transaktionskosten zu einer überproportionalen Senkung der abatement costs führen kann. Die Unterschätzung der sozialen Kosten der Immissionsbelastung ist wohl vor allem darauf zurückzuführen, daß viele Schadstoffwirkungen noch unbekannt sind oder in ihrer Gefährlichkeit unterschätzt werden [96]. Manche Methoden zur Bewertung der sozialen Nutzen, wie die Willingnes-to-pay-Methode, beinhalten geradezu die Tendenz zur Unterschätzung der sozialen Nutzen [97]. Es ist also durchaus möglich, wenn nicht gar wahrscheinlich, daß das "richtige" s_{opt} links von der aufgrund unzureichender Informationen und methodischer Schwierigkeiten ermittelten optimalen Immissionskonzentration liegt. Ein links vom ermittelten s_{opt} liegender Immissionsstandard muß deshalb realiter keineswegs suboptimal sein.

(2) Mittel- und vor allem langfristig kann es infolge des technischen Fortschritts auf dem Gebiet des Umweltschutzes zu einer Senkung der abatement costs und der Transaktionskosten kommen, was sich in einer Linksdrehung der SK_R-Funktion und somit einer Reduzierung der optimalen Immissionskonzentration äußert. Den gleichen Effekt hat - wie wir bereits wissen - eine Steigerung des Umweltbewußtseins - man kann auch sagen, eine mit steigendem Wohlstand sinkende Bereitschaft, Risiken durch die Umweltbelastung einzugehen -, was in einer Linksdrehung der sozialen Nutzenfunktion zum Ausdruck kommt. Im Zeitablauf bewegt sich die optimale Immissionskonzentration also wahrscheinlich in Richtung s_u [98]. Ein links vom ursprünglich er-

---

95) Vgl. U.S.C.E.Q., Environmental Quality, The Second Annual Report, a.a.O., S. 109.

96) Vgl. The Economics of Clean Air, a.a.O., S. 1-13 ff.; U.S.C.E.Q., Environmental Quality, The Second Annual Report, a.a.O., S. 106.

97) Vgl. oben S. 157 f. und Lave, L.B./Seskin, E.P., Health and Air Pollution, a.a.O., S. 383.

98) Wir wollen nicht verkennen, daß auch Tendenzen bestehen,

mittelten s_{opt} liegender Immissionsstandard kann also einer optimalen Immissionskonzentration eher näherkommen.

(3) Der wichtigste Grund dafür, daß der Immissionsstandard links vom ermittelten s_{opt} liegen sollte, ist aber der, daß davon der Zwang ausgeht, alle Chancen (vor allem des technischen Fortschritts) zu nutzen, um auf möglichst effiziente Weise den Immissionsstandard einzuhalten oder ihn gar zur optimalen Immissionskonzentration werden zu lassen.

Während eine Festlegung des Immissionsstandards rechts von s_{opt} die Tendenz in sich birgt, von dem gesamtwirtschaftlichen Optimum wegzuführen (u.a. weil s_{opt} im Zeitablauf wahrscheinlich nach links wandert), ist in der Festlegung des Immissionsstandards links von s_{opt} geradezu eine Art Mechanismus eingebaut, der zur allmählichen Annäherung von s_{opt} an den Immissionsstandard führt. Wenn beide übereinstimmen, stellt sich erneut die Frage, ob und wo eventuell ein neuer Immissionsstandard festgelegt werden soll. Durch Neufestsetzung eines Immissionsstandards links vom alten, kann man allmählich die optimale Immissionskonzentration immer näher an die unschädliche Immissionskonzentration heranrücken.

Nachdem geklärt ist, daß der Immissionsstandard links von s_{opt} liegen soll, ist zu bestimmen, wie weit links er von s_{opt} (d.h. wie dicht bei s_u) festgelegt werden soll. Das hängt unter anderem davon ab, wie die politischen Entscheidungsträger die Richtigkeit der Bewertung der sozialen Kosten und Nutzen einschätzen, wie sie die Entwicklung der Umwelttechnologie und des Umweltbewußtseins prognostizieren und welche allgemeine wirtschaftliche Entwicklung sie erwarten. Letzteres ist besonders deswegen von Bedeutung, weil davon die Bewertung der Opportunitätskosten abhängt. Werden z.B. Unterbeschäftigung und niedrigere Wachstumsraten erwartet, werden die Opportunitätskosten des Umweltschutzes wahrscheinlich höher veranschlagt als wenn Vollbeschäftigung und viel Wachstum erwartet werden. Im ersten

---

die SK_r-Funktion und damit s_{max} nach rechts zu verschieben (vgl. Ridker, R.G., Economic Costs of Air Pollution, a.a.O., S. 10).

Fall wird der Immissionsstandard weniger streng sein als im zweiten.

Die vorausgegangenen Ausführungen zeigten, daß die Festlegung eines Immissionsstandards letztlich eine politische Entscheidung ist, bei der naturwissenschaftliche und medizinische Erkenntnisse einerseits sowie ökonomische Überlegungen andererseits helfen, den Entscheidungsspielraum einzugrenzen, indem sie als Untergrenze die unschädliche Immissionskonzentration s_u und als weiteren Orientierungspunkt eine optimale Immissionskonzentration s_{opt} festlegen, zwischen denen nach unserer Ansicht der Immissionsstandard festgelegt werden sollte.

bb) Implikationen der Notwendigkeit politischer Entscheidungen

Die Notwendigkeit einer politischen Entscheidung über die Höhe der jeweiligen Immissionsstandards impliziert, daß - besonders in einer pluralistischen Gesellschaft mit einer parlamentarischen Demokratie als Regierungsform - Interessen bei der Festlegung der Immissionsstandards mitspielen. Das können zum einen die Interessen derjenigen sein, die unmittelbar zur Finanzierung des Umweltschutzes herangezogen werden sollen; sie sind an möglichst hohen Immissionsstandards interessiert. Es können zum anderen die Interessen derjenigen sein, die unter der Umweltbelastung leiden; sie sind für möglichst niedrige Immissionsstandards. Zur ersten Gruppe gehören vor allem die Industrie - vertreten durch ihre Wirtschaftsverbände - und die Kommunen - in der Bundesrepublik Deutschland vertreten durch den Deutschen Städtetag. Zur zweiten Gruppe gehören vor allem die Bürger, die sich zwecks besserer Durchsetzung ihrer Interessen an einer sauberen Umwelt immer häufiger in Bürgerinitiativen organisieren [99]. Eine zwiespältige und manchmal auch eine zwielichtige Stellung nimmt der Staat als derjenige ein, der letztlich über die Höhe der Immissionsstandards entscheidet, wenn er selbst "Interessent" ist. Das ist er z.B.

99) Vgl. Ewringmann, D./Zimmermann, K., Kommunale Wirtschaftsförderung und Umweltschutz, a.a.O., S. 301 f.

seit Bestehen des Bundesimmissionsschutzgesetzes, weil er danach eine Entschädigungspflicht für den Verkehrslärm auf öffentlichen Straßen übernommen hat [100]. Er ist als Träger der Lärmschutzkosten daran interessiert, die Immissionsstandards für den Straßenlärm möglichst hoch festzusetzen, um die Ausgaben für den Lärmschutz möglichst niedrig zu halten [101]. Auch die Arbeitnehmer bzw. ihre Gewerkschaften als ihre Vertreter befinden sich in einem Konflikt hinsichtlich der Höhe der Immissionsstandards [102], da strenge Immissionsstandards Arbeitsplätze in emissionsintensiven Branchen gefährden können, während sie in der Umweltschutzindustrie neue Arbeitsplätze schaffen. Auch manche Wirtschaftszweige, wie etwa die Landwirtschaft und die Fischerei, können durchaus an strengen Immissionsstandards interessiert sein. Die Fronten pro und kontra strenge Immissionsstandards können also quer durch "traditionelle" Interessengruppen verlaufen.

Ob und welche Interessengruppen sich in welchem Umfang zu Lasten der Allgemeinheit bei der Festlegung der Immissionsstandards durchsetzen können, hängt von der Autorität des Staates und der Machtverteilung zwischen den Interessengruppen ab. Ein um das Allgemeinwohl besorgter Staat muß die Höhe der Immissionsstandards möglichst unabhängig von den Gruppeninteressen und nicht zuletzt auch von den eigenen Interessen festlegen, was nicht heißen soll, daß er nicht neben neutralen Sachverständigen (vor allem Medizinern, Ökologen, Ingenieuren, Juristen und

---

100) Vgl. Nitschke, E., Lärm, a.a.O., S. 151.

101) Die jährlichen Lärmschutzkosten an Bundes-, Landes- und kommunalen Straßen würden bei einem Immissionsstandard von 75 dB(A) 171 Mio DM, bei einem Immissionsstandard von 70 dB(A) 478 Mio. DM, bei einem Immissionsstandard von 65 dB(A) 1116 Mio. DM und bei einem Immissionsstandard von 60 dB(A) 2158 Mio. DM betragen, wobei auf die Kommunen die Hauptbelastung zukäme (vgl. Landesverband Bürgerinitiative Umweltschutz Nordrhein-Westfalen e.V., Weniger Geld - mehr Lärm. Schutz der Bürger vor Straßenlärm ungenügend, in: U 1976, 3, S. 42).

102) Vgl. o.V., Umweltschutz - Angst der Gewerkschaften, in: Wirtschaftswoche, Nr. 14 vom 3o.3.1973, S. 26.

Wirtschaftswissenschaftlern) auch Vertreter von Interessengruppen anhören soll, um sich so Entscheidungshilfen bei der Festlegung der Immissionsstandards zu verschaffen [103].

cc) Zum Charakter der Immissionsstandards

Immissionsstandards sind ebenso wie die unschädlichen Immissionskonzentrationen Grenzwerte; sie haben jedoch einen anderen Charakter. Während die unschädlichen Immissionskonzentrationen Grenzwerte sind, die aus medizinischen oder ökologischen Gründen nicht überschritten werden, sind die Immissionsstandards gesetzlich normierte Grenzwerte, die aus juristischen Gründen eingehalten werden müssen.

Die Immissionsstandards können ebenso wie die korrespondierenden unschädlichen Immissionskonzentrationen nach regionalen und zeitlichen Gesichtspunkten sowie den Nutzungsansprüchen an das jeweilige Umweltmedium modifiziert werden.

Die Immissionsstandards können über oder unter den unschädlichen Immissionskonzentrationen liegen. Liegen sie darüber, werden aus ökonomischen Gründen und allgemeinen Risikoüberlegungen bewußt Schäden in Kauf genommen. Solche Risiken wird man aber nur in den Fällen bereit sein einzugehen, in denen man glaubt, daß von den Schadstoffen keine akuten Gesundheitsgefahren oder gar irreversible Schäden ausgehen, also vor allem bei Beeinträchtigungen des Wohlbefindens, aber auch bei nur chronischen leichteren Erkrankungen. In den Fällen akuter Gefahren für das menschliche Leben oder irreversibler Schäden an der menschlichen Gesundheit oder dem ökologischen Gleichgewicht, also etwa in den Fällen radioaktiver Belastungen, nicht oder nur langsam abbaubarer

---

103) Auf diese Weise versuchten auch die Politiker in der Bundesrepublik Deutschland, sich Entscheidungshilfen zu verschaffen (vgl. die Hearings vor dem Innenausschuß des Deutschen Bundestages, in: Zur Sache 3/71, 3/72, 4/73 und 2/75). Zu welchen Verzerrungen es allerdings kommen kann, wenn die Interessengruppen nicht gleichmäßig stark vertreten sind, zeigte sich z.B. bei der Festlegung von Immissionsstandards für den Wisconsin-River (vgl. Fox, I. K./Wible, L.F., Information Generation and Communication to Establish Environmental Quality Objectives, a.a.O., S. 140 f.).

Schadstoffe und toxischer Immissionsbelastungen, wird man die Immissionsstandards teilweise weit unterhalb der Unschädlichkeitsgrenze festlegen. Dies gilt um so mehr, je abhängiger der Mensch von dem kontaminierten Umweltmedium ist (z.B. Trinkwasser und Nahrungsmittel).

Nach diesen allgemeinen Ausführungen über den Charakter der Immissionsstandards wenden wir uns im nächsten Abschnitt den Möglichkeiten zu, in den verschiedenen Umweltbereichen Immissionsstandards für Schadstoffe festzulegen.

C. Zur Ableitung von Immissionsstandards für die einzelnen Umweltbereiche

1. Immissionsstandards für Schadstoffe in der Luft

Die in der Bundesrepublik Deutschland von der VDI-Kommission "Reinhaltung der Luft" abgeleiteten maximalen Immissionswerte in Form maximaler Immissionskonzentrationen (MIK-Werte) für eine Reihe von Schadstoffen [104], die die Luft belasten, entsprechen den von uns als unschädlich bezeichneten Immissionskonzentrationen. Sie enthalten einen Sicherheitsfaktor, um auch den Schutz der resistenzschwachen Bevölkerung zu gewährleisten[105]. Neben diesen MIK-Werten, die den Menschen auch vor Beeinträchtigungen des Wohlbefindens und vor allem vor chronischen Erkrankungen schützen sollen, sind noch Werte festzusetzen, ab denen eine toxische Wirkung auf den Menschen einsetzt [106]. Für

---

104) Vgl. die Liste von MIK-Werten, die von der VDI-Kommission "Reinhaltung der Luft" vorgeschlagen werden, in: Umwelt, 1974, 6, S. 34 f. und Schulte, H.J., Maximale Immissionskonzentrationen für 20 Stoffe erarbeitet, in: Umwelt, 1973, 6. S. 38.

105) Vgl. Schlipköter, H.-W., MIK-Werte dienen dem Schutz der Bevölkerung, in: Umwelt, 1973, 5, S. 36; derselbe, Die Luftverunreinigung als gesundheitliches Problem, a.a.O., S. 200.

106) Vgl. Schlipköter, H.-W., MIK-Werte dienen dem Schutz der Bevölkerung, a.a.O., S. 36.
Da Belästigungen durch Schadstoffe in der Luft, z.B. in Form von Gerüchen, schon bei sehr niedrigen Konzentrationen auftreten können, ist es möglich, daß die Belästigungsgrenze

die Schadstoffe, die keine irreversiblen Schäden hervorrufen können, kann der Gesetzgeber die Immissionsstandards in der oben beschriebenen Weise zwischen den unschädlichen Immissionskonzentrationswerten (MIK-Werten) und den toxischen Immissionskonzentrationswerten festlegen [107]. Stellt man die verschiedenen Grade der Umweltbeeinträchtigung durch Schadstoffe, die nicht zu irreversiblen Schäden führen wie in der Skala auf S. 175 dar [108], so kann man sagen, daß eine gesetzliche Normierung eines Immissionsstandards dort beginnen kann, wo die Schwelle der Umweltverträglichkeit zur Umweltbelästigung überschritten wird; diese Schwelle entspricht unserer unschädlichen Immissionskonzentration. Unbedingt notwendig wird eine gesetzliche Normierung von Immissionsstandards dort, wo die Schwelle zwischen Umweltbelastung und Umweltgefährdung liegt (toxische Immissionskonzentration).

Bei den Schadstoffen, die zu irreversiblen Schäden führen können, müssen die Immissionsstandards - mit einem bestimmten Risikofaktor versehen - unterhalb der unschädlichen Immissionskonzentration, eventuell sogar nahe bei 0 festgelegt werden [109].

---

weit unterhalb der toxischen Belastungsgrenze liegt (vgl. Häberle, M., Zur Erstellung eines Geruchskatasters der BASF Ludwigshafen, a.a.O., S. 41; Fodor, G.G./Winneke, G., Belästigung durch geruchsintensive Stoffe, a.a.O., S. 293.

107) Vgl. Schlipköter, H.-W., MIK-Werte dienen dem Schutz der Bevölkerung, a.a.O., S. 37.
In der Bundesrepublik Deutschland werden auf der Grundlage der MIK-Werte die Immissionsstandards, die in der Technischen Anleitung zur Reinhaltung der Luft (TAL) enthalten sind, abgeleitet (vgl. RSU, Umweltgutachten 1974, a.a.O., S. 15 ff.; Dreißigacker, H.L./Surendorf, F./Weber, E., Zum Entwurf der Technischen Anleitung zur Reinhaltung der Luft, in: Umwelt, 1974, 3, S. 21). Besonders wichtig wäre, daß in die TAL auch Immissionsstandards für toxische Schwermetallstäube aufgenommen werden (vgl. Schlipköter, H.-W., MIK-Wert-Vorschläge für die Schwermetalle Blei, Zink und Cadmium, in: Umwelt, 1973, 2, S. 12 ff.).

108) Vgl. Cmelka, D., Für eine sorgsame Umwelt-Terminologie, in: Umwelt, 1975, 5. S. 12 und Umwelt, 1976, 1. S. 33.

109) Das gilt z.B. für die Belastung der Menschen durch radioaktive Strahlen (vgl. Hahnemann, H.W., Strahlenschäden und Strahlenschutz, in: Umwelt, 1971, 5, S. 25), denn die Fest-

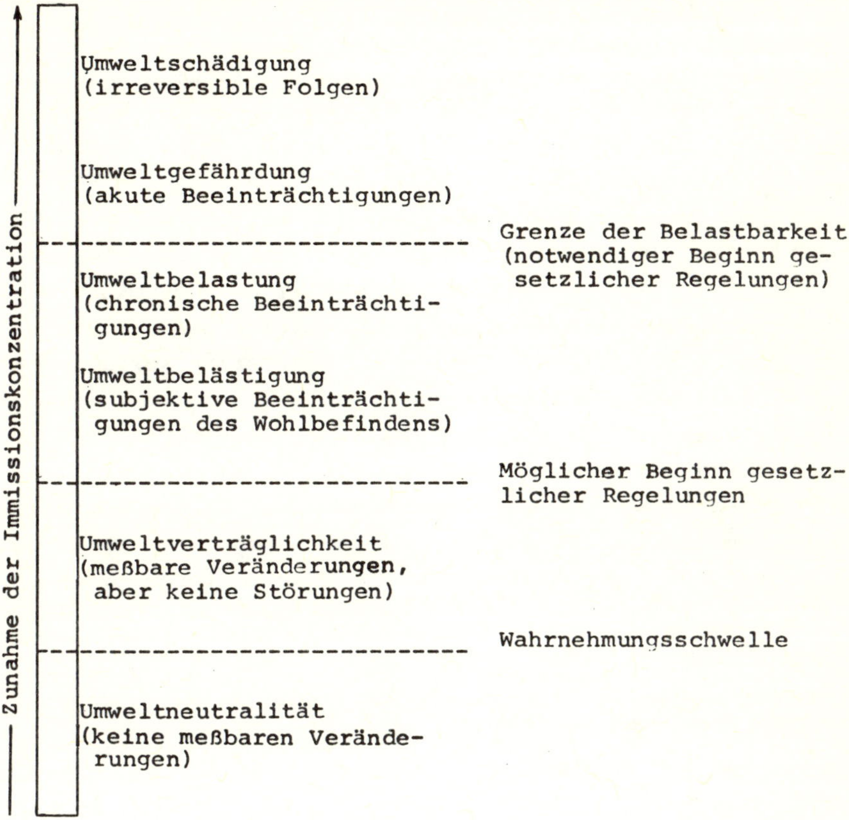

legung "eines sogenannten Toleranzwertes ist in jedem Fall eine Vereinbarung über Leben und Tod vieler ungefragter Menschen ..., da die kleinste Dosis an der Zelle irreparable Schäden auslösen kann" (B. Manstein bei der öffentlichen Anhörung vor dem Innenausschuß des Deutschen Bundestages, in: Zur Sache 2/75 (Umweltschutz IV), S. 22). Folgerichtig dürfen nach § 21 der 1. Strahlenschutzverordnung "unbeschadet festgelegter Grenzwerte nur möglichst geringe Mengen radioaktiver Stoffe in Luft und Wasser gelangen" (K. Aurand, ebenda, S. 25).

Das große Manko der bisher in der Bundesrepublik Deutschland bestimmten MIK-Werte und der daraus abgeleiteten Immissionsstandards ist, daß sie unter der Annahme festgesetzt werden, daß nur der jeweilige Schadstoff allein die Luft belastet [110]. Dieser Mangel kann endgültig erst dann beseitigt werden, wenn genauere Kenntnisse über Kombinationswirkungen und synergistische Effekte der Schadstoffe bekannt sind. Man kann diesem Mangel bei der Festlegung der Immissionsstandards hilfsweise dadurch Rechnung tragen, daß man die Immissionsstandards in Gebieten hoher Belastung niedriger festsetzt, da hier die Vermutung wohl berechtigt ist, daß besonders viele Schadstoffe die Luft belasten und so Kombinationswirkungen und kumulative sowie synergistische Effekte begünstigt werden.
Das ist ein Beispiel für die Notwendigkeit einer regionalen Differenzierung der Immissionsstandards [111]. Auch eine zeitliche Differenzierung der Immissionsstandards für die luftbelastenden Schadstoffe ist möglich. Zeitlich kann man einmal nach der Zeitdauer der Schadstoffeinwirkung differenzieren. Die

---

110) Vgl. Coenen, R. u.a., Alternativen zur Umweltmisere, a.a.O., S. 109. Eine Ausnahme stellt der in den USA konstruierte Air Pollution Index (API) dar, der die Komponenten Staub und SO_2 enthält (vgl. van Belle, G./ Schneiderman, M., Some Statistical Aspects of Environmental Pollution and Protection, a.a.O., S. 318).

111) Vgl. Stehfest, H., Standards, in: Zur Problematik des Verursacherprinzips, a.a.O., S. 44; Binswanger, H.D., Eine umweltkonforme Wirtschaftsordnung, a.a.O., S. 139. In den USA können die Bundesstaaten die Immissionsstandards für die verschiedenen "Air Quality Control Regions" festlegen (vgl. The Cost of Clean Air, The Second Report ..., a.a.O., S. 8).
Es muß allerdings gewährleistet sein, daß sie nur niedriger festgelegt werden dürfen als die vom Administrator der Environmental Protection Agency zu bestimmenden nationalen Immissionsstandards (vgl. Blair, R.D., The Clean Air Act of 1970, a.a.O., S. 261).
Auch in Japan gibt es regional unterschiedliche Immissionsstandards (vgl. Janocha, P., Verschmutzungsgrenzen für jede Region, in: Umwelt 1975, 4, S. 54 ff.). Ein regional unterschiedlicher Lebensstandard sollte unseres Erachtens allerdings nicht zu einer Differenzierung der Immissionsstandards führen, wie dies von der Tax Foundation vorgeschlagen wurde (vgl. Tax Foundation, Pollution Control; Perspectives on the Government Role, a.a.O., S. 6).

Kurzzeit(mittel-)Werte (z.B. für eine halbe Stunde) können dabei höher sein als die (Mittel-)Werte für eine Einwirkungsdauer von 24 Stunden oder gar diejenigen für ein Jahr [112]. Ferner ist eine jahreszeitliche Differenzierung der Immissionsstandardas denkbar [113].

Auch eine Differenzierung nach den Nutzungsansprüchen an das jeweilige Immissionsgebiet ist möglich [114]. So können die Immissionsstandards z.B. für einen Luftkurort besonders niedrig festgesetzt werden.

Schließlich ist noch zu bedenken, daß nicht nur die menschliche Gesundheit sonder auch Pflanzen, Tiere und Sachgüter vor luftverunreinigenden Schadstoffen geschützt werden sollen. Auf manche Arten der Luftbelastung - z.B. die SO_2-Belastung - reagieren Pflanzen und Sachgüter (vor allem Gebäude) empfindlicher als der Mensch [115]. Man kann dabei so vorgehen wie in den USA, wo unterschiedliche Immissionsstandards für den Schutz der

---

112) Vgl. die Liste von MIK-Werten, in: Umwelt, 1974, 6, S. 34 f.; RSU, Umweltgutachten 1974, a.a.O., S. 16; o.V., Grundgesetz für die Luftreinhaltung: die TA Luft, in: Umwelt, 1974, 4, S. 12.
Es ist allerdings nicht immer einfach, von den Kurzzeitwerten auf Langzeitwerte zu schließen (vgl. Bauer, R.K., Methodische Grundprobleme der Umweltstatistik, a.a.O., S. 33).

113) Vgl. Tax Foundation, Pollution Control: Perspectives on the Government Role, a.a.O., S. 6.
Eine solche Differenzierung wäre z.B. denkbar, weil bestimmte Arten der Immissionsbelastung (z.B. photochemischer Smog) nur bei Inversionswetterlagen, die sich in bestimmten Jahreszeiten häufen, eintreten. Gegen eine solche Differenzierung wendet sich Rathjens (vgl. Rathjens, G.W., National Environmental Policy: Goals and Priorities, a.a.O., S. 35 f.).

114) Vgl. Karsten, D., Umweltpolitik - Argumente für die marktwirtschaftliche Lösung, in: Wirtschaftswoche Nr. 20, 1972, S. 38.

115) Vgl. Lahmann, E., Literaturstudie über die ökonomischen Konsequenzen ..., a.a.O., S. 21; Dreyhaupt, F.J., Luftreinhaltung als Faktor der Stadt- und Regionalplanung, a.a.O., S. 49; Olschowy, G., Katalog ökologischer Noxen und der von ihnen bedingten Schäden, a.a.O., S. 160.

Menschen, Pflanzen und Sachgüter festgelegt werden [116]. Das halten wir jedoch nicht für sinnvoll, da die betroffenen Menschen, Pflanzen und Sachgüter nicht isoliert voneinander existieren. Die Konsequenz kann nur sein, sich bei der Festlegung des Immissionsstandards am empfindlichsten "Objekt" zu orientieren [117].

2. Immissionsstandards für die Gewässer

Die Gewässerqualität wird nicht nur durch die verschiedenen Schadstoffkonzentrationen determiniert sondern auch durch bestimmte (bio-)chemische, physikalische und hygienische Eigenschaften, die ihrerseits allerdings wiederum von der Schadstoffbelastung abhängen können. Als Immissionsstandards kommen damit nicht nur gesetzlich zulässige Schadstoffkonzentrationen in Frage sondern auch bestimmte biologische, chemische, physikalische und hygienische Größen und Kennziffern. Ein weiterer Unterschied zur Bestimmung von Immissionsstandards der Luftbelastung besteht darin, daß sich die Gewässer aus geogra-

---

116) Vgl. Blair, R.D., The Clean Air Act of 1970, a.a.O., S. 261 ff.; Schultze, C.L./Fried, E.R./Rivlin, A.M./Teeters, N.H., Setting National Priorities, The 1973 Budget, a.a.O., S. 390.

117) Vgl. Einbrodt, H.J., Grenzwerte für staubförmige Luftverschmutzungstoffe und andere Bekämpfungsmaßnahmen, in: Zentralblatt für Bakteriologie ..., a.a.O., S. 298. Das setzt allerdings voraus, daß auch für Pflanzen und Sachgüter MIK-Werte, also unschädliche Immissionskonzentrationen ermittelt werden (vgl. Schlipköter, H.-W., MIK-Werte dienen dem Schutz der Bevölkerung, a.a.O., S. 36).
Es ist allerdings mindestens ebenso schwierig ökologische Belastungsgrenzen festzustellen wie MIK-Werte für den Schutz der menschlichen Gesundheit, da sowohl Widerstandsfähigkeit als auch Selbstreinigungskraft einiger Ökofaktoren sehr stark von den differierenden abiotischen Standortfaktoren (Klima, geologische Verhältnisse) abhängen (vgl. RSU, Umweltgutachten 1974, a.a.O., S. 112; Ellenberg, H., Belastung und Belastbarkeit von Ökosystemen, a.a.O., S. 24 f.). Das ist jedoch ein weiterer Grund dafür, daß Immissionsstandards regional unterschiedlich festgelegt werden können (vgl. RSU, Umweltgutachten 1974, a.a.O., S. 112).

phischen Gründen besser nach Nutzungsansprüchen einteilen lassen als die Atmosphäre. Damit können die Immissionsstandards und Gütekennziffern auch besser nach Nutzungsansprüchen differenziert werden. Für die biologische Qualität eines Gewässers ist weniger die Konzentration bestimmter Schadstoffe maßgeblich als vielmehr der Sauerstoffgehalt [118] oder, umgekehrt formuliert, der Sauerstoffbedarf. Um den biologischen Zustand eines Gewässers beschreiben zu können, wurde das sogenannte Saprobiensystem entwickelt, das die (biologische) Gewässergüte in vier Klassen einteilt [119]:

Güteklasse 1 (oligosaprob): keine oder nur geringe Verunreinigung, hoher Sauerstoffgehalt

Güteklasse 2 (beta-mesosaprob): mäßige Verunreinigung, noch hoher Sauerstoffgehalt

Güteklasse 3 (alpha-mesosaprob): starke Verunreinigung, niedriger Sauerstoffgehalt

Güteklasse 4 (polysaprob): übermäßige Verunreinigung, sehr geringer Sauerstoffgehalt.

Wie hoch der Sauerstoffgehalt eines Gewässers ist, hängt von

---

118) Dabei soll nicht verkannt werden, daß auch toxische Substanzen das biologische Gleichgewicht stören können (vgl. Sontheimer, H., Untersuchungen zur Belastung des Rheins mit organischen Stoffen, in: Gas- und Wasserfach, GWF, Wasser 111 (1970), 8, S. 426).

119) Vgl. Gräff, B./Spegele, H., Wörterbuch des Umweltschutzes, a.a.O., S. 115; Liebmann, H., Die Wasserqualität der oberbayerischen Seen, a.a.O., S. 64; RSU, Umweltgutachten 1974, a.a.O., S. 48; Elster, H.-J., Forderungen an die Reinhaltung unserer Gewässer aus biologischer Sicht, in: Schultze, H. (Hrsg.), Umwelt-Report, a.a.O., S. 93 f.
Eine dem deutschen Saprobiensystem ähnliche Einteilung gibt es in der CSSR und eine zusätzliche Qualitätskriterien berücksichtigende Kategorisierung der Flüsse wird in der UdSSR vorgenommen (vgl. Litvinov, N., Water Pollution in the USSR and other Eastern European Countries, in: Bulletin of the WHO, vol. 26, 1962, S. 445 ff.). Ähnlich differenzierte Qualitätsanforderungen für die Gewässer in der Bundesrepublik Deutschland werden im Umweltgutachten des RSU zur Diskussion gestellt (vgl. RSU, Umweltgutachten 1974, a.a.O., S. 51).

der Belastung des Gewässers mit sauerstoffzehrenden organischen Schadstoffen ab, aber auch von der Selbstreinigungskraft des Gewässers. Je höher die Belastung mit organischen Substanzen und je geringer die Selbstreinigungskraft eines Gewässers ist, um so höher ist der biochemische Sauerstoffbedarf in Form des BSB_5. Die biologischen Qualitätserfordernisse eines Gewässers können in Form der Güteklassen des Saprobiensystems und durch den BSB_5 angegeben werden.

Die Belastung eines Gewässers durch Chemikalien kann bei organischen Verbindungen durch den Kaliumdichromat-Verbrauch, also den chemischen Sauerstoffbedarf (CSB), ermittelt werden; toxische Belastungen der Gewässer (z.B. durch Schwermetallverbindungen) müssen durch Messung der jeweiligen Schadstoffkonzentration ermittelt werden. Die chemischen Belastungsgrenzen können also durch den CSB und durch Immissionsstandards für toxische Substanzen angegeben werden.
Die physikalischen Eigenschaften eines Gewässers sind zum einen deswegen von Bedeutung, weil sie den biologischen und chemischen Zustand eines Gewässers mitbestimmen (Temperatur), zum anderen deshalb, weil sie für bestimmte ästhetische Zustände verantwortlich sind (Trübung, Farbe). Die physikalischen Belastungsgrenzen können also durch bestimmte Kennziffern (z.B. in °C, Sichttiefe eines Gewässers) wiedergegeben werden.

Die Grenzen der Gewässerbelastung aus hygienischen Gründen können schließlich durch die Anzahl pathogener Mikroorganismen je Volumeneinheit Wasser aber auch durch bestimmte physiologische Merkmale (Geschmack, Geruch) festgelegt werden.
Je nach den verschiedenen Nutzungsansprüchen können die biologischen, chemischen, physikalischen und hygienischen Immissionsstandards oder Gütekennziffern unterschiedlich hoch fixiert werden [120].

---

120) Vgl. die Ausführungen von W. Gässler bei der öffentlichen Anhörung vor dem Innenausschuß des Deutschen Bundestages, in: Umweltschutz (I), Zur Sache 3/71, S. 48 und RSU,

Die Nutzungsarten der Gewässer kann man wie folgt einteilen [121]: Trinkwasser, Baden, Freizeit und Erholung (einschließlich Wassersport), Fischzucht, Bewässerung, Kühlwasser, industrielle Produktion, Wasserkraft, Schiffahrt und Abwassertransport.

In einer Matrix (vgl. S. 182) lassen sich die Qualitätserfordernisse in Form der Immissionsstandards und der sonstigen die Gewässer kennzeichnenden Ziffern mit den verschiedenen Nutzungsarten kombinieren [122].

Die strengsten Qualitätsstandards sind zweifellos für die Gewässer festzulegen, die der Trinkwasserversorgung dienen [123], also vor allem für das Grundwasser; immer mehr sind es aber auch Oberflächengewässer, die als Trinkwasserreservoirs dienen [124].

Umweltgutachten 1974, a.a.O., S. 48. Nach § 36 b Wasserhaushaltsgesetz ist eine nutzungsbezogene Festlegung von Immissionsstandards möglich, wenn die Bundesländer Bewirtschaftungspläne aufstellen (vgl. dazu Riegel, R., Gewässergütewirtschaft: Immissions- oder Emissionsstandards?, in: Umwelt, 1976, 1, S. 41 ff.). In den USA wird die nutzungsbezogene Festlegung von Immissionsstandards bereits praktiziert (vgl. Fox, I.K./Wible, L.F., Information Generation and Communication to Establish Environmental Quality Objectives, a.a.O., S. 137 f.).

121) Vgl. Hazelton, J.E., Effluents and Affluence, a.a.O., S. 139; RSU, Umweltprobleme des Rheins, a.a.O., S. 88 ff. und S. 184; RSU, Umweltgutachten 1974, a.a.O., S. 48.

122) Vgl. Beckerman, W., Environmental Policy Issues: Real and Fictitious, a.a.O., S. 29; Schultze, C.L./Fried, E.R./Rivilin, A.M./Teeters, N.H., Setting National Priorities, The 1973 Budget, a.a.O., S. 378.

123) Die Qualitätsanforderungen für das Trinkwasser in der Bundesrepublik Deutschland finden sich in den "Leitsätzen für die Zentrale Trinkwasserversorgung" (DIN 2000), in: Wasserversorgungsnormen, DIN-Taschenbuch 12, 2. geänderte Aufl., hrsg. vom DNA, Berlin-Köln-Frankfurt 1971, S. 42 ff.; vgl. auch WHO, European Standards for Drinking-Water, 2. Aufl., Genf 1970, wo bakteriologische, virologische, radiologische, physikalische, chemische und physiologische Grenzwerte für das Trinkwasser festgelegt werden.

124) Aus diesem Grund müssen diese Oberflächengewässer mindestens eine Qualität haben, welche die Trinkwasseraufbereitung nicht zu sehr verteuert. Die Internationale Arbeitsgemeinschaft der Wasserwerke am Rhein (IAWR) hat Grenzwerte für sogenanntes Rohwasser, das nach Aufbereitung als Trinkwasser dienen kann, aufgestellt, und zwar einmal für den Fall eines

Immissionsstandard / Nutzungsart	Güteklasse nach dem Saprobiensystem	BSB_5	CSB	Immissionsstandards für Schadstoffe	pH-Wert	^oC	Radioaktivität	E.coli	Gesamtkeimzahl
Trinkwasser									
Baden									
Erholung, Freizeit, Sport									
Fischzucht									
Bewässerung									
Kühlwasser									
Industrielle Produktion									
Wasserkraft									
Schiffahrt									
Abwassertransport									

---

einfachen und sodann auch für den eines technisch komplizierten und finanziell aufwendigen Aufbereitungsverfahrens (vgl. IAWR, Memorandum der IAWR, in: Gas- Wasser- Abwasser, 53. Jg., 1973, Nr. 6 und RSU, Umweltprobleme des Rheins, a.a.O., S. 184 ff.). Grenzwertvorschläge für toxische Stoffe finden sich bei Borneff, J., Forderungen an die Reinhaltung unserer Binnengewässer aus hygienischer Sicht, in: Schultze, H. (Hrsg.), Umweltreport, a.a.O., S. 90.

Von minderer Qualität können dagegen die Gewässer sein, die ausschließlich der Schiffahrt und dem Transport von Abwässern vorbehalten sind. Die sonstigen Nutzungsarten verlangen zwischen diesen Extremen liegende Qualitätsstandards, wobei vor allem für die Nutzungen, bei denen der körperliche Kontakt mit dem Menschen groß ist (Baden, Freizeitaktivitäten) oder die der Nahrungsmittelproduktion dienen (Fischzucht, landwirtschaftliche Bewässerung, Nahrungsmittelindustrie) relativ strenge Qualitätsstandards festzulegen sind.

Eine regionale Differenzierung der Immissionsstandards ergibt sich bereits aus der unterschiedlichen Nutzung regional verteilter Gewässer. So kann ein See der Trinkwassergewinnung oder aber ausschließlich Bade-, Freizeit- und Erholungszwecken dienen, andere sind vor allem der Fischzucht vorbehalten; das Wasser der großen Flüsse wird immer mehr Zwecken der industriellen Produktion und der Schiffahrt dienstbar gemacht und manche Flüsse werden gar als Abwasserkanäle genutzt (Emscher). Problematisch wird eine regionale Differenzierung der Qualitätsanforderungen gemäß der unterschiedlichen Nutzungen dann, wenn sie sich auf das gleiche Gewässer bezieht, etwa weil das Gewässer an verschiedenen Stellen seines Laufes unterschiedlichen Nutzungsarten dient; dann müssen regional unterschiedliche - der jeweiligen Nutzungsart adäquate - Qualitätsanforderungen festgelegt werden. Das ist nur dann relativ unproblematisch, wenn die Reihenfolge der Nutzungen zwischen Quelle und Mündung so ist, daß die jeweils flußaufwärts liegende Nutzungsart die jeweils flußabwärts folgende nicht gefährdet, also etwa das Wasser im Quellgebiet des Flusses der Trinkwassergewinnung dient, der dann folgende Oberlauf für Bade-, Freizeit-, Fischerei- und Bewässerungszwecke genutzt wird und erst anschließend bis zur Mündung weniger Wasserqualität erforderliche Nutzungsarten zugelassen werden [125]. Ist eine solche Reihen-

---

125) Vgl. Elster, H.-J., Forderungen an die Reinhaltung unserer Binnengewässer aus biologischer Sicht, a.a.O., S. 93 f.

folge nicht gewährleistet, besteht die Gefahr, daß die Regionalisierung der Qualitätsstandards gemäß den Nutzungsarten dazu führt, daß flußabwärts liegende Regionen den Fluß z.B. zu Badezwecken nicht nutzen können, weil die Nutzung für den Abwassertransport flußaufwärts dies nicht mehr ohne Gesundheitsgefahren erlaubt [126].

Eine zeitliche Differenzierung der Qualitätsanforderungen ist lediglich in jahreszeitlicher Hinsicht denkbar; so könnte man in der kälteren Jahreszeit (also etwa von Oktober bis März) für organische Verschmutzungen der Gewässer höhere Immissionsstandards zulassen, da die Sauerstoffzehrung in der kälteren Jahreszeit, wegen der niedrigeren Wassertemperatur, geringer ist.

3. Immissionsstandards für den Boden

Eine Operationalisierung der Bodenqualitätsziele in Form von Immissionsstandards ist äußerst schwierig. Zumindest die Umweltschutzliteratur hat sich nach unserer Kenntnis mit diesem Problem bisher kaum befaßt. Was die Bebauung des Bodens mit Siedlungen, Einzelgebäuden und Verkehrsbauten betrifft, könnte man die Vorschriften über den Standort und die Auflagen über das Aussehen derselben [127] als Immissionsstandards im weitesten

---

126) Über die praktischen Schwierigkeiten, die durch die regionale Differenzierung der Immissionsstandards infolge unterschiedlicher Nutzungen bei einem Gewässer entstehen können, vgl. Fox, I.K./Wible, L.F., Information Generation and Communication to Establish Environmental Quality Objectives, a.a.O., S. 143.

127) Vgl. z.B. § 1 (4) Bundesbaugesetz (BBauG), wonach sich die Bauleitpläne (Flächennutzungs- und Bebauungspläne) nach der Gesundheit der Bevölkerung richten müssen. Durch ein Gesetz zur Änderung des BBauG vom 2.5.1975 (BGBl. I S. 1037) hat "die Bauleitplanung den Belangen des Natur- und Landschaftschutzes und der Gestaltung des Orts- und Landschaftsbildes zu dienen" (§ 1 (5), Satz 1 BBauG). Im Bebauungsplan können u.a. Art und Maß der baulichen Gestaltung, Bauweise und Höhe der baulichen Anlagen festgelegt werden (§ 9 (1) BBauG). In der Baunutzungsverordnung (BauNVO) wird die Art der baulichen Nutzung in zehn Gruppen (Bauflächen und Baugebiete) unterteilt (§ 1 BauNVO), und für jede Gruppe werden Vor-

Sinne bezeichnen.
In ihrem Tourismus-Bericht kündigt die Bundesregierung die Ermittlung von Belastungswerten und -grenzen für Urlaubs- und Freizeitgebiete an, und zwar besonders für Zelt- und Wohnwagenplätze [128].
Zum Schutz vor Bodenerosionen durch Oberflächenwasser kann je nach Bodenart die höchstzulässige Neigung von Hängen festgelegt werden [129].
Die Abfallbeseitigungsvorschriften bezwecken auch einen Schutz des Bodens [130] und können so als Bodenimmissionsstandards im weitesten Sinne bezeichnet werden.
Über die Höhe der Immissionsbelastung des Bodens mit Schadstoffen und Umweltchemikalien (Düngemittel und Pestizide) gibt es noch keine Vorschriften [131] - vielleicht deshalb, weil der Gesetzgeber glaubt, über Grenzwertbestimmungen bei der Lebensmittelbelastung einen indirekten Einfluß auf die Bodenbelastung durch Umweltchemikalien und bestimmte Schadstoffe ausüben zu können.

4. Toleranzgrenzen der Lebensmittelbelastung

Es müßte keine Vorschriften über die höchst zulässigen Konzentrationen von Schadstoffen in den Lebensmitteln geben, wenn in den Umweltbereichen Luft, Gewässer und Boden nur unschädliche Immissionskonzentrationen vorkommen würden. Da dies nicht der Fall ist und sich viele Schadstoffe via Nahrungskette in den als Nahrungsmittel dienenden Pflanzen und Tieren anlagern - man

---

schriften über das Maß der baulichen Nutzung erlassen (§§ 16 ff. BauNVO).

128) Vgl. Tourismus in der Bundesrepublik Deutschland, a.a.O., S. 40.

129) Vgl. Olschowy, G./Mrass, W./Kullmer, H.J./Bürger, K., Zur Belastung der Landschaft, a.a.O., S. 18.

13o) Vgl. § 2, Satz 1, Ziffer 3 und Ziffer 5 sowie § 15 (1) Abfallbeseitigungsgesetz (AbfG).

131) Nach § 15 (2) AbfG kann u.a. die Aufbringung von Klärschlamm und Fäkalien auf landwirtschaftlich genutzte Böden beschränkt oder verboten werden.

spricht von Rückständen -, müssen Höchstgrenzen für diese Schadstoffe in den Lebensmitteln festgelegt werden. In Tierversuchen wird zunächst die unwirksame Höchstdosis NEL (maximum No Effect Level) festgelegt, und zwar für den Fall lebenslanger Aufnahme durch das Tier [132]. Daraus wird die höchste duldbare Tagesdosis für den Menschen, der ADI-Wert (Acceptable Daily Intake), unter Berücksichtigung eines Sicherheitsfaktor von 100 abgeleitet [133]. Die Dimension beträgt mg Schadstoff /kg Körpergewicht pro Tag. Aus dem ADI-Wert erhält man unter Berücksichtigung der Verzehrgewohnheiten und des durchschnittlichen Körpergewichts des Menschen in Höhe von 70 kg die maximal duldbare Rückstandsmenge (permissible level) in mg Schadstoff /kg Lebensmittel. Daraus hat der Gesetzgeber z.B. in der Bundesrepublik Deutschland die tatsächlich geduldete Rückstandskonzentration (permitted level), die sogenannte Toleranz abgeleitet, die oft weit unterhalb der maximal duldbaren Rückstandskonzentration liegt.
Wie die vorangegangenen Ausführungen zeigen, ist das Vorgehen bei der Festlegung von maximal zulässigen Rückstandskonzentrationen in Lebensmitteln regelrecht standardisiert. Das und die gesetzgeberische Tätigkeit [134] zeigen, daß diesem Bereich des

132) Vgl. dazu und zu den folgenden Ausführungen Deutsche Gesellschaft für Ernährung e.V., Ernährungsbericht 1972, a.a.O., S. 132 und RSU, Umweltgutachten 1974, a.a.O., S. 68 f.

133) Damit soll wohl nicht nur den Schwierigkeiten bei der Übertragung der Untersuchungsergebnisse von Tierversuchen auf den Menschen Rechnung getragen werden (vgl. Aebi, H., Die heutige Belastung der Ernährung durch Fremdstoffe, in: Universitas, 27. Jg., 1972, S. 1188), sondern wohl auch anderen Risikofaktoren, wie der Tatsache, daß der Mensch den gleichen Schadstoff nicht nur via Nahrung sondern auch via Atemluft oder Trinkwasser aufnehmen kann (vgl. Korte, F., Rückstandsprobleme, in: Natur und Landschaft, 44. Jg., 1969, S. 227 f.).

134) In der "Verordnung über Pflanzenschutz-, Schädlingsbekämpfungs- und Vorratsschutzmittel in oder auf Lebensmitteln pflanzlicher Herkunft", der sogenannten Höchstmengenverordnung in der Neufassung vom 5.6.73 (BGBl I S. 536) und in der "Verordnung über Höchstmengen an DDT und

Umweltschutzes schon bisher große Aufmerksamkeit geschenkt wurde. Indem man allerdings erst das vor dem Menschen letzte Glied in der Umweltbelastungskette schützte (nämlich die Nahrungsmittel), duldete man alle davor liegenden Umweltbelastungen.

5. Immissionsstandards für den Lärm

Die Festlegung von Immissionsstandards für den Lärm ist deswegen schwierig, weil Lärm subjektiv unterschiedlich störend empfunden wird. Die physiologischen und psychischen Lärmwirkungen sind außerdem noch nicht endgültig erforscht [135]. Die Konsequenz darf jedoch nicht sein, keine Immissionsstandards festzulegen. Vielmehr müssen "interim standards" [136] in Form von Immissionsrichtwerten formuliert werden bis die Forschung genauere Grenzwerte liefern kann.

Da durch Lärm etwa ab 25 dB(A) Belästigungen, also Störungen des Wohlbefindens hervorgerufen werden können, kann man eine Lärmimmission unterhalb von 25 dB(A) als noch unschädliche Immissionsbelastung bezeichnen. Ab etwa 85 dB(A) ist dagegen Lärmschwerhörigkeit als akuter Gesundheitsschaden zu befürchten [137]. Zwischen diesen Grenzen wird ein Immissionsrichtwert mit Hilfe von Kosten-Nutzen-Überlegungen festgelegt werden

---

anderen Pestiziden in oder auf Lebensmitteln tierischer Herkunft" vom 15.11.73 (BGBl.I S. 1710) sowie in den verschiedenen Verordnungen über Lebensmittelzusatzstoffe werden für über 100 Stoffe maximal zulässige Rückstandskonzentrationen festgelegt. Entwürfe über höchstzulässige Konzentrationen von Schwermetallen, (Quecksilber, Arsen, Blei, Cadmium) sind in der Diskussion (vgl. RSU, Umweltgutachten 1974, a.a.O., S. 266).

135) Vgl. RSU, Umweltgutachten 1974, a.a.O., S. 79; Jansen, G., Nachweis von Lärmwirkungen (zugleich ein Beitrag zur Ermittlung von Grenzwerten), in: Zentralblatt für Bakteriologie ..., a.a.O., S. 315 ff. und die Ausführungen von H. Hörmann bei der öffentlichen Anhörung vor dem Innenausschuß des Deutschen Bundestages, in: Umweltschutz (III), Zur Sache 4/73, a.a.O., S. 39.

136) U.S. Department of Commerce, The Noise Around us, a.a.O., S. 19.

137) Vgl. RSU, Umweltgutachten 1974, a.a.O., S. 79.

müssen. Da Lärm bei unterschiedlichen Tätigkeiten an unterschiedlichen Einwirkungsorten und zu unterschiedlichen Zeiten unterschiedlich ist, empfiehlt sich eine Differenzierung der Immissionsrichtwerte nach Tätigkeitsbereichen bzw. -merkmalen, Einwirkungsorten und Tageszeiten sowie den Lärmarten. Die Tätigkeitsbereiche bzw. -merkmale kann man noch einmal in solche im Wohn- und Freizeitbereich und solche im Arbeitsplatzbereich unterscheiden. Es läßt sich etwa folgende Einteilung denken [138]:

Tätigkeitsbereich im Wohn- und Freizeitbereich	
Schlafräume	30-35 dB(A)
Wohn- und Aufenthaltsräume	40-45 dB(A)
Balkone, Gärten	55 dB(A)
Sportstätten	60 dB(A)
Tätigkeitsmerkmale am Arbeitsplatz	
Routinetätigkeit	75 dB(A)
Tätigkeit mit sehr hohen Anforderungen an die Konzentration	65 dB(A)
geistig-schematische Tätigkeiten Kommunikation	55 dB(A)
sehr hohe geistige Beanspruchung	45 dB(A)

---

138) Vgl. Jud, S., Lärmimmissionsrichtwerte: Zumutbare Lärmgrenzen, in: Umwelt, 1975, 2, S. 32; Klosterkötter, W., Immissionsrichtwerte für Lärm aus psychologisch-physiologischer Sicht, in: Umwelt, 1973, 1, S. 30 f. und die Immissionsrichtwerte nach der VDI-Richtlinie 2719, abgedruckt in: RSU, Umweltgutachten 1974, a.a.O., S. 80.

Die Technische Anleitung zum Schutz gegen Lärm (TA Lärm)[139] unterteilt in sechs Einwirkungsorte und zeitlich in Tag- und Nachtwerte:

	Immissionsrichtwerte in dB(A)	
	tags	nachts
Reines Industriegebiet	70	70
Vorwiegend Industriegebiet	65	50
Reines Mischgebiet	60	45
Vorwiegend Wohngebiet	55	40
Reines Wohngebiet	50	35
Kurgebiete, Krankenhäuser, Pflegeanstalten	45	35

Zum Schutz vor Verkehrslärm sieht das Gesetz zum Schutz gegen Fluglärm zwei Lärmschutzzonen vor; in der ersten darf der Immissionsrichtwert 75 dB(A) und in der zweiten 67 dB(A) nicht überschreiten[140]. Der Entwurf für eine Verordnung zur Eindämmung des Verkehrslärms (Straßen-Schallschutzverordnung) gemäß § 43,1 BImschG sieht vor, daß tagsüber 60 bis 75 dB(A) und nachts 50 bis 65 dB(A) nicht überschritten werden dürfen[141].

139) Vgl. TA Lärm vom 16.7.68, in: Beilage zum Bundesanzeiger Nr. 137 vom 26.7.1968, Ziffer 321. Die TA Lärm bezieht sich auf Gewerbelärm. Diese Vorschriften sind sehr differenziert. Es ergeben sich zwölf verschiedene Immissionsrichtwerte. Nach einem Urteil des Verwaltungsgerichts Berlin (AZ: VG XIII A 112/72 vom 21.3.73) müssen gar noch Zwischenwerte festgelegt werden, wenn in einem Wohngebiet der zulässige Immissionsrichtwert deshalb überschritten wird, weil es neben einem Gewerbegebiet mit einem höheren zulässigen Lärmpegel liegt (vgl. die auszugsweise Wiedergabe des Urteils in: Umwelt, 1973, 5, S. 68).

14o) Vgl. § 2 (2) des Gesetzes zum Schutz gegen FLuglärm vom 30.3.71, BGBl. I, S. 282.

141) Vgl. Landesverband Bürgerinitiative Umweltschutz Nordrhein-Westfalen e.V., Weniger Geld - mehr Lärm, a.a.O., S. 40.

Für reine Wohngebiete liegen die vorgeschlagenen Werte tags allerdings um mindestens 10 dB(A) und nachts um mindestens 15 dB(A) über den Immissionsrichtwerten der TA-Lärm; sie lassen sich nur als "ökonomisch begründeter Vorschlag zur Begrenzung von Entschädigungsverpflichtungen" [142] des Staates verstehen. Aus gesundheitlichen Gründen sind sie u.E. nicht zu rechtfertigen.

In diesem Kapitel haben wir versucht zu zeigen, wie operationale Ziele des Umweltschutzes bestimmt werden können (und auch bereits wurden). Aufgrund der operationalen Ziele in Form der Immissionsstandards sowie unter Berücksichtigung der Diagnose und Prognose der Umweltsituation, mit denen wir uns im I. Kapitel befaßt haben, kann der Umweltschutz zielorientiert geplant werden. Mit den Grundlagen und einigen Möglichkeiten der Planung des Umweltschutzes werden wir uns im folgenden Kapitel beschäftigen.

---

142) RSU, Umweltgutachten 1974, a.a.O., S. 82; vgl. auch Fußnote 101 dieses Kapitels.

"Bei allem, was geschieht, um ein Ziel zu erreichen, bei dem man dazu verschiedene Wege einschlagen kann, ist es notwendig, gerade jenen Weg zu bestimmen, durch den man ohne Umweg das verlangte Ziel erreicht".

(Thomas von Aquin, Über die Herrschaft der Fürsten)

III. Grundzüge einer rationalen Planung des Umweltschutzes

A. Forderungen an eine rationale Umweltschutzplanung

Die Umweltschutzplanung gehört in den Bereich der Aufgabenplanung [1]. Sie besteht in der Planung von Maßnahmen des Umweltschutzes, die zur Einhaltung der Immissionsstandards erforderlich sind. Die Planung der Umweltschutzmaßnahmen ist also zielorientiert [2]; sie muß darüber hinaus unter Beachtung des ökonomischen Prinzips erfolgen, damit sie auch das Rationalitätskriterium erfüllt.

Auf den ersten Blick scheint es sich hier um ein "technokratisch-dezisionistisches Planungskonzept"[3] zu handeln, bei dem die Ziele allein politisch (und exogen) determiniert sind und

---

1) Inwieweit der Umweltschutz eine öffentliche Aufgabe ist, werden wir im nächsten Kapitel untersuchen.

2) Vgl. Thoss, R., Zur Planung des Umweltschutzes, in: Raumforschung und Raumordnung, 30. Jg., 1973, S. 190; derselbe, Ziel, Ansatz und Methoden eines integrierten Optimierungsmodells zur Verbesserung des Umweltschutzes, in: Seminarbericht Nr. 8 der Gesellschaft für Regionalforschung, Münster 1974, S. 3; Hahn, H.H., Umweltplanung. Gemeinsame Aufgabe von Wissenschaftler, Ingenieur und Politiker, in: Umwelt, 1971, 1, S. 18; Roth, Chr., Programme aber keine Pläne. Zum Planungsbegriff am Beispiel Umweltproblematik, in: Umwelt, 1972, 4, S. 14.

3) Wille, E., Mittel- und langfristige Finanzplanung, in: F. Neumark (Hrsg.), Handbuch der Finanzwissenschaft, 3. Auflage, Bd. 1, Tübingen 1976, S. 457.

die Planungs-Technokraten ausschließlich die optimale Lösung zu suchen haben. Vergegenwärtigen wir uns jedoch das Vorgehen bei der Ableitung der Immissionsstandards, so stellen wir fest, daß sie zwar letztlich aufgrund politischer Entscheidungen festgelegt werden, diese Zielsetzungsentscheidungen aber auf Informationen aus der realen (natürlichen und sozioökonomischen) Umwelt, Expertenbefragungen und Bürgeranhörungen beruhen, daß sie also durchaus in dem Sinne rückgekoppelt sind, daß sie revidiert werden können, wenn sich die Umweltverhältnisse im weitesten Sinne ändern. Tatsächlich handelt es sich also bei unserem formal getrennten Ansatz zwischen Zielbestimmung und Umweltschutzplanung um ein integriertes Planungskonzept [4], wie es auch (u.a. vom RSU) gefordert wird [5].
Wegen der Komplexität der Umweltprobleme und der Vielzahl der betroffenen Disziplinen kann man unterschiedliche Konsequenzen hinsichtlich der Umweltschutzplanung ziehen. Einerseits kann man vor den Schwierigkeiten kapitulieren, die Komplexität und Multidisziplinarität der Umweltprobleme bei der Planung des Umweltschutzes deshalb hervorrufen, weil eine allen Umweltproblemen gerecht werdende Umweltschutzplanung ebenso komplex und möglichst interdisziplinär [6] sein soll. Die Folge wäre notwendigerweise eine Umweltschutzpolitik des "muddling through" [7]. Auch diese kann rational sein, wenn nämlich die Kosten der sicher komplizierten Umweltschutzplanung größer wären als deren Nutzen. Andererseits müßte man - würde man von den planungs-

---

4) Vgl. Wille, E., Mittel- und langfristige Finanzplanung, a.a.O., S. 459 f.

5) Vgl. RSU, Umweltgutachten 1974, a.a.O., S. 9; Buchwald, K., Umweltschutz und Gesellschaft, in: Naturschutz- und Naturparke, Bd. 60, 1, 1971, S. 12.

6) Vgl. Hahn, H.H., Umweltplanung. Gemeinsame Aufgabe von Wissenschaftler, Ingenieur und Politiker, a.a.O., S. 19; Genscher, H.-D., Umwelt als Gesamtheit sehen, in: U, 1973, 2, S. 8 f.

7) Vgl. Hansmeyer, K.-H., Volkswirtschaftliche Kosten des Umweltschutzes, a.a.O., S. 101; RSU, Umweltgutachten 1974, a.a.O., S. 166.

technischen Schwierigkeiten und den Kosten der Umweltschutzplanung absehen - eine "comprehensive planning" fordern [8], denn nur eine solche kann allen interdependenten (interregionalen, intermediären) und interdisziplinären Umweltproblemen gerecht werden, indem sie z.B. Teilplanungen für einzelne Umweltmedien oder -regionen, deren Verwirklichung zu negativen Einflüssen in anderen Umweltmedien oder -regionen führen würde [9], ausschließt.
Die planungstechnischen Schwierigkeiten und die Kosten des "comprehensive approach" sind jedoch so groß, daß er für die Praxis der Umweltschutzplanung nicht in Frage kommt [10].
Da aber "ohne Umweltplanung wirksamer Umweltschutz langfristig nicht denkbar (ist)" [11], kann die Alternative zum "comprehensive approach" nicht die Kapitulation - also keine Planung - sein, sondern nur eine möglichst umfassende Umweltschutzplanung auf einer systemtheoretischen Basis [12], die ihre Grenze dort haben muß, wo ihre Grenzerträge beginnen, von ihren Grenzkosten überkompensiert zu werden. Die Umweltschutzplanung kann auch durchaus heute noch mehr oder weniger utopisch erscheinende Maßnahmen in ihre Überlegungen einbeziehen [13].
Mit der Forderung nach einer möglichst umfassenden Planung des

---

8) Vgl. Dror, Y., Comprehensive Planning: Common Fallacies versus Preferred Features, in: F. von Schagen (Hrsg.), Essays in Honour of Professor Jac.P. Thijsse, Paris 1967, S. 85 ff.

9) Vgl. Maldonado, T., Umwelt und Revolte. Zur Dialektik des Entwerfens im Spätkapitalismus, Reinbek 1972, S. 46; Vester, F., Der Weg des vorausschauenden Steuerns. Prinzip und Bedeutung kybernetischer Technologien, in: Umwelt, 1974, 1, S. 11.

10) Vgl. Dror, Y., Comprehensive Planning: Common Fallacies versus Preferred Features, a.a.O., S. 86 f.

11) Streibl, M., Umweltpolitik in der Bundesrepublik Deutschland, in: Horn, Chr./von Walterskirchen, M.P./Wolff, I. (Hrsg.), Umweltpolitik in Europa, a.a.O., S. 235.

12) Solche systemtheoretischen Ansätze stellen z.B. die Projekte UMPLIS und USCHI dar; vgl. dazu Kitschler, W., Aufbau eines Informationssystems für Umweltplanung, in: Allgemeines Statistisches Archiv, Bd. 59, 1975, S. 25 ff. und Günther, U. u.a., Umweltschutz-Informations- und Steuerungssystem, a.a.O.

13) Vgl. Roth, Chr., Programme aber keine Pläne, a.a.O., S. 14.

Umweltschutzes und der Mitberücksichtigung futuristischer Maßnahmen des Umweltschutzes ist keineswegs die Notwendigkeit verknüpft, die sich als optimal erweisenden Maßnahmen sofort und in vollem Umfang durchzuführen, was wegen der nur begrenzt zur Verfügung stehenden realen und finanziellen Ressourcen wohl auch gar nicht oder nur unter Inkaufnahme großer Friktionen möglich wäre. Die Durchsetzung der geplanten Umweltschutzmaßnahmen kann durchaus inkremental erfolgen [14]; sie ist kaum ein planerisches, vielmehr ein juristisches und vor allem finanzielles Problem [15]. Die ideale Lösung lautet unseres Erachtens: möglichst umfassend (systemtheoretisch) planen - inkremental durchsetzen [16]. Daraus ergeben sich zwei weitere Forderungen an eine rationale Planung des Umweltschutzes: Wenn die notwendigen Umweltschutzmaßnahmen nicht kurzfristig (und wahrscheinlich auch nicht mittelfristig) durchsetzbar sind, muß die Umweltschutzplanung langfristig sein [17], und es müssen zeitliche Prioritäten in bezug auf die Durchsetzung der verschiedenen geplanten Umweltschutzmaßnahmen festgesetzt werden; denn inkrementale Durchsetzung bedeutet zeitliche Streckung und Verteilung der durchzuführenden Umweltschutzprojekte. Bei der Festlegung der Prioritäten kann man von einem Vergleich der Immissionsstandards (Sollwerte) mit den tatsächlichen Immissionskonzentrationen (Istwerte) der jeweiligen Schadstoffe ausgehen, die man aus den Immissionskatastern erhält. Dort wo die tatsächlichen Immissionskonzentrationen prozentual am weitesten über den Immissionsstandards liegen, ist die Durchsetzung der geplanten Umweltschutzmaßnahmen am dringlichsten; hierbei handelt es sich sowohl um Maßnahmen der Umweltsanierung als auch des vorbeugenden Umweltschutzes. Danach sind Maßnahmen zu ergreifen, die

---

14) Vgl. RSU, Umweltgutachten 1974, a.a.O., S. 5.

15) Vgl. Roth, Chr., Programme aber keine Pläne, a.a.O., S. 15.

16) Ähnlich vgl. Wille, E., Mittel- und langfristige Finanzplanung, a.a.O., S. 474.

17) Vgl. Picht, G., Umweltschutz und Politik, a.a.O., S. 82; RSU, Umweltgutachten 1974, a.a.O., S. 9.

Immissionskonzentrationen verringern, die näher an die Immissionsstandards herankommen.

B. Die Maßnahmen des Umweltschutzes

1. Zur Systematisierung der Umweltschutzmaßnahmen

Zu Beginn des I. Kapitels hoben wir bereits die Bedeutung umweltrelevanter Informationen für eine rationale Planung des Umweltschutzes hervor. Dort hatten wir allerdings Informationen über Art und Umfang der Schadstoffbelastung, Herkunft der Schadstoffe, ihre Wirkungen und die Ursachen der Umweltbelastung im Auge, also Informationen diagnostischer (und prognostischer) Art. Von ebenso großer Bedeutung für eine rationale Planung des Umweltschutzes sind Informationen über die Möglichkeiten der Umwelttherapie, also die Maßnahmen des Umweltschutzes. Nur wenn den Planern des Umweltschutzes alle zum Schutz der Umwelt verfügbaren Maßnahmen bekannt sind, können sie den Umweltschutz optimal planen.

Die "box of tools" des Umweltschutzes ist äußerst heterogen und wird von vielen Disziplinen "bestückt", weshalb wohl nur ein multidisziplinär zusammengesetztes Team, das interdisziplinär zusammenarbeitet, optimal planen kann.

Bevor wir die Maßnahmen des Umweltschutzes darstellen, wollen wir sie systematisieren:

Da sind zunächst die Maßnahmen, die überhaupt erst die Grundlagen dafür schaffen, daß Umweltschutz betrieben werden kann, nämlich die Förderung der Umweltforschung und die Ausbildung von Umwelt(schutz)experten jeglicher Art.

Dann gibt es Maßnahmen, die ergriffen werden können, um die von uns als nicht primär bezeichneten Ursachen der Umweltbelastung, also Bevölkerungswachstum, ungezügeltes Produktionswachstum, die Konsummentalität des Ex und Hopp und den technischen Fortschritt zu verändern. Dies sind: Geburtenkontrolle, die Schaffung eines (neuen) Umweltbewußtseins und die Kontrolle des technischen Fortschritts.

Nach diesen nicht-technischen Maßnahmen des Umweltschutzes

wollen wir die Bedeutung der Raumordnung für den Umweltschutz untersuchen.

Im Mittelpunkt stehen jedoch die technischen, juristischen und ökonomischen Maßnahmen des Umweltschutzes, weil wohl nur mit ihnen die eigentliche Ursache der Umweltbelastung, nämlich die nicht erfolgte oder nur ungenügende Internalisierung der Umweltexternalitäten, beseitigt werden kann, ohne daß auf wachsenden Wohlstand verzichtet werden muß, wenn es auch sicher ein qualitativ anderer Wohlstand ist, der nach erfolgreicher Internalisierung der externen Effekte erreicht werden wird. In diesem Kapitel wollen wir uns aus dieser vierten Maßnahmengruppe nur mit den technischen Maßnahmen befassen; die juristischen und ökonomischen Maßnahmen schildern wir - bedeutungshalber - im Kapitel über die Durchsetzung der geplanten Umweltschutzmaßnahmen.

2. Darstellung der Umweltschutzmaßnahmen

a) Nicht-technische Maßnahmen des Umweltschutzes

aa) Die Förderung der Umweltforschung

Die Umweltforschung ist die wohl wichtigste Voraussetzung einer rationalen Planung des Umweltschutzes [18], da allein die Umweltforschung einerseits Informationen über Ursachen, Verbreitung und Wirkungen der Umweltbelastung liefern und andererseits auch Möglichkeiten der Beseitigung, Reduzierung und Vermeidung der Umweltbelastungen aufzeigen kann.

Umweltforschung ist also zunächst einmal "diejenige Forschung, die sich mit den Lebensbedingungen des Menschen und deren Veränderungen durch menschliche Eingriffe befaßt" [19]. Darüber

---

18) Vgl. UNESCO, Use and Conservation of the Biosphere. Proceedings of the Intergovernmental Conference of Experts on the Scientific Basis for Rational Use and Conservation of the Resources of the Biosphere, Paris 4.-13. Sept. 1968, Paris 1970, S. 198 ff.; Forschungsbericht IV, BT-Drucksache VI/3251, Z. 278.

19) Speer, J., Zur Definition, Systematik und Organisation der Umweltforschung, in: DFG-Mitteilungen 4/73, S. 4; vgl. auch Scholder, K., Zur Definition und Systematisierung der Umweltforschung, in: Umwelt, 1972, 6, S. 36.

hinaus ist es aber auch Aufgabe der Umweltforschung, umweltneutrale Technologien zu erforschen und die Meßtechnik weiterzuentwickeln; ferner muß sie sich um die Erforschung sozialökonomischer Probleme der Umweltbelastung und des Umweltschutzes bemühen. Der Systematisierung der Deutschen Forschungsgemeinschaft (DFG) folgend wollen wir die Umweltforschung in eine funktionale, prohibitive, systemale und normative Umweltforschung unterteilen [20]. Die funktionale Umweltforschung befaßt sich mit intakten Ökosystemen, um ihr Funktionieren zu erforschen. Die prohibitive Umweltforschung widmet sich zunächst den Möglichkeiten des exakten wissenschaftlichen Nachweises von Schadstoffwirkungen auf Mensch und Umwelt und ist insoweit - ebenso wie die funktionale Ökosystemforschung - Grundlagenforschung [21]. Die Grundlagenforschung ist allgemein der "Humusboden" für die angewandte Forschung [22], und das gilt auch für die Umweltforschung, denn die zweite Komponente der prohibitiven Umweltforschung, die Erforschung von Möglichkeiten zur Begrenzung der Umweltbelastung durch umweltneutrale Produktionsverfahren und Produkte, baut als angewandte Forschung auf den Erkenntnissen der ökologischen und humanökologischen Grundlagenforschung auf. Die prohibitive Umweltforschung hat wohl die größte Bedeutung für die aktuelle Umweltpolitik, denn sie liefert sowohl die Informationen für die Formulierung der Ziele als auch die technischen Maßnahmen zur Erreichung der Ziele [23]. Die

---

20) Vgl. hierzu und zu den folgenden Ausführungen die beiden in Fußnote 19) angegebenen Beiträge.

21) Vgl. Finke, W., Umweltforschung - eine multi- und interdisziplinäre Aufgabe, in: Schultze, H. (Hrsg.), Umwelt-Report, a.a.O., S. 64 f.

22) Vgl. Forschungsbericht IV, a.a.O., S. 27.

23) Vgl. Environmental Pollution. A Challenge to Science and Technology. Report of the Subcommittee on Science, Research, and Development to the Committee on Science and Astronautics, U.S.G.P.O., Washington, D.C. 1966, S. 6; o.V., Mehrjährige Forschungsprogramme der Gemeinschaft: Vorschläge der Kommission, in: Bulletin der EG, 8. Jg., 1975, H. 7/8, S. 19; Aktionsprogramme für die Politik im wissenschaftlich-technologischen Bereich, Beilage 14/73 des Bulletin der EG, S. 45 ff.

systemale Umweltforschung versucht mit systemanalytischen Methoden zukunftsorientierte synthetische Gesamtmodelle ähnlich denen von Forrester und Meadows zu entwickeln.
Die normative Umweltforschung hat dagegen zu erforschen, was sein soll (z.B. Erforschung sozialer Indikatoren und dessen, was Lebensqualität sein könnte) und wie das Sein-Sollende durchzusetzen ist (z.B. Erforschung neuer Internalisierungsstrategien).

Die Ausführungen im I. Kapitel haben gezeigt, daß die Umweltforschung bereits respektable Erfolge vorweisen kann, was sicher eine Folge der umfangreichen und vielseitig geförderten Aktivitäten der Umweltforschung ist [24]. Das gilt vor allem für die angewandte Umweltforschung - deren Erfolge auf meßtechnischem Gebiet wir bereits kennengelernt haben [25] und deren erstaunliche Ergebnisse wir auf dem Gebiet des technischen Umweltschutzes noch erfahren werden [26] - aber in weitaus geringerem Umfang für die Ökosystemforschung und die humanökologische Forschung, also die Grundlagenforschung. Viele öko-

---

24) Vgl. z.B. Die Förderungsaktivitäten der DFG auf dem Gebiet der Umweltforschung, in: DFG-Mitteilungen 2/74, S. 5 ff. und 2/73, S. 6 f. sowie den vom Umweltbundesamt herausgegebenen Umweltforschungskatalog '75, Berlin 1975, der eine Fülle laufender und abgeschlossener Forschungsprojekte enthält. Auch an Anregungen für weitere Forschungen fehlt es nicht: vgl. UNESCO, Use and Conservation of the Biosphere, a.a.O., S. 209 ff., wo sehr detaillierte Empfehlungen für Umweltforschungen gegeben werden, ebenso wie in U.S. Department of Health, Education and Welfare. Man's Health and the Environment. Some Research Needs, Washington, D.C. 1970, S. 11 ff. Zur internationalen interdisziplinären Umweltforschung anregen will SCOPE; vgl. dazu: Graßhoff, K./ Meyl, A.H., Geschichte und Aufgaben des "Scientific Committee on Problems of the Environment" (SCOPE), in: DFG-Mitteilungen 2/73, S. 69. Vgl. ferner: Research into Environmental Pollution. Report of Five WHO Scientific Groups, WHO Technical Report Series No. 406, Genf 1968, worin ein Überblick über den Stand und die offenen Fragen der Umweltforschung gegeben wird.

25) Siehe vor allem Fußnote 13 des I. Kapitels.

26) Siehe unten S. 240 ff.

logische Zusammenhänge sind noch unerforscht, und die Wirkungen vieler Schadstoffe auf den Menschen und seine natürliche Umwelt sind noch weitgehend unbekannt [27], oder es existieren bestenfalls Vermutungen oder Spekulationen über ihre Schädlichkeit. Als besonderer Mangel wird die fehlende Kenntnis über Kombinations- und Langzeitwirkungen empfunden [28], denn diesen kann wahrscheinlich bei der Ableitung von einzelnen Immissionsstandards nicht Rechnung getragen werden. Vor allem hier könnten nähere Kenntnisse einen großen Beitrag zur rationalen Umweltpolitik leisten. Die Förderung der ökologischen und humanökologischen Grundlagenforschung und die Weiterentwicklung ihrer Methoden (vor allem der Epidemiologie [29]) gehört deshalb zu den wichtigsten Maßnahmen des Umweltschutzes [30].

Aber auch die angewandte Umweltforschung bedarf der (weiteren) Förderung [31], denn es ist zwar auf dem Gebiet des Umweltschutzes technisch sehr vieles möglich, aber - aus Kostengründen - durch-

---

27) Vgl. RSU, Umweltgutachten 1974, a.a.O., S. 117 f.; Congress and the Nation's Environment. Environmental Affairs of the 92st Congress, U.S.G.P.O., Washington, D.C. 1971, S. 7.

28) Vgl. Bär, F., Die toxikologische Situation in der modernen Zivilisation, a.a.O., S. 191; Stelte, W., Die Kontamination von Lebensmitteln mit schädlichen Stoffen aus der Umwelt, a.a.O., S. 66; Henschler, D., Versuch einer Zuordnung von chemischen Noxen und Schäden beim Menschen, a.a.O., S. 59; Forschungsbericht IV, a.a.O., Z. 76 und 278; U.S. Department of Health, Education and Welfare, Man's Health and the Environment, a.a.O., S. 15 f.

29) Vgl. U.S. Department of Health, Education and Welfare, Man's Health and the Environment, a.a.O., S. 14 ff.; Schaefer, H., Der Mensch in der technisch veränderten Welt, a.a.O., S. 35 und S. 43; Dubos, R., Promises and Hazards of Man's Adaptability, a.a.O., S. 35.

30) Vgl. Forschungsbericht IV, a.a.O., Z. 79.

31) Vgl. ebenda, Z. 80 und 81; Hartkopf, G., Umweltpolitik aus der Sicht der Bundesregierung, in: Glagow, M. (Hrsg.), Umweltgefährdung und Gesellschaftssystem, a.a.O., S. 185; Die Energiepolitik der Bundesregierung, a.a.O., Z. 45 und Z. 75, 76, 78.

aus nicht alles realisierbar [32]. Aufgabe der angewandten Umweltforschung ist also primär die Erforschung kostengünstiger(er) Umweltschutztechnologien.

bb) Ausbildung von Umwelt(schutz)fachleuten

Neben der Umweltforschung ist die Ausbildung von Fachkräften des Umweltschutzes eine weitere wichtige Voraussetzung für eine rationale Umweltpolitik. Das gilt vor allem für die Bereiche der Umwelttechnik und der Umweltkontrolle. Der mengenmäßige Bedarf an "Umweltschützern" ist in den Industriestaaten sowohl im öffentlichen Bereich als auch in der Privatwirtschaft in den letzten Jahren sprunghaft angestiegen [33]. Er konnte zunächst durch traditionell ausgebildete Fachkräfte ohne spezifische Umwelt(schutz)kenntnisse gedeckt werden. Je umfangreicher und differenzierter die Umweltschutzanforderungen aufgrund der einsetzenden Welle von Umweltschutzgesetzen und je komplizierter die Umweltschutztechniken jedoch werden, um so nachteiliger machen sich die mangelnden Umweltschutzkenntnisse, vor allem der Ingenieure, bemerkbar.
Ihr Ausbildungsstand wurde teilweise zum Engpaßfaktor bei der Realisierung eines wirksamen Umweltschutzes [34]. Es wurde des-

---

32) Vgl. U.S. Department of Commerce, The Noise Around Us, a.a.O., S. 19; Coenen, R. u.a., Alternativen zur Umweltmisere, a.a.O., S. 157.

33) Vgl. Manpower and Training Needs for Air Pollution Control. Report of the Secretary of Health, Education and Welfare to the Congress of the United States, U.S.G.P.O., Washington, D.C. 1970, Böhnke, B., Volkswirtschaftlicher Aufwand für die Wasserversorgung sowie für die Beseitigung flüssiger und fester Abfallstoffe bis zum Jahre 2000, in: Umweltschutz - eine Aufgabe unserer Zeit, hrsg. v. Institut für Gewerbliche Wasserwirtschaft und Luftreinhaltung e.V., Köln 1971, S. 91 ff.; U.S. Council on Environmental Quality, Environmental Quality, The First Annual Report, a.a.O., S. 227 ff.

34) Vgl. Environmental Pollution. A Challenge to Science and Technology, a.a.O., S. 6; U.S. Department of Commerce, The Noise Around Us, a.a.O., S. 19; Böhnke, B., Volkswirtschaftlicher Aufwand für die Wasserversorgung ..., a.a.O., S. 93; RSU, Umweltgutachten 1974, a.a.O., S. 51.

halb immer mehr die Förderung einer umwelt(schutz)bezogenen Ausbildung vor allem der Ingenieure gefordert [35]. Eine Umfrage zeigte, daß bei bestimmten Wirtschaftszweigen und bei der öffentlichen Verwaltung auch tatsächlich ein Bedarf an Umweltfachleuten besteht. In dieser Umfrage wurde u.a. ermittelt, daß z.B. bei der Mineraloelindustrie von Hochschulabsolventen, die sich dem betrieblichen Umweltschutz zuwenden wollten, folgende umweltrelevanten Kenntnisse erwartet wurden [36].

Luftreinhaltung	13,8 %
Müll- und Abfallbeseitigung	12,2 %
Wasserreinhaltung	12,2 %
Lärmminderung	11,4 %
Umweltrecht und Umweltpolitik	11,4 %
Umweltfreundliche Technologien	7,3 %
Umweltfreundliche Energien	6,5 %
EDV	5,7 %
Umweltökonomie	4,9 %
Sonstige Kenntnisse (jeweils unter 4 %)	14,6 %

35) Die Forderung nach der Ausbildung von "environmental health engineers" wurde bereits 1967 von der WHO erhoben; vgl. The Education of Engineers in Environmental Health. Report of a WHO Expert Committee, WHO-Technical Report Series No. 376, Genf 1967, S. 7 ff.

36) Vgl. Kenner, E., Wie soll der Umweltfachmann aussehen?, in: Umwelt, 1976, 3, S. 228.

Es stellt sich nun die entscheidende Frage, ob ein neuer Ausbildungsgang geschaffen werden sollte, der dem Studierenden ein breites Wissen über alle umweltrelevanten Fragen vermittelt, um ihn zu einer Art "Diplom-Umweltschützer" [37] zu machen, oder ob man den traditionellen Ausbildungsgang des Ingenieurs beibehalten und nur um eine ökologische und humanökologische Komponente ergänzen soll. Den ersten Weg scheint man inzwischen z.B. in Belgien zu gehen, wo man dem "Ingenieur en Pollution et Environnement" eine "breite Ausbildung" [38] angedeihen lassen will. In der Bundesrepublik Deutschland wird dieser Weg weitgehend abgelehnt, weil man wohl einerseits befürchtet, auf diese Weise nur eine "Ausbildung von Alleswissern und Nichtskönnern"[39] zu erreichen und andererseits die Gefahr sieht, daß das Berufsbild des Ingenieurs Schaden erleidet, wenn es zwei diametral entgegengesetzte Ausbildungsgänge gibt: den des - etwas überspitzt formuliert - "hehren" Umweltschützers auf der einen Seite, auf der anderen Seite den des traditionellen Ingenieurs, der als "Handlanger" wirtschaftlicher Interessen die umweltfeindlichen Techniken baut und betreibt, wobei sich beide gar noch "einander in die Hand arbeiten" [40].

Den VDI haben aber wohl weniger berufspolitische Interessen als vielmehr die Befürchtung, daß breit ausgebildete Umwelt-Ingenieure für viele Spezialaufgaben auf dem Gebiet des Umweltschutzes überfordert sind, zu dem Schluß kommen lassen, daß den Anforderungen an eine umweltproblembezogene Ausbildung am besten dadurch entsprochen werden kann, daß man das Fachstudium des Ingenieurs in ökologischer und humanökologischer Hinsicht er-

---

37) Vgl. Best, W., Umweltschutz aus der Sicht der Länder unter besonderer Berücksichtigung des Landes Hessen, in: Umweltschutz - eine Aufgabe unserer Zeit, a.a.O., S. 25.

38) Delmon, B., Umweltingenieure von der belgischen Universität Löwen, in: Umwelt 1973, 6, S. 44.

39) Claussen, E., Gesundheitsingenieur - ein Schmalspurmediziner?, in: U 1973, 1, S. 21.

40) Heinemann, J., Zweierlei Ingenieure?, in: Umwelt, 1972, 5, S. 16.

gänzt [41]. Auch die Industrie will wohl den Ingenieur traditionellen Typs beibehalten, befürwortet aber ein umweltbezogenes Aufbau- und Kontaktstudium für mit Umweltschutzproblemen beauftragte Naturwissenschaftler und Ingenieure [42]. Was für deren Ausbildung gilt, kann man auch auf andere Disziplinen übertragen. Vor allem in der medizinischen, biologischen, juristischen, ökonomischen und pädagogischen Hochschulausbildung sind Aspekte des Umweltschutzes zu berücksichtigen, ohne daß dabei die spezielle Disziplin "verwässert" wird.

cc) Geburtenkontrolle

Diejenigen, welche die Umweltbelastung u.a. auf das Bevölkerungswachstum zurückführen, fordern konsequenterweise als wichtige Maßnahme zum Schutz der Umwelt die Begrenzung des Bevölkerungswachstums durch Geburtenkontrolle [43]. Dies ist u.E. eine Maßnahme des Umweltschutzes, die bestenfalls in Entwicklungsländern Anwendung finden sollte [44], da dort weder die geeigneten Arbeitskräfte noch die ausreichenden finanziellen Mittel vorhanden sind, um einen technischen Umweltschutz zu betreiben, wie ihn sich die hochindustrialisierten Länder leisten können.

---

41) Vgl. VDI-Aktionszentrum Technik und Umwelt, Umweltstudium ist abzulehnen, in: Umwelt, 1973, 6, S. 45.

42) Vgl. Kenner, E., Wie soll der Umweltfachmann aussehen?, a.a.O., S. 230. Diese Anregung hat wohl die Fachhochschule Lübeck aufgegriffen, wo graduierte Ingenieure ein dreisemestriges Zusatzstudium "Technisches Gesundheitswesen-Studiengang Umwelt- und Hygienetechnik" absolvieren und sich nach Abschluß - verkürzt - Gesundheitsingenieure nennen können; vgl. Ohrenschall, A., Umweltfachmann durch Zusatzstudium, in: U 1976, 4, S. 14 f.

43) Vgl. Hardin, G., Die Tragik der Allmende, a.a.O., S. 48; Forrester, J.W., Der teuflische Regelkreis, a.a.O., S. 105; Meadows, D. u.a., Die Grenzen des Wachstums, a.a.O., S. 143 ff.

44) In vielen hochindustrialisierten Ländern - zumindest der westlichen Hemisphäre - hat sich das Bevölkerungswachstum in den letzten Jahren so stark abgeschwächt, daß es als "Ursache" der Umweltbelastung sowieso nicht mehr in Frage kommt; vgl.

dd) Die Schaffung eines (neuen) Umweltbewußtseins

Wenn jeder einzelne Staatsbürger - sei es als Produzent oder Konsument - das "richtige" Umweltbewußtsein hätte, gäbe es das Umweltproblem nicht, denn "richtig" ist das Umweltbewußtsein, das zu keinen umweltbelastenden Aktivitäten der Produzenten und Konsumenten führt. Diese tautologische Definition hilft uns nicht weit, doch wir können sie konkretisieren, indem wir als umweltbewußtes Verhalten dasjenige bezeichnen, das zu einer f r e i w i l l i g e n Einhaltung der Immissionsstandards führt. Notwendige Voraussetzung dafür ist, daß die Produzenten und Konsumenten wissen, welche Maßnahmen sie ergreifen (oder unterlassen) müßten, damit ihre Aktivitäten zu keinen Umweltbelastungen führen würden. Das ist jedoch noch keine hinreichende Bedingung für ein (freiwillig) umweltgerechtes Verhalten: Es müssen noch der Wille und die Fähigkeit der Produzenten und Konsumenten hinzukommen, umweltbelastende Aktivitäten zu vermeiden.

Wie steht es in der Realität mit den Voraussetzungen für ein (freiwillig) umweltkonformes Verhalten der Produzenten und Konsumenten?

Die notwendige Voraussetzung der Kenntnis des "Wie" ist noch keineswegs im erforderlichen Umfang erfüllt. Viele Umweltbelastungen entstehen aus mangelnder Kenntnis alternativer Produktions- und Konsummöglichkeiten oder einfach deshalb, weil Produzenten und Konsumenten nicht die umweltbelastenden Folgen ihrer Aktivitäten bedenken. Diese Umweltbelastungen sind unter Umständen nur die Folge von Gedankenlosigkeit und Ignoranz [45], und ihre Verursacher würden sie vielleicht vermeiden, wenn sie

---

Fisher, A.C., Population and Environmental Quality, in: Public Policy, vol. 19, 1971, S. 19 ff.

45) Vgl. Schwabe, G.H., Die Rolle des Menschen - Anmerkungen zu einer kritisch angewandten Ökologie, in: Steubing, L./ Kunze, C./Jäger, J. (Hrsg.), Belastung und Belastbarkeit von Ökosystemen, a.a.O., S. 244; Bragdon, C., The Community Noise Problem - Factors Affecting its Management, a.a.O., S. 717.

die Folgen ihrer Handlungen und die alternativen Möglichkeiten der Produktion und des Konsums kennen würden. Man kann sagen, daß bei solchen Produzenten und Konsumenten ein Umweltbewußtsein gar nicht vorhanden ist; wäre es vorhanden, hätten sie vielleicht sogar den Willen, sich umweltgerecht zu verhalten. Diese Voraussetzung aber, daß nämlich der Wille zu umweltgerechten Verhalten vorhanden ist, trifft wohl noch weniger zu, vor allem dann nicht, wenn er mit einem Verzicht verbunden ist [46]: bei den Produzenten in Form niedrigerer Gewinne, bei den Konsumenten in Form liebgewonnener Konsumgüter und Konsumgewohnheiten. Diese Produzenten und Konsumenten haben das "falsche" (alte) Umweltbewußtsein.

Die dritte Voraussetzung schließlich, die Fähigkeit, Umweltbelastungen zu vermeiden, ist eigentlich immer gegeben, und sei es, daß dieser Weg auch - etwa wegen fehlender technischer oder finanzieller Lösungsmöglichkeiten - "Raumschiffökonomie"[47] oder gar "Retournez à la nature" heiße. Vor allem letzterer Weg wäre allerdings mit hohen Verzichtkosten verbunden.

Ein umweltgerechtes Verhalten ließe sich also grundsätzlich herbeiführen, wenn es gelänge, die beiden ersten Voraussetzungen zu realisieren, was konkret heißt, bei den Produzenten und Konsumenten, die kein Umweltbewußtsein haben, dieses zu bilden - und zwar gleich das "richtige" - und denen, die noch in den alten Kategorien denken, daß die Natur quasi alles verdaut, dieses "falsche" Umweltbewußtsein auszutreiben.

All dies kann man - so hoffen zumindest diejenigen, die in dem mangelnden oder falschen Umweltbewußtsein die eigentliche Ursache der Umweltbelastung sehen - durch sachliche Information

---

46) Vgl. Coenen, R. u.a., Alternativen zur Umweltmisere, a.a.O., S. 177 ff. Die Hoffnung auf Verzicht bei Unternehmern und Verbrauchern, auf "Triebsublimierung" (Picht, G., Wir brauchen neue Überzeugungen, in: Schlemmer, J. (Hrsg.), Neue Ziele für das Wachstum, München 1973, S. 137 f.) ist auch unseres Erachtens identisch mit der Annahme "ökonomischer Selbstmordkandidaten" (Ronge, V., Die Umwelt im kapitalistischen System, a.a.O., S. 113).

47) Boulding, K.E., The Economics of the Coming Spaceship Earth, in: Jarrett, H. (Hrsg.), Environmental Quality in a Growing Economy, a.a.O., S. 3 ff.

und Aufklärung, vor allem aber durch Erziehung erreichen [48]. Aber auch Regierungen [49] und nicht als unverbesserliche Optimisten hinsichtlich der Beeinflußbarkeit des Menschen geltende Wissenschaftler [50] halten die Schaffung eines (neuen) Umweltbewußtseins für eine Strategie, die zumindest langfristig die Durchsetzung des Umweltschutzes begünstigen kann [51], und

---

48) Vgl. Swan, J.A., Attitudes and Values and Environmental Education, in: Armstrong, T.R. (Hrsg.), Why Do we Still Have an Ecological Crisis?, Englewood Cliff, N.J., 1972, S. 124 ff.; Arthur, D.R., Education and Human Environment, in: International Journal of Environmental Studies, vol. 1, 1971, S. 315 ff.

49) Vgl. The New Environmental Education Program of the Office of Education, hrsg. v. U.S. Department of Health, Education and Welfare, U.S.G.P.O., Washington, D.C. 1971; Environmental Protection Agency, Toward a New Environmental Ethic, U.S.G.P.O., Washington, D.C. 1971; Ford, W.D., A National Program for Environmental Education, in: Armstrong, T.R. (Hrsg.), Why Do we Still Have an Ecological Crisis?, a.a.O., S. 140 ff. In den USA haben sich die Bemühungen um die "environmental education" bereits in einem Gesetz niedergeschlagen, dem Environmental Education Act vom 9.9.1970. In der Bundesrepublik Deutschland ist man noch nicht so weit, doch vertraut man offenbar auch hier auf positive Wirkungen der Umwelterziehung (vgl. Umweltprogramm der Bundesregierung, a.a.O., S. 59 ff.; Menke-Glückert, P., Das Umweltprogramm der Bundesregierung, a.a.O., S. 129). Die Kultusministerkonferenz der Länder hat sich für Umweltbildung und -erziehung in allen Bildungsstufen ausgesprochen (vgl. Siebert, A., Jugend und Umweltschutz, Materialien Umweltschutz und Raumordnung, Heft 8, hrsg. v. der Akademie für Raumforschung und Landesplanung, Hannover 1974, S. 41 ff.)
Auch internationale Organisationen, vor allem die UNESCO, plädieren für die Erziehung zum Umweltbewußtsein (vgl. UNESCO, Use and Conservation of the Biosphere, a.a.O., S. 217 ff.)

50) Vgl. U.S.C.E.Q., Environmental Quality, The First Annual Report, a.a.O., S. 222 ("Environmental education is a key to making this a livable world"); DFG, Umweltforschung. Aufgaben und Aktivitäten der DFG 1950 bis 1970, Bonn-Bad Godesberg, 1971, S. 14; Frey, R.L., Umweltschutz als wirtschaftspolitische Aufgabe, a.a.O., S. 470; Seidenfus, H.S., Umweltschutz, politisches System und wirtschaftliche Macht, a.a.O., S. 827.

51) Vgl. Herrmann, G., Probleme der bewußten Beherrschung von Wechselwirkungen zwischen Mensch und natürlicher Umwelt, in: Umwelt, 1973, 2, S. 18.

zwar nicht nur deswegen, weil etwa Konsumenten und Produzenten zur höheren Einsicht gelangen könnten, sondern vor allem deswegen, weil sich die von Umweltbelastungen betroffenen Bürger aufgrund sachgerechter Informationen und Aufklärungsaktionen zu argumentationsstarken Interessengruppen des Umweltschutzes formieren und so eine countervailing power zur "Verschmutzungs-Lobby" darstellen können, die auf ihrer Seite die gewiß wichtigen Produktions- und Beschäftigungsinteressen (mit Ausnahme der Umweltschutzindustrie) hat [52].
Die Hoffnung auf diesen Effekt sachgerechter Information, Aufklärung und Erziehung ist durchaus realistisch, wie die inzwischen zahlreichen Bürgerinitiativen auf dem Gebiet des Umweltschutzes [53] - und vor allem deren Erfolge [54] - eindrucksvoll beweisen, und sie hat nichts zu tun mit der vagen und wohl auch weltfremden Hoffnung, durch Erziehung den guten Menschen, der beseelt ist von einem "futurologischen Ethos" [55] oder einer "neuen ökologischen Ethik" [56], formen zu können. Wir leugnen nicht, daß es bereits heute z.B. den soziales Verantwortungsbe-

---

52) Vgl. Everett, M., The Role of Formal Education in Environmental Movements, in: Journal of Economic Issues, vol. 6, 1972, S. 90 f.

53) Vgl. Bramigk, D., Warten auf Initialzündungen, in: U 1975, 4, S. 16; ders., Bürgerinitiativen zum Umweltschutz, in: U 1973, 5, S. 19.

54) Wyhl und Brokdorf, geplante Kernkraftwerksstandorte, sind heute Namen, die fast jeder in der Bundesrepublik Deutschland kennt. Hier gelang es Bürgerinitiativen, den Bau von Kernkraftwerken - jedenfalls zunächst einmal - zu stoppen. Ihr Erfolg ist u.E. allerdings weniger in dieser Tatsache zu sehen als vielmehr darin, daß sich nun breite Bevölkerungsschichten und Politiker mit der Frage auseinandersetzen, wie gefährlich Kernkraftwerke sind.

55) Schaefer, H., Die Ökologie als Problem des Umweltschutzes, a.a.O., S. 128.

56) Mc Hale, J., Der ökologische Kontext, a.a.O., S. 47; vgl. ferner: Schäfer, W., Der kritische Raum. Über den Bevölkerungsdruck bei Tier und Mensch, Frankfurt/Main 1971, S. 110 ff.; Swan, J.A., Attitudes and Values and Environmental Education, a.a.O., S. 126; Budowski, G., Conservation and the Future Environment of Mankind, in: Sioli, H. (Hrsg.), Ökologie und Lebensschutz in internationaler Sicht, a.a.O., S. 439 ff.

wußtsein zeigenden Unternehmer gibt, der freiwillig Umweltschutz betreibt [57], wobei durchaus offen ist, ob er dies aus Altruismus oder aus Gründen der Public Relations tut [58], und

---

57) Vgl. Hönig, W., Die soziale Verantwortung des Unternehmers, in: NZZ vom 10.2.1971; Dierkes, M., Qualität des Lebens und unternehmerische Entscheidung, Ansätze zu einem gesellschaftsbezogenen Rechnungslegungs- und Planungssystem, in: Battelle-Information 17, Frankfurt 1973, S. 27 ff. und die im Literaturverzeichnis angegebenen Werke über "Corporate Social Accounting".

58) Vgl. Gysin, H., Marketing und Umweltschutz, in: von Walterskirchen, M.P., Umweltschutz und Wirtschaftswachstum, a.a.O., S. 195; Hönig, W., Die soziale Verantwortung des Unternehmers, a.a.O., Odrich, P., Schütze die Umwelt und rede darüber, in: Blick durch die Wirtschaft v. 12.7.1971. Dieser Devise folgen viele Unternehmen und ihre Repräsentanten; vgl. z.B. BASF, Werk und Umwelt, Ludwigshafen o.J., deren Geschäftsbericht für 1971, S. 21 f. und die Ausführungen von B. Timm im Bericht über die 20. ordentliche Hauptversammlung am 28.6.1972, S. 8 ff.; Wir und der Umweltschutz, in: Mannesmann AG (Hrsg.), Rohrpost 53; Henkel, P., Unser Beitrag zum Umweltschutz, in: Bayer-Berichte, H. 27, 1971, S. 26 ff., World Wildlife Fund (Hrsg.), Wasser- und Luftverschmutzung, Lärm, Abfälle. Was tut die Industrie?, Bonn 1969; o.V., Das Beispiel Bosch, in: Die Wirtschaftswoche Nr. 39 v. 24.9.1971; Koszo, E., Umweltschutz bei Hoechst, in: U 1975, 5, S. 42 ff.; Haltrich, W./Malle, K.-G., Wasserreinhaltung: Die Rolle der chemischen Industrie, in: Umwelt, 1975, 5, S. 25 ff.; Graf Schlippenbach, S., Viele Milliarden fließen für sauberes Wasser und reine Luft, in: Blick durch die Wirtschaft vom 21.6.71; Henkel, P., Der Graben zwischen Chemie und Öffentlichkeit, in: Umwelt, 1973, 3, S. 4; Timm, B., Leben mit der Chemie - heute und morgen, in: Universitas, 28. Jg., 1973, S. 1201 ff.; Schneider, Lothar, Umweltschutz in Ludwigshafen, in: Der Städtetag, 1971, 4, S. 194 ff.; Schaafhausen, J., Industrie zu Maßnahmen bereit, in: Wirtschaftsdienst, 50. Jg., 1970, S. 639 f.; Mommsen, E.W., Wirtschaft und Umwelt, in: Vortragsreihe des Deutschen Industrie-Instituts, Bd. 21, 1971, H. 4, S. 1 ff.; Schaafhausen, J., Wasser- und Luftreinhaltung aus der Sicht der Industrie, in: Wasser und Abwasser, 1968, S. 9 ff.; Schackmann, H., Umwelt und Wirtschaft im Ruhrgebiet, Schriften der Volks- und Betriebswirtschaftlichen Vereinigung im Rheinisch-Westfälischen Industriegebiet, 14. Sonderveröffentlichung, Düsseldorf 1972.
Aber auch die Furcht vor Systemveränderern, die die Umweltbelastung als Vehikel für ihre umstürzlerischen Absichten benutzen könnten, veranlassen die Unternehmer vielleicht zu umweltbewußterem Verhalten (vgl. Schrafl, A.E., Öffentliche Verantwortung des Unternehmers, in: NZZ, FA Nr. 111

ebensowenig bestreiten wir daß bereits heute einige Konsumenten umweltbewußt kaufen [59], und wir schließen auch nicht aus, daß die Zahl der (freiwillig) umweltfreundlich agierenden Produzenten und Konsumenten - aus welchen Gründen auch immer - in Zukunft steigen wird; wir meinen jedoch, daß ein Vertrauen auf diese Entwicklung fahrlässig wäre. Tritt sie ein, so ist sie in unseren Augen ein positiver Nebeneffekt der Informationen, Aufklärungskampagnen und Erziehungsmaßnahmen, die primär darauf abzielen, die von der Umweltbelastung betroffenen und am Umweltschutz interessierten Bürger instandzusetzen, sich durch Organisierung in einer Bürgerinitiative, durch eine gerichtliche Klage oder mit anderen legalen Mitteln wirksam zur Wehr zu setzen [60].

Es stellt sich allerdings die Frage, wer den Bürgern die Informationen vermitteln soll, die sie zu umweltbewußtem Handeln befähigen. Es bieten sich drei Institutionen an: Das Erziehungs-

---

v. 25.4.1971).
Ferner kann eine bereits eingetretene oder erwartete Wandlung des Umweltbewußtseins der Verbraucher die Unternehmen veranlassen, umweltfreundliche Produkte herzustellen. Hier ergibt sich eine neue Aufgabe für die Marketing-Abteilungen der Unternehmen; vgl. dazu Kassarjian, H.H., Incorporating Ecology into Market Strategy: The Case of Air Pollution, in: Journal of Marketing, vol. 35 (July 1971), S. 61 ff.; Gysin, H., Marketing und Umweltschutz, a.a.O., S. 187 ff.

59) Dazu, wie z.B. in den USA Verbraucher zu umweltbewußten Kaufentscheidungen angeregt werden, vgl. o.V., Der Verbraucher von morgen tut nicht mehr alles, Vorschläge an amerikanische Konsumenten, in: Blick durch die Wirtschaft v. 7.10.71.
In der Bundesrepublik Deutschland erwägt man die Einführung eines Umweltgütezeichens für umweltfreundliche Produkte (vgl. Hartkopf, G., Umweltpolitik aus der Sicht der Bundesregierung, a.a.O., S. 187; von Walterskirchen, M.P., Bemerkungen zur Umweltpolitik, a.a.O., S. 12).

60) Vgl. Everett, M., The Role of Formal Education in Environmental Movements, a.a.O., S. 91; Kohl, D.H., The Environmental Movement: What Might it Be?, in: Natural Resources Journal, vol. 15, 1975, S. 351.

wesen, die Massenmedien und die Bürgerinitiativen selbst. Das Erziehungswesen ist u.E. aus drei Gründen am besten dazu geeignet, das Umweltbewußtsein zu bilden: (1) Es ist von den drei genannten Institutionen am ehesten in der Lage, sachgerechte Informationen zu vermitteln; (2) es erlaubt eine interdisziplinäre Unterrichtung der Schüler, was für das Verständnis der komplexen Umweltprobleme und deren Lösung von großer Wichtigkeit ist [61], und (3) kann es - wenn überhaupt - am ehesten zur Bildung eines "ökologischen Ethos" beitragen, vor allem dann, wenn die Erziehung in einem Alter beginnt, in dem die Verhaltensweisen des Menschen geprägt werden. So wird denn auch konsequenterweise gefordert, daß die Umwelterziehung bereits im Vorschulalter beginnt - etwa mit einem "environmental Sesame Street"-Programm [62] - und sich durch alle Bildungsstufen bis hin zur Universität fortsetzt [63]; auch die Erwachsenenbildung soll sich Umweltproblemen widmen [64]. Wichtigste Voraussetzung für die Umwelterziehung in den verschiedenen Stufen des Bildungssystems ist, daß die Erzieher selbst über die vielfältigen Umweltprobleme Bescheid wissen. Hierdurch entsteht eine neue Ausbildungsaufgabe für die Universitäten und pädagogischen Hoch-

---

61) Vgl. U.S.C.E.Q., Environmental Quality, The First Annual Report, a.a.O., S. 221 ; Ford, W.D., A National Program for Environmental Education, a.a.O., S. 142; Hall, R.H., University Education and the Natural Environment: Are they Compatible?, in: International Journal of Environmental Economics, vol. 2, 1971, S. 48 f.; o.V., Environmental Education in the Universities. A Key to "Relevance", in: OECD-Observer No. 68, 1974, S. 27.

62) Vgl. Swan, J.A., Attitudes and Values and Environmental Education, a.a.O., S. 135.

63) Vgl. Congress and the Nation's Environment, a.a.O., S. 54; U.S.C.E.Q., Environmental Quality, The First Annual Report, a.a.O., S. 222 f.; UNESCO, Use and Conservation of the Biosphere, a.a.O., S. 220 ff.; Ford, W.D., A National Program for Environmental Education, a.a.O., S. 141; Seidenfus, H.S., Umweltschutz, politisches System und Macht, a.a.O., S. 830; Kapp, K.W., Zur Praxis der Umweltpolitik und Umweltplanung, a.a.O., S. 166.

64) Vgl. Ford, W.D., A National Program for Environmental Education, a.a.O., S. 143; Congress and the Nation's Environment, a.a.O., S. 55.

schulen [65]. Weiterhin müssen für die verschiedenen Bildungsstufen Curricula und Lehrbücher geschrieben und praktisches Lehrmaterial zur Verfügung gestellt werden [66]. Bevor dies geschehen kann, muß aber bereits entschieden sein, ob es ein neues Fach, das etwa "Ökologie und Umweltschutz" heißen könnte, geben soll oder ob die Umwelt(schutz)probleme in anderen Fächern (mit-)behandelt werden sollen. Wie wir sehen, sind die Probleme der Umwelterziehung vielfältig, und es kann wohl nur die Erfahrung zeigen, wie deren Organisation am besten vorgenommen wird.

Die Aufgabe der Massenmedien besteht vor allem in der sachgerechten Information über Umweltbelastungen und die Möglichkeiten des Umweltschutzes [67]. Zu Beginn der Umweltschutzwelle und vor

---

65) Vgl. U.S.C.E.Q., Environmental Quality, The First Annual Report, a.a.O., S. 222; Ford, W.D., A National Program for Environmental Education, a.a.O., S. 143; Swan, J.A., Attitudes and Values and Environmental Education, a.a.O., S. 127; Rodi, D., Umweltschutz in Forschung und Lehre im Bereich der Biologie an Pädagogischen Hochschulen, in: Steubing, L./Kunze, C./Jäger, J. (Hrsg.), Belastung und Belastbarkeit von Ökosystemen, a.a.O., S. 207.

66) Vgl. U.S.C.E.Q., Environmental Quality, The First Annual Report, a.a.O., S. 222; Ford, W.D., A National Program for Environmental Education, a.a.O., S. 143.
Recht ausführlich berichten über die Möglichkeiten der Vermittlung ökologischer Lehrinhalte in Schulen und Universitäten verschiedene Beiträge, in: Steubing, L./Kunze, C./Jäger, J. (Hrsg.), Belastung und Belastbarkeit von Ökosystemen, a.a.O., S. 181 ff. In der Bundesrepublik Deutschland gibt es inzwischen ein reichhaltiges Angebot an Schulbüchern, oder für den Schulunterricht geeigneten Büchern über Umwelt und Umweltschutz; vgl. z.B. folgende vier Bücher, die das Umweltproblem didaktisch jeweils anders nahezubringen versuchen: Engelhardt, W., Umweltschutz. Gefährdung und Schutz der natürlichen Umwelt des Menschen, München 1973; Bäuerle, D./Hornung, G., Umwelt. Biologisch - sozialkundliche Arbeitshefte, Opladen 1972; Palmstierna, L. und H., Unsere geplünderte Welt, Weinheim und Basel 1972; Dörge, F.W. (Hrsg.), Qualität des Lebens. Ziele und Konflikte sozialer Reformpolitik didaktisch aufbereitet, Opladen 1973.

67) Vgl. U.S.C.E.Q., Environmental Quality, First Annual Report, a.a.O., S. 223.

allem auf ihrem Höhepunkt, haben Presse, Rundfunk und Fernsehen ausgiebig über alle möglichen Umweltprobleme berichtet, und es ist vor allem ihnen zu verdanken, daß die Bevölkerung wachgerüttelt wurde und bei vielen Bürgern erste Ansätze eines (neuen) Umweltbewußtseins entstanden sind. Dabei mußte in Kauf genommen werden, daß manche Informationen über Umweltbelastungen und vor allem deren Gefahren nicht sachgerecht waren und ihre Lieferanten auf die Sensationsgier vieler Leser und Fernsehzuschauer spekulierten. Das ständige Bombardement mit Meldungen über Tankerunfälle, Fischsterben, Quecksilbervergiftungen, illegale Giftmülldeponien, DDT-geschädigte Pelikaneier, aussterbende Schmetterlingsarten, die Entlaubung von Wäldern, bleivergiftete Kühe, lärmgeschädigte Flughafenanlieger, CO-vergiftete Verkehrspolizisten, pestizid-haltige Muttermilch, antibiotikahaltiges Kalbfleisch, detergentienbelastete Flüsse, den Zerfall historischer Bauwerke, nitrithaltigen Spinat usw. war teilweise allein vom Umfang her so stark, daß es keine sachgerechte Information mehr war und so weniger das Umweltbewußtsein weckte, als eine Art Umwelthysterie hervorrief. Die Bürger mußten sich von lauter Umweltgefahren umgeben fühlen, und es verwundert nicht, daß z.B. Krankheiten und die Mißbildung von Säuglingen ohne jeden konkreten Beweis auf Umweltbelastungen zurückgeführt wurden und daß kriminelle Delikte z.B. mit Lärmbelästigungen entschuldigt wurden. Diese Verkrampfung der Menschen vor lauter Umweltbezogenheit bezeichnet man auch als Ökospasmus [68]; dieser Zustand beschränkt die Aufnahmefähigkeit der Menschen für sachliche Informationen und behindert somit die Möglichkeit, umweltdienliche Informationen zu vermitteln. Diese von Schoeck aufgezeigte Gefahr sehen wir ebenfalls. In einem anderen Punkt glauben wir aber, ihm widersprechen zu müssen. Schoeck konstatiert - offenbar mißbilligend - daß durch Informationen über die möglichen Wirkungen der Umweltbelastung sich Bürger zur Wehr setzen; er bedauert sichtlich - in Anspielung auf die Ansiedlung der Firma

---

68) Vgl. Schoeck, H., Ökospasmus oder die Angst vor Kernkraftwerken, in: Umwelt, 1976, 2. S. 126 f.

Reynolds in Hamburg -, daß heute der kleinste Anrainer multinationale Konzerne blockieren kann, und er weist darauf hin, daß solches in den USA bereits zum Sport geworden sei [69]. Schoeck mag recht haben, daß diejenigen, die sich daraus einen Sport machen, publizitätsheischende oder ein Machterlebnis auskostende Kleinbürger sind - wieso geben aber Stadtväter oder sonstige für die Ansiedlung zuständige Institutionen (oder auch die Unternehmen selbst) nach, oder warum geben den armen Anrainern, wenn es zum Prozeß kommt, die Gerichte recht? Wir möchten doch bestreiten, daß auch sie bereits alle umweltneurotisch sind.
Zur Rolle der Massenmedien wollen wir abschließend festhalten, daß diese auf schockierende Effekte bei ihren Meldungen über Umweltbelastungen (heute) verzichten können (aus Gründen des Wachrüttelns mag es dafür früher eine gewisse Berechtigung gegeben haben) und dann am besten ihre Aufgabe erfüllen, wenn sie sachlich über Umweltbelastungen und die Möglichkeiten ihrer Bekämpfung informieren.
Abschließend wollen wir noch untersuchen, inwieweit Bürgerinitiativen bei der Entstehung oder Veränderung des Umweltbewußtseins mitwirken können [70]. In der Bundesrepublik Deutschland gibt es inzwischen wohl einige hundert Bürgerinitiativen, die sich mit Umweltschutz befassen. Einige von ihnen haben sich auf Dauer institutionalisiert, andere lösen sich nach Erfüllung (oder Nichterfüllung) ihres Zwecks wieder auf. Manche widmen sich speziellen Umweltproblemen, manche allen Problemen, die mit dem Umweltschutz zu tun haben. Eines haben aber alle Bürgerinitiativen gemeinsam: Sie wollen möglichst viele Verbündete gewinnen,

---

69) Vgl. Schoeck, H., Ökospasmus oder die Angst vor Kernkraftwerken, a.a.O., S. 73. In den USA wird sogar von offizieller Seite, nämlich der Environmental Protection Agency dazu aufgerufen, sich zu organisieren, und es werden Ratschläge erteilt über die Möglichkeiten, zu seinem Recht auf eine saubere Umwelt zu kommen (vgl. U.S. Environmental Protection Agency, Don't Leave it All to the Experts, The Citizen's Role in Environmental Decision Making, U.S.G.P.O., Washington, D.C. 1972).

70) Vgl. Zilleßen, H., Ansprüche und Arbeit der Bürgerinitiativen, in: Umwelt, 1974, 2, S. 41; Bramigk, D., Warten auf Initialzündungen, a.a.O., S. 17.

und das gelingt nur auf dem Weg über Information und Aufklärung der von der jeweiligen Umweltbelastung betroffenen (oder auch der nichtbetroffenen) Bevölkerung. Es ist nun zu bezweifeln, ob diese Informationen immer objektiv sind (oder in manchen Fällen sein können), da die Informationen ja dem Zweck der Bürgerinitiativen (z.B. der Verhinderung einer Baugenehmigung für ein Kernkraftwerk) dienen sollen.
Ferner ist zu berücksichtigen, daß manche Bürgerinitiativen offenbar eine gewisse Anziehungskraft auf Vereinsmeier haben und ein beliebtes Tummelfeld für ideologische Eiferer sind [71]. Auch das läßt es als geboten erscheinen, Informationen und Aufklärungskampagnen von Bürgerinitiativen kritisch - nicht ablehnend! - gegenüberzustehen. Relativ unbefangen kann man wohl gegenüber den Informationen und Aufklärungsaktionen sein, die von Bürgerinitiativen vorgenommen und durchgeführt werden, die sich nur Information und Aufklärung zum Ziel gesetzt haben. Vor allem sie können, wenn sie verantwortungsvoll handeln, eine wichtige Rolle bei der Bildung eines (neuen) Umweltbewußtseins spielen.

ee) Die Kontrolle des technischen Fortschritts

Bereits bei der Ursachendiagnose haben wir der Ansicht widersprochen, daß der technische Fortschritt an sich Umweltbelastungen hervorrufe, und festgestellt, daß es vielmehr die umweltfeindliche Anwendung des technischen Wissens ist, die sich in der Entwicklung umweltbelastender Technologien manifestiert [72]. Die Ambivalenz des technischen Fortschritts haben inzwischen auch die Ingenieure und Techniker selbst erkannt [73], und es

71) Vgl. Bramigk, D., Bürgerinitiativen zum Umweltschutz, a.a.O., S. 19.

72) Siehe oben S. 115 ff.

73) Vgl. dazu vor allem die verschiedenen Beiträge in einem vom VDI herausgegebenen Sammelband: VDI (Hrsg.), Wirtschaftliche und gesellschaftliche Auswirkungen des technischen Fortschritts, Düsseldorf 1971 und Steinbuch, K., Mensch, Technik, Zukunft. Basiswissen für Probleme von morgen, Stuttgart 1971.

gibt kaum noch Wissenschaftler und Politiker, die grundsätzlich gegen eine Kontrolle des technischen Fortschritts sind, zumal damit keineswegs eine Kontrolle der Forschung selbst, sondern nur der Anwendung der wissenschaftlichen Erkenntnisse der Forschung gemeint ist [74].

Voraussetzung für eine Kontrolle des technischen Fortschritts ist eine Bewertung von dessen sozialen, ökonomischen und - worum es uns im besonderen geht - ökologischen und gesundheitlichen Auswirkungen. Gegen Ende der sechziger Jahre wurden in den USA auf Kosten-Nutzen-Analysen aufbauende Methoden mit stark systemtheoretischem Einschlag zur Bewertung des technischen Fortschritts entwickelt, die man unter dem - inzwischen auch in der Bundesrepublik Deutschland gebräuchlichen - Begriff "Technology Assessment" zusammengefaßt hat [75]. "Unter Technology Assessment ... versteht man die umfassende Bewertung gegenwärtiger und auch noch zu realisierender Technologien (Produkte, Verfahren und z.T. auch Sozialtechnologien) hinsichtlich der mit ihnen verbundenen ökologischen, sozialen und politischen Konsequenzen" [76]. Diese Definition unterscheidet sich von den meisten anderen [77] dadurch, daß sie auch die Bewertung von So-

---

74) Vgl. OECD, Science, Growth and Society. A New Perspective, Report of the Secretary General's Ad Hoc Group on New Concepts of Science Policy, Paris 1971, S. 77; La Porte, T.R., The Context of Technological Assessment: A Changing Perspective for Public Organization, in: Public Administration Review, 1971, S. 64.

75) Vgl. Staudt, E./Metze, G., Technology Assessment, in: Wirtschaftsstudium, 5. Jg., 1976, S. 81 f. Ausführliche Darstellungen des Technology Assessment sind: Hetman, F., Society and the Assessment of Technology, Paris 1973,mit dem Schwergewicht auf methodischen Problemen, und Kasper, R.G. (Hrsg.), Technology Assessment. Understanding the Social Consequences of Technological Applications, New York-Washington-London 1972,mit dem Schwergewicht auf institutionellen Problemen.

76) Staudt, E./Metze, G., Technology Assessment, a.a.O., S. 81 f.

77) Vgl. Fischer, D.W./Müller, F.G., Ein Beitrag zur Erfassung von Einwirkungen auf die Umwelt, in: Zeitschrift für die gesamte Staatswissenschaft, Bd. 130, 1974, S. 722; Bartocha, B., Technology Assessment-Verfahren zu einer Technologie-Bewertung, in: Umwelt, 1972, 6, S. 31.

zialtechnologien, also z.B. politischen Maßnahmen und Gesetzen, umfaßt, woran uns deswegen gelegen ist, weil wir im folgenden auch die Möglichkeiten prüfen wollen, die Umweltverträglichkeit öffentlicher Maßnahmen [78] - und nicht nur die von Produkten und Produktionsverfahren - zu ermitteln. Aus der Definition geht weiterhin hervor, daß Technology Assessment mehr ist als nur eine Bewertung der Umweltverträglichkeit; auch die sozialen, ökonomischen und politischen Auswirkungen des technischen Fortschritts müssen berücksichtigt werden. Nur auf diese Weise kann man erreichen, daß der technische Fortschritt auf ein gesamtwirtschaftliches Optimum und nicht etwa nur ein ökologisches Optimum hingelenkt wird [79].
Technology Assessment scheint auf den ersten Blick so etwas zu sein wie eine Kosten-Nutzen-Analyse des technischen Fortschritts. Was die methodischen Probleme angeht, bestehen auch viele Gemeinsamkeiten: Es müssen Informationen über die vielfältigen Wirkungen des technischen Fortschritts oder politischer Maßnahmen gewonnen werden, und diese Wirkungen müssen bewertet werden. Das Technology Assessment bedient sich bei der Bewertung sogar zunächst der Kosten-Nutzen-Analyse, geht dann aber über sie hinaus, indem es auch "weiche" Daten, das

---

78) Vgl. RSU, Umweltgutachten 1974, a.a.O., S. 13; Swoboda, H., Probleme der Umweltpolitik, in: Wirtschaft und Gesellschaft, 1. Jg., 1975, S. 83; Pätzold, E., Verbindliche Bewertungskriterien, in: U 1975, 5, S. 6; Otto, K., Umweltschutz überfordert Städte, in: Umwelt, 1975, 5, S. 14; Obenhaus, W., Überlegungen für eine Konzeption zur Prüfung der Umweltverträglichkeit öffentlicher Maßnahmen, in: Umwelt, 1973, 5, S. 58 ff.; Grawe, J., Sichere Energieversorgung und Umweltschutz. Wie der Zielkonflikt bewältigt wird, in: Umwelt, 1974, 2, S. 37; Menke-Glückert, P., Das Umweltprogramm der Bundesregierung, a.a.O., S. 129.

79) von Dobschütz, L./Mathias, W., Umweltverträglichkeitsprüfung öffentlicher Maßnahmen, in: Umwelt, 1973, 2, S. 37; Fischer, D.W./Müller, F.G., Ein Beitrag zur Erfassung von Einwirkungen auf die Umwelt, a.a.O., S. 720; Schumacher, D., Hilfsmittel für die Umweltplanung, in: U 1973, 5, S. 24.

sind nicht quantifizierbare Wirkungen, berücksichtigt [80]. Daß Technology Assessment damit eher eine Kunst als eine Wissenschaft ist [81] und dem Wissenschaftler auch noch eine Verantwortung aufbürdet, die dieser in manchen Fällen kaum tragen kann, mag das Beispiel DDT beweisen. Die Erfindung des DDT führte zweifellos zu einem der größten technischen Fortschritte im Agrarbereich, nämlich einer äußerst effizienten und relativ billigen Schädlingsbekämpfung, die Millionen von Menschen vor dem Hungertod bewahrt hat. Heute wissen wir, daß DDT ökologische Schäden hervorrufen kann, und gesundheitsschädliche Wirkungen werden vermutet [82]. Was hätte wohl ein Wissenschaftler(team) nach der Erfindung des DDT hinsichtlich dessen Anwendung empfohlen, wenn ihm ökonomisch, sozial und politisch nützliche und ökologisch schädliche Wirkungen bekannt gewesen wären? Ganz so schlimm, wie es auf den ersten Blick scheint, wäre ein bereits damals erfolgtes Verbot der industriellen Verwertung der DDT-Erfindung für die Hunger leidenden Völker nicht gewesen, denn die Pesticidforschung hätte vielleicht schon damals ein umweltfreundliches (schnell abbaubares) Schädlingsbekämpfungsmittel erfunden. Das zeigt, daß Technology Assessment kein "Technology Arrestment" [83] ist, sondern neben einer regulierenden Wirkung für die Anwendung des technischen Wissens auch eine stimulierende Wirkung auf die Forschung haben kann, indem sie zur Erforschung von mehr Alternativen anregt [84].

---

80) Vgl. Sachs, I., Development, Environment and Technology Assessment, in: International Social Science Journal, vol. 25, 1973, S. 276; Bartocha, B., Technology Assessment - Verfahren zu einer Technologie-Bewertung, a.a.O., S. 32; Staudt, E./Metze, G., Technology Assessment, a.a.O., S. 82; Green, H.P., The Role of Government in Environmental Conflict, in: Wolozin, H., The Economics of Pollution, a.a.O., S. 307.

81) Vgl. OECD, Science, Growth and Society, a.a.O., S. 84.

82) Siehe oben S. 98 f.

83) Dierkes, M., Technology Assessment in der BRD - Eine Stellungnahme, in: Battelle - Information 19, 1974, S. 27.

84) Vgl. OECD, Science, Growth and Society, a.a.O., S. 82.

Nun wollen wir noch untersuchen, wie und ob das Technology Assessment institutionalisiert werden kann und soll. In den USA gibt es seit 1972 ein "Office for Technology Assessment"[85], und die Bundesbehörden müssen für alle Projekte, die von ihnen finanziert oder geplant werden, nach § 102 des National Environmental Policy Act von 1969 Umweltverträglichkeitsprüfungen vornehmen[86]. Für die Bundesrepublik Deutschland war einige Zeit ein dem Bundestag zugeordneter Ausschuß für Technology Assessment im Gespräch, um der Legislative bezüglich Sachverstand nachzuhelfen, da sie sich bei Projekten der Exekutive mit technologischem Einschlag (z.B. dem Bau von Kernkraftwerken) zur Abstimmungsmaschinerie degradiert fühlte[87]. Bisher ist es jedoch in der Bundesrepublik Deutschland noch zu keiner dem "Office for Technology Assessment" vergleichbaren Institution gekommen - vielleicht weil man glaubt, mit den bisherigen Möglichkeiten auszukommen, technologische Entwicklungen und öffentliche Maßnahmen von möglicher Umweltrelevanz kontrollieren zu können, (z.B. mit dem Genehmigungsverfahren nach § 16 GewO, dem atomrechtlichen Genehmigungsverfahren nach § 7 AtomG, den verschiedenen Planfeststellungsverfahren im Baurecht, der Umweltverträglichkeitsprüfung von Waschmitteln, arznei- und lebensmittelrechtlichen Kontrollverfahren und den Zulassungsbestimmungen für Kraftfahrzeuge)[88]. Vielleicht ist

---

85) Vgl. Staudt, E./Metze, G., Technology Assessment, a.a.O., S. 81.

86) Vgl. Fischer, D.W./Müller, F.G., Ein Beitrag zur Erfassung von Einwirkungen auf die Umwelt, a.a.O., S. 722; Bartocha, B., Technology Assessment - Verfahren zu einer Technologie-Bewertung, a.a.O., S. 31.

87) Vgl. Schumacher, D., Hilfsmittel für die Umweltplanung, a.a.O., S. 26; Zur allgemeinen Problematik des komplizierter gewordenen Entscheidungsprozesses vgl. La Porte, T.R., The Context of Technology Assessment: A Changing Perspective, a.a.O., S. 67.

88) Vgl. Obenhaus, W., Überlegungen für eine Konzeption zur Überprüfung der Umweltverträglichkeit öffentlicher Maßnahmen, a.a.O., S. 59; OECD, Science, Growth and Society, a.a.O., S. 79; Karsten, D., Soziale Kontrolle für technischen Fortschritt, in: U 1972, 4, S. 19. In diesem Zusammenhang sei auch der Vorschlag erwähnt, die "Stiftung

das Technology Assessment bei uns aber auch deshalb nicht institutionalisiert, weil man sich nicht über die Organisationsform der Technologie-Kontrolle einigen konnte [89]. Der Grund kann schließlich auch sein, daß man einfach befürchtet, keine geeigneten Wissenschaftler für diese äußerst schwierige und höchstes Verantwortungsbewußtsein verlangende Aufgabe zu finden; diese müßten darüber hinaus auch noch bereit sein "to expend their talents on perpetual negativism" [90]. Wir möchten für die Einrichtung einer dem "Office for Technology Assessment" entsprechenden Institution in der Bundesrepublik Deutschland plädieren, nicht weil wir in dem euphorischen Glauben leben, daß "Technology Assessment is a healthy first step toward mastering the tiger of technology" [91], sondern weil wir uns vorstellen können, daß es in naher Zukunft technologische Entwicklungen zu bewerten gilt, bei denen die üblichen Methoden - durch die Bürokratie und die Politiker angewandt - nicht mehr ausreichen.

Abschließend wollen wir auf einen u.E. sehr interessanten Vorschlag eingehen, der durch seine Einfachheit und mögliche Effizienz besticht, weshalb wir seine Verwirklichung für zumindest erwägenswert halten: Der "Erfinder" dieses Vorschlags geht davon aus, daß das heutige Patentsystem, das den technischen Fortschritt unabhängig von dessen Umwelteffekten honoriert, durch

---

Warentest" solle die getesteten Produkte auch hinsichtlich ihrer Umweltfreundlichkeit beurteilen (vgl. Otto, K., Warenbeurteilung nach ökologischen Aspekten, in: Umwelt, 1973, 4, S. 46 f.).

89) Vgl. Dierkes, M., Technology Assessment in der BRD, a.a.O., S. 23 ff.; dagegen gibt es seit dem 1o.1o.75 die "Grundsätze für die Prüfung der Umweltverträglichkeit öffentlicher Maßnahmen des Bundes", wonach die Bundesbehörden verpflichtet sind, in der Sachregelungskompetenz des Bundes liegende Maßnahmen hinsichtlich ihrer Umweltauswirkungen zu prüfen und gegen andere Belange abzuwägen (vgl. GMBl. 1975, S. 717).

90) Green, H.P., The Role of Government in Environmental Conflict, a.a.O., S. 31O.

91) o.V., Technology Assessment Harnessing Science to Social Goals, in: OECD-Observer Nr. 67, 1973, S. 31.

eine Änderung des Patentgesetzes dahingehend modifiziert werden sollte, daß nur noch die Erfindungen als technischer Fortschritt anerkannt und damit patentiert werden, die umweltneutral sind [92].

b) Raumordnung als Maßnahme des Umweltschutzes

Als Raumordnung wollen wir die strukturierende Gestaltung eines Raumes im Hinblick auf wirtschaftliche, soziale, kulturelle und gesellschaftliche Ziele bezeichnen [93]. Wir verwenden den Begriff "Raumordnung" also nicht zur Beschreibung eines strukturräumlichen Z u s t a n d e s , sondern "zur Charakterisierung p l a n e r i s c h e r T ä t i g k e i t etwa im Sinne von Raumplanung" [94], weshalb wir im folgenden die Begriffe "Raumordnung" und "Raumplanung" synonym gebrauchen wollen.

In der Bundesrepublik Deutschland ist die gesetzliche Grundlage für Umweltschutz via Raumordnung § 2 (1), Z. 7 Raumordnungsgesetz (ROG), wonach es Aufgabe der Raumordnung ist, für den Schutz der Landschaft, die Reinhaltung des Wassers, die Reinhaltung der Luft und den Schutz vor Lärmbelästigungen zu sorgen.

Die Bedeutung der Raumordnung für den Umweltschutz wird von verschiedenen Seiten stark hervorgehoben: "Raumordnung (ist) für den Umweltschutz konstitutiv" [95], "Raumordnung ist die Mutter des Umweltschutzes" [96].

Aber auch nüchterne Bewertungen betonen die wichtige Rolle, die die Raumplanung beim Umweltschutz spielt, was vor allem daran liegt, daß mit raumplanerischen Maßnahmen ein präventiver Um-

---

92) Vgl. Zipse, E., Patentierung - Hilfe für den Umweltschutz, in: U 1973, 2, S. 28 f.; der Autor dieses Artikels schlägt weiterhin vor, im Patentrecht Anreize für die Erfindung umweltfreundlicher Produkte und Produktionsverfahren vorzusehen (vgl. ebenda, S. 29).

93) Vgl. Malz, F., Taschenwörterbuch der Umweltplanung, München 1974, S. 432.

94) Ebenda.

95) Picht, G., Umweltschutz und Politik, a.a.O., S. 85.

96) Hartkopf, G., Umweltgestaltung durch Raumordnung, in: Raumforschung und Raumordnung, 30. Jg., 1972, S. 146.

weltschutz betrieben werden kann [97]. Dies erhofft zumindest auch die Ministerkonferenz für Raumordnung (MKRO), denn sie glaubt, daß der zusätzliche Flächenbedarf in der Bundesrepublik Deutschland bis 1985 von über 2 % der Gesamtfläche des Bundesgebietes für Industrieansiedlung, Wohnungsbau und den Bau von Verkehrs- und Versorgungseinrichtungen zu keinen zusätzlichen Umweltbelastungen führen wird, wenn die entsprechenden Bauprojekte räumlich richtig verteilt werden [98].

Damit ist bereits angedeutet, wie Raumordnung zum Umweltschutz beitragen kann, nämlich durch eine umweltgerechte räumliche Verteilung und Zuordnung der funktionalen Ansprüche wie Produzieren, Wohnen, Erholen usw. im Gesamtraum. Die Raumordnung muß hinsichtlich des Umweltschutzes dafür sorgen, daß die Industrie-, Wohn-, Naherholungs- und Freizeit-, Fremdenverkehrs-, Landschaftsschutz-, Naturschutz-, Wasserschutz- und andere Gebiete so im Gesamtraum verteilt und einander zugeordnet sind, daß allein durch diese räumliche Ordnung möglichst keine (oder nur möglichst geringe) Umweltbelastungen entstehen [99].

Eine solche umwelt(schutz)gerechte Raumordnung läßt sich für ein relativ dicht besiedeltes und hochindustrialisiertes Land wie die Bundesrepublik Deutschland nur inkremental betreiben. Die über Jahrhunderte allmählich entstandene Raumordnung kann nicht wegen des seit ein paar Jahren akuten Umweltproblems total umgekrempelt werden. Die Raumordnung kann jedoch gegenwärtige und vor allem zukünftige potentiell Umweltbelastungen hervor-

---

97) Vgl. Lendi, M., Die Raumplanungsgesetzgebung und ihre Konsequenzen für die Unternehmung, in: von Walterskirchen, M.P., Umweltschutz und Wirtschaftswachstum, a.a.O., S. 206; Antoine, S., Die Qualität der Umwelt und die Raumordnung, in: Aufgabe Zukunft - Qualität des Lebens, Bd. 4: Umwelt, a.a.O., S. 80; Denkschrift des Hauptausschusses der Ministerkonferenz für Raumordnung "Raumordnung und Umweltschutz" hrsg. v. Bundesministerium für Raumordnung, Bauwesen und Städtebau, o.O. und o.J., S. 17 (im folgenden zitiert als Denkschrift der MKRO).

98) Vgl. Denkschrift der MKRO, a.a.O., S. 19.

99) Vgl. ebenda, S. 17; Bundesraumordnungsprogramm v. 3.4.75, BT-Drucksache 7/3584, S. 7; Waterkamp, R., Interventionsstaat und Planung. Raumordnung, Regional- und Strukturpolitik, Köln 1973, S. 101 f.

rufende Maßnahmen wie die Industrieansiedlung, den Bau von Wohngebieten, die Trassierung von Autobahnen, den Bau von Kernkraftwerken und Flupplätzen usw. so planen, daß die tatsächlichen Umweltbelastungen möglichst gering gehalten werden.

Nach diesen allgemeinen Ausführungen wollen wir uns mit den gesetzlichen Grundlagen des Umweltschutzes durch Raumordnung befassen, bevor wir uns konkreten raumplanerischen Umweltschutzmaßnahmen zuwenden.
In föderativen Staaten wie der Bundesrepublik Deutschland entstehen wegen der Verteilung der Kompetenzen auf selbständige Gebietskörperschaften gerade im Hinblick auf die Raumordnung besondere Probleme. Damit auch die Länder und vor allem die Gemeinden den Zielen der Raumordnung (in unserem Fall also vor allem den in § 2(1), Z. 7 ROG fixierten umweltrelevanten Zielen der Raumordnung) nachkommen, bedarf es einer Bindung der Länder und Gemeinden an die Ziele des ROG und damit auch einer Orientierung der raumbedeutsamen Landes- und Kommunalplanung an der Raumordnungsplanung des Bundes. Obwohl der Bund nach Art. 75, Z. 4 GG nur die Rahmenkompetenz für die Raumordnung hat und die Länder nach § 5(1) ROG eigene Raumordnungspläne aufstellen müssen, gibt es ein von Bund und Ländern gemeinsam formuliertes Bundesraumordnungsprogramm. Es wurde von der nach § 8(1) ROG gebildeten MKRO aufgestellt und hat vor allem die Aufgabe, die Ziele des ROG mit denen der Landesplanungen zu koordinieren [100], was auch nach § 5(2) ROG vorgeschrieben ist. Für die Zwecke des Umweltschutzes ist besonders wichtig, daß sich das Bundesraumordnungsprogramm "in seinen umweltbezogenen Zielsetzungen mit dem Umweltprogramm der Bundesregierung und den entsprechenden Zielvorstellungen der Länder (deckt)" [101]. Es wird damit neben § 2(1), Z. 7 ROG zur Grundlage eines mit Mitteln der Raumordnung betriebenen Umweltschutzes. Wenn für die Planung der Länder eine

100) Vgl. Bundesraumordnungsprogramm, a.a.O., S. 3.
101) Ebenda, S. 4 f.

regionale Gliederung in Teilräume erforderlich ist, können dies die Länder nach § 5(3) ROG durch Gesetz tun. Die Regionalplanung kann dann durch regionale Planungsgemeinschaften, die aus den Gemeinden und Gemeindeverbänden der Region bestehen, vorgenommen werden. "Die Regionalplanung (schlägt) die Brücke zur Bauleitplanung" [102], für die nach § 2(1) BBauG die Gemeinden zuständig sind. Die Bauleitpläne bestehen nach § 1(2) BBauG aus dem Flächennutzungsplan und dem Bebauungsplan; im allgemeinen hat sich letzterer an ersterem zu orientieren (§ 8(2) BBauG). Beide sind nach § 1(3) BBauG den Zielen der Raumordnung und Landesplanung anzupassen. Eine allgemeine Zielbindung aller an der Raumplanung beteiligten Stellen findet sich in § 5(4) ROG. Damit soll sichergestellt werden, daß den Erfordernissen des Umweltschutzes durch alle Träger der Raumplanung entsprochen wird. Das soll noch einmal mit dem Schema auf S. 224 verdeutlicht werden [103].
Daß die Gemeinden bei der Bauleitplanung den Erfordernissen des Umweltschutzes genügetun müssen, ergibt sich auch bereits aus § 1(4) und (5) BBauG, wonach Bauleitpläne Belange der Gesundheit der Bevölkerung und des Natur- und Landschaftsschutzes berücksichtigen müssen.

Nach diesen allgemeinen Ausführungen über die gesetzlichen Grundlagen des raumplanerischen Umweltschutzes wollen wir nun konkrete Maßnahmen der Raumordnung zwecks Vermeidung von Umweltbelastungen betrachten. Ausgangspunkte für raumordnende Maßnahmen des Umweltschutzes sollten die Daten aus den Emissions- und Immissions-

---

102) Denkschrift der MKRO, a.a.O., S. 28.

103) Zusammengestellt nach: Malz, F., Taschenwörterbuch der Umweltplanung, a.a.O., S. 443; Stahl, K./Curdes, G., Umweltplanung in der Industriegesellschaft, Hamburg 1970, S. 14; Steiger, H., Umweltschutz durch planende Gestaltung, in: Zeitschrift für Rechtspolitik, 1971, S. 137; Denkschrift der MKRO, a.a.O., S. 27 ff.

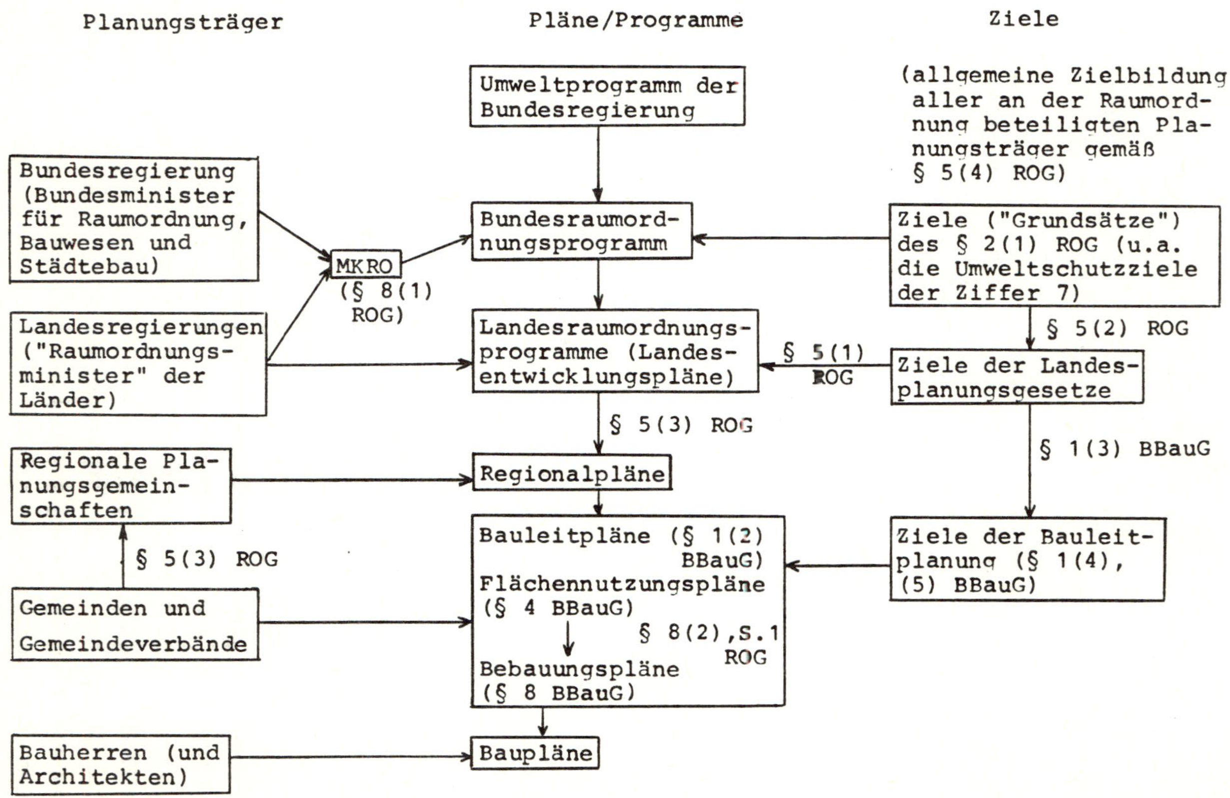
Planungsträger
Pläne/Programme
Ziele
Umweltprogramm der Bundesregierung
(allgemeine Zielbildung aller an der Raumordnung beteiligten Planungsträger gemäß § 5(4) ROG)
Bundesregierung (Bundesminister für Raumordnung, Bauwesen und Städtebau)
MKRO (§ 8(1) ROG)
Bundesraumordnungsprogramm
Ziele ("Grundsätze") des § 2(1) ROG (u.a. die Umweltschutzziele der Ziffer 7)
Landesregierungen ("Raumordnungsminister" der Länder)
Landesraumordnungsprogramme (Landesentwicklungspläne)
§ 5(1) ROG
§ 5(2) ROG
Ziele der Landesplanungsgesetze
§ 5(3) ROG
§ 1(3) BBauG
Regionale Planungsgemeinschaften
Regionalpläne
§ 5(3) ROG
Bauleitpläne (§ 1(2) BBauG)
Flächennutzungspläne (§ 4 BBauG)
§ 8(2),S.1 ROG
Bebauungspläne (§ 8 BBauG)
Ziele der Bauleitplanung (§ 1(4), (5) BBauG)
Gemeinden und Gemeindeverbände
Bauherren (und Architekten)
Baupläne

katastern sein [104]. Die Emissionskataster geben die Standorte der Emissionsquellen sowie Art und Menge der emittierten Schadstoffe an, und die Immissionskataster informieren über die Schadstoffbelastung des Raumes. Diese Informationen lassen nun zusammen mit den natürlichen Standortfaktoren wie Klima und Topographie [105] sowie Emissionsprognosen [106] Schlüsse über den unter Umweltgesichtspunkten optimalen Standort emissionsträchtiger Objekte (z.B. Industrieansiedlungen, Kernkraftwerksbauten [107], Flugplätze) und immissionsgefährderter Projekte (z.B. Wohnsiedlungen, Fischzuchtbetriebe, Landwirtschaft) zu. Viele der bisherigen Umweltbelastungen hätten sich allein durch eine Umweltgesichtspunkte berücksichtigende Raumordnung vor allem in der Bauleitplanung der Gemeinden vermeiden lassen [108].

---

104) Vgl. Denkschrift der MKRO, a.a.O., S. 25; RSU, Umweltgutachten 1974, a.a.O., S. 96; Glück, K. u.a., Lärmkarten als Hilfsmittel für die Stadtplanung, Schriftenreihe des Bundesministers für Raumordnung, Bauwesen und Städtebau, Bonn-Bad Godesberg o.J.

105) Vgl. Dreyhaupt, F.J., Luftreinhaltung als Faktor der Stadt und Regionalplanung, a.a.O., S. 59 ff.; Georgii, H.-W., Wir brauchen eine "Luftreinhaltungsstrategie". Wie die meteorologische Wissenschaft bei der Standortplanung helfen kann, in: Blick durch die Wirtschaft v. 23.9.71; Stockmann, H.-U., Die natürlichen Faktoren in der Planung, a.a.O., S. 369 f.; McCormick, R.A., Meteorological Aspects of Air Pollution in Urban and Industrial Districts, a.a.O., S. 3.

106) Vgl. Kuhlmann, A., Ein Instrument der Raumplanung: Vorsorge durch Emissionsprognose, in: Umwelt 1974, 6, S. 30 ff.; Schlipköter, H.-W., Industrieansiedlung und Umweltschutz, in: Raumforschung und Raumordnung, 30. Jg., 1972, S. 204.

107) Für die umweltgerechte Standortplanung von Kernkraftwerken haben Bund und Länder gemeinsam ein Verfahren ausgearbeitet. Mit Hilfe nuklearspezifischer Standortbewertungsdaten soll der optimale Standort für Kernkraftwerke ermittelt werden. Dieses Verfahren ersetzt aber nicht die Standortprüfung im atomrechtlichen Genehmigungsverfahren (vgl. Umwelt, 1975, 2, S. 16).

108) Vgl. Häberle, M., Industrielärm: Versagen die Vorschriften?, in: Umwelt, 1975, 2, S. 27; Krane, D., Lärmschutz: Unberechtigte Vorwürfe gegen die "TA Lärm", in: Umwelt, 1975, 5, S. 38; Müller, Walter, Umweltschutz gegen Industrieansiedlung: Die Grenzen kommunaler Planungshoheit, in: Juristische Schulung 1975, 4, S. 228 ff.

Wenn Gemeinden den Bau von Siedlungen neben Autobahnstraßen, die Ansiedlung von Industrieunternehmen in Wohngebieten oder den Bau von Schulen an verkehrsreichen Straßen zulassen, sind das Verstöße gegen § 1(4) BBauG und gegen § 2(1) Z. 7 ROG sowie die entsprechenden Bestimmungen der Landesplanungsgesetze.

Eine den Umwelterfordernissen gerecht werdende Raumordnung muß Gewerbe- und Wohngebiete so einander zuordnen, daß die Immissionsbelastung der Wohnbevölkerung möglichst gering ist [109]. Die Möglichkieten dazu haben die Gemeinden, indem sie in ihren Flächennutzungsplänen Wohngebiete und Gewerbegebiete nach § 5 BBauG im notwendigen Abstand voneinander ausweisen und möglichst eine grüne Schutzzone zwischen diesen Gebieten einplanen [110]; Art und Maß der baulichen Nutzung werden dann in den Bebauungsplänen festgelegt (§ 9(1), Z. 1 BBauG); die Nutzung der von Bebauung freizuhaltenden Flächen erfolgt nach den Möglichkeiten des § 9(1), Z. 2 BBauG.

Zur Lösung eines speziellen Immissionsschutzproblems, nämlich dem Schutz von Flugplatzanwohnern vor Lärmimmissionen, ist nach § 2(2) des Gesetzes zum Schutz gegen Fluglärm [111] v. 30.3.71 eine Einteilung der Flugplatzumgebung in zwei Lärmschutzzonen vorgeschrieben; nach § 5(2) dürfen in Lärmschutzzone 1 keine Wohnungen neugebaut werden, und in Schutzzone 2 dürfen nach § 6 nur Wohnungen erstellt werden, wenn sie bestimmten Schallschutzanforderungen nach § 7 entsprechen.

---

109) Dies sieht ergänzend zu den Vorschriften des BBauG auch § 50 BImSchG vor. Es ist eine auch im Interesse der Emittenten liegende Forderung (vgl. Gässler, W., Zur Standortproblematik aus der Sicht der Industrie, in: Raumforschung und Raumordnung, 30. Jg., 1972, S. 202). Vgl. ferner die Ziffern 10 und 12 der Entschließung der MKRO "Raumordnung und Umweltschutz" v. 15.6.72, in: Raumordnung und Umweltschutz, a.a.O., S. 10; Dreyhaupt, F.J., Luftreinhaltung als Faktor der Stadt- und Regionalplanung, a.a.O., S. 56.

110) Vgl. Denkschrift der MKRO, a.a.O., S. 25; Dreyhaupt, F.J., Luftreinhaltung als Faktor der Stadt- und Regionalplanung, a.a.O., S. 71 ff.

111) BGBl. I, S. 282.

Die bisher dargestellten Maßnahmen der Raumordnung sind präventive Maßnahmen des Umweltschutzes. Seit Verabschiedung des Städtebauförderungsgesetzes (StBFG) besteht aber auch die Möglichkeit, ex post raumordnende Maßnahmen aus Gründen des Umweltschutzes zu ergreifen. Nach § 10 StBFG kommt eine Verlegung von Betrieben und Wohnungen als raumordnende Maßnahme der Luftreinhaltung und des Lärmschutzes infrage. Damit ist grundsätzlich auch eine Entzerrung von gemischten Wohn- und Industriesiedlungen möglich[112].

Abschließend wollen wir noch auf die Grenzen - oder gar Gefahren - eines mit Mitteln der Raumordnung betriebenen Umweltschutzes eingehen. Betriebe man den Umweltschutz überwiegend mit Hilfe der Raumordnung, würde das in einem dichtbesiedelten und hochindustrialisierten Gebiet wie der Bundesrepublik Deutschland langfristig dazu führen, daß wegen der aus Umweltschutzgründen erforderlichen Trennung zwischen emissionsintensiven Gebieten und Wohngebieten die freien Flächen, die vor allem als ökologische Ausgleichsräume dienen, abnehmen würden. Es käme zur Zersiedlung der Landschaft, was eindeutig nicht Raumordnungsvorstellungen entspricht[113]. Die funktionelle Einteilung in Zonen (Wohngebiet, Industriegebiet, Naturschutzgebiet usw.) führt zu einer Monotonie, die u.a. aus psychosozialen Gründen unerwünscht ist[114]. Die strikte Trennung der Wohn-, Industrie- und Erholungsgebiete verursacht beträchtliche Verkehrsprobleme[115],

---

112) Vgl. Denkschrift der MKRO, a.a.O., S. 33; Steiger, H., Umweltschutz durch planende Gestaltung, a.a.O., S. 137. Über ein solches in die gewachsene Raumordnung eingreifendes Instrumentarium verfügten bereits in der Vergangenheit vor allem die Zentralverwaltungswirtschaften Osteuropas (vgl. Höhmann, H.-H./Seidenstecher, G./Vajna, T., Umweltschutz und ökonomisches System in Osteuropa, a.a.O., S. 63 und S. 164).

113) Vgl. Denkschrift der MKRO, a.a.O., S. 21; Hartkopf, G., Umweltgestaltung durch Raumordnung, a.a.O., S. 146.

114) Vgl. Antoine, S., Die Qualität der Umwelt und die Raumordnung, a.a.O., S. 81. Nach der Denkschrift der MKRO ist "eine gewisse Funktionsmischung ... für eine erlebnisreiche Umwelt erwünscht" (vgl. dort S. 20).

115) Vgl. Baumberger, H., Wirtschaftliche Probleme einer um-

die ihrerseits wiederum starke Umweltbelastungen hervorrufen. Um die Immissionsgrenzwerte einhalten zu können, muß ein überwiegend auf die Raumordnung vertrauender Umweltschutz die Industrieansiedlungen breit streuen [116]; auch das beansprucht viel Raum und wirft zusätzliche Verkehrsprobleme auf, die ihrerseits wieder Umweltbelastungen verursachen.

In allen diesen Fällen gerät die Raumordnung, wenn sie dem Umweltschutz dienen will, mit (anderen) eigenen Zielen - wie etwa der Vermeidung einer zersiedelten Landschaft - in Konflikt.

Aus diesem Dilemma kann die Raumordnungspolitik nur befreit werden, wenn sie von der Aufgabe des Umweltschutzes so weit entlastet wird, daß sie ihren anderen Zielen in genügendem Umfang entsprechen kann. Die Raumordnung muß vor allem durch Maßnahmen des technischen Umweltschutzes ergänzt und dadurch entlastet werden. Je mehr Emissionen technisch reduziert und je mehr Immissionen durch technische Maßnahmen verhindert werden können, um so dichter können potentielle Emittenten und Bevölkerung räumlich zusammenrücken oder gar in einem Mischgebiet verflochten sein und um so mehr wird Platz sein für Naherholungs-, Freizeit-, Natur- und Landschaftschutzgebiete.

c) Technische Maßnahmen des Umweltschutzes

aa) Technik und Umweltschutz

Daß die Umweltbelastung in der Vergangenheit teilweise die Folge einer Umweltbelange mißachtenden technologischen Entwicklung war, scheint unbestreitbar zu sein. Wir haben jedoch gesehen, daß

---

weltkonformen Energieversorgung, in: von Walterskirchen, M.P. (Hrsg.), Umweltschutz und Wirtschaftswachstum, a.a.O., S. 239; Schaefer, H., Die Ökologie als Problem des Umweltschutzes, a.a.O., S. 137.

116) Vgl. Vogl, J., Bayerns Luftmeßsystem, in: U 1974, 2, S. 6; Binswanger, H.C., Eine umweltkonforme Wirtschaftsordnung, a.a.O., S. 139; auch aus Gründen des wirtschaftlichen Recycling von Abfallstoffen ist es z.B. günstig, wenn abfallverursachende und abfallverwertende Industrien verkehrsgünstig (nahe) beieinanderliegen (vgl. Swoboda, H., Probleme der Umweltpolitik, a.a.O., S. 83).

durch eine Kontrolle der technologischen Entwicklung negative Umweltauswirkungen zumindest begrenzt werden können. Die gezielte Förderung der technologischen Forschung hat außerdem in einem derartigen Umfang zur Entwicklung umweltfreundlicher Technologien und Produkte sowie der Vervollkommnung der Rückhaltetechnologien (dem "klassichen" technischen Umweltschutz) beigetragen [117], daß man heute wohl sagen kann, daß sich das Verhältnis zwischen Umwelt und Technik grundlegend gewandelt hat: Die Technik und die weitere technologische Entwicklung sind zur wesentlichen Voraussetzung des Umweltschutzes geworden; nicht nur weil die Umwelttechnik relativ kurzfristig wirksam ist - etwa im Gegensatz zur Umwelterziehung, sondern auch weil sie Umweltschutz ohne eine radikale Begrenzung des Wachstums und Wohlstands ermöglicht.

bb) Ansatzpunkte des technischen Umweltschutzes

Um die grundsätzlichen Möglichkeiten des technischen Umweltschutzes darzustellen, gehen wir von der Annahme aus, daß Umweltbelastungen entstehen

(1) durch die mit der Güterproduktion verbundene Emission von Schadstoffen (die emittierten Schadstoffe sind also Kuppelprodukte der produzierten Güter [118]),

(2) durch die mit dem Konsum der Güter verbundene Emission von Schadstoffen,

(3) durch die umweltbelastenden Eigenschaften mancher Produkte, wobei zu unterscheiden ist zwischen Produkten, die

---

117) Das Angebot der Umweltschutzindustrie an umweltfreundlichen Verfahrenstechniken, Recycling-Techniken und Rückhaltetechniken, ist ebenso beeindruckend wie die meßtechnischen Entwicklungen der letzten Jahre. Aber auch die übrige Industrie ist bemüht, ihren Beitrag - zumindest von der Seite der Herstellung umweltfreundlicher Produkte - zum Umweltschutz zu leisten. Um einen Eindruck davon zu erhalten, was es heute alles an Umwelttechniken gibt, sehe man in die Sonderausgabe von U vom Dezember 1976 "Umweltmarkt von A bis Z".

118) Vgl. Thoss, R., Zur Planung des Umweltschutzes, in: Raumforschung und Raumordnung, 30. Jg., 1972, S. 180.

(a) Faktorinputs in der Güterproduktion sind,

(b) konsumiert werden.

Diese Grundannahmen über die Möglichkeiten der Entstehung von Umweltbelastungen verknüpfen wir mit der weiteren Annahme, daß zwei Emissionssektoren bestehen, und zwar der Emissionssektor der Produzenten EP (in dem vor allem die Sektoren Industrie, Handwerk, Handel, Verkehr und Landwirtschaft enthalten sind) und derjenige der Konsumenten EK.

Darüberhinaus soll es einen Entsorgungssektor und ein Immissionsgebiet geben*, in dem die Schadstoffe zur Umweltbelastung führen. In der folgenden schematischen Darstellung (Abb. 15) wollen wir zunächst zeigen, welche umweltbelastungsrelevanten Güter- und Schadstoffströme zwischen den einzelnen Sektoren und dem Immissionsgebiet fließen. Sie sind mit kleinen Buchstaben bezeichnet. Der Strom a bezeichnet den gesamten Güteroutput. Er kann als Faktorinput an den Produktionssektor zurückfließen (a_1), in den Konsumsektor gehen (a_2) oder als Faktorinput im Entsorgungsbereich dienen (a_3).

Es gilt die Beziehung

(1) $a = a_1 + a_2 + a_3$.

Es kann sein, daß $a = a_1$; dann handelt es sich um reine Investitionsgüter (z.B. Baukräne). Wenn dagegen $a = a_2$, handelt es sich um reine Konsumgüter (z.B. Äpfel), und wenn $a = a_3$, so ist es ein Entsorgungsgut (z.B. eine Müllverbrennungsanlage). Der Güterstrom a kann aber auch an zwei oder an alle drei Sektoren gehen (z.B. Heizöl).

Der Strom b gibt den bei der Produktion von a entstehenden Schadstoffoutput wieder, wobei gelten soll, daß

(2) $b = b(a)$

und

(2a) $$\frac{\frac{db}{b}}{\frac{da}{a}} = 1;$$

es liegt also starre Kuppelproduktion vor.

Der Schadstoffoutput kann nun zurückgewonnen werden (b_1), und zwar innerbetrieblich, innerhalb des gleichen Produktionssektors

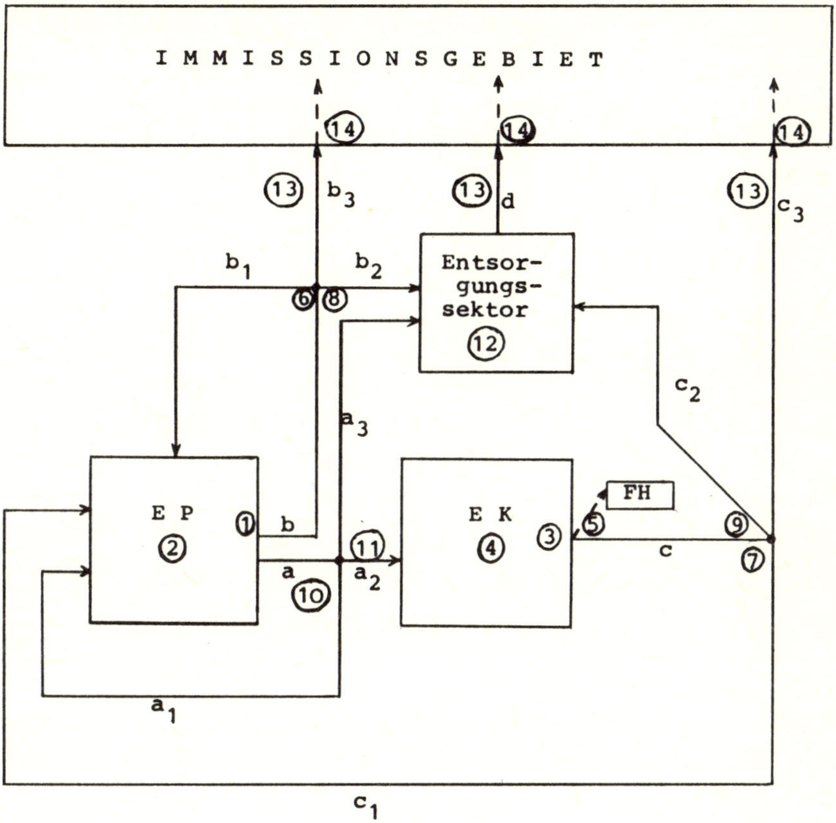

Abb. 15

oder von einem anderen Produktionssektor; er kann auch in den Entsorgungssektor fließen (b_2) oder zur Immissionsbelastung führen (b_3). Auch alle Kombinationen sind möglich. Es gilt also:

(3) $b = b_1 + b_2 + b_3$.

Für den Schadstoffstrom c aus dem Konsumsektor gilt das gleiche wie für b: Er kann im Produktionssektor rezyklisiert werden (c_1), in den Entsorgungsbereich fließen (c_2), oder zur Immissionsbelastung führen (c_3). Es sind ebenfalls alle Kombinationen dieser Möglichkeiten denkbar, so daß gilt:

(4) $c = c_1 + c_2 + c_3$.

Der Schadstoffoutput d des Entsorgungssektors resultiert zum einen aus seiner Entsorgungsaktivität und ist insofern ein Kuppelprodukt der Schadstoffbeseitigung oder -vernichtung; zum anderen besteht er aus bei gegebener Entsorgungstechnik nicht weiter reduzierbaren Schadstoffmengen, der sogenannten Restverschmutzung.

Die Gesamtbelastung S des Immissionsgebietes mit Schadstoffen ist nun

(5) $S = b_3 + c_3 + d$.

Das Ziel der Umweltpolitik, die Einhaltung der Immissionsstandards, ist offenbar gefährdet, wenn die Gesamtbelastung ansteigt. Der technische Umweltschutz muß deshalb dafür sorgen, daß die Komponenten b_3, c_3 und d möglichst gering sind. Die ersten Ansatzpunkte des technischen Umweltschutzes kann man erkennen, wenn man die Gleichungen (3) und (4) nach b_3 bzw. c_3 auflöst; man erhält dann

(6) $b_3 = b - b_1 - b_2$

und

(7) $c_3 = c - c_1 - c_2$.

Aus Gleichung (6) folgt:

Die Immissionsbelastung infolge des Schadstoffoutputs der Produzenten b_3 ist um so geringer,

(I) je geringer die gesamten Schadstoffemissionen aus dem Produktionssektor b sind,

(II) je größer die davon rückgewonnenen Schadstoffmengen b_1 sind,

(III) je größer die dem Entsorgungssektor zugeführten Schadstoffmengen b_2 sind.

Aus Gleichung (7) folgt:

Die Immissionsbelastung infolge der Schadstoffemissionen der Konsumenten c_3 ist um so geringer,

(IV) je geringer der gesamte Schadstoffoutput der Konsumente c ist,

(V) je größer die davon im Produktionssektor wiederverwendeten oder wiederverwerteten Schadstoffmengen c_1 sind,

(VI) je mehr von den Schadstoffmengen dem Entsorgungssektor c_2 zufließen.

Die Folgerungen I bis IV implizieren für die Umweltpolitik bzw. die umwelttechnologische Entwicklung folgende Maßnahmen:

Wegen I und IV: Nutzung und Verbesserung aller bekannten technischen Maßnahmen und Entwicklung neuer Technologien zur Reduzierung der Schadstoffemissionen im Produktions- und Konsumsektor (Maßnahmenkategorie A);

wegen II und V: Nutzung und Verbesserung aller bekannten und Entwicklung neuer Techniken des Recycling (Maßnahmenkategorie B);

wegen III und VI: Nutzung und Verbesserung aller bekannten und Entwicklung neuer Techniken der Schadstoffzufuhr zum Entsorgungsbereich (Maßnahmenkategorie C).

Den Maßnahmekategorien A bis C ist gemeinsam, daß sie sich auf eine unmittelbare Reduzierung der Emissionen beziehen. Wir bezeichnen sie deshalb als schadstoffoutput-orientierte technische Maßnahmen.

Manche Schadstoffemissionen entstehen nun wegen der umweltbelastenden Eigenschaften bestimmter Güter. So kann z.B. die Beziehung gelten, daß der Schadstoffoutput b der Produzenten von ihrem Faktorinput a_1 abhängt:

(8) $b = f\ (a_1)$

wobei gilt, daß

(8 a) $\frac{db}{da_1} > 0.$

Ferner ist es denkbar, daß der Schadstoffoutput c der Konsumenten von deren Güterinput a_2 abhängt, also gilt:

(9) $c = c\ (a_2)$,

wobei

(9 a) $\frac{dc}{da_2} \quad 0.$

Schließlich kann auch der Schadstoffoutput d des Entsorgungssektors von dessen Faktorinput a_3 abhängen. Es gilt:

(10) $d = d\ (a_3)$

Hierbei sind zwei Fälle zu unterscheiden: a_3 kann ein Energieträger a_{31} sein, dessen vermehrter Einsatz - wie in den anderen Sektoren auch - die Schadstoffemissionen erhöht. Es gilt dann:

(10 a) $\frac{dd}{da_{31}} > 0.$

Es kann sich beim Faktorinput a_3 aber auch um ein Entsorgungsgut a_{32} handeln, das von der Umweltschutzindustrie bezogen wurde. Dieses wird den Schadstoffoutput des Entsorgungssektors (in Form der Restverschmutzung) reduzieren, so daß gilt:

(10 b) $\frac{dd}{da_{32}} < 0.$

Aus den Beziehungen (8a) und (10a) folgt, daß die Schadstoffemissionen des Produktions- und Entsorgungssektors um so größer sind, je umweltbelastender die Eigenschaften der als Faktorinputs verwendeten Güter sind (Fall VII).

Aus Beziehung (9a) folgt, daß die Schadstoffemissionen aus dem Konsumsektor um so größer sind, je umweltbelastender die Eigenschaften der Konsumgüter sind (Fall VIII). Schließlich folgt noch aus der Beziehung (10b), daß die Schadstoffemissionen des Entsorgungssektors (in Form der Restverschmutzung) um so geringer sind, je effizienter die beschafften Entsorgungstechniken sind (Fall IX).

Daraus kann man als umwelttechnische Aufgabe und für die Entwicklung der Umwelttechnologie ableiten:

Wegen der Fälle VII und VIII:

Anwendung und Verbesserung aller technischen Möglichkeiten, um die bisher produzierten Güter - gleichgültig, ob sie als Faktorinputs oder Konsumgüter verwendet werden - umweltfreundlicher zu gestalten, und Entwicklung neuer umfreundlicher Substitutionsgüter (Maßnahmenkategorie D)

und wegen IX: Einsatz und Verbesserung aller bekannten und Entwicklung neuer Entsorgungstechniken (Maßnahmenkategorie E).

Wir wollen die Maßnahmen der Kategorie D als produktorientierte technische Maßnahmen bezeichnen und die der Kategorie E als entsorgungsorientierte technische Maßnahmen.
Abschließend sei noch auf die Fälle eingegangen, in denen der Schadstoffoutput von dem Schadstoffinput in Form von Produktions- und Konsumrückständen abhängt. Das ist vor allem im Entsorgungssektor der Fall, wenn - bei gegebener Entsorgungstechnik - der Schadstoffoutput d (in Form der Restverschmutzung) mit zunehmendem Schadstoffinput b_2 und c_2 aus dem Produktions- bzw. Konsumsektor zunimmt, also gilt:

(11) $d = e\ (b_2, c_2)$,

wobei

(11 a) $\frac{dd}{db_2} > 0.$

und

(11 b) $\frac{dd}{dc_2} > 0.$

Aber auch durch Recycling, also einen Schadstoffinput im Produktionssektor, kann der Schadstoffoutput b zunehmen, und zwar sowohl bei einer Rückgewinnung produktionsbedingter Schadstoffoutputs b_1 als auch bei der konsumbedingter Schadstoffoutputs c_1, so daß gilt:

(12) $b = g\ (b_1)$,

wobei

(12 a) $\frac{db}{db_1} > 0.$

und

(13) $b = h\ (c_1)$,

wobei

(13 a) $\frac{db}{dc_1} > 0.$

Die Beziehungen (11a) und (11b) kann man so interpretieren, daß bei gegebener Entsorgungstechnik die Schadstoffemissionen aus dem Entsorgungsbereich um so größer sind, je umweltbelastender

die Eigenschaften der Schadstoffe sind (Fall X).
Die Beziehungen (12a) und (13a) kann man so interpretieren, daß das Recycling von Schadstoffen um so mehr Schadstoffemissionen hervorruft, je umweltbelastendere Eigenschaften die rezyklisierten Schadstoffe haben (Fall XI).
Aus den Fällen X und XI kann man die Forderung ableiten, daß die Umwelttechnik und die umwelttechnologische Entwicklung dafür sorgen müssen, daß die Schadstoffe entsorgungsgerechter und recycling-freundlicher werden, was wohl nur bedeuten kann, daß die Güter (Faktorinputs und Konsumgüter), die sich (teilweise) in die Schadstoffe verwandeln, entsorgungsgerechtere und recycling-freundlichere Eigenschaften erhalten.
Daß der Schadstoffoutput des Produktionssektors von den recycling-freundlichen Eigenschaften der Produkte abhängt, kann man sich folgendermaßen verdeutlichen:
Wir lösen zunächst die Gleichungen (3) und (4) nach b_1 und c_1 auf und erhalten dann:

(14) $b_1 = b - b_2 - b_3$

und

(15) $c_1 = c - c_2 - c_3$.

In die Gleichungen (14) und (15) setzen wir nun die Gleichungen (8) bzw. (9) ein und erhalten dann:

(16) $b_1 = f(a_1) - b_2 - b_3$

und

(17) $c_1 = c(a_2) - c_2 - c_3$.

Nun setzen wir die Gleichungen (16) und (17) in die Gleichungen (12) bzw. (13) ein und erhalten dann:

(18) $b = g\left[f(a_1) - b_2 - b_3\right]$,

wobei

(18 a) $\frac{db}{db_1} \cdot \frac{db_1}{da_1} > 0$

und

(19) $b = h\left[c(a_2) - c_2 - c_3\right]$,

wobei

(19 a) $\frac{db}{dc_1} \cdot \frac{dc_1}{da_2} > 0.$

Schließlich kann man auch noch zeigen, daß die Restverschmutzung im Entsorgungssektor indirekt von der Entsorgungsgerechtigkeit der Güter abhängt:
Man löst zunächst die Gleichungen (3) und (4) nach b_2 und c_2 auf und erhält dann:
(20) $b_2 = b - b_1 - b_3$
und
(21) $c_2 = c - c_1 - c_3.$
Setzt man in (20) und (21) nun die Gleichungen (8) bzw. (9) ein, so erhält man:
(22) $b_2 = f(a_1) - b_1 - b_3$
und
(23) $c_2 = c(a_2) - c_1 - c_3.$
Durch Einsetzen der Gleichungen (22) und (23 in Gleichung (11) erhält man:
(24) $d = e\left[f(a_1) - b_1 - b_3, c(a_2) - c_1 - c_3\right],$
wobei gilt:

(24 a) $\frac{dd}{db_2} \cdot \frac{db_2}{da_1} > 0$

und

(24 b) $\frac{dd}{dc_2} \cdot \frac{dc_2}{da_2} > 0.$

Mit der entsorgungsgerechten und recycling-freundlichen Gestaltung der Schadstoffe via umweltfreundliche Gestaltung der Produkte, also mit den Fällen X und XI, haben wir eine weitere Maßnahmenkategorie F, die wir als rückstandsorientierte technische Maßnahmen bezeichnen wollen.
Die bisher geschilderten Maßnahmen des Umweltschutzes haben gemeinsam, daß sie die Umweltbelastung mehr oder weniger an der Wurzel bekämpfen, nämlich im Emissionsbereich oder zumindest im Entsorgungssektor, der möglichst ohne "undichte" Stellen mit dem Emissionsbereich verbunden sein sollte. Wir wollen diese Maßnahmen als emissions-orientierte technische Maßnahmen des Um-

weltschutzes bezeichnen.
Es gibt aber auch noch andere Möglichkeiten, Immissionsbelastungen zu vermeiden, und zwar nachdem die Schadstoffe bereits emittiert wurden. Vergegenwärtigen wir uns noch einmal die Ausbreitung der Schadstoffe von der Emission zur Immission, so zeigen sich die Möglichkeiten, die Immissionsbelastungen auch dadurch zu verhindern, daß man durch technische Maßnahmen die Transmission der emittierten Schadstoffe beeinflußt (also die Schadstoffströme b_3, c_3 und d in Abb. 15 "verdünnt") oder daß man die emittierten Schadstoffe durch technische Maßnahmen daran hindert, ins Immissionsgebiet zu gelangen.
Wir bezeichnen diese beiden weiteren Möglichkeiten des technischen Umweltschutzes als transmissionsorientierte technische Maßnahmen des Umweltschutzes (Maßnahmenkategorie G) und als immissionsorientierte technische Maßnahmen des Umweltschutzes (Maßnahmenkategorie H). Diese beiden Maßnahmenkategorien sind in der Regel weniger wirksam als die emissionsorientierten technischen Maßnahmen. Die "Verdünnung" der Schadstoffemissionen während der Transmission verteilt die Schadstoffe auf größerem Raum und zögert damit, ceteris paribus, die Umweltbelastung bestenfalls hinaus. Der Nachteil der immissionsorientierten technischen Maßnahmen besteht in ihrer nur selektiven Wirksamkeit: nicht belastet wird lediglich das Gebiet, das sich hinter einer "Immissionsschutzwand" oder unter einer "Immissionsschutzhaube" befindet.
Trotz dieser Einwände gegen die Wirksamkeit der Maßnahmenkategorien G und H wollen wir sie als Immissionsbelastungen vermeidende technische Maßnahmen des Umweltschutzes bezeichnen. Sie gehören zusammen mit den emissionsorientierten technischen Maßnahmen (Maßnahmenkategorien A bis F) sowie den Maßnahmen der Emissions- und Immissionsmessung (Maßnahmenkategorie O) zum präventiven technischen Umweltschutz. Von ihm unterscheidet sich die nachträgliche Beseitigung von Umweltschäden, die Umweltsanierung. Auf die technischen Möglichkeiten der Umweltsanierung wollen wir nicht weiter eingehen, aber doch so viel dazu sagen: Die u.E. beste Möglichkeit der Umweltsanierung ist

Umweltsanierung					
Präventiver technischer Umweltschutz	Immissionsorientierte techn. Maßnahmen		H		Immissionsschutz im Immissionsgebiet und am Immissionsobjekt
	Transmissionsorientierte technische Maßnahmen		G		"Verdünnung" der Emissionen während der Transmission
	Emissionsorientierte technische Maßnahmen	Rückstandsorientierte technische Maßnahmen	F	XI	Recycling-freundliche Gestaltung der Schadstoffe bzw. Produkte
				X	Entsorgungsgerechte Gestaltung der Schadstoffe bzw. Produkte
		Entsorgungsorientierte technische Maßnahmen	E	IX	Anwendung von Entsorgungstechniken
		Produktorientierte technische Maßnahmen	D	VIII	Umweltfreundliche Produktgestaltung bei Konsumgütern
				VII	Umweltfreundliche Produktgestaltung bei Faktorinputs
		Schadstoffoutput-orientierte technische Maßnahmen	C	VI	Schadstoffsammlung aus EK
				III	Schadstoffsammlung aus EP
			B	V	Recycling aus EK
				II	Recycling aus EP
			A	IV	Dir. Schadstoffreduktion im EK
				I	Dir. Schadstoffreduktion im EP
	Meßtechn. Maßnahmen		O		Emissions- und immissionsseitige Messungen der Schadstoffkonzentrationen

ein verstärkter präventiver technischer Umweltschutz, der es dem zu sanierenden Umweltmedium wieder ermöglicht, seine Selbstreinigungskräfte zu mobilisieren. Eine z.B. einmal im Jahr bei Niedrigwasser von der Bundeswehr oder Pfadfindern durchgeführte "Rheinputzete" ist keine solche Maßnahme.
In der Tabelle auf S. 239 ist noch einmal die in diesem Abschnitt vorgenommene Kategorisierung der technischen Maßnahmen des Umweltschutzes zusammengestellt.

cc) Konkrete Maßnahmen des präventiven technischen Umweltschutzes

(1.) Emissionsorientierte technische Maßnahmen

(1.1.) Schadstoffoutputorientierte technische Maßnahmen

(1.1.1.) Direkte Schadstoffreduktion ...

(1.1.1.1.) ... im Emissionssektor der Produzenten

Zur direkten Reduktion des Schadstoffstroms b in Abb. 15 gibt es grundsätzlich zwei technische Möglichkeiten:

(a) Die Schadstoffe werden an der Emissionsquelle (Schornstein, Auspuff, Abwasserrohr) reduziert (Rückhaltetechnologie)(1)[119]

(b) Der Produktionsprozeß wird effizienter gestaltet oder durch einen anderen substituiert (2).

Zu (a):

Die Rückhaltetechnologien sind die klassischen Techniken des Umweltschutzes. Es handelt sich bei der Luftreinhaltung um sogenannte Abscheidetechniken[120]. Die Abscheidung fester und flüssiger luftbelastender Schadstoffe kann vor allem durch mechanische Entstaubung (z.B. in Absetzkammern und Zyklonen), durch Elektronenentstauber, durch Naßabscheider (z.B. Venturier-

---

119) Die Ziffern in den Klammern entsprechen hier und im folgenden den Ziffern in Abb. 15 und sollen die Einsatzpunkte der Umwelttechniken zeigen.

120) Vgl. Moll, W.L.H., Taschenbuch für Umweltschutz I: Chemische und technologische Informationen, Darmstadt 1973, S. 29 ff.; Krist, T., Grundwissen Umweltschutz. Zahlen, Daten, Fakten, Bestimmungen, Darmstadt 1974, S. 79 ff.; Klein, A., Reine Luft, Karlsruhe 1971, S. 86 ff.; Umweltmarkt von A bis Z, Sonderheft von U, Dezember 1976, S. 120 f.

wäsche, Berieselungswäsche) und durch Flächenfilter (z.B. Schlauchfilter, Taschenfilter) erfolgen. Zur Abscheidung gasförmiger Schadstoffe bedient man sich neben Absorption, Adsorption und der Naßwäsche verschiedener chemischer, thermischer und katalytischer Verfahren.
Innerbetriebliche Rückhaltetechnologien in der Abwasserreinigung sind vor allem Filter; aber auch Kühltürme zur Reduzierung der thermischen Belastung der Gewässer gehören i.w.S. zu den Rückhaltetechnologien. Die Kläranlagen, die man auch hier einordnen könnte, wollen wir bei den entsorgungsorientierten Maßnahmen behandeln.
Als Rückhaltetechniken für Lärm seien Schalldämpfer (z.B. an dem Auspuff von Motorrädern) genannt.
Der Nachteil der Rückhaltetechniken vor allem bei der Luft- und Gewässerreinhaltung ist, daß - teilweise hochgiftige - Reinigungsrückstände anfallen, die, wenn sie nicht rezyklisiert oder entsorgt werden, wiederum zur Umweltbelastung (als Abfall, Klärschlamm usw.) beitragen können.
Zu (b):
Diesen Nachteil haben die technischen Maßnahmen nicht, die via Verbesserung oder Substitution des Produktionsprozesses die Emissionen zu reduzieren versuchen, da hier bereits der innerbetriebliche Schadstoffanfall verringert wird. Ganz geringe technische Maßnahmen, wie z.B. die richtige Einstellung des Vergasers oder der Einspritzpumpe beim Kraftfahrzeug, können die Abgasemissionen beträchtlich reduzieren. Bei industriellen Produktionsprozessen werden solche Verbesserungs-Maßnahmen wohl relativ weniger "bringen". Dafür kann aber eine Änderung des Produktionsprozesses (Prozeßsubstitution) dazu führen, daß weniger gefährliche Schadstoffe anfallen.
In der Regel wird das daran liegen, daß mit der Prozeßsubstitution auch eine Inputsubstitution erfolgt: z.B. wirkt der Wechsel vom Otto-Motor zum Dieselmotor beim Kfz deswegen schadstoffreduzierend, weil in Dieselöl weniger (gefährliche) Schadstoffe enthalten sind als in Benzin; es kann aber auch sein, daß bei gleichen Inputs die Prozeßsubstitution zu einem geringeren

Schadstoffanfall führt, weil der neue Produktionsprozeß technisch effizienter ist. Prozeßsubstitutionen in Richtung auf umweltfreundlichere, d.h. weniger schadstoffintensive Produktionsverfahren zählen u.E. zu den wichtigsten Maßnahmen des technischen Umweltschutzes.

(1.1.1.2.) ... im Emissionssektor der Konsumenten

Grundsätzlich entsprechen die Probleme der direkten Schadstoffreduktion im Konsumsektor denen im Produktionssektor; allerdings sind zum einen die technischen Probleme der Schadstoffreduktion beim einzelnen Haushalt wegen der relativ geringen Vielfalt und der relativ geringen Schädlichkeit der Emissionen mit weitaus weniger technischem Aufwand lösbar als bei den Produzenten.

Die große Bedeutung des Emissionssektors der Konsumenten für die Umweltbelastung ergibt sich aus der Vielzahl der (jeweils relativ unbedeutenden) Emissionsquellen .

Rückhaltetechniken für die vielen einzelnen Emissionsquellen im Konsumsektor (3) kommen bis auf einige Ausnahmen (z.B. die Schalldämpfung von Motor-Rasenmähern) nicht in Betracht.

Um das Hauptproblem der Emissionen aus dem Konsumsektor, den Schadstoffoutput aus den vielen Hausfeuerstellen (vor allem SO_2), zu reduzieren, kommen vor allem zwei schadstoffoutputorientierte Möglichkeiten in Frage:

(a) Eine effizientere Gestaltung des Heizungsprozesses (4),

(b) Eine Zentralisierung und damit Reduzierung der Emissionsquellen (5).

Zu (a):

Vor allem bei Ölfeuerungsheizungen ließen sich die SO_2-Emissionen stark reduzieren, wenn der Brenner richtig eingestellt wäre. Dadurch könnte bei gleicher Heizleistung nicht nur der Ölverbrauch gesenkt werden, sondern das Öl würde auch vollständiger verbrennen, so daß aus zwei Gründen die SO_2-Belastung zurückginge.

Zu (b):

Da Rückhaltetechnologien sich an den einzelnen Hausfeuerstellen nicht lohnen, könnte man den Heizvorgang zentralisieren und die einzelnen Wohngebäude über ein Leitungsnetz mit Wärme versorgen. In einem solchen Fernheizwerk FH (vgl. Abb. 15) kann dann die bestmögliche Umwelttechnik den Schadstoffoutput begrenzen [121]. Man könnte diesen Fall als "Ex ante-Entsorgung" bezeichnen.

(1.1.2.) Recycling

Man kann vier Fälle des Recycling unterscheiden, und zwar die Rückgewinnung, die Wiederverwendung, die Weiterverwertung und die Weiterverwendung [122]. In Abb. 15 entspricht der Schadstoffstrom b_1 der Rückgewinnung und Schadstoffstrom c_1 den anderen drei Arten des Recycling.

(1.1.2.1.) Das Recycling innerhalb des Produktionssektors (6)

Diese Art des Recycling entspricht also der Rückgewinnung von "Schadstoffen" (wir sprechen jetzt besser von Produktionsrückständen). Es kann innerbetrieblich aber auch zwischen verschiedenen Betrieben des gleichen Produktionssektors oder auch intersektoral erfolgen.

In der Bundesrepublik Deutschland etablierten sich inzwischen verschiedene Abfallbörsen (z.B. die des Verbandes der Chemischen Industrie und die des DIHT), an denen rezyklisierbare Schadstoffe gehandelt werden [123]. Besonders fortgeschritten ist vor allem die Rückgewinnung von Edelmetallen - sicher nicht zuletzt wegen ihres Wertes - aber auch von Eisen und Stahl sowie von Nichteisenmetallen [124]. Ein gut zum Bild des Recycling passendes

---

121) Vgl. Baumberger, H., Wirtschaftliche Probleme einer umweltkonformen Energieversorgung, a.a.O., S. 245 f.; Siegrist, H.R., Die Auswirkungen der Energiewirtschaft auf die Umwelt, in: Leibundgut, H. (Hrsg.), Schutz unseres Lebensraums, a.a.O., S. 58.

122) Vgl. Lichtwer, L., Zukunftsaspekte der Wiederverwendung, in: U 1975, 4, S. 42 ff.

123) Vgl. ebenda S. 42; Haenert, F., Abfallbörse der Industrie- und Handelskammern, in: Umwelt 1974, 5, S. 23 f.; Wahl, K., Recycling: Systematisches Vorgehen bei Abfallstoffen, in: Umwelt 1975, 5, S. 43.

124) Vgl. Jobst, J., Recycling-Entwicklung und gegenwärtiger Stand, in: U 1975, 4, S. 37.

Beispiel ist die kreislaufartige Versorgung von Produktionsprozessen mit Kühlwasser.

(1.1.2.2.) Das Recycling aus dem Konsumsektor (7)

Hierbei kann es sich handeln um [125)]

(a) Wiederverwendung: hier wird der Schadstoff (wir sprechen jetzt wohl besser von Konsumrückstand) nicht mehr produziert, sondern nur "renoviert"; so wird z.B. die Mehrwegflasche nicht neu produziert, sondern nur gereinigt, gefüllt und eventuell neu etikettiert und verpackt, bevor sie wieder in den Konsumsektor gelangt.

(b) Weiterverwendung: hier werden Konsumrückstände in den Produktionssektoren wiedereingesetzt, aus denen sie stammen, wie Glas in der Glasindustrie, Altpapier in der Papierindustrie usw.

(c) Weiterverwendung: hierunter versteht man schließlich den Einsatz von Konsumgüterrückständen in nicht güterspezifischen Produktionssektoren, also z.B. die Verwendung von Glasscherben zur Herstellung von Glasphalt, der als Straßenbelag Verwendung findet.

Die verschiedenen Arten des Recycling sind u.E. sehr wichtige technische Maßnahmen des Umweltschutzes, deren Förderung wir nicht nur wegen des Umweltschutzes, sondern auch wegen der Rohstoffverknappung für notwendig halten. Die verschiedenen Möglichkeiten des bereits anwendungsreifen Recycling lassen nur ahnen, welche Möglichkeiten es vor allem in bezug auf die Weiterverwendung geben kann [126)].

(1.1.3.) Schadstoffsammlung

Die realen Möglichkeiten der Schadstoffsammlung zwecks Transport in den Entsorgungssektor beschränken sich auf die flüssigen und

---

125) Zum folgenden vgl. Lichtwer, L., Zukunftsaspekte der Wiederverwendung, a.a.O., S. 42.

126) Vgl. den ausführlichen Bericht über die Möglichkeiten und Verfahren des Recycling, den der Spiegel-Verlag herausgegeben hat: Recycling in der Materialwirtschaft, Expandierende Märkte, Bd. 5, Hamburg 1975.

festen Schadstoffoutputs, also auf Abwässer und Abfälle.

(1.1.3.1.) Die Sammlung von Schadstoffen aus dem Produktionssektor (8)

Eine umweltgerechte Entsorgung der produktionsspezifischen Abwässer und Abfälle erfordert, daß zwischen dem Anfall der Abwässer und Abfälle und deren endgültiger Beseitigung oder Reduktion im Entsorgungssektor keine Lücken entstehen, die zu Emissionen führen können. Deshalb müssen Sammlung und Transport der Schadstoffe möglichst lückenlos ineinander übergehen. Die Abwässer des Produktionssektors gelangen in der Regel über die kommunale Kanalisation lückenlos in die Kläranlage, während bei der Sammlung und dem Transport der produktionsbedingten Abfälle - z.B. beim Umladen und bei Transportunfällen - eher Lücken entstehen können. Die technischen Möglichkeiten der Abwassersammlung beschränken sich im wesentlichen auf die Verbesserung der Kanalisation, etwa die Einführung einer Trennkanalisation oder einer Ringkanalisation.
Mehr technische Möglichkeiten gibt es bei der Abfallsammlung und dem Abfalltransport. Sie reichen von der Volumenreduzierung der Abfälle bei der Sammlung durch Zerkleinerung oder Pressung, über die Sortierung, den Transport in Müllcontainern und die Einrichtung von Umladestationen bis hin zur wünschenswertesten Art der Abfallsammlung und des Abfalltransports: der Einrichtung eines geschlossenen Abfallentsorgungssystems durch eine Abfall-Pipeline vom Produktionssektor bis zur Abfallbeseitigungsanlage.

(1.1.3.2.) Die Sammlung von Schadstoffen aus dem Konsumsektor (9)

Die Abwassersammlung aus dem Konsumsektor erfolgt durch die kommunale Kanalisation. Die Sammlung und der Transport der Abfälle wirft vor allem wegen des großen Abfallvolumens Probleme auf.
Die technischen Lösungsmöglichkeiten sind die gleichen wie im Falle der produktionsspezifischen Abfälle. Geschlossene Entsorgungssysteme - wie sie bereits in einigen großen Wohnsiedlungen für eine lückenlose Abfallbeseitigung in Gebrauch sind -

scheinen die beste technische Lösung zu sein, wenn die Abfallbeseitigungsanlage (in der Regel eine Müllverbrennungsanlage) möglichst emissionsarm ist.

(1.2.) Produktorientierte technische Maßnahmen des Umweltschutzes

Die meisten Arten der Umweltbelastung sind die Folge umweltschädlicher Eigenschaften der Produkte, die in den Produktionsprozeß als Input oder in den Konsumtionsprozeß als Verbrauchsgüter eingehen. Die Faktorinputs gehen durch den Produktionsprozeß in irgendeiner Form in die Endprodukte ein, werden als Schadstoffe emittiert und/oder wandeln sich in Wärmeenergie um, die - wenn sie nicht genutzt wird, was eine Form des Recycling wäre - als Abwärme an die Umweltmedien Luft oder Wasser abgegeben wird und so zur thermischen Belastung der Umwelt führt. Sehr wichtig ist auch die mögliche Nutzungsdauer des Faktorinputs. Ist der Inputfaktor z.B. eine Maschine, so ist diese, ceteris paribus, um so umweltfreundlicher, je länger ihre Lebensdauer ist, denn um so geringer ist der Schadstoffanfall (hier in Form von Schrott) je Zeiteinheit.

Die Konsumgüter sind die Inputs der privaten Haushalte; was sich während des Konsumtionsprozesses nicht in Energie umsetzt, fällt als Schadstoff an. Ein Faktorinput ist nun um so weniger umweltbelastend, je vollständiger er in das Endprodukt eingeht, je weniger er sich also in Schadstoffe und unerwünschte Wärmeenergie aufspaltet (quantitative Komponente) und je unschädlicher eine Mengeneinheit des Schadstoffes für die Umwelt ist (qualitative Komponente).

Unter letzterem Aspekt ist auch die Nutzungsdauer der Konsumgüter für deren Umwelteigenschaften von großer Bedeutung. Je langlebiger die Konsumgüter sind, desto geringer ist der Schadstoffanfall (z.B. Schrott) je Zeiteinheit.

(1.2.1.) Technische Maßnahmen zur umweltfreundlichen Gestaltung der Faktorinputs (10)

Es bestehen grundsätzlich drei Möglichkeiten, die Faktorinputs umweltfreundlicher zu gestalten:

(a) Man verbessert die bisher verwendeten Inputs hinsichtlich ihrer Umweltfreundlichkeit (durch Reduktion der potentiellen Schadstoffanteile).

(b) Man substituiert sie durch andere - umweltfreundlichere - Inputs (Faktorsubstitution).

(c) Man verlängert die Lebensdauer der Faktoren, sofern sie Investitionsgüter sind.

Zu (a):
Technische Lösungen zur umweltrelevanten Verbesserung der Inputs bestehen z.B. darin, die Bestandteile aus ihnen zu entfernen, die - durch den Produktionsprozeß bedingt - als Schadstoffe frei werden. Beispiele für solche technischen Maßnahmen sind die Entschwefelung von leichtem und vor allem von schwerem Heizöl und die Herstellung bleifreien Benzins.

Zu (b):
Ist eine solche Entfernung der potentiellen Schadstoffe ex ante technisch (noch) nicht möglich, können die umweltschädlichen Inputs durch andere (umweltfreundlichere) ersetzt werden, was in den meisten Fällen auch eine Änderung des Produktionsprozesses erfordert. Man kann die Inputs gegen bereits bekannte (und verfügbare) umweltfreundlichere Inputs substituieren - z.B. Heizöl gegen Erdgas, DDT gegen schneller abbaubare Pesticide - oder nach neuen Inputs suchen bzw. serienreif gestalten (z.B. Sonnenenergie, biologische Schädlingsbekämpfungsmittel).

Zu (c):
Handelt es sich bei den Inputs um Investitionsgüter, so sind alle technischen Möglichkeiten zur Verlängerung ihrer Lebensdauer zu nutzen (z.B. Rostschutz, Verwendung verschleißarmer Werkstoffe). Es ist dabei darauf zu achten, daß die längere Lebensdauer des Anlagegutes nicht mit zeitlich zunehmender Emissionsintensität erkauft wird.

(1.2.2.) Technische Maßnahmen zur umweltfreundlichen Gestaltung der Konsumgüter (11)

Wenn die Faktorinputs umweltfreundlicher gestaltet werden, wirkt sich das auch auf die umweltfreundlichere Gestaltung der Konsum-

güter aus, und zwar zum einen deswegen, weil manche Güter sowohl als Faktorinputs als auch als Konsumgüter dienen können (z.B. Heizöl), zum anderen deswegen, weil manche Schadstoffe nicht bei der Produktion, sondern erst beim Konsum freigesetzt werden (z.B. Rückstände in Lebensmitteln, die sogar bei der Produktion absichtlich zugesetzt werden). Durch (agrar-)technische Maßnahmen wie etwa den biologischen Anbau von pflanzlichen Produkten kann eine umweltfreundliche Gestaltung von Konsumgütern realisiert werden. Zur Reduktion des Schadstoffstroms c in Abb. 15 würde auch eine Substitution der Konsumgüter (etwa der detergentienhaltigen in umweltfreundliche Waschmittel) beitragen. Von großer Umweltrelevanz ist ferner die Verlängerung der Lebensdauer der Konsumgüter - auch aus Gründen der Rohstoffknappheit -, etwa durch die Verwendung stabileren Materials, oder einfach die Unterlassung der geplanten Obsoleszenz - doch letzteres ist kein technisches Problem.
Insgesamt gesehen halten wir die technischen Maßnahmen des Umweltschutzes, welche auf eine umweltfreundlichere Gestaltung der Güter (Faktorinputs und Konsumgüter) zielen, für die förderungswürdigsten, da sie bereits den Schadstoffanfall reduzieren und so gar keine Recycling- oder Beseitigungsprobleme durch Rückhaltetechnologien oder Entsorgungsmaßnahmen aufkommen lassen.

(1.3.) Entsorgungsorientierte technische Maßnahmen des Umweltschutzes (12)

Einige entsorgungstechnische Maßnahmen haben wir mit der Schadstoffsammlung und dem Schadstofftransport in den Entsorgungssektor bereits behandelt. Nun geht es um die Frage der eigentlichen Entsorgung, also der möglichst wenig Umweltbelastungen hervorrufenden Beseitigung von potentiell umweltbelastenden Schadstoffen. Die Aufgaben des Entsorgungssektors bestehen in der möglichst vollkommenen Klärung der Abwässer aus dem Produktions- und dem Konsumsektor sowie der möglichst vollständigen Beseitigung von produktions- und konsumspezifischen Ab-

fällen.
Die Kläranlagen können aus drei Stufen bestehen [127]: der mechanischen, biologischen und chemischen Stufe. In der (ersten) mechanischen Stufe können lediglich Abwassergrobstoffe (z.B. durch Rechen) und feinere Stoffe durch Absetzen im Vorklärbecken entfernt werden. In der (zweiten) biologischen Stufe werden vor allem die organischen Verschmutzungen durch Bakterien im belüfteten Belebtschlammbecken beseitigt. Es kommt zu einer Mineralisierung der organischen Schadstoffe, der sogenannten Flockung, so daß durch Sedimentation eine mechanische Trennung vom Wasser erfolgen kann. Wegen der starken organischen Belastung der Abwässer sollte jede Kläranlage zumindest eine biologische Reinigungsstufe besitzen. Vor allem die toxischen Schadstoffe in den Abwässern machen jedoch die technisch aufwendigste Lösung der Abwasserreinigung, die (dritte) chemische Stufe, immer notwendiger, wenn eine toxische Belastung der Gewässer vermieden werden soll. In der chemischen Stufe werden die toxischen Schadstoffe im Abwasser chemisch umgewandelt und zwar so, daß sie mechanisch vom Wasser getrennt werden können. Um in der dritten Reinigungsstufe auch pathogene Mikroorganismen mit Sicherheit aus dem Abwasser beseitigen zu können, wird das Abwasser über Aktivkohle geleitet und durch Ozon oder Erhitzung sterilisiert.
Mit dieser technisch sehr aufwendigen Reinigungsstufe kann das Abwasser aber doch nur bis zu 60% von Quecksilber und bis zu 80% von Cadmium gereinigt werden, ein sicher noch nicht idealer Wert, so daß hier eine wichtige Aufgabe für die technologische Forschung besteht.
Nach der Abwasserreinigung stellt sich für den Entsorgungssektor ein Entsorgungsproblem: die aus dem Abwasser geklärten Schad-

---

127) Vgl. Moll, W.L.H., Taschenbuch für Umweltschutz I, a.a.O., S. 106 ff.; Krist, T., Grundwissen Umweltschutz, a.a.O., S. 239 ff.; Klee, O., Reinigung industrieller Abwässer. Grundlagen und Verfahren, Stuttgart 1970, S. 24 ff.; Martz, G., Methoden der Abwasserreinigung, in: U 1976, 3, S. 22 f.; Müller, Wilhelm J., Probleme der Reinhaltung von Gewässern, Bielefeld 1973, S. 29 ff.; Umweltmarkt von A bis Z, a.a.O., S. 48 ff.

stoffe, der sogenannte Klärschlamm muß beseitigt werden. Dafür kommen alle Möglichkeiten der ordnungsgemäßen Abfallbeseitigung in Frage - womit wir bei der nächsten Aufgabe der Entsorgung sind.
Es gibt grundsätzlich vier Möglichkeiten einer umweltgerechten Abfallbeseitigung [128]: die geordnete Deponie, die Abfallverbrennung, die Pyrolyse und das - uns bereits bekannte - Recycling. Hinzu kommen für besonders gefährliche Abfälle wie Giftmüll und radioaktive Rückstände spezielle Beseitigungs- oder Ablagerungsverfahren.
Die Standorte für geordnete Deponien müssen vor allem unter Beachtung des Grundwasserschutzes ausgesucht werden. Die Ablagerung der Abfälle aus dem Produktions- und Konsumsektor erfolgt dann schichtweise. Der Abfall wird - nach eventuell vorangegangener Zerkleinerung und Verrottung in Mieten - mit Planierraupen verteilt und am besten auch (z.B. mit Stampffuß- oder Messerwalzenverdichtern) verdichtet. Auf diese Abfallschicht wird dann eine Schicht unzersetzbaren Materials wie Bauschutt oder Erdaushub aufgebracht - in Ermangelung solchen Materials kann auch eine Abdeckung mit Schaum erfolgen -, bevor die nächste Abfallschicht aufgetragen wird. Nach Erschöpfung der Ablagerungskapazität, wird die Deponie abgeschlossen, und das Gelände kann - z.B. für Freizeitzwecke - rekultiviert werden. Die geordnete Deponie wird auch in Zukunft ihre Bedeutung haben - zumindest für die Rückstände aus den anderen Abfallbeseitigungsverfahren.
Ein weiteres Verfahren der Abfallbeseitigung ist die Abfallverbrennung. Es gibt Verbrennungsanlagen für spezielle Abfallarten (z.B. Klinikabfälle, radioaktive Abfälle) aber auch solche, die fast alles - von den Küchenabfällen bis zum Giftmüll - verbrennen. Damit die Abfallverbrennung nicht zu Belastungen der Atmosphäre führt, müssen alle prozeßtechnischen und rückhaltetechnologischen Möglichkeiten der Emissionsreduktion bei der Abfallverbrennung genutzt werden. Die Verbrennungsrückstände müssen

---

128) Vgl. Moll, W.L.H., Taschenbuch für Umweltschutz I, a.a.O., S. 209 ff.; Krist, T., Grundwissen Umweltschutz, a.a.O., S. 264 ff.; Umweltmarkt von A bis Z, a.a.O., S. 12 ff.

geordnet deponiert werden.
Die Pyrolyse, die Entgasung oder auch Vergasung von Abfällen, ist ein in den letzten Jahren neu entwickeltes technisches Verfahren der Abfallbeseitigung [129], dessen Vor- und Nachteile vor allem gegenüber der Abfallverbrennung wohl erst die praktische Erprobung zeigen kann.
Das Recycling von Abfällen haben wir bereits kennengelernt, allerdings handelte es sich dabei um ein direktes Recycling ohne Zwischenschaltung des Entsorgungssektors. Es ist nun auch möglich, daß Abfälle die in den Entsorgungssektor gelangen - oder aber erst dort entstehen -, rezyklisiert werden.
Im ersten Fall übernimmt der Entsorgungssektor eine Verteilerfunktion (eventuell nach vorheriger Sortierung); im zweiten Fall stellt er aus den rezyklisierbaren Entsorgungsrückständen selbst (neue) Produkte her.
Ein Beispiel für den ersten Fall ist die Aussortierung von Glas oder Altpapier aus dem Müll und dessen Weiterleitung an die Glas- oder Papierindustrie. Im Entsorgungssektor entstehen aber auch Entsorgungsrückstände wie Klärschlamm bei der Abwasserbeseitigung, Abfallberge bei der geordneten Deponie und Abwärme bei der Verbrennung und Pyrolyse der Abfälle, die rezyklisiert werden können.
Wenn der Klärschlamm vor allem von den toxischen Metallbestandteilen und den pathogenen Mikroorganismen befreit werden kann, besteht die Möglichkeit, ihn zusammen mit Hausmüll zu kompostieren [130]. Man kann damit drei Umweltprobleme gleichzeitig lösen: die Hausmüllbeseitigung, die Klärschlammbeseitigung und

---

129) Vgl. Fichtel, K., Pyrolyse von Hausmüll: Vier Verfahren könnten erprobt werden, in: Umwelt, 1975, 4, S. 42 ff.; Tabasaran, O., Abfallbeseitigung: Pyrolytische Behandlung von Hausmüll und Abwasserschlamm, in: Umwelt, 1976, 2, S. 84 ff.; Fichtel, K., Entgasen oder Vergasen?, in: U 1975, 3, S. 28 ff.; Nowak, F., Entgasung und Vergasung kombiniert, in: U 1976, 4, S. 28 ff.

130) Vgl. Stegmaier, W., Dünger aus Klärschlamm, in: U 1976, 3, S. 24 ff.; o.V., Dünger aus Klärschlamm, in: U 1974, 2, S. 20 f.; Pätschke, H., Lösung mit Zukunft: Kompostierung, in: U 1974, 1, S. 28 ff.; Straub, H., Kompostierung der Abfälle, sinnvollste Methode, in: Umwelt, 1972, 3, S. 56 ff.

die umweltfreundlichere Gestaltung der Düngung. Die Nutzung geschlossener und rekultivierter Abfalldeponien zu Freizeit- und Erholungszwecken [131] ist ebenfalls eine Art des Recycling. Die bei der Verbrennung und Pyrolyse entstehende Abwärme kann ebenfalls rezyklisiert werden, indem sie zur Versorung der Bevölkerung mit Heizwärme genutzt wird. Hier bietet sich die Möglichkeit, ein Fernheizwerk an den Entsorgungssektor zu koppeln und auf diese Art zwei Umweltprobleme gleichzeitig zu lösen: die Reduktion der Abwärme aus dem Entsorgungssektor und die Reduktion der Schadstoffe aus den Kleinfeuerungsanlagen der Wohngebäude via zentrale Wärmeversorgung.
Große Probleme wirft die Beseitigung besonders gefährlicher Abfälle auf. Die Versenkung von toxischen Stoffen in Spezialbehältern im Meer oder die Ablagerung von radioaktiven Abfällen in Stollen von ausgedienten Salzbergwerken sind letztlich keine endgültigen Lösungen, da sie im Grunde genommen keine B e s e i t i g u n g der Abfälle darstellen, so daß die Gefahren, die von ihnen ausgehen können zwar nicht mehr akut, aber doch noch latent vorhanden sind.

(1.4.) Schadstofforientierte technische Maßnahmen

Die umweltbelastenden Eigenschaften einiger Schadstoffe äußern sich u.a. darin, daß sie diese erst bei der ordnungsgemäßen Beseitigung oder beim Recycling offenbaren. Dem kann dadurch begegnet werden, daß man die Produkte, die sich teilweise oder ganz in Schadstoffe verwandeln, so gestaltet, daß wenigstens ihre ordnungsgemäße Beseitigung oder ihr Recycling nicht zu Umweltbelastungen führt.

(1.4.1.) Die entsorgungsgerechte Gestaltung der Schadstoffe (bzw. Güter) (= 10,11)

Bei der Produktgestaltung sollte man nicht nur darauf achten, daß die Produkte an sich schon möglichst geringe Umweltbelastungen

---

131) Vgl. Olschowy, G., Camping auf Müllwiesen, in: U 1972, 1, S. 26 ff.; Bickel, E., Müllkippen als künftige Erholungsgebiete in Holland, in: Müll und Abfall, 4. Jg., 1972, H. 3, S. 100.

hervorrufen, sondern auch darauf, daß die Produkte, wenn sie schon nach Durchlaufen des Produktions- und Konsumprozesses zu Schadstoffen werden, dann wenigstens relativ leicht beseitigt werden können.
In der Vergangenheit haben vor allem Kunststoffe, die immer mehr in Produktion und Konsum (z.B. als Verpackungsmaterial, Tragetaschen) Verwendung finden, deshalb zu einem Beseitigungsproblem geführt, weil sie entweder biologisch nicht abbaubar waren oder weil sie bei der Verbrennung wegen ihres hohen Chlorgehaltes - wie bei Polyvinylchlorid (PVC) - zur Bildung von Chlorwasserstoffemissionen, aber auch zur Korrosion in den Feuerungsanlagen führten [132]. Das Problem der Abbaubarkeit von Kunststoffen ist heute durch die Verwendung von Photooxidantien bei der Kunststoffherstellung praktisch gelöst. Sie bewirken, daß die Kunststoffe unter Einwirkung der ultravioletten Sonnenstrahlung zerfallen und dadurch mikrobiell abbaubar werden [133].

(1.4.2.) Die recycling-freundliche Gestaltung der Schadstoffe (bzw. Güter) (= 10,11)

Bei der Produktgestaltung sollte man auch daran denken, daß die Produkte, wenn sie Abfall geworden sind, eventuell gut rezyklisierbar sind und dabei nicht auch noch Umweltbelastungen hervorrufen.
Das Recycling von Altpapier ist teilweise dadurch sehr erschwert, daß sich manche Druckfarben nur unter großem Aufwand entfernen lassen - man spricht von "de-inken" -, was auch zu einem beträchtlichen Gewässerverschmutzungsproblem führt, so daß das Recycling von Altpapier vor allem bei den Auswaschverfahren

---

132) Vgl. Pfennig, N., Verhalten von Kunststoffen bei der Abfallbeseitigung, in: Probleme der Umweltforschung, a.a.O., S. 140 ff.; Rasch, R., Kunststoffe in der Müllverbrennung, in: U 1971, 4, S. 20 ff.; derselbe, Emissionen aus Müllverbrennungsanlagen bei Müll- und Kunststoffverbrennung, in: Müll und Abfall, 4. Jg., 1972, H. 3, S. 88 ff.

133) Vgl. Jeschke, H., Verpackung - ein teurer Service, in: U 1973, 3, S. 32 ff.; Rasenack, D., Kommen die abbaubaren Kunststoffe?, in: Blick durch die Wirtschaft v. 3o.8.71; Pfennig, N., Verhalten von Kunststoffen bei der Abfallbeseitigung, a.a.O., S. 146 f.

"oft mehr Umweltprobleme (aufwirft) als es löst" [134]. Seit längerer Zeit gibt es das recht komplizierte De-Inking durch Flotation, das umweltfreundlicher ist; der dabei entstehende Schmutzschaum wird entwässert und anschließend deponiert oder verbrannt [135]. Eine weitaus bessere Lösung wäre jedoch die Verwendung recycling-freundlicherer Druckfarben.

(2.) Transmissionsorientierte technische Maßnahmen (13)
Diese Maßnahmen zielen darauf ab, die Emissionen zu "verdünnen". Das kann z.B. durch "Filterung" der Emissionen während der Transmission geschehen. Solche "Filter" sind Wälder und Grünzonen, welche z.B. Staubpartikel und SO_2 aus der Luft absorbieren und so bestimmte Immissionsgebiete schützen. Eine Filterwirkung gegen Lärm haben ebenfalls Wälder und vor allem Lärmschutzwälle. Eine Verdünnung von Emissionen kann man aber auch durch die Ausnutzung natürlicher Faktoren wie Wind und Strömung erreichen. Zu den klassischen Maßnahmen des technischen Umweltschutzes gehört die Errichtung möglichst hoher Kamine, um die stärkeren Luftströmungen in der Höhe zur besseren Verteilung der Emissionen zu nutzen [136]. Auch die Freihaltung der Durchlüftungszonen in Städten und eine entsprechende Ausrichtung der Straßen bei dem Bau neuer Siedlungen will die Verteilung der Schadstoffe in der Luft fördern. Dies ist allerdings primär eine Aufgabe der Bauleitplanung. Auch die Strömungsverhältnisse in Gewässern kann man zur schnelleren Diffusion der Abwässer und der Kühlwässer nutzen [137]. Hier kann die Raumordnung (konkreter: die Standort-

134) Recycling in der Marktwirtschaft, a.a.O., S. 61; vgl. auch Lichtwer, L., Zukunftsaspekte der Wiederverwendung, a.a.O., S. 44.

135) Hierbei handelt es sich um den Fall einer Substitution des Recycling-Prozesses. Eine solche Prozeßsubstitution ist auch in den Fällen anzustreben, in denen das Recycling sehr viel Energie beansprucht (vgl. Jobst, J., Recycling - Entwicklung und gegenwärtiger Stand, a.a.O., S. 36).

136) Vgl. Moll, W.L.H., Taschenbuch für Umweltschutz I, a.a.O., S. 30.

137) Vgl. Naudascher, E., Strömungsforschung im Dienste des Umweltschutzes, in: Schultze, H. (Hrsg.), Umwelt-Report,

planung) technische Maßnahmen unterstützen, indem z.B. Einleiter von Abwässern an besonders strömungsstarken Stellen eines Flusses angesiedelt werden.

(3.) Immissionsorientierte technische Maßnahmen (14)
Dies sind Maßnahmen, die unmittelbar in der Nähe oder gar direkt am immissionsgefährdeten Objekt vorgenommen werden. Von großer praktischer Bedeutung ist die Wasseraufbereitung zu Trinkwasser und der immissionsseitige Lärmschutz durch schalldämmende Fenster und Außenwände von Gebäuden. Aber auch bereits ans Makabre grenzende technische Maßnahmen wie die Verwendung von Gasmasken zum Schutz vor der Abgasbelastung in den Straßenschluchten der Großstädte, gehören zu bereits praktizierten Maßnahmen des "passiven Immissionsschutzes" [138].

dd) Beurteilung der technischen Maßnahmen des präventiven Umweltschutzes

Nimmt man das Wort "präventiv" bei der Beurteilung der technischen Maßnahmen des Umweltschutzes als Maßstab und abstrahiert von allen Kosten der jeweiligen Maßnahmen, so wird man zu folgender Prioritätenbildung kommen:
Die besten technischen Maßnahmen des Umweltschutzes sind diejenigen, die bereits das Entstehen von Schadstoffen in dem Produktions- und Konsumsektor durch Produktgestaltung vermeiden oder reduzieren oder die Produkte zumindest entsorgungsgerecht bzw. recycling-freundlich gestalten, also vor allem Produktverbesserung und Produktsubstitution (also 10 und 11 in Abb. 15), aber auch Verfahrensverbesserung oder Verfahrenssubstitution (also 2 und 4). Die nächste Priorität genießen u.E. die technischen Maßnahmen, welche es zu keiner oder nur zu einer stark

---

a.a.O., S. 131 ff.; Gewässern kann auch wieder künstlich "auf die Beine" geholfen werden, z.B. durch Flußbelebung via künstliche Sauerstoffanreicherung (vgl. Müller, Wilhelm J., Probleme der Reinhaltung von Gewässern, a.a.O., S. 38 ff.; Meyer, Olaf, Frische Luft für kranke Seen, Sanierung durch Sauerstoffanreicherung, in: Umwelt, 1973, 4, S. 18 ff.)

138) Knabe, W./Luckat, S., Passiver Immissionsschutz gegen Luftverunreinigungen, in: Umwelt, 1974, 4, S. 28 ff.

reduzierten Schadstoffemission kommen lassen, also Recycling, Rückhaltetechnologien und Entsorgung wobei wir mit dieser Reihenfolge auch eine Rangfolge ausdrücken wollen. Das Recycling (also 6 und 7) ist - obwohl es in den meisten Fällen Rückhaltetechnologien voraussetzt - den Rückhaltetechnologien und der Entsorgung vorziehen, da es auch noch eine ressourcensparende Komponente hat, während die Rückhaltetechnologien und die Entsorgung viele Ressourcen beanspruchen. Die Rückhaltetechnologien (also 1, 3 und 5) sind u.E. der Entsorgung überlegen, da sie durch die innersektorale Emissionsreduktion mögliche Emissionen während des Transports ausschließen. Unter den Rückhaltetechnologien des Konsumsektors genießt die Zentralisierung der Emissionsquellen (also 5) noch Priorität gegenüber individuellen Rückhaltemaßnahmen und soll auf eine Stufe mit den Rückhaltetechnologien im Produktionssektor gestellt werden.
Bei der Entsorgung als letzte Stufe der emissionsorientierten technischen Maßnahmen (also 8, 9 und 12) kann man ebenfalls sagen, daß Maßnahmen des Recycling (z.B. Kompostierung) anderen Maßnahmen wie Verbrennung oder Deponie vorzuziehen sind. Alle emissionsorientierten technischen Maßnahmen (also 1 bis 12) sind allen passiven technischen Maßnahmen des präventiven Umweltschutzes (also 13 und 14) vorzuziehen, da letztere keinen breit gestreuten Immissionsschutz bieten und sowohl regional als auch personell so selektiv sein können, daß dadurch große interregionale und interpersonelle Ungleichheiten entstehen können. Die passiven Maßnahmen des technischen Umweltschutzes bergen außerdem eine große Gefahr in sich: Sie reduzieren die Anstrengungen beim emissionsorientierten technischen Umweltschutz. Es gibt u.E. nur einen Grund, transmissions- oder immissionsorientierte technische Maßnahmen des Umweltschutzes zu ergreifen, und das ist der, daß es keine technisch realisierbaren oder nur unverhältnismäßig teure emissionsorientierte technische Maßnahmen gibt.
Wir erhalten also - bei Nichtbeachtung der Kosten - folgende Prioritätenliste:

Priorität	Technische Maßnahme	Nummer in Abb. 15
1	Produktgestaltung (Faktorinputs und Konsumgüter)	10 und 11
2	Prozeßgestaltung	2 und 4
3	Recycling	6 und 7
4	Rückhaltetechnologie im Produktionssektor und Fernheizung	1 und 5
5	Rückhaltetechnologien im Konsumsektor	3
6	Entsorgung (Sammlung, Transport, Beseitigung)	8, 9 und 12
7	Passiver Immissionsschutz (transmissions- und immissionsorientiert)	13 und 14

Diese Prioritätenliste kann als Basis für eine die Kosten berücksichtigende optimale Planung des Umweltschutzes dienen [139].

C. Ansätze einer optimalen Planung des Umweltschutzes

1. Planung des Umweltschutzes nach Gossen?

Im vergangenen Abschnitt haben wir eine Fülle von nicht-technischen, technischen und Raumordnungsmaßnahmen kennengelernt, mit denen sich die Umweltbelastung vermeiden oder reduzieren läßt. Es stellt sich die Frage, welche Maßnahme oder Maßnahmenkombinationen man wählen soll, um die Vielzahl der Umweltschutzziele in Form der Immissionsstandards einzuhalten oder zu erreichen.

Da Kriterium für eine rationale Planung des Umweltschutzes der optimale Einsatz der zur Verfügung stehenden Maßnahmen ist, muß nach dem ökonomischen Prinzip vorgegangen werden. Seine alternativen Versionen in bezug auf den Umweltschutz lauten:

(1) Die (im Sinne von Tinbergen) einseitig fixierten Ziele [140]

---

139) Vgl. dazu unten S. 265 ff.

140) Vgl. Tinbergen, J., Centralization and Decentralization in Economic Policy, Amsterdam 1954, S. 7 ff.

des Umweltschutzes in Form der Immissionsstandards sind mit einem Minimum an gesamtwirtschaftlichen Ausgaben zu realisieren.

(2) Mit einer bestimmten gesamtwirtschaftlichen Ausgabensumme sind die Ziele des Umweltschutzes in Form der Schadstoffreduktion zu maximieren.

Wir wollen von der zweiten Version des ökonomischen Prinzips ausgehen, da sie die realistische Prämisse enthält, daß der finanzielle Ressourcenrahmen für den Umweltschutz vorgegeben ist. Das impliziert, daß über die Priorität des Umweltschutzes bereits entschieden ist.

Das Planungsproblem besteht nun darin, die in einer Periode (z.B. vier Jahren) für den Umweltschutz zur Verfügung stehende gesamtwirtschaftliche Ausgabensumme A so auf die n Maßnahmen j (j = 1,...,n) zu verteilen, daß die Reduktion der m Schadstoffe i (i = 1,...,m) und damit das Ziel des Umweltschutzes maximiert wird.

Nehmen wir an, das Ziel des Umweltschutzes lasse sich in einem Umweltindikator quantifizieren, den wir als Umweltnutzen U bezeichnen wollen, so gilt, daß der Umweltnutzen eine Funktion der reduzierten Menge r_i der m Schadstoffe i ist, also

(1) $U_i = U_i(r_i)$ für alle i = 1,...,m

(2) $U = \sum_i U_i(r_i)$

Nehmen wir weiterhin an, daß die Reduktion jedes Schadstoffs i von den Einsatzmengen m_{ij} aller Maßnahmen j abhängt, so gilt

(3) $r_i = \sum_j r_{ij}(m_{ij})$.

Setzen wir Gleichung (3) in Gleichung (2) ein, so erhalten wir die Zielfunktion

(4) $U = \sum_i U_i\left[\sum_j r_{ij}(m_{ij})\right]$.

Es soll nun weiterhin gelten, daß der Umweltnutzen mit steigender Schadstoffreduktion r_i infolge zunehmenden Einsatzes der jeweiligen Schadstoffreduktionsmaßnahmen m_{ij} nur unterproportional zunimmt. Es gilt also:

$$(4\ a)\quad \frac{\partial U}{\partial r_{ij}} \frac{dr_{ij}}{dm_{ij}} > 0$$

und

$$(4\ b)\quad \frac{\partial^2 U}{\partial r_{ij}} \frac{dr_{ij}}{dm_{ij}^2} < 0.$$

Wir unterstellen also einen abnehmenden Grenznutzen der Schadstoffreduktionsmaßnahmen, was dem 1. Gossenschen Gesetz entspricht.

Da die Ausgaben für den Umweltschutz begrenzt sind, kann U nur unter der Nebenbedingung der Ausgabenrestriktion maximiert werden. Bezeichnen wir die Ausgaben (den Preis) für jede Mengeneinheit jeder Maßnahme j zur Reduktion des Schadstoffs i mit a_{ij}, so lautet die Nebenbedingung:

$$(5)\quad A = \sum_i \sum_j a_{ij} m_{ij} \;,$$

wenn wir unterstellen, daß die Preise unabhängig von den nachgefragten Maßnahmeneinheiten sind.

Mit Hilfe des Lagrange-Ansatzes können wir nun die optimalen Einsatzmengen der verschiedenen Maßnahmen bestimmen [141]:

$$(6)\quad L = \sum_i U_i \left[\sum_j r_{ij}(m_{ij})\right] - \lambda \sum_i \sum_j a_{ij} m_{ij}$$

$$(7)\quad \frac{\partial L}{\partial r_{ij}} \frac{dr_{ij}}{dm_{ij}} = \frac{\partial U_i}{\partial r_{ij}} \frac{dr_{ij}}{dm_{ij}} - \lambda a_{ij} = 0 \quad \text{für alle i und j}$$

$$(8)\quad \frac{1}{a_{ij}} \frac{\partial U_i}{\partial r_{ij}} \frac{dr_{ij}}{dm_{ij}} = \lambda$$

---

141) Vgl. z.B. Stöwe, H./Härtter, E., Lehrbuch der Mathematik für Volks- und Betriebswirte, Göttingen 1967, S. 103 f.

Gleichung (8) besagt, daß der Umweltnutzen U dann maximal ist, wenn die Ausgabensumme A so auf die j Maßnahmen verteilt wird, daß die dadurch jeweils ermöglichte Schadstoffreduktion r_{ij} einen jeweils gleich großen (monetären) Grenzumweltnutzen in Höhe von λ hervorruft. Es handelt sich hierbei um nichts anderes als das Gesetz vom Ausgleich der Grenznutzen (2. Gossensches Gesetz).
Inwieweit kann das 2. Gossensche Gesetz in der Praxis als Grundlage der Umweltschutzplanung dienen?
Erste Voraussetzung wäre eine Spezifikation der Zielfunktion (4), also auch der Gleichungen (2) und (3).
Um Gleichung (2) spezifizieren zu können, müßte bekannt sein, wie sich der Umweltnutzen ändert, wenn die jeweiligen Schadstoffmengen reduziert werden. Welche Schwierigkeiten es bereiten kann, die Nutzen von Schadstoffreduktionen zu bestimmen, haben wir oben dargestellt [142].
Mindestens genau so schwierig scheint es uns in vielen Fällen zu sein, die Funktionen der Gleichung (3) zu spezifizieren. Es müßte z.B. bekannt sein, um wieviel die SO_2-Belastung sinkt, wenn die Ausbildung der Diplomingenieure umweltbezogener wird; oder es müßte bekannt sein, um wieviel der BSB_5 eines Gewässers sinkt, wenn die Bevölkerung umweltbewußter wird; oder man müßte wissen, um wieviel der Fluglärm sinkt, wenn die Technik des Flugzeugbaus durch ein "Amt für Technology Assessment" kontrolliert würde. Dies sind sicher extreme Beispiele, doch müßte man solche Beziehungen quantitativ ermitteln können, damit bekannt ist, welcher Teil der zur Verfügung stehenden finanziellen Ressourcen auf die jeweiligen Maßnahmen verteilt werden soll. Schließlich ist es zumindest in den Fällen, in denen kein Markt für die Umweltschutzmaßnahmen besteht, kaum möglich, die Preise für die Maßnahmen zu bestimmen. Wie soll man z.B. bestimmen, was der Preis für einen Bebauungsplan ist, der in einem Wohngebiet die Lärmimmission unter dem Immissionsstandard beläßt? Es gibt natürlich auch Beispiele, in denen sich sowohl die Zielfunktion

---

142) Siehe oben S. 154 ff.

als auch die Nebenbedingung relativ gut spezifizieren läßt. Der Nutzen von Umweltschutzmaßnahmen läßt sich dann relativ gut bestimmen, wenn er in einem verhinderten Schaden besteht, für dessen allfällige Beseitigung ein Marktpreis existiert. In manchen Fällen läßt sich auch die Wirksamkeit umweltschützender Maßnahmen hinsichtlich der Schadstoffreduktion relativ leicht spezifizieren. So ist es z.B. relativ einfach zu berechnen, wie sich der Sauerstoffgehalt eines Gewässers, ceteris paribus, ändert, wenn ein, zwei, drei, vier ... Kläranlagen mit biologischer Reinigungsstufe und bestimmter Kapazität entlang eines Flusses gebaut werden. Schließlich existiert auch für viele Umweltschutzmaßnahmen, z.B. für Kläranlagen, ein Markt und somit auch ein Preis. Die positiven Beispiele für eine mögliche Spezifikation der Zielfunktion und der Nebenbedingung ändern allerdings nichts an der Tatsache, daß eine optimale Gesamtplanung - zumindest auf diese Art - nicht möglich ist.
Was dagegen mit diesem Ansatz möglich scheint, ist die Optimierung von Teilproblemen, und zwar vor allem dann, wenn der Umweltschutznutzen in einem zu Marktpreisen bewertbaren verhinderten Schaden besteht und wenn die zur Schadstoffreduktion eingesetzten Maßnahmen technischer Art sind.

2. Das Optimierungsmodell von Thoss [143)]

Thoss geht von der ersten Version des ökonomischen Prinzips aus, indem er die Einhaltung der Immissionsstandards als Hauptziele bezeichnet. Für die Belastung B einer Region durch einen Schadstoff s (s = 1,...,S), also B_s, gilt demnach

(1) $B_s \leq \bar{B}_s$.

In diesen S Hauptzielfunktionen stellen die $\bar{B}_s$ die Immissionsstandards dar, die nicht überschritten werden dürfen. Diese Zielfunktionen sind unter der Nebenbedingung zu realisieren,

---

143) Vgl. Thoss, R., Ziel, Ansatz und Methoden eines integrierten Optimierungsmodells zur Verbesserung des Umweltschutzes, in: Seminarbericht Nr. 8 der Gesellschaft für Regionalforschung, Münster 1974, S. 3 ff.

daß die Produktion X der Güter i (i = 1,...,I) maximiert wird:

(2) $\sum_i X_i \longrightarrow \text{Max}$!

Die Belastung einer Region durch einen Schadstoff s setzt sich nach Thoss nun zusammen aus

- der Anfangsbelastung zu Beginn einer Periode (A_s),
- den Emissionen der betrachteten Periode (E_s).

Davon sind die Schadstoffmengen abzuziehen, die entfernt wurden durch

- Entsorgungsmaßnahmen der Menschen (M_s),
- ökologische Regenerationsvorgänge (R_s).

Es gilt also:

(3) $B_s = A_s + E_s - M_s - R_s$.

Die Anfangsbelastung kann durch Messung der Schadstoffmengen oder -konzentrationen ermittelt werden.
Die Emissionen der Schadstoffe hängen nach Thoss gemäß einem Koeffizienten d_{si} von der Produktionsmenge ab:

(4) $E_s = \sum_i d_{si} X_i$

Die Entsorgung durch den Menschen ist nach Thoss gemäß einem Koeffizienten c_{si} ebenfalls eine Funktion der produzierten Gütermenge:

(5) $M_s = \sum_i c_{si} X_i$

Die natürlichen Regenerationsvorgänge führen ebenfalls zu einer Schadstoffreduktion. Sie hängt nach Thoss von bestimmten ökologischen Merkmalen W_k (k = 1,...,K) einer Region ab, wie z.B. der Strömung des Gewässers oder der hauptsächlichen Windrichtung einer Region, und zwar gemäß einem Koeffizienten c_{sk}, der angibt, wieviele Mengeneinheiten eines Schadstoffs s durch eine Einheit eines ökologischen Merkmals k abgebaut werden:

(6) $R_s = \sum_k c_{sk} W_k$.

Setzt man die Gleichungen (4) bis (6) in die Gleichung (3) ein, so erhält man

$$(7)\quad B_s = A_s + \sum_i d_{si} X_i - \sum_i c_{si} X_i - \sum_k c_{sk} W_k \, .$$

Setzt man schließlich die Gleichung (7) in die Gleichung (1) ein, so erhält man die S Hauptzielfunktionen

$$(8)\quad A_s + \sum_i d_{si} X_i - \sum_i c_{si} X_i - \sum_k c_{sk} W_k \leq \bar{B}_s \, ,$$

die es - wie bereits gesagt - unter der Nebenzielfunktionen (2) zu realisieren gilt.

Die Lösung dieses Modells mit Hilfe der linearen Planungsrechnung gibt diejenige Kombination von wirtschaftlichen Nutzungen, bei der einerseits die Immissionsstandards ($\bar{B}_s$) nicht überschritten werden, "bei der aber andererseits auch nicht unnötig auf die Befriedigung wirtschaftlicher Ansprüche verzichtet wird" [144].

Die Anwendung dieses Modells für die praktische Planung des Umweltschutzes hängt weitgehend davon ab, inwieweit die Koeffizienten d_{si}, c_{si} und c_{sk} bestimmt werden können. Die Hoffnung, daß dies überhaupt gelingen kann, ist bei den technisch determinierten d_{si} am größten. Um die c_{si} bestimmen zu können, müßte man bestimmte Verhaltensannahmen über die Entsorgungstätigkeit der Menschen bei steigender Güterproduktion machen, was uns kaum einfacher erscheint als die Bestimmung der ökologischen Koeffizienten c_{sk}. Die grundsätzlichen Schwierigkeiten bei der Spezifikation der Koeffizienten schließen nicht aus, daß Teilprobleme, bei denen z.B. besonders einfach zu quantifizierende Relationen (4) bis (6) vorliegen, mit diesem Modellansatz sehr gut gelöst werden können. Eine Optimierung des gesamten auf technischen und raumordnenden Maßnahmen beruhenden Umweltschutzes halten wir jedoch mit diesem Modell - wie mit jedem anderen auch - für unmöglich. Die Chancen für die Anwendbarkeit der Optimierungsmodelle in der Planungspraxis steigt mit deren Beschränkung auf bestimmte Teilprobleme, wie regionale Abfall-

---

144) Vgl. Thoss, R., Ziel, Ansatz und Methoden eines integrierten Optimierungsmodells zur Verbesserung des Umweltschutzes, a.a.O., S. 8.

und Abwasserbeseitigung [145].

---

145) Vgl. z.B. die zahlreiche Literatur über die Optimierung des Gewässerschutzes; beispielhaft seien erwähnt: Loucks, D.P./ Revelle, C.E./Lynn, W.R., Linear Programming Models for Water Pollution Control, in Management Science, vol. 14, 1967; S. B-166 ff.; Mendiratta, A.K./Davidson, B., Best Combination of Waste Treatment and Spatially Distributed Discharge of Effluent, in: Water Resources Research, vol. 8, 1972, S. 565 ff.; Ecker, J.G./McNamara, J.R., Geometric Programming and the Preliminary Design of Industrial Waste Treatment Plants, in: Water Resources Research, vol. 7, 1971, S. 18 ff.; Hirohide Hinomoto, Dynamic Programming of Capacity Expansion of Municipal Water Treatment System, in: Water Resources Research, vol. 8, 1972, S. 1178 ff.; Young, H.P./ Thompson, R.G., Least-Cost Allocation and Valuation Model for Water Resources, in: Water Resources Research, vol. 9, 1973, S. 1186 ff.; Riordan, C., Multistage Marginal Cost Model of Investment Pricing Decisions: Application to Urban Water Supply Treatment Facilities, in: Water Resources Research, vol. 7, 1971, S. 463 ff.; Heaney, J.P./Carter jr., B.J./Pyatt, E.E., Costs for Equipment Upstream Reduction in Waste Water Discharges, in: Water Resources Research, vol. 7, 1971, S. 458 ff.; Abendt, R., Anwendungen der linearen Optimierung im Gewässerschutz, in: Hahn, H. (Hrsg.), Operations Research und seine Anwendung in der Siedlungswasserwirtschaft, Bielefeld 1972, S. 97 ff.; Orth, H./ Cembrowicz, R., Anwendungen der nicht-linearen Programmierung, ebenda, S. 217 ff.; Wiik, K., Ein multiregionales Entscheidungsmodell zur Optimierung der Abwasserbelastung, in: Seminarbericht Nr. 8 der Gesellschaft für Regionalforschung, a.a.O., S. 53 ff.
Mit der optimalen Lösung des Abfallproblems befassen sich u.a. Russell, C.S./Spofford jr., W.O., A Quantitative Framework for Residuals Management Decisions, in: Kneese, A.V./Bower, B.T., Environmental Quality Analysis, Baltimore 1972; Russell, C.S./Vaughan, W.J., A Linear Programming Model of Residuals Management for Integrated Iron and Steel Production, in: Journal of Environmental Economics and Management, vol. 1, 1974, S. 17 ff.; Russell, C.S., Models for Investigation of Industrial Response to Residuals Management Actions, in: Swedish Journal of Economics, vol. 73, 1971, S. 134 ff.; Smith, Vernon, L., Dynamics of Waste Accumulation: Disposal Versus Recycling, in: Quarterly Journal of Economics, vol. 86, 1972, S. 600 ff.; Plourde, C.G., A Model of Waste Accumulation and Disposal, in: Canadian Journal of Economics, vol. 5, 1972, S. 119 ff.; Lusky, R., A Model of Recycling and Pollution Control, in: Canadian Journal of Economics, vol. 9, 1976, S. 91 ff.; Brasse, P., Optimierung der Müllbelastung, in: Seminarbericht Nr. 8 der Gesellschaft für Regionalforschung, a.a.O.,

3. Darstellung eines einfachen Planungsansatzes

Im folgenden wollen wir darstellen, wie mit einem relativ einfachen Ansatz die Reduktion zunächst eines Schadstoffs durch technische Maßnahmen optimal erfolgen kann. Zur Verdeutlichung der Darstellung verwenden wir ein Ablaufschema (Abb. 16). Ausgangspunkt der Planung ist ein Vergleich der tatsächlichen Immissionskonzentration eines Schadstoffs s_i^t mit dem Immissionsstandard dieses Schadstoffs s_i^g. ergibt der Vergleich, daß $s_i^t > s_i^g$, so muß eine Schadstoffreduktion erfolgen. Als grundsätzliche Möglichkeiten der technischen Schadstoffreduktion wollen wir nun die in der Prioritätenliste auf S. 257 aufgeführten Maßnahmen der Reihe nach hinsichtlich ihrer technischen Realisierbarkeit prüfen und diejenigen aussortieren, die nicht technisch realisierbar sind. Sollte sich herausstellen, daß keine technische Möglichkeit besteht, die tatsächliche Immissionsbelastung so weit zu reduzieren, daß sie unter den Immissions-

---

S. 29 ff.
Relativ wenige Untersuchungen befassen sich mit einer optimalen Lösung des Luftreinhalteproblems; vgl. Aguilar, R. u.a., A Model for the Evaluation of Alternative Policies for Atmospheric Pollutant Source Emissions, in: 5th Conference on Optimization Techniques, Part II, Lecture Notes in Computer Science, hrsg. von G. Goos und J. Hartmanis, Berlin-Heidelberg-New York 1973; Hall jr., O.P./ Licari, J.A., On the Regional Implications of Air Pollution Control, in: The Annals of Regional Science, vol. 6, 1972, S. 26 ff.; Atkisson, S.E./Lewis, D.H., A Cost-Effectiveness Analysis of Alternative Air Quality Control Strategies, in: Journal of Environmental Economics and Management, vol. 1, 1974, S. 237 ff.; Döllekes, P., Die Optimierung der Abgasbelastung in der Bundesrepublik Deutschland, in: Seminarbericht Nr. 8 der Gesellschaft für Regionalforschung, a.a.O., S. 89 ff.
Zur optimalen Raumordnung hinsichtlich des Umweltschutzes seien zwei Beiträge erwähnt: Førsund, F.R., Allocation in Space and Environmental Pollution, in: Swedish Journal of Economics, vol. 74, 1972, S. 19 ff.; Brasse, P./Thoss, R./ Könnecke, U., Ein aktivitätsanalytisches Umweltmodell zur Flächennutzungsplanung, in: Seminarbericht Nr. 8 der Gesellschaft für Regionalforschung, a.a.O., S. 15 ff.
Die in den jeweiligen Absätzen dieser Fußnote am Ende aufgeführten Beiträge sind von Thoss-Mitarbeitern, welche hier die Submodelle des integrierten Gesamtmodells darstellen.

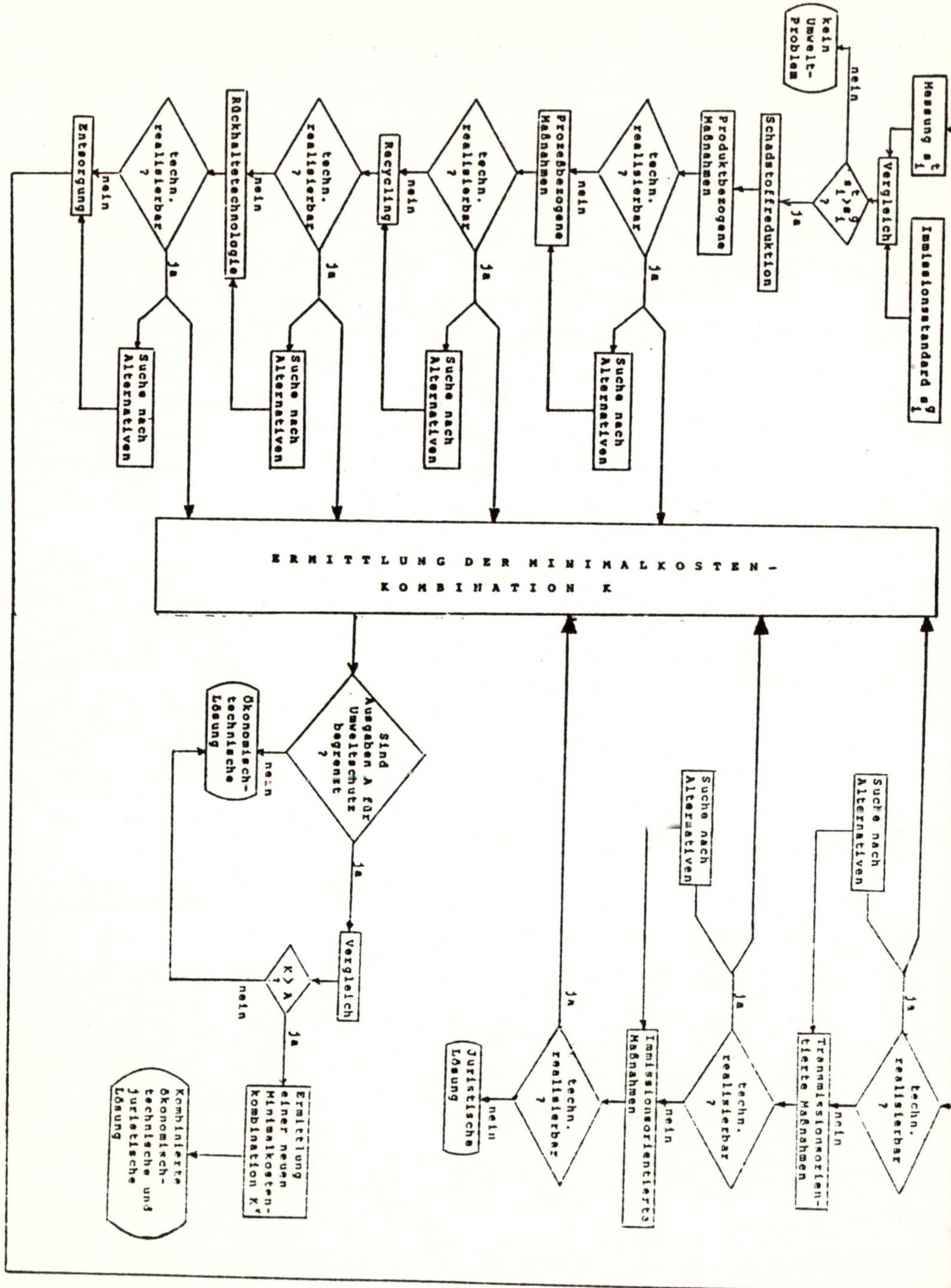
Messung s_1^t
Immissionsstandard s_1^g
Vergleich
$s_1^t > s_1^g$?
nein
kein Umwelt-Problem
ja
Schadstoffreduktion
Produktbezogene Maßnahmen
techn. realisierbar ?
Suche nach Alternativen
Prozeßbezogene Maßnahmen
Recycling
Rückhaltetechnologie
Entsorgung
ERMITTLUNG DER MINIMALKOSTEN-KOMBINATION K
Transmissionsorientierte Maßnahmen
Immissionsorientierte Maßnahmen
Juristische Lösung
Sind Ausgaben A für Umweltschutz begrenzt ?
Ökonomisch-technische Lösung
K > A ?
Ermittlung einer neuen Minimalkosten-kombination K'
Kombinierte ökonomisch-technische und juristische Lösung

standard sinkt, bleibt nur eine juristische Lösung übrig: eine rechtlich verordnete Emissionsreduktion oder gar ein Emissionsverbot, was gleichbedeutend ist mit einer Produktionseinschränkung bzw. -einstellung. Ist dagegen eine oder sind gar mehrere technische Maßnahmen zur Schadstoffreduktion möglich, so ist die kostengünstigste Maßnahme oder Maßnahmenkombination, also die Minimalkostenkombination K zu bestimmen. Reichen die finanziellen Ressourcen in Höhe von A, die für Zwecke des Umweltschutzes eingeplant sind aus, um diese kostenminimale technische Lösung zu realisieren, so sind die entsprechenden technischen Maßnahmen zu ergreifen. Das Problem der Schadstoffreduktion ist ökonomisch-technisch gelöst. Ist dagegen $K > A$, so ist die gesamte Ausgabensumme für die damit technisch realisierbare optimale Lösung auszugeben; es ist also eine neue Minimalkostenkombination K^* unter der Nebenbedingung $K = A$ zu bestimmen, die wegen der Unteilbarkeit mancher Umweltschutzmaßnahmen ganz anders aussehen kann. Mit dieser ökonomisch-technischen Lösung wird aber noch keine Schadstoffreduktion im gewünschten Umfang möglich sein; die noch notwendige Schadstoffreduktion ist durch juristische Maßnahmen wie gesetzlich verordnete Emissionsbeschränkungen zu initiieren. Das hier für einen Schadstoff geschilderte Planungsverfahren zur Bestimmung des optimalen Faktoreinsatzes kann für jeden Schadstoff i, dessen tatsächliche Immissionskonzentration über dem jeweiligen Immissionsstandard liegt, durchgeführt werden. Man erhält dann soviele Minimalkostenkombinationen wie es Fälle gibt, in denen $s_i^t > s_i^g$. Besteht keine Begrenzung des finanziellen Ressourcenrahmens, so lassen sich alle Minimalkostenkombinationen und damit auch die Einhaltung aller Immissionsstandards auf ökonomisch-technische Art realisieren. Ist dagegen $K > A$, so ist der Schadstoff zuerst zu reduzieren, dessen Immissionskonzentration prozentual am weitesten über dem entsprechenden Immissionsstandard liegt; dann wird derjenige reduziert, dessen Immissionskonzentration relativ am zweithöchsten über dem entsprechenden Immissionsstandard liegt usw., bis die zur Verfügung stehenden finanziellen Ressourcen aufgebraucht sind. Dieses Problem entspricht der Struktur nach dem sogenannten Knapsackproblem, dessen

Lösung mit Hilfe der linearen Planungsrechnung in diesem Fall relativ einfach wäre, wenn die technischen Maßnahmen der Schadstoffreduktion und damit die für sie aufzuwendenden Ausgaben teilbar wären [146]. Da dies in der Regel nicht der Fall ist, entsteht das Knapsackproblem mit Unteilbarkeitsbedingung, dessen Lösung komplizierter ist [147].

Das Hauptproblem des von uns vorgeschlagenen Ansatzes für eine optimale Planung des Umweltschutzes liegt darin, die Schadstoffreduktionsfunktionen zu spezifizieren, was unbedingt notwendig ist, um die Minimalkostenkombination zu bestimmen. In vielen Fällen, wie z.B. der SO_2-Reduktion, ist es durchaus möglich zu ermitteln, wie sich die SO_2-Emissionen reduzieren, wenn man z.B. von schwerem zu leichtem Heizöl wechselt (Inputsubstitution), das Heizöl vorher entschwefelt (Inputverbesserung) oder das SO_2-Rauchgas absorbiert (Rückhaltetechnologie).

Den Vorteil des von uns vorgeschlagenen Ansatzes einer optimalen Planung des Umweltschutzes sehen wir gegenüber den beiden anderen dargestellten Ansätzen darin, daß er zu einem umfassenderen Ansatz integriert werden kann, wenn die Spezifikation der Schadstoffreduktionsfunktionen möglich ist, während die anderen umfassenden Ansätze desintegriert werden müssen, wenn sie der Planungspraxis des Umweltschutzes dienlich sein sollen.

D. Grenzen einer rationalen Planung des Umweltschutzes

Zum Abschluß dieses Kapitels wollen wir uns noch mit den Grenzen einer rationalen Planung des Umweltschutzes befassen, die aus der Vielzahl der Planungsträger resultieren, die sich mit Um-

---

146) Vgl. Müller-Merbach, H., Operations Research. Methoden und Modelle der Optimalplanung, Berlin und Frankfurt 1969, S. 143 ff.

147) Vgl. ebenda, S. 341 ff.

weltschutz befassen.
Die Vielzahl der Planungsträger in einem Land wie der Bundesrepublik Deutschland ist die Folge der föderativen und demokratischen Staatsform und der marktwirtschaftlichen Ordnung, die zwangsläufig mit einer Dezentralisierung der Entscheidungen und damit auch den Entscheidungsvorbereitungen (den Planungen) verbunden sind.
Die Folge des Föderalismus ist eine horizontale und vertikale Verteilung der Planungskompetenzen für den Umweltschutz auf die Gebietskörperschaften.
Die Folge der demokratischen Staatsform ist zumindest das Bestreben vieler Bürger qua gewählte Vertreter in Gemeinden, Land und Bund und - sofern dies keinen Erfolg verspricht, weil die Repräsentation der Volksvertreter ungenügend erscheint - durch Bürgerinitiativen an umweltrelevanten Planungen beteiligt zu werden.
Die Folge der marktwirtschaftlichen Ordnung ist, da diese vor allem auf die Eigeninitiative der Unternehmer vertraut, die individuelle unternehmerische Planungsbefugnis hinsichtlich des betrieblichen Umweltschutzes, der im Bereich des technischen Umweltschutzes die größte Bedeutung zukommt. Die sich aus Staatsform und Wirtschaftsordnung ergebende Zersplitterung der Planungskompetenzen vervielfacht sich noch durch das Ressortprinzip, das gerade bei einer interdisziplinären (Planungs-)Aufgabe wie dem Umweltschutz dazu führt, daß fast jedes Ressort zumindest auf Bund- und Länderebene betroffen[148], d.h. für umweltrelevante Planungen verantwortlich ist.
Eine derartige Dezentralisierung der Planungskompetenzen scheint ein großer Nachteil für eine rationale Planung des Umweltschutzes zu sein. Tatsächlich ist sie aber unseres Erachtens eine weitere Voraussetzung für eine rationale Planung, denn nur eine dezentrale Planung kann den regional und auch lokal sehr unterschiedlichen natürlichen Bedingungen, die einen großen

148) Vgl. Raumordnung und Umweltschutz, a.a.O., S. 60 f., wo die Zuständigkeiten der Ressorts für die Bereiche des Umweltschutzes in Bund und Ländern zusammengestellt sind.

Einfluß auf das Ausmaß der Umweltbelastungen und damit auf den notwendigen Umweltschutz haben können, Rechnung tragen. Worauf es allerdings bei einer dezentralisierten Planung ankommt, damit man sie auch als rational bezeichnen kann, ist eine Koordination der dezentralen Planungen. Gelingt keine ausreichende Koordination der dezentralen Planungen, ist wahrscheinlich doch eine zentrale Planung rationaler [149]. Im Falle der Planung des Umweltschutzes ist für den öffentlichen Sektor eine vertikale Koordination wegen der föderativen Struktur und eine horizontale Koordination der Ressorts innerhalb einer Exekutive [150] und zwischen Ländern bzw. Gemeinden erforderlich.
Die vertikale Koordination der Planung kann gesetzlich vorgeschrieben sein, wie wir das beim ROG in Verbindung mit dem BBauG gesehen haben [151], ist aber auch ohne gesetzliche Grundlage möglich wie z.B. in der Bund-Länder-Umweltministerkonferenz oder anderen Bund-Länder-Ausschüssen [152]. In den regionalen Planungsgemeinschaften kann sowohl eine vertikale (nämlich zwischen Ländern und Gemeinden) als auch horizontale Koordination (nämlich unter den Gemeinden) erfolgen.
Die horizontale Koordination zwischen den Ressorts im Bund und in den Ländern ist sowohl auf Kabinettsebene ("Umweltkabinett") als auch darunter möglich. Das Bundesinnenministerium hat z.B. einen Ausschuß der Abteilungsleiter im Bereich Umweltplanung eingerichtet [153]. Eine horizontale Koordination zwischen den Ländern kann in der Ministerpräsidentenkonferenz oder in Fachministerkonferenzen der Länder erfolgen. Auch regionale Planungsgemeinschaften können ihre Pläne über Ländergrenzen hinweg koordinieren. Für die Koordination zwischen privatem und öffent-

---

149) Vgl. Flickinger, H.-G./Summerer, S., Voraussetzungen erfolgreicher Umweltplanung in Recht und Verwaltung, Göttingen 1975, S. 39 f.

150) Vgl. ebenda, S. 115 ff.

151) Siehe oben S. 224.

152) Vgl. Flickinger, H.-G./Summerer, S., Voraussetzungen erfolgreicher Umweltplanung in Recht und Verwaltung, a.a.O., S. 125.

153) Vgl. ebenda, S. 116.

lichem Bereich ist eine Mitwirkung von Bürgerinitiativen am Planungsprozeß günstig, denn so k a n n eher ein Konsensus zwischen dem Staat und seinen Bürgern in umweltplanungsrelevanten Fragen hergestellt werden.
Schwierig ist die Koordination der Planung zwischen dem öffentlichen Sektor (vor allem den Gemeinden) und den privaten Unternehmen einerseits, sowie den privaten Unternehmen untereinander andererseits. Die Vorgabe von Emissionsstandards für die verschiedenen von den Unternehmen emittierten Schadstoffe, die aus den Immissionsstandards unter Berücksichtigung der natürlichen Faktoren abgeleitet werden können [154], stellen u.E. ein geeignetes Instrument dar, um sowohl die Umweltschutzplanung der Gemeinden mit derjenigen der privaten Unternehmen als auch die Umweltschutzplanungen zwischen den privaten Unternehmen zu koordinieren; jedes Unternehmen weiß jetzt, was es tun muß, um die Einhaltung der Immissionsstandards, also die überbetrieblichen Ziele des Umweltschutzes, nicht zu gefährden (vertikale Koordinationswirkung der Emissionsstandards), ohne sich dabei mit anderen Unternehmen über die betriebsspezifischen Schadstoffemissionsraten einigen zu müssen (horizontale Koordinationswirkung der Emissionsstandards).
In manchen Fällen sind also die Koordinationsmöglichkeiten bereits vorhanden, in anderen Fällen müssen sie noch geschaffen oder verbessert werden.
Die Rationalität und damit auch die Qualität der Umweltschutzplanung hängt wesentlich davon ab, wie gut die Koordination zwischen den Planungsträgern funktioniert. Die Erfahrung zeigt, daß vor allem bei den Gemeinden einerseits zu viel auf Kosten anderer geplant wird - seien es die eigenen Bürger oder die Nachbargemeinden; andererseits macht sich aber auch ein Planungsdefizit hinsichtlich des Umweltschutzes bemerkbar [155].

---

154) Siehe unten S. 329.

155) Vgl. Flickinger, H.-G./Summerer, S., Voraussetzungen erfolgreicher Umweltplanung in Recht und Verwaltung, a.a.O., S. 128 ff.

Mit einem Planungsdefizit ist aber bereits der Grundstein zu dem viel beschworenen Vollzugsdefizit im Umweltschutz gelegt, mit dem wir uns im nächsten Kapitel befassen werden [156].

156) Siehe unten S. 290 ff.

"Bei der Regierung eines wohlgeordneten Staates sollte man dem Beispiel der Natur folgen, die stets langsam voranschreitet, Schritt für Schritt".

(Jean Bodin, Über den Staat)

IV. Träger und Instrumente einer rationalen Umweltpolitik

A. Zur Allokation der Umweltschutzaufgabe zwischen privatem und öffentlichem Bereich

1. Zur Aufgabe einer rationalen Umweltpolitik

Aufgabe einer rationalen Umweltpolitik ist die Durchsetzung der Ziele des Umweltschutzes durch Realisierung der optimal geplanten Maßnahmen-(Kombinationen) des Umweltschutzes. Als von uns zusätzlich geforderte Nebenbedingung kommt hinzu, daß umweltpolitische Ziele so durchgesetzt werden, daß der öffentliche Haushalt möglichst wenig belastet wird.

Die notwendigen Voraussetzungen, um diese Aufgabe erfüllen zu können, haben wir in den ersten drei Kapiteln kennengelernt. Es zeigte sich, daß zwar noch viele Informationen vor allem über die Wirkungen der Schadstoffe fehlen, was besonders die Normierung der Immissionsstandards erschwert; andererseits liegen jedoch genügend Informationen vor, um eine Reihe von Immissionsstandards festzulegen und in einzelnen Bereichen die vielfältig zur Verfügung stehenden Maßnahmen des Umweltschutzes zielorientiert zu planen. Vor allem die technischen Möglichkeiten des Umweltschutzes bieten in Kombination mit der Raumordnung ausreichende Möglichkeiten, die Einhaltung der Immissionsstandards zu gewährleisten. "Die Technik (kann) alles lösen, was an Aufgaben denkbar ist ... Für mich ist das Umweltproblem ... ein rein ökonomisches und gesetzgeberisches Problem" [1].

---

1) Diese Äußerung Ludwig Bölkows findet sich in einem Artikel der Wirtschaftswoche, 26. Jg., 1972, H. 8, S. 70. Vgl. ähnliche Äußerungen in: Henke, W., Umwelt, Technik,

Die Realisierung der umweltpolitischen Ziele ist mit anderen Worten in erster Linie ein Durchsetzungsproblem. Diese Feststellung haben wir bereits bei der Ursachendiagnose getroffen, als wir anführten, daß die ungenügende Internalisierung der externen Effekte die eigentliche Ursache der Umweltbelastung ist. Die ungenügende Internalisierung der Umweltexternalitäten ist aber nichts anderes als die direkte Folge eines unzureichenden Durchsetzungswillens oder -vermögens der umweltschutzrelevanten Entscheidungsinstanzen [2].
Es könnte sein, daß es die falschen Instanzen sind, denen die umweltschutzrelevanten Entscheidungen obliegen und daß es Instanzen gibt, die sowohl den Willen als auch die Fähigkeit besitzen, die für einen wirksamen Umweltschutz notwendigen Entscheidungen zu treffen und durchzusetzen. In diesem Fall würde eine Reallokation der Umweltschutzaufgabe das Durchsetzungsproblem lösen. Das schlagen z.B. diejenigen vor, welche die Existenz von Umweltexternalitäten - zu Recht - auf Mängel des Marktmechanismus zurückführen und deshalb die Umweltschutzaufgabe via öffentliche Planung realisiert sehen wollen. Daß dies aber kein Allheilmittel ist, zeigten die Ausführungen über die Raumordnung [3] und über die Grenzen einer rationalen Planung [4].
Weder die Entscheidungsträger im privaten noch diejenigen im öffentlichen Bereich sind a priori besonders dafür geeignet, die Ziele des Umweltschutzes zu realisieren. Tullock zieht daraus den etwas fatalistischen Schluß, daß wir "deshalb die Wahl

---

Natur, Kultur, a.a.O., S. 32 f.; Coenen, R. u.a., Alternativen zur Umweltmisere, a.a.O., S. 157 f. Als konkretes Beispiel sei die Entschwefelung von Heizöl und die Rauchgasentschwefelung genannt. Sie ist technisch möglich, ökonomisch aber noch ein Problem (vgl. Meyer-Abich, K.M., Umweltbeeinträchtigung durch den wirtschaftlich-technischen Prozeß - Beispiel: Energieumwandlungsprozesse, in: Giersch, H. (Hrsg.), Das Umweltproblem in ökonomischer Sicht, a.a.O., S. 14 f.)

2) Siehe oben S. 122 ff.

3) Siehe oben S. 222 ff.

4) Siehe oben S. 268 ff.

zwischen einem privaten Markt haben, der systematisch verzerrte Entscheidungen liefert, und einer Regierung, die schlecht durchdachte Entscheidungen fällt"[5]. Es wäre u.E. jedoch falsch, es deshalb als gleichgültig anzusehen, inwieweit der Umweltschutz privater Initiative überlassen bleiben oder inwieweit er dem Staat als öffentliche Aufgabe übertragen werden soll, denn es gibt Ordnungs- und Effizienzkriterien, die eine Beurteilung darüber erlauben, in welchem Umfang Aufgaben vom privaten oder vom öffentlichen Bereich wahrgenommen werden sollen. Die Ordnungskriterien sind dabei u.E. den Effizienzkriterien überzuordnen - allerdings nur insoweit, wie mangelnde Effizienz nicht die Ordnung selbst zu gefährden droht. Diese Gefahr besteht vor allem dann, wenn das dogmatische Festhalten an ordnungspolitischen Vorstellungen zu ordnungsgefährdenden Effizienzeinbußen führt.

In einem ideal funktionierenden marktwirtschaftlichen System ist die allokative Effizienz gewährleistet, da das freie Spiel von Angebot und Nachfrage via Preismechanismus automatisch zur pareto-optimalen Allokation führt[6]. Gibt es jedoch sogenannte freie Güter, die keinen Preis oder keinen ihrer Knappheit entsprechenden Preis haben, weil für sie kein Markt existiert, wie das z.B. bei den Umweltgütern reine Luft, saubere Gewässer, saubere Landschaft und Ruhe der Fall ist, so ist das marktwirtschaftliche System aus eigener Kraft heraus nicht in der Lage, das Allokationsoptimum zu realisieren[7]. Der Staat muß regu-

---

5) Tullock, G., Öffentliche Entscheidungen als öffentliche Güter, in: Frey, B.S./Meißner, W. (Hrsg.), Zwei Ansätze der politischen Ökonomie. Marxismus und ökonomische Theorie der Politik, Frankfurt/Main 1974, S. 104; vgl. auch Pennance, F.G., The Polluters: Industry or Government?, The Institute of Economic Affairs, London 1972, S. 42.

6) Vgl. Schlieper, U., Pareto-Optimum, externe Effekte und die Theorie des Zweitbesten, Köln u.a. 1969, S. 13 ff.; Sohmen, E., Allokationstheorie und Wirtschaftspolitik, Tübingen 1976, besonders 4. Kapitel.

7) Vgl. Kneese, A.V., Pollution and the Profit Motive, a.a.O., S. 221 ff.; Issing, O., Zerstörung der Umwelt - ein Versagen des marktwirtschaftlichen Systems?, a.a.O., S. 132; Jacoby, N.H., The Polluters: Industry or Government?, a.a.O., S. 21 f.

lierend in das Marktgeschehen eingreifen [8], und zwar möglichst so, daß das Allokationsoptimum erreicht wird, ohne daß allzu negative distributive Wirkungen entstehen. Das gilt in besonderem Maße für ein System der s o z i a l e n Marktwirtschaft. Wie und in welchem Umfang der Staat in das Marktgeschehen eingreifen oder es gar substituieren muß, hängt von der Anpassungsbereitschaft und -fähigkeit der Marktpartner - man kann auch sagen: der Privatinitiative von Produzenten und Konsumenten - ab.
Auf den Umweltschutz bezogen, heißt das konkret: In einem demokratischen Staat mit einer sozial verpflichteten marktwirtschaftlichen Ordnung wie der Bundesrepublik Deutschland sollte der Umweltschutz primär eine private Aufgabe sein. Nur dann, wenn privat initiierter Umweltschutz nicht effizient genug ist oder negative distributive Wirkungen hat, sollte der Staat eingreifen, und zwar nicht nur um den Umweltschutz selbst, sondern auch um die bei ungenügendem Umweltschutz gefährdete demokratische und soziale marktwirtschaftliche Ordnung zu sichern.
Umweltschutz wird so einmal zum Prüfstein für die Bereitschaft und Fähigkeit der Bürger eines demokratischen Staates mit einer sozialen marktwirtschaftlichen Ordnung das Umweltproblem durch Privatinitiative zu lösen [9], und sofern das - aus welchen Gründen

---

Binswanger, H.C., Eine umweltkonforme Wirtschaftsordnung, a.a.O., S. 129 f.

8) Selbst als liberal bekannte Wissenschaftler und Politiker bestreiten das nicht: vgl. Friedman, M., The Role of Government in a Free Society, in: Goldman, M.I., Ecology and Economics, a.a.O., S. 122; von Mises, L., Human Action, London-New York 1949, S. 650; Hayek, F.A., Der Weg zur Knechtschaft, Erlenbach und Zürich 1952, S. 61 f.; Erhard, L./Müller-Armack, A. (Hrsg.), Soziale Marktwirtschaft, a.a.O., S. 303 ff.; Hamm, W., Zur ökonomischen Bedeutung und ordnungstheoretischen Begründung der Rolle des Staates in Marktwirtschaften, in: Staat und moderne Marktwirtschaft, hrsg. vom Landespersonalamt Hessen, Wiesbaden 1975, S. 23; Streibl, M., Umweltpolitik in der Bundesrepublik Deutschland, a.a.O., S. 242.

9) Auf die "Social Responsibility of Business-Bewegung" und das Corporate Social Accounting wurde bereits hingewiesen (siehe oben S. 207 ff.).
Es soll dadurch die kapitalistisch-marktwirtschaftliche Ordnung vor Systemzerstörern bewahrt werden (vgl. Dierkes, M., Qualität des Lebens und unternehmerische Entscheidung, a.a.O.,

auch immer - nicht möglich ist, wird der Umweltschutz zum Prüfstein für den Staat, die demokratische und soziale marktwirtschaftliche Ordnung aufrecht zu erhalten [10], und dies nicht nur dadurch, d a ß er die Realisierung der Umweltschutzziele durchsetzt, sondern auch dadurch, w i e er sie durchsetzt, nämlich mit einem möglichst marktkonformen und distributive Wirkungen berücksichtigenden umweltpolitischen Instrumentarium. Aufgabe einer rationalen Umweltpolitik in diesem Sinn ist es also, die nicht durch Privatinitiative erreichbaren Ziele des Umweltschutzes zu verwirklichen, und zwar so, daß dabei die öffentlichen Haushalte möglichst wenig belastet werden. Dieser Nebenbedingung kann um so mehr entsprochen werden, je mehr die Umweltschutzziele durch Privatinitiative angestrebt werden. Auch ein möglichst marktkonformes umweltpolitisches Instrumentarium scheint für die Einhaltung der Nebenbedingung günstig zu sein. Das gilt jedoch nur, wenn die marktkonformen Instrumente auch im Einklang mit den distributiven Zielen sind und nicht zu einer distributiven Verschlechterung führen, welche staatliche Kompensationszahlungen erfordern, also zusätzlich Budgetbelastungen bewirken würden [11].

Im nächsten Abschnitt wollen wir nun untersuchen, ob und inwie-

---

S. 27), denn die "Umweltkrise (wird) bewußt ideologisiert und zum Kampfmittel gegen das System der Marktwirtschaft umfunktioniert" (von Walterskirchen, M.P., Bemerkungen zur Umweltpolitik, a.a.O., S. 11).

10) Vgl. Rupp, H.H., Umweltschutz und Demokratie, in: Umweltschutz - aber wie?, a.a.O., S. 60 ff.; Seidenfus, H.S., Umweltschutz, politisches System und wirtschaftliche Macht, a.a.O., S. 828 f.; Littmann, K., Finanzierung von kollektiven Gütern, in: Aufgabe Zukunft - Qualität des Lebens, Bd. 7, a.a.O., S. 13; Genscher, H.-D., Sozialisierung löst die Umweltprobleme nicht, in: Die Wirtschaftswoche Nr. 23, v. 1.6.1973, S. 19; Hartkopf, G., Wirtschaftspolitische Aspekte der Umweltpolitik, in: Schultz, H. (Hrsg.), Umwelt-Report, a.a.O., S. 19; derselbe, Umweltpolitik aus der Sicht der Bundesregierung, a.a.O., S. 183.

11) Vgl. Zimmermann, Klaus, Die Last des Umweltschutzes: Überlegungen zum Konzept der "Volkswirtschaftlichen Kosten" des Sachverständigenrats für Umweltfragen, in: Kyklos, Bd. 27, 1974, S. 858 ff.; derselbe, Vorausschätzung staatlicher Umweltkosten, in: Umwelt 1976, S. 133.

weit die Umweltschutzziele durch Privatinitiative erreicht werden können.

2. Umweltschutz durch Privatinitiative?

a) Mögliche Träger privater Umweltschutzinitiativen

Umweltschutz durch Privatinitiative ist aus zwei Gründen möglich: aufgrund höherer Einsicht und aus Eigeninteresse. Daß ersteres - zumindest in dem Umfang, daß die Umweltschutzziele erreicht werden - der Fall sein könnte, halten wir für sehr unwahrscheinlich. Als realistische Möglichkeit privater Umweltschutzinitiativen ist der Fall interessanter, in dem aus Eigeninteresse Umweltschutz betrieben wird [12]. Initiatoren des Umweltschutzes können dabei einzelne Bürger als Konsumenten, Produzenten, (potentielle) Verursacher und (potentielle) Träger der Umweltbelastungen, aber auch homogene Gruppen der jeweiligen "Initiatorengattung" oder heterogene Gruppen sein, die sich aus Vertretern verschiedener "Initiatorengattungen" zusammensetzen. In der Regel vereinigen die Initiatoren mehrere Kennzeichen in sich: zumindest sind sie Bürger und Konsumenten; darüber hinaus können die gleichen Initiatoren aber auch noch Produzenten und Verursacher oder Träger einer Umweltbelastung sein. In welcher Eigenschaft ein Individuum die Initiative zu privatem Umweltschutz ergreift, hängt davon ab, in welcher Eigenschaft er sich

---

12) Wir denken dabei nicht an Fälle, in denen Unternehmen deshalb "freiwillig" Umweltschutz betreiben, weil sonst die in der Umgebung wohnenden Arbeitskräfte abwandern würden; dies wäre auch eine - allerdings etwas makabre - Form der Internalisierung (vgl. Ferrar, T.A., A Rationale for a Corporate Air Pollution Abatement Policy, in: American Journal of Economics and Sociology, vol. 33, 1974, S. 233 ff.; Siebert, H., Environment and Regional Growth, in: Zeitschrift für Nationalökonomie, Bd. 33, 1973, S. 83 f.; Ronge, V., Die Umwelt im kapitalistischen System, a.a.O., S. 103; Glagow, M., Zur staatlichen Regulierung von Umweltschäden, in: derselbe, Umweltgefährdung und Gesellschaftssystem, a.a.O., S. 193). Wenn es dazu kommen sollte, daß die Arbeitskräfte wegen der Umweltbelastung abzuwandern beginnen, dürfte die Umweltbelastung bereits weit über den Immissionsstandards liegen.

durch die (potentiellen) Umweltbelastungen betroffen fühlt. Will ein Individuum, das Verursacher einer Umweltbelastung ist, aktiv werden, kann die Initiative zum Umweltschutz im eigenen Bereich erfolgen, ist es dagegen Träger einer Umweltbelastung, besteht die Privatinitiative darin, den Verursacher zu veranlassen die umweltbelastenden Tätigkeiten zu beschränken oder ganz einzustellen. Da sowohl Produzenten als auch Konsumenten Verursacher und Träger von Umweltbelastungen sein können, kann man vier Arten von Umweltexternalitäten unterscheiden, die in der folgenden Tabelle zusammengestellt sind:

Verursacher / Träger	Produzent	Konsument
Produzent	1	2
Konsument	3	4

Im ersten Fall spricht man von "production-to-production effects", im zweiten von "consumption-to-production effects", im dritten von "production-to-consumption effects" und im vierten von "consumption-to-consumption effects" [13]. In jedem dieser vier Fälle kann die Initiative zur Internalisierung entweder a) vom Verursacher oder b) vom Träger ausgehen, so daß wir acht Fälle privater Umweltschutzinitiativen unterscheiden können, die in der folgenden Tabelle noch einmal zusammengestellt sind:

13) Vgl. Peters, G.H., Cost-Benefit-Analyse und staatliche Aktivität, Hamburg 1968, S. 24 f.

Initiator \ Art der Umwelt ext.	production -to-production effects 1	consumption-to-production effects 2	production-to-consumption effects 3	consumption -to-consumption effects 4
a) Verursacher	1a	2a	3a	4a
b) Träger	1b	2b	3b	4b

Wir wollen im folgenden stellvertretend für alle Effekte die "production-to-production effects" näher betrachten [14], und zwar zunächst für den Fall, daß nur ein Verursacher und ein Träger existieren.

b) Möglichkeiten privater Umweltschutzinitiativen

Die Konstellation, daß ein Produzent negative externe Effekte verursacht, die ein anderer Produzent trägt, ist genau die, die dem berühmten Beispiel von Coase zugrundeliegt, und mit dem dieser beweist, daß negative externe Effekte ohne staatliche Maßnahmen allein aufgrund von Verhandlungen zwischen den betroffenen Parteien, also dem Verursacher V und dem Träger T beseitigt oder vermieden werden können [15].

14) Die anderen Fälle ergeben keine grundsätzlich anderen Ergebnisse. Wenn Haushalte als Verursacher oder Träger der Umweltbelastungen beteiligt sind, erschwert sich allerdings das Bewertungsproblem (vgl. Buchanan, J.H./Stubblebine, W.C., Externality, in: Staaf, R./Tannian, F. (Hrsg.), Externalities. Theoretical Dimensions of Political Economy, New York-London, o.J., S. 278).

15) Vgl. Coase, R.H., The Problem of Social Cost, in: Staaf, R./ Tannian, F. (Hrsg.), Externalities, a.a.O., S. 119 ff.; Turvey, R., On Divergences between social cost and private cost, in: Economica, N.S., vol. 30, 1963, S. 309 ff.; Knappe, E., Möglichkeiten und Grenzen dezentraler Umweltschutz-

Von wem die Initiative zur Verhandlung und damit zur Beseitigung bzw. Vermeidung der negativen externen Effekte ausgeht, hängt davon ab, ob für den Verursacher eine rechtliche Verpflichtung (und damit für den Träger eine Klagemöglichkeit) besteht, die negativen externen Effekte zu verhindern oder zu beseitigen. Besteht keine solche Verpflichtung, wird der Träger initiativ werden (Fall 1b) und den Verursacher zu "bestechen" versuchen, die die Produktion von T negativ beeinträchtigende Aktivität zu begrenzen. Die Bestechungssumme, die T maximal bereit sein wird zu bieten, wird bis zu der Schadenssumme gehen, die er zu tragen hat, wenn V keinen Umweltschutz betreibt. Ist die (potentielle) Schadenssumme bei T höher als die Vermeidungskosten bei V, so wird sich eine Lösung ergeben, denn T wird dem V die Summe zahlen, die für die Vermeidungsmaßnahmen notwendig ist. V wird sich dann nicht schlechter und T wird sich gegenüber der Situation ohne Vermeidungsmaßnahmen besser stellen. In diesem Fall handelt es sich um sogenannte pareto-relevante negative externe Effekte [16]. Ist dagegen die Schadenssumme niedriger als die Vermeidungskosten, kann T im Falle marginaler negativer externer Effekte den V durch Zahlung der Bestechungssumme nur zur Schadstoffreduzierung und damit zur Schadenssenkung bringen; den verbleibenden Schaden muß T tragen. Im Fall inframarginaler negativer externer Effekte - das sind solche, die sich wegen ihrer Unteilbarkeit nur entweder völlig oder überhaupt nicht beseitigen oder vermeiden lassen - ist es für T vorteilhafter, den gesamten Schaden zu tragen [17].
Zusammenfassend kann man bis zu dieser Stelle sagen: Die rein private Verhandlungslösung führt also nur dann zur Beseitigung oder Vermeidung der Umweltbelastung, wenn pareto-relevante Um-

---

politik.Bekämpfung externer Nachteile durch Verhandlungen, Berlin 1974, S. 39 ff.; Littmann, K., Umweltbelastung - sozialökonomische Gegenkonzepte, Göttingen 1974, S. 57 ff. und S. 95 ff.

16) Vgl. Buchanan, J.M./Stubblebine, W.C., Externality, a.a.O., S. 280.

17) Zur Unterscheidung zwischen marginalen und inframarginalen externen Effekten, vgl. ebenda, S. 278 f.

weltexternalitäten vorliegen. Da die Kosten der Schadensvermeidung allein der Träger der Umweltbelastung aufbringt, ändert sich die Einkommensverteilung zugunsten des Verursachers der Umweltbelastung. Die Privatinitiative des T hat also nur zur allokativen Effizienz geführt, wohl aber nicht zur distributiven Effizienz. Eine rein private Lösung ist zwar - zumindest unter den Annahmen von Coase - möglich, aber nicht mit den auf Verteilungsgerechtigkeit bedachten Grundsätzen einer sozialen marktwirtschaftlichen Ordnung vereinbar. Ist V nicht gesetzlich zur Unterlassung umweltbelastender Aktivitäten verpflichtet, so kann er das gar zu einer Erpressung des T ausnutzen: V kann dem T mit umweltbelastenden (Schein-)Aktivitäten drohen, um von T eine Bestechungssumme zwecks Unterlassung der gar nicht ernsthaft in Erwägung gezogenen Aktivitäten zu erhalten [18].

Wir wollen nun die Bedingung aufgeben, daß für den Verursacher keine rechtliche Verpflichtung besteht, Umweltschäden zu vermeiden. Dies impliziert bereits eine staatliche Aktivität: Die Legislative muß ein Gesetz erlassen, das umweltbelastende Tätigkeiten verbietet oder - etwa in Form von Emissionsstandards - einschränkt; die Verwaltung muß die Einhaltung des Verbotes oder der Standards kontrollieren und die Judikative muß Verstöße gegen das Verbot oder die Überschreitung der Standards ahnden. Bei einer solchen ebenfalls von Coase untersuchten Konstellation wird die - zweifellos ebenfalls private, wenn auch durch die Rechtsordnung erzwungene - Initiative zur Vermeidung oder Beseitigung der Umweltbelastung vom Verursacher ausgehen (Fall 1a). Der Verursacher wird die bei ihm entstehenden Vermeidungskosten mit der Entschädigungssumme, die der Träger fordert, wenn die Umweltbelastung nicht vermieden oder beseitigt wird, vergleichen und dann die für ihn billigste Maßnahme ergreifen, also entweder die Schadstoffreduktion durchführen oder dem Träger die Entschädigung zahlen. Die Kosten der Vermeidung, Beseitigung

---

18) Vgl. Möbius, K., Das Umweltproblem aus wirtschaftlicher Sicht, Kiel 1971, S. 11 f.

oder Entschädigung trägt jetzt der Verursacher, so daß man sagen kann, daß neben der allokativen auch der distributiven Effizienz entsprochen wird. Eine solche Lösung würde den Ordnungsvorstellungen einer sozialen Marktwirtschaft am ehesten entsprechen. Sie ist - vom Ergebnis her - mit dem Verursacherprinzip identisch.

Bei "production-to-production effects" ist unter bestimmten Voraussetzungen auch eine andere auf Privatinitiative beruhende Lösung möglich, nämlich eine Fusion zwischen dem Verursacher und Träger der Umweltexternalität [19]. Eine solche Lösung bietet sich vor allem dann an, wenn die Produktion von V in irgendeiner Weise von T abhängig ist, sei es, daß T Vorprodukte für V produziert oder Abnehmer der Produkte von V ist. Die bei getrennter Gewinnmaximierung auftretenden von V verursachten negativen externen Effekte werden durch die Fusion nicht nur formal internalisiert, sondern es kommt bei verbundener Gewinnmaximierung auch zu einer materiellen Beseitigung der die Produktion von T beeinträchtigenden Umweltbelastung. Mit einer Fusion kann man also eine Marktunvollkommenheit beseitigen, eine andere allerdings hervorrufen, nämlich - wegen der durch die Fusion bewirkten Monopolisierung - eine Einschränkung des Wettbewerbs [20]. Marktunvollkommenheiten sollte man aber nicht mit anderen Marktunvollkommenheiten zu bekämpfen versuchen [21] - vor allem nicht in einem marktwirtschaftlichen System.

c) Grenzen des Umweltschutzes durch Privatinitiative

Die unter den Annahmen von Coase verwirklichte Beseitigung der Umweltbelastungen aufgrund privater Initiative ist nur in einem Fall mit den Grundsätzen einer sozialen Marktwirtschaft verein-

---

19) Vgl. Coase, R.H., The Problem of Social Cost, a.a.O., S. 132 ff.; Davis, O.A./Whinston, A., Externalities, Welfare, and the Theory of Games, in: Journal of Political Economy, vol. 70, 1962, S. 244 ff.; Schlieper, U., Pareto-Optima, externe Effekte und die Theorie des Zweitbesten, a.a.O., S. 45 ff.

20) Vgl. Littmann, K., Umweltbelastung - sozialökonomische Gegenkonzepte, a.a.O., S. 56.

21) Vgl. Sohmen, E., Allokationstheorie und Wirtschaftspolitik, a.a.O., S. 247

bar, und in diesem Fall hat der Staat bereits eine wichtige Funktion: Er muß eine Rechtsordnung schaffen, in der Gesetze die Umweltbelastungen verbieten oder begrenzen, und er muß deren Einhaltung kontrollieren und Verstöße gerichtlich ahnden, damit die (potentiellen) Verursacher die Umweltbelastungen vermeiden oder zumindest die Träger der Umweltbelastungen entschädigen, sofern diese bereit sind, ihr Recht auf eine saubere Umwelt zu verkaufen.

Bereits daraus wird ersichtlich, daß Umweltschutz in einer sozialen Marktwirtschaft a u c h eine staatliche Aufgabe ist, und zwar ist die Erfüllung dieser staatlichen Aufgabe konstitutiv für einen Umweltschutz, der in einer dem Verursacherprinzip entsprechenden Internalisierung der negativen externen Effekte besteht und nicht in einer "Ausbeutung der rechtlich Schwächeren"[22], die bei Coase leicht zustandekommen kann, wenn keine Gesetze die Umweltbelastungen verbieten; sie führt zwar auch zum Allokationsoptimum, nicht aber zum Distributionsoptimum. "... when negotiation is possible, the case for government intervention is one of justice not of economic efficiency"[23]. Die Grenzen privater Umweltschutzinitiativen werden noch deutlicher, wenn wir nur einige dem Coase-Theorem zugrundeliegende Prämissen auf ihren Realitätsgehalt hin überprüfen.

Die Analyse von Coase, nach der allein durch Verhandeln der an der Umweltbelastung beteiligten Parteien das Allokationsoptimum zustandekommt, beruht auf der Annahme, daß keine Verhandlungskosten bestehen. Solche Verhandlungskosten fallen aber zwangsläufig an, z.B. für die Beschaffung von Informationen über die Höhe der Vermeidungskosten und - was, wie wir wissen, u.U. äußerst schwierig ist - über die Höhe der Schäden, welche die Umweltbelastungen hervorrufen können. Ferner entstehen Kosten für die Organisation und Durchführung der Verhandlungen. Alle diese Kosten können so hoch sein, daß sie den Nutzen, den die

---

22) Littmann, K., Umweltbelastung - sozialökonomische Gegenkonzepte, a.a.O., S. 247.

23) Turvey, R., On Divergences between Social Cost and Private Cost, a.a.O., S. 313.

Beseitigung der Umweltexternalitäten stiften würde, überkompensieren [24]. Coase selbst weist auf diesen Tatbestand hin, gibt allerdings zu bedenken, daß alternative staatliche Maßnahmen keineswegs geringere Kosten implizieren müssen: "All solutions have costs and there is no reason to suppose that government regulation is called for simply because the problem is not well handled by the market ..." [25].

Der Haupteinwand gegen das Coase-Theorem ist aber wohl der, daß private Initiativen zum Umweltschutz gar nicht zustandekommen werden, da es bis auf wenige Fälle - und die sind in der Regel relativ unbedeutend - eine Vielzahl von Verursachern und vor allem Trägern einer Vielzahl verschiedener Umweltbelastungen gibt, die sich in ihrer Wirkung addieren, potenzieren oder auch neutralisieren können oder deren Wirkung erst nach Jahren oder gar Generationen eintritt, so daß weder die Verursacher noch die Träger - jedenfalls nicht durch private Initiative - zweifelsfrei identifiziert noch die Schäden eindeutig ermittelt werden können [26].

---

24) Vgl. Head, J.G., Public Goods and Public Welfare, Durham, N.C., 1974, S. 201.

25) Coase, R.H., The Problem of Social Cost, a.a.O., S. 135. Vgl. dazu auch Calabresi, G., Transaction Costs, Resource Allocation, and Liability Rules, in: Dorfman, R./Dorfman, N.S. (Hrsg.), Economics of the Environment, a.a.O., S. 197 f., der staatliche Eingriffe in den Marktmechanismus befürwortet, wenn durch diese Eingriffe der Allokationsmechanismus wieder so funktionsfähig gemacht werden kann, daß er das Allokationsoptimum effizienter erreicht, also ohne staatliche Maßnahmen, und wenn neben dem Allokationsziel auch andere Ziele (z.B. das Verteilungsziel) gefährdet sind.

26) Vgl. Schlieper, U., Pareto-Optima, externe Effekte und die Theorie des Zweitbesten, a.a.O., S. 63; Pennance, F.G., The Polluters: Industry or Government, a.a.O., S. 36; Head, J. G., Public Goods and Public Welfare, a.a.O., S. 193 f.; Hyman, D.N., The Economics of Governmental Activity, a.a.O., S. 44 f.; Green, H.P., The Role of Government in Environmental Conflict, a.a.O., S. 302; Hofmann, U., Rechtswidrige Tatbestände - aber selten nachweisbare Schuld, in: Blick durch die Wirtschaft v. 6.9.71. Bereits Pigou hat darauf hingewiesen, daß bei externen Effekten, die "nicht nur auf eine kleine, leicht erfaßbare Zahl von Personen beschränkt sind" der Staat auf dem Wege fiskalischer Maßnah-

Auch die besten Gesetze, welche eine Umweltbelastung verbieten, helfen nichts, wenn der Verursacher in der Anonymität untertauchen kann, und die wohlwollendsten Richter können keinem Träger der Umweltbelastungen helfen, wenn sie nicht wissen, wer der Verursacher ist. Für manche Schäden kommen auch eine Vielzahl von Verursachern in Frage, deren individueller Anteil aber minimal ist; das Problem ist die "Massierung gleichartigen Verhaltens ... durch die Addition ... tausender infinitesimaler Schädigungspotentiale" [27]. Einsichtige Träger von Umweltbelastungen werden sich unter solchen Bedingungen erst gar nicht zu einer gerichtlichen Klage entschließen, denn der Prozeß wird ihnen nur Kosten und Mühe bringen [28]. Einige Träger von Umweltbelastungen hoffen vielleicht auch, in den Genuß einer Free-rider-Position zu kommen, weil andere Träger der Umweltbelastungen eventuell klagen. Denken alle so, geschieht gar nichts [29]. In manchen Fällen wird sich der Träger einer Umweltbelastung auch dann nicht zur Klage entschließen, wenn der Verursacher bekannt ist, weil er sich keine Chance ausrechnet, seinen individuell vielleicht großen, im Verhältnis zu den Produktions- und Beschäftigungsinteressen des verursachenden Produzenten und dessen Angestellten jedoch relativ kleinen Schaden geltend machen zu können [30]. "The

---

men eingreifen muß (vgl. Pigou, A.C., Volkswirtschaftlicher und privatwirtschaftlicher Reinertrag und die Lehre von der Maximalbefriedigung, in: Mayer, H./Fetter, F.A./Reisch, R. (Hrsg.), Die Wirtschaftstheorie der Gegenwart, 3. Bd., Wien 1928, S. 47 f.)

27) Schäfer, Dieter, Soziale Schäden, soziale Kosten und soziale Sicherung, Berlin 1972, S. 130.

28) Vgl. Rupp, H.H., Popularklage im Umweltschutzrecht?, in: Zeitschrift für Rechtspolitik, 5. Jg., H. 2, S. 32; Siebert, H., Das produzierte Chaos. Ökonomie und Umwelt. Stuttgart u.a. 1973, S. 145 ff.

29) Vgl. Bernholz, P., Grundlagen der politischen Ökonomie, 1. Bd., Tübingen 1972, S. 178; Arnold, V., Kuppelprodukte, öffentliche Ungüter und externe Effekte, in: Zeitschrift für die gesamte Staatswissenschaft, Bd. 132, 1976, S. 101; Schlieper, U., Pareto-Optima, externe Effekte und die Theorie des Zweitbesten, a.a.O., S. 64.

30) Vgl. Kneese, A.V., Environmental Pollution: Economics and Policy, in: American Economic Review, vol. 61, 1971, papers and proceedings, S. 154.

litigation is a David v. Goliath affair" [31].
Coase selbst sieht das Problem, das sich aus der Vielzahl der Beteiligten ergibt; und in solchen Fällen gesteht er dem Staat durchaus eine Aufgabe zu: "... there is no reason why, on occasion, (such) governmental administrative regulation should not lead to an improvement in economic efficiency ... particularly when, as is normally the case with the smoke nuisance, a large number of people are involved and in which therefore the costs of handling the problem through the market... may be high" [32].

3. Die umweltpolitischen Aufgaben des Staates

a) Zur Einteilung der umweltpolitischen Aufgaben des Staates

Die Ausführungen des letzten Abschnitts haben gezeigt, daß sich die Umweltbelastungen nicht oder nur zu einem sehr geringen Teil durch Privatinitiative vermeiden oder beseitigen lassen, da die meisten Arten der Umweltbelastung den Charakter von "public bads" haben, von deren Duldung keiner ausgeschlossen werden kann [33], oder umgekehrt formuliert: Saubere Gewässer, reine Luft, saubere Landschaft und Ruhe sind öffentliche (Umwelt-)Güter, von deren Genuß kein Bürger ausgeschlossen werden kann [34]. Die Erhaltung oder Wiederherstellung einer bestimmten Umweltqualität ist somit

---

31) Green, H.P., The Role of Government in Environmental Conflict, a.a.O., S. 303; vgl. auch Rehbinder, E., Argumente für die Verbandsklage im Umweltrecht, in: Zeitschrift für Rechtspolitik, 9. Jg., 1976, S. 159.

32) Vgl. Coase, R.H., The Problem of Social Cost, a.a.O., S. 134.

33) Vgl. Arnold, V., Kuppelprodukte, öffentliche Ungüter und externe Effekte, a.a.O., S. 91; Frey, R.L., Umweltschutz als wirtschaftspolitische Aufgabe, a.a.O., S. 471; Buchanan, J.M., Joint Supply, Externality and Optimality, in: Economica, N.S., Bd. 33, 1966, S. 404 ff.; Siebert, H., Das produzierte Chaos, a.a.O., S. 128 ff.

34) Vgl. Blair, R.D., The Clean Air Act of 1970, a.a.O., S. 261; Bonus, H., Über Schattenpreise von Umweltressourcen, in: Jahrbuch für Sozialwissenschaft, Bd. 23, 1972, S. 342.

eine öffentliche Aufgabe [35]. Damit ist allerdings noch keineswegs gesagt, daß sie auch in vollem Umfang vom Staat finanziert werden muß, und es ist auch nicht notwendig, daß der Staat die konkrete Durchführung der Maßnahmen, die für die Realisierung der Umweltschutzziele notwendig sind, in vollem Umfang übernimmt. In vielen Fällen wird es genügen, wenn der Staat einen Rahmen setzt oder einen Anstoß zur privaten Durchführung der notwendigen Umweltschutzmaßnahmen gibt. Ihm steht dazu ein reichhaltiges juristisches und ökonomisches Instrumentarium zur Verfügung [36]. Es dient vor allem einer Korrektur oder Ergänzung des Allokationsmechanismus Markt, um diesen (wieder) in die Lage zu versetzen, aus eigener Kraft die Allokation der Umweltgüter in optimaler Weise vorzunehmen, also Umweltbelastungen durch eine Ex-ante-Internalisierung der (potentiellen) Umweltexternalitäten zu vermeiden.

Der Allokationsmechanismus Markt kann u.U. bereits durch das Schaffen und Verbessern der Rahmenbedingungen, die für private Umweltschutzinitiativen erforderlich sind, funktionsfähig gemacht werden. Wenn dies nicht ausreicht, um einen zieladäquaten Umweltschutz zu gewährleisten, muß der Staat zusätzlich in das Marktgeschehen eingreifen, um mit einem möglichst marktkonformen umweltpolitischen Instrumentarium die Erreichung der umweltpolitischen Ziele durchzusetzen.

Die umweltpolitischen Aufgaben des Staates bestehen also darin

1. die Rahmenbedingungen vor allem für die privaten Umweltschutzmaßnahmen zu schaffen und zu verbessern,
2. die innerhalb dieses Rahmens nicht durch Privatinitiative wahrgenommenen Umweltschutzmaßnahmen mit Hilfe staatlicher Instrumente durchzusetzen [37].

---

35) Vgl. RSU, Umweltgutachten 1974, a.a.O., S. 8 und S. 168 f.; Hansmeyer, K.-H., Volkswirtschaftliche Kosten des Umweltschutzes, a.a.O., S. 108.

36) Siehe unten S. 310 ff.

37) Vgl. Saladin, P., Gleichgewichtssicherung als Staatsaufgabe, in: NZZ, FA Nr. 195 v. 22./23.8.1976.

b) Zur Schaffung und Verbesserung der umweltpolitischen Rahmenbedingungen

Wie die Ausführungen über das Coase-Theorem gezeigt haben, kommt ein gerechter Umweltschutz auf privater Basis nur zustande, wenn die Rechtsordnung dem Träger einer Umweltbelastung das Recht einräumt, den Verursacher auf Unterlassung oder Entschädigung zu verklagen. Neben der rechtlichen Institutionalisierung dieses dem Verursacherprinzip entsprechenden Grundsatzes bedarf es vor allem rechtspolitischer Maßnahmen, um dieses Prinzip auch in der Praxis anwenden zu können. Die juristische Realisierung des Verursacherprinzips scheiterte bisher vor allem daran, daß die Verursacher kaum zu identifizieren waren, die Schäden kaum bewertet werden konnten und die Träger der Schäden aus verschiedenen Gründen einen Prozeß scheuten.

Durch die folgenden drei rechtspolitischen Maßnahmen könnte man die "Funktionsbedingungen für das Wirksamwerden des Coase-Theorems verbessern" [38]:

(1) die Umkehr der Beweislast,

(2) die Institutionalisierung der Verbandsklage,

(3) die Schaffung von Eigentumsrechten an den Umweltmedien.

Zu (1):

Gegenwärtig muß der Träger einer Umweltbelastung als Kläger vor Gericht beweisen, daß bestimmte Schadstoffe, die von einem oder mehreren Verursachern emittiert wurden, seine Gesundheit oder sein Eigentum geschädigt haben. Die Beweislast liegt also beim Träger der Umweltbelastung. Würde man die Beweislast umdrehen [39], so müßte der vermeintliche Verursacher beweisen, daß er nicht für den vom Träger erlittenen Schaden verantwortlich ist. Diese Umkehr der Beweislast würde die ohnehin schwache Stellung des

---

38) RSU, Umweltgutachten 1974, a.a.O., S. 157.

39) Vgl. Green, H.P., The Role of Government in Environmental Conflict, a.a.O., S. 302; Congress and the Nation's Environment, a.a.O., S. 45; Wäldle, T., Bürgerklage und Umweltverträglichkeitsprüfung, in: Zeitschrift für Rechtspolitik, 8. Jg., 1975, S. 107; Kapp, K.W., Zur Praxis der Umweltpolitik und der Umweltplanung, a.a.O., S. 165.

Klägers sowohl in prozessualer als auch finanzieller Hinsicht stärken. Allerdings bedeutet diese Maßnahme auch nur dann eine Verbesserung, wenn die Anzahl der möglichen Verursacher relativ gering ist.

Zu (2):

Als eigentliche Ursache der Umweltbelastung haben wir mehrfach die ungenügende Durchsetzung der gesetzlichen Vorschriften durch die Behörden bezeichnet: Es ist ein Vollzugsdefizit entstanden, und zwar nicht zuletzt deshalb, weil die Behörden infolge der zunehmenden öffentlichen Daseinsvorsorge auch Aufgaben des Umweltschutzes übernommen haben [40] - und wohl auch übernehmen mußten -, für deren Durchsetzung sie weder technisch noch personell hinreichend ausgestattet waren [41]. Das Vollzugsdefizit ist zumindest teilweise also auch die Folge objektiver Unzulänglichkeiten in der öffentlichen Verwaltung.

Mit zunehmender Umweltbelastung wurden - zunächst in den USA - die öffentlichen Verwaltungen, deren Aufgabe es gewesen wäre, die Umweltbelastungen zu unterbinden, in zunehmendem Maße von einzelnen Bürgern, aber vor allem privaten Organisationen verklagt, und zwar gleichgültig, ob es sich um materiell von der jeweiligen Umweltbelastung betroffene Bürger oder Organisationen handelte oder nicht. "Such lawsuits are indicators of a citizens revolt against official protectors of the public interest" [42]. Die Gerichte in den USA wiesen zunächst die Klagen ab, die von

---

4o) Vgl. Schäfer, Dieter, Soziale Schäden, soziale Kosten und soziale Sicherung, a.a.O., S. 138.

41) Vgl. Schmidt, Helmut, Wirtschaftspolitische Möglichkeiten, Programme und Maßnahmen zum Umweltschutz, in: Kapp, K.W./ Vilmar, F., Sozialisierung der Verluste?, a.a.O., S. 181; RSU, Umweltgutachten 1974, a.a.O., S. 181. Symptomatisch dafür ist z.B. die ungenügende Anzahl gut ausgebildeter Fachkräfte im kerntechnischen Bereich (vgl. dazu den Ministerbericht zur Reaktorsicherheit, der auszugsweise abgedruckt ist, in: Umwelt 1974, 6, S. 11 ff.).

42) Sax, J.L., Legal Redress of Environmental Disruption in the United States: The Role of Courts, in: Tsuru, S. (Hrsg.), Proceedings of the International Symposium on Environmental Disruption, a.a.O., S. 224.

Nicht-Betroffenen im öffentlichen Interesse geführt wurden [43]; allmählich setzt sich jedoch die Ansicht durch, daß auch solche Klageformen berechtigt sind [44]. Besonders Naturschutzverbände wie der Sierra Club führten "im öffentlichen Interesse" viele Prozesse gegen öffentliche Institutionen und die Verursacher von Umweltbelastungen [45]. Der Ruf nach der Institutionalisierung einer solchen Klagemöglichkeit wurde laut: "The job of lawyers is to fashion tools that will make the public interest into public rights" [46].

Auch in der Bundesrepublik Deutschland wurde die Forderung nach einer Verbesserung der gerichtlichen Vollzugskontrolle der Verwaltung zwecks Intensivierung des Umweltschutzvollzugs erhoben [47].

---

43) Vgl. Sax, J.L., Standing to Sue: A Critical Review of the Mineral King Decision, in: Natural Resources Journal, vol. 13, 1973, S. 76 ff.

44) Vgl. Levi, D.R./Colyer, D., Some Legal and Economic Aspects of Citizen-Initiated Legal Mechanisms for Solving Environmental Quality Problems, in: Intermountain Economic Review, vol. 3 (2), 1972, S. 40 ff.

45) Vgl. ebenda, S. 40 f. und Sax, J.L., Standing to Sue: A Critical Review of the Mineral King Decision, a.a.O., S. 76 ff.

46) Sax, J.L., Legal Strategies Applicable to Environmental Quality Management Decisions, in: Kneese, A.V./Bower, B.T., Environmental Quality Analysis, a.a.O., S. 343; vgl. auch Congress and the Nation's Environment, a.a.O., S. 45. Inzwischen wurde die Verbandsklage in den USA institutionalisiert. Sie kann sich auch auf die gerichtliche Kontrolle der "environmental impact statements" erstrecken, die den Umweltverträglichkeitsprüfungen in der Bundesrepublik Deutschland entsprechen (vgl. Wäldle, T., Bürgerklage und Umweltverträglichkeitsprüfung, a.a.O., S. 109).

47) Vgl. Rupp, H.H., Popularklage im Umweltschutzrecht?, a.a.O., S. 32 ff.; ders., Mobilisierung des Umweltschutzrechts durch Beteiligung der Aktivbürgerschaft an seinem Vollzug, Manuskript eines unveröffentlichten Vortrags im Rahmen der Gemeinschaftsvorlesung "Umweltschutz und Umweltforschung" an der Johannes Gutenberg-Universität Mainz, Mainz 1976; ders., Rechtsgutachten zur Intensivierung des Umweltschutzes durch Verstärkung der Initiative Privater und zur Harmonisierung des Umweltschutzrechts der Mitgliederstaaten in den Europäischen Gemeinschaften, Manuskript, Mainz 1974/75; Rehbinder, E., Argumente für die Verbandsklage im Umweltrecht,

Die Vorschläge reichen von der Einführung eines Grundrechts auf eine saubere Umwelt in der Verfassung über die Institutionalisierung eines Ombudsmanns für Umweltschutz oder eines Umweltschutz-Staatsanwalts, also einer "Reaktivierung behördlicher Beanstandungsklagen" [48], bis hin zur Popularklage und Verbandsklage, also einer "Mobilisierung des Klagetyps individueller Beanstandung" [49].

Die Einführung eines Grundrechts auf eine saubere Umwelt, wie es u.a. der RSU empfiehlt [50], das sich aber im Prinzip bereits aus den Art. 1 und 2 GG ableiten ließe [51], würde wohl nur eine (zusätzliche) moralische Verpflichtung der Exekutive zu einem besseren Vollzug bewirken, aber kaum eine zusätzliche Klagemöglichkeit schaffen, da sowohl in der Literatur als auch in der Rechtsprechung eine erhebliche Zurückhaltung besteht, aus grundrechtlichen Garantien einen einklagbaren Ausspruch des Bürgers gegen den Staat abzuleiten [52].

Das Ombudsmann-System kann seinen Sinn als z e n t r a l e r, nur dem Parlament verantwortlicher Mobilisierungsstelle in einem föderativen Staat nur unzureichend nachkommen [53]. Der Umwelt-

---

a.a.O., S. 157 ff.; ders., Grundfragen des Umweltrechts, in: Zeitschrift für Rechtspolitik, 3. Jg., 197o, S. 250 ff.; Wäldle, T., Bürgerklage und Umweltverträglichkeitsprüfung, a.a.O., S. 105 ff.; RSU, Umweltgutachten 1974, a.a.O., S. 172 ff.

48) Rupp, H.H., Popularklage im Umweltschutzrecht?, a.a.O., S.33.

49) Ebenda, S. 34.

50) Vgl. RSU, Umweltgutachten 1974, a.a.O., S. 173.

51) Vgl. Rupp, H.H., Die verfassungsrechtliche Seite des Umweltschutzes, in: Juristenzeitung Nr. 13 v. 2.7.1971, S. 402.

52) Vgl. ebenda und Rehbinder, E., Umweltschutz: Die Rolle von Gesetzgebung und Rechtsprechung, in: Umwelt, 1971, 1, S. 27. Vielversprechender scheint die Möglichkeit zu sein, den Umweltschutz über die Sozialpflichtigkeit des Eigentums nach Art. 14 (2) GG auf verfassungsrechtlichem Wege zu intensivieren (vgl. Kimminich, O., Das Recht des Umweltschutzes, München 1972, S. 57 ff.).

53) Vgl. Rupp, H.H., Popularklage im Umweltschutzrecht?, a.a.O., S. 33.

schutz-Staatsanwalt wäre wegen seiner Weisungsgebundenheit immer dann in einem Interessenkonflikt, wenn der Staat bei industriellen Umweltbelastungen wegen mangelnden Vollzugs mitverantwortlich ist. Ein weisungsgebundener Umweltschutz-Staatsanwalt wäre im Rechtssystem der Bundesrepublik Deutschland ein zu großer Fremdkörper [54].

Die Popularklage, die nicht der Durchsetzung subjektiver Rechte, sondern des objektiven Rechts dient, hat gerade beim Umweltschutz beträchtliche Nachteile, weil sie wegen der Weite des Umweltschutzbereichs und der Vielzahl differenzierter Klagegründe zu einer Fülle von Klagen führen könnte, die "das ganze hergebrachte System des Rechtsschutzes in Mitleidenschaft ziehen (würde)" [55].

Als empfehlenswerte Möglichkeit gerichtlicher Vollzugskontrolle gilt - allerdings nicht unumstritten [56] - die Verbandsklage [57]. In der Bundesrepublik Deutschland kennt man diese Klageform vor allem im Wettbewerbsrecht (vgl. § 13 UWG und § 35 (2) GWB). In der Schweiz hat man mit ihr auch auf dem Gebiet des Umweltschutzes bereits gute Erfahrungen gemacht [58]. Man kann die egoistische und die ideelle Verbandsklage unterscheiden [59]. Während

---

54) Vgl. Rupp, H.H., Popularklage im Umweltschutzrecht?, a.a.O., S. 33 f.

55) Ebenda, S. 34.

56) Vgl. Redeker, K., Verfahrensrechtliche Bedenken gegen die Verbandsklage, in: Zeitschrift für Rechtspolitik, 9. Jg., 1976, S. 163 f.

57) Vgl. Rupp, H.H., Rechtsgutachten zur Intensivierung des Umweltschutzes ..., a.a.O., S. 63 ff.; Rehbinder, E., Argumente für die Verbandsklage im Umweltrecht, a.a.O., S. 157 ff.; RSU, Umweltgutachten 1974, a.a.O., S. 178.
Die Verbandsklage bezieht sich auf verfassungsrechtliche Verstöße; der RSU schlägt darüber hinaus vor, auch zu prüfen, inwieweit Umweltschutzverbände das Recht zur Einleitung von Anklageerzwingungsverfahren nach §§ 172 ff. StPO eingeräumt werden kann (vgl. RSU, Umweltgutachten 1974, a.a.O., S. 179).

58) Vgl. Rehbinder, E., Grundfragen des Umweltrechts, a.a.O., S. 255; ders., Argumente für die Verbandsklage im Umweltrecht, a.a.O., S. 163.

59) Vgl. Rehbinder, E., Argumente für die Verbandsklage im Umweltrecht, a.a.O., S. 158.

erstere der "Bündelung individueller Rechte" [60] dient, um wohl vor allem die Prozeßkosten auf möglichst viele Verbandsmitglieder zu verteilen, bezweckt die ideelle Verbandsklage die Kontrolle des Vollzugs der Umweltgesetze und ist somit ein Instrument objektiver Rechtskontrolle [61].
Das größte Problem besteht wohl darin, welche Verbände als klageberechtigt anerkannt werden sollen [62]. Will man eine Überlastung der Gerichte vermeiden, kann man wohl nur z.B. in einem behördlichen Anerkennungsverfahren besonders legitimierten Verbänden das Recht zur Verbandsklage einräumen und nicht etwa allen bestehenden oder sich ad hoc bildenden Bürgerinitiativen, die sich dem Umweltschutz verschrieben haben. Mitgliederstärke, repräsentative Organisation und Sachverstand sind wichtige Kriterien, die bei der Anerkennung berücksichtigt werden müssen [63]. Problematisch scheint es uns allerdings zu sein, das Anerkennungsverfahren von Behörden durchführen zu lassen, denn es sind u.U. gerade diese Behörden, welche dann von den Verbänden verklagt werden sollen. Unseres Erachtens bietet ein gerichtliches Anerkennungsverfahren eine bessere Gewähr für die Unabhängigkeit der Verbände.
Kurzfristig wird die Wirkung der Einführung einer Verbandsklage zu einer stärkeren Stellung der Umweltschutzinteressen *im Prozeß* führen, langfristig versprechen sich ihre Befürworter eine präventive Kontrollfunktion [64]: Die Umweltschutzverwaltung wird versuchen, möglichst gar kein Vollzugsdefizit

---

6o) Rehbinder, E., Argumente für die Verbandsklage im Umweltrecht, a.a.O., S. 158.

61) Vgl. ebenda.

62) Vgl. Redeker, K., Verfahrensrechtliche Bedenken gegen die Verbandsklage, a.a.O., S. 164.

63) Vgl. Rehbinder, E., Argumente für die Verbandsklage im Umweltrecht, a.a.O., S. 161.

64) Vgl. ebenda; Rupp, H.H., Mobilisierung des Umweltschutzrechts durch Beteiligung der Aktivbürgerschaft an seinem Vollzug, a.a.O., S. 11; Caponera, D.A., Towards a New Methodological Approach in Environmental Law, in: Natural Resources Journal, vol. 12. 1972, S. 148.

entstehen zu lassen, was wohl auch die Privatinitiative der potentiellen Verursacher erhöhen dürfte.
Die Hauptgefahr, die durch eine Institutionalisierung der Verbandsklage befürchtet wird, ist eine Blockierung oder zumindest Verzögerung wichtiger öffentlicher und indirekt auch privater Großprojekte und damit letztlich eine Gefährdung des Wirtschaftswachstums [65]. Solche Gefahren ließen sich vermindern, wenn die Umweltschutzverbände neben dem Klagerecht auch ein Anhörungs- und Mitwirkungsrecht bei der Planung öffentlicher Großprojekte (Bau von Kernkraftwerken, Staudämmen, Autobahntrassierungen u.ä.) zugestanden erhielten, so daß zwischen den beteiligten Gruppen bereits bei der Entscheidungsvorbereitung ein Konsens hergestellt werden könnte [66].
Es wird auch auf die Gefahr hingewiesen, daß sich mehrere zugelassene Umweltschutzverbände Konkurrenz machen könnten [67]. Dies könnte, weil sich die Verbände gegenseitig übertrumpfen wollen, leicht zu Maximalforderungen hinsichtlich des Umweltschutzes führen, die gesamtwirtschaftlich nachteilige Folgen haben könnten. In solchen Fällen wird es darauf ankommen, daß sich die öffentliche Verwaltung nicht von den Umweltschutzverbänden einschüchtern läßt und das r e c h t e M a ß an Umweltschutz durchsetzt und dabei - wenn es zum Prozeß kommt - auch von den Gerichten unterstützt wird [68].

---

65) Vgl. Rehbinder, E., Argumente für die Verbandsklage im Umweltrecht, a.a.O., S. 162; Rupp, H.H., Mobilisierung des Umweltschutzrechts durch Beteiligung der Aktivbürgerschaft an seinem Vollzug, a.a.O., S. 9 f.

66) Vgl. Rupp, H.H., Mobilisierung des Umweltschutzrechts durch Beteiligung der Aktivbürgerschaft an seinem Vollzug, a.a.O., S. 6 f.; Wäldle, T., Bürgerklage und Umweltverträglichkeitsprüfung, a.a.O., S. 105; Saladin, P., Gleichgewichtssicherung als Staatsaufgabe, a.a.O.; Zilleßen, H., Ansprüche und Arbeit der Bürgerinitiativen, a.a.O., S. 43.

67) Vgl. Redeker, K., Verfahrensrechtliche Bedenken gegen die Verbandsklage, a.a.O., S. 164.

68) Vgl. RSU, Umweltgutachten 1974, a.a.O., S. 178.

Zu (3):
Wir haben bereits angedeutet, daß die "Übernutzung" der Umweltmedien Luft, Wasser und Boden die Folge davon ist, daß sie zumindest teilweise als freie Güter angesehen werden, die von jedem genutzt werden können, ohne einen Preis für die Nutzung zu zahlen. Daß diese Umweltgüter kostenlos genutzt und damit bei ihrer Übernutzung geschädigt werden können, liegt daran, daß für sie keine Eigentumsrechte bestehen. Es handelt sich bei ihnen um "unrestricted common property" [69], um "communal ownership" [70], um Gemeineigentum von der Art der Allmende. Das vorgeschlagene Rezept für eine kostengerechte Bewirtschaftung der Umweltressourcen besteht nun darin, die Umweltmedien in privates Eigentum zu überführen oder zumindest Privaten die Nutzungsrechte an den Umweltgütern zu übertragen [71]. Man verspricht sich davon eine Internalisierung der externen Effekte, denn die jeweiligen Eigentümer werden ihr Eigentum vor Umweltbelastungen zu bewahren versuchen, indem sie ihre eigenen Umweltressourcen nicht überbeanspruchen und indem sie Beeinträchtigungen ihrer Umweltgüter durch andere - jetzt genau definierte - Eigentümer auf dem Verhandlungswege im Sinne von Coase zu vermeiden versuchen oder Entschädigungen dafür verlangen [72]. Da die Schaffung von Eigentumsrechten nicht nur zur Berechtigung führt, die eigenen Umweltressourcen zu nutzen, sondern auch zur Verpflichtung, die Umweltressourcen der anderen nicht zu schädigen, stellt sich bei genau definierten Eigentumsrechten an den Umweltgütern, wie bei Coase, automatisch eine Internalisierung der externen Effekte ein - vorausgesetzt es sind die gleichen Annahmen erfüllt, die auch dem Coase-Theorem zugrunde-

69) Dales, J.H., Pollution, Property and Prices. An Essay in Policy-making and Economics, Toronto 1968, S. 63.

70) Demsetz, H., Toward a Theory of Property Rights, in: American Economic Review, vol. 57, 1967, papers and proceedings, S. 354.

71) Vgl. ebenda, S. 347 ff.

72) Vgl. ebenda, S. 356.

liegen: Vor allem die Annahme, daß keine Verhandlungskosten bestehen, ist wichtig für eine v o l l s t ä n d i g e Internalisierung der externen Effekte, also die automatische Realisierung des Allokationsoptimums.
Gibt es jedoch Verhandlungskosten, so kommt es allein aufgrund von Privatinitiativen nicht zur vollständigen Internalisierung der externen Effekte. Demsetz weist jedoch zu Recht darauf hin, daß durch die Schaffung privater Eigentumsrechte die Verhandlungskosten gegenüber der Situation reduziert worden sind, in der bei Gemeineigentum eine gemeinschaftliche Verminderung der Umweltbelastung versucht würde [73], da nicht mehr jeder einzelne der Gemeinschaft als Verursacher einer bestimmten Umweltbelastung in Frage kommt, sondern nur noch ein bestimmter oder mehrere bestimmte Eigentümer. Dieser Vorteil reduziert sich allerdings um so mehr, je mehr Verursacher und Träger an einer bestimmten Umweltbelastung beteiligt sind. Die entstehenden Schwierigkeiten sind die gleichen wie beim Coase-Theorem: Eine privat initiierte Internalisierung wäre zu teuer [74]. Hier spinnt Demsetz den Faden nicht weiter: Er prüft nicht - obwohl er die Möglichkeit erwähnt -, inwieweit eine Internalisierung der Umweltexternalitäten dadurch möglich oder zumindest verbessert wird, daß das Gemeineigentum in staatliches Eigentum überführt wird, so daß der Staat mit seinem Instrumentarium die Internalisierung erzwingen kann [75].

---

73) Vgl. Demsetz, H., Toward a Theory of Property Rights, a.a.O., S. 356.

74) Vgl. ebenda, S. 357.

75) Vgl. Borchardt, K., Volkswirtschaftliche Kostenrechnung und Eigentumsverteilung. Bemerkungen zum Problem der Sozialkosten, in: Jahrbücher für Nationalökonomie und Statistik, Bd. 178, 1965, S. 77.
Der Gedanke, das Gemeineigentum an den Umweltgütern in staatliches Eigentum zu überführen und vom Staat so bewirtschaften zu lassen, daß keine Übernutzung eintritt - was nichts anderes bedeutet als daß die Immissionsstandards eingehalten werden -, wird im Anschluß an Demsetz von Krier und Montgomery aufgenommen (vgl. Krier, J.E./Montgomery, W.D., Resource Allocation, Information Cost and the Form of Government Intervention, in: Natural Resources Journal,

Aufgrund der Schaffung von Eigentumsrechten allein kann wohl nur unter sehr günstigen Voraussetzungen eine mehr oder weniger automatische Internalisierung gelingen. Allerdings erleichtert die Schaffung von privaten und/oder staatlichen Eigentumsrechten die Durchsetzung einer rationalen Umweltpolitik.
Ob Private oder Staat Eigentümer der jeweiligen Umweltmedien werden sollen, hängt zunächst von der Wirtschaftsordnung ab.
In einem marktwirtschaftlichen System sollten die Umweltmedien, soweit dies technisch möglich ist, in Privateigentum überführt werden. Eigentümer sollten allerdings nur solche Privatpersonen oder privaten Institutionen werden, die ein Interesse an der Erhaltung der jeweiligen Umweltmedien haben. So sollten z.B. nicht potentielle Abwassereinleiter Eigentümer von Flußabschnitten werden, sondern Wasserwerke oder Fischzuchtbetriebe, Angelsportvereine oder das Fremdenverkehrsgewerbe. Es müßte allerdings auch sichergestellt werden, daß die privaten Eigentümer ihr Eigentumsrecht nicht an potentielle Verursacher von Umweltschäden veräußern oder die Nutzung ihres Eigentums durch potentielle Umweltverschmutzer in zu großem Umfang zulassen, weil die Kaufpreise oder die Mieten und Pachten, die ihnen die potentiellen Verschmutzer bieten, höher sind als die Erträge, die sie mit ihrer umweltadäquaten Nutzung der Umweltmedien erzielen können.
Bei den Umweltmedien Luft und großen Gewässern wird es aber schon aus technischen Gründen praktisch unmöglich sein, sie in Privateigentum zu überführen, und zwar wegen ihrer Unteilbarkeit und der damit verbundenen kaum möglichen Ausschließbarkeit [76]. Die Umweltgüter Luft und Gewässer sind typisch öffentliche Güter, weshalb sie aus dem Gemeineigentum in das Eigentum des Staates überführt werden müssen. Damit ist allerdings noch keineswegs gewährleistet, daß der Staat die Umweltgüter auch optimal - d.h.

---

vol. 13, 1973, S. 89 ff.).
Mit dem Vorschlag von Dales, daß der Staat als Eigentümer der Umweltressourcen deren Nutzung via Verkauf von Verschmutzungslizenzen regelt, werden wir uns noch befassen (vgl. unten S. 380 ff.).

76) Vgl. Borchardt, K., Volkswirtschaftliche Kostenrechnung und Eigentumsverteilung, a.a.O., S. 76 f.

so, daß die Immissionsstandards eingehalten werden - bewirtschaftet. In zentralverwaltungswirtschaftlich organisierten Staaten mit öffentlichem Eigentum an den Umweltressourcen sind die Umweltbelastungen nicht geringer als in anderen Staaten, da dort die Umweltressourcen ebenfalls als freie Güter behandelt werden [77], eine Folge der marxistischen Auffassung vom Warenwert, der nur aus der Arbeit erklärt wird [78]. Daraus allerdings den Schluß zu ziehen, die Umweltgüter grundsätzlich nicht in staatliches Eigentum zu überführen [79], halten wir für verfehlt, da zumindest in demokratischen Staaten die staatlichen Instanzen gezwungen werden können, die in ihrem Eigentum befindlichen Umweltgüter auch im öffentlichen Interesse zu nutzen.

Ein weiterer Grund, der für staatliches Eigentum an den Umweltgütern spricht, ist die Existenz intertemporaler negativer externer Effekte; nur der Staat kann - sofern das wegen der Schwierigkeit, die sozialen Wohlfahrtsfunktionen zukünftiger Generationen vorauszuschätzen, überhaupt möglich ist - für eine optimale zeitliche Nutzung der Umweltgüter sorgen [80], also dafür, daß wir zukünftigen Generationen nicht die natürlichen Lebensgrundlagen (z.B. Grundwasser, landwirtschaftliche Anbau-

---

77) Vgl. Issing, O., Zerstörung der Umwelt - ein Versagen des marktwirtschaftlichen Systems?, a.a.O., S. 136; Goldman, M.I., The Convergence of Environmental Disruption, a.a.O., S. 302 f.; Altvater, E., Gesellschaftliche Produktion und ökonomische Rationalität. Externe Effekte und zentrale Planung im Wirtschaftssystem des Sozialismus, Frankfurt/Main und Wien 1969, S. 156.

78) Vgl. Binswanger, H.C., Eine umweltkonforme Wirtschaftsordnung, a.a.O., S. 134; Höhmann, H.-H./Seidenstecher, G./ Vajna, T., Umweltschutz und ökonomisches System in Osteuropa, a.a.O., S. 29.

79) Binswanger, H.C., Umrisse einer umweltkonformen Wirtschaftsordnung, in: Schlemmer, J. (Hrsg.), Neue Ziele für das Wachstum, a.a.O., S. 128.

80) Vgl. Frey, B.S./Schwödiauer, G., Über die zeitliche Nutzung der Natur, in: Schmollers Jahrbuch, 91. Jg., 1971, S. 696; Schlieper, U., Pareto-Optima, externe Effekte und die Theorie des Zweitbesten, a.a.O., S. 65.

flächen) zerstören. Man kann allerdings der Auffassung sein, daß dies eher eine ethische Verpflichtung als eine ökonomische Aufgabe des Staates ist, da zukünftige Generationen nichts für die Umweltschutzleistungen der vorangegangenen Generationen zahlen müssen, außer diese wären durch langfristige Verschuldung in der Gegenwart finanziert [81].

Zusammenfassend können wir sagen, daß die Umwandlung des Gemeineigentums (communal ownership) in privates (private ownership) oder staatliches Eigentum (state ownership) eine wichtige V o r a u s s e t z u n g für eine private oder staatlich initiierte Internalisierung (negativer) externer Effekte und damit für eine optimale Allokation ist. Zu bedenken ist allerdings auch hier, daß die Schaffung von Eigentumsrechten zwar die Allokationseffizienz erhöht, die Distributionseffizienz aber unter Umständen verringert. Die Verteilung der Eigentumsrechte muß daher auch unter distributiven Aspekten vorgenommen werden.

Nach dieser relativ ausführlichen Darstellung verschiedener n e u e r Möglichkeiten, den umweltpolitischen Rahmen zu verbessern, wollen wir noch auf die eher traditionellen oder zumindest schon institutionalisierten vom Staat geschaffenen Rahmenbedingungen eingehen. Wir können uns dabei kurz fassen, weil diese Rahmenbedingungen bereits im Verlauf der Arbeit geschildert wurden und dabei nur mehr oder weniger offen blieb, wer diese für private und staatliche Umweltschutzmaßnahmen notwendigen Rahmenbedingungen zu setzen hat. Es handelt sich dabei vor allem um die Normierung der Immissionsstandards möglichst vieler Schadstoffe. Solange "sich das Parlament (dieser) elementaren Aufgabe entzieht" [82], scheint eine rationale Umweltpolitik nicht möglich.

Ferner ist die Messung der Umweltbelastung eine wichtige staatliche Aufgabe. Dies gilt in erster Linie für die Messung der

---

81) Siehe dazu unten S. 396 f.

82) Rehbinder, E., Argumente für die Verbandsklage im Umweltrecht, a.a.O., S. 160.

Immissionskonzentrationen; mit der Messung der Emissionen und Immissionen in der Umgebung industrieller Anlagen kann der Staat die Emittenten beauftragen [83]; er muß diese Meßergebnisse aber zumindest stichprobenweise kontrollieren. Die Aufstellung der Emissions-, Immissions- und Wirkungskataster muß dagegen der Staat wieder selbst übernehmen.

Immissionsstandards und statistische Daten über die tatsächliche Umweltbelastung bilden den Ausgangspunkt für Planung und Durchführung der Umweltschutzmaßnahmen.

Der Staat muß dabei den Rahmenplan aufstellen, in dem auch die Aufgabenallokation zwischen privatem und öffentlichem Sektor erfolgen muß. Sodann muß er die sich selbst zugeteilten konkreten Umweltschutzaufgaben und deren Finanzierung planen.

Rein staatliche Aufgaben sind die Raumordnung und die Umweltverträglichkeitsprüfungen öffentlicher Maßnahmen. Aufgaben, die nach allgemeiner Auffassung [84] überwiegend vom Staat wahrgenommen werden müssen, sind die Förderung der Umweltforschung [85],

---

83) Dies geschieht z.B. durch die §§ 26 ff. BImSchG.

84) Vgl. Rathjens, G.W., National Environmental Policy: Goals and Priorities, a.a.O., S. 41 f.; The Annual Report of the Council of Economic Advisers, 1966, Washington, D.C. 1966, S. 174; The Economics of Clean Air, 1972, a.a.O., S. 2-1 ff.; Sobers, D.G., Planning for the Environmental Revolution, in: Armstrong, T.A. (Hrsg.), Why Do We Still Have an Ecological Crisis?, a.a.O., S. 68; Gruhl H., Wer soll für die Umwelt zahlen?, in: Marktwirtschaft, 3. Jg. Nr. 7, 1971, S. 14.

85) Würgler weist allerdings zu Recht darauf hin, daß staatliche Normen, wie die Emissionsgrenzwerte für Kraftfahrzeuge, erhebliche private Forschungen induzieren können (vgl. Würgler, H., Ökonomische und politische Ursachen der Umweltveränderungen, a.a.O., S. 99). Die Grundlagenforschung, z.B. über die Umwelteffekte der Schadstoffe, muß dagegen nach Ansicht Würglers "in einer Wirtschaftsordnung, die dem Marktmechanismus vertraut" (ebenda, S. 101) eine öffentliche Aufgabe sein, In dieser apodiktischen Form kann man das u.E. nicht akzeptieren. In der Bundesrepubik Deutschland sind z.B. private Stiftungen erheblich an der Förderung der Grundlagenforschung beteiligt (vgl. Forschungsbericht IV, a.a.O., Z. 29).

die Ausbildung von Umwelt(schutz-)experten in verschiedenen Disziplinen, die Kontrolle der Technik durch Technology Assessment [86] und die Erziehung zu einem (neuen) Umweltbewußtsein.
Die Erfüllung dieser Aufgaben ermöglicht die Schaffung eines umweltpolitischen Rahmens, innerhalb dessen sich der privat initiierte (freiwillige), staatlich erzwungene oder vom Staat selbst durchgeführte technische Umweltschutz vollziehen kann. Abschließend sei noch auf die ureigenste staatliche Aufgabe hinsichtlich der Rahmenbedingungen hingewiesen: die Gesetzgebung. Die direkten staatlichen Umweltschutzmaßnahmen können nur aufgrund von Gesetzen durchgeführt werden, und auch die staatlichen Maßnahmen, welche die Privaten zum Umweltschutz anregen oder zwingen sollen, bedürfen einer gesetzlichen Grundlage.
Je vollkommener die umweltpolitischen Rahmenbedingungen erfüllt sind, um so weniger bedarf es staatlicher Interventionen, denn um so eher werden die Privaten mehr oder weniger freiwillig bereit sein, die zur Einhaltung der Immissionsstandards notwendigen Maßnahmen des Umweltschutzes zu ergreifen. Sind die Rahmenbedingungen dagegen unzureichend oder unvollständig, muß der Staat zur Durchsetzung der Umweltschutzziele sein umweltpolitisches Instrumentarium stärker einsetzen. Es besteht also zumindest teilweise eine Substitutionsmöglichkeit zwischen dem Setzen umweltpolitischer Rahmenbedingungen und dem Einsatz des umweltpolitischen Durchsetzungsinstrumentariums.
Bevor wir uns mit dem umweltpolitischen Durchsetzungsinstrumen-

---

86) Technology Assessment kann auch innerbetrieblich erfolgen, und zwar nicht nur aus sozialer Verantwortung der Unternehmer (vgl. Dierkes, M., Qualität des Lebens und unternehmerische Entscheidung, a.a.O., S. 27; Schumacher, D., Hilfsmittel für die Umweltplanung, a.a.O., S. 26), sondern auch u.U. deshalb, weil umweltfeindliche Produktionsverfahren oder Produkte zu staatlichen Sanktionen führen oder umweltbewußte Käufer der Konkurrenz zutreiben können, die umweltfreundlicher produziert (vgl. Gramm, W.P., A Theoretical Note on the Capacity of the Market System to Abate Pollution, in: Land Economics, vol. 45, 1969, S. 365 ff. und Stephens, I.K., "A Theoretical Note on the Capacity of the Market System to Abate Pollution": A Reply, in: Land Economics, vol. 48, 1972, S. 304 f.).

tarium im einzelnen befassen, wollen wir im nächsten Abschnitt noch prüfen, welche grundsätzlichen staatlichen Möglichkeiten es gibt, eine rationale Umweltpolitik durchzusetzen.

c) Strategien zur Durchsetzung der Umweltpolitik

Unter Durchsetzung wollen wir die Durchführung und Finanzierung der zur Einhaltung der Immissionsstandards notwendigen - vor allem technischen - Maßnahmen des Umweltschutzes verstehen. Für die Durchsetzung einer rationalen Umweltpolitik sind vor allem zwei Fragen von Bedeutung:

(1) Wer soll die technischen Umweltschutzmaßnahmen durchführen?

(2) Wer soll die Durchführung der technischen Maßnahmen des Umweltschutzes finanzieren?

Zu (1):

Wer die technischen Umweltschutzmaßnahmen durchführen soll, muß unter Effizienzgesichtspunkten entschieden werden. Vergegenwärtigen wir uns die Einteilung der präventiven Maßnahmen des technischen Umweltschutzes, so kann man sagen, daß dann, wenn sich emissionsorientierte technische Maßnahmen als am effizientesten erweisen, der Emittent, den wir mit dem Eigentümer der Emissionsquelle gleichsetzen und als Verursacher bezeichnen wollen, die notwendigen Maßnahmen zur Emissionsvermeidung durchführen muß. Stellen sich dagegen immissionsorientierte technische Maßnahmen als effizienter heraus, so müssen die potentiellen Träger der Umweltbelastung die Immissionsschutzmaßnahmen durchführen. Ergibt die optimale Planung, daß die transmissionsorientierten technischen Maßnahmen am effizientesten sind, müssen die emittierenden Verursacher die technischen Maßnahmen durchführen, wenn die "Verdünnung" der Schadstoffströme durch emissionsseitige Maßnahmen, wie etwa den Bau hoher Schornsteine, optimal erreicht werden kann. Erfolgt die "Verdünnung" der Schadstoffe während der Transmission (z.B. durch die Strömung eines Gewässers), muß wohl der Staat die notwendigen technischen Maßnahmen (hier z.B. die Regulierung des Flußbettes) durchführen. Der Staat kann aber auch noch aus anderen Effizienzgründen mit der Durchführung der technischen Umweltschutzmaßnahmen beauftragt werden. Die Praxis des technischen Umweltschutzes hat gezeigt, daß manche umwelttechnischen Maßnahmen erhebliche "economies of scale" aufweisen. Um in den Genuß möglichst hoher Skalenerträge zu kommen, müssen die Umweltschutzanlagen eine gesamtwirtschaftlich optimale Betriebsgröße haben. Einzelne private Wirtschaftseinheiten sind nun in der Regel nicht in der Lage, gesamtwirtschaftlich optimal dimensionierte Anlagen auch optimal auszulasten. Das Standardbeispiel hierfür sind Kläranlagen [87]. Um die "economies of scale" voll ausnutzen zu können, müssen die Kläranlagen Kapazitäten haben, die in der Regel nicht von einzelnen Unternehmen ausgelastet werden können. Eine Unterauslastung großer Kläranlagenkapazitäten ist aber in der Regel teurer als eine Vollauslastung kleinerer Anlagen. Aus einzelwirtschaftlichen Überlegungen heraus wäre deshalb u.U. eine kleinere, aber optimal ausgelastete Kläranlage günstiger. Unter gesamtwirtschaftlichen Effizienzgesichtspunkten ist aber eine größere Kläranlage wegen der größeren Skalenerträge günstiger - vorausgesetzt sie ist ihrerseits optimal ausgelastet. Zu einer solch optimalen Auslastung kann es u.U. durch Kooperation privater Unternehmen kommen; wahrscheinlicher ist jedoch, daß Unternehmen mit den Kommunen kooperieren, zumal die Gemeinden auch das Kanalisationsnetz für die Sammlung der industriellen Abwässer zur Verfügung stellen [88].

---

87) Vgl. U.S. Department of the Interior/Federal Water Pollution Control Administration, The Economics of Clean Water, Summary Report, Washington, D.C., 1970, S. 130; dieselben, The Cost of Clean Water, vol. II: Detailed Analyses, Washington, D.C., 1968, S. 39 ff.; U.S.E.P.A., The Cost of Clean Water, vol. II: Cost Effectiveness and Clean Water, Washington, D.C., 1971, S. 71 ff. und S. 117; Littmann, K., Umweltbelastung - sozialökonomische Gegenkonzepte, a.a.O., S. 45 ff.

88) Ein Musterbeispiel für die gemeinsame Abwasserklärung von privaten Unternehmen und Kommunen, das in der ganzen Welt Nachahmung gefunden hat, sind die Ruhrgenossenschaften (vgl. Kneese, A.V./Bower, B.T., Die Wassergütewirtschaft, München und Wien 1972, S. 261 ff.; Klevorick, A.K./Kramer, G.H., Social Choice on Pollution Management: The Genossenschaften, in: Journal of Public Economics, vol. 2, 1973, S. 101 ff.).

Ähnliche Überlegungen gelten auch für die Abfallbeseitigung [89] und die Zentralisierung der häuslichen SO_2-Emissionsquellen durch den Bau von Fernheizwerken. Vor allem die Entsorgungsaktivitäten scheinen also unter Effizienzgesichtspunkten - teilweise auch aus Sicherheitsgründen, wie bei der Entsorgung von Kernkraftwerken - am besten vom Staat durchgeführt zu werden [90]. Unter dem Aspekt einer effizienten Durchführung der technischen Maßnahmen des Umweltschutzes kommen also (potentielle) Verursacher, (potentielle) Träger und der Staat in Frage. Da Verursacher und Träger von Umweltbelastungen private Haushalte, private Unternehmen und der Staat sein können, ist es also auch möglich, daß der Staat in seiner Eigenschaft als

---

89) Vgl. Hösel, G., Kosten einer befriedigenden Neuordnung der Abfallbeseitigung, in: Schultze, H. (Hrsg.), Umwelt-Report, a.a.O., S. 198.

90) Demgegenüber sieht der Wissenschaftliche Beirat beim Bundesfinanzministerium gerade im kommunalen Entsorgungsbereich eine Möglichkeit der materiellen Verlagerung öffentlicher Dienstleistungen auf den privaten Bereich, und zwar entweder mit weiterhin vollständiger öffentlicher Finanzierung, teilweiser öffentlicher Finanzierung oder gar mit vollständiger privater Finanzierung (vgl. Gutachten des Wissenschaftlichen Beirats beim Bundesministerium der Finanzen zur Lage und Entwicklung der Staatsfinanzen in der Bundesrepublik Deutschland, Bonn 1975, S. 23 ff.). Der Wissenschaftliche Beirat beim BFM empfiehlt eine solche Verlagerung, um das strukturelle Defizit des öffentlichen Haushalts zu verringern. Wie eine Untersuchung des Deutschen Instituts für Urbanistik in Zusammenarbeit mit dem Deutschen Städtetag ergeben hat, ist jedoch gerade bei den Entsorgungsleistungen der Gemeinden ein sehr hoher Kostendeckungsgrad realisiert; er beträgt bei der Abwasserbeseitigung durchschnittlich 93% und bei der Abfallbeseitigung durchschnittlich 99% (vgl. Deutsches Institut für Urbanistik / Deutscher Städtetag (Hrsg.), Kommunale Gebührenhaushalte, Bd. 1: Kalkulationsverhalten und Deckungsgrade, Berlin 1976, S. 11 f.). Obwohl Kostendeckungsgrade über 100% in manchen Gemeinden deshalb zustandekommen, weil nicht die kalkulatorischen Kosten berücksichtigt werden (vgl. ebenda), ist nicht auszuschließen, daß manche Gemeinden an der Entsorgung sogar "verdienen" und mit diesen Überschüssen andere Defizitpositionen z.B. im Kulturbereich reduzieren.
Das ändert natürlich nichts an der Aussage, daß eine Verlagerung der Entsorgung zum privaten Sektor dann erfolgen sollte, wenn sie dort effizienter wahrgenommen werden kann.

(potentieller) Verursacher oder (potentieller) Träger einer Umweltbelastung die notwendigen Umweltschutzmaßnahmen durchführen muß.

Zu (2):
Mit der Aufgabenallokation, also der Bestimmung derjenigen, welche die Umweltschutzaufgaben d u r c h f ü h r e n sollen, ist u.E. noch nicht die Frage beantwortet, wer die Umweltschutzaufgaben f i n a n z i e r e n soll. Während für die Aufgabenallokation ausschließlich Effizienzaspekte maßgeblich sein sollten, müssen nach unserer Ansicht bei der Bestimmung derjenigen, welche die Umweltschutzaufgaben finanzieren sollen, auch Verteilungsaspekte - und damit bestimmte Gerechtigkeitsvorstellungen - berücksichtigt werden. So können u.E. die Träger von Umweltbelastungen nicht direkt zur Finanzierung der Umweltschutzmaßnahmen verpflichtet werden, und zwar auch dann nicht, wenn sie von ihnen aus Effizienzgründen durchgeführt werden müssen [91]. Aus Gründen der Gerechtigkeit und aus ordnungspolitischen Gründen sollten in einer sozialen Marktwirtschaft die Verursacher die technischen Maßnahmen des Umweltschutzes finanzieren [92], und zwar gleichgültig, ob sie von ihnen selbst, von den (potentiellen) Trägern der Umweltbelastung oder vom Staat aus Effizienzgründen durchgeführt werden. Diesen Grundsatz bezeichnet man als Verursacherprinzip [93]. Aus sozialen und aus Effizienzgründen kann es allerdings auch oder gerade in einer sozialen Marktwirtschaft notwendig werden, daß der Staat die Finanzierung übernimmt, und zwar wieder unabhängig davon, ob er die

---

91) Indirekt zahlen natürlich auch die (potentiellen) Träger der Umweltbelastungen einen Teil der Umweltschutzkosten, entweder über höhere Preise oder über höhere Steuern.

92) Vgl. Menke-Glückert, P., Das Umweltprogramm der Bundesregierung, a.a.O., S. 128; derselbe, Vom Umweltschutz zur Umweltpolitik, in: Umwelt 1972, 1, S. 5; Schäfer, Friedrich, Das Verursacherprinzip in der Umweltschutzpolitik, in: Umwelt, 1972, 2, S. 4 ff.

93) Vgl. RSU, Umweltgutachten 1974, a.a.O., S. 10 f. und S. 155 ff.; Hansmeyer, K.-H., Volkswirtschaftliche Kosten des Umweltschutzes, a.a.O., S. 108.

Maßnahmen selbst durchführt oder ob dies durch die privaten Verursacher oder Träger der potentiellen Umweltbelastungen geschieht. Soziale Gründe könnten z.B. sein, daß die (potentiellen) Verursacher sozial schwache Bürger sind oder aber Grenzbetriebe, die aus beschäftigungspolitischen Gründen erhalten werden sollen. Aus Effizienzgründen wird der Staat die Finanzierung übernehmen müssen, wenn die Anwendung des Verursacherprinzips zu hohe Kosten z.B. für die Identifikation der Verursacher oder die Zurechnung der jeweiligen Schadensanteile auf dieselben erfordert [94]. In den Fällen, in denen der Staat die Finanzierung der Umweltschutzmaßnahmen übernimmt, spricht man von Gemeinlastprinzip [95].

Sehen wir von dem nicht wünschenswerten Fall ab, daß die (potentiellen) Träger der Umweltbelastungen zur direkten Finanzierung des Umweltschutzes verpflichtet werden sollen, so kann man sechs Kombinationen zwischen der Durchführung und Finanzierung der technischen Umweltschutzmaßnahmen unterscheiden. Sie sind in der folgenden Matrix-Tabelle zusammengestellt:

Durchführung / Finanzierung	Verursacher	Träger	Staat
Verursacher	1	2	3
Staat	4	5	6

94) Vgl. Ackermann, K./Geschka, H./Karsten, D., Die wirtschaftspolitische Lösung: Verursacherprinzip, a.a.O., S. 32; dieselben, Gutachten zur Gesamtbelastung der Volkswirtschaft durch das Umweltprogramm der Bundesregierung, a.a.O., S. 602 ff.; RSU, Umweltgutachten 1974, a.a.O., S. 155.

95) Vgl. RSU, Umweltgutachten 1974, a.a.O., S. 155; Hansmeyer, K.-H., Volkswirtschaftliche Kosten des Umweltschutzes, a.a.O., S. 108.

Die Fälle 1 bis 3 entsprechen dem Verursacherprinzip, die Fälle 4 bis 6 dem Gemeinlastprinzp [96]. Inwieweit durch die verschiedenen Fälle das öffentliche Budget belastet wird, hängt von der Budgetrelevanz der Instrumente ab, mit denen die Einhaltung der Immissionsstandards durchgesetzt werden soll. Wir müssen also zunächst die umweltpolitischen Instrumente des Verursacher- und Gemeinlastprinzips näher betrachten, um diese danach hinsichtlich ihrer Budgetrelevanz und ihrer Effizienz zur Erhaltung der Immissionsstandards beurteilen zu können.

B. Instrumente zur Durchsetzung der Umweltpolitik

1. Zur Einteilung und Bewertung der umweltpolitischen Instrumente

Interpretieren wir die Matrix-Tabelle auf S. 307 als "box" der umweltpolitischen Instrumente, so können wir diese einteilen in die Instrumente zur Durchsetzung des Verursacherprinzips (mit den drei Instrumentengruppen 1,2,3) und in die Instrumente zur Durchsetzung des Gemeinlastprinzips (mit den drei Instrumentengruppen 4,5,6). Am vielfältigsten ist zweifellos das Instrumentarium der "box" 1. Es enthält alle die Instrumente, welche die Verursacher zur Emissionsreduktion und ihrer Finanzierung anregen oder zwingen sollen. Bei der Darstellung dieser Instrumente gehen wir von dem klassischen Instrument der Internalisierung negativer externer Effekte aus: der Pigou'schen Steuer. Ihre Ablehnung als praktikables Instrument zur Internalisierung negativer externer Effekte in der Form von Umweltschäden führt uns dann zur Analyse weiterer Instrumente, die ebenfalls dem Verursacherprinzip entsprechen: Wir untersuchen zunächst Auflagen, und zwar sowohl in bezug auf Produkte, Technologien und Standorte als auch

96) In der Literatur ist die Trennung zwischen Verursacherprinzip und Gemeinlastprinzip nicht immer klar. Das gilt vor allem für eine kostendeckende Finanzierung öffentlich durchgeführter Maßnahmen durch Gebühren. Nach unserer Definition würde dies eindeutig dem Verursacherprinzip entsprechen. Nach Klaus Zimmermann gehört eine solche Finanzierung, da sie "in staatlichen Budgets erscheint" (Zimmermann, Klaus, Vorausschätzung staatlicher Umweltkosten, a.a.O., S. 130) zum Gemeinlastprinzip.

in bezug auf Emissionen. Die Auflagen können die Form von Geboten, Verboten und Standards haben. Neben den Auflagen enthält "box" 1 als weitere Instrumentenkategorie Abgaben, die als Bemessungsgrundlage nicht, wie die Pigou-Steuer, den Schaden haben, sondern die Produktmenge, den Faktorinput oder die Schadstoffemissionen. Wir werden uns vor allem mit der Emissionsabgabe befassen und auch auf eine besondere Version davon, nämlich auf Emissionszertifikate, eingehen.
Die Instrumente der "box" 2 bestehen aus Maßnahmen, welche die potentiellen Träger von Umweltbelastungen dazu veranlassen, Immissionsschutzmaßnahmen durchzuführen, die jedoch nicht von ihnen, sondern von den Verursachern bezahlt werden müssen. Solche Instrumente sind z.B. die Schaffung von Eigentums- und Klagerechten, mit denen wir uns bereits befaßt haben.
Die "box" 3 enthält die Instrumente, die dem Staat zur Verfügung stehen, um die Kosten der von ihm aus Effizienzgründen durchgeführten Umweltschutzmaßnahmen auf die potentiellen Verursacher der Umweltbelastungen umzulegen, also vor allem Gebühren, z.B. für die Inanspruchnahme der staatlichen (oder kommunalen) Abfall- und Abwasserbeseitigungsanlagen.
Nach den Instrumenten zur Durchsetzung des Verursacherprinzips wenden wir uns denen zur Durchsetzung des Gemeinlastprinzips zu. In "box" 4 sind alle die Finanzierungsinstrumente enthalten, die der Staat dazu verwenden kann, bei den Verursachern Maßnahmen zur Emissionsreduktion zu initiieren. Es handelt sich dabei um Subventionen aller Art (Darlehen, Zuschüsse, Steuervergünstigungen, Sonderabschreibungen u.a.). Die "box" 5 enthält die gleichen Instrumente, nur daß sie in diesen Fällen aus Effizienzgründen den potentiellen Trägern der Umweltbelastungen zur Durchführung von Immissionsschutzmaßnahmen gewährt werden. In "box" 6 schließlich befinden sich die Instrumente, die der Staat zur Verfügung hat, um die von ihm durchgeführten Maßnahmen des Umweltschutzes zu finanzieren, nämlich Steuern und Kredite.
Da wir die umweltpolitischen Instrumente im nächsten Abschnitt nicht nur darstellen, sondern auch hinsichtlich ihrer Eignung zur Realisierung der umweltpolitischen Ziele analysieren wollen,

müssen wir die Instrumente auch bewerten und zwar nicht nur hinsichtlich ihrer theoretischen Allokationseffizienz, sondern auch in bezug auf ihre praktische Anwendbarkeit. Es wird sich dabei zeigen, daß die Anwendbarkeit gerade der Instrumente, die theoretisch eine große Allokationseffizienz haben, oft nicht praktikabel ist, weil die dafür erforderlichen Informationen und der administrative Aufwand zu groß sind. Auf die Bewertung der Instrumente hinsichtlich ihrer ordnungspolitischen Konformität und ihrer Wirkungen auf andere wirtschaftspolitische Ziele werden wir im Verlauf dieses Kapitels eingehen.
Erst dann können wir die möglichen Budgetbelastungen durch die jeweiligen Instrumente abschätzen, denn diese ergeben sich nicht nur aus der Anwendung der Instrumente selbst und den Informations- und Administrationskosten, welche die Anwendung hervorruft, sondern auch aus den Folgekosten und Folge n u t z e n der Anwendung der Instrumente hinsichtlich der Zielerreichungsgrade anderer (wirtschafts)politischer Ziele.

2. Darstellung und kritische Würdigung der umweltpolitischen Instrumente

a) Die Instrumente zur Durchsetzung des Verursacherprinzips

aa) Zur Internalisierung negativer externer Effekte durch eine Pigou'sche Steuer

Im Umweltprogramm der Bundesregierung heißt es: "Jeder, der die Umwelt belastet oder sie schädigt, soll für die Kosten dieser Belastung oder Schädigung aufkommen" [97]. Diese Version des Verursacherprinzips ist kongruent mit der Forderung nach einer Internalisierung negativer externer Effekte. Von Pigou stammt der Vorschlag, die Internalisierung negativer externer Effekte dadurch vorzunehmen, daß man die Produktion des Gutes besteuert, bei der die negativen externen Effekte entstehen, und zwar in Höhe der negativen externen Effekte, also der Differenz zwischen privaten und sozialen Kosten [98]. In marginalen Größen

---

97) Das Umweltprogramm der Bundesregierung, a.a.O., S. 27.

98) Vgl. Pigou, A.C., The Economics of Welfare, Reprint der 4. Auflage von 1932, London 1952, S. 224 f. und die vor allem durch den Coase-Aufsatz von 1960 (a.a.O.) ausgelösten Dis-

und auf die Umweltbelastung bezogen kann man das auch so formulieren: Negative marginale externe Effekte in Form marginaler Umweltschäden lassen sich dadurch internalisieren, daß man die Produktion, bei der die Schadstoffe emittiert werden, mit einer Steuer belegt, deren marginaler Satz gleich dem marginalen Umweltschaden im Allokationsoptimum ist. Um die Internalisierungssteuer bzw. deren marginalen Satz ermitteln zu können, muß man also das Allokationsoptimum und die (marginale) Schadensfunktion kennen. Wir wollen nun für den einfachsten denkbaren Fall eines negativen externen Effektes den marginalen Satz der Internalisierungssteuer bestimmen [99].

Wir gehen davon aus, daß zwei Unternehmen je ein Gut, nämlich x_1 und x_2, herstellen, das sie zum Preis von p_1 bzw. p_2 verkaufen. Bei der Produktion von x_1 entsteht nun als Kuppelprodukt ein Schadstoff, dessen Emissionsmenge e_1 die Produktion der Unternehmung 2 negativ beeinflußt, also für Unternehmung 2 einen (kontrollexternen) Kostenfaktor darstellt. Die Unternehmung 2 verursacht keine externen Effekte bei Unternehmung 1, und der negative externe Effekt, der von Unternehmung 1 verursacht wird, beeinflusse nur die Gesamtkosten der Unternehmung 2, nicht aber deren Grenzkosten. Wir unterstellen also einen sowohl nicht-

---

kussionen über die Internalisierung externer Effekte. Einen sehr guten Überblick über diese Diskussionen geben Mishan (vgl. Mishan, E.J., The Postwar Literature on Externalities: An Interpretative Essay, in: Journal of Economic Literature, vol. 9, 1971, S. 1 ff.) und mit besonderem Bezug zum Umweltproblem Fisher und Peterson (vgl. Fisher, A.C./Peterson, F.M., The Environment in Economics: A Survey, in: Journal of Economic Literature, vol. 14, 1976, S. 1 ff.).

99) Zur folgenden Darstellung vgl. Jürgensen, H./Jaeschke, K.-P., Allokationseffekte der Social Costs im Umweltschutz - Untersuchung zur Anwendung des Verursacherprinzips. Unveröffentlichtes Gutachten für das Bundesministerium des Innern, Hamburg 1972, S. 43 ff.; Weber, W., Wohlfahrtstheoretische Aspekte der Besteuerung: Zielkonflikte und Theorie des Zweitbesten, in: Haller, H. u.a. (Hrsg.), Theorie und Praxis des finanzpolitischen Interventionismus, Fritz Neumark zum 70. Geburtstag, Tübingen 1970, S. 198 ff.; Head, J.G., Public Policies and Pollution Problems, in: Finanzarchiv, Bd. 33, 1974, S. 1 ff.

reziproken als auch separablen negativen externen Effekt [100].
Beide Unternehmen sollen Gewinnmaximierung betreiben. Es gelten dann folgende Beziehungen:
Der Gewinn der Unternehmung 1 ist

(1) $G_1 = p_1 x_1 - K_1(x_1)$

Die Kosten der Unternehmung 2 sind außer von der produzierten Menge x_2 auch abhängig von der Emissionsmenge e_1, so daß gilt:

(2) $K_2 = K_2(x_2, e_1)$.

Da die emittierten Schadstoffmengen e_1 von der hergestellten Produktmenge x_1 abhängen, also gilt:

(3) $e_1 = e_1(x_1)$

ergibt sich durch Einsetzen von (3) in (2)

(4) $K_2 = K_2[x_2, e_1(x_1)]$.

Der Gewinn der Unternehmung 2 beträgt dann

(5) $G_2 = p_2 x_2 - K_2[x_2, e_1(x_1)]$.

Der marginale (kontrollexterne) Verlust der Unternehmung 2 beträgt nun

(6) $\frac{\partial G_2}{\partial x_1} = - \frac{\partial K_2}{\partial e_1} \cdot \frac{de_1}{dx_1} < 0.$

Da im Allokationsoptimum die Gesamtproduktion maximiert sein muß, können wir die Bedingungen für ein solches Optimum ableiten, indem wir die Gewinnfunktionen der beiden Unternehmen zusammenfassen und maximieren. Bei gemeinsamer Gewinnmaximierung ergibt sich als Gewinnfunktion

(7) $G = G_1 + G_2 = p_1 x_1 + p_2 x_2 - K_1(x_1) - K_2[x_2, e_1(x_1)]$

und als Maximierungsbedingungen erhalten wir

---

100) Bei separablen negativen externen Effekten ist deren Höhe allein vom Aktivitätsniveau des Verursachers abhängig. Es bleibt damit die Grenzkostenfuktion des Trägers unbeeinflußt (vgl. Davis, O.A./Whinston, A., Externalities, Welfare, and the Theory of Games, a.a.O., S. 294 ff.)

(8) $\frac{\partial G}{\partial x_2} = p_2 - \frac{\partial K_2}{\partial x_2} = 0$

und die uns vor allem interessierende Bedingung

(9) $\frac{\partial G}{\partial x_1} = p_1 - \frac{\partial K_1}{\partial x_1} - \frac{\partial K_2}{\partial e_1} \cdot \frac{de_1}{dx_1} = 0$

oder umgeformt:

(10) $p_1 - \frac{\partial K_1}{\partial x_1} = \frac{\partial K_2}{\partial e_1} \cdot \frac{de_1}{dx_1}$

Der Ausdruck auf der linken Seite von Gleichung (10) ist der interne Grenzgewinn der Unternehmung 1 und der Ausdruck auf der rechten Seite entspricht dem in Gleichung (6), ist also der externe Grenzverlust der Unternehmung 2, so daß im Allokationsoptimum gelten muß, daß der interne Grenzgewinn des Verursachers der Umweltbelastung gleich dem externen Grenzverlust des Trägers der Umweltbelastung sein muß:

(11) $\frac{\partial G_1}{\partial x_1} = - \frac{\partial G_2}{\partial x_1}$

Wir wollen diese Bedingung auch noch graphisch darstellen (vgl. Abb. 17):

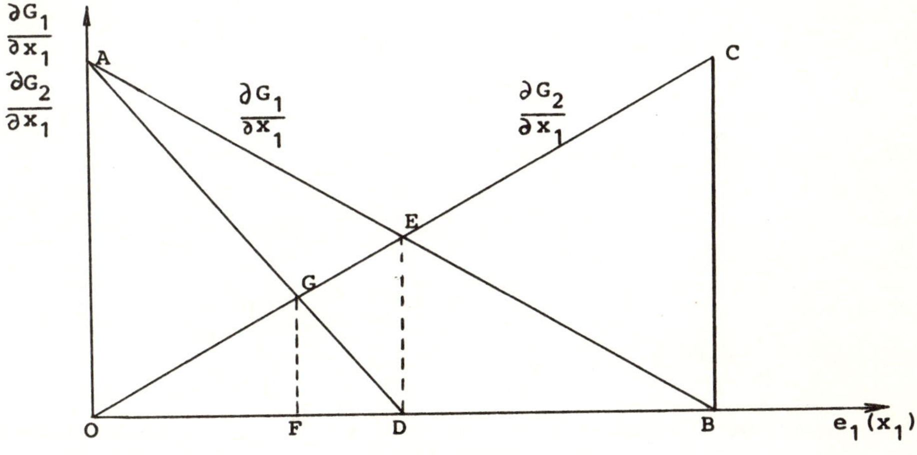

Abb. 17

Die Gerade AB stellt die Grenzgewinnfunktion der Unternehmung 1 dar. Bei getrennter Gewinnmaximierung wird die Unternehmung 1 die zu B gehörende Güter- und Schadstoffmenge produzieren, wo ihr Grenzgewinn gleich Null ist. Die Gerade OC ist die Grenzverlustfunktion der Unternehmung 2. Unternehmung 2 erleidet bei getrennter Gewinnmaximierung einen externen Verlust in Höhe des Flächeninhalts des Dreiecks OBC.

Das Allokationsoptimum liegt aber bei einer Güter-Schadstoff-Kombination, die durch den Punkt D gekennzeichnet ist, über dem sich in E die Grenzgewinnkurve der Unternehmung 1 und die Grenzverlustkurve der Unternehmung 2 schneiden. Um den Verursacher zu einer dem Punkt D entsprechenden Produktion zu zwingen, muß man seine Produktion mit einer Steuer belegen, die zumindest im Allokationsoptimum einen marginalen Steuersatz t in Höhe von ED hat, also dem externen Grenzverlust der Unternehmung 2 entspricht.

Man kann die Steuerhöhe bzw. deren Satz auch leicht analytisch bestimmen. Nach Steuer hat die Gewinnfunktion der Unternehmung 1 folgendes Aussehen:

(12) $G_1 = p_1 x_1 - K_1(x_1) - T(x_1)$

Unternehmen 1 maximiert seinen Gewinn, wenn

(13) $\dfrac{\partial G_1}{\partial x_1} = p_1 - \dfrac{\partial K_1}{\partial x_1} - \dfrac{\partial T}{\partial x_1} = 0$

oder umgeformt:

(14) $p_1 - \dfrac{\partial K_1}{\partial x_1} = \dfrac{\partial T}{\partial x_1}$.

Aus den Gleichungen (10) und (14) folgt

(15) $\dfrac{\partial T}{\partial x_1} = \dfrac{\partial K_2}{\partial e_1} \cdot \dfrac{de_1}{dx_1}$.

Der Steuerbetrag, den Unternehmung 1 zu bezahlen hat, damit eine volle Internalisierung erfolgt, beträgt

$$(16) \qquad T = \int_0^{x_1} \frac{\partial K_2}{\partial e_1} \cdot \frac{de_1}{dx_1} \cdot dx_1 .$$

Hierbei wird also unterstellt, daß die Grenzsteuerfunktion identisch ist mit der Grenzverlustfunktion der Unternehmung 2[101]. Dadurch wird garantiert, daß der Steuerbetrag im Allokationsoptimum immer gleich dem externen Verlust ist. Die marginale Nettogewinnfunktion der Unternehmung 1 wird dann durch die Gerade AD wiedergegeben. Man erhält sie durch vertikale Subtraktion der Grenzsteuerfunktion von der Grenzgewinnfunktion der Unternehmung 1.

An ihr orientiert sich die Unternehmung 1 nach Steuer, so daß sie ihren Gewinn dort maximiert, wo der marginale Nettogewinn gleich Null ist, also bei einer Produktmengen-Schadstoff-Kombination, die dem Punkt D entspricht. Der externe Verlust der Unternehmung 2 hat sich jetzt verringert; er entspricht dem Inhalt des Dreiecks ODE, also genau dem in Gleichung (16) angegebenen Steuerbetrag. Der Steuerbetrag muß an den Träger des externen Verlusts, also Unternehmen 2, als Entschädigung transferiert werden, weil sonst nicht das Allokationsoptimum realisiert wird, sondern eine suboptimale Produktionsmengen-Schadstoff-Kombination OF, und zwar deshalb, weil beide Unternehmen ihre Gewinnsituation nach Steuer verbessern können, wenn sie sich durch Ver-

---

101) Im Fall einer (proportionalen) Stücksteuer mit einem konstanten marginalen Satz t, wäre die Grenzsteuerfunktion eine Parallele zur Abszisse in Höhe von DE, und die marginale Nettogewinnfunktion des Unternehmens 1 wäre eine parallele zu AB durch D. In diesem Fall wäre die Internalisierungssteuer

$$T = \frac{\partial K_2}{\partial e_1} \cdot \frac{de_1}{dx_1} \cdot x_1 .$$

Dieses Aufkommen ist offenbar größer als im oben zugrundegelegten Fall, so daß für die Unternehmung 1 eine Mehrbelastung entsteht, obwohl das gesamtwirtschaftliche Allokationsoptimum ebenfalls realisiert wird. Der Staat würde nach voller Kompensation des Verlustes der Unternehmung 2 noch einen Teil der Steuer als (Netto-)Einnahme verbuchen können.

handlungen einigen, daß Unternehmung 1 nur noch die Punkt F entsprechende Menge produziert, über dem sich marginale Nettogewinnkurve der Unternehmung 1 und marginale externe Verlustkurve von Unternehmung 2 schneiden. Zu einer solchen Entschädigung des Trägers der verbleibenden externen Verluste muß es dann nicht kommen, wenn Verursacher und Träger der externen Effekte nicht miteinander verhandeln können, weil die Träger nicht identifizierbar sind, wie dies bei den meisten Arten der Umweltbelastung der Fall ist. Dann wird die allokationsoptimale Menge OD realisiert, allerdings ohne daß die Träger der externen Verluste entschädigt werden müssen, was nach unserer Ansicht aus distributiven Gründen negativ zu beurteilen ist. Sind die Träger der externen Verluste nicht identifizierbar, wird man aber auch keine Schadensfunktion aufstellen können, wodurch der Realisierung der Pigou'schen Steuerlösung des Internalisierungsproblems sowieso die Grundlage entzogen ist.

Zur Pigou-Steuer als Instrument zur Internalisierung negativer externer Effekte läßt sich abschließend folgendes sagen: Ihre Allokationseffizienz ist im Modell sehr groß, und zwar größer als bei jeder anderen Maßnahme zur Internalisierung externer Effekte [102]. Damit allerdings durch die Internalisierung das Allokationsoptimum erreicht werden kann, müssen die marginalen Gewinn- bzw. Nutzenfunktionen der Verursacher und die marginalen Schadensfunktionen der Träger der Umweltbelastung für alle Produktionsalternativen des Verursachers bekannt sein [103], denn sonst kann die allokationsoptimale Internalisierungssteuer nicht ermittelt werden. Zusätzlich müssen auch die einzelnen Träger

102) Vgl. Zerbe, R.O., Theoretical Efficiency in Pollution Control, in: Western Economic Journal, vol. 8, 1970, S. 371; Gerhardt, P.H., Air Pollution Control: Benefits, Costs, and Inducements, in: Mushkin, S. (Hrsg.), Public Prices for Public Products, Washington, D.C., 1972, S. 161; Littmann, K., Umweltbelastung - sozialökonomische Gegenkonzepte, a.a.O., S. 64.

103) Vgl. Turvey, R., On Divergences between Social Cost and Private Cost, a.a.O., S. 312.

der Umweltbelastung bekannt sein, damit sie in Höhe ihrer externen Verluste entschädigt werden können. In unserem einfachen Beispiel mit nur zwei Unternehmen, von denen das eine nicht-reziproke, separable negative externe Effekte verursacht, ist es relativ einfach, die erforderlichen Informationen zu erlangen. Jedoch gerade im Fall der Umweltexternalitäten, wo viele Verursacher und Träger einer Vielzahl von Umweltbelastungen vorhanden sind und reziproke sowie nicht-separable negative externe Effekte eher die Regel als die Ausnahme sind, läßt sich den Informationserfordernissen für eine Pigou'sche Schadensteuer - wenn überhaupt - nur zu extrem hohen Kosten nachkommen [104]. Außerdem wäre der für die Administration einer solchen Steuer notwendige Apparat kaum erschwinglich. Die gesellschaftlichen Kosten zur Realisierung dieser Version des Verursacherprinzips würden auch in einem nicht annähernd akzeptablen Verhältnis zum gesellschaftlichen Nutzen stehen, den ein so realisiertes Allokationsoptimum hervorrufen würde.

Die Tatsache, daß die Pigou'sche Steuerlösung für die umweltpolitische Praxis also kaum von Bedeutung ist, impliziert keineswegs, daß auch das Verursacherprinzip nicht angewendet werden kann [105], denn letzteres läßt sich - wie wir im folgenden sehen

---

104) Vgl. Schenk, K.E., Externe Effekte und rationale Wirtschaftspolitik, in: Hamburger Jahrbuch für Wirtschafts- und Gesellschaftspolitik, 13. Jg., 1968, S. 285 ff.; Head, J.G., Public Goods and Public Welfare, a.a.O., S. 201 ff.; Gerhardt, P.H., Air Pollution Control: Benefits, Costs, and Inducements, a.a.O., S. 161 f.; Hansmeyer, K.-H., Die Abwasserabgabe als Versuch einer Anwendung des Verursacherprinzips, in: Issing, O. (Hrsg.), Ökonomische Probleme der Umweltschutzpolitik, Berlin 1976, S. 70 f.; Littmann, K., Umweltbelastung - sozialökonomische Gegenkonzepte, a.a.O., S. 90 ff.

105) So sehen manche Autoren als Alternative zum "Verursacherprinzip durch Abgabenerhebung entsprechend den sozialen Zusatzkosten" nur Kooperative Lösungen, ohne zu prüfen, ob es nicht auch andere Möglichkeiten zur Durchsetzung des Verursacherprinzips gibt als die Pigou'sche Steuerlösung (vgl. Jansen, P., Was können Systemanalysen zur praktischen Verwirklichung von Umweltschutz beitragen?, in: Zur Problematik des Verursacherprinzips, a.a.O., S. 18 ; Thoss, R., Zur Planung des Umweltschutzes, a.a.O., S. 183). Allerdings

werden - mit Hilfe von anderen finanzwirtschaftlichen oder juristischen Instrumenten oder Kombinationen zwischen diesen in allokationstheoretisch allerdings weniger anspruchsvoller Weise durchsetzen. Angestrebt wird mit diesen Ansätzen nicht mehr das Allokationsoptimum, sondern die Einhaltung der Immissionsstandards, die letztlich durch politische Entscheidung festgelegt wurden. Die Realisierung dieser Immissionsstandards wäre übrigens dann mit der Erreichung des Allokationsoptimums identisch, wenn sie in Höhe der optimalen Immissionskonzentration festgelegt würden, und wenn die Bestimmung der optimalen Immissionskonzentrationen aufgrund vollständiger Information über Vermeidungs-, Opportunitäts- und Schadenskosten "richtig" erfolgt wäre - eine wahrhaft heroische Annahme[106]. Die modifizierten Versionen des Verursacherprinzips, wie sie nun geschildert werden sollen, beruhen nicht mehr darauf, die Schadenskosten zu internalisieren, sondern darauf, den Verursachern die Vermeidungskosten der (potentiellen) Umweltbelastungen anzulasten. Nur diese Version des Verursacherprinzips entspricht übrigens dem Grundsatz eines präventiven Umweltschutzes. Die Pigou'sche Internalisierungslösung impliziert nämlich wegen der notwendigen Schadensbewertung eine n a c h t r ä g l i c h e Anlastung der negativen externen Verluste[107], denn nicht entstandene

---

meinen auch wir, daß die Durchsetzung des Verursacherprinzips kein Ziel ist, sondern nur ein Mittel zur Realisierung der Immissionsstandards (vgl. Meyer Abich, K.M., Umweltbeeinträchtigungen durch den wirtschaftlich-technischen Prozeß, a.a.O., S. 16; Thoss, R., Verursacherprinzip - Kompensation oder Verhinderung von Umweltschäden?, in: Schultze, H. (Hrsg.), Umwelt-Report, a.a.O., S. 23). "Easy slogans like 'polluters must pay' may win hearts and votes but cost dear in disguising the need in every case to compare alternatives for their full economic effects on incentive, choice, and efficiency" (Pennance, F.G., The Polluters: Industry or Government?, a.a.O., S. 47).

106) Siehe oben S. 148 ff.

107) Vgl. RSU, Umweltgutachten 1974, S. 11; Thoss, R., Zur Planung des Umweltschutzes, a.a.O., S. 181; ders., Verursacherprinzip - Kompensation oder Verhinderung von Umweltschäden?, a.a.O., S. 21.

(oder nur potentielle) Schäden können nicht zur Bemessungsgrundlage einer Steuer gemacht werden. Die Anlastung der Vermeidungskosten ist dagegen durchaus ex ante möglich, so daß diese Version des Verursacherprinzips bei konsequenter Anwendung zu einer Ex-ante-Internalisierung der (potentiellen) Umweltexternalitäten führt. Die Allokationsaufgabe besteht nun nicht mehr darin, eine Internalisierungssteuer zu finden, die zum Allokationsoptimum führt, sondern darin, juristische und/oder finanzwirtschaftliche Maßnahmen zu finden, welche die Verursacher veranlassen, Emissionsvermeidungs- oder Emissionsreduktionsmaßnahmen zu ergreifen, die zu gesamtwirtschaftlich minimalen Kosten die Einhaltung der Immissionsstandards gewährleisten[108].

bb) Auflagen als Instrument zur Durchsetzung des Verursacherprinzips

Auflagen sind (neben Subventionen und öffentlichen Investitionen) das traditionelle Instrument staatlicher Umweltpolitik. Man kann die Auflagen in Verbote, Gebote und Standards einteilen. Gegenstand der Umweltschutzauflagen können die Produkte, die umweltschutzrelevanten Technologien, der Standort und die Emissionen sein. Alle Auflagen können räumlich, zeitlich und sachlich differenziert werden.

Der Freiheitsgrad für die von den Auflagen betroffenen Verursacher ist in der Regel bei den Geboten am geringsten und bei den Standards am größten. Gebote kann man als Verbote von Alternativen bezeichnen. Existieren allerdings nur wenige Alternativen, können Verbote einen ebenso geringen Freiheitsgrad belassen wie Gebote. In bezug auf den Gegenstand der Auflagen ist der Freiheitsgrad dann am größten, wenn diese die Emissionen betreffen, denn dann können die betroffenen Verursacher zwischen allen mög-

---

108) Vgl. Jürgensen, H./Jaeschke, K.-P., Allokationseffekte der Social Costs im Umweltschutz, a.a.O., S. 75 f.; Nowotny, E., Wirtschaftspolitik und Umweltschutz, Freiburg 1974, S. 193; Baumol, W.J./Oates, W.E., The Use of Standards and Prices for Protection of the Environment, in: Swedish Journal of Economics, vol. 73, 1971, S. 44 f.

Systematisierung der Auflagen

Gegenstand der Auflagen / Art der Auflagen			Gebote	Verbote (Null-Standards)	Standards
Produkte	Produktionsmittel (Inputs)	Herstellung	Herstellungsgebot	Herstellungsverbot	Produktstandards
		Verwendung	Verwendungsgebot	Verwendungsverbot	
	Konsumgüter	Herstellung	Herstellungsgebot	Herstellungsverbot	
		Gebrauch	Gebrauchsgebot	Gebrauchsverbot	
Umweltrelevante Technologien	Produktionsverfahren		Verfahrensgebot	Verfahrensverbot	-
	Rückhaltetechnologien		Einbaugebot für Rückhaltetechnologien	-	
	Recycling		Recycling-Gebot	-	
	Entsorgung		Entsorgungsgebot	-	
Standort			Standortgebot	Standortverbot	-
Emissionen			-	Emissionsverbot	Emissionsstandards

lichen Maßnahmen der Emissionsvermeidung oder -reduktion wählen, die sich im Produktionsprozeß im weitesten Sinne - also von der Beschaffung der Produktionsfaktoren bis zum Absatz der Produkte - ergeben. In der Tabelle auf Seite 320 unternehmen wir den Versuch einer Systematisierung der Umweltschutzauflagen. Der Freiheitsgrad der Entscheidungen nimmt in der Tabelle (tendenziell) von links nach rechts und von oben nach unten zu.
Wir wollen nun die Auflagen im einzelnen betrachten.

(1) Gebote ...

(a) ... in bezug auf Produkte

Solche Gebote können sich auf die Herstellung oder Verwendung ganz bestimmter Produktionsmittel oder Konsumgüter beziehen oder auch nur ein allgemeines Postulat darstellen, z.B. daß nur umweltfreundliche Produkte hergestellt oder verwendet werden dürfen.
Gebote, bestimmte Produkte aus Umweltschutzgründen herzustellen, kommen wohl nicht in Frage. Dagegen wäre es denkbar, daß die Verwendung (in der Produktion) und/oder der Verbrauch (im Haushalt) ganz bestimmter Produkte (z.B. umweltfreundlicher Energieträger wie Erdgas) vorgeschrieben werden. Auch den Anschlußzwang an ein Fernheizwerk kann man als Gebot, Fernwärme zu verwenden, bezeichnen. Solche Gebote stellen zwar einen beträchtlichen Eingriff in die persönliche Entscheidungsfreiheit von Unternehmen und Haushalten dar, sind aber, wenn sie eingehalten (durchgesetzt) werden, sehr wirksam.

(b) ... in bezug auf umweltrelevante Technologien

Hierbei kann es sich um Vorschriften hinsichtlich der Produktionsverfahren oder hinsichtlich der konkreten umwelttechnischen Maßnahmen handeln, die ergriffen werden müssen, um Emissionen zu vermeiden oder zu reduzieren. Solche Gebote erfordern für die Behörden viele Informationen über den Stand der Technik [109], denn es können nur technisch erprobte (und finanziell zumutbare) umweltschützende Technologien vorgeschrieben werden. Damit

---

109) Vgl. Wohlgemuth, R., Umweltgebühren als Alternative zur Auflage, in: Umwelt, 1974, 6. S. 46; RSU, Umweltgutachten 1974, a.a.O., S. 161

wird der Erlaß wirksamer Gebote äußerst schwierig und langwierig, denn darüber, was als Stand der Technik zu bezeichnen ist, kann es zwischen der Behörde und den Unternehmen zu langwierigen Auseinandersetzungen kommen, die letztlich in einem Kompromiß enden werden [110]. In bezug auf Produktionsverfahren und Rückhaltetechnologien halten wir Gebote für kein geeignetes Instrumentarium. Hinsichtlich des Recycling und vor allem der Entsorgung sind sie jedoch von großer Bedeutung, weil Gebote u.E. das wirksamste Instrumentarium des Verursacherprinzips sind, das zu Recycling und Entsorgung toxischer Schadstoffe führen kann, wodurch sich Herstellungs- oder Verwendungsverbote der Güter, bei deren Produktion oder Konsum diese toxischen Schadstoffe anfallen, vermeiden lassen. Das sei an zwei Beispielen erläutert: Wenn es nicht gelingt, durch Recycling z.B. toxische Schwermetalle aus den Abwässern oder der Abluft zurückzugewinnen, oder wenn es nicht gelingt, radioaktive Abfälle mit dem geringstmöglichen Risiko zu entsorgen - und beides ist, solange es nicht rentabel ist, nur durch Gebote zu erreichen -, wird aus Gründen des Umweltschutzes ein Verbot der Aktivitäten notwendig sein, bei denen toxische Schwermetallverbindungen und radioaktive Abfälle entstehen.
Daß es auch bei Geboten in bezug auf Recycling- und Entsorgungstechnologien Auseinandersetzungen über den Stand der Technik geben wird, die gerade wegen der Neuartigkeit dieser Technologien besonders schwierig sein werden, läßt sich nicht vermeiden. Damit keine zu großen Verzögerungen und auch keine faulen Kompromisse entstehen, kann in diesen Fällen eine teilweise Durchbrechung des Verursacherprinzips erfolgen, indem den von den Recycling- und Entsorgungsgeboten betroffenen Unternehmen Finanzierungshilfen gewährt werden [111].

(cc) ... in bezug auf den Standort

Durch Gebote kann auch die Standortwahl vor allem von Unterneh-

---

110) Vgl. White, L.J., Effluent Charges as a Faster Means of Achieving Pollution Abatement, in: Public Policy, vol. 24, 1976, S. 112.

111) Siehe dazu unten S. 389 ff.

men und Verkehrsanlagen vorgeschrieben werden. Das wird in erster Linie Unternehmen betreffen, die (potentiell) besonders gefährliche Schadstoffe emittieren (wie Kernkraftwerke), oder Anlagen, von denen nur schwer vermeidbare Emissionen ausgehen (wie Flugplätze). Auch solche Gebote sind sehr wichtig, weil es zu ihnen u.E. keine wirksamen Alternativen gibt.

(2) Verbote

Verbote scheinen auf den ersten Blick strengere Maßnahmen darzustellen als Gebote. Das ist jedoch dann nicht der Fall, wenn es zu den verbotenen Produkten oder Verfahren gleichwertige oder zumindest akzeptable Alternativen gibt. In bezug auf die Emissionen stellen Verbote allerdings die strengste Maßnahme dar. Herstellungsverbote können sich auf Produktionsmittel und Konsumgüter beziehen. Bei Produktionsmitteln sind Herstellungsverbote vertretbar, wenn von den Produktionsmitteln ausgehende Gefahren nicht durch technologische Verfahren (wie Rückhaltetechnologien, Recycling und Entsorgung) vermieden werden können. Das ist z.B. bei bestimmten Bioziden (wie DDT) der Fall [112]. Bei Konsumgütern sind Verbote angebracht, wenn die Konsumgüter gesundheitsschädliche Folgen haben, ökologische Schäden oder schwerwiegende Entsorgungsprobleme hervorrufen können, die sich durch andere Instrumente aus ökonomischen Gründen nicht vermeiden oder bewältigen lassen. Zu denken wäre hier z.B. an bleihaltiges Kinderspielzeug (gesundheitsschädlich), Waschmittel, die harte Detergentien enthalten [113] (ökologische Schäden) und Einwegflaschen (Entsorgungsproblem).

Verwendungs- und Gebrauchsverbote sind immer entweder zeitlich oder räumlich begrenzt, denn sonst wären Herstellungsverbote

---

112) Vgl. die Verordnung über Anwendungsverbote und Beschränkungen der Pflanzenschutzmittel v. 23.7.71 (BGBl. I, S. 1117) in der Fassung der Bek. vom 31.5.74 (BGBl. I, S. 1204) und das Gesetz über den Verkehr mit DDT in der Fassung v. 2.3.74 (BGBl. I, S. 469).

113) Vgl. das Gesetz über die Beschränkung und Verwendung bestimmter Detergentien in Wasch- und Reinigungsmitteln v. 26.5.72 (BGBl. II, S. 553); Rehbinder, E., Grundfragen des Umweltschutzes, a.a.O., S. 254.

das adäquate Instrument. Zeitlich begrenzte Verwendungsverbote von bestimmten Produktionsmitteln können in bestimmten kritischen Umweltbelastungssituationen notwendig werden. So kann z.B. bei Inversionswetterlagen zur Verhinderung einer Smog-Katastrophe die Verwendung schwefelhaltiger Brennstoffe verboten werden [114]. Räumlich und zeitlich begrenzte Gebrauchsverbote in Form eines Fahrverbots für Kraftfahrzeuge in Innenstädten sind aus dem gleichen Grunde denkbar [115]. Der zu bestimmten Tageszeiten und in der Nacht verbotene Gebrauch von Rasenmähern ist ein Beispiel für ein zeitlich begrenztes Gebrauchsverbot. Verfahrensverbote sind dann vertretbar, wenn durch das Verfahren bedingte Emissionen nicht auf andere Art (Rückhaltetechnologie, Recycling, Entsorgung) vermieden oder reduziert werden können.
Das Verbot, bestimmte Standorte zu wählen, ist wohl dann eine unvermeidliche Maßnahme, wenn es keine anderen technisch und finanziell zumutbaren Möglichkeiten gibt, besonders schutzwürdige Regionen oder Gebiete wie z.B. Wasserschutzgebiete, ökologische Ausgleichsräume, Erholungsgebiete, Kurgebiete oder die Umgebung von Krankenhäusern vor einer zu hohen Immissionsbelastung zu schützen. Emissionsverbote haben gegenüber den bisher geschilderten, die Produktionsmittel und -verfahren betreffenden Verbote einen großen Vorteil: Sie überlassen es dem Unternehmer als (potentiellem) Verursacher, wie er die Emissionen verhindert: Er kann die emissionsverursachende Aktivität (Faktoreinsatz, Produktionsverfahren) substitutieren, umwelttechnische Maßnahmen einsetzen (Rückhaltetechnologien, Recycling, Entsorgung) oder die Produktion einstellen. Emissionsverbote sind insofern grundsätzlich den anderen, die Produktionsmittel

114) Vgl. § 49 (1), Z. 4 und § 49 (2) Satz 2, Z. 2 BImSchG, wonach in besonders schutzbedürftigen Gebieten oder bei austauscharmen Wetterlagen, emissionsintensive Brennstoffe nicht oder nur beschränkt verwendet werden dürfen.

115) Vgl. § 40 und § 49 (1), Z. 1 und 3 BImSchG, wonach bei Inversionswetterlagen Verkehrsbeschränkungen möglich sind.

und -verfahren betreffenden Verboten vorzuziehen.
Für die Konsumgüter betreffenden Verbote gibt es u.E. allerdings keine Alternativen.
Alle Verbote haben vor allem zwei Vorteile:
Sie gewährleisten mit großer Sicherheit die Vermeidung von Schäden und sind somit ein ausgezeichnetes Mittel des präventiven Umweltschutzes [116]. Die Administration und Kontrolle ist relativ einfach [117].
Dem steht allerdings ein schwerwiegender Nachteil gegenüber.
Mit dem Verbot umweltbelastender Aktivitäten oder Produkte ist immer ein Nutzenverlust verbunden [118], der um so größer ist, je weniger technisch und finanziell gleichwertige Alternativen es zu den verbotenen Aktivitäten und Produkten gibt. Verbote sollten deshalb nur im Falle akuter Gefahren für die menschliche Gesundheit und irreversibler Schäden an Gesundheit und Umwelt angewendet werden, also bei der Herstellung, Verwendung oder Emission toxischer oder irreversible Schäden hervorrufender Produkte bzw. Schadstoffe [119].
(3) Standards
Standards kann man auch als Gebote oder Verbote betrachten. Es sind Gebote, bestimmte Qualitätsnormen (Produktstandards) oder Emissionsgrenzwerte (Emissionsstandards) einzuhalten, oder es

---

116) Vgl. Littmann, K., Umweltbelastung - sozialökonomische Gegenkonzepte, a.a.O., S. 54.

117) Vgl. Cansier, D., Ökonomische Grundprobleme der Umweltpolitik, Berlin 1975, S. 83.

118) Vgl. Domsch, K.H., Zum Problem der Biozide, a.a.O., S. 148.

119) Vgl. Cansier, D., Ökonomische Grundprobleme der Umweltpolitik, a.a.O., S. 85; Oberhauser, A., Abgrenzung des Verursacherprinzips und seine Einordnung in die Umweltpolitik, in: Das Verursacherprinzip und seine Instrumente, Berlin 1974, S. 39; Rincke, G., Anwendbarkeit des Verursacherprinzips am Beispiel der Wassergütewirtschaft, in: Das Verursacherprinzip und seine Instrumente, a.a.O., S. 145; Zander, H., Trinkwasser - ein kostbares Lebensmittel, in: U 1975, 3, S. 22; Schultze, C.L./Fried, E.R./Rivlin, A.M./Teeters, N.H., Setting National Priorities, The 1973 Budget, a.a.O., S. 373; Schultze, C.L. u.a., Setting National Priorities, The 1972 Budget, a.a.O., S. 241.

sind Verbote, solche Qualitätsnormen oder Emissionsgrenzwerte zu überschreiten.

(a) Produktstandards

Produktstandards können Produkteigenschaftsnormen [120] oder Begrenzungen des Schadstoffgehalts in Produkten [121] sein. Cansier zählt auch die produktbezogenen Emissionsgrenzwerte, z.B. die Grenzwerte für Lärm- und Abgasemissionen der Kraftfahrzeuge, zu den Produktstandards [122]. Aus systematischen Gründen sind sie u.E. aber zu den Emissionsstandards zu rechnen.

Produkteigenschaftsnormen können sich z.B. auf die Lebensdauer, die Recycling-"Freundlichkeit" und die Entsorgungsgerechtigkeit beziehen. So könnte man z.B. normieren, daß besonders rostgefährdete Teile an Kraftfahrzeugen durch nicht-rostendes Material ersetzt werden, wodurch natürlich die anderen Eigenschaften, wie vor allem die Sicherheit der Kraftfahrzeuge, nicht beeinträchtigt werden dürfen. Man kann auch eine recycling-freundliche Produktgestaltung normieren, indem man z.B. das De-Inking erleichternde Druckfarben vorschreibt [123]. Für eine entsorgungsgerechte Produktgestaltung kann man z.B. zersetzbare Kunststoffe bei der Herstellung von Verpackungsmaterial fordern [124]. Von größerer praktischer Bedeutung ist u.E. die Begrenzung des Schadstoffgehalts in den Produkten (Produktionsmitteln und Konsumgüter). So kann man z.B. für den Bleigehalt in Benzin [125], den Phosphatgehalt in

---

120) Vgl. Schatz, K.-W., Administrative und marktwirtschaftliche Maßnahmen zur Lösung des Umweltschutzproblems, in: Giersch, H. (Hrsg.), Das Umweltproblem aus ökonomischer Sicht, a.a.O., S. 126.

121) Vgl. Delmhorst, B., Das Verursacherprinzip: Der kategorische Imperativ des Umweltschutzes, in: Die Neue Gesellschaft 1972, H. 10, S. 760.

122) Vgl. Cansier, D., Ökonomische Grundprobleme der Umweltpolitik, a.a.O., S. 83.

123) Siehe dazu oben S. 254.

124) Siehe dazu oben S. 253.

125) Vgl. das Gesetz zur Verminderung von Luftverunreinigungen durch Bleiverbindungen in Ottokraftstoffen für Kraftfahrzeugmotoren in der Fassung v. 25.10.75 (BGBl. I, S. 2919).

Waschmitteln [126] und den Schwefelgehalt in Heizöl [127] Höchstgrenzen angeben. Auf diese Weise kann man durch Begrenzung des Schadstoffgehalts (indirekt) beim Hersteller der schadstoffhaltigen Produkte zur Emissionsreduktion des jeweiligen Schadstoffs bei den (potentiellen) Verursachern (Emittenten) beitragen. Dies hat vor allem im Falle vieler Kleinemittenten (Kraftfahrzeuge, Haushalte) einen großen Vorteil, da es die Emissionsveranlagung und Kontrolle der vielen einzelnen Emissionsquellen erübrigt [128]. Es wäre allerdings dann eine gesamtwirtschaftlich nachteilige Maßnahme, wenn andere Arten der Emissionsreduktion billiger wären. Bei den aufgezählten Beispielen (Blei, Phosphate, Schwefel) kämen als erwägenswerte alternative Maßnahmen zur Schadstoffbegrenzung (in Benzin, Waschmitteln, Heizöl) nur eine Inputsubstitution oder Verfahrensverbesserung in Frage. Rückhaltetechnologien, Recycling und Entsorgung scheiden wegen der Vielzahl der Emissionsquellen aus.

Produktstandards sollten einheitlich sein [129], da sich bei unterschiedlichen Standards, die sich in unterschiedlich hohen Produktpreisen äußern würden, die gesamte Nachfrage auf die billigsten, d.h. schadstoffhaltigsten Produkte konzentrieren würde.

(b) Emissionsstandards

Emissionsstandards sind gesetzlich vorgeschriebene Höchstgrenzen für die Emission von Schadstoffen aus den verschiedensten Quellen. Sie können in der Form von Emissionsraten, also Emissionsmengen je Zeiteinheit, oder in der Form prozentualer Emissions-

---

126) Vgl. das Gesetz über die Umweltverträglichkeit von Wasch- und Reinigungsmitteln v. 20.8.75 (BGBl.I, S. 2255).

127) Vgl. die Verordnung über Schwefelgehalt von leichtem Heizöl und Dieselkraftstoff (3. BImSchV) v. 15.1.75 (BGBl. I, S. 264).

128) Vgl. Cansier, D., Ökonomische Grundprobleme der Umweltpolitik, a.a.O., S. 88.

129) Vgl. Siebert, H., Regional planning - land use approaches to environmental quality management, Discussion paper 67/75 des Instituts für Volkswirtschaftslehre und Statistik der Universität Mannheim, S. 5.

reduktionserfordernisse (Reinheitsgraden) angegeben werden. Nehmen wir an, die Emissionsstandards für jeden Schadstoff sollen für alle Emittenten einheitlich sein [130], so würde die Standardsetzung in Form einheitlicher Emissionsraten, also absoluter Höchstmengenbegrenzungen der Schadstoffemissionen, eine erhebliche Benachteiligung der Großemittenten bedeuten [131]; während die Kleinemittenten vielleicht überhaupt keine oder nur geringe Emissionsreduktionsmaßnahmen ergreifen müßten, um die Emissionsstandards einzuhalten, müßten die Großemittenten hohe Summen investieren, um die Emissionsgrenzwerte einhalten zu können. Dies ist besonders dann ungerecht, wenn die Summe der Schadstoffemissionen der vielen Kleinemittenten größer ist als die der wenigen Großemittenten. Im Extremfall müßten bei einer solchen Regelung die Großemittenten die gesamte Last der Emissionsreduktion tragen, obwohl die Kleinemittenten in ihrer Gesamtheit mehr zur Immissionsbelastung beitragen [132]. Würden, als anderes Extrem, von jedem Emittenten gleich große Emissionsreduktionsraten gefordert, wäre das eine erhebliche Benachteiligung der Kleinemittenten, denn sie müßten unter Umständen eine vollständige Emissionsreduktion vornehmen, während Großemittenten nur einen relativ kleinen Teil ihrer Emissionen reduzieren müßten. Als bessere Lösung ist ein p r o z e n t u a l gleicher Reinigungsgrad als Emissionsstandard anzusehen [133].

---

130) Die Implikationen einheitlicher Emissionsstandards untersuchen wir weiter unten (siehe dazu S. 333 ff.).

131) Vgl. Cansier, D., Ökonomische Grundprobleme der Umweltpolitik, a.a.O., S. 86.

132) Das sei an einem Beispiel erläutert. Nehmen wir an, daß 100 Kleinemittenten jeweils 50 Schadstoffeinheiten (SE) je Zeiteinheit (ZE) emittieren und ein Großemittent 2000 SE/ZE. Der Emissionsstandard betrage 60 SE/ZE für jede Emissionsquelle. In diesem Fall müßten die Kleinemittenten keine Maßnahmen zur Emissionsreduktion ergreifen, obwohl sie 5000 SE/ZE emittieren und der Großemittent muß seine Emissionen um 1940 SE/ZE reduzieren, obwohl er weniger emittiert als die vielen kleinen Emittenten.

133) Vgl. Cansier, D., Ökonomische Grundprobleme der Umweltpolitik, a.a.O., S. 86; U.S. Council of Economic Advisers, The 1971 Report, a.a.O., S. 116; U.S. Council on Environmental Quality, Environmental Quality, The Second Annual Report, a.a.O., S. 136.

Nun wollen wir uns mit dem Zweck der Emissionsstandards befassen. Beim Studium vor allem der umweltökonomischen und umweltplanerischen Literatur [134] muß man, bis auf wenige Ausnahmen [135] den Eindruck gewinnen, als diene die Festlegung der Emissionsstandards dem Ziel, die Immissionsstandards zu r e a l i s i e r e n. Dieser Eindruck drängt sich vor allem auf, wenn man liest, wie Emissionsstandards aus den Immissionsstandards mit Hilfe von Diffusionsmodellen abgeleitet werden [136]. Diese mechanistische Betrachtung geht von der Höhe der Immissionsstandards aus und berechnet unter Zugrundelegung der meteorologischen, topographischen und sonstigen Umweltmedien-Verhältnisse für die räumlich verteilten stationären Emissionsquellen die maximal zulässigen Emissionsgrenzwerte (nun wieder in Form von Emissionsraten), die wegen der unterschiedlichen natürlichen Verhältnisse und der unterschiedlichen Entfernung der verschiedenen Emissionsquellen vom Immissionsgebiet verschieden hoch sein müssen [137]. Würde man die so abgeleiteten Emissionsgrenzwerte zu Emissionsstandards machen, würde man sowohl den Zweck der Immissions- als auch den der Emissionsstandards gründlich verkennen: Immis-

---

134) Vgl. U.S. Council of Economic Advisers, The 1971 Report, a.a.O., S. 116; Blair, R.D., The Clean Air Act of 1970, a.a.O., S. 266; The Economics of Clean Air (1972), a.a.O., S. 1-15 f.; U.S. Council on Environmental Quality, Environmental Quality, The Second Annual Report, a.a.O., S. 136; Günther, U. u.a., Umweltschutz-Informations- und Steuerungssystem, a.a.O., S. 32.

135) Vgl. vor allem RSU, Umweltgutachten 1974, a.a.O., S. 13.

136) Vgl. Gorr, W.L./Kortanek, K.O., Optimal Control Strategies for Air Quality Standards, Manuskript, Pittsburgh 1971; Kohn, R.E., A Cost-Effectiveness Model for Air Pollution Control with a Single Stochastic Variable, in: Journal of the American Statistical Association, vol. 67, 1972, S. 20.

137) Vgl. Rembold, G., Rohstoffverknappung und Umweltbelastbarkeit als Determinanten des regionalen, sektorspezifischen Wirtschaftswachstums - ein regionalisierter, multisektoraler Modellansatz -, in: Wirtschaftstheorie, Wirtschaftspolitik und Planung öffentlicher Ausgaben, Karlsruhe 1975, S. 123; McCormick, R.A., Meteorological Aspects of Air Pollution in Urban and Industrial Districts, a.a.O., S. 3.

sionsstandards sind keine anzustrebenden Ziele, sondern Normen, die nicht überschritten werden dürfen, und Emissionsstandards sind keine Maßnahmen zur R e a l i s i e r u n g der Immissionsstandards, sondern Auflagen zur Durchsetzung des Standes der Technik [138], um auf diese Weise zur E i n h a l t u n g der Immissionsstandards beizutragen.
Würden Immissions- und Emissionsstandards nicht in dieser Weise interpretiert, würde das z.B. folgendes bedeuten: In einem ländlichen Gebiet müßte ein Großemittent als einziger Ansiedler keine Emissionsreduktionsmaßnahmen ergreifen, weil seine Emissionen nicht "ausreichen" den Immissionsstandard des von ihm emittierten Schadstoffs zu "realisieren".
In einem Ballungsgebiet, wo alle Emittenten gerade so viel emittieren dürften, daß die Immissionsstandards für die verschiedenen Schadstoffe "realisiert" werden, müßten bei jeder Neuansiedlung (Abwanderung) von Emittenten die Emissionsstandards nach unten (oben) revidiert werden. Diese beiden Beispiele mögen genügen, um zu zeigen, daß Emissionsstandards weitaus niedriger (also strenger) festgelegt werden müssen, als die durch Ausbreitungsrechnungen ermittelten Emissionsgrenzwerte, und zwar müssen sie so festgelegt werden, daß sie (durch die Emittenten) dem Stand der Technik entsprechend realisiert werden können [139].
Wird nach diesem Prinzip verfahren, ergibt sich im allgemeinen

---

138) Vgl. RSU, Umweltgutachten 1974, a.a.O., S. 13.

139) Nach diesem Prinzip wird in der Bundesrepublik Deutschland verfahren. In der TA Luft und in der TA Lärm werden Emissionsstandards gemäß dem Stand der Technik für die unter § 4 BImSchG bzw. § 16 GewO fallenden Anlagen festgelegt (vgl. Dreißigacker, H.-L./Surendorf, F./Weber, E., Zum Entwurf der TA zur Reinhaltung der Luft. Dem Stand der Technik angepaßt, in: Umwelt, 1974, 3, S. 20; Gilbert, T., Emissionsbegrenzungen und Emissionsmeßwerte - ein Vergleich, in: Umwelt, 1973, 6, S. 32). Der Emissionsstandard für Kfz-Lärm wird in § 49 StVZO und den Richtlinien dazu festgelegt. Für die Gewässer werden nach § 7a WHG einheitliche Emissionsstandards, wie sie nach dem Stand der Technik erreichbar sind, festgelegt (vgl. Riegel, R., Gewässergütewirtschaft: Immissions- oder Emissionsstandards?, a.a.O., S. 41).

eine mehr oder weniger weit unter den Immissionsstandards liegende Umweltbelastung, so daß noch Reserven für die Ansiedlung neuer Emittenten vorhanden sind, ohne daß wieder gleich eine Anpassung aller relevanten Emissionsstandards erfolgen muß. Will man allerdings auch in Ballungsgebieten weitere Emittenten ansiedeln, sind unter Umständen häufigere Anpassungen der Emissionsstandards nach unten notwendig [140].
Eine Anpassung der Emissionsstandards ist aber auch dann notwendig, wenn sich der Stand der Technik verbessert [141]. Über die Strenge der Emissionsstandards gehen die Meinungen weit auseinander. Während Rehbinder z.B. meint, die Emissionsstandards müßten - zeitlich abgestuft - gegenwärtig noch unerfüllbare technische und wirtschaftliche Normen darstellen, um die Entwicklung in die rechtspolitisch erwünschte Richtung zu lenken [142], befürchten andere "Übermaßeffekte" [143].
Es dürfte u.E. feststehen, daß die Widerstände der potentiellen Emittenten gegen die Emissionsstandards um so größer sein werden, je strenger sie sind. Der Widerstand dürfte sich noch verstärken, wenn die Emissionsstandards, den unterschiedlichen natürlichen Bedingungen entsprechend, für die verschiedenen Emittenten unterschiedlich hoch festgelegt werden, da hieraus Wett-

---

140) Ist das aus technischen oder finanziellen Gründen nicht mehr möglich, können die Immissionsstandards nur noch eingehalten werden, wenn die Emissionsquellen begrenzt werden. Beispiele dafür sind die Beschränkungen des Autoverkehrs in den Innenstädten oder auch die Begrenzung der Anzahl von Motorbooten auf Binnengewässern (vgl. Tourismus in der Bundesrepublik Deutschland, a.a.O., S. 34).

141) Vgl. Jürgensen, H./Jaeschke, K.-P., Allokationseffekte der Social Costs im Umweltschutz, a.a.O., S. 80.

142) Vgl. Rehbinder, E., Grundfragen des Umweltrechts, a.a.O., S. 253; dies kann man als die "kalifornische Lösung" des Emissionsreduktionsproblems bezeichnen. Dort wurden so strenge Emissionsstandards für die Abgase von Kraftfahrzeugen aufgestellt, die in einem über Jahre gehenden Zeitplan stufenweise zu realisieren waren, daß sie zunächst für technisch kaum realisierbar oder zumindest für wirtschaftlich unzumutbar empfunden wurden. Beide Befürchtungen stellten sich als unbegründet heraus.

143) Riegel, R., Gewässergütewirtschaft: Immissions- oder Emissionsstandards?, a.a.O., S. 44.

bewerbsnachteile befürchtet werden.
Für die Behörden, welche die Emissionsstandards festlegen müssen, ergeben sich somit nicht nur die meßtechnischen Probleme der Identifizierung der Emittenten und der Zurechnung der Emissionen, sondern vor allem die Probleme der Durchsetzung der von ihr als notwendig erachteten Emissionsstandards. Das Identifizierungs- und Zurechnungsproblem läßt sich umso besser lösen, je vollständiger die Emissions- und Immissionskataster sind, denn umso einfacher läßt sich von einer Umweltbelastung auf die Emissionsquelle schließen, womit erst die Voraussetzung für die Durchsetzung der Emissionsstandards geschaffen wird [144]. Sodann muß die Behörde die Nachweise führen, daß (1) die Emissionen zu Schäden führen (können) (wobei Wirkungskataster sehr von Nutzen sind), (2) technische Vermeidungs- oder Reduktionsmöglichkeiten vorhanden und (3) finanziell für den Emittenten zumutbar sind [145]. Vor allem der Nachweis der technischen Vermeidungs- oder Reduktionsmöglichkeit im zur Realisierung des Emissionsstandards erforderlichen Umfang, ist für die Behörden äußerst schwierig, da sie in der Regel zu wenig Detailkenntnisse über die technischen Möglichkeiten haben; mit anderen Worten: Der Stand der Technik ist für die Behörden sehr schwierig festzulegen [146]. Die Durchsetzung der Emissionsstandards wird zu einem langwierigen Prozeß, in dem die Unternehmen nicht nur Exkulpationsversuche starten, sondern auch Verzögerungstaktiken anwenden und nicht zuletzt ihre Machtposition als Gewerbesteuerzahler und für Arbeitsplätze sorgende Ansiedler ausspielen. Das Ergebnis ist bekannt: zu lasche Emissionsstandards - man könnte hier von einem Durchsetzungsdefizit sprechen -, die oft nicht einmal eingehalten werden (Vollzugsdefizit). Die Durchsetzungsprobleme

---

144) Vgl. Schultze, C.L. u.a., Setting National Priorities, The 1973 Budget, a.a.O., S. 378 f.

145) Vgl. White, L.J., Effluent Charges as a Faster Means of Achieving Pollution Abatement, a.a.O., S. 112; Hansmeyer, K.-H., Die Abwasserabgabe als Versuch einer Anwendung des Verursacherprinzips, a.a.O., S. 76.

146) Vgl. Wohlgemuth, R., Umweltgebühren als Alternative zur Auflage, a.a.O., S. 46.

ließen sich reduzieren, wenn einheitliche Emissionsstandards in Form von Reinigungsgraden festgelegt würden. Wie wir im folgenden zeigen werden, entsprechen einheitliche Emissionsstandards aber in zweierlei Hinsicht nicht der Allokationseffizienz. Wir unterstellen, daß zwei Emittenten I und II den gleichen Schadstoff emittieren; sie sollen unterschiedliche Grenzvermeidungskostenfunktionen, aber identische Immissionskoeffizienten α_I und α_{II} ($0 < \alpha < 1$) haben. Immissionskoeffizienten geben im allgemeinen an, wie groß die Immissionskonzentrationen infolge der Emission einer Schadstoffeinheit je Zeiteinheit sind [147]. Wir wollen unter den Immissionskoeffizienten α_I und α_{II} Größen verstehen, die angeben, wie hoch die Immissionsbelastungen s_I und s_{II} bei alternativen Emissionsreduktionsgraden e_I und e_{II} bzw. Emissionsgraden $(100 - e_I)$ und $(100 - e_{II})$ sind. Identische Immissionskoeffizienten implizieren in der Regel [148] identische Ausbreitungsbedingungen für die Schadstoffemissionen beider Emittenten. In Abb. 18 ergänzen wir eine Darstellung von Bea [149] um die zwei unteren Quadranten, in denen wir die Immissionsbelastungsfunktionen

(1) $s_I = \alpha_I \ (100 - e_I)$ und

(2) $s_{II} = \alpha_{II} \ (100 - e_{II})$ eintragen.

Es wird also vom Ursprung aus nach rechts (links) der Emissions-

---

147) Vgl. Rincke, G., Anwendbarkeit des Verursacherprinzips am Beispiel der Wassergütewirtschaft, a.a.O., S. 116; Jürgensen, H./Jaeschke, K.-P., Operationale Verfahren zur Anwendung des Social Costs-Prinzips im Umweltschutz, Gutachten für das Bundesministerium des Innern, Hamburg 1971, S. 34 ff.; RSU, Umweltgutachten 1974, a.a.O., S. 49.

148) Es könnte rein zufällig allerdings sein, daß günstige Diffusionsbedingungen durch die geringe Entfernung von der Emissionsquelle zum Immissionsgebiet gerade so kompensiert werden, daß der gleiche Immissionskoeffizient zustandekommt wie im Falle ungünstiger Diffusionsbedingungen und großer Entfernung der Emissionsquelle vom Immissionsgebiet.

149) Vgl. Bea, F.X., Die Verteilung der Lasten des Umweltschutzes nach dem Verursacherprinzip, in: Wirtschaftsstudium, 2. Jg., 1973, S. 455.

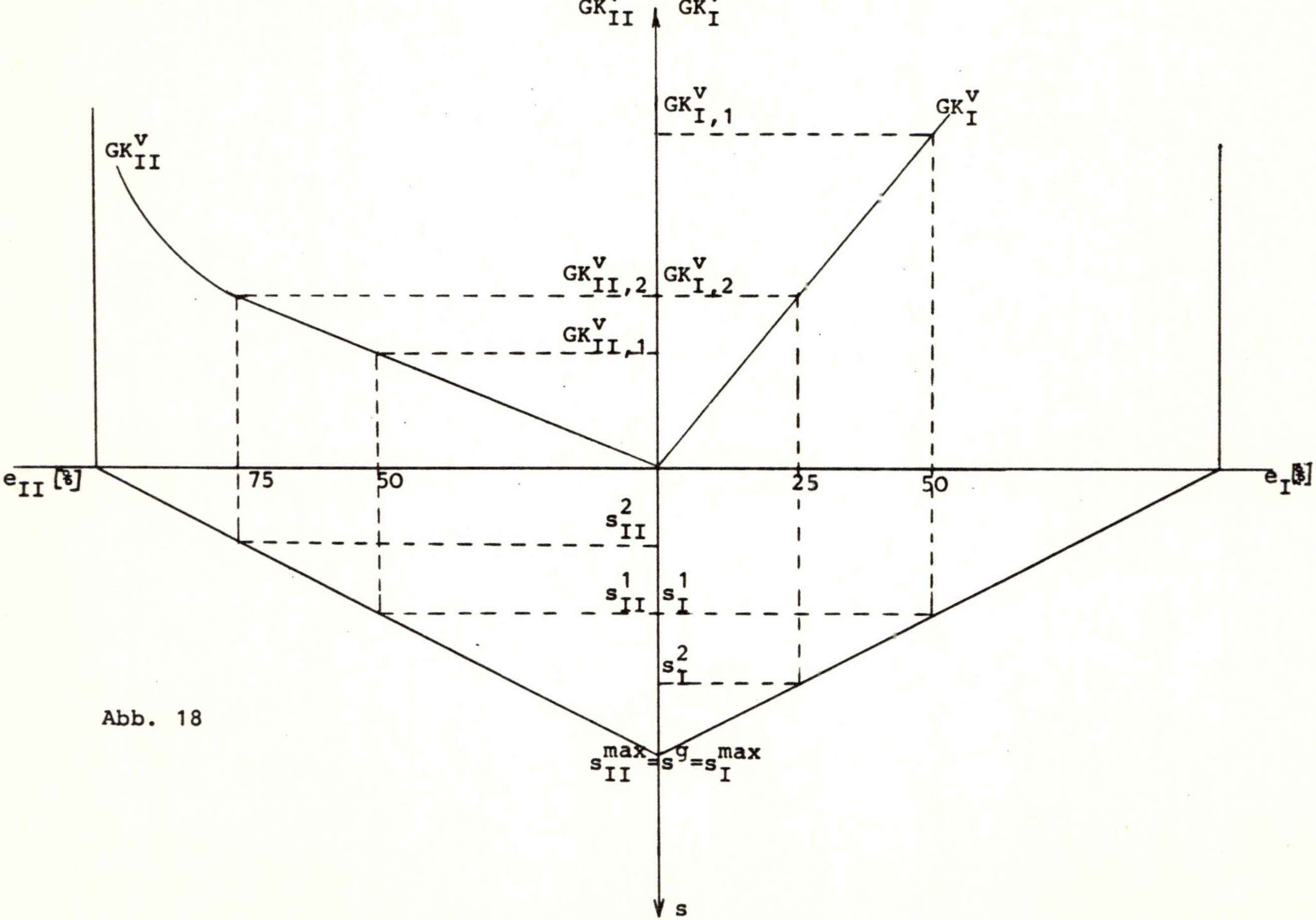
GK^v_{II}
GK^v_I
$GK^v_{I,1}$
$GK^v_{II,2}$
$GK^v_{I,2}$
$GK^v_{II,1}$
e_{II} [%]
75
50
25
50
e_I [%]
s^2_{II}
s^1_{II}
s^1_I
s^2_I
$s^{max}_{II} = s^g = s^{max}_I$
s

Abb. 18

reduktionsgrad des Emittenten I (II) abgetragen. In den ersten und zweiten Quadranten sind die (unterschiedlichen) Grenzvermeidungskostenfunktionen beider Emittenten eingetragen. Dabei sei unterstellt, daß bei jedem Reinheitsgrad die Grenzvermeidungskosten von Emittent I größer sind als die von Emittent II.

Ist der Immissionsstandard s^g bekannt, kann man die einheitlichen Emissionsstandards bestimmen, die notwendig sind, um den Immissionsstandard einzuhalten [150].

Man kann den Emissionsstandard für jeden Emittenten aus der Umkehrung der jeweiligen Immissionsbelastungsfunktion ermitteln. Für Emittent I ergibt sich:

$$(3) \quad 100 - e_I = \frac{1}{\alpha_I} \cdot s_I.$$

Wie man aus Abb. 18 entnehmen kann, ist der Immissionskoeffizient

$$(4) \quad \alpha_I = \frac{s_I^{max}}{100}.$$

Daraus, daß die Immissionsbelastungsfunktionen identisch sind, folgt, daß auch die "Beiträge" der Emittenten I und II zur Immissionsbelastung, also s_I und s_{II}, identisch sein müssen, wenn sie einheitliche Emissionsstandards realisieren:

$$(5) \quad s_I = s_{II}$$

Es gilt also wegen

$$(6) \quad s_I + s_{II} = s^g$$

$$(7) \quad s_I = \frac{s^g}{2}.$$

Durch Einsetzen von (4) und (7) erhalten wir für (3)

---

150) Aus Vereinfachungsgründen unterstellen wir im folgenden auch, daß der Immissionsstandard "angestrebt" werden soll.

(8) $100 - e_I = \frac{1}{\frac{s_I^{max}}{100}} \cdot \frac{s^g}{2}$

und durch Umstellung $e_I = 100 - \frac{100}{s_I^{max}} \cdot \frac{s^g}{2}$.

Bei n Emittenten i (i = 1,...,n) gilt allgemein:

(9) $e_i = 100 - \frac{100}{s_i^{max}} \cdot \frac{1}{n} s^g$.

In unserem Beispiel erhalten wir für $s_I^{max} = 5$ und $s^g = 5$:

$e_I = 100 - \frac{100}{5} \frac{5}{2} = 50$.

Für den Emissionsstandard e_{II} ergibt sich ebenfalls 50%. Sind nun solche einheitlichen Emissionsstandards allokationsoptimal? Der Immissionsstandard s^g wird zwar eingehalten, da aber die GK^v bei dem jeweiligen Emissionsreduktionsgrad von 50% unterschiedlich hoch sind, liegt kein Allokationsoptimum vor, denn dieses erfordert Gleichheit der marginalen Emissionsreduktionskosten.

Emittent II könnte einen höheren Reinigungsgrad als 50% zu niedrigeren Grenzkosten realisieren als Emittent I einen niedrigeren Reinigungsgrad. Offenbar ist es sinnvoll, den Reinigungsgrad von Emittent II so lange zu erhöhen und den von Emittent I so lange zu senken, bis sich die Grenzvermeidungskosten angeglichen haben [151]. Das ist bei einem Reinigungsgrad von 75% bei Emittent II und von 25% bei Emittent I der Fall. Dies resultiert in einer Reduktion der durch Emittent II hervorgerufenen Immissionsbelastung auf s_{II}^2 und in einer Erhöhung der durch Emittent I bewirkten Immissionsbelastung auf s_I^2. Es gilt aber

151) Vgl. Nowotny, E., Wirtschaftspolitik und Umweltschutz, a.a.O., S. 200 f.; Cansier, D., Ökonomische Grundprobleme der Umweltpolitik, a.a.O., S. 99; Krier, J.E./Montgomery, W.D., Resource Allocation, Information Cost and the Form of Government Intervention, a.a.O., S. 97; U.S. Council on Environmental Quality, Environmental Quality, The Second Annual Report, a.a.O., S. 136; Schultze, C.L. u.a., Setting National Priorities, The 1973 Budget, a.a.O., S. 370 f.

weiterhin, daß der Immissionsstandard gerade eingehalten wird: $s^g = s_I^2 + s_{II}^2$. Dieses Beispiel zeigt, daß die Allokationseffizienz wegen der unterschiedlichen Grenzvermeidungskostenfunktionen unterschiedlich hohe Emissionsstandards erfordert.
In einem nächsten Schritt unterstellen wir nicht mehr identische Immissionskoeffizienten, sondern identische Grenzvermeidungskostenfunktionen und unterschiedliche Ausbreitungsbedingungen (also unterschiedliche Immissionskoeffizienten). Emittent I soll weiter vom Immissionsgebiet entfernt sein und deshalb einen niedrigeren Immissionskoeffizienten als Emittent II haben: $\alpha_I < \alpha_{II}$ (vgl. Abb. 19).
Bei einer einheitlichen Auflage in Höhe von 50% wird offenbar die Bedingung erfüllt, daß die GK^V beider Emittenten übereinstimmen. Auch wird bei diesem Reinigungsgrad der Immissionsstandard gerade eingehalten, denn $s^g = s_I^1 + s_{II}^1$. Es gilt nun aber offenbar, daß eine zusätzliche Emissionsreduktion durch Emittent II um einen Prozentpunkt die Immissionskonzentration um mehr senken würde als eine Verminderung der Emissionsreduktion um einen Prozentpunkt bei Emittent I die Immissionskonzentration ansteigen lassen würde. Das impliziert, daß Emittent I seine Emissionsreduktion um mehr als einen Prozentpunkt senken kann, wenn Emittent II seine Emissionsreduktion um einen Prozentpunkt erhöht, ohne daß der Immissionsstandard überschritten wird. Das sei an Abb. 19 erläutert. Wenn Emittent II seine Emissionsreduktion um 10 Prozentpunkte auf 60% steigert, senkt er die von ihm verursachte Immissionskonzentration von s_{II}^1 auf s_{II}^2. Dies kostet ihn einen der Fläche A_{II} entsprechenden Betrag. Das inpliziert, daß Emittent I seinen "Beitrag" zur Immissionsbelastung von s_I^1 auf s_I^2 erhöhen kann, ohne daß der Immissionsstandard überschritten wird. Er kann folglich seine Emissionsreduktion um 20 Prozentpunkte (!) auf 30% senken. Dadurch spart Emittent I Kosten in Höhe der Fläche A_I. Ist $A_I > A_{II}$, und das ist in unserem Beispiel der Fall, hat sich die zusätzliche Emissionsreduktion durch Emittent II (um 10 Prozentpunkte) und die überproportional gesenkte Emissionsreduktion von Emittent I (um 20 Prozentpunkte) gelohnt. Die durchschnittliche gesamtwirtschaftliche Emissionsreduktion konnte

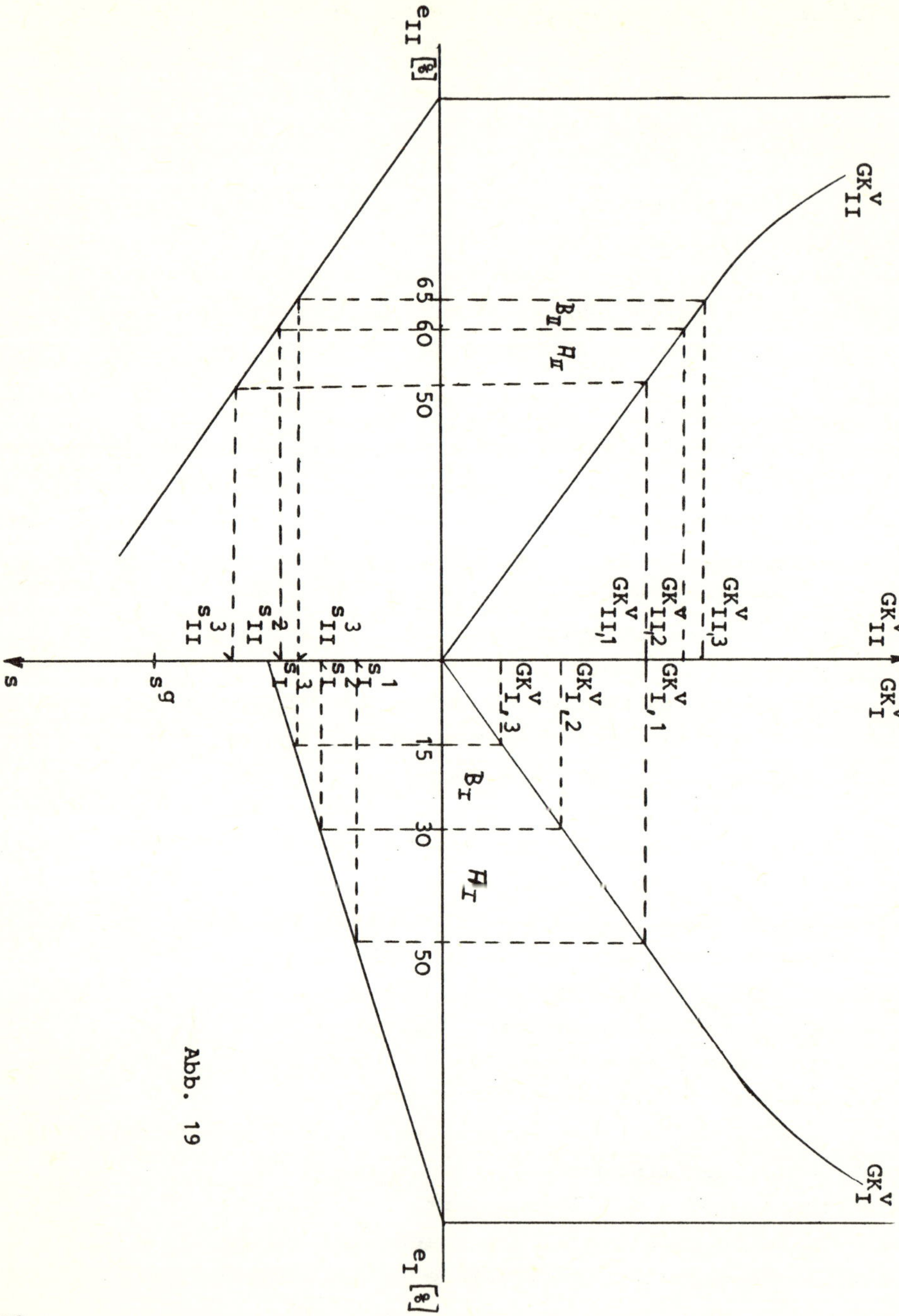

e_II [%]
e_I [%]
GK_II^V
GK_I^V
GK_II,1^V
GK_II,2^V
GK_II,3^V
GK_I,1^V
GK_I,2^V
GK_I,3^V
s
s^g
65
60
50
15
30
50

Abb. 19

von 50% auf 45% gesenkt werden, ohne daß der Immissionsstandard überschritten wurde, wodurch sich eine gesamtwirtschaftliche Kostenersparnis in Höhe von $A_I - A_{II}$ ergeben hat.
Erhöht Emittent II seine Emissionsreduktion auf 65% so sinkt sein Beitrag zur Immissionsbelastung auf s_{II}^3; derjenige des Emittenten I kann also auf s_I^3 steigen, ohne daß s^g überschritten wird. Dies ermöglicht Emittent I aber seine Emissionsreduktion um 15 Prozentpunkte auf 15% zu senken. Wir müssen nun wieder die zusätzlichen Emissionsreduktionskosten von Emittent II in Höhe von B_{II} mit den Kostenersparnissen von Emittent I in Höhe von B_I vergleichen, um sagen zu können, ob sich diese weitere Differenzierung der Emissionsstandards gelohnt hat. Unser Beispiel ist so gewählt, daß $B_{II} = B_I$, so daß das Allokationsoptimum also dort realisiert ist, wo die Konstellation $e_{II}:e_I = 65:15$ erreicht ist. Das ist dort der Fall, wo die "Beiträge" der beiden Emittenten zur Immissionsbelastung gleich groß sind, wo also $s_I^3 = s_{II}^3$. Im Fall einheitlicher Grenzkostenfunktionen der Emissionsreduktion und unterschiedlicher Immissionsbelastungsfunktionen lautet die allokationsoptimale Bedingung also, daß die Emissionsstandards dort liegen müssen, wo die "Beiträge" der Emittenten zur Immissionsbelastung, s_I und s_{II}, gleich groß sind und wo außerdem gilt, daß $s_I + s_{II} = s^g$, also der Immissionsstandard eingehalten wird.
Sind die Immissionsbelastungsfunktionen der Emittenten bekannt, so können die optimalen Emissionsstandards leicht ermittelt werden. Gemäß Gleichung (9) ergibt sich für Emittent I

$$e_I = 100 - \frac{100}{3} \cdot \frac{5}{2} \approx 15\%$$

und für Emittent II

$$e_{II} = 100 - \frac{100}{7} \cdot \frac{5}{2} \approx 65\%$$

Aus Gründen der Allokationseffizienz ist also auch bei unterschiedlichen Immissionskoeffizienten eine Differenzierung der Emissionsstandards erforderlich [152].

---

152) Vgl. Rincke, G., Anwendbarkeit des Verursacherprinzips am Beispiel der Wassergütewirtschaft, a.a.O., S. 116; RSU,

In einem nächsten Schritt können wir nun annehmen, daß sich sowohl die Grenzvermeidungskostenfunktion als auch die Immissionskoeffizienten der beiden Emittenten unterscheiden. Ob sich aus der Kombination unterschiedlicher Grenzvermeidungskostenfunktionen und unterschiedlicher Immissionskoeffizienten aus Gründen der Allokationseffizienz extrem unterschiedliche oder dicht zusammenliegende (im Extremfall gar identische) Emissionsstandards ergeben, hängt von der jeweiligen Konstellation ab. Hat der Emittent mit den höheren Grenzvermeidungskosten auch den geringeren Immissionskoeffizienten, der Emittent mit den niedrigeren Grenzvermeidungskosten also den höheren Immissionskoeffizienten, so werden sich extrem auseinanderliegende Emissionsstandards ergeben. Liegt dagegen die Konstellation vor, daß der Emittent mit den niedrigeren (höheren) Grenzvermeidungskosten auch den niedrigeren (höheren) Immissionskoeffizienten hat, so ergibt sich eine tendenzielle Annäherung der allokationsoptimalen Emissionsstandards - zufälligerweise vielleicht gar eine Identität.
Wir können abschließend zusammenfassen:
Aus Gründen der Allokationseffizienz wird es notwendig sein, die Emissionsstandards wegen unterschiedlicher Grenzvermeidungskostenfunktionen und wegen unterschiedlicher Immissionskoeffizienten der Emittenten zu differenzieren. Solche differenzierenden (allokationsoptimalen) Emissionsstandards lassen sich aber nur schwer ermitteln, denn dazu müssen alle Grenzvermeidungskostenfunktionen und alle Immissionskoeffizienten bekannt sein. Die Informationserfordernisse sind also sehr hoch [153]. Aber selbst wenn ihre Ermittlung gelingen würde, wäre es sehr schwierig, die allokationsoptimalen Emissionsstandards durchzusetzen. Eine dem Verursacherprinzip entsprechende Anlastung der Vermeidungskosten

---

Umweltgutachten 1974, a.a.O., S. 49; Siebert, H., Regional planning - land use approaches to environmental quality management, a.a.O., S. 5.

153) Vgl. Krier, J.E./Montgomery, W.D., Resource Allocation, Information Cost and the Form of Government Intervention, a.a.O., S. 98; Head, J.G., Public Policies and Pollution Problems, a.a.O., S. 23, Frey, B.S., Umweltökonomie, a.a.O., S. 114 f.; Blair, R.D., The Clean Air Act of 1970, a.a.O., S. 266.

würde zu extrem unterschiedlichen Belastungen der potentiellen Emittenten führen, die vielleicht nur daher rühren, daß manche Emittenten einen sehr hohen Immissionskoeffizienten haben, weil sie an einem zum Immissionsgebiet ungünstig liegenden Standort angesiedelt wurden, wofür sie unter Umständen überhaupt nichts können [154]. In einem solchen Fall scheint eine Durchbrechung des Verursacherprinzips geboten. Die Emissionsstandards können durchaus allokationsoptimal festgelegt werden, doch sollte ihre Realisierung bei den Emittenten, die unverschuldet hohe Vermeidungskosten zu tragen hätten, durch staatliche Finanzhilfen erleichtert werden [155].

cc) Marktwirtschaftliche Instrumente zur Durchsetzung des Verursacherprinzips

Da auch die juristische Durchsetzung des Verursacherprinzips letztlich die gleichen Probleme aufwirft wie die Pigou'sche Steuerlösung, daß nämlich die allokationsoptimale Realisierung kaum erreichbare Anforderungen an die Informationsbeschaffung und Durchsetzung stellt - oder umgekehrt formuliert: nur eine nicht allokationsoptimale Durchsetzung praktisch möglich scheint -, wollen wir von neuem die Frage aufwerfen, ob nicht andere ökonomische Maßnahmen (als die der Internalisierung durch eine Besteuerung der Produktmenge in Höhe des externen Verlustes) zum gewünschten Ziel, also der kostenminimalen Einhaltung der Immissionsstandards führt. Die Pigou'sche Schadensteuer - von der theoretischen Konzeption her die optimale Lösung - scheitert bekanntlich vor allem daran, daß die (marginalen) Schadensfunktionen kaum bestimmt werden können. Es liegt nun der Gedanke nahe, nach einer anderen Bemessungsgrundlage als dem Schaden, der durch die Emissionen eintritt, zu suchen, und durch eine Besteuerung dieser Größe indirekt den Schaden zu

---

154) Vgl. Bullinger, M., Rechtsfragen des Verursacherprinzips beim Umweltschutz, in: Das Verursacherprinzip und seine Instrumente, a.a.O., S. 93 f.

155) Vgl. ebenda.

reduzieren. Eine solche Ersatz-Bemessungsgrundlage für den Schaden ist um so besser geeignet, in je engerer Beziehung sie sich zur Schadensentstehung befindet. Von den drei in Frage kommenden Bemessungsgrundlagen Produktmenge, Faktorinput und Emissionsmenge ist das offenbar letztere, denn der (potentielle) Schaden ist direkt von der Emissionsmenge und - wenn überhaupt - nur indirekt von Produktmenge oder Faktoreinsatz abhängig [156]. Das soll im folgenden näher erläutert werden. Wir betrachten nacheinander die Eignung einer Besteuerung der Produktmenge, des Faktorinputs und einer Emissionsabgabe hinsichtlich einer kostenminimalen Einhaltung der Immissionsstandards.

(1) Die Besteuerung der Produktmenge

Die Besteuerung der Produktmenge kann erfolgen, weil das betreffende Produkt selbst zu einer Umweltbelastung führt (z.B. Einwegflaschen) oder weil die mit der Produktion dieses Gutes als Kuppelprodukt entstehende Schadstoffmenge auf diese Weise indirekt reduziert werden soll.

In Abb. 20 betrachten wir zunächst den ersten Fall. Auf dem Markt für Einwegflaschen herrsche Gleichgewicht bei einem Preis von DM 0,60 und einer entsprechenden Produktion von 10 Mio. Flaschen. Die maximal zulässige Anzahl von produzierten Einwegflaschen pro Jahr soll aus Gründen des Umweltschutzes auf 7 Mio. gesenkt werden. Diesen Produktionsrückgang kann der Staat erzwingen, indem er die Produktion von Einwegflaschen mit einer Mengensteuer belegt, die einen Satz von $t = 0{,}50$ DM hat. Zum neuen Preis von DM 0,95 werden dann genau die gerade noch zulässigen Einwegflaschen in Höhe von 7 Mio. produziert.

Um den richtigen Steuersatz zu finden, müssen die Angebots- und Nachfragekurve bzw. deren Elastizitäten im relevanten Be-

---

156) In noch größerer Nähe zum Schaden als die Emissionen ist natürlich die Immissionsbelastung, doch kann sie ebenso wie der Schaden selbst wegen der Zurechnungsprobleme nicht zur Bemessungsgrundlage für eine Steuer werden. Außerdem wäre auch sie keine Maßnahme des präventiven Umweltschutzes, denn die Immissionsbelastung müßte tatsächlich eintreten, damit die Steuer angewendet werden kann.

Abb. 20

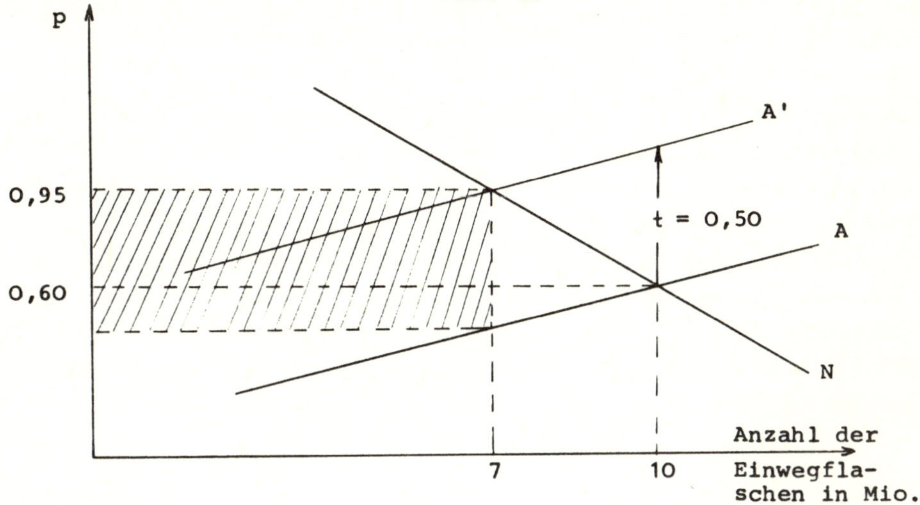

reich bekannt sein. Ist das nicht der Fall, kann versucht werden, sich iterativ an den richtigen Steuersatz heranzutasten. Das Steueraufkommen in Höhe der schraffierten Fläche (3,5 Mio. DM) sollte zweckgebunden für die ordnungsgemäße Beseitigung der verbleibenden 7 Mio. Einwegflaschen verwendet werden, und sofern davon noch etwas übrig bleibt, ebenfalls Zwecken des Umweltschutzes zugeführt werden (z.B. Umweltforschung).
In diesem Fall ist die Besteuerung der Produktmenge eine äußerst effiziente Maßnahme, denn das Produkt selbst ist in diesem Falle auch gleichzeitig der "Schadstoff".

Nun wollen wir den anderen Fall betrachten, daß also via Produktmengenbesteuerung das schädliche Kuppelprodukt im erforderlichen Umfang reduziert werden soll (vgl. Abb. 21).
Im ersten Quadranten sind die Marktbeziehungen dargestellt. Im Marktgleichgewicht wird die Produktmenge x_1 zum Preis p_1 hergestellt. Dabei entsteht gemäß der im zweiten Quadranten dargestellten Emissionsfunktion $e = e\ (x)$ eine Emissionsmenge in Höhe von e_1, die gemäß einer im dritten Quadranten wiedergegebenen Immissionsbelastungsfunktion (mit konstantem Immissionskoeffi-

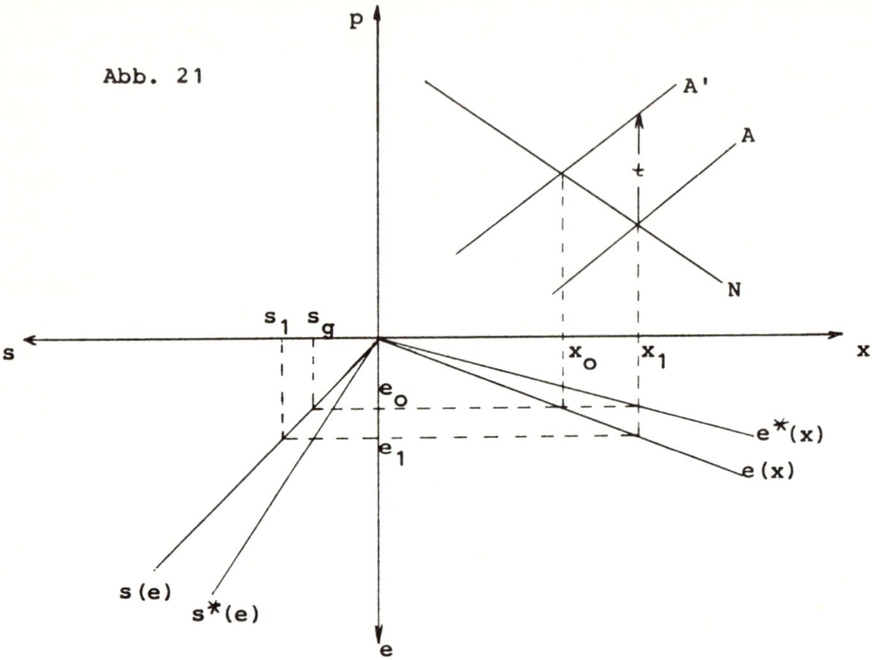

zienten) $s = s(e)$ zu einer Immissionsbelastung in Höhe von s_1 führt. Der Immissionsstandard soll nun aber s_g betragen, so daß $s_g < s_1$.

Die Immissionsbelastung kann gesenkt werden, wenn die Produktion des Gutes x mit einer Mengensteuer, deren Satz t ist, belegt wird. Der dadurch bewirkte Rückgang der Produktionsmenge auf x_o bewirkt nämlich gemäß $e = e(x)$ einen Rückgang der Emissionen auf e_o, die gemäß der Immissionsbelastungsfunktion gerade noch zu einer zulässigen Immissionsbelastung in Höhe von s_g führen [157]. Das Umweltschutzziel wurde also erreicht. Die Informationserfordernisse bestehen darin, die Angebots- und Nachfragefunktion sowie die Emissions- und Immissionsbelastungsfunktion zu kennen, was im einzelnen sicher nicht einfach, doch

157) Wir nehmen aus Vereinfachungsgründen wieder an, daß s_g angestrebt werden soll.

durchaus möglich erscheint. Eventuell kann wiederum durch einen iterativen Prozeß der richtige Steuersatz ermittelt werden. Die entscheidende Frage ist nun aber die, ob s_g kostenminimal erreicht wurde. Der Nutzen, den die Verringerung der Immissionsbelastung bewirkte, ist, weil die Schadensfunktion unbekannt ist, nicht (genau) bestimmbar. Die Kosten lassen sich jedoch auf den ersten Blick feststellen; sie bestehen real in einem Rückgang der Produktion von x_1 auf x_o. Der Staat kann mit seinen Steuereinnahmen allerdings andere, unter Umständen nützlichere Güter zusätzlich zur Verfügung stellen, so daß dieser Produktionsrückgang von x durch die staatlichen Leistungen vielleicht sogar überkompensiert wird.

Es stellt sich jedoch die Frage, ob der Immissionsstandard nicht auch hätte erreicht werden können, ohne daß die Produktion des Gutes x eingeschränkt worden wäre. Offenbar wäre das durch zwei Maßnahmen oder eine Kombination dieser beiden möglich gewesen. Es wäre nämlich unter Umständen möglich gewesen, die Emissionsintensität der Produktion von x so weit zu senken, daß die neue Emissionsfunktion $e^* = e^*(x)$ bereits zur Einhaltung von s_g führen würde. Eine solche geringere Emissionsintensität wäre unter Umständen durch eine Input- oder Verfahrenssubstitution oder -verbesserung zu erreichen, deren gesellschaftliche Kosten geringer wären als die der Produktmengenreduktion. Statt durch emissionsorientierte technische Maßnahme die Emissionsintensität der Produktion zu senken, hätte man aber auch durch transmissionsorientierte und/oder immissionsorientierte technische Maßnahmen den Immissionskoeffizienten soweit senken können, daß z.B. die neue Immissionsbelastungsfunktion $s^* = s^*(e)$ gerade zur Einhaltung des Immissionsstandards geführt hätte. Solche Alternativen werden nicht erwogen, wenn die Produktmenge besteuert wird. Von einer Produktmengenbesteuerung gehen also keine incentives zur Emissionsintensitätsreduktion oder zu Immissionsschutzmaßnahmen aus, die unter Umständen gesamtwirtschaftlich billiger sind als der Rückgang der Produktion [158].

158) Vgl. Zerbe, R.O., Theoretical Efficiency in Pollution

Vergegenwärtigt man sich, daß sich der umwelttechnische Fortschritt in einer Verringerung der Emissionsintensität der Produktion äußert, kann man auch den Schluß ziehen, daß eine Produktmengenbesteuerung keinen incentive zur umwelttechnischen Forschung liefert, denn warum sollen die Unternehmen nach Möglichkeiten forschen, die Emissionsintensität zu verringern, wenn ihre Produkte besteuert werden?

Wir wollen nun noch auf zwei weitere Einwände eingehen, welche die Besteuerung der Produktmenge als ein noch fragwürdigeres Instrument des Verursacherprinzips zur Einhaltung der Immissionsstandards erscheinen lassen. Der erste Einwand ist wohlfahrtstheoretischer Art und wurde von Buchanan vorgetragen [159]: Im Falle eines Monopols, wo aus Gründen der optimalen Allokation eine Produktionsausdehnung erforderlich wäre, führt eine aus Gründen der Emissionsreduktion erhobene Steuer auf die Produktmenge weiter weg vom Allokationsoptimum [160].
Von Plott stammt der Einwand, daß durch eine Besteuerung der Produktmenge in dem Fall, in dem ein inferiorer Produktionsfaktor für die Schadstoffemission verantwortlich ist, die Emissionsmenge zunehmen kann [161]. Das sei an folgender Abb. 22 demonstriert [162]:

Control, a.a.O., S. 370; Littmann, K., Umweltbelastung - sozialökonomische Gegenkonzepte der Umweltpolitik, a.a.O., S. 76 f.; Nowotny, E., Wirtschaftspolitik und Umweltschutz, a.a.O., S. 191; Siebert, H., Gebühren als Instrument der Umweltpolitik, in: WISU, 3. Jg., 1974, S. 13; Jürgensen, H./ Jaeschke, K.-P., Allokationseffekte der Social Costs im Umweltschutz, a.a.O., S. 84.

159) Vgl. Buchanan, J.M., External Diseconomies, Corrective Taxes, and Market Structure, in: Staaf, R.J./Tannian, F.X. (Hrsg.), Externalities, a.a.O., S. 269 ff. Buchanan bezog seinen Einwand zwar auf die Pigou'sche Steuer, doch gilt er hier in gleicher Weise.

160) Vgl. auch Head, J.G., Public Policies and Pollution Problems, a.a.O., S. 16.

161) Vgl. Plott, C.R., Externalities and Corrective Taxes, in: Staaf, R.J./Tannian, F.X. (Hrsg.), Externalities, a.a.O., S. 261 ff. Auch Plott bezieht sich auf die Pigou-Steuer; jedoch gilt sein Einwand hier in gleicher Weise.

162) Vgl. ebenda, S. 262.

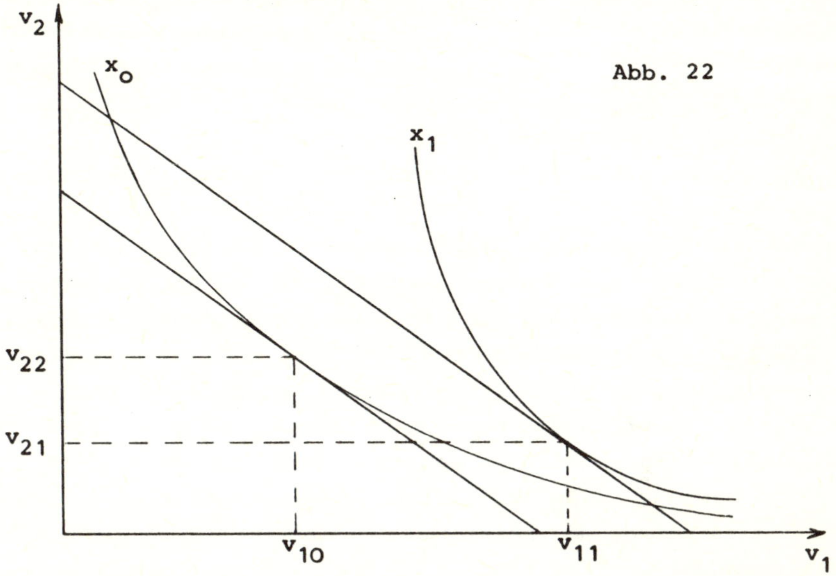

v_1 und v_2 seien die Produktionsfaktormengen, die zur Herstellung von x benötigt werden. Der Faktor 2 sei für die Emissionen verantwortlich, da er einen Schadstoff enthalte, der während des Produktionsprozesses freigesetzt wird. Die Produktion in Höhe von x_1 soll besteuert werden, damit die durch die Verwendung von v_{21} hervorgerufene Emission verringert wird. Man glaubt, die erforderliche Emissionsreduktion zu erreichen, indem man die Produktion durch eine Steuer auf x bis x_o senkt. Der Rückgang der Produktionsmenge äußert sich nun aber nicht in einer Emissionsreduktion, sondern im Gegenteil: Da der schadstoffverursachende Input inferior ist und folglich von v_{21} auf v_{22} steigt, erhöhen sich auch die Emissionen.

Die Durchsetzung des Verursacherprinzips via Besteuerung der Produktmenge erweist sich als ein "unduly clumsy approach to pollution control" [163]. Das gilt allerdings - wie bereits ge-

163) Zerbe, R.O., Theoretical Efficiency in Pollution Control, a.a.O., S. 370.

sagt - nicht für die Fälle, in denen Produkte selbst zu Umweltbelastungen führen. Für diese Fälle wurden in den USA einige interessante Vorschläge der Produkt-Besteuerung gemacht; wir wollen sie kurz darstellen, obwohl wir uns der Bewertung dieser Vorschläge durch Solow anschließen möchten: "Even it cannot be done, it is a good guide to thinking" [164].
Diese Vorschläge haben gemeinsam, daß sie sich in der Regel auf langlebigere Konsumgüter beziehen, die während ihrer Nutzung zu Emissionen führen (z.B. Kraftfahrzeuge) und/oder nach ihrer Zweckerfüllung Abfallbeseitigungsprobleme aufwerfen (vor allem Schrott aller Art) [165]. Eine Besteuerung der Emissionen oder der Abfallmengen ist wegen der Vielzahl der Emittenten kaum möglich. Aus diesem Grunde wird vorgeschlagen, Produkte beim Hersteller mit einer Steuer in der Höhe zu belasten, in der diese zu Umweltschäden führen können, wenn von ihnen der denkbar schädlichste Gebrauch gemacht wird. So könnte man z.B. für jeden Kraftfahrzeugtyp, der keine Umweltschutzvorrichtungen eingebaut hat, die Abgasemissionsraten und die Lärmemissionen messen und unter Zugrundelegung der durchschnittlichen Lebensdauer und durchschnittlich zurückgelegten Kilometerzahl annäherungsweise den Schaden zu bestimmen versuchen, den dieser Kraftfahrzeugtyp durch Abgas- und Lärmemissionen hervorrufen kann. Die Höhe dieses geschätzten Schadens bildet die eine Komponente der Bemessungsgrundlage für die Steuer. Die andere Komponente besteht aus den Kosten der ordnungsgemäßen Beseitigung des ausgedienten Kraftfahrzeugs, wovon bei einem eventuellen Recycling bestimmter Teile

---

164) Solow, R.M., The Economist's Approach to Pollution and its Control, in: Science, vol. 173, No. 3996 vom 6.8.1971, S. 503.

165) Vgl. ebenda,; Schultze, C.L. u.a., Setting National Priorities, The 1973 Budget, a.a.O., S. 393; Cansier, D., Ökonomische Grundprobleme der Umweltpolitik, a.a.O., S. 79 ff.; Nowotny, E., Wirtschaftspolitik und Umweltschutz, a.a.O., S. 220 f.; Schellhaaß, H.M., Kfz-Steuer - Für eine marktgerechte Lösung, in: Die Wirtschaftswoche Nr. 28, 1971, S. 24; Wittmann, W., Einführung in die Finanzwissenschaft, Bd. 2: Die öffentlichen Einnahmen, 2. Aufl., Stuttgart 1975, S. 188.

des Autos die Erlöse aus dem Verkauf der rezyklisierten Stoffe abgezogen werden können. Nehmen wir an, die Summe der beiden Komponenten ergäbe einen Steuerbetrag von DM 1.000,-- für jedes Auto eines bestimmten Typs und dieser Betrag werde in voller Höhe (offen ausgewiesen) auf den Käufer überwälzt.

Der Käufer kann sich nun zwischen drei Möglichkeiten entscheiden: 1. Er kauft das Auto nicht mehr, weil es ihm zu teuer geworden ist (es tritt insoweit keine Umweltbelastung ein); 2. er kauft das Auto und zahlt die Steuer von DM 1.000,--, wofür er Abgase und Lärm emittieren und das ausgediente Auto am Straßenrand stehen lassen darf, oder 3. der Käufer entschließt sich a) eine Abgasentgiftungsanlage zum Preis von DM 300,-- einbauen zu lassen, wofür er als "Belohnung" DM 400,-- an Steuer zurückerhält, b) eine Schalldämpferanlage am Auspuff zum Preis von DM 150,-- anbringen zu lassen, wofür er eine weitere Steuerersparnis von DM 250,-- kassieren kann, c) das ausgediente Auto in eine Shredder-Anlage zu bringen, wofür er die restliche von ihm gezahlte Steuer in Höhe von DM 350,-- erhält.

Eine solche Besteuerung wirkt auf den ersten Blick bestechend. Dadurch daß die Komponenten der Steuer für Abgas- und Lärmemissionen sowie die ordnungsgemäße Beseitigung des Abfallprodukts höher sind als die entsprechenden Aufwendungen des Käufers zur Vermeidung der (geschätzten) Schäden, besteht ein starker Anreiz für den Käufer, die umweltschützenden Maßnahmen vorzunehmen. Faktisch liegt nun auch die Beweislast, daß die Umwelt nicht belastet wird, beim potentiellen Verursacher [166]. Man fragt sich allerdings, ob sich der administrative Aufwand einer solchen Besteuerung lohnt, denn sie müßte aus Wettbewerbsgründen auf alle Kraftfahrzeuge und eventuelle Substitutionsgüter, wie öffentliche Nahverkehrsmittel, ausgedehnt werden. Den gleichen Effekt könnte man sicherer und billiger durch Herstellungsgebote oder Emissionsstandards erreichen, die von den Herstellern zu erfüllen wären. Den Autokäufern würde dadurch lediglich die

166) Vgl. Solow, R.M., The Economist's Approach to Pollution and its Control, a.a.O., S. 503.

Freiheit genommen, für einen bestimmten Preis (in unserem Beispiel DM 1.000,--) die Umwelt zu belasten.
Allein auf die Reduzierung des Abfallproblems läuft der Vorschlag einer Amortisationssteuer hinaus [167]. Danach soll eine Steuer auf die Güter erhoben werden, die nach ihrer Zweckerfüllung (Abfall-)Beseitigungsprobleme aufwerfen, und zwar soll deren Satz mit zunehmender Lebensdauer der besteuerten Produkte abnehmen. Es wird zunächst eine Soll-Lebensdauer für jenes Gut festgelegt und sodann der Steuerbetrag bestimmt, der beim Kauf des Gutes zu entrichten ist. Erreicht das Produkt die Soll-Lebensdauer, so wird der gesamte Steuerbetrag zurückerstattet. Fällt es früher als Abfall an, wird nur ein Teil der Steuer zurückerstattet, da die Steuersätze so gestaffelt sind, daß sie mit zunehmender Lebensdauer abnehmen. Das sei an Abb. 23 verdeutlicht.
Der gesamte Steuerbetrag entspricht bei einer Soll-Lebensdauer von 10 Jahren der gesamten schraffierten Fläche.

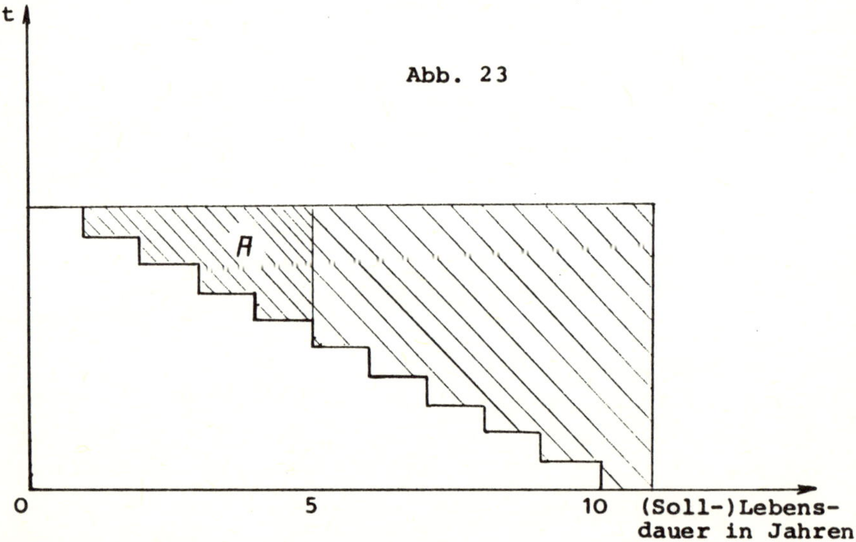

Abb. 23

167) Vgl. Goldsmith, E./Allen, R., Planspiel zum Überleben, Stuttgart 1972, S. 31 f.; Wittmann, W., Einführung in die Finanzwissenschaft, Bd. 2, a.a.O., S. 189.

Fällt das Produkt mit einer Soll-Lebensdauer von 10 Jahren bereits vor Ablauf des ersten Jahres als Abfall an, wird keine Steuer zurückerstattet. Fällt es z.B. zwischen dem vierten und fünften Lebensjahr als Abfall an, so erhält der Käufer Steuern in Höhe der schraffierten Fläche A zurück. Wird das Produkt erst nach dem zehnten Jahr zum Abfall, erhält der Käufer die gesamte Steuer zurück.

Der Vorteil einer solchen Steuer wäre, daß die Käufer einen incentive hätten, das Produkt zumindest bis zu seinem Soll-Alter zu nutzen.

Einen Anreiz für die Produzenten, auch langlebigere Produkte herzustellen, ließe sich erreichen, wenn man die im voraus zu zahlenden Steuerbeträge T mit zunehmender Soll-Lebensdauer senkt (vgl. Abb. 24). Hat z.B. ein Pkw eine Soll-Lebensdauer von 4 Jahren, kann man ihn mit DM 450,-- besteuern. Wird dagegen die Soll-Lebensdauer auf 8 Jahre erhöht, beträgt die zu entrichtende Steuer nur noch DM 250,--.

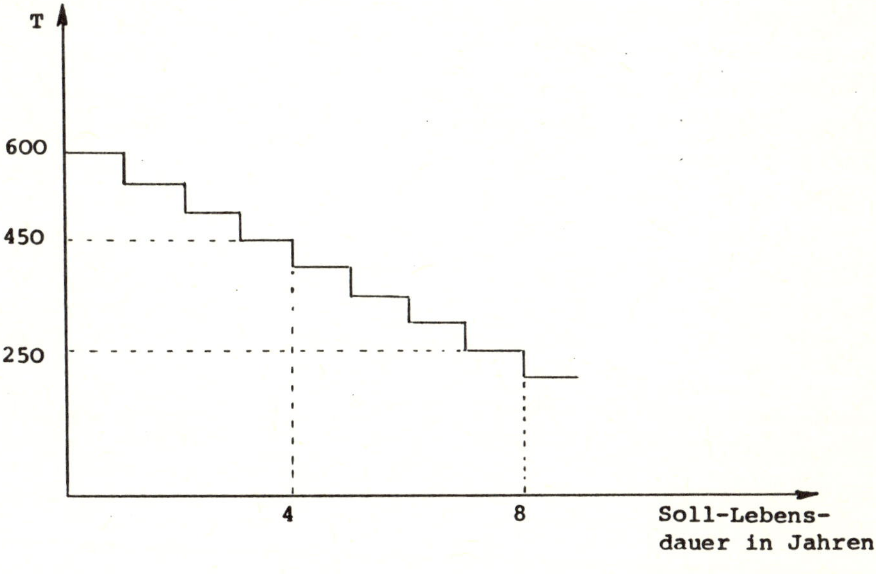

Abb. 24

Jedoch ist auch eine solche der "planned obsolescence" und Wegwerfmentalität entgegenwirkende Besteuerung der Produkte kaum praktikabel. Die Festlegung der Soll-Lebensdauer für eine Fülle von Produkten und die Zurückerstattung der Steuerbeträge würde einen erheblichen Informations- und Administrationsaufwand erfordern. Um vor allem Konsumgüter langlebiger zu gestalten - sofern das überhaupt erwünscht ist - scheinen Herstellungsgebote besser geeignet zu sein.

(2) Die Besteuerung von Produktionsfaktoren [168)]

Wir haben bereits mehrfach erwähnt, daß für viele Schadstoffemissionen der Schadstoffgehalt der Produktionsmittel verantwortlich ist. Es liegt deshalb nahe, in solchen Fällen die Faktorinputs je nach deren Schadstoffgehalt zu besteuern. So könnte man z.B. Heizöl je nach dessen Schwefelgehalt oder Benzin je nach dessen Bleigehalt oder Waschmittel je nach deren Phosphatgehalt besteuern. Zweck einer solchen Besteuerung wäre es, entweder die Schadstoffentfernung oder -reduzierung aus den Produktionsmitteln vor deren Einsatz (z.B. Heizölentschwefelung) oder die vollständige oder teilweise Substitution dieser Inputs zu erreichen, um auf diese Weise auch die Schadstoffemissionen zu reduzieren. Eine solch indirekte Methode der Emissionsreduktion empfiehlt sich vor allem in den Fällen, in denen viele kleine Emissionsquellen vorhanden sind (private Haushalte, Kraftfahrzeuge), deren direkte Emissionsbesteuerung aus administrativen Gründen äußerst schwierig und kostspielig wäre. Die Besteuerung der schadstoffhaltigen Produkte - die in nachgelagerten Unternehmen als Produktionsfaktoren eingesetzt werden - bei den Herstellern ist nämlich administrativ relativ einfach [169)].

---

168) Unter Produktionsfaktoren seien in diesem Abschnitt auch in der "häuslichen Produktion" eingesetzte Faktoren, wie Heizöl, Benzin, Waschmittel u.a. verstanden.

169) Vgl. Ackermann, K./Geschka, H./Karsten, D., Gutachten zur Gesamtbelastung der Volkswirtschaft durch das Umweltprogramm der Bundesregierung, a.a.O., S. 602 f.; Solow, R.M., The Economist's Approach to Pollution and its Control, a.a.O., S. 502; Zerbe, R.O., Theoretical Efficiency in Pollution Control, a.a.O., S. 370; Cansier, D., Ökonomische Grundprobleme der Umweltpolitik, a.a.O., S. 77; Nowotny, E., Wirt-

Sie stellt bei den Produzenten einen incentive zur Beseitigung der Schadstoffe aus den Produkten vor deren Verkauf dar. Denn die Produzenten entgehen nun der Steuer, die ihre Produkte eventuell mehr verteuern würde als die Schadstoffentfernungsmaßnahmen, was sie weniger wettbewerbsfähig machen würde. Für die Verursacher (Emittenten) entsteht durch die verteuerten Produktionsmittel ein incentive zur Inputsubstitution.
Die Besteuerung schadstoffhaltiger Inputs hat allerdings auch erhebliche Nachteile.
Nicht alle Inputmengen des gleichen Faktors führen, obwohl sie den gleichen Schadstoffgehalt haben, immer zur gleichen Emissionsrate je Inputeinheit; die gleichen Inputs haben also unterschiedliche Emissionsintensitäten [170]. Ein Beispiel dafür ist die Verbrennung von Heizöl. Heizöl mit völlig identischem Schwefelgehalt kann - wie wir wissen - zu ganz unterschiedlichen SO_2-Emissionsraten führen, je nachdem wie gut der Ölbrenner eingestellt ist. Besteuert man das Heizöl nach dessen Schwefelgehalt, so wird derjenige Heizölverbraucher bestraft, der seinen Ölbrenner gut warten läßt, denn er muß für einen vermeintlichen Schaden zahlen, den er gar nicht verursacht, weil er nur unbedeutende Mengen SO_2 emittiert. Eine Besteuerung des Faktorinputs kann also dem Verursacherprinzip widersprechen. Weiterhin läßt die Inputbesteuerung, ähnlich der Produktmengenbesteuerung, die Möglichkeit eventuell billigerer Emissionsreduktionsmaßnahmen, wie die Umstellung oder Verbesserung der Produktionsprozesse, Rückhaltetechnologien und Recycling außer Acht [171].
Ein großes Problem entsteht vor allem dadurch, daß a l l e Inputfaktoren, die irgendwelche Schadstoffe enthalten und als

---

schaftspolitik und Umweltschutz, a.a.O., S. 218.

170) Vgl. Cansier, D., Ökonomische Grundprobleme der Umweltpolitik, a.a.O., S. 78; Jürgensen, H./Jaeschke, K.-P., Allokationseffekte der Social Costs im Umweltschutz, a.a.O., S. 84.

171) Vgl. Siebert, H., Gebühren als Instrument der Umweltpolitik, a.a.O., S. 14; Arnold, V., Kuppelprodukte, öffentliche Ungüter und externe Effekte, a.a.O., S. 103; Zerbe, R.O., Theoretical Efficiency in Pollution Control, a.a.O., S. 370.

Substitutionsprodukt in Frage kommen, besteuert werden müssen, da sonst eintretende Substitutionsprozesse nach der Besteuerung eines Produktionsmittels nur zu einer Substitution der Schadstoffemissionen führen würde [172]. Würde man z.B. nur Heizöl besteuern, könnte es c.p. sein, daß auf Heizölbasis Strom erzeugende Kraftwerke durch Kernkraftwerke substitutiert würden und folglich an die Stelle der SO_2-Belastung der Luft eine verstärkte thermische Belastung der Gewässer und schwierige Beseitigungsprobleme für radioaktive Abfälle treten würden. Die insgesamt resultierende Umweltbelastung kann durch eine lückenhafte Besteuerung schadstoffhaltiger Produktionsfaktoren also größer werden und somit weiter vom Allokationsoptimum wegführen. Aber auch wenn der besteuerte Produktionsfaktor inferior ist, können die Emissionen (jetzt allerdings des gleichen Schadstoffs) durch seine Besteuerung zunehmen [173]. Das sei an Abb. 25 erläutert.

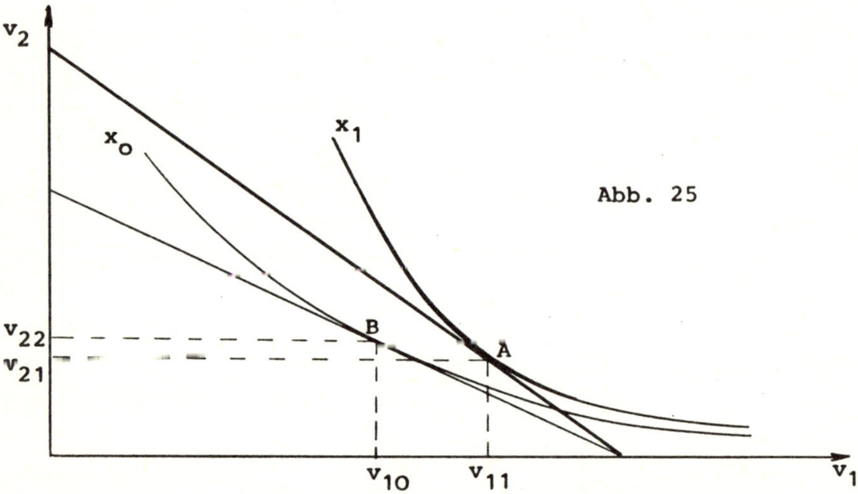

Abb. 25

172) Vgl. Watson jr., W.D., Cost of Air Pollution Control in the Coal-Fired Electric Power Industry, in: Quarterly Review of Economics and Business, vol. 12, 3, 1973, S. 79; Cansier, D., Ökonomische Grundprobleme der Umweltpolitik, a.a.O., S. 78 f.; Littmann, K., Umweltbelastung - sozialökonomische Gegenkonzepte, a.a.O., S. 62. f.

173) Vgl. Jürgensen, H./Jaeschke, K.-P., Allokationseffekte der Social Costs im Umweltschutz, a.a.O., S. 84 f.

Durch die Besteuerung des schadstoffhaltigen Produktionsfaktors v_2 verändert sich die Minimalkostenkombination von A nach B, wo bei geringerer Produktion von x mehr von v_2 eingesetzt wird. Folglich wird c.p. auch mehr von dem Schadstoff emittiert, der in v_2 enthalten ist.
Obwohl sich also auch die Besteuerung der Produktionsmittel als sehr problematisch erweist, wird sie in den Fällen eine brauchbare Lösung darstellen können, in denen wegen der Vielzahl der Emissionsquellen direkte Emissionsmengenbesteuerungen ausscheiden. Allerdings "konkurriert" die Inputbesteuerung in solchen Fällen mit ebenfalls administrativ relativ einfach durchsetzbaren Produktstandards.

(3) Die Emissionsabgabe

Fast alle bisher geschilderten Instrumente des Verursacherprinzips zur Durchsetzung einer rationalen Umweltpolitik haben mehr oder weniger große Nachteile. Wenn sie eine theoretisch große Allokationseffizienz haben, wie regional und kostenmäßig differenzierte Emissionsstandards oder wie die Pigou'sche Schadensteuer, erweisen sie sich vor allem aus Gründen der Informationsbeschaffung und der Administration als kaum realisierbar. Lösungen, die administrativ relativ einfach sind und relativ wenige Informationen erfordern, wie einheitliche Emissionsstandards, Emissionsverbote, Produktsteuern oder Produktionsfaktorsteuern zeigen dagegen eine mehr oder minder geringe Allokationseffizienz. Ein Instrument des Verursacherprinzips, das sowohl relativ allokationseffizient als auch administrativ relativ einfach anwendbar ist, haben wir bisher noch nicht kennengelernt.
Ob die Emissionsabgabe ein solches Instrument ist, wollen wir im folgenden untersuchen; wir vergleichen sie dabei mit den wohl im Rahmen des Verursacherprinzips allein als Alternative in Frage kommenden Emissionsstandards.
Ausgangspunkt unserer Analyse sei die Betrachtung dreier Versionen einer Emissionsabgabe [174]. Eine Emissionsabgabe kann ledig-

174) Vgl. Oberhauser, A., Abgrenzung des Verursacherprinzips und seine Einordnung in die Umweltpolitik, a.a.O., S. 45.

lich den Zweck haben, die Vermeidungskosten (Emissionsreduktionskosten), die notwendig sind, um die Immissionsstandards einzuhalten, zu internalisieren. Hat die Emissionsabgabe diesen Zweck erfüllt, wird sie hinfällig; sie hat also nur eine Ordnungsfunktion (Ordnungssteuer). Die zweite Version einer Emissionsabgabe will neben der Internalisierung der Emissionsreduktionskosten auch noch die nach der erforderlichen Emissionsreduktion verbleibenden Schäden besteuern, und die dritte Version will neben der verursachungsgemäßen Anlastung der Emissionsreduktionskosten auch noch die sogenannte Restverschmutzung erfassen und somit auch noch eine Art Benutzungsgebühr für die Umweltmedien darstellen. Diese drei Versionen seien an Abb. 26 näher betrachtet.

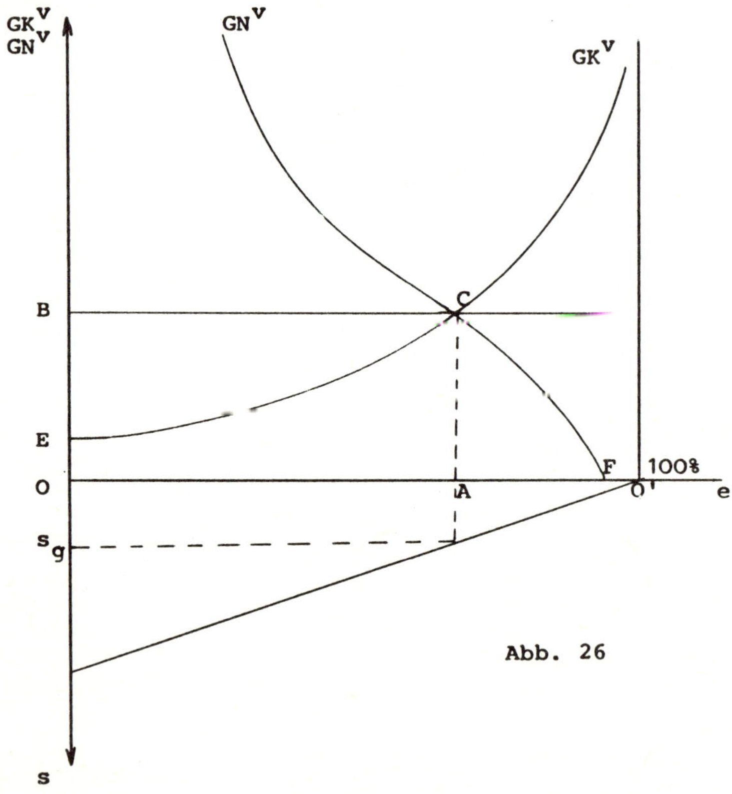

Abb. 26

Auf der Abszisse sind von links nach rechts die Emissionsreduktionsgrade (in umgekehrter Richtung also der Verschmutzungsgrad) eingetragen, auf der positiven Ordinatenachse die Grenzkosten und der Grenznutzen der Emissionsreduktion eines Emittenten sowie der Emissionsabgabensatz und auf der negativen Ordinatenachse die Immissionsbelastung s. Im ersten Quadranten liegt die allokationsoptimale Emissionsreduktion dort, wo sich Grenznutzen und Grenzkosten der Emissionsreduktion schneiden, also bei OA. Nehmen wir an, bei dieser Emissionsreduktion des einzigen Emittenten werde der Immissionsstandard gerade eingehalten.
Der allokationsoptimale Satz einer Emissionsabgabe ist nun derjenige, der den Verursacher veranlaßt, seine Emissionen um OA zu reduzieren, also nur noch O'A zu emittieren. Dieser allokationsoptimale Abgabensatz muß offenbar die Höhe OB = AC haben, denn der Emittent wird seine Emissionsreduktionsmaßnahmen so lange ausdehnen wie die Grenzkosten der Emissionsreduktion niedriger sind als der marginale Emissionsabgabensatz. Durch eine Emissionsabgabe mit einem marginalen Satz in Höhe von OB wird also die allokationsoptimale Emissionsreduktion in Höhe von OA erreicht[175].
Wenn der Verursacher keine Emissionsreduktionsmaßnahmen durchführt, muß er nach der oben geschilderten ersten Version eine Abgabe in Höhe von OACB entrichten. Nach der zweiten Version muß er zusätzlich noch den Schaden AFC zahlen, der auch dann noch verbliebe, wenn er die erforderliche Emissionsreduktion durchführen würde, also insgesamt OACB + AFC = OFCB. Nach der dritten Version schließlich würde das Abgabenaufkommen am

---

175) Vgl. Oberhauser, A., Abgrenzung des Verursacherprinzips und seine Einordnung in die Umweltpolitik, a.a.O., S. 40 f.; Head, J.G., Public Policies and Pollution Problems, a.a.O., S. 24; Siebert, H., Erfolgsbedingungen einer Abgabenlösung (Steuern/Gebühren) in der Umweltpolitik, in: Issing, O. (Hrsg.), Ökonomische Probleme der Umweltschutzpolitik, a.a.O., S. 40; Swoboda, H., Probleme der Umweltpolitik, a.a.O., S. 86; Cansier, D., Ökonomische Grundprobleme der Umweltpolitik, a.a.O., S. 67 f.; Schultze, C.L. u.a., Setting National Priorities, The 1973 Budget, a.a.O., S. 372; Rincke, G., Anwendbarkeit des Verursacherprinzips am Beispiel der Wassergütewirtschaft, a.a.O., S. 45.

größten sein und OO'DB betragen. Ein rational handelnder Verursacher, der seine Kosten minimiert, wird aber bei allen drei Versionen die Emissionen bis zum Optimum OA reduzieren. Nach der ersten Version muß er dann überhaupt keine Abgabe mehr zahlen, hat also nur die Kosten für die Emissionsreduktion in Höhe von OACE zu tragen. Gegenüber der Nicht-Reduktion spart er also eine Summe in Höhe von OACB - OACE = ECB. Diese Summe spart er bei optimaler Emissionsreduktion auch bei den anderen beiden Versionen. Bei der zweiten Version muß er aber zu den Vermeidungskosten auch den verbleibenden Schaden in Höhe von AFC als Emissionsabgabe abführen; insgesamt hat er dann also Kosten in Höhe von OACE + AFC = OFCE. Bei der dritten Version muß der Verursacher zu seinen Emissionsreduktionskosten auch noch für die Restverschmutzung in Höhe von O'A den vollen Abgabesatz zahlen, also AO'DC, und somit insgesamt OACE + AO'DC = OO'DCE.
Wir wollen im folgenden von der dritten Version ausgehen, da wir in der ersten Version gegenüber einer Emissionsstandard-Lösung keinen besonderen Vorteil sehen und die zweite Version wegen der Schadensbewertung und -zurechnung Ausgaben entstehen läßt, die wahrscheinlich die ganzen Einnahmen aus der Emissionsabgabe in Höhe von AFC bei weitem übertreffen würden. Gehen wir aber realistischerweise davon aus, daß die Grenzschadensfunktion (bzw. Grenznutzenfunktion der Emissionsreduktion) unbekannt ist, scheint auch die Grundlage für die Bestimmung der optimalen Höhe der Abgabesätze zu fehlen. Es gibt jedoch eine Möglichkeit, trotzdem den allokationsoptimalen [176] Abgabesatz zu bestimmen. Wenn die Immissionsbelastungsfunktion s = s(e) unbekannt ist, kann der Abgabesatz, der zur Einhaltung des Immissionsstandards erforderlich ist, durch ein iteratives Verfahren ermittelt werden [177], das unter Umständen allerdings erhebliche Kosten verur-

176) Wir unterstellen im folgenden, der Immissionsstandard entspreche einer allokationsoptimalen Immissionskonzentration. Dann sind Maßnahmen, die zur Realisierung dieses Immissionsstandards zu minimalen Kosten führen, allokationseffizient (oder allokationsoptimal).

177) Vgl. Baumol, W.J./Oates, W.E., The Use of Standards and Prices for Protection of the Environment, a.a.O., S. 44 f.;

sacht [178]. Es wird dabei zunächst ein Abgabesatz festgelegt, von dem man annimmt, daß er der richtige ist, um zur Einhaltung des Immissionsstandards zu führen. Sinkt die Immissionsbelastung nicht bis auf oder unter die Höhe des Immissionsstandards wird der Abgabesatz so lange in kleinen Schritten erhöht, bis der Immissionsstandard erreicht wird. Erweist es sich, daß der Abgabesatz zu hoch festgelegt wurde und der Immissionsstandard erheblich unterschritten wird, muß der Abgabesatz gesenkt werden. Man kann sich leicht vorstellen, daß ein solcher iterativer Prozeß, wenn er nicht nach wenigen Iterationen bereits zum richtigen Abgabesatz führt, erhebliche Friktionen hervorrufen kann.
Wäre die Immissionsbelastungsfunktion $s = s(e)$ bekannt, so könnte der dem Immissionsstandard entsprechende Emissionsstandard eines Emittenten abgeleitet werden, und so bei Kenntnis der Grenzkostenfunktion der Emissionsreduktion der optimale Abgabesatz direkt bestimmt werden. In Abb. 27 wollen wir das näher erläutern.
Nehmen wir an, im Ausgangszustand sei die Reinigungsleistung des Emittenten 0%. Dann entsteht gemäß der Immissionsbelastungsfunktion die maximal mögliche Immissionsbelastung in Höhe von s_{max}. Der Immissionsstandard soll jedoch niedriger sein und s_g betragen. Aus ihm läßt sich nun mit Hilfe der Immissionsbelastungsfunktion die mindestens erforderliche Emissionsreduktion e_1, also ein Emissionsstandard von 50% bestimmen. Der allokationsoptimale Abgabesatz ist nun offenbar der, der zur e_1 entsprechenden Emissionsreduktion in Höhe von 50% führt, also $t = OA = e_1B$.

Siebert, H., Erfolgsbedingungen einer Abgabenlösung, a.a.O., S. 44; Freeman III, M.A./Haveman, R.H., Residuals Charges for Pollution Control: A Policy Evaluation, in: Science, vol. 177, No. 4046, v. 28.7.72, S. 324; Hass, J.E., Optimal Taxing for the Abatement of Water Pollution, in: Water Resources Research, vol. 6, 1970, S. 353 ff.

178) Vgl. Dorcey, A.H.J., Effluent Charges, Information Generation and Bargaining Behavior, in: Natural Resources Journal, vol. 13, 1973, S. 127 f.; Wohlgemuth, R., Umweltgebühren als Alternative zur Auflage, a.a.O., S. 46.

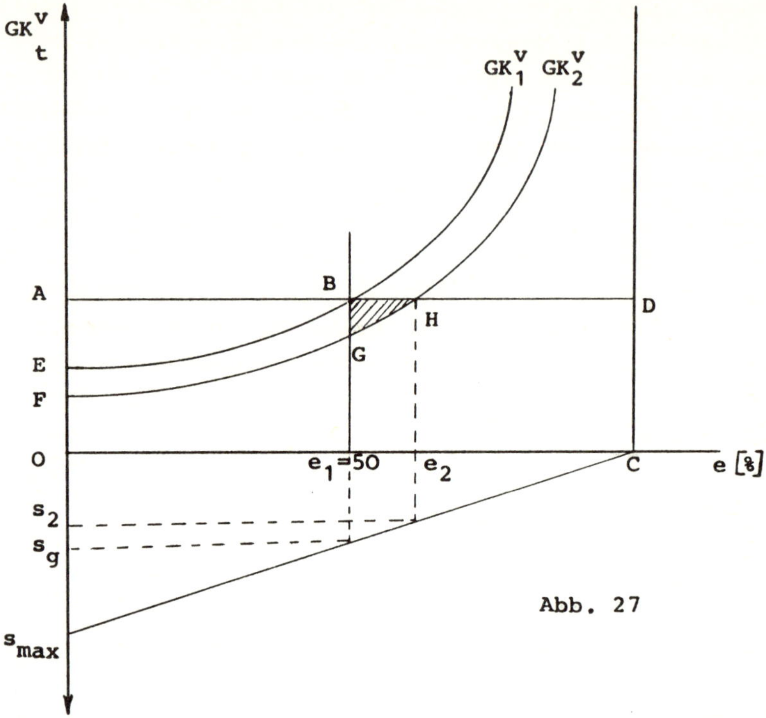

Abb. 27

Die Informationserfordernisse bestehen in der Ermittlung des Immissionskoeffizienten und der GK^v des Emittenten. Auf den ersten Blick scheint in der Abb. 27 kein Unterschied hinsichtlich der Allokationswirkung einer reinen Auflagenlösung in Form eines Emissionsstandards und der kombinierten Abgaben-Standard-Lösung zu bestehen. In beiden Fällen würde durch eine Emissionsreduktion von 50%, die den Verursacher Oe_1BE kostet, der Immissionsstandard erreicht werden können. Der erste Unterschied besteht jedoch darin, daß der Emittent im Falle der Abgabenlösung auch für die Restverschmutzung zahlen muß. Es entstehen ihm also neben den Emissionsreduktionskosten auch noch Kosten in Höhe der Emissionsabgabe für die Restverschmutzung in Höhe von e_1CDB. Dies scheint gegenüber der reinen Auflagenlösung zunächst nichts anderes zu bedeuten als eine Umverteilung zugunsten des Staates. Tatsächlich ist dies jedoch einer der wesentlichsten Vorteile der Abgabenlösung - manche meinen der

Vorteil überhaupt - gegenüber allen bisher geschilderten Instrumenten des Verursacherprinzips, denn die Besteuerung der Restverschmutzung stellt einen ständigen Anreiz dar, den technischen Fortschritt auf dem Gebiet der Emissionsreduktion anzuwenden, der sich in einer Senkung der Emissionsreduktionskosten äußert. Man könnte sagen, daß die Besteuerung der Restverschmutzung nahezu automatisch zur Realisierung des Standes der Umwelttechnik führt [179]. Das soll ebenfalls an Abb. 27 demonstriert werden: Nehmen wir an, der umwelttechnische Fortschritt äußere sich in einer Reduzierung der Emissionsreduktionskosten von GK_1^v auf GK_2^v. Im Fall der Auflagenlösung schlägt sich das lediglich in einer Verminderung der Emissionsreduktionskosten und damit einer Erhöhung des Gewinns des Emittenten um FGBE nieder. Im Fall der Abgabenlösung aber wird die Emissionsreduktion ausgedehnt bis e_2, wo die neue marginale Emissionsreduktionskostenfunktion GK_2^v die Grenzsteuerfunktion schneidet (in H). Auch in diesem Fall reduziert der umwelttechnische Fortschritt die Gesamtkosten des Emittenten, und zwar sinken sie sogar um die schraffierte Fläche GHB mehr als die im Fall der Auflagenlösung, denn der Emittent spart neben den gesunkenen Emissionsreduktionskosten [180] auch noch Emissionsabgaben in Höhe von e_1e_2HB infolge seiner reduzierten Restverschmutzung. Die auf e_2 erhöhte Emissionsreduktion bewirkt einen Rückgang der Immissionsbelastung unter den Immissionsstandard auf s_2, wo-

---

179) Vgl. Zerbe, R.O., Theoretical Efficiency in Pollution Control, a.a.O., S. 371 f.; Orr, L., Incentive for Innovation as the Basis for Effluent Charge Strategy, in: American Economic Review, vol. 66, 1976, papers and proceedings, S. 442; Head, J.G., Public Policies and Pollution Problems, a.a.O., S. 24; Nowotny, E., Wirtschaftspolitik und Umweltschutz, a.a.O., S. 202 ff.; Wenders, J.T., Methods of Pollution Control and the Rate of Charge in Pollution Abatement Technology, in: Water Resources Research, vol. 11, 1975, S. 393 ff.; Cansier, D., Ökonomische Grundprobleme der Umweltpolitik, a.a.O., S. 100; Schultze, C.L. u.a., Setting National Priorities, The 1973 Budget, a.a.O., S. 372; dieselben, Setting National Priorities, The 1972 Budget, a.a.O., S. 242.

180) Die Emissionsreduktionskosten sind im Fall der Abgabenlösung gesunken, weil $FGEB > e_1e_2GH$.

durch Reserven für eine Produktionsausdehnung geschaffen werden. Infolge des umwelttechnischen Fortschritts wäre es auch möglich gewesen, entweder den Abgabensatz auf e_1G zu senken, um so den Immissionsstandard weiterhin nur zu erreichen (und nicht zu unterschreiten), und es wäre auch möglich gewesen, den Immissionsstandard auf s_2 zu senken (also zu verschärfen). Die Senkung des Abgabensatzes halten wir nicht für sinnvoll, denn daraus resultiert lediglich eine Verbesserung der Gewinnsituation des Emittenten - genau wie bei der Auflagenlösung. Die Anpassung des Immissionsstandards an den technischen Fortschritt halten wir dagegen - allerdings nur in größeren Zeitintervallen - für durchaus wünschenswert. Er sollte nicht bei jeder realisierten Emissionsreduktion erfolgen, da hierdurch Emissions- und das heißt Produktionswachstumsreserven allzusehr beschränkt würden.

Nachdem wir die Überlegenheit der Emissionsabgabe hinsichtlich der incentives zur Anwendung des umwelttechnischen Fortschritts - man könnte von einer besonders großen dynamischen Allokationseffizienz der Emissionsabgabe sprechen - dargestellt haben, wollen wir uns nun mit der traditionellerweise besonders hervorgehobenen überlegenen statischen Allokationseffizienz der Emissionsabgabe befassen, die darin bestehen soll, daß die Emissionsabgabe im Falle mehrerer Emittenten mit unterschiedlichen marginalen Emissionsreduktionsfunktionen automatisch zu einer allokationsoptimalen Aufteilung der erforderlichen Emissionsreduktionen unter den Emittenten führt, wobei bekanntlich bei der Auflagenlösung große Informationsbeschaffungsprobleme entstanden. Zur Demonstration bedienen wir uns wieder des von uns auf vier Quadranten erweiterten Schemas von Bea, wobei wieder zwei Emittenten I und II unterstellt seien, die zunächst identische Immissionsbelastungsfunktionen aber unterschiedliche marginale Kostenfunktionen der Emissionsreduktion haben sollen (vgl. Abb. 28). Wir verwenden in Abb. 28 die gleichen Grenzkosten- und Immissionsbelastungsfunktionen wie in Abb. 18, so daß sich das gleiche allokationsoptimale Ergebnis ergibt: Emittent I muß seine Emissionen um 25 Prozentpunkte und Emittent II seine Emissionen um 75 Pro-

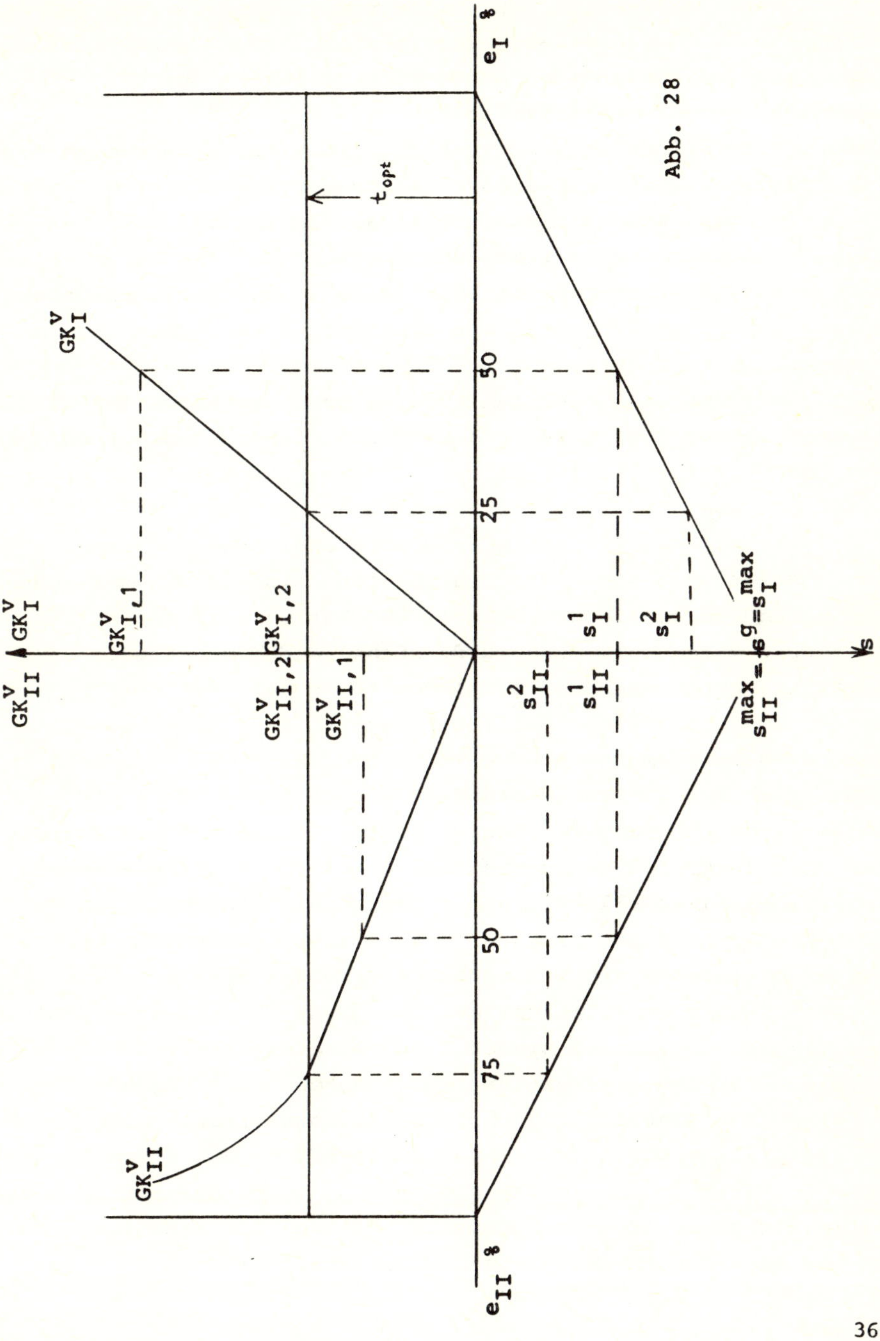

GK_I^v
GK_{II}^v
$GK_{I,1}^v$
$GK_{I,2}^v$
$GK_{II,2}^v$
$GK_{II,1}^v$
t_{opt}
e_I %
e_{II} %
50
25
50
75
s_I^1
s_I^2
$s^g = s_I^{max}$
s_{II}^2
s_{II}^1
s_{II}^{max}
s

Abb. 28

zentpunkte reduzieren, um den Immissionsstandard in Höhe von s_g einhalten zu können. Im Fall einer Auflagenlösung müßten Informationen über den Verlauf der (identischen) Immissionsbelastungsfunktionen und der (unterschiedlichen) marginalen Kostenfunktionen der Emissionsreduktion vorliegen, um zur allokationsoptimalen Aufteilung der Emissionsreduktionsquoten auf beide Emittenten zu gelangen. Die allokationsoptimale Bedingung, daß die marginalen Grenzkosten der Emissionsreduktion für alle Emittenten gleich sein müssen, erforderte im Falle der Auflagenlösung also die Kenntnis der jeweiligen Grenzkostenfunktionen der Emissionsreduktion.
Es ist nicht mehr als eine Tautologie, wenn nun behauptet wird, bei einer Abgabenlösung sei die Kenntnis dieser Grenzkostenfunktionen nicht erforderlich, da das Allokationsoptimum durch eine Emissionsabgabe mit einheitlichem Satz automatisch erreicht würde, denn alle Emittenten würden ihre individuell verschiedenen marginalen Kosten der Emissionsreduktion an den marginalen Satz der Abgabe anpassen und somit allokationsoptimale Emissionsreduktionen vornehmen. Dies würde nichts anderes bedeuten, als daß das Allokationsoptimum bei jedem Abgabesatz realisiert wäre. Das ist jedoch nicht der Fall; im Gegenteil: Es gibt nur einen Abgabensatz bei dem sowohl die Bedingung $GK_I^v = GK_{II}^v = t$ erfüllt ist als auch der Immissionsstandard gerade eingehalten wird, und das ist ein Steuersatz in Höhe von t_{opt}. Um ihn auf Anhieb festlegen zu können, sind genau die gleichen Informationen erforderlich wie bei einer allokationsoptimalen Auflagenlösung: Es müssen sowohl die Grenzkostenfunktionen der Emissionsreduktion beider Emittenten als auch die Immissionsbelastungsfunktionen bekannt sein. Man könnte im Falle der Abgabenlösung allerdings versuchen, den optimalen Abgabesatz wieder durch einen iterativen Prozeß zu ermitteln. Die Überlegenheit der Abgabenlösung gegenüber der Auflagenlösung hinsichtlich der (theoretischen) statischen Allokationseffizienz würde dann davon abhängen, ob der iterative Suchprozeß nach dem optimalen Abgabesatz höhere Kosten erfordert als die Suche nach den Grenzkostenfunktionen der Emissionsreduktion und nach den Immissionsbelastungsfunktionen.

Hinsichtlich der Administration dürfte sich allerdings die Abgabenlösung als überlegen erweisen [181], da sie - sofern ihre Institutionalisierung in optimaler Höhe gelungen ist - ein idealer "24-hour automatic enforcer" [182] ist, während die Auflagenlösung ständiger Kontrollen bedarf.
Im Falle einheitlicher Immissionsbelastungsfunktionen und unterschiedlicher Grenzkostenfunktionen der Emissionsreduktion sind die Informationserfordernisse für eine optimale Abgabenlösung in etwa die gleichen wie für eine Auflagenlösung; hinsichtlich der administrativen Kosten hat aber die Abgabenlösung eindeutige Vorteile gegenüber der Auflagenlösung.

Nun wollen wir noch den Fall untersuchen, daß die Emittenten unterschiedliche Immissionsbelastungsfunktionen, aber einheitliche Grenzkostenfunktionen der Emissionsreduktion haben (vgl. Abb. 29). Die Funktionen der Abb. 29 seien identisch mit denen der Abb. 19.
Ein einheitlicher Steuersatz in Höhe von t_o scheint nun allokationsoptimal zu sein, denn er führt wie die einheitliche Auflage in Höhe von 50% in Abb. 19 sowohl zur Erfüllung der Bedingung $GK_I^v = GK_{II}^v = t_o$ als auch zur Realisierung des Immissionsstandards, denn $s^g = s_I^1 + s_{II}^1$. Im Falle unterschiedlicher Immissionskoeffizienten ist aber ein einheitlicher Abgabensatz nicht mehr effizient, denn die gesamtwirtschaftlichen Kosten können gesenkt werden, wenn der Emittent II mit dem hohen Immissionskoeffizienten seine Emissionsreduktion auf 65% ausdehnt, denn dann kann Emittent I mit dem geringeren Immissionskoeffizienten seine Emissionsreduktion auf 15% senken, ohne daß der Immissionsstan-

---

181) Vgl. Freeman III, M.A./Haveman, R.H., Residuals Charges for Pollution Control: A Policy Evaluation, a.a.O., S. 328; White, L.J., Effluent Charges as a Faster Means of Achieving Pollution Abatement, a.a.O., S. 111 ff.; Solow, R.M., The Economist's Approach to Pollution and its Control, a.a.O., S. 500; Nowotny, E., Wirtschaftspolitik und Umweltschutz, a.a.O., S. 211.

182) U.S. Council on Environmental Quality, The Second Annual Report, a.a.O., S. 137.

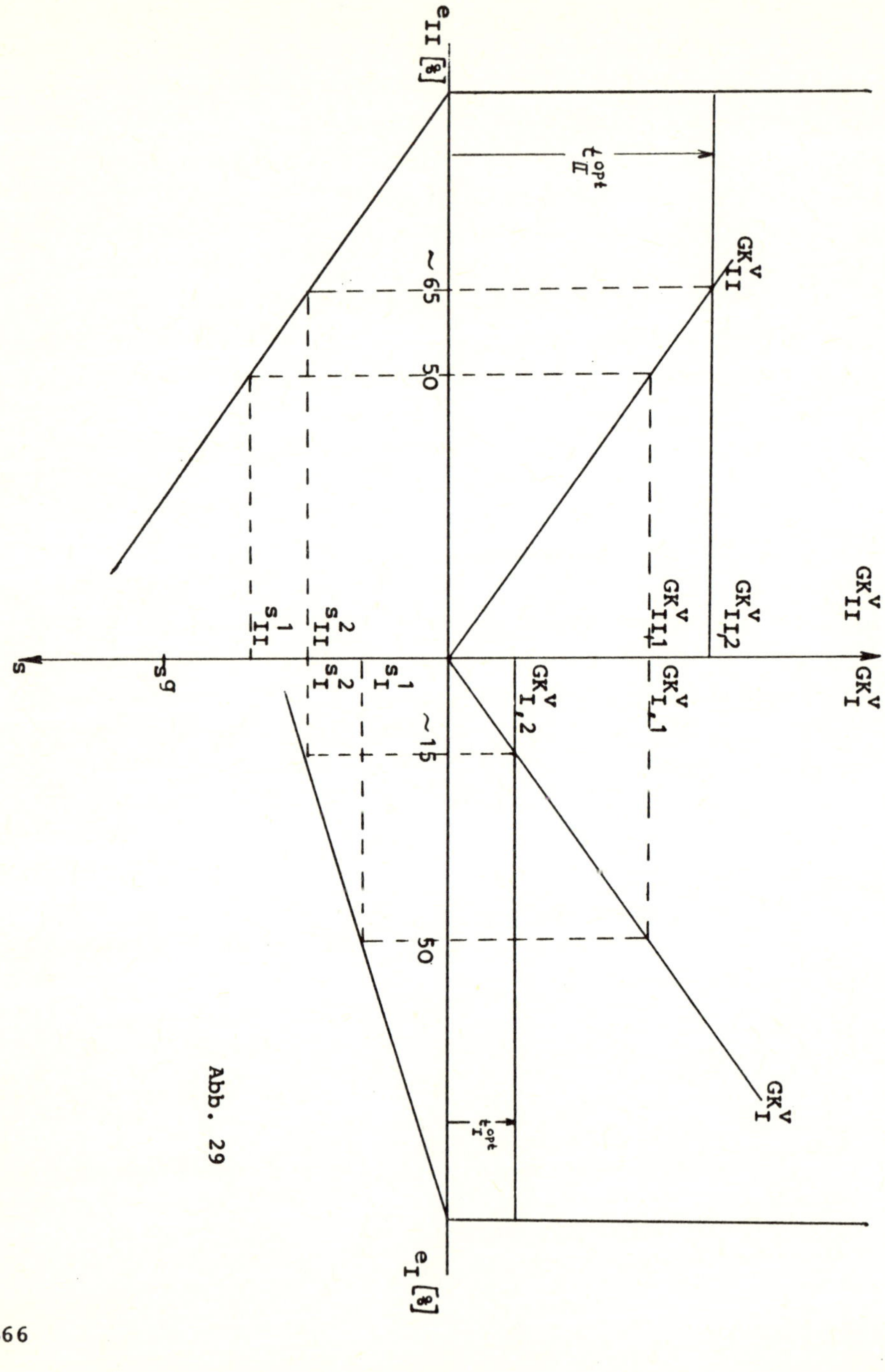
e_II [%]
t_II^opt
GK_II^V
~65
50
GK_II,2^V
GK_II,1^V
GK_II^V
GK_I^V
s
s^g
s_II^1
s_II^2
s_I^2
s_I^1
GK_I,2^V
GK_I,1^V
~15
50
GK_I^V
t_I^opt
e_I [%]

Abb. 29

dard überschritten wird. Eine allokationsoptimale Abgabenlösung verlangt jetzt offenbar eine Differenzierung der Abgabensätze [183]. Der optimale Abgabensatz für Emittent II muß t_{II}^{opt} betragen und größer sein als der von Emittent I in Höhe von t_{I}^{opt}. Die optimale Differenzierung der Abgabensätze erhält man, wenn man von gleich hohen "Beiträgen" zur Immissionsbelastung $s_I = s_{II}$ ausgeht, die zusammen gerade zur Einhaltung von s^g führen. Daraus lassen sich die optimalen Emissionsstandards e_I und e_{II} ableiten. Setzt man sie in die GK_I^v bzw. GK_{II}^v ein, so erhält man t_I^{opt} bzw. t_{II}^{opt}. Im Falle, daß unterschiedliche Abgabesätze aus Gründen der Allokationseffizienz notwendig sind, kehrt sich der administrative Vorteil der Abgabenlösung in einen Nachteil um, denn es ist wohl einfacher, Emissionsstandards emittentenindividuell zu differenzieren als Abgabesätze [184]. Im Fall unterschiedlicher Immissionsbelastungsfunktionen und unterschiedlicher Grenzkostenfunktionen

---

183) Vgl. Hansmeyer, K.-H., Die Abwasserabgabe als Versuch einer Anwendung des Verursacherprinzips, a.a.O., S. 76 f.; Schultze, C.L.,u.a., Setting National Priorities, The 1973 Budget, a.a.O., S. 388.
Eine regionale Differenzierung der Abgabesätze kann auch schon deshalb erforderlich sein, weil in verschiedenen Regionen z.B. unterschiedliche Gewässergüteziele angestrebt werden sollen (vgl. Rincke, G., Anwendbarkeit des Verursacherprinzips am Beispiel der Wassergütewirtschaft, a.a.O., S. 139). Vgl. auch die Kontroverse zwischen Lerner und Stein über die regionale Differenzierung der Abgabesätze; dabei scheint es allerdings mehr um ein Mißverständnis zwischen beiden zu gehen: Stein plädiert für einen auf nationaler Ebene einheitlichen Abgabesatz pro S c h a d e n seinheit, während Lerner den Abgabesatz pro Schadstoffmengeneinheit regionalisieren will (vgl. Lerner, A.P., The 1971 Report of the President's Council of Economic Advisers: Priorities and Efficiency, in: American Economic Review, vol. 61, 1971, S. 527 ff.; Stein, J.L., The 1971 Report of the President's Council of Economic Advisers: Microeconomic Aspects of Public Policy, a.a.O., S. 531 ff.; Kneese, A.V., Pollution and Pricing, in: American Economic Review, vol. 62, 1972, S. 958; Peltzman, S./Tideman, T.N., Local Versus National Pollution Control: Note, ebenda, S. 959 ff.; Lerner, A.P., Priorities and Pollution: Comment, in: American Economic Review, vol. 64, 1974, S. 715 ff.; Stein, J.L., Priorities and Pollution: Reply, ebenda, S. 718 ff.).

184) Vgl. Cansier, D., Ökonomische Grundprobleme der Umweltpolitik, a.a.O., S. 100.

der Emissionsreduktion können sich die optimalen Abgabesätze angleichen oder weiter auseinanderstreben. In diesem komplexen der Realität entsprechenden Fall mit vielen Emittenten und Schadstoffarten ist aus Gründen der statischen Allokationseffizienz wohl weder die Abgabenlösung der Auflagenlösung noch umgekehrt die Auflagenlösung der Abgabenlösung überlegen, denn die Informationserfordernisse sind nahezu die gleichen und die administrativen Vorteile der Abgabenlösung bei der Realisierung des Allokationsoptimums im Falle unterschiedlicher Grenzkostenfunktionen der Emissionsreduktion gehen zumindest verloren, wenn auch noch unterschiedliche Immissionskoeffizienten unterstellt werden.

Was allerdings in jedem Fall bestehen bleibt, ist die überlegene dynamische Allokationseffizienz der Abgabenlösung, weshalb wir sie im Bereich der Gewässergütewirtschaft und der Luftreinhaltung der Auflagenlösung als überlegen bezeichnen möchten [185]. Aus Gründen der Praktikabilität kann der Abgabesatz zumindest nicht für jeden Emittenten unterschiedlich gestaltet werden. Es empfiehlt sich jedoch eine gewisse Regionalisierung der Abgabesätze.

Die aus Gründen der Allokationseffizienz notwendige Differenzierung der Abgabesätze im Falle unterschiedlicher Immissionskoeffizienten wird vor allem von Tietenberg betont [186]. Er kritisiert den Baumol-Oates-Approach, weil dieser keine unterschiedlichen Immissionskoeffizienten, die allein realitätsnah sind, berücksichtigt. Tietenberg kommt aber nicht auf eine Auflagenlösung als beste Maßnahme, sondern er modifiziert den Baumol-Oates-Ansatz, um die Abgabenlösung zu retten, zu einem

---

185) Zur Durchsetzung von Lärmschutzmaßnahmen und dem Schutz der Lebensmittel vor Schadstoffen sind Emissions- und Produktstandards sicher besser geeignet(**siehe unten S. 405 ff.**)

186) Vgl. Tietenberg, T.H., On Taxation and the Control of Externalities: Comment, in: American Economic Review, vol. 64, 1974, S. 462 ff.

"Zonal Price and Standards"-Ansatz [187]. Ausgangspunkt seiner Analyse ist die Tatsache, daß die Emittenten eine unterschiedliche Immissionsbelastungsfunktion haben; Tietenberg bezeichnet sie als "production function which summarizes the relationship between average pollutant concentrations and average emission rates", und folglich bezeichnet er den Immissionskoeffizienten als "the marginal physical product of a unit of emissions". Offenbar hängt nun der Immissionskoeffizient jedes Emittenten von dessen Standort und den zwischen Standort und Immissionsgebiet vorhandenen sehr unterschiedlichen natürlichen Faktoren (Windrichtung, Strömung, Topographie, Temperatur) ab. Die Folge werden zwangsläufig unterschiedliche Immissionskoeffizienten sein. "Since this is true, unless more than one emitter occupies the same location a minimum cost and standards policy would have to impose a different tax rate on all emitters. This would be administratively difficult at best and politically infeasible at worst" [188]. Eine administrativ mögliche und politisch eventuell durchsetzbare "Rettung" der Abgabenlösung könnte darin bestehen, ein Ballungsgebiet in bestimmte Zonen einzuteilen. Die Emittenten in jeder Zone haben nun ähnliche Immissionskoeffizienten.

Die Zonen können nach Immissionskoeffizienten abgestuft werden. Für die Emittenten jeder Zone werden die Abgabesätze gemäß den in der jeweiligen Zone herrschenden durchschnittlichen Immissionskoeffizienten festgelegt. Die Emittenten in der Zone mit dem höchsten durchschnittlichen Immissionskoeffizienten müssen den höchsten Abgabesatz je Emissionseinheit zahlen, diejenigen mit dem niedrigsten Immissionskoeffizienten den niedrigsten Abgabesatz. Bei n Zonen gilt es also n optimale Abgabesätze zu bestimmen. Je größer n wird, um so mehr wird dem Einzelfall

---

187) Vgl. Tietenberg, T.H., On Taxation and the Control of Externalities: Comment, in: American Economic Review, vol. 64, 1974, S. 464 f.; diesen Ansatz wollen wir im folgenden schildern.

188) Ebenda.

Rechnung getragen und um so näher wird die Lösung dem Allokationsoptimum sein. Je größer n wird, um so größer werden jedoch auch die Kosten der Administration. "Conceptually the optimum number of zones would be that number of which the marginal saving from achieving a better resource allocation by increasing the spatial detail is equal to the marginal cost of administering that number of zones" [189].

Die Hauptschwierigkeit des Tietenberg-Ansatzes liegt wohl in der funktionsgerechten Abgrenzung der Zonen, die für jeden Schadstoff, dessen Emissionen besteuert werden sollen, wohl anders aussehen müßte. Doch solche Schwierigkeiten würden sich in einem erhöhten administrativen Aufwand äußern und damit, gemäß der oben zitierten Optimumbedingung, zu einer geringeren Anzahl von Zonen führen.

Bevor wir zu einer abschließenden Würdigung der Emissionsabgabe kommen, wollen wir noch auf den Vorwurf eingehen, eine Emissionsabgabe stelle eine "license to pollute" dar, und sodann soll noch kurz untersucht werden, was mit dem Aufkommen aus der Emissionsabgabe geschehen soll. Es wird manchmal der abwertend gemeinte Einwand erhoben, die Emissionsabgabe sei eine "license to pollute" [190]. Diese abschätzige Klassifizierung rührt wohl daher, daß für die Restverschmutzung eine Abgabe erhoben wird, also z.B. die Nutzung der Gewässer als Abwasserkanal mit einer Abgabe belastet wird. Ist der Abgabesatz allokationsoptimal festgelegt, entspricht die Restverschmutzung dem Allokationsoptimum, und die Tatsache, daß der Staat für die Restverschmutzung einen Preis verlangt, darf ihn unter der Voraussetzung einer optimalen Abgabesatzgestaltung nicht in den Verdacht bringen, aus fiskalischen Gründen etwa eine neue Einnahmequelle anzapfen zu wollen. Dieser Verdacht taucht allerdings dann zu Recht auf, wenn der Abgabesatz

---

189) Tietenberg, T.H., On Taxation and the Control of Externalities: Comment, in: American Economic Review, vol. 64, 1974, S. 465.

190) Vgl. Freeman III, M.A./Haveman, R.H., Residuals Charges for Pollution Control: A Policy Evaluation, a.a.O., S. 325; Schultze, C.L. u.a., Setting National Priorities, The 1972 Budget, a.a.O., S. 242.

zu niedrig festgesetzt wird, so daß das Allokationsoptimum in Form des Immissionsstandards total verfehlt wird, der Staat aber eine hohe Abgabe aus der Besteuerung der "Rest"verschmutzung erzielt. Das sei an Abb. 30 illustriert wo GK^v die gesamtwirtschaftliche (gewichtete) Grenzkostenfunktion der Emissionsreduktion sei.

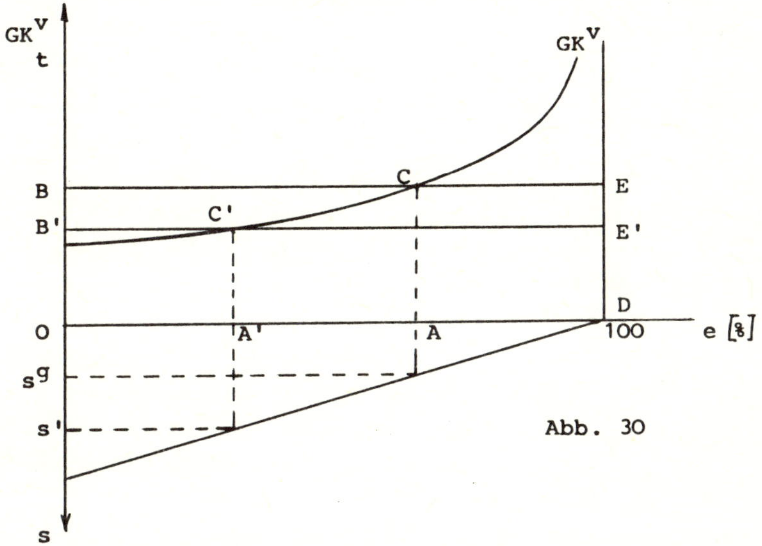

Abb. 30

Der allokationsoptimale Abgabesatz wäre offenbar OB = AC. Wird eine Abgabe mit diesem Satz erhoben, beträgt die Restverschmutzung AD und die Emissionsabgabe entspricht der Fläche ADEC. Setzt der Staat den Satz nun aber in der geringeren Höhe OB' = A'C' fest, so steigt im neuen "Optimum" nicht nur die Immissionsbelastung beträchtlich über den Immissionsstandard auf s' infolge der großen "Rest"-Verschmutzung in Höhe von A'D, sondern die Einnahmen aus der Emissionsabgabe steigen beträchtlich auf A'DE'C'. Die Staatsfinanzen werden auf Kosten der Umweltqualität aufgebessert [191].

191) Vgl. The Economics of National Priorities, Hearings Before the Subcommittee on Priorities and Economy in Government, Part I, U.S.G.P.O., Washington, D.C., 1971, S. 228; Hansmeyer, K.-H., Die Abwasserabgabe als Versuch einer Anwendung des Verursacherprinzips, a.a.O., S. 83; Rincke, G., Die Abwasserabgabe als mögliches Optimierungsinstrument aus der Sicht der Wassergütewirtschaft, in: Issing, O. (Hrsg.), Ökonomische Probleme der Umweltschutzpolitik, a.a.O., S. 112.

In einem solchen Fall verdient eine Emissionsabgabe allerdings das abschätzig gemeinte Prädikat "license to pollute".
Die in der Bundesrepublik Deutschland ab 1981 zu erhebende Abwasserabgabe stellt unseres Erachtens tatsächlich nichts anderes dar als eine solche "license to pollute"; wir glauben allerdings nicht, daß der im ersten Jahr geltende Abgabesatz von 12 DM/Schadstoffeinheit und von 6 DM/Schadstoffeinheit für die Restverschmutzung (sofern ein Reinigungsverfahren i.S. des § 7 a WHG angewendet wird)[192], deshalb weit unter dem als optimal erachteten Niveau festgelegt wurde, weil der Staat sich dadurch eine ergiebige Einnahmequelle verschaffen wollte (die staatlichen Folgekosten dieses niedrigen Satzes werden enorm sein!), sondern deshalb, weil sich der Staat gegenüber den (potentiellen) Emittenten (Industrie und Kommunen) nicht durchsetzen konnte. Ist darin bereits der erste Schritt zu einem "Valet dem Verursacherprinzip"[193] zu sehen? Das könnte sehr wohl der Fall sein, denn wenn sich z.B. der Gewässerzustand weiter verschlechtert - und die der Bundesregierung und dem Parlament "aufgezwungene" Lösung der Abwasserabgabe kann dies mit Sicherheit nicht verhindern, zumal sie erst ab 1981 in Kraft tritt, wenn der Abgabesatz wegen der bis dahin eingetretenen inflationären Entwicklung sowieso keinen Anreiz zu Abwasserbeseitigungsmaßnahmen mehr schaffen dürfte -, dann wird dem Staat nichts anderes übrig bleiben, als durch wesentlich ineffizientere Maßnahmen wie Subventionen und öffentliche Investitionen, also Instrumenten des Gemeinlastprinzips, für eine einigermaßen befriedigende Gewässergüte zu sorgen. Da die Abwasserabgabe aber besteht, wird man sagen, sie habe versagt[194]. Auf diese Weise ist das Verursacherprinzip diskriminiert, und die Interessenvertreter können bei zukünftig

---

192) Zur Verwässerung des Abwasserabgabe-Gesetzes vergleiche die Gegenüberstellung der Entwürfe und der endgültigen Fassung, in: Hansmeyer, K.-H., Die Abwasserabgabe als Versuch einer Anwendung des Verursacherprinzips, a.a.O., S. 92 ff.

193) Ebenda, S. 90.

194) Vgl. ebenda, S. 87.

notwendigen umweltrelevanten Investitionen wieder mit Subventionen oder schlimmstenfalls mit Auflagen rechnen; auch mit letzteren haben sie jedoch ganz gut zu leben gelernt, wie das Vollzugsdefizit zeigt. Eine Abwasser-Abgabenlösung mit einem optimalen Abgabesatz, die das Vollzugsdefizit im Gewässerschutz automatisch beseitigt hätte, haben die industriellen und kommunalen Interessenvertreter prompt und erfolgreich torpediert.
Nun wollen wir noch kurz untersuchen, wozu das Aufkommen aus der Abwasserabgabe verwendet werden sollte. Aus rechtlichen Gründen ist eine Zweckbindung des Abwasserabgabe-Aufkommens notwendig [195]. Es bieten sich grundsätzlich folgende Möglichkeiten an:

(α) Der Staat könnte mit dem Aufkommen aus der Abwasserabgabe den Schaden der von der Restverschmutzung Betroffenen kompensieren. Dies dürfte wegen des Bewertungsproblems zu schwierig oder zumindest administrativ zu teuer sein [196].

(β) Es könnten mit dem Aufkommen Maßnahmen gefördert oder ganz finanziert werden, welche die Effizienz des Gewässerschutzes erhöhen können: Hierbei denken wir vor allem an die Förderung der entsorgungs- und recycling-technologischen Forschung und an die Ausbildung qualifizierten Fachpersonals (z.B. für Kläranlagen) [197]. Eine solche Verwendung halten wir für sehr sinnvoll; sie kann erhebliche positive externe Effekte haben.

(γ) Aus dem Aufkommen aus der Abwasserabgabe könnten die mit

---

195) Vgl. Rincke, G., Anwendbarkeit des Verursacherprinzips am Beispiel der Wassergütewirtschaft, a.a.O., S. 152. Das scheint die Möglichkeit auszuschließen, daß der Staat die Restverschmutzung aus fiskalischen Gründen möglichst hoch wünscht und deshalb einen niedrigen Abgabesatz festlegt. Das ist jedoch nicht der Fall, denn der Staat könnte seinen bisherigen Wasserwirtschaftsetat allein aus der Abwasserabgabe bestreiten und hätte die dort vorgesehenen Mittel dann frei zur Verfügung.

196) Vgl. ebenda; Hansmeyer, K.-H., Die Abwasserabgabe als Versuch einer Anwendung des Verursacherprinzips, a.a.O., S. 77.

197) Vgl. Rincke, G., Anwendbarkeit des Verursacherprinzips am Beispiel der Wassergütewirtschaft, a.a.O., S. 153.

der Abgabe verbundenen Verwaltungskosten gedeckt werden[198]. Auch diese Verwendung scheint uns gerechtfertigt.
(δ) Es könnten mit dem Aufkommen diejenigen Gewässerschutzmaßnahmen intensiviert werden, welche am effizientesten sind, und so der Reinheitsgrad der Gewässer weiter erhöht werden. Es dürften aber nicht, wie dies bisher geschieht, die kleinen unrentablen Kläranlagen von kleinen Gemeinden bezuschußt werden[199]. Man hat berechnet, daß sich bei einer gezielten Aufstockung der Anreize in Form von Subventionen in Höhe von 75% des Abgabeaufkommens bei einer Abgabenhöhe von 25 DM/SE eine Gewässergüte realisieren ließe, die einer Abgabensatzhöhe von 60 DM/SE entspräche![200] Eine solche Verwendung erscheint somit besonders attraktiv.

Abschließend wollen wir die Emissionsabgabe noch einmal zusammenfassend würdigen, indem wir sie mit den Emissionsstandards vergleichen.
Hinsichtlich der statischen Allokationseffizienz kann man wohl allgemein sagen, daß die Abgabenlösung der Standard-Lösung aus Informations- und Administrationsgründen immer dann überlegen ist, wenn ein einheitlicher Abgabesatz grundsätzlich zum Allokationsoptimum führt. Das ist immer dann der Fall, wenn die Immissionskoeffizienten der Emittenten identisch sind (Fall 1 und 2 in den folgenden Tabellen), da in diesem Fall ein einheitlicher Abgabesatz, dessen optimale Höhe allerdings eventuell in einem iterativen Prozeß zu ermitteln ist, automatisch sowohl die unterschiedlichen GK_i^v angleicht als auch s^g realisiert. Die Auf-

---

198) Diese Verwendung sieht das Abwasserabgaben-Gesetz in § 15 ausdrücklich vor. Vgl. auch Boehm, V., Die Abwasserabgabe ist ein Anfang, in: Umwelt, 1976, 4, S. 260.

199) Vgl. Hansmeyer, K.-H., Die Abwasserabgabe als Versuch einer Anwendung des Verursacherprinzips, a.a.O., S. 78 und S. 89.

200) Vgl. Rincke, G., Anwendbarkeit des Verursacherprinzips am Beispiel der Wassergütewirtschaft, a.a.O., S. 138; derselbe, Die Abwasserabgabe als mögliches Optimierungsinstrument aus der Sicht der Wassergütewirtschaft, a.a.O., S. 109.

lagenlösung wäre in den Fällen der Abgabenlösung eindeutig überlegen, in denen n u r einheitliche Emissionsstandards für alle Emittenten zum Allokationsoptimum führen würden. Solche Fälle gibt es aber nicht. Nur im Fall 1 führen auch einheitliche Emissionsstandards zum Allokationsoptimum, doch ist in diesem Fall die Emissionsabgabe vorzuziehen, da sie die Verursacher quasi automatisch zum allokationsoptimalen Verhalten veranlaßt.

α_i \ GK_i^v	identisch	verschieden
identisch	Fall 1	Fall 2
verschieden	Fall 3	Fall 4

Fall \ Maßnahme	allokationsoptimale t_i	allokationsoptimale e_i
1	einheitlich	einheitlich
2	einheitlich	unterschiedlich
3	unterschiedlich	unterschiedlich
4	unterschiedlich	unterschiedlich

In den Fällen 1 und 2 ist also die Emissionsabgabe der Emissionsstandard-Setzung eindeutig überlegen, aber diese Fälle sind in der Realität wohl kaum anzutreffen. Die Existenz identischer Immissionskoeffizienten ist sehr unwahrscheinlich, so daß die bisher nachgewiesene Überlegenheit der Abgabenlösung rein akademischer Natur ist.

Realistischer scheint Fall 3 zu sein, denn es gibt für die Emissionsreduktion bestimmter Schadstoffe mehr oder weniger ähnliche (technische) Aggregate, die sich in ihren Grenzkostenverläufen sehr ähnlich sein können. Da eine emittentenindividuelle Abgabesatzdifferenzierung wohl nicht in Frage kommt, scheint in diesem Fall eine differenzierte Auflagenlösung die einzige Möglichkeit zu sein. Eine differenzierte allokationsoptimale Standardsetzung ist jedoch mit sehr hohen Kosten für die Informationsbeschaffung und Administration verbunden, so daß der Netto-Nutzen der (angestrebten) allokationsoptimalen Emissionsstandard-Setzung wahrscheinlich geringer ist, das Allokationsoptimum also letztlich mehr verfehlt, als eine nicht-differenzierende Abgabe-Lösung, die von vornherein auf das ehrgeizige Allokationsziel verzichtet. Die gleichen Überlegungen gelten für Fall 4: Durch Differenzierung der Emissionsstandards gemäß unterschiedlicher GK_i^v und α_i wäre nur unter so enormem Aufwand für Informationsbeschaffung und Administration das Allokationsziel zu erreichen, daß der Nutzen einer einheitlichen Abgaberegelung weitaus größer wäre.
Es ist allerdings nicht fair, in den Fällen 3 und 4 eine a priori suboptimale, da einheitliche, Abgabelösung mit einer das Optimum anstrebenden aber immens teuren Auflagen-Lösung zu vergleichen. Worum es in der praktischen Wirtschaftspolitik geht, ist letztlich die Frage, ob in der dem Fall 4 entsprechenden realen Welt ein administrativ vertretbarer Abgaben-Approach einem administrativ vertretbaren Auflagen-Approach überlegen ist oder nicht. Administrativ vertretbar ist nur eine jeweils einheitliche oder bestenfalls regionalisierte Lösung. Die eigentlich entscheidende Frage ist somit folgende: Ist im Fall 4 eine einheitliche (regionalisierte) Abgabenlösung einer einheitlichen (regionalisierten) Auflagenlösung überlegen? Der Automatismus, mit dem die einheitliche Emissionsabgabe für eine (wenn auch nicht allokationsoptimale) Einhaltung des Immissionsstandards sorgt, spricht unseres Erachtens für deren Überlegenheit in bezug auf die statische Allokationseffizienz. Von überragender Bedeutung ist aber, wie mehrfach hervorgehoben, die Überlegenheit der Emissionsabgabe hin-

sichtlich ihrer "incentives for innovation" [201].
Hinzu kommt der weitere Vorteil, daß die Emissionsabgabe eine vollständigere Realisierung des Verursacherprinzips ermöglicht als die Auflagenlösung; denn durch das Aufkommen aus der Emissionsabgabe können auch die Kosten der Informationsbeschaffung und Administration zumindest teilweise gedeckt werden, während der Staat bei der Auflagenlösung diese Ausgaben aus dem allgemeinen Budget bestreiten muß. Die Erhebungskosten können ebenfalls den Emittenten auferlegt werden, indem man zur Selbstveranlagung übergeht [202], wodurch allerdings strengere Kontrollen notwendig sind; doch diese sind auch im Fall der Auflagenlösung erforderlich.
Bevor wir zu zwei Gründen kommen, die gegen eine Emissionsabgaben- und für eine Emissionsstandard-Lösung sprechen, wollen wir noch eine Graphik wiedergeben (vgl. Abb. 31), welche die

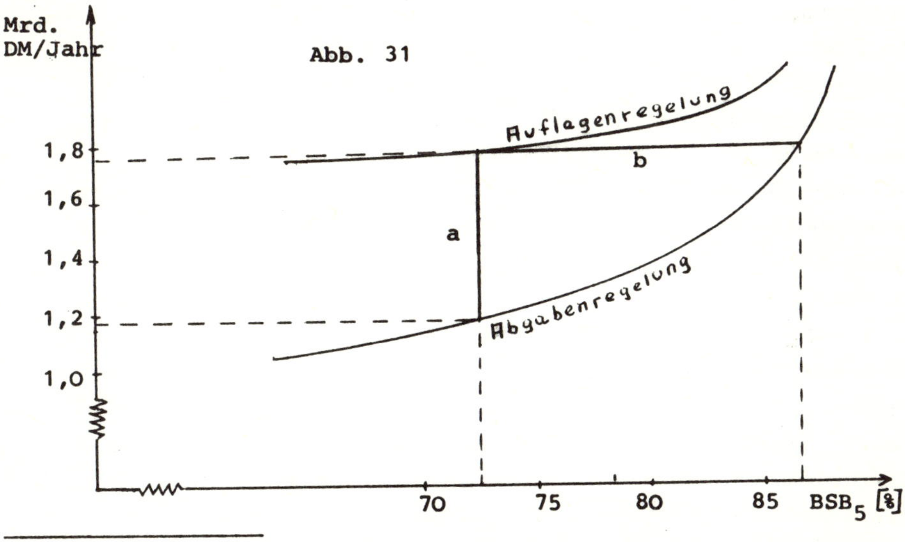

201) Orr, L., Incentive for Innovation as the Basis for Effluent Charge Strategy, a.a.O., S. 441.

202) Vgl. Freeman III, M.A./Haveman, R.H., Residuals Charges for Pollution Control: A Policy Evaluation, a.a.O., S. 328; Ackermann, K./Geschka, H./Karsten, D., Gutachten zur Gesamtbelastung der Volkswirtschaft durch das Umweltprogramm der Bundesregierung, a.a.O., S. 602; Nowotny, E., Wirtschaftspolitik und Umweltschutz, a.a.O., S. 206.

Überlegenheit der Abgabenlösung bei der Abwasserabgabe gegenüber der Auflagenlösung hinsichtlich der Kosten im öffentlichen Bereich eindrucksvoll darlegt [203].
Die Graphik zeigt, daß ein Abwasserreinigungsgrad von rund 72,5% für den Staat bei der Auflagenlösung um $a \approx 0{,}6$ Mrd. DM teurer wäre bzw. daß man durch 0,6 Mrd. öffentliche Mehrausgaben via Abgabenregelung den Reinigungsgrad auf rund 86% erhöhen kann.

Nun kommen wir auf zwei Argumente für eine Auflagen- und gegen eine Abgabenregelung. Nicht rational agierende Emittenten werden durch eine Abgabe unter Umständen nicht zu einer - der eigentlichen Anreizwirkung entsprechenden - Emissionsreduktion veranlaßt, während sie beim Emissionsstandard zu dessen Einhaltung und damit zur Emissionsreduktion gezwungen werden können [204]. Die Auflagenlösung weist auch im Falle der Inflation einen Vorteil auf. Noch so hohe Preissteigerungen zwingen die Emittenten, die Emissionsstandards einzuhalten. Im Fall der Abgabenregelung geht aber bei konstantem Abgabesatz mit steigender Inflation die Anreizwirkung zu Emissionsreduktionsmaßnahmen immer mehr verloren [205]. Das kann an Abb. 32 veranschaulicht werden.
Unser, wie die Jahreszahlen andeuten, polemisches Beispiel zeigt, wie die Anreizwirkung einer Abgabe durch Inflation sinken kann. Im Jahre 1978 wäre noch ein Anreiz vorhanden, der zu einer Emissionsreduktion in Höhe von e_3 führen würde. Durch Inflation steigen die GK^v bis 1981 aber so weit an, daß die Anreizwirkung über e_2 und e_1 auf einen Emissionsreduktionsgrad von 0% sinkt. Dem könnte man dadurch vorbeugen, daß man den Abgabesatz der inflationären Entwicklung so anpaßt, daß der ursprünglich be-

---

203) Vgl. Rincke, G., Anwendbarkeit des Verursacherprinzips am Beispiel der Wassergütewirtschaft, a.a.O., S. 136.

204) Vgl. Cansier, D., Ökonomische Grundprobleme der Umweltpolitik, a.a.O., S. 95.

205) Vgl. ebenda, S. 97 f.

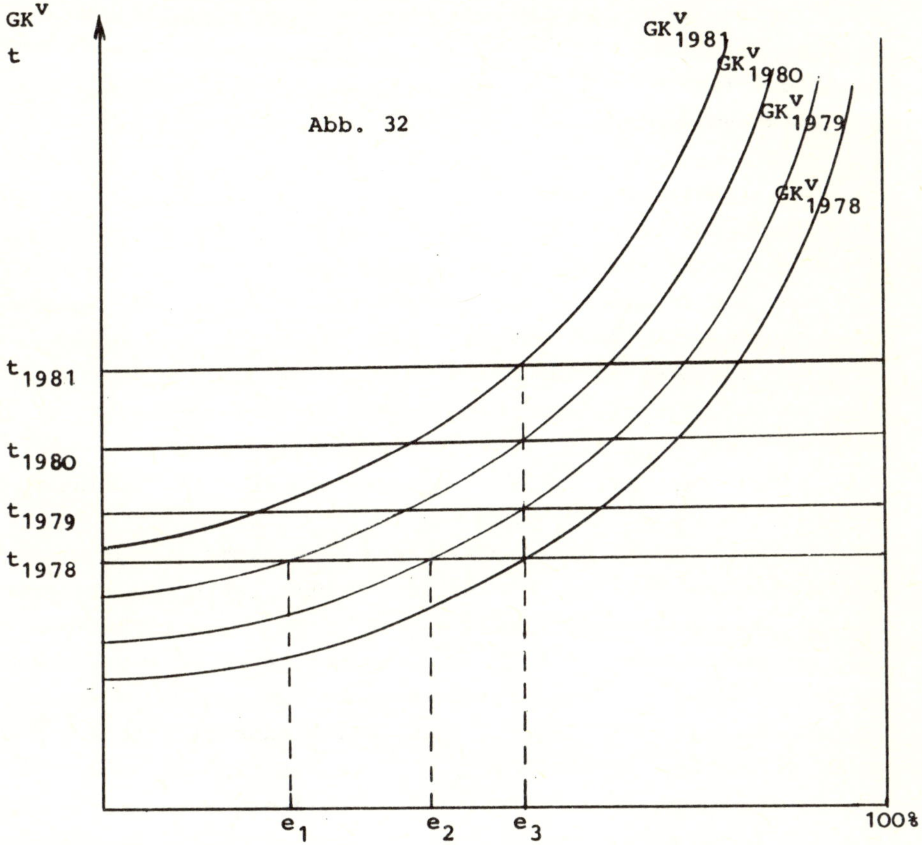

absichtigte Emissionsstandard in Höhe von e_3 bei rationalem Verhalten weiterhin realisiert wird. Diese Anpassung vollzieht sich bei der Auflagenlösung allerdings automatisch.

Wir haben nun bis auf ein Instrument, nämlich die Emissionszertifikate, alle Instrumente der "box" 1 dargestellt und hinsichtlich ihrer informellen und administrativen Erfordernisse gewürdigt. Die bisher besprochenen Instrumente haben eines gemeinsam: Es liegen Erfahrungen über ihre Stärken und Schwächen vor, denn sie werden bereits alle mehr oder weniger lang in der praktischen Umweltpolitik angewendet. Ein neuartiges und damit von manchen mit großer Skepsis, von anderen mit nahezu euphorischen Vorschußlorbeeren bedachtes Instrument sind die Emissionszertifikate, mit deren Darstellung und Würdigung wir uns nun befassen wollen.

(4) Emissionszertifikate

Der Vorschlag, durch Emissionszertifikate zu einer Einhaltung der Immissionsstandards zu gelangen, geht auf Dales zurück [206]. Die Idee ist folgende [207]: Der Staat (am besten eine regionale öffentliche Gebietskörperschaft) als Eigentümer der Umweltmedien bestimmt die Grenzen für deren Nutzung in Form von Immissionsstandards. Aufgrund der regionsspezifischen Besonderheiten wird annäherungsweise die Schadstoffmenge ermittelt, die pro Zeiteinheit insgesamt emittiert werden darf, ohne daß der Immissionsstandard überschritten wird.

Diese regionsspezifische Emissionsrate bestimmt zusammen mit der vorgesehenen Stückelung der Emissionszertifikate die fixierte Anzahl der Emissionszertifikate. Die Emissionszertifikate stellen Berechtigungsscheine für die Nutzung der jeweiligen Umweltmedien in Form bestimmter Schadstoffemissionen dar.

Nehmen wir an, zur Einhaltung des Immissionsstandards für SO_2 in einer bestimmten Region, dürften insgesamt maximal 100000 SE/ZE emittiert werden, und ein Zertifikat soll die Berechtigung erbringen 10 SE/ZE zu emittieren, so ergibt sich ein fixiertes staatliches Angebot an Emissionszertifikaten in Höhe von 10000. Diese Emissionszertifikate werden nun von den Emittenten bis zu der Menge nachgefragt, in der die Grenzkosten der Emissionsre-

---

206) Vgl. Dales, J.H., Pollution, Property and Prices, a.a.O., S. 77 ff.

207) Vgl. Hyman, D.N., The Economics of Governmental Activity, a.a.O., S. 64 f.; Cansier, D., Ökonomische Grundprobleme der Umweltpolitik, a.a.O., S. 56 f. und S. 101 ff.; U.S. Council of Economic Advisers, The 1971 Report, a.a.O., S. 118.

duktion für 10 SE/ZE größer sind als der Preis für das 10 SE/ZE gestattende Emissionszertifikat. In Abb. 33 ergibt sich bei der angenommenen Nachfragefunktion nach Emissionszertifikaten ein Preis von 300.

Liegen die Grenzkosten der Emissionsreduktion für einen Emittenten unter 300, wird er die Emissionen reduzieren, liegen sie darüber, wird er Emissionserlaubnisscheine kaufen. Die Zertifikatlösung wirkt offenbar wie eine kombinierte Abgaben-Auflagen-Lösung. Der sich frei am Markt für Emissionszertifikate bildende Preis entspricht dem Abgabesatz der Emissionsabgabe und die

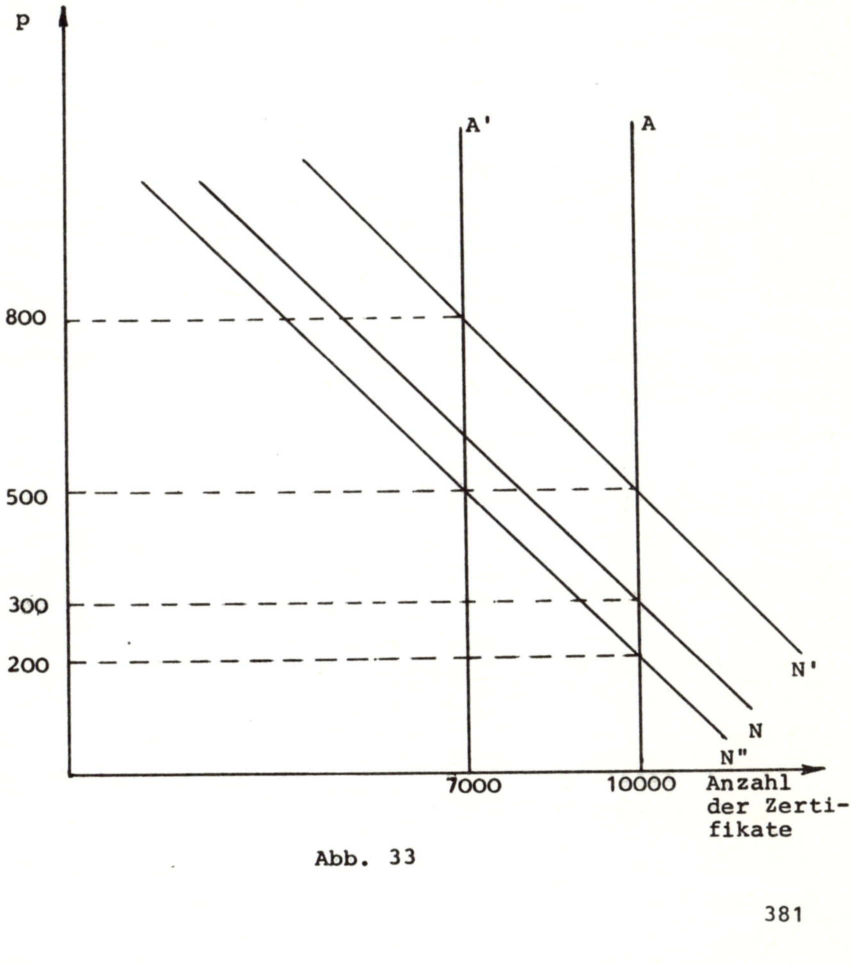

Abb. 33

Fixierung der zulässigen Emissionsmengen entspricht der Setzung eines Emissionsstandards. Der eventuell notwendige trial and error-Prozeß zur Bestimmung des optimalen Abgabesatzes erübrigt sich. Der Markt sorgt für den optimalen Preis [208]. Die Zertifikat-Lösung vereinigt die Vorteile der Abgabenlösung mit den Vorteilen der Auflagenlösung. Der Preis für die Emissionszertifikate und damit die Anreize zur Emissionsreduktion werden steigen, wenn neue Emittenten angesiedelt werden, wenn die Produktion ausgedehnt wird oder wenn Inflation herrscht. Die Nachfragekurve verschiebt sich dann nach N', und der Preis für die Zertifikate steigt an. Es müssen im Fall neu hinzukommender Emittenten keine neuen Emissionsstandards festgelegt werden, um die Immissionsstandards einzuhalten, da die gestiegenen Preise für die Emissionszertifikate die Emissionsreduktion aller Emittenten erhöhen werden [209].

Im Fall der Inflation muß nicht laufend der Abgabesatz angepaßt werden, da die Preise für die Nutzung des Umweltmediums wegen des rationierten Angebots an Nutzungsrechten automatisch steigen und somit ihre Anreizwirkung behalten, wenn die Nachfrage nach Emissionszertifikaten infolge gestiegener Emissionsreduktionskosten zunimmt. Die Nachfrage nach Emissionszertifikaten kann auch zurückgehen (etwa bis N''), z.B. dann, wenn durch den technischen Fortschritt die Grenzkosten der Emissionsreduktion sinken; dann sinkt auch der Preis für die Zertifikate [210].

Bisher wurde angenommen, daß Emissionszertifikate nur von potentiellen Emittenten erworben werden. Es wäre jedoch auch denkbar, daß an einer höheren Umweltqualität interessierte Bürger, Bürgerinitiativen oder Naturschutzverbände die frei an einer Börse

---

208) Head, J.G., Public Policies and Pollution Problems, a.a.O., S. 25; Frey, B.S., Umweltökonomie, a.a.O., S. 120.

209) Vgl. Head, J.G., Public Policies and Pollution Problems, a.a.O., S. 25.

210) Vgl. Cansier, D., Ökonomische Grundprobleme der Umweltpolitik, a.a.O., S. 103; Frey, B.S., Umweltökonomie, a.a.O., S. 122.

gehandelten Emissionszertifikate kaufen, und zwar um sie zu horten [211]. Geschieht dies, steigt nicht nur die Nachfrage nach den Zertifikaten, z.B. wieder auf N', sondern es sinkt, wegen der Hortung der Zertifikate bei den an mehr Umweltschutz Interessierten, auch das für Emittenten verfügbare Angebot. Kaufen z.B. Bürgerinitiativen 3000 Emissionszertifikate, um sie zu horten, steigt der Preis bei dem auf A' gesunkenen verfügbaren Angebot auf 800, was einen großen Anreiz bei den Emittenten zur weiteren Emissionsreduktion hervorruft. Der Immissionsstandard wird unter Umständen erheblich unterschritten. Die Möglichkeit des Hortens der Emissionszertifikate können allerdings auch die Emittenten wahrnehmen, um via Preissteigerung der Zertifikate mögliche Grenzanbieter-Konkurrenten vom Markt zu verdrängen oder Neuansiedlungen von Konkurrenten zu erschweren [212]. Im Fall des Hortens durch Emittenten wird auch der Ausgleich der Grenzkosten gestört, also das Allokationsoptimum verfehlt, denn wenn z.B. große Unternehmen mehr Zertifikate kaufen als sie zwecks Emission benötigen, treiben sie die Preise für die Emissionszertifikate für die anderen Unternehmen in die Höhe, so daß diese ihre Emissionsreduktionsmaßnahmen über das allokationsoptimale Maß hinaus erhöhen: Es kommt zu unterschiedlich hohen Grenzkosten der Emissionsreduktion zwischen den einzelnen Emittenten [213].

Als Einwand gegen eine Zertifikat-Lösung wird auch die Schwierigkeit der funktionsgerechten Regionsabgrenzung vorgebracht [214]; dieser Einwand gilt jedoch für alle regionalen Lösungen.

Den Einwand, die Emissionen von Kleinemittenten (private Haushalte und Kraftfahrzeuge) ließen sich wegen der Meß- und Kon-

---

211) Lerner, A.P., Priorities and Pollution: Comment, a.a.O., S. 715; Hyman, D.N., The Economics of Governmental Activity, a.a.O., S. 64 f.

212) Vgl. Jürgensen, H./Jaeschke, K.-P., Allokationseffekte der Social Costs im Umweltschutz, a.a.O., S. 68 f.

213) Vgl. ebenda; Cansier, D., Ökonomische Grundprobleme der Umweltpolitik, a.a.O., S. 102.

214) Vgl. Cansier, D. Ökonomische Grundprobleme der Umweltpolitik, a.a.O., S. 101 und S. 107.

trollprobleme durch eine Zertifikat-Lösung nicht erfassen [215], halten wir für nicht stichhaltig. Bonus hat eine recht praktikabel erscheinende Zertifikat-Lösung für Kraftfahrzeuge beschrieben [216].
Die Kontrollkosten sind wohl kaum höher als im Falle einer Emissionsabgabe oder einer Emissionsstandardsetzung. Die Zertifikat-Lösung verursacht von den bisher geschilderten Instrumenten die geringsten Informationskosten [217], geringe Administrationskosten [218] und die geringsten gesellschaftlichen Kosten [219]. Wir halten die Zertifikat-Lösung für wassergütewirtschaftliche und Luftreinhaltungsprobleme für die beste denkbare Lösung, sehen allerdings auch das größte Hindernis ihrer Realisierbarkeit: Die umweltpolitische Bewährung der Zertifikat-Lösung wird wegen ihrer Neuartigkeit bei den wenig flexiblen und zum verstärkten Denken in ökonomischen Kategorien kaum bereiten Bürokraten des Umweltschutzes wohl nicht so schnell möglich sein. Selbst eindeutige Plädoyers für die Zertifikat-Lösung durch Ökonomen [220] sind wohl so schnell nicht in der Lage, die vor allem im juristischen "Auflagen-Denken" geschulte Umweltschutz-Administration [221] von der Effizienz und Marktkonformität dieser exemplarisch ökonomischen Lösung zu überzeugen.

---

215) Vgl. Head, J.G., Public Policies and Pollution Problems, a.a.O., S. 25.

216) Vgl. Bonus, H., Über Schattenpreise von Umweltressourcen, a.a.O., S. 349 ff.

217) Vgl. Krier, J.E./Montgomery, W.D., Resource Allocation, Information Cost and the Form of Government Intervention, a.a.O., S. 101, Anmerkung 44.

218) Vgl. Frey, B.S., Umweltökonomie, a.a.O., S. 122.

219) Vgl. Schatz, K.-W., Administrative und marktwirtschaftliche Maßnahmen zur Lösung des Umweltschutzproblems, a.a.O., S. 129.

220) Vgl. Andreae, C.A., Umweltschutz und Marktwirtschaft, in: Wirtschaft und Wettbewerb 11/12, 1971, S. 755 ff.

221) Vgl. White, L.J., Effluent Charges as a Faster Means of Achieving Pollution Abatement, a.a.O., S. 120 ff.

Da wir die Verhandlungslösung als Instrument der "box" 2 bereits behandelt haben [222], wenden wir uns nun der "box" 3 und damit dem letzten Instrument des Verursacherprinzips, den Benutzungsgebühren für öffentliche Einrichtungen zu.

dd) Benutzungsgebühren als Instrument des Verursacherprinzips

Die Instrumente der "box" 3 werden dann benötigt, wenn es darum geht, vom Staat aus Effizienzgründen durchgeführte Maßnahmen des Umweltschutzes durch die Verursacher finanzieren zu lassen.
Das entscheidende Problem ist die verursachungsgerechte Zurechnung der staatlichen Leistungen auf die (potentiellen) Emittenten. Da die in "box" 3 befindlichen Instrumente des Verursacherprinzips dem Äquivalenzprinzip entsprechen, bietet sich als typisches Instrument des Äquivalenzprinzips die Gebührenerhebung zur verursachungsgerechten Anlastung der staatlich vorfinanzierten Umweltschutzmaßnahmen an. Verursachungsgerechte Gebühren müssen neben der richtigen Zurechnung eine weitere Forderung erfüllen: Sie müssen die vollen Kosten der staatlichen Umweltschutzmaßnahmen decken [223].
Als vom Staat durchgeführte Umweltschutzmaßnahmen, die grundsätzlich durch die Erhebung von Gebühren gedeckt werden können, kommen die Abwasser- und Abfallbeseitigung, die Versorgung mit Fernwärme und der öffentliche Personennahverkehr in Frage. Die beiden ersten Maßnahmen bezeichnet man als Entsorgung; sie dienen der ordnungsgemäßen Reinigung und Beseitigung von Abwässern und Abfällen und werden deshalb dem Staat übertragen, weil sie dort wegen der hohen economies of scale großer Kläranlagen- und Abfallbeseitigungsanlagenkapazitäten am effizientesten vorgenommen werden können. Die Versorgung mit Fernwärme und öffentlichen Nahverkehrsleistungen bezweckt eine drastische Verminde-

---

222) Siehe oben S. 280 ff.

223) Die Kommunalabgabengesetze der meisten Bundesländer sehen inzwischen eine volle Kostendeckung für Kläranlagen durch Gebühren vor. Für noch nicht fertiggestellte Kläranlagen können sogar angemessene Vorausleistungen erhoben werden (vgl. Mensing, W., Investitionen zur Reinhaltung der Gewässer, in: Der Landkreis 8-9, 1970, S. 332).

rung kleiner Emissionsquellen (Hausfeuerungsanlagen und Kraftfahrzeuge), die in ihrer Gesamtheit aber beträchtlich zur Umweltbelastung beitragen. Wenn kein freiwilliger Anschluß der Emittenten an das Fernwärmenetz erfolgt, kann man unter Umständen einen Benutzungszwang einführen. Der Zwang, auch öffentliche Nahverkehrsmittel zu benutzen, wäre ein starker Eingriff in die persönliche Freiheit und sollte nur als letztes Mittel des Umweltschutzes in Frage kommen. Die Kostendeckungsgrade bei der Entsorgung sind, wie wir bereits wissen, in der Bundesrepublik Deutschland durchschnittlich nahezu 100%[224], so daß bei der Abwasser- und Abfallbeseitigung die Forderung nach vollständiger Kostenanlastung als (fast) erfüllt gelten kann. Über den Kostendeckungsgrad bei der Fernwärmeversorung liegen uns keine Zahlen vor. Beim Personennahverkehr sind sie weit unter 100%. Unsere weiteren Ausführungen beschränken sich auf die Möglichkeiten einer verursachungsgerechten Zurechnung der Entsorgungskosten, speziell auf eine Abwassergebühr.

Eine solche Abwassergebühr ist formal streng von der oben geschilderten Abwasserabgabe zu unterscheiden, obwohl sie materiell das gleiche bezweckt – und auch erreichen kann: nämlich eine verursachungsgerechte Belastung der Abwassereinleiter.

Die Abwassergebühr stellt eine Zahlung der Abwasserproduzenten (oder Wasserkonsumenten) an den kommunalen Träger (oder Zweckverband, wie etwa die Ruhrgenossenschaften) der Abwasserentsorgung für die Benutzung der Entsorgungsanlagen (Kanalisation, Kläranlage) dar.

Die Abwasserabgabe stellt dagegen hinsichtlich der Restverschmutzung eine Zahlung der Abwassereinleiter (Industrie und Kommunen) an den Staat für die Benutzung der Gewässer dar[225].

Durch die Gemeinden kann sozusagen eine Transformation der Abwasserabgabe in eine Abwassergebühr erfolgen, indem die Gemeinde

224) Vgl. oben S. 305, Anm. 90.

225) Vgl. Freeman III, M.A./Haveman, R.H., Residuals Charges for Pollution Control: A Policy Evaluation, a.a.O., S. 325.

eine Kläranlage baut und dadurch die Restverschmutzung reduziert. Dies impliziert eine Verringerung der Abwasserabgabe der Gemeinde, aber eine Erhöhung der Abwasserreinigungskosten, die nun auf die Benutzer der Kläranlage umgelegt werden können [226]. Würden alle Kommunen Kläranlagen bauen, welche zu einer vollständigen Abwasserreinigung führen würden, und würden sie die entsprechenden Abwasserreinigungskosten auf die Verursacher umlegen, wäre die Abwasserabgabe völlig durch eine Abwassergebühr substituiert. Die incentives zur innerbetrieblichen Abwasserreinigung, die von einer Abwassergebühr ausgehen, entsprechen denen einer Abwasserabgabe [227].

Wenden wir uns nun dem Problem zu, wie ein verursachungsgerechter Maßstab für die Bemessung der Abwassergebühr ermittelt werden kann [228]. Es besteht grundsätzlich die Möglichkeit, zwischen einem sogenannten Wirklichkeitsmaßstab und einem sogenannten Wahrscheinlichkeitsmaßstab der Gebührenbemessung zu wählen. Der Wirklichkeitsmaßstab soll möglichst der tatsächlichen Inanspruchnahme der öffentlichen Leistungen durch den Verursacher entsprechen; einen solchen Maßstab bei der unterschiedlichen Quantität, Qualität und Transportlänge der Abwässer zu finden, ist zweifellos recht schwierig, doch z.B. bei relativ gleichartigen Haushaltsabwässern durchaus möglich. Die Kommunalabgabengesetze der Länder schreiben grundsätzlich einen Wirklichkeitsmaßstab vor, doch ist auch ein Wahrscheinlichkeitsmaßstab zulässig, wenn sonst die Bemessung der Gebühren zu schwierig und damit zu teuer wäre [229].

---

226) Vgl. Oberhauser, A., Abgrenzung des Verursacherprinzips und seine Einordnung in die Umweltpolitik, a.a.O., S. 43.

227) Vgl. Jürgensen, H./Jaeschke, K.-P., Allokationseffekte der Social Costs im Umweltschutz, a.a.O., S. 77; U.S. Council of Economic Advisers, The 1966 Report, a.a.O., S. 175.

228) Vgl. Giglio, R.J./Wrightington, R., Methods for Apportioning Costs Among Participants in Regional Systems, in: Water Resources Research, vol. 8, 1972, S. 1135 ff.

229) Vgl. Kessels, K., Verursachungsgerechte Abwassergebühren, in: Zur Problematik verursachungsgerechter Berechnungsschlüssel in der Abwasserableitung, VIK-Berichte Nr. 186, Essen 1974, S. 18.

Als Wahrscheinlichkeitsmaßstab könnte die Bemessung einer Abwassergebühr nach der Dimensionierung der einzelnen Kanalisationsanschlüsse der Grundstücke einer Gemeinde in Form der Spitzenabflüsse in [l/sec] dienen [230]. Die Abwassereinleiter würden dann gemäß ihrer potentiellen Inanspruchnahme der Kanalisation und Kläranlage belastet und nicht nach deren tatsächlicher Benutzung. Einleiter mit einer großen Kapazitätsbeanspruchung wären besser gestellt als kleine Abwassereinleiter, welche die Abwasserbeseitigungskapazitäten überhaupt nicht ausnutzen können. Die Länge der Transportwege, welche die Abwässer von den Grundstücken bis zur Kläranlage zurücklegen, sollte bei der Bemessung der Abwassergebühr keine Rolle spielen, da sie mehr oder weniger zufällig zustandekommt [231].
Zusammenfassend wollen wir feststellen, daß die Bezahlung der vom Staat aus Effizienzgründen angebotenen Entsorgungsleistungen durch Gebühren bei annähernd verursachungsgerechter Bemessung der Gebühren eine Maßnahme ist, die bei umweltbewußt handelnden Kommunen ähnlich wirksam sein kann, wie man das von einer kombinierten Abgaben-Auflagen-Lösung oder gar Emissionszertifikaten erwarten kann, denn die Gebühren stellen einen Anreiz für die Verursacher dar, ihre Abwässer und Abfälle betriebsintern zu reduzieren, und die verantwortungsbewußte kommunale Aufgabenerfüllung wirkt wie die Einhaltung einer Emissions-Auflage. Kommen die Kommunen ihrer Entsorgungsaufgabe allerdings nicht nach - man könnte dann von einem (öffentlichen) Leistungsdefizit sprechen -, werden auch die incentives, die sie in Form von Gebühren an die Unternehmen (und eventuell Haushalte) weitergeben, nicht ausreichen, das heißt zu niedrig sein, um die angestrebte Gewässergüte zu erreichen.
Es soll abschließend auch noch auf ein Problem verursachungs-

---

230) Vgl. Münchau, F., Grundzüge eines gerechten Maßstabes für die Verteilung der Entwässerungskosten einer Gemeinde, in: Zur Problematik verursachungsgerechter Berechnungsschlüssel in der Abwasserableitung, VIK-Berichte Nr. 186, Essen 1974, S. 9.

231) Vgl. Littmann, K., Umweltbelastung - sozialökonomische Gegenkonzepte, a.a.O., S. 72.

gerechter Gebühren hingewiesen werden. Wegen der economies of scale großer Kläranlagen kann es zu erheblichen Unterschieden in der Gebührenbelastung der Abwassereinleiter zwischen großen Gemeinden (= großen Kläranlagen) und kleinen Gemeinden (= kleinen Kläranlagen) kommen [232]. Aus Gründen der interkommunalen Verteilungsgerechtigkeit können deshalb Maßnahmen des kommunalen Finanzausgleichs notwendig werden, welche die unterschiedliche Gebührenbelastung kompensieren.
Wir wenden uns nun dem anderen Finanzierungsprinzip des Umweltschutzes, dem Gemeinlastprinzip, und seinen Instrumenten zu.

b) Die Instrumente des Gemeinlastprinzips

aa) Subventionen

Subventionen können Verursachern für Maßnahmen der Emissionsreduktion ("box" 4) oder Trägern für Maßnahmen des Immissionsschutzes ("box" 5) gewährt werden. Es empfiehlt sich, zwei Kategorien von Subventionen zu unterscheiden, und zwar Subventionen, die nur teilweise die Emissionsreduktions- oder Immissionsschutzkosten decken und die Restfinanzierung dem Verursacher oder Träger überlassen, und Subventionen, welche die vollen Kosten der Emissionsreduktion oder des Immissionsschutzes decken. Rational handelnde Verursacher von Umweltbelastungen werden durch Subventionen der ersten Kategorie ohne zusätzliche Zwangsmaßnahmen, wie Auflagen oder Abgaben (was eine Kombination von Verursacher- und Gemeinlastprinzip impliziert), wohl kaum dazu veranlaßt, die mit der Subvention verbundenen Emissionsreduktionsmaßnahmen durchzuführen, denn eine nicht mindestens die Kosten der Emissionsreduktion deckende Subvention verringert ihren Gewinn (bzw. Nutzen) [233]. Rational handelnde Träger von

---

232) Vgl. U.S. Department of the Interior/Federal Water Pollution Control Administration, The Cost of Clean Water, vol. I, Economic Impact on Affected Units of Government, U.S.G.P.O., Washington, D.C., 1968, S. 5.

233) Vgl. Cansier, D., Ökonomische Grundprobleme der Umweltpolitik, a.a.O., S. 75.
Eine Untersuchung hat ergeben, daß in der Bundesrepublik Deutschland gewährte Sonderaubschreibungen gemäß §§ 79, 82 und 82e EinkStDV kaum einen Einfluß auf freiwillige Umweltschutzinvestitionen haben (vgl. Heigl, A., Wie wirkt die Sonderabschreibung?, in: Umwelt, 1975, 4, S. 18 ff.

Umweltbelastungen werden dagegen solche, nicht die vollen Immissionsschutzkosten deckenden Subventionen dann zum Immissionsschutz verwenden, wenn ihr verbleibender eigener Finanzierungsbeitrag geringer ist als der Verlust (bzw. Nutzenentgang) den sie erleiden würden, wenn sie keine Immissionsschutzmaßnahmen ergreifen würden.

Die in der Bundesrepublik Deutschland für Maßnahmen des Umweltschutzes gewährten Subventionen [234] gehören alle in die erste Kategorie, implizieren also keine volle Kompensation der Emissionsreduktions- und Immissionsschutzkosten. Da die Subventionen für Umweltschutzmaßnahmen zweckgebunden sind, kann man im allgemeinen wohl schließen, daß ihre Inanspruchnahme vor allem dann erfolgt, wenn dadurch Auflagen billiger erfüllt oder z.B. Abwassergebühren gespart werden können. In bestimmten Fällen können Subventionen dieser Art u.E. gerechtfertigt sein, wenn ein Verursacher aus Gründen des Allokationsoptimums sehr hohe Auflagen erfüllen oder Abgaben zahlen bzw. Emissionsreduktionen durchführen muß, weil er z.B. niedrige Grenzkosten der Emissionsreduktion und einen hohen Immissionskoeffizienten hat. Das gilt vor allem dann, wenn der hohe Immissionskoeffizient die Folge einer nicht durchdachten kommunalen Ansiedlungspolitik ist.

Als weitere Gründe für Subventionen in Verbindung mit Auflagen werden genannt: die Beschleunigung von Investitionen zur Emissionsreduktion, die Erhaltung von Arbeitsplätzen und der inter-

---

234) In der Bundesrepublik Deutschland werden Steuervergünstigungen und Finanzhilfen gewährt. Die Steuervergünstigungen bestehen aus Sonderabschreibungen für Investitionen zur Verhinderung, Beseitigung oder Reduktion von Abwässern (§ 79 EStDV), Emissionen in die Luft (§ 82 EStDV) und Lärm (§ 82e EStDV) und aus Sonderabschreibungen für bestimmte Umweltforschungsvorhaben (§ 82d EStDV).
Die Finanzhilfen werden aus Mitteln der Gebietskörperschaften, des ERP-Sondervermögens der Kreditanstalt für Wiederaufbau, der Europäischen Investitionsbank und der EG gewährt. Sie bestehen aus Investitionszuschüssen bzw. -zulagen (vgl. § 4 InvZulG), zinsverbilligten Darlehen, Zinszuschüssen, Bürgschaften und Garantien (vgl. Dittes, H., Die Finanzierungshilfen des Bundes und der Länder an die gewerbliche Wirtschaft, Frankfurt/Main 1976, die Subventionsberichte der Bundesregierung und die Jahresberichte der an der Gewährung der Finanzhilfen beteiligten Organisationen).

nationalen Konkurrenzfähigkeit [235].

Die Teilsubventionierung der Emissionsreduktionskosten in Verbindung mit Auflagen hat vor allem gegenüber der Abgabenregelung erhebliche Nachteile.
Es geht, wie bei der reinen Auflagenregelung, kein Anreiz von den Subventionen aus, über den Emissionsstandard hinaus Emissionen zu reduzieren [236], womit auch die Anwendung umweltfreundlichen technischen Fortschritts kaum initiiert wird [237].
Außerdem besteht die große Gefahr, daß nicht das effizienteste Verfahren der Emissionsreduktion gewählt wird, sondern dasjenige, wofür es Subventionen gibt [238].
Es ist oft schwierig, Investitionen, die dem Umweltschutz dienen, von allgemeinen Investitionen zu trennen. Es besteht die Gefahr, daß mehr als Umweltschutz-Investition deklariert wird als tatsächlich aus Gründen des Umweltschutzes geschieht, um dadurch Subventionen zu erhalten [239].

---

235) Vgl. Oberhauser, A., Abgrenzung des Verursacherprinzips und seine Einordnung in die Umweltpolitik, a.a.O., S. 44.

236) Vgl. ebenda, S. 43.

237) Vgl. Nowotny, E., Wirtschaftspolitik und Umweltschutz, a.a.O., S. 180; Miller, E., Implications of Process Change for Industrial Pollution Abatement Policy, in: Land Economics, vol. 48, 1972, S. 397; Jürgensen, H./Jaeschke, K.-P., Allokationseffekte der Social Costs im Umweltschutz, a.a.O., S. 71.

238) Vgl. Müller, F.G., Finanzpolitik und Umweltverschmutzung: Die kanadischen Maßnahmen zur Kontrolle der Wasserverunreinigung, in: Finanzarchiv, Bd. 31, 1973, S. 525; U.S. Council on Environmental Quality, Environmental Quality, The Fourth Annual Report, a.a.O., S. 114; Gerhardt, P.M., Air Pollution Control: Benefits, Costs, and Inducements, a.a.O., S. 164; Nowotny, E., Wirtschaftspolitik und Umweltschutz, a.a.O., S. 184; Schneider, Wolfgang, Verursacherprinzip oder die Belastung aller?, a.a.O., S. 474.

239) Vgl. Müller, F.G., Finanzpolitik und Umweltverschmutzung: Die kanadischen Maßnahmen zur Kontrolle der Wasserverunreinigung, a.a.O., S. 523; Cansier, D., Ökonomische Grundprobleme der Umweltpolitik, a.a.O., S. 75; Gerhardt, P.H., Air Pollution Control: Benefits, Costs, and Inducements, a.a.O., S. 164; Nowotny, E., Wirtschaftspolitik und Umweltschutz, a.a.O., S. 185.

Die Subventionen bewirken, daß sich die Preise infolge der Emissionsreduktion nicht in dem Umfang erhöhen, wie dies bei einer reinen Auflagen- oder Abgabenlösung der Fall wäre, so daß die Nachfrage nach den Produkten, bei deren Herstellung die Emissionen entstehen, nicht im allokationsoptimalen Umfang zurückgeht [240]. Die Teilsubventionierung privater Emissionsreduktionskosten verschlechtert also aus verschiedenen Gründen die Allokation.

Wir wenden uns nun der zweiten Kategorie von Subventionen zu, die man auch als Umkehrung der Abgaben bezeichnen kann [241]. Sie werden dann gewährt, wenn Emissionen im erforderlichen Umfang reduziert werden, und zwar in einer Höhe, daß dem Verursacher noch ein Nettogewinn verbleibt.

Das sei an Abb. 34 verdeutlicht [242].

Wenn ein Verursacher einen Emissionsreduktionsgrad von OA realisiert und wendet dabei den neuesten Stand der Emissionsreduktionstechnik an, so kann ihm als "Belohnung" dafür eine Emissionsreduktions-Subvention mit einem Satz von OC = r gewährt werden. Eine solche Subvention stellt also einen Anreiz dar, den neuesten Stand der Technik anzuwenden. Sie ist insofern der Form der Teilsubventionierung überlegen. Ein Verursacher, der bis OA reinigt, erhält dafür eine Subvention in Höhe von OABC. Da seine Emissionsreduktionskosten nur OABD betragen, erzielt er aus der Emissionsreduktion einen Nettogewinn in Höhe von OABC - OABD = DBC.

Die Allokationswirkung scheint formal die gleiche zu sein, wie im Falle einer Emissionsabgabe mit einem Satz von t = OC = r.

---

240) Wulf, J., Umweltpolitik: Probleme, Phasen, Forschungsstrategien, in: Jahrbuch für Sozialwissenschaft, Bd. 24, 1973, S. 188 f.; Swoboda, H., Probleme der Umweltpolitik, a.a.O., S. 88 f.; Müller, F.G., Finanzpolitik und Umweltverschmutzung: Die kanadischen Maßnahmen zur Kontrolle der Wasserverunreinigung, a.a.O., S. 525; Nowotny, E., Wirtschaftspolitik und Umweltschutz, a.a.O., S. 174.

241) Vgl. Frey, B.S., Umweltökonomie, a.a.O., S. 119.

242) Vgl. Cansier, D., Ökonomische Grundprobleme der Umweltpolitik, a.a.O., S. 74.

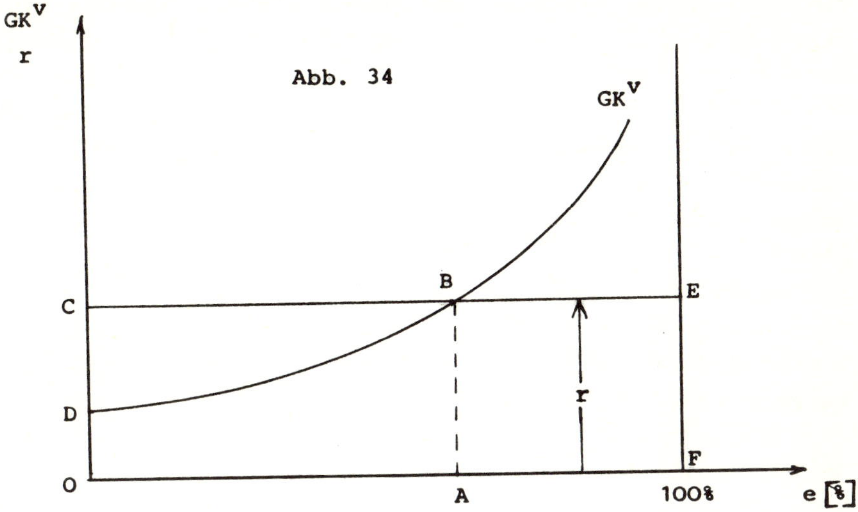

Das kann in statischer Hinsicht auch der Fall sein, nicht aber bei dynamischer Betrachtung, denn durch den Nettogewinn infolge der Emissionsreduktion kann die potentiell umweltschädliche Produktion weiter expandieren [243]. Es gehen auch keine Preissteigerungseffekte von der Emissionsreduktion aus, so daß die Nachfrage nach dem Gut, dessen Produktion Emissionen hervorruft, nicht sinkt. Eine solche Subvention kann darüber hinaus zu dem "perverse result" [244] führen, daß gerade emissionsintensive Produktionstechniken angewendet werden, um via Subventionen für die Emissionsreduktion einen Netto-Gewinn zu erzielen.
Alle Arten von Subventionen erweisen sich somit in allokativer Hinsicht vor allem Emissionsabgaben gegenüber als unterlegen. Aus Gründen der Allokationseffizienz sind deshalb Emissionsabgaben gegenüber Subventionen vorzuziehen. Sollten von Emissions-

243) Vgl. Solow, R.M., The Economist's Approach to Pollution and its Control, a.a.O., S. 500.

244) Ebenda; vgl. dazu auch Miller, E., Implications of Process Change for Industrial Pollution Abatement Policy, a.a.O., S. 397.

abgaben - etwa via deren Überwälzung auf die Preise - allzu negative Distributionswirkungen ausgehen, können diese durch staatliche Transfers kompensiert werden [245].
Das Argument, daß Subventionen den Weg des geringsten politischen Widerstandes darstellen [246] und deshalb Abgaben gegenüber vorzuziehen seien, können wir nicht akzeptieren. Es käme einer Kapitulation des Staates vor den Interessen der Verursacher gleich und würde die Last des Umweltschutzes auf die Allgemeinheit verteilen, obwohl sich mit Hilfe einer konsequenten Anwendung der Instrumente des Verursacherprinzips eine allokativ bessere und auch gerechtere Verteilung der Umweltschutzkosten erreichen ließe. Wir verkennen dabei nicht, daß im Falle des Verursacherprinzips via Überwälzung e i n e s T e i l s der Umweltschutzkosten auf die Preise auch die Allgemeinheit zur Finanzierung herangezogen wird, doch wird dieser Anteil durch den M a r k t bestimmt, während im Falle des Gemeinlastprinzips die g e s a m t e n Umweltschutzkosten über die ö f f e n t l i c h e n E i n n a h m e n finanziert werden. Bei den realistischen Annahmen eines leicht regressiven Effekts der Überwälzung einer Emissionsabgabe auf die Preise und eines leicht progressiven Steuersystems scheint zwar das Gemeinlastprinzip hinsichtlich der Distributionswirkung überlegen zu sein, doch ist Gerechtigkeit eben nicht nur eine Frage der Verteilungsstruktur sondern auch des Niveaus, oder mit anderen Worten: Die Allokationseffizienz des Verursacherprinzips ist der des Gemeinlastprinzips so sehr überlegen, daß die eventuell auftretenden regressiven Effekte leicht via öffentliche Transfers kompensiert werden können, so daß sich etwa eine Distribution ergibt, wie sie nach der Finanzierung des Umweltschutzes durch das Gemeinlastprinzip zustandegekommen wäre. Gegenüber der Finanzierung nach dem Gemeinlastprinzip wäre aber zusätzlich noch - wegen der größeren Allokationseffizienz des Verursacherprinzips - ein weit höheres

245) Vgl. Solow, R.M., The Economist's Approach to Pollution and its Control, a.a.O., S. 500.

246) Vgl. Swoboda, H., Probleme der Umweltpolitik, a.a.O., S. 89.

Wohlfahrtsniveau realisiert.

bb) Allgemeine Deckungsmittel

Die "box" 6 enthält Instrumente zur Finanzierung von Maßnahmen, die vom Staat aus Effizienzgründen oder wegen ihres "öffentlichen Gut-Charakters" durchgeführt werden. Zur ersten Kategorie gehören die gleichen öffentlichen Umweltschutzinvestitionen wie in "box" 3, mit dem Unterschied, daß sie jetzt vom Staat finanziert werden, entweder weil die Identifikation der Verursacher zu hohe Informationskosten erfordern würde oder weil das Verursacherprinzip aus sozialen Gründen (z.B. im Personennahverkehr) nicht angewandt werden soll.

Die zweite Kategorie besteht aus den Maßnahmen, die wir als nicht-technische Rahmenbedingungen des technischen Umweltschutzes bezeichnen können [247] und deren Setzung im wesentlichen eine öffentliche - via Budget zu finanzierende - Aufgabe ist [248].

Betrachten wir Umweltschutz als eine neue öffentliche Aufgabe, so kommen - wenn wir von Ausgabekürzungen in anderen Bereichen absehen [249] - grundsätzlich drei Möglichkeiten zur Finanzierung des öffentlichen Umweltschutzes aus allgemeinen Deckungsmitteln in Frage: (1) die Erhöhung bereits vorhandener Steuern, (2) die Einführung einer (neuen) Umweltsteuer und (3) die Kreditaufnahme. Da die Hauptlast der öffentlichen Umweltschutzfinanzierung bei den Gemeinden liegt, spielen als allgemeine Deckungsmittel der kommunalen Haushalte in erster Linie (4) Zuweisungen an die Gemeinden im Rahmen des vertikalen Finanzausgleichs eine wichtige Rolle [250].

Zu (1):

Da infolge der Anwendung des Verursacherprinzips wahrscheinlich

---

247) Siehe oben S. 196 ff.

248) Siehe oben S. 289 ff.

249) Wir unterstellen, daß über die Priorität des Umweltschutzes innerhalb der politischen Zielhierarchie bereits entschieden ist.

250) Vgl. Materialien zum Bericht zur Lage der Nation 1974, a.a.O., S. 399.

leicht regressive Wirkungen von der teilweisen Überwälzung der Emissionsreduktionskosten auf die Güterpreise ausgehen werden, würde es sich zur allfälligen Kompensation empfehlen, eine progressive Steuer zu erhöhen, um die öffentlichen Umweltschutzausgaben zu finanzieren. Es käme wohl nur die Einkommensteuer in Frage. Eine lineare Anhebung des Einkommensteuertarifs auch um nur wenige Prozentpunkte dürfte jedoch wegen der bereits hohen Gesamtbelastung des Einkommens nur schwer durchsetzbar sein.

Zu (2):

Die Einführung einer Umweltsteuer [251], die zum gleichen Aufkommen führen müßte wie die Erhöhung der Einkommensteuer, könnte theoretisch die gleichen Widerstände auslösen. Infolge des gestiegenen Umweltbewußtseins der Bevölkerung wäre es jedoch denkbar, daß eine zweckgebundene Umweltsteuer als notwendiges Übel akzeptiert würde. Man könnte die Umweltsteuer in Gestalt einer Ergänzungsabgabe zur Einkommensteuer erheben. Das Aufkommen müßte zweckgebunden sein, und es würde sich empfehlen, den Steuerzahler in regelmäßigen Abständen detailliert über die Verwendung der Umweltabgabe zu unterrichten.

Die Einführung einer Umweltsteuer mit eigener Bemessungsgrundlage düfte sehr schwierig sein. Man könnte allerdings an die "Umfunktionierung" der Gewerbesteuer in eine Umweltsteuer denken, zumal mit der Gewerbesteuer auch bisher schon Umweltschutzleistungen der Gemeinden teilweise abgegolten werden sollten [252]. Weder Gewerbeertrag, noch Gewerbekapital oder Lohnsumme wären jedoch u.E. äquivalente Bemessungsgrundlagen.

Zu (3):

Die Finanzierung öffentlicher Umweltschutzinvestitionen durch Kredite halten wir in den Fällen für eine adäquate Methode, in denen durch diese Investitionen vor allem die natürlichen Ressourcen geschützt werden, was nicht nur der gegenwärtigen sondern vor allem auch zukünftigen Generationen zugutekommt. So läßt

251) Vgl. RSU, Umweltgutachten 1974, a.a.O., S. 155.

252) Vgl. Bullinger, M., Rechtsfragen des Verursacherprinzips beim Umweltschutz, a.a.O., S. 74.

sich vor allem der Bau von Kläranlagen, aber auch von Abfallbeseitigungsanlagen und umweltfreundlichen Energieversorgungsanlagen sowie der Ausbau eines attraktiven Nahverkehrssystems durch öffentliche Kreditfinanzierung rechtfertigen. Es ist allerdings die Frage, ob auch die Inanspruchnahme dieser öffentlichen Leistungen zum Null-Tarif erfolgen sollte, oder ob mehr oder weniger kostendeckende Benutzungsgebühren (für Kapitaldienst und Betriebskosten) erhoben werden sollten [253]. Der Null-Tarif ließe sich u.E. nur dann rechtfertigen, wenn die Nutzungskosten nicht zugerechnet werden könnten, die Erhebung der Benutzungsgebühren zu teuer wäre oder wenn andernfalls die Leistungen nicht in Anspruch genommen, d.h. also die Umwelt weiter belastet würde. Könnte man z.B. durch den Null-Tarif für öffentliche Nahverkehrsmittel die Bevölkerung dazu bewegen, statt mit dem eigenen Pkw mit öffentlichen Nahverkehrsmitteln zum Arbeitsplatz oder Einkauf in die Städte zu fahren und ließen sich dadurch die Kosten der Umweltbelastungen und Stauungen um mehr reduzieren als der Null-Tarif die öffentliche Hand kostet, wäre der Null-Tarif gerechtfertigt.

Die Entsorgungsleistungen sollten allerdings, wenn die Zurechnung nicht zu teuer wird, nicht zum Null-Tarif zur Verfügung gestellt werden, da sonst keine incentives bestehen würden, innerbetriebliche Emissionsreduktionsmaßnahmen durchzuführen, die unter Umständen weitaus billiger sind [254].

Zu (4):

Die Hauptlast der Umweltschutzfinanzierung tragen die Gemeinden, vor allem auf dem Gebiet der Abwasserbeseitigung. Eine wichtige Finanzierungshilfe für den Bau kommunaler Kläranlagen stellen Zuweisungen im Rahmen des Finanzausgleichs für Zwecke der Abwasserbeseitigung dar. Damit verfügen die Zentralregierungen, welche die Zuweisungen verteilen, über ein wichtiges Instrument, um den Bau von Kläranlagen optimal zu verteilen. Es kommt nämlich

---

253) Vgl. Littmann, K., Umweltbelastung - sozialökonomische Gegenkonzepte, a.a.O., S. 71.

254) Vgl. Frey, B.S., Umweltökonomie, a.a.O., S. 112 f.;Fry, C.L., Pollution Control, a.a.O., S. 2 f.

nicht darauf an, jeder Gemeinde eine Kläranlage finanzieren zu helfen, sondern darauf, die Finanzzuweisungen möglichst dorthin fließen zu lassen, wo sie den größten Nutzen für die Abwasserreinigung stiften, und das ist in der Regel bei den großen Kläranlagen der großen Gemeinden und den Gemeinschaftskläranlagen mehrerer kleiner Gemeinden der Fall. [255]

Mit der Bezuschussung kommunaler Kläranlagen ist indirekt auch eine Subventionierung der Verursacher verbunden, denn die Gemeinden werden in ihren Abwassergebühren in der Regel die Zuweisungen nicht berücksichtigen. Das führt zu einer Verzerrung der Preisstruktur, die bewirkt, daß die Verursacher die "zu billigen" Leistungen öffentlicher Kläranlagen nutzen, statt eventuell gesamtwirtschaftlich effizientere interne Abwasserreduktionsmaßnahmen durchzuführen. "... firms should be required to choose the method of pollution control they will use in the light of the full costs of each alternative" [256].

Da sich die Zuweisungen auf den B a u der Kläranlagen beschränken, also auf Kapitalinvestitionen, bergen sie die Gefahr einer Überdimensionierung der Kläranlagenkapazitäten in sich. Effizienter wären in manchen Fällen sicher Zuweisungen für eine bessere Personalausstattung bestehender Anlagekapazitäten [257].

Allokationsoptimale Finanzzuweisungen für Kläranlagen müssen also sowohl hinsichtlich der räumlichen Verteilung der Mittel als auch im Hinblick auf eine optimale Faktorkombination erfolgen.

Zusammenfassend können wir zur allokationsoptimalen Gestaltung der allgemeinen Deckungsmittel sagen, daß sie sehr schwierig ist, weil sie nicht über den Markt erfolgt. Die Finanzierung öffentlicher Umweltschutz-Investitionen durch Kredite ist eine adäquate Finanzierungsmethode; die Benutzung oder Inanspruchnahme der öffentlichen Entsorgungs- und Versorgungseinrichtungen

---

255) Schultze, C.L. u.a., Setting National Priotities, The 1973 Budget, a.a.O., S. 380 f.

256) Ebenda, S. 380.

257) Vgl. U.S. Council on Environmental Quality, Environmental Quality, The Fourth Annual Report, a.a.O., S. 114.

sollte jedoch, wenn immer möglich und aus sozialen Gründen vertretbar, nur gegen Erstattung einer kostendeckenden Gebühr erlaubt sein. Die Finanzierung der umweltpolitischen Rahmenbedingungen muß dagegen wohl aus allgemeinen Steuermitteln oder einer speziellen Umweltsteuer vorgenommen werden.

C. Mögliche Auswirkungen einer rationalen Umweltpolitik auf das öffentliche Budget

1. Einteilung der budgetären Wirkungen einer rationalen Umweltpolitik

Unterteilen wir die Einnahmen- und Ausgabenaggregate des öffentlichen Budgets in der unten dargestellten Weise, so kann man sagen, daß sich die budgetären Konsequenzen des Umweltschutzes, B_U, nach folgender Gleichung ergeben:

$$(1)\quad B_U = (A^{+}_{dir} + A^{-}_{dir} + A^{+}_{ind} + A^{-}_{ind}) - (E^{+}_{dir} + E^{-}_{dir} + E^{+}_{ind} + E^{-}_{ind})$$

Einnahmen (E)	Öffentliches Budget		Ausgaben (A)
Direkte Mehreinnahmen	E^{+}_{dir}	Direkte Mehrausgaben	A^{+}_{dir}
Direkte Mindereinnahmen	E^{-}_{dir}	Direkte Minderausgaben	A^{-}_{dir}
Indir. Mehreinnahmen	E^{+}_{ind}	Indir. Mehrausgaben	A^{+}_{ind}
Indir. Mindereinnahmen	E^{-}_{ind}	Indir. Minderausgaben	A^{-}_{ind}
Saldo ($\pm$)	B_U		
	$E+B_U$		A

Durch eine rationale Umweltpolitik ergibt sich eine Belastung des Budgets, wenn $B_U > 0$ und eine Entlastung, wenn $B_U < 0$. Die direkten Mehreinnahmen E^{+}_{dir} und die direkten Mehrausgaben A^{+}_{dir} ergeben sich unmittelbar aus der umweltpolitischen Aktivität des Staates. So führt z.B. die Erhebung einer Abwasserabgabe zu direkten Mehreinnahmen in Höhe des Abgabeaufkommens und zu direkten Mehraus-

gaben in Form der Verwaltung der Abgabe, der staatlichen Erhebungskosten und der Kontrollkosten.
Ein Beispiel für direkte Mindereinnahmen E_{dir}^{-} sind Steuervergünstigungen, die - etwa im Rahmen der Einkommensteuer - für Umweltschutzinvestitionen gewährt werden. Beispiele für direkte Minderausgaben A_{dir}^{-} lassen sich in der Praxis kaum finden, weshalb wir diesen Posten im folgenden vernachlässigen können. Indirekte Mehreinnahmen können sich daraus ergeben, daß durch den Umweltschutz bestimmte Steuerbemessungsgrundlagen gestiegen sind. So wäre es z.B. denkbar, daß durch die gestiegenen Umsätze der Umweltschutzindustrie die Umsatzsteuer steigt. Ferner kann es sein, daß durch die gesünderen Umweltbedingungen infolge des Umweltschutzes die Arbeitsproduktivität und damit c.p. das Volkseinkommen steigt, was vor allem zu einer Erhöhung des Aufkommens aus den direkten Steuern führen würde. Da Umweltschutz eine große prophylaktische Wirkung in bezug auf die Gesundheit haben wird, kann es auch zu indirekten Minderausgaben A_{ind}^{-} kommen. Indirekte Mindereinnahmen E_{ind}^{-} sind die Folge davon, daß der Umweltschutz Besteuerungsmengen reduziert hat. So können z.B. durch Betriebsstillegungen wegen nicht erfüllbarer Umweltschutzauflagen Einkommensverluste bei den Angestellten entstehen; ganz allgemein wird Umweltschutz nach dem Verursacherprinzip in manchen Branchen Gewinneinbußen mit sich bringen; solche Entwicklungen werden c.p. zu einem Rückgang der einkommens- und gewinnabhängigen Steuern führen.
Indirekte Mehrausgaben A_{ind}^{+} werden sich dann nicht vermeiden lassen, wenn der Umweltschutz zu sozialen Härten führt oder strukturpolitisch nachteilige Folgen hat. In vielen Fällen wird es - wie schon erwähnt - notwendig sein, aus allokationspolitischen Gründen durchgeführte Maßnahmen durch distributive zu ergänzen, damit nicht bestimmte Einkommensgruppen besonders hohe Beiträge für die Allokationseffizienz zahlen müssen.
Die bisher geschilderten budgetären Auswirkungen resultierten aus der umweltpolitischen Aktivität des Staates. Es kann aber auch deshalb zu Budgetbelastungen kommen, weil der Staat Verursacher oder Träger von Umweltbelastungen ist. Der Staat wird als

(potentieller) Verursacher von Umweltbelastungen vor allem Mehrausgaben für die Umweltschutzmaßnahmen in seinem Aufgabenbereich (Straßenbau, Städtebau, Flughäfen, Bahn u.a.) haben. Als Träger von potentiellen Umweltbelastungen wird er andererseits infolge des allgemeinen Umweltschutzes Minderausgaben z.B. für die Restauration historischer Bauwerke haben, deren Eigentümer er ist.

Mehreinnahmen kann er als Träger von Umweltbelastungen dann erhalten, wenn er die Verursacher ausfindig machen und zur Zahlung von Schadenersatz bringen kann.

Diese kursorische Darstellung mag genügen, um zu zeigen, daß das Budget auf sehr verschiedene Art direkt oder indirekt durch eine rationale Umweltpolitik be- oder entlastet werden kann.

Im folgenden wollen wir nun darstellen, wie man versuchen kann, die budgetären Wirkungen der verschiedenen Instrumente des Verursacher- und Gemeinlastprinzips hinsichtlich ihrer budgetären Konsequenzen zu beurteilen. Es soll also ein Weg aufgezeigt werden, wie eine solche Bewertung der Instrumente erfolgen kann; die definitiven budgetären Auswirkungen jedes Instrumentes lassen sich nur aufgrund empirischer Untersuchungen ermitteln.

2. Ein möglicher Weg zur Emittlung der budgetären Auswirkungen einer rationalen Umweltpolitik

Hauptaufgabe einer rationalen Umweltpolitik ist die Einhaltung der Immissionsstandards s_i^g aller Schadstoffe i (i = 1,...,n). Zur Durchsetzung jedes dieser n Immissionsstandards stehen der Umweltpolitik r ökonomische und juristische Instrumente m_{ij} (j = 1,...,r) des Verursacher- und Gemeinlastprinzips zur Verfügung. Nehmen wir an, daß grundsätzlich alle m_{ij} zur Einhaltung oder Realisierung aller s_i^g geeignet sind, so gilt, wenn wir die tatsächlichen Immissionskonzentrationen mit s_i^t bezeichnen

(1) $s_i^t = s_i^t(m_{ij})$, wobei gelten muß, daß

(2) $s_i^t \leqslant s_i^g$,

und wegen des instrumentellen Charakters der m_{ij} für die s_i^t muß gelten

$$(3) \quad \frac{\partial s_i^t}{\partial m_{ij}} < 0$$

Mit steigendem Einsatz des Instruments j sinkt also die tatsächliche Immissionskonzentration des Schadstoffs i. Jedes der Instrumente j ist nun unterschiedlich gut geeignet ("effizient"), einen bestimmten Immissionsstandard einzuhalten oder zu erreichen. Am effizientesten ist offenbar jenes Instrument, das Bedingung (2) zu den niedrigsten Kosten einhält oder realisiert; das wird jenes umweltpolitische Instrument sein, das je eingesetzter Werteinheit zur größten Reduktion der tatsächlichen Immissionskonzentration s_i^t führt, bei dessen Anwendung der absolute Wert von Ausdruck (3) also am größten ist. Wir wollen dieses Instrument als dasjenige mit dem höchsten Zielerreichungsgrad oder einfach als optimales Instrument m_{ij}^{opt} bezeichnen. Man kann nun im Prinzip für jeden Immissionsstandard ein m_{ij}^{opt} ermitteln. Die direkte Budgetbelastung oder -entlastung infolge der Anwendung aller m_{ij}^{opt} erhält man, wenn man die direkten Mehreinnahmen und -ausgaben, die mit der Anwendung der m_{ij}^{opt} verbunden sind, ermittelt.

Um die indirekten Budgetwirkungen zu bestimmen, müssen die Zielerreichungsgrade der anderen (wirtschafts-)politischen Ziele infolge der Anwendung der m_{ij}^{opt} untersucht werden. Bezeichnen wir die von den umweltpolitischen Maßnahmen tangierten l Ziele mit z_k $(k = 1,\ldots,l)$, so gilt.

$$(4) \quad z_k = z_k \left[s_i^t(m_{ij})\right]$$, wobei folgende Beziehungen möglich sind:

$$(5) \quad \frac{\partial z_k}{\partial s_i^t} \frac{ds_i^t}{dm_{ij}} > 0$$

$$(6) \quad \frac{\partial z_k}{\partial s_i^t} \frac{ds_i^t}{dm_{ij}} = 0$$

$$(7) \quad \frac{\partial z_k}{\partial s_i^t} \frac{ds_i^t}{dm_{ij}} < 0.$$

In (5) herrscht Zielkomplementarität, in (6) Zielneutralität und in (7) ein Zielkonflikt.
Kann man nun die verschiedenen Zielerreichungsgrade quantifizieren, so lassen sich auch die indirekten Budgetwirkungen der rationalen Umweltpolitik ermitteln.
Im allgemeinen wird im Fall einer komplementären Zielbeziehung via indirekter Mehreinnahmen oder indirekter Minderausgaben eine Entlastung des Budgets entstehen und im Fall der Zielkonflikte eine Belastung via indirekte Mindereinnahmen und indirekte Mehrausgaben.
Im Fall der Zielkonflikte, kann man noch prüfen, ob nicht Second-best-Lösungen des Umweltschutzproblems, also nicht die Anwendung des Instruments m_{ij}^{opt}, sondern z.B. die nächstbeste Maßnahme m_{ij}^{*}, den Zielkonflikt so stark reduzieren, daß die verminderte Effizienz bei der Realisierung des Immissionsstandards durch die größere Zielerreichung bei anderen Zielen überkompensiert wird.

3. Versuch einer Tendenzaussage über die budgetären Konsequenzen des Verursacher- und Gemeinlastprinzips

Obwohl es eine Reihe von theoretischen [258] und ökonometrischen [259] Untersuchungen über die Wirkungen der Umweltpolitik

---

258) Vgl. z.B. Bender, D., Makroökonomik des Umweltschutzes, Göttingen 1976, S. 107 ff.; Nowotny, E., Wirtschaftspolitik und Umweltschutz, a.a.O., S. 229 ff.; ders., Zur gesamtwirtschaftlichen Wirkung einer Besteuerung von Urhebern externer Effekte, in: Finanzarchiv, Bd. 31, 1973, S. 420 ff.; Oberhauser, A., Gesamtwirtschaftliche Wirkungen der Anwendung des Verursacherprinzips, in: Das Verursacherprinzip und seine Instrumente, a.a.O., S. 51 ff.

259) Vgl. Fazio, A.G./Cascio, M.L., Evaluation of the Economic Effects of Anti-Pollution Public Policy: Proposal for an Econometric Analysis Model, in: OECD (Hrsg.), Problems of Environmental Economics, a.a.O., S. 143 ff.; U.S. Council of Environmental Quality/Department of Commerce/ Environmental Protection Agency, The Economic Impact of Pollution Control, a.a.O.

auf andere wirtschaftspolitische Ziele gibt, läßt sich wohl kaum mehr als eine tendenzielle Aussage darüber machen, wie das öffentliche Budget nicht nur direkt, sondern auch indirekt durch alternative umweltpolitische Maßnahmen beeinflußt wird. Unsere Analyse der umweltpolitischen Instrumente ermöglicht uns jedoch zunächst vier tendenzielle Aussagen, wenn wir Verursacherprinzip und Gemeinlastprinzip hinsichtlich ihrer budgetären Konsequenzen beurteilen sollen.

(1) Das Verursacherprinzip führt vor allem dann, wenn es durch ökonomische Instrumente durchgesetzt wird eher zu einer direkten Entlastung des Budgets als zu einer direkten Belastung, da die direkten Mehreinnahmen aus den verschiedenen Steuern, Abgaben und Gebühren wahrscheinlich größer sind, als die Administrations- und Informationskosten.

(2) Das Gemeinlastprinzip führt seiner Natur nach zu einer unmittelbaren Belastung des Budgets via direkter Mehrausgaben in Form von Subventionen aller Art und in Form öffentlicher Investitionsausgaben.

(3) Das Verursacherprinzip führt zumindest kurzfristig wahrscheinlich zu einer Belastung des Budgets infolge indirekter Mindereinnahmen und indirekter Mehrausgaben, weil insgesamt wohl die Gewinne der Unternehmer geschmälert werden, besonders emissionsintensive Branchen Arbeitskräfte entlassen müssen und regressive Verteilungswirkungen infolge der Überwälzungsvorgänge entstehen.

(4) Das Gemeinlastprinzip vermeidet die negativen Wirkungen auf Gewinne und Beschäftigung und führt somit wahrscheinlich zu keiner großen indirekten Budgetbelastung; mit Sicherheit dürfte sie geringer sein als beim Verursacherprinzip.

Man könnte versucht sein, nun bereits den Schluß zu ziehen, daß dasjenige Finanzierungsprinzip überlegen sei, dessen Summe aus direkten und indirekten Budgetbelastungen am geringsten ist. Dieser Schluß wäre jedoch zu voreilig, denn unsere Tendenzaussagen (1) bis (4) erfolgten unter der stillschweigenden Annahme, daß die Effizienz der Instrumente des Verursacher- und Gemeinlastprinzips gleich groß sind, daß also z.B.

$$\frac{\partial s_i^t}{\partial m_{i1}} = \frac{\partial s_i^t}{\partial m_{i2}} = \ldots = \frac{\partial s_i^t}{\partial m_{ij}} = \ldots = \frac{\partial s_i^t}{\partial m_{ir}} .$$

Die Analyse der Instrumente des Verursacher- und Gemeinlastprinzips hat jedoch gezeigt, daß die Allokationseffizienz der Instrumente des Verursacherprinzips - und hier besonders der Emissionsabgaben und Emissionszertifikate - mit hoher Wahrscheinlichkeit größer ist als die der Instrumente des Gemeinlastprinzips. Die Folge davon ist, daß die Instrumente des Verursacherprinzips viel geringer dosiert sein können als die "Gießkannen"-Instrument des Gemeinlastprinzips, um die gleiche Reduktion der Immissionskonzentration zu bewirken. Der Unterschied, der sich in den direkten Budgetwirkungen zugunsten des Verursacherprinzips ergibt, wird daher beträchtlich größer sein als man dies aus (1) und (2) entnehmen konnte, und der Unterschied der sich bei der indirekten Budgetbelastung zugunsten des Gemeinlastprinzips ergibt wird weitaus geringer sein als dies nach (3) und (4) schien. Die Waage neigt sich also stark zugunsten des Verursacherprinzips. Es ist mit großer Wahrscheinlichkeit nicht nur gesamtwirtschaftlich die billigste Finanzierungsmethode, sondern belastet selbst unter Berücksichtigung indirekter Budgetauswirkungen das öffentliche Budget weniger als das Gemeinlastprinzip.

D. Zur Auswahl der umweltpolitischen Instrumente

In den vergangenen drei Abschnitten dieses Kapitels haben wir eine Vielzahl von Maßnahmen und Instrumenten der Umweltpolitik kennengelernt. Es waren dies Maßnahmen zur Schaffung und Verbesserung der umweltpolitischen Rahmenbedingungen und Instrumente zur Durchsetzung einer rationalen Umweltpolitik.
Wir wiesen bereits daraufhin, daß zwischen den umweltpolitischen Rahmenbedingungen und dem Einsatz der umweltpolitischen Instrumente ein substitutionales Verhältnis besteht, was bedeutet, daß sich der Einsatz der umweltpolitischen Instrumente umso mehr erübrigt, je besser die umweltpolitischen Rahmenbedingungen sind, innerhalb derer sich - vor allem der privat betriebene - Umwelt-

schutz vollzieht [260].
Besonders in einem marktwirtschaftlichen System ist es wichtig, die Rahmenbedingungen für den Umweltschutz so zu setzen, daß der Staat mit seinem umweltpolitischen Instrumentarium möglichst wenig eingreifen muß. Auf diese Weise wird dann auch das öffentliche Budget von Umweltschutzausgaben entlastet.
Die Schaffung und Verbesserung der umweltpolitischen Rahmenbedingungen - wie etwa die Erzeugung eines (neuen) Umweltbewußtseins, die Ausbildung von Umweltschutzexperten oder die Technologiekontrolle - haben außerdem den Vorteil, daß sie der Verbesserung der Qualität aller Umweltmedien zugute kommen.
Das gilt nicht für die umweltpolitischen Instrumente des Verursacher- und Gemeinlastprinzips. Die Eignung der jeweiligen Instrumente, die Qualität der Umweltmedien, der Lebensmittel und der Ruhe zu verbessern ist sehr unterschiedlich. Siebert spricht in diesem Zusammenhang von der "ökologischen Inzidenz" [261] der umweltpolitischen Instrumente. Es liegt nun nahe, die ökologische Inzidenz als Auswahlkriterium für die umweltpolitischen Instrumente heranzuziehen. Das ist allerdings nur dann möglich, wenn es gelingt, den "verschiedenen Instrumenten und unterschiedlichen Dosierungen der Instrumente jeweils alternative Wirkungen auf die Umweltqualität zuzuordnen" [262]. Eine solche Quantifizierung der Wirkungen umweltpolitischer Instrumente auf die Umweltqualität ist sicher äußerst schwierig. Sie kann nur aufgrund empirischer Untersuchungen vorgenommen werden. Hierin liegt ein großer "Wettbewerbs"-Nachteil für solche umweltpolitischen Instrumente, die bisher noch nicht in der umweltpolitischen Praxis erprobt worden sind, vor allem also Emissionszertifikate. Sie mögen theoretisch eine sehr hohe ökologische Inzidenz haben; die Anwendung dieses Instruments - etwa zur Reduzierung der SO_2-Emissionen - wird jedoch auf große Schwierigkeiten stoßen,

260) Siehe oben S. 302.

261) Siebert, H., Analyse der Instrumente der Umweltpolitik, Göttingen 1976, S. 111.

262) Ebenda.

da seine tatsächliche ökologische Inzidenz ungewiß ist, im Gegenzu derjenigen von Emissionsstandards, dem klassischen Instrument behördlicher Emissionsbekämpfung.

Es gibt jedoch noch eine Reihe weiterer Kriterien, welche die Auswahl der umweltpolitischen Instrumente erleichtern helfen. Das für die umweltpolitische Praxis wichtigste Kriterium ist u.E. die Allokationseffizienz der umweltpolitischen Instrumente, und zwar unter Berücksichtigung der Informations- und Administrationskosten (einschließlich der Kontrollkosten). Instrumente mit n u r großer t h e o r e t i s c h e r Allokationseffizienz, wie etwa die Pigou'sche Schadensteuer, sind für die umweltpolitische Praxis irrelevant, da ihr (allokationsoptimaler) Einsatz zu hohe Informations- und Administrationskosten erfordern würde. Von ganz besonderer Bedeutung ist, wie wir bereits oben betont haben, die dynamische Allokationseffizienz, also die "incentives for innovation" der umweltpolitischen Instrumente [263]. Die "incentives for innovation", die von den umweltpolitischen Instrumenten ausgehen, sollten u.E. ein besonders wichtiges Kriterium bei der Auswahl der umweltpolitischen Instrumente sein. Das hat die Konsequenz, daß Emissionsabgaben und Emissionszertifikate, die als einzige umweltpolitischen Instrumente dieses Kriterium erfüllen, ein besonderes Gewicht in der umweltpolitischen Praxis zukommt. Das gilt allerdings fast ausschließlich auf dem Gebiet der Luft- und Gewässerreinhaltung, da bei diesen Umweltmedien auch die (vermutete) ökologische Inzidenz von Emissionsabgaben und Emissionszertifikaten groß ist und die Informations- und Administrationskosten relativ gering sind.
Unter dem Aspekt der Allokationseffizienz können allerdings auch Benutzungsgebühren und durch öffentliche Kredite finanzierte staatliche Investitionen die am besten geeigneten Instrumente zur Realisierung der umweltpolitischen Ziele der Luftreinhaltung, vor allem aber wohl der Abwasser- und Abfall-

---

263) Siehe oben S. 360 ff. und S. 376 f.

beseitigung sein.
Benutzungsgebühren haben dann eine besonders große Bedeutung, wenn economies of scale großer Umweltschutzanlagen ausgenutzt werden sollen und der Staat als einziger Investor in der Lage ist, solche groß dimensionierten Anlagen (z.B. Kläranlagen, Abfallbeseitigungsanlagen, Fernheizwerke) zu erstellen und auch zu betreiben. Benutzungsgebühren decken in solchen Fällen im allgemeinen nur die laufenden Kosten, während die Investitionskosten aus allgemeinen Deckungsmitteln finanziert werden müssen. Hier bieten sich nun in vielen Fällen aus Gründen der intertemporalen Allokationseffizienz (und unter Umständen auch der intertemporalen Verteilungsgerechtigkeit) Kredite als Finanzierungsinstrument an.

Akzeptiert man als weiteres Auswahlkriterium die ordnungspolitische Konformität der umweltpolitischen Instrumente, so sind die Instrumente des Verursacherprinzips - und unter diesen eben besonders die marktwirtschaftlichen Instrumente, also wiederum Emissionsabgaben und vor allem Emissionszertifikate - den Instrumenten des Gemeinlastprinzips vorzuziehen.

Weniger aus ordnungspolitischen als aus finanzwirtschaftlichen Gründen haben wir als Nebenbedingung einer rationalen Umweltpolitik gefordert, daß das öffentliche Budget durch den Einsatz der umweltpolitischen Instrumente möglichst wenig belastet werden soll. Diese Nebenbedingung wird somit zwangsläufig zu einem weiteren Kriterium für die Auswahl der umweltpolitischen Instrumente. Wie die Ausführungen in Abschnitt C dieses Kapitels gezeigt haben, sind auch hier die Instrumente des Verursacherprinzips - und unter diesen vor allem die Emissionsabgaben - nicht nur wegen ihrer relativ niedrigen Informations- und Administrationskosten, sondern auch wegen ihres fiskalischen Effekts der - wenn auch zweckgebundenen - Einnahmenerzielung, den Instrumenten des Gemeinlastprinzips überlegen.

Als letztes wichtiges Kriterium bei der Auswahl der umweltpoli-

tischen Instrumente wollen wir noch berücksichtigen, wie diese auf andere wirtschaftspolitische Ziele (wie Vollbeschäftigung, Wachstum, Preisniveaustabilität, Zahlungsbilanzgleichgewicht, Wettbewerbsneutralität und Verteilungsgerechtigkeit) wirken. Man müßte, um dieses Kriterium anwenden zu können, wissen, wie die verschiedenen Instrumente und deren unterschiedlichen Dosierung auf die Zielerreichung bei diesen Zielen wirken. Die Ermittlung dieser ökonomischen Inzidenz der umweltpolitischen Instrumente ist sicher nicht einfacher als die der ökologischen Inzidenz. Manche Autoren meinen, daß die Anwendung der Instrumente des Verursacherprinzips eher zu Konflikten mit den meisten wirtschaftspolitischen Zielen führt als die Anwendung der Instrumente des Gemeinlastprinzips [264]. Diese Autoren lassen u.E. allerdings unberücksichtigt, daß die Dosierung der Instrumente des Verursacherprinzips zur Realisierung der umweltpolitischen Ziele wegen deren größerer Allokationseffizienz geringer sein kann als die Dosierung der Instrumente des Gemeinlastprinzips. Möglicherweise wird auch übersehen, daß von der Mittelbeschaffung für Subventionen und öffentliche Investitionen in Form von Steuern und Krediten Entzugseffekte ausgehen können, die gesamtwirtschaftlich weitaus negativere Folgen haben können als die ökonomische Inzidenz der Instrumente des Verursacherprinzips.
Daß Subventionen in der umweltpolitischen Praxis eine so große Bedeutung haben, liegt weniger an ihrer Effizienz als wohl daran, daß sie gegenüber Auflagen und Abgaben einfacher durchzusetzen sind, doch sollte u.E. die Durchsetzbarkeit kein allzu wichtiges Kriterium für die Auswahl der umweltpolitischen Instrumente sein [265]. Das könnte nämlich gesamtwirtschaftlich sehr teuer werden, weil es den weitgehenden Verzicht auf Allokationseffizienz - vor allem die "incentives for innovation" -

264) Vgl. z.B. Siebert, H., Analyse der Instrumente der Umweltpolitik, a.a.O., S. 115.

265) Diese Auffassung vertritt letztlich auch Siebert, wenn er die Durchsetzbarkeit auch als Kriterium erwähnt (vgl. ebenda, S. 112).

bedeutet.

Die bisher geschilderte Überlegenheit der marktwirtschaftlichen Instrumente "Emissionsabgabe" und "Emissionszertifikate" gilt - wie bereits angedeutet - fast nur für die Umweltmedien Luft und Gewässer und auch hier nur für solche Schadstoffe, deren meßtechnische Erfassung relativ einfach ist, also relativ geringe Informationskosten erfordert. Emissionsabgaben und Emissionszertifikate sind auch keine geeigneten Instrumente zur Regulierung toxischer Schadstoffemissionen, da die Wirksamkeit dieser Instrumente entscheidend vom Rationalitätskalkül der Verursacher abhängt.Da man kaum unterstellen kann, daß sich alle Verursacher zu jedem Zeitpunkt rational verhalten, wäre das Risiko einer Abgaben- oder Zertifikatlösung bei der Begrenzung toxischer Belastungen zu groß.
Zur Eindämmung toxischer Schadstoffemissionen in Luft und Gewässer sind deshalb u.E. Auflagen - vor allem in Form von Emissionsstandards und eventuell gar in Form von Verboten (Nullstandards) - das geeignete Instrument. Die Effizienz dieses Instruments hängt allerdings stark von der Intensität der Kontrollen ab; Emissionsstandards, die eine hohe ökologische Inzidenz haben, sind also teuer.

Auflagen sind u.E. neben Benutzungsgebühren auch das wichtigste Instrument zur Begrenzung der Bodenbelastung durch Abfälle. Vor allem Produktstandards hinsichtlich der Konsumgütergestaltung, aber auch Herstellungsverbote (z.B. bei schwer beseitigbaren Abfällen), sind geeignete Instrumente zur Lösung des Abfallproblems. Hinsichtlich der Belastung des Bodens durch Bauten aller Art sind ebenfalls Auflagen - etwa in bezug auf den Standort, aber auch in bezug auf ästhische Anforderungen - die adäquaten Instrumente.

Die Belastung der Tier- und Pflanzenwelt kann auch am besten durch Auflagen (z.B. Jagdverbote, Verwendungsauflagen für Pflanzenschutzmittel) reguliert werden, aber auch durch öffentliche

Investitionen (z.B. die Errichtung von Wildzäunen entlang von Autobahnen, die Einrichtung von Naturschutzgebieten).

Bei der Begrenzung der Lebensmittelbelastung durch Schad- und Zusatzstoffe sind Produktstandards in Form von Höchstmengenbegrenzungen (Toleranzgrenzen) u.E. das allein in Frage kommende Instrument.

Zur Lärmbekämpfung werden in der Regel ebenfalls Produktstandards als geeignetes Instrument empfohlen [266]. Wir halten jedoch auch eine Lärmemissionsabgabe für ein erwägenswertes Instrument zur Reduzierung des Lärms, wobei allerdings nicht die aktuellen Lärmemissionen der Lärmquellen (z.B. Kraftfahrzeuge, Flugzeuge, Baumaschinen, Rasenmäher) als Bemessungsgrundlage herangezogen werden sollten, da die dafür erforderlichen Messungen zu aufwendig wären, sondern die potentiellen Lärmemissionen in dB(A) der jeweiligen Lärmquellen, die relativ einfach auf einem Prüfstand (eventuell von den Technischen Überwachungsvereinen) festgestellt werden könnten. Die Lärmemissionsabgabe würde also unabhängig davon, wie oft und in welcher aktuellen Lautstärke die Lärmquelle emittiert, fällig. Sie rückt damit in die Nähe der Produktstandards, unterscheidet sich aber von diesen dadurch, daß sie einen *ökonomischen* Anreiz darstellt, weniger lärmintensive und damit weniger abgabenbelastete Produkte herzustellen, was zweifellos die Allokationseffizienz gegenüber Produktstandards erhöht.

Von den Instrumenten des Gemeinlastprinzips haben wir bisher nur öffentliche Investitionen, die durch Kredite zu finanzieren sind, befürwortet. Aber auch andere allgemeine Deckungsmittel sind bei der Finanzierung bestimmter Umweltschutzaufgaben gerechtfertigt. So halten wir allgemeine Steuern oder eventuell auch eine (zweckgebundene) Umweltsteuer für adäquate Möglichkeiten, die Schaffung und Verbesserung der umweltpolitischen

---

266) Vgl. z.B. Siebert, H., Analyse der Instrumente der Umweltpolitik, a.a.O., S. 117.

Rahmenbedingungen zu finanzieren [267].

Daß sich auch Subventionen zur Finanzierung des Umweltschutzes rechtfertigen lassen, haben wir bereits dargestellt [268]. Neben den dort geschilderten Rechtfertigungsgründen für Subventionen zum Zwecke des Umweltschutzes möchten wir noch auf zwei Fälle hinweisen, in denen u.E. Subventionen durchaus gerechtfertigt sind. Es ist zum einen der Fall positiver Umweltexternalitäten. Sie entstehen z.B. durch die Aktivitäten in der Land- und Forstwirtschaft dadurch, daß Land- und Forstwirte in vielen Fällen - sozusagen nebenbei - landschaftspflegerische Aufgaben erfüllen, die ihnen nicht entgolten werden. Der gesellschaftliche Nutzen, den sie dadurch stiften, ist ihnen aus Gründen der Allokationseffizienz in Form von Subventionen zu entgelten. Auch hierbei handelt es sich um die Internalisierung (jetzt positiver) externer Effekte. Zum anderen lassen sich Subventionen in den Fällen rechtfertigen, in denen die Träger von Umweltbelastungen Maßnahmen des Emissionsschutzes ergreifen (müssen), weil die Verursacher nicht oder nur zu hohen Kosten identifizierbar sind [269].

Die zur Bekämpfung der komplexen Arten der Umweltbelastung verfügbaren umweltpolitischen Instrumente haben - wie dieser Abschnitt zeigte - fast alle eine mehr oder minder wichtige Bedeutung. Einen optimalen policy-mix der Instrumente unter Zugrundelegung der in diesem Abschnitt geschilderten Kriterien zu finden, ist eine - auch theoretisch - nur schwer lösbare Aufgabe, weil vor allem die ökologische und ökonomische Inzidenz der umweltpolitischen Instrumente nur schwer zu bestimmen ist. Letztlich hilft auch hier nur eine politische Entscheidung darüber, welche Instrumente zur Bekämpfung welcher Umweltbelastungen eingesetzt werden sollen.

---

267) Siehe oben S. 395 und S. 399.

268) Siehe oben S. 340 f. und S. 390 f.

269) So sollte z.B. der Einbau schalldämmender Bauteile bei Wohngebäuden dann subventioniert werden, wenn die Verursacher des Lärms nicht identifiziert werden können.

Schluß

Die verschiedenen Arten der Umweltbelastung sind alltägliche Begleiterscheinungen der mit Produktion und Konsum verbundenen Aktivitäten. Die Wirkungen der Schadstoffimmissionen auf die menschliche Gesundheit, das ökologische Gleichgewicht und die materielle Umwelt des Menschen sind äußerst komplex. Vor allem Kombinations- und Langzeitwirkungen sind noch weitgehend unerforscht. Unter solchen Bedingungen ist eine rationale Umweltpolitik vor allem aus zwei Gründen sehr schwierig: Wegen der ungenügenden Kenntnisse über viele Schadstoffwirkungen lassen sich zum einen die Ziele der Umweltpolitik in Form der Immissionsstandards nur schwer operationalisieren; naturwissenschaftliche und medizinische Forschungsergebnisse hinsichtlich der Schadstoffwirkungen liefern in vielen Fällen günstigstenfalls Grenzwerte, die als Ausgangswerte für die politische Festlegung der Immissionsstandards dienen können. Bei der Fixierung der Immissionsstandards wirken im vorparlamentatischen Raum immer mehr die verschiedenen Interessengruppen mit, was bei ausgeglichener Vertretung der potentiellen Verursacher und Träger der Umweltbelastungen positiv zu beurteilen ist. Die andere Schwierigkeit folgt aus der Komplexität der verschiedenen Arten der Umweltbelastung. Es gibt eine Vielzahl verschiedener Emissionsquellen an einer Vielzahl von Standorten, an denen jeweils unterschiedliche natürliche Bedingungen zu ganz verschiedenen Immissionsbelastungen führen. Eine rationale Umweltpolitik muß diesen unterschiedlichen Phänomenen mit differenzierten Maßnahmen des technischen Umweltschutzes zu begegnen versuchen. In welcher Phase des Schadstoffflusses technische Maßnahmen des Umweltschutzes eingesetzt werden sollen, muß mit Hilfe einer optimalen Planung bestimmt werden.

Die staatliche Planung sollte sich soweit wie möglich auf die Planung der umweltpolitischen Rahmenbedingungen und den optimalen policy-mix des juristischen und finanzwirtschaftlichen Durchsetzungsinstrumentariums beschränken.

Besonders marktwirtschaftliche Durchsetzungsinstrumente wie

Emissionsabgaben und Emissionszertifikate überlassen die optimale Planung des technischen Umweltschutzes weitgehend den Unternehmen. Da sie sich auch als besonders effizient erweisen, sollten sie jenen Instrumenten vorgezogen werden, die interventionistische Züge haben (wie Auflagen). Dadurch wird auch der Gefahr begegnet, daß der Staat durch Wahrnehmung der Umweltschutzaufgabe zum "«Etat fonctionnel» wird, der Wesen und Substanz (Smend) verliert" [1].

Durch Partizipation der umweltbewußt gewordenen Bevölkerung bei umweltbedeutsamen Entscheidungs v o r b e r e i t u n g e n können andererseits Wesen und Substanz eines demokratischen Staates sogar gestärkt werden, wenn Partizipation nicht als "Demokratisierung" des Entscheidungs p r o z e s s e s mißverstanden wird. In der Tatsache, daß die von den verschiedenen Umweltbelastungen betroffenen Bürger nicht mehr zu den "vergessenen Gruppen, die schweigend leiden" [2] gehören, sondern daß sie sich in potenten Bürgerinitiativen organisieren, liegt eine große Chance für eine wirksame Umweltpolitik. Bürger, welche vom Staat mehr Umweltschutz verlangen, müssen gewärtig sein, daß der Staat von ihnen dafür Opfer abverlangt. Die Bürger haben es in der Hand, über die Art ihres Opfers zu entscheiden. Umweltschutz kann z.B. darin bestehen, keine Kernkraftwerke zu bauen. Das Opfer besteht dann zumindest langfristig in einem Verzicht auf Wohlstand, zivilisatorische Errungenschaften, Annehmlichkeiten aller Art, die von Energie abhängig sind. Umweltschutz kann aber auch darin bestehen, das Risiko und die Umweltbelastungen, die mit dem Betrieb und der Entsorgung von Kernkraftwerken verbunden sind, zu minimieren. Das Opfer besteht dann in hohen Aufwendungen für die Reduzierung der thermischen Belastung der Gewässer oder der Luft sowie für die Reaktorsicherheit, den möglichst gefahrlosen Transport und die möglichst sichere Lagerung des radioaktiven Mülls.

---

1) Saladin, P., Gleichgewichtssicherung als Staatsaufgabe, a.a.O.

2) Olson jr., M., Die Logik des kollektiven Handelns, Tübingen 1968, S. 163.

Im Lichte dieser Alternativen wird die Entscheidung wohl zugunsten der zweiten Alternative fallen, und dies umso mehr, je mehr Vertrauen die Bürger in die Bereitschaft und Fähigkeit der Politiker haben, alles in ihrer Macht stehende zu tun, damit die Bevölkerung vor den Gefahren der radioaktiven Belastung so gut wie möglich geschützt wird.
In Zeiten großer Investitionsunlust und hoher Arbeitslosenquoten einerseits und einer hohen Belastung des öffentlichen Budgets andererseits wird es besonders notwendig sein, die Ziele des Umweltschutzes möglichst effizient zu erreichen, also einerseits die finanziellen Opfer der Bevölkerung (Unternehmer, Arbeitnehmer) in Form der Abgabenbelastung und höherer Preise für Zwecke des Umweltschutzes möglichst zu minimieren und andererseits das öffentliche Budget möglichst wenig zu belasten. Die konsequente Anwendung des Verursacherprinzips ist unseres Erachtens wegen der großen Effizienz seiner Instrumente am besten geeignet, diese Aufgabe zu lösen. Leider scheint sich in der Bundesrepublik Deutschland eine andere "Lösung" anzubahnen. Sie besteht darin, die Normen herabzusetzen, also weniger strenge Immissionsstandards festzulegen, als dies aus Gründen eines wirksamen Schutzes vor Belastungen der Gesundheit und des ökologischen Gleichgewichts notwendig wäre. Ein beredtes Beispiel dafür ist die Festlegung des Satzes für die Abwasserabgabe auf eine Höhe, die völlig unzureichend ist, um die im Schnitt angestrebte Gewässergüteklasse II zu erreichen. Ein anderes Beispiel ist die Festsetzung der Immissionsrichtwerte für Straßenverkehrslärm. Diese Standards gewährleisten keinen Schutz der Bevölkerung vor Straßenverkehrslärm. Ihr einziger Effekt ist eine Entlastung des öffentlichen Budgets, denn der Staat wäre als Eigentümer der Straßen für den notwendigen Bau von Lärmschutzeinrichtungen zuständig. Es ist abzusehen, daß durch dieses schlechte Beispiel, mit dem der Staat vorangeht, weitere - außer der Abwasserabgabenregelung - nach sich ziehen wird.
Eine noch so rege gesetzgeberische Tätigkeit auf dem Gebiet des

Umweltschutzes [3] kann den Eindruck nicht verwischen, daß faktisch noch zu wenig geschieht, um den Schutz der menschlichen Gesundheit und seiner natürlichen und materiellen Umwelt vor Umweltbelastungen zu schützen.
Wir haben unsere Schlußbetrachtung mit der Feststellung begonnen, daß Umweltbelastungen alltägliche Begleiterscheinungen der Produktion und des Konsums sind. Wir können sie mit der Feststellung beenden, daß auch der Umweltschutz Gegenstand der alltäglichen Beschäftigung von Politikern, Verbandsfunktionären, Produzenten, Konsumenten und Bürgern geworden ist - zwar nicht in dem Umfang, wie es unseres Erachtens wünschenswert und notwendig wäre und schon gar nicht in dem Umfang, wie es sich Ökologisten vielleicht zu Beginn der Umweltschutz-Welle erhofft haben, aber doch mehr als viele es im Zeichen der Energie- und Wachstumskrise vielleicht befürchteten. Der Umweltschutz ist als öffentliche Aufgabe etabliert [4] und seinen Zielen wird in einer funktionierenden parlamentarischen Demokratie letztlich in dem Umfang entsprochen, in dem es die Mehrzahl der Bürger wünscht. Es scheint allerdings, daß das Gemeinlastprinzip als konfliktmindernde Strategie [5] immer mehr dem Verursacherprinzip vorgezogen wird.

3) Vgl. den Tätigkeitsbericht der Bundesregierung über die Arbeit in der 7. Legislaturperiode, in: Bulletin der Bundesregierung Nr. 92 v. 5.8.76, S. 905 ff.

4) Vgl. das Mehrjährige öffentliche Investitionsprogramm zur wachstums- und umweltpolitischen Vorsorge, in: Bulletin der Bundesregierung Nr. 33 v. 3o.3.77, S. 305 ff.

5) Vgl. RSU, Umweltgutachten 1974, a.a.O., S. 155.

Literaturverzeichnis

Abendt, R., Anwendungen der linearen Optimierung im Gewässerschutz, in: H. Hahn, Operations Research und seine Anwendung in der Siedlungswasserwirtschaft, Bielefeld 1972, S. 97 ff.

Ackermann, K./ Geschka, H./ Karsten, D., Gutachten zur Gesamtbelastung der Volkswirtschaft durch das Umweltprogramm der Bundesregierung, in: Materialien zum Umweltprogramm der Bundesregierung, zu BT-Drucksache VI/2710, S. 593 ff.

Ackermann, K./ Geschka, H./ Karsten, D., Die wirtschaftspolitische Lösung: Verursacherprinzip, in: Umwelt 1972, 2, S. 27 ff.

Aebi, H., Die heutige Belastung der Ernährung durch Fremdstoffe, in: Universitas, 27. Jg., 1972, S. 1185 ff.

Aguilar, R. u.a., A Model for the Evaluation of Alternative Policies for Atmospheric Pollutant Source Emissions, in: 5th Conference on Optimization Techniques, Part II, Lecture Notes in Computer Science, hrsg. v. G. Goos und J. Hartmanis, Berlin - Heidelberg - New York 1973

Aktionsprogramm für die Politik im wissenschaftlich-technologischen Bereich, Bulletin d. EG, Beilage 14/73

Alessio, F.J., The Opportunity Cost of Pollution Abatement in a Steady-State Expanding Economy, in: The Annals of Regional Science, vol. 5, 1971, S. 84 ff.

Altvater, E., Gesellschaftliche Produktion und ökonomische Rationalität. Externe Effekte im Wirtschaftssystem des Sozialismus, Frankfurt - Wien 1969

Anderson, R.J./Crocker, T.D., Air Pollution and Property Values: A Reply, in: Review of Economics and Statistics, vol. 54, 1972, S. 470 ff.

Anderson, R.J./ Crocker, T.D., Air Pollution and Residential Property Values, in: Urban Studies, vol. 8, 1971, S. 171 ff.

Andreae, C.A., Umweltschutz und Marktwirtschaft, in: Wirtschaft und Wettbewerb 11/12, 1971, S. 753 ff.

Anno 7o9 p.R., Schlußbericht der Prospektivkonferenz der Neuen Helvetischen Gesellschaft, Aarau und Frankfurt 1973

Ant, H., Ölverschmutzung der Meere und ihre Folgen, in: Olschowy, G. (Hrsg.), a.a.O., S. 81 ff.

Ant, H., Biologische Probleme der Verschmutzung und akuten Vergiftung von Fließwässern unter besonderer Berücksichtigung der Rheinvergiftung im Sommer 1969, in: Schriftenreihe für Landespflege und Naturschutz, H. 4, Bonn-Bad Godesberg 1969, S. 97 ff.

Ant, H., Verschmutzung der Fließgewässer und ihre Folgen - am Beispiel der Lippe und des Rheins, in: Olschowy, G. (Hrsg.), a.a.O., S. 35 ff.

Antoine, S., Qualität der Umwelt und Raumordnung, in: Aufgabe Zukunft - Qualität des Lebens, Bd. 4: Umwelt, a.a.O., S. 73 ff.

Antweiler, H., Tiere als Indikatoren der Luftverschmutzung, in: Probleme der Umweltforschung, a.a.O., S. 46 ff.

Antweiler, H./Pott, F., Tierexperimentelle Ergebnisse über die Wirkung partikel- und gasförmiger Luftverunreinigungen, in: Zentralblatt für Bakteriologie ..., a.a.O., S. 263 ff.

Armstrong, T.R. (Hrsg.), Why Do We Still Have an Ecological Crisis? Englewood Cliffs, N.J., 1972

Arnold, V., Kuppelprodukte, öffentliche Ungüter und externe Effekte, in: Zeitschrift für die gesamte Staatswissenschaft, Bd. 132, 1976, S. 91 ff.

Arthur, D.R., Education and Human Environment, in: International Journal of Environmental Studies, vol. 1, 1971, S. 315 ff.

Atkinson, S.E./ Lewis, D.H., A Cost - Effectiveness Analysis of Alternative Air Quality Control Strategies, in: Journal of Environmental Economics and Management, vol. 1, 1974, S. 237 ff.

Aufgabe Zukunft - Qualität des Lebens, Beiträge zur vierten internationalen Arbeitstagung der Industriegewerkschaft Metall für die Bundesrepublik Deutschland vom 11.-14. April 1972 in Oberhausen, 10 Bde., Frankfurt am Main 1973

Aurand, K., Umweltschutz und Gesundheit, in: Aufgabe Zukunft - Qualität des Lebens, Bd. 4: Umwelt, a.a.O., S. 37 ff.

Bär, F., Die toxikologische Situation in der modernen Zivilisation, in: Sioli, H. (Hrsg.), a.a.O., S. 165 ff.

Bär, F./ Grunow, W., Hygienisch-toxikologische Aspekte der Umweltsituation, in: Schultze, H. (Hrsg.), a.a.O., S. 287 ff.

Bäuerle, D./ Hornung, G. (Hrsg.), Umwelt. Biologisch - sozialkundliche Arbeitshefte, Schülerarbeitsheft und Lehrerheft, Opladen 1972

Balke, S., Umweltbedingungen als Lebensgrundlage. Schriftenreihe der Vereinigung Deutscher Gewässerschutz EV-VDG, Nr. 28, Bonn-Bad Godesberg 1970

Ball, D.F., The Identification and Measurement of Gaseous Pollutants, in: International Journal of Environmental Studies, vol. 1., 1971, S. 267 ff.

Baltes, H./Nowak, W., Umweltstatistik - ein Instrument der Umweltplaung, in: Wirtschaft und Statistik, 1974, 4, S. 237 ff.

Bartelmus, P., Probleme der Entwicklung eines umweltstatistischen Systems, in: Statistische Hefte, N.F., 14. Jg., 1973, S. 123 ff.

Bartels, H., Statistik als Hilfsmittel der Umweltpolitik, in: Allgemeines Statistisches Archiv, Bd. 59, 1975, S. 11 ff.

Bartocha, B., Technology Assessment - Verfahren zu einer Technologie-Bewertung. Lebensqualität in Mark und Pfennig, in: Umwelt 1972, 6, S. 30 ff.

BASF, Geschäftsbericht für 1971

BASF, Werk und Umwelt, Ludwigshafen o.J.

Basler, E., Umweltprobleme aus der Sicht der technischen Entwicklung, in: NZZ, FA Nr. 132 vom 16.5.1971

Bauer, K., Umweltfreundliche Technik - ein Ziel und seine Verwirklichung, in: Umwelt 1974, 4, S. 44 ff.

Bauer, R.K., Methodische Grundprobleme der Umweltstatistik, in: Allgemeines Statistisches Archiv, Bd. 59, 1975, S. 32 ff.

Baumberger, H., Wirtschaftliche Probleme einer umweltkonformen Energieversorgung, in: von Walterskirchen, M.P. (Hrsg.), a.a.O., S. 225 ff.

Baumol, W.J./Oates, W.E., The Use of Standards and Prices for Protection of the Environment, in: Swedish Journal of Economics, vol. 73, 1971, S. 42 ff.

Bea, F.X., Die Verteilung der Lasten des Umweltschutzes nach dem Verursacherprinzip, in: WiSt, 2. Jg., 1973, S. 453 ff.

Beck, E.G., Fasermengen sind schwer zu messen, in: Umwelt 1975, 4, S. 29 ff.

Becker, Herbert, Der Nachweis von Luftfremdstoffen mit abstimmbaren Lasern, in: Umwelt 1972, 1, S. 45 f.

Becker, Herbert, Gleichzeitig mehrere Stoffe messen, in: Umwelt 1973, 6, S. 25 ff.

Becker, K.H./Schurath, U., Photochemie der Luftverschmutzung, in: Schultze, H. (Hrsg.), a.a.O., S. 230 ff.

Beckerman, W., Environmental Policy Issues: Real and Fictitious, in: OECD (Hrsg.), Problems of Environmental Economics, a.a.O., S. 19 ff.

van Belle, G./Schneiderman, M., Some Statistical Aspects of Environmental Pollution and Protection, in: International Statistical Review, vol. 41, 1975, S. 315 ff.

Bender, D., Makroökonomik des Umweltschutzes, Göttingen 1976

Benecke, P., Ökologische Probleme des Wasserhaushalts auf dem Lande, in: Probleme der Umweltforschung, a.a.O., S. 112 ff.

Benthem, R.J., Städtische Ballungen, in: Offner, H. (Hrsg.), a.a.O., S. 11 ff.

Bernholz, P., Grundlagen der politischen Ökonomie, Bd. 1, Tübingen 1972

Best, W., Umweltschutz aus der Sicht der Länder unter besonderer Berücksichtigung des Landes Hessen, in: Umweltschutz - eine Aufgabe unserer Zeit, hrsg. vom Institut für Gewerbliche Wasserwirtschaft und Luftreinhaltung e.V., Köln 1971

Bickel, E., Müllkippen als künftige Erholungsgebiete in Holland, in: Müll und Abfall, 4. Jg., 1972, H. 3, S. 100

Biederbick, J./Gronwald, D., Umweltingenieur nach neun Semestern, in: Umwelt 1974, 5, S. 54 ff.

Binswanger, H.C., Umrisse einer umweltkonformen Wirtschaftsordnung, in: Schlemmer, J. (Hrsg.), a.a.O., S. 118 ff.

Binswanger, H.C., Eine umweltkonforme Wirtschaftsordnung, in: von Walterskirchen, M.P. (Hrsg.), a.a.O., S. 127 ff.

Birkle, M. u.a., Informationssystem Umwelt. Konzept eines Mess- und Planungsinformationssystems für Umweltmaßnahmen, hrsg. von der Siemens AG., München 1973

Blair, R.D., The Clean Air Act of 1970, in: Land Economics vol. 49, 1973, S. 26o ff.

Blanke, F., Der Christ und die Erde, in: Neue Helvetische Gesellschaft (Hrsg.), a.a.O., S. 11 ff.

Blei und Umwelt, Berlin 1972

Blohm, H./Steinbuch, K. (Hrsg.), Technische Prognosen in der Praxis, Düsseldorf 1972

Bock, J., Wasser, Abwasser und Müll heute und morgen, in: Wasser und Boden, Bd. 22, 1970, H. 5, S. 117 ff.

Boehm, V., Die Abwasserabgabe ist ein Anfang, in: Umwelt 1976, 4, S. 258 ff.

Böhnke, B., Volkswirtschaftlicher Aufwand für die Wasserversorgung sowie für die Beseitigung flüssiger und fester Abfallstoffe bis zum Jahre 2000, in: Umweltschutz - eine Aufgabe unserer Zeit, hrsg. vom Institut für Gewerbliche Wasserwirtschaft und Luftreinhaltung e.V., Köln 1971, S. 65 ff.

Böhnke, B., Was vertragen überhaupt unsere Binnengewässer an Belastungen und welcher Reinigungsgrad läßt sich hieraus für Kläranlagen ableiten?, in: Schultze, H. (Hrsg.), a.a.O., S. 95 ff.

Böhnke, B., Siedlungswasserwirtschaftliche Probleme bei der Müllbeseitigung, in: Niedersächsiche Gemeinde, Bd. 20, 1968, H. 4, S. 97 ff.

Bohm, P., A Note on the Problem of Estimating Benefits from Pollution Controll, in: OECD (Hrsg.), Problems of Environmental Economics, a.a.O., S. 83 ff.

Bonus, H., Über Schattenpreise von Umweltressourcen, in: Jahrbuch für Sozialwissenschaft, Bd. 23, 1972, S. 342 ff.

Bora, G., Planwirtschaft als Voraussetzung einer wirksamen Umweltpolitik, in: Horn, C./von Walterskirchen, M.P./ Wolff, J. (Hrsg.), a.a.O., S. 245 ff.

Borchardt, K., Volkswirtschaftliche Kostenrechnung und Eigentumsverteilung. Bemerkungen zum Problem der Sozialkosten, in: Jahrbücher für Nationalökonomie und Statistik, Bd. 178, 1965, S. 70 ff.

Borneff, J., Forderungen an die Reinhaltung unserer Binnengewässer aus hygienischer Sicht, in: Schultze, H. (Hrsg.), a.a.O., S. 87 ff.

Borneff, J., Hygiene. Ein Leitfaden für Studenten und Ärzte, Stuttgart 1971

Borneff, J., Schadstoffe im Wasser: Herkunft, Bedeutung und Beseitigung, in: Zentralblatt für Bakteriologie ..., a.a.O., S. 220 ff.

von Borries, D.F.W., Zur Konstruktion von Umweltindizes, in: Allgemeines Statistisches Archiv, Bd. 59, 1975, S. 41 ff.

Boulding, K.E., The Economics of the Coming Spaceship Earth, in: Jarrett, H. (Hrsg.), a.a.O., S. 3 ff.

Bragdon, C., The Community Noise Problem: Factors Affecting its Management, in: Natural Resources Journal, vol. 10, 1970, S. 687 ff.

Bramigk, D., Bürgerinitiativen zum Umweltschutz, in: U 1973, 5

Bramigk, D., Warten auf Initialzündungen, in: U 1975, 4

Brasse, P., Optimierung der Müllbelastung, in: Seminarbericht 8 der Gesellschaft für Regionalforschung, Münster 1974, S. 29 ff.

Brasse, P./Thoss, R./Könnecke, U., Ein aktivitätsanalytisches Umweltmodell zur Flächennutzungsplanung, in: Seminarbericht 8 der Gesellschaft für Regionalforschung, Münster 1974, S. 15 ff.

Brennpunkt Müllproblem, hrsg. vom Presse- und Informationsamt der Bundesregierung, Bonn 1968

Brösse, U., Ziele in der Regionalpolitik. Zielforschung und Probleme der Realisierung von Zielen, Berlin 1972

Bryan, M./William, T., Cause for Concern - Noise Pollution of the Work Environment, in: International Journal of Environmental Studies, vol. 1, 1971, S. 99 ff.

Buchanan, J.M., External Diseconomies, Corrective Taxes, and Market Structure, in: Staaf, R.J./Tannian, F.X. (Hrsg.), a.a.O., S. 269 ff.

Buchanan, J.M., Joint Supply, Externality and Optimality, in: Economica, N.S., Bd. 33, 1966, S. 4o4 ff.

Buchanan, J.M./Stubblebine, W.C., Externality, in: Staaf, R.J./ Tannian, F.X. (Hrsg.), a.a.O., S. 272 ff.

Buchwald, K., Umweltschutz und Gesellschaft, in: Naturschutz- und Naturparke, Bd. 60, 1971, H. 1, S. 1 ff.

Budowski, G., Conservation and the Future Environment of Mankind, in: Sioli, H. (Hrsg.), a.a.O., S. 439 ff.

Budyko, M.T., Das Klima der Zukunft, in: Forschung '73, Frankfurt/Main 1972, S. 85 ff.

Bullinger, M., Rechtsfragen des Verursacherprinzips beim Umweltschutz, in: Das Verursacherprinzip und seine Instrumente, a.a.O., S. 69 ff.

Bundesraumordnungsprogramm, BT-Drucksache 7/3584

Calabresi, G., Transaction Costs, Resource Allocation, and Liability Rules, in: Dorfman, R./Dorfman, N.S. (Hrsg.), a.a.O., S. 194 ff.

Cansier, D., Ökonomische Grundprobleme der Umweltpolitik, Berlin 1975

Caponera, D.A., Towards a New Methodological Approach in Environmental Law, in: Natural Resources Journal, vol. 12, 1972, S. 133 ff.

Carson, R., Der stumme Frühling, München 1970

Caspers, H., Sieben Jahre Förderung des Schwerpunktprogramms "Litoralforschung - Abwässer in Küstennähe", in: DFG-Mitteilungen, 2/73, S. 64 ff.

Cassell, E.J., The Health Effects of Air Pollution and their Implications for Control, in: Law and Contemporary Problems, vol. 33, 1968, S. 197 ff.

Cazes, B., Environmental Quality Indicators and Social Indicators, in: OECD (Hrsg.), Problems of Environmental Economics, a.a.O., S. 77 ff.

Claussen, E., Gesundheitsingenieur - ein Schmalspurmediziner?, in: U 1973,1

Cmelka, D., Für eine sorgsame Umwelt-Terminologie, in: Umwelt 1975, 5, S. 12 und Umwelt 1976, 1, S. 32

Coase, R.H., The Problem of Social Cost, in: Staaf, R.J./Tannian, F.X. (Hrsg.), a.a.O., S. 119 ff.

Coddington, A./Opschoor, H./Pearce, D., Some Limitations of Benefit-Cost Analysis in Respect of Programmes with Environmental Consequences, in: OECD (Hrsg.), Problems of Environmental Economics, a.a.O., S. 119 ff.

Coenen, R. u.a., Alternativen zur Umweltmisere. Raubbau oder Partnerschaft, München 1972

Comar, C.L./Thompson jr., J.C., Social, Environmental, and Health Costs, in: Summary Report of the Cornell Workshop on Energy and the Environment, a.a.O., S. 27 ff.

Committee on the Problem of Noise, Noise, Final Report, H.M.S.O., London 1963

Commoner, B., Die Bedeutung der Biosphäre, in: Lohmann, M. (Hrsg.), a.a.O., S. 100 ff.

Congress and the Nation's Environment. Environmental Affairs of the 91st Congress, hrsg. von Environmental Policy Division/Congressional Research Service/Library of Congress, Washington, D.C., 1971

Corti, W.R., Mensch und Natur, in: Neue Helvetische Gesellschaft (Hrsg.), a.a.O., S. 53 ff.

The Cost of Clean Air. Second Report of the Secretary of Health, Education, and Welfare to the Congress of the United States, Doc No. 91-65, Washington, D.C. 1970

Creutz, G., Bericht über die Diskussion der Vorträge zum Thema "Umweltschutz und Statistik" auf der 45. Jahreshauptversammlung der Deutschen Statistischen Gesellschaft am 26.9.1974 in Dortmund, in: Allgemeines Statistisches Archiv, Bd. 59, 1975, S. 65 ff.

Dahmen, E., Umweltschutz und ökonomische Systeme, in: Glagow, M. (Hrsg.), a.a.O., S. 61 ff.

Dales, J. H., Pollution, Property and Prices, An Essay in Policy-making and Economics, Toronto 1968

Davis, O.A./Whinston, A., Externalities, Welfare, and the Theory of Games, in: Journal of Political Economy, vol. 70, 1962, S. 241 ff.

Degenhardt, K.-H., Teratologische Probleme der Umweltverschmutzung, in: Schultze, H. (Hrsg.), a.a.O., S. 290 ff.

Delmhorst, B., Das Verursacherprinzip: Der kategorische Imperativ des Umweltschutzes, in: Die Neue Gesellschaft, 1972, S. 759 ff.

Delmon, B., Umweltingenieure von der belgischen Universität Löwen, in: Umwelt 1973, 6, S. 44 f.

Demsetz, H., Toward a Theory of Property Rights, in: American Economic Review, vol. 57, 1967, papers and proceedings, S. 347 ff.

Denkschrift des Hauptausschusses der Ministerkonferenz für Raumordnung, in: Raumordnung und Umweltschutz, a.a.O.

Deutsche Gesellschaft für Ernährung e.V., Ernährungsbericht 1973, Frankfurt am Main 1973

Deutsches Institut für Urbanistik / Deutscher Städtetag, Kommunale Gebührenhaushalte, Teil 1: Kalkulationsverhalten und Deckungsgrade, Berlin 1976

DFG, Fluglärmwirkungen. Eine interdisziplinäre Untersuchung über die Auswirkungen des Fluglärms auf den Menschen, 3 Bde., Boppard 1974

DFG, Die Förderungsaktivitäten der DFG auf dem Gebiet der Umweltforschung, in: DFG-Mitteilungen 2/74, S. 5 ff.

DFG, Umweltforschung, in: DFG-Mitteilungen 2/73

DFG, Umweltforschung, Aufgaben und Aktivitäten der DFG 1950 bis 1970, Bonn-Bad Godesberg 1971

Dierkes, N., Qualität des Lebens und unternehmerische Entscheidung. Ansätze zu einem gesellschaftsbezogenen Rechnungslegungs- und Planungssystem, in: Battelle-Information 17, 1973, S. 23 ff.

Dierkes, N., Technology Assessment in der BRD - Eine Stellungnahme, in: Battelle-Information 19, 1974, S. 23 ff.

Dittes, H., Die Finanzierungshilfen des Bundes und der Länder an die gewerbliche Wirtschaft, Frankfurt am Main 1976

von Dobschütz, L./Mathias, W., Umweltverträglichkeitsprüfung öffentlicher Maßnahmen. Ein Schema zur Kontrolle, in: Umwelt 1973, 2, S. 35 ff.

Döllekes, P., Die Optimierung der Abgasbelastung in der Bundesrepublik Deutschland, in: Seminarbericht 8 der Gesellschaft für Regionalforschung, Münster 1974, S. 89 ff.

Dörge, F.W. (Hrsg.), Qualität des Lebens, Opladen 1973

Domsch, K.H., Zum Problem der Biozide, in: Olschowy, G. (Hrsg.), a.a.O., S. 143 ff.

Dorcey, A.H.J., Effluent Charges, Information Generation and Bargaining Behavior, in: Natural Resources Journal, vol. 13, 1973, S. 118 ff.

Dorfman, R./Dorfman, N.S. (Hrsg.), Economics of the Environment, New York 1972

Downs, A., Up and down with ecology - the "issue - attention - cycle", in: Public Interest, vol. 28, 1972, S. 38 ff.

Dreißigacker, H.L./Surendorf, F./Weber, E., Zum Entwurf der Technischen Anleitung zur Reinhaltung der Luft. Dem Stand der Technik angepaßt, in: Umwelt 1974, S. 2o ff.

Dreyhaupt, F.J., Das Emissionskataster, in: Schultze, H. (Hrsg.), a.a.O., S. 212 ff.

Dreyhaupt, F.J., Emissionskataster als Hilfsmittel zur Luftreinhaltung, in: Umweltschutz - eine Aufgabe unserer Zeit, hrsg. vom Institut für Gewerbliche Wasserwirtschaft und Luftreinhaltung e.V., Köln 1971, S. 45 ff.

Dreyhaupt, F.J., Die modellmäßige Ermittlung und Darstellung der Lärmverteilung in Stadtstrukturen, in: Deutscher Arbeitsring für Lärmbekämpfung e.V. (Hrsg.), Verkehrslärmtagung in Bonn-Bad Godesberg vom 19./20.4. 1971, S. 12 ff.

Dreyhaupt, F.J., Luftreinhaltung als Faktor der Stadt- und Regionalplanung, Aachen 1970

Drobil, M., Der Lärmschutz in der Raumplanung, in: Mitteilungen des Österreichischen Instituts für Raumplanung, 1970, 143/144, S. 11 ff.

Dror, Y., Comprehensive Planning: Common Fallacies Versus Preferred Features, in: F. von Schagen (Hrsg.), Essays in Honour of Professor Jac P. Thijsse, Paris 1967

Dubos, R., Man, Medicine, and Environment, Harmondsworth 1970

Dubos, R., Promises and Hazards of Man's Adaptability, in: Jarrett, H. (Hrsg.), a.a.O., S. 23 ff.

Dürr, E., Wirtschaftspolitische Ziele - ein historischer Überblick, in: Recktenwald, H.C. (Hrsg.), a.a.O., S. 9 ff.

Ecker, J.G./Mc Namara, J.R., Geometric Programming and the Preliminary Design of Industrial Waste Treatment Plants, in: Water Resources Research, vol. 7, 1971, S. 18 ff.

The Economics of Clean Air. Annual Report of the Administrator of the Environmental Protection Agency to the Congress of the United States, March 1971, U.S.G.P.O. Washington, D.C. 1971

The Economics of Clean Air. Annual Report of the Administrator of the Environmental Protection Agency to the Congress of the United States, March 1972, U.S.G.P.O., Washington, D.C. 1972

The Economics of National Priorities. Hearings before the Subcommittee on Priorities and Economy in Government of the Joint Economic Committee, part 1, U.S.G.P.O., Washington, D.C. 1971

The Economy, Energy, and the Environment. A Background Study Prepared for the Use of the Joint Economic Committee, U.S.G.P.O., Washington, D.C. 1970

The Education of Engineers in Environmental Health, Report of a WHO Expert Committee, Technical Report Series, No. 376, Genf 1967

The New Environmental Education Program, hrsg. vom U.S. Department of Health, Education and Welfare/Office of Education, U.S.G.P.O., Washington, D.C., 1971

Egli, E., Die Erhaltung der Landschaft, in: Neue Helvetische Gesellschaft (Hrsg.), a.a.O., S. 19 ff.

Egli, E., Natur in Not. Gefahren der Zivilisationslandschaft, 2. Auflage, Bern und Stuttgart 1970

Eickel, K.H./Jud, S., Umweltkosten des Straßenverkehrs, in: Umwelt 1974, 4, S. 17 ff.

von Eiff, A.W., Mensch und Lärm, in: DFG-Mitteilungen, Jahresversammlung 71, Bonn 1971, S. 28 ff.

Einbrodt, H.J., Grenzwerte für staubförmige Luftverschmutzungsstoffe und andere Bekämpfungsmaßnahmen, in: Zentralblatt für Bakteriologie ..., a.a.O., S. 296 ff.

Ellenberg, H., Belastung und Belastbarkeit von Ökosystemen, in: Steubing, L./Kunze, C./Jäger, J. (Hrsg.), a.a.O., S. 19 ff.

Elster, H.-J., Ökologische Probleme der Binnengewässer, in: Forschung '73, Frankfurt am Main 1972, S. 205 ff.

Elster, H.-J., Forderungen an die Reinhaltung unserer Binnengewässer aus biologischer Sicht, in: Schultze, H. (Hrsg.), a.a.O., S. 93 ff.

Die Energiepolitik der Bundesregierung, BT-Drucksache 7/1057

Engelhardt, W., Umweltschutz. Gefährdung und Schutz der natürlichen Umwelt des Menschen, München 1973

Entschließung der Ministerkonferenz für Raumordnung vom 15. Juni 1972, in: Raumordnung und Umweltschutz, a.a.O.

Entwicklungstendenzen des Kraftfahrzeugverkehrs in der Bundesrepublik Deutschland bis 1980, Schriftenreihe des Verbandes der Automobilindustrie e.V., Nr. 5, Frankfurt am Main 1970

Entwurf eines Gesetzes über Umweltstatistiken, BT-Drucksache 7/988

Entwurf der gesundheitspolitischen Leitsätze, vorgelegt vom Gesundheitspolitischen Ausschuß beim SPD Vorstand, in: Langzeitprogramm 1, Bonn-Bad Godesberg, 1972, S. 191 ff.

Erhard, L./Müller-Armack, A., Soziale Marktwirtschaft, Frankfurt-Berlin-Wien 1972

Eriksson, E., The Importance of Investigating Global Background Pollution, in: WMO (Hrsg.), Meteorological Aspects of Air Pollution, a.a.O., S. 31 ff.

Evans, M.K., A Forecasting Model Applied to Pollution Control Costs, in: American Economic Review, vol. 63, 1973, papers and proceedings, S. 244 ff.

Everett, M., The Role of Formal Education in Environmental Movements, in: Journal of Economic Issues, vol. 6, 1972, S. 87 ff.

Ewringmann, D./Zimmermann, K., Kommunale Wirtschaftsförderung und Umweltschutz, in: Archiv für Kommunalwissenschaften, 12. Jg., 1973, S. 282 ff.

Fazio, A.G./Cascio, M.L., Evaluation of the Economic Effects of Anti-Pollution Public Policy: Proposal for an Econometric Analysis Model, in: OECD (Hrsg.), Problems of Environmental Economics, S. 143 ff.

Fedorenko, N./Gofman, K., Problems of Optimization in the Planning and Control of the Environment, in: Problems of Economics, vol. 15,12, 1973, S. 37 ff.

Ferrar, T.A., A Rationale for a Corporate Air Pollution Abatement Policy, in: American Journal of Economics and Sociology, vol. 33, 1974, S. 232 ff.

Fichtel, K., Pyrolyse von Hausmüll: Vier Verfahren könnten erprobt werden, in: Umwelt 1975, 4, S. 42 ff.

Fichtel, K., Entgasen oder Vergasen?, in: U 1975, 3

Finke, W., Umweltforschung - eine multi- und interdisziplinäre Aufgabe, in: Schultze, H. (Hrsg.), a.a.O., S. 64 ff.

Firnhaber, R.B., Patient Bodensee. Wie lange noch Trinkwasserspeicher?, in: Umwelt 1971, 3, S. 27 f.

Fischer, A., Die Struktur von Wirtschaftsräumen. Ein Beitrag zur Anwendung statistischer Methoden in der Regionalforschung, Wiesbaden 1969

Fischer, D.W./ Müller, F.G., Ein Beitrag zur Erfassung von Einwirkungen auf die Umwelt, in: Zeitschrift für die gesamte Staatswissenschaft, Bd. 130, 1974, S. 718 ff.

Fisher, A.C., Population and Environmental Quality, in: Public Policy, vol. 19, 1971, S. 19 ff.

Fisher, A.C./Krutilla, J.V., Valuing Long Run Ecological Consequences and Irreversibilities, in: Journal of Environmental Economics and Management, vol. 1, 1974, S. 96 ff.

Fisher, A.C./Peterson, F.M., The Environment in Economics: A Survey, in: Journal of Economic Literature, vol. 14, 1976, S. 1 ff.

Fisher, J.L., Impact of Population on Resources and the Environment, in: American Economic Review, vol. 61, 1971, papers and proceedings, S. 392 ff.

FitzRoy, F.R./von Weizsäcker, E., Einige politisch-ökonomische Fragen im Umweltschutz, in: von Weizsäcker, E. (Hrsg.), a.a.O., S. 95 ff.

Fleischer, K., Schall als Umweltnoxe, in: Schaefer, Hans (Hrsg.), a.a.O., S. 68 ff.

Flickinger, H.-G./Summerer, S., Voraussetzungen erfolgreicher Umweltplanung in Recht und Verwaltung, Göttingen 1975

Flohn, H., Klimaschwankungen und Klimamodifikation: Fakten und Probleme, in: Universitas, 28. Jg., 1973, S. 1293 ff.

Flohn, H./Fraedrich, K., Eingriffe in das Klima, in: Umwelt 1973, 5, S. 20 f.

Fodor, G.G./Winneke, G.,Belästigung durch geruchsintensive Stoffe, in: Zentralblatt für Bakteriologie ..., a.a.O., S. 282 ff.

Ford, W.D., A National Program for Environmental Education, in: Armstrong, T.R. (Hrsg.), a.a.O., S. 140 ff.

Forrester, J.W., Der teufliche Regelkreis. Kann die Menschheit überleben?, Stuttgart 1972

Forschungsbericht IV, BT-Drucksache VI/3251

Forsthoff, E., Der Staat der Industriegesellschaft, 2. Auflage, München 1971

Førsund, F.R., Allocation in Space and Environmental Pollution, in: Swedish Journal of Economics, vol. 74, 1973, S. 19 ff.

Foster, C.D./MacKie, P.J., Noise: Economic Aspects of Choice, in: Urban Studies, Bd. 7, 1970, H. 2, S. 123 ff.

Fox, I.K., Institutional Mechanisms, in: Summary Report of the Cornell Workshop on Energy and the Environment, a.a.O., S. 166 ff.

Fox, I.K./Wible, L.F., Information Generation and Communication to Establish Environmental Quality Objectives, in: Natural Resources Journal, vol. 13, 1973, S. 134 ff.

Freeman III, A.M., Air Pollution and Property Values: A Further Comment, in: Review of Economics and Statistics, vol. 56, 1974, S. 554 ff.

Freeman III, A.M., Air Pollution and Property Values: A Methodological Comment, in: Review of Economics and Statistics, vol. 53, 1971, S. 415 f.

Freeman III, A.M., On Estimating Air Pollution Control Benefits from Land Value Studies, in: Journal of Environmental Economics and Management, vol. 1, 1974, S. 74 ff.

Freeman III, A.M./Haveman, R.H., Residuals Charges for Pollution Control: A Policy Evaluation, in: Science, vol. 177, No. 4046, v. 28.7.1972, S. 322 ff.

Frey, B.S., A Dynamic Theory of Public Goods, in: Finanzarchiv N.F., Bd. 32, 1973/74, S. 185 ff.

Frey, B.S., Umweltökonomie, Göttingen 1972

Frey, B.S./ Schwödiauer, G., Über die zeitliche Nutzung der Natur, in: Schmollers Jahrbuch, 91. Jg., 1971, S. 691 ff.

Frey, P., Giftmüll-Produzenten werden erfaßt, in: Umwelt 1974, 1, S. 20 ff.

Frey, P., Streit um den Zerfall von Baudenkmalen: Luftverunreinigung oder Verwitterung?, in: Umwelt 1973, 2, S. 22 f.

Frey, R.L., Umweltschutz als wirtschaftspolitische Aufgabe, in: Schweizerische Zeitschrift für Volkswirtschaft und Statistik, 108. Jg., 1972, S. 453 ff.

Friedman, M., The Role of Government in Free Society, in: Goldman, M.I. (Hrsg.), a.a.O., S. 117 ff.

Friedman, S., Facing Man and Society: The Challenge, in: Tsuru, S. (Hrsg.), a.a.O., S. 32 ff.

Fritsch, B., Umwelt und Grenzen des Wachstums, in: Mitteilungen der List-Gesellschaft Fasc. 8, 1973/74, Nr. 5, S. 92 ff.

Fry, C.L., Pollution Control. Proper Policies could Improve Functioning of Market Economy, in: Federal Reserve Bank of Dallas, Business Review, Oct. 1973, S. 1 ff.

Fuß, K., Gewässerschäden - Gewässerschutz, in: Der Landkreis 8-9, 1970, S. 326 ff.

Gässler, W., Zur Standortproblematik aus der Sicht der Industrie, in: Raumforschung und Raumordnung, 30. Jg., 1972, S. 200 ff.

Gardner, M.J., Using the Environment to Explain and Predict Mortality, in: Journal of the Royal Statistical Society, vol. 136, 1973, S. 421 ff.

Genscher, H.-D., Kein Abstrich beim Umweltschutz, in: U 1974, 1

Genscher, H.-D., Gesellschaftspolitische Aufgabe des Umweltschutzes, in: Bulletin der Bundesregierung Nr. 178 v. 18.12.1970, S. 1945 ff.

Genscher, H.-D., Sozialisierung löst die Umwelt-Probleme nicht, in: Die Wirtschaftswoche Nr. 23 v. 1.6.1973

Genscher, H.-D., Umwelt als Gesamtheit sehen, in: U 1973, 2

Georgii, H.-W., Wir brauchen eine "Luftreinhaltungs-Strategie". Wie die meteorologische Wissenschaft bei der Standortplanung helfen kann, in: Blick durch die Wirtschaft v. 23.9.1971

Georgii, H.-W., Die lufthygienisch-meteorologische Modelluntersuchung im Untermaingebiet, in: Schultze, H. (Hrsg.), a.a.O., S. 216 ff.

Gerhardt, P.H., Air Pollution Control: Benefits, Costs, and Inducements, in: Mushkin, S. (Hrsg.), Public Prices for Public Products, Washington, D.C., 1972, S. 153 ff.

Gerlach, S.A., Auswirkungen der Meeresverschmutzung auf das Leben im Meer und die Nahrungsketten, in: Schultze, H. (Hrsg.), a.a.O., S. 156 f.

Geschka, H./Lichtwer, L., Schätzungen der monetären Aufwendungen für Umweltschutz in der BRD für den Zeitraum 1971 - 1975, in: Battelle Information 14, 1972, S. 4 ff.

Giersch, H. (Hrsg.), Das Umweltproblem in ökonomischer Sicht, Symposium 1973, Tübingen 1974

Giglio, R.J./Wrightington, R., Methods for Apportioning Costs Among Participants in Regional Systems, in: Water Resources Research, vol. 8, 1972, S. 1133 ff.

Gilbert, T., Emissionsbegrenzungen und Emissionsmeßwerte - ein Vergleich, in: Umwelt 1973, 6, S. 32 ff.

Glagow, M., Zur staatlichen Regulierung von Umweltschäden, in: Glagow, M. (Hrsg.), a.a.O., S. 193 ff.

Glagow, M. (Hrsg.), Umweltgefährdung und Gesellschaftssystem, München 1972

Glück, K. u.a., Lärmkarten als Hilfsmittel für die Stadtplanung, Schriftenreihe des Bundesministers für Raumordnung, Bauwesen und Städtebau, Bonn-Bad Godesberg o.J.

Goldman, M.I., The Convergence of Environmental Disruption, in: Dorfman, R./Dorfman, N.S. (Hrsg.), a.a.O., S. 294 ff.

Goldman, M.I., Environmental Disruption in the Soviet Union, in: Tsuru, S. (Hrsg.), a.a.O., S. 171 ff.

Goldman, M.I. (Hrsg.), Ecology and Economics, Englewood Cliffs, N.J., 1972

Goldman, M.I/Shoop, R., What is Pollution?, in: Goldman, M.I. (Hrsg.), a.a.O., S. 102 ff.

Goldsmith, E./Allen, R., Planspiel zum Überleben, Stuttgart 1972

Gorr, W.L./Kortanek, K.O., Optimal Control Strategies for Air Quality Standards, Manuskript, Pittsburgh 1971

Grad, F.K./Rathjens, G.W./Rosenthal, A.J. (Hrsg.), Environmental Control: Priorities, Policies, and the Law, New York und London 1971

Gräf, W., Umweltgefährdung durch kanzerogene Substanzen, in: Steubing, L./Kunze, C./Jäger, J. (Hrsg.), a.a.O., S. 115 ff.

Gräff, B./Spegele, H., Wörterbuch des Umweltschutzes, Stuttgart 1972

Graeub, R., Die sanften Mörder. Atomkraftwerke demaskiert, Frankfurt 1974

Gramm, W.P., A Theoretical Note on the Capacity of the Market System to Abate Pollution, in: Land Economics, vol. 45, 1969, S. 365 ff.

Grandjean, E./Gilgen, A./Bättig, K., Die Fluglärmbelastung, in: Städtehygiene, Bd. 20, 1969, Nr. 4, S. 73 ff.

Graßhoff, K./Meyl, A.H., Geschichte und Aufgaben des "Scientific Committee on Problems of the Environment" (SCOPE), in: DFG-Mitteilungen 2/73, S. 69 ff.

Grawe, J., Sichere Energieversorgung und Umweltschutz. Wie der Zielkonflikt bewältigt wird, in: Umwelt 1974, 2, S. 32 ff.

Green, H.P., The Role of Government in Environmental Conflict, in: Wolozin, H. (Hrsg.), a.a.O., S. 301 ff.

Grefen, K., Feinstäube gefährden den Städter, in: Umwelt 1974, 4, S. 22 f.

Gruhl, H., Wer soll für die Umwelt zahlen?, in: Marktwirtschaft, 3. Jg., 1971, Nr. 7, S. 12 ff.

Guderian, R., Wirkungen von Luftverunreinigungen auf Pflanzen, in: Schultze, H. (Hrsg.), a.a.O., S. 206 ff.

Günther, P., Exakte Messung - reinere Luft, in: U 1972, 4

Günther, U. u.a., Umweltschutz-Informations- und Steuerungssystem, IBM DV-Anwendung, o.O. 1972

Gumpel, W./Keese, D. (Hrsg.), Probleme des Industrialismus in Ost und West, Festschrift für Hans Raupach, München 1973

Gutachten des Wissenschaftlichen Beirats beim Bundesministerium der Finanzen, Zur Lage und Entwicklung der Staatsfinanzen in der Bundesrepublik Deutschland, Bonn 1975

Gysin, H., Marketing und Umweltschutz, in: von Walterskirchen, M.P. (Hrsg.), a.a.O., S. 187 ff.

de Haar, U., Das Meßstellenprojekt "Reinhaltung der Luft", in: Umschau in Technik und Wissenschaft, 1970, H. 23, S. 746 f.

Häberle, M., Zur Erstellung eines Geruchskatasters der BASF Ludwigshafen, in: Umwelt 1973, 6, S. 39 ff.

Häberle, M., Wo sind die wirklichen Grenzen?, in: Umwelt 1976, 1, S. 24 ff.

Häberle, M., Industrielärm: Versagen die Vorschriften?, in: Umwelt 1975, 2, S. 26 ff.

Häfele, W., Stoffbilanzen, in: Zur Problematik des Verursacherprinzips, a.a.O., S. 22 ff.

Haenert, F., Abfallbörse der Industrie- und Handelskammern, in: Umwelt 1974, 5, S. 23 f.

Hahn, H.A., Umweltplanung. Gemeinsame Aufgabe von Wissenschaftler, Ingenieur und Politiker, in: Umwelt 1971, 1, S. 17 ff.

Hahn, J./Aehnelt, E., Die Fruchtbarkeit der Tiere als biologischer Indikator für Umweltbelastungen, in: Steubing, L./Kunze, C./Jäger, J. (Hrsg.), a.a.O., S. 49 ff.

Hahnemann, H.W., Strahlenschäden und Strahlenschutz, in: Umwelt 1971, 5, S. 25

Halbritter, G., Abgabenprinzip und Bewertungsproblematik, in: Zur Problematik des Verursacherprinzips, a.a.O., S. 36 ff.

Hall, jr. O.P./Licari, J.A., On the Regional Implications of Air Pollution Control, in: The Annals of Regional Science, vol. 6, 1972, S. 26 ff.

Hall, R.H., University Education and the Natural Environment: Are They Compatible?, in: International Journal of Environmental Studies, vol. 2, 1971, S. 47 ff.

Haltrich, W./Malle, K.-G., Wasserreinhaltung; die Rolle der chemischen Industrie, in: Umwelt 1975, 5, S. 25 ff.

Hamm, W., Zur ökonomischen Bedeutung und ordnungstheoretischen Begründung der Rolle des Staates in Marktwirtschaften, in: Staat und moderne Marktwirtschaft, hrsg. vom Landespersonalamt Hessen, Wiesbaden 1975, S. 21 ff.

Hansmeyer, K.-H., Die Abwasserabgabe als Versuch einer Anwendung des Verursacherprinzips, in: Issing, O. (Hrsg.), a.a.O., S. 65 ff.

Hansmeyer, K.-H., Anforderungen der Umweltpolitik an die amtliche Statistik, in: Allgemeines Statistisches Archiv, Bd. 59, 1975, S. 1 ff.

Hansmeyer, K.-H., Volkswirtschaftliche Kosten des Umweltschutzes, in: Giersch, H. (Hrsg.), a.a.O., S. 99 ff.

Hansmeyer, K.-H./Rürup, B., Umweltgefährdung und Gesellschaftssystem, in: Wirtschaftspolitische Chronik 1973, H. 2, S. 7 ff.

Hardin, G., Die Tragik der Allmende, in: Lohmann, M. (Hrsg.), a.a.O., S. 30 ff.

Hartkopf, G., Wirtschaftliche Aspekte der Umweltpolitik, in: Schultze, H. (Hrsg.), a.a.O., S. 15 ff.

Hartkopf, G., Umweltgestaltung durch Raumordnung, in: Raumforschung und Raumordnung, 30. Jg., 1972, S. 145 ff.

Hartkopf, G., Umweltpolitik nach Gymnich, in: U 1975, 4

Hartkopf, G., Umweltpolitik aus der Sicht der Bundesregierung, in: Glagow, M. (Hrsg.), a.a.O., S. 181 ff.

Hass, J.E., Optimal Taxing for the Abatement of Water Pollution, in: Water Resources Research, vol. 6, 1970, S. 353 ff.

van Haut, H./Guderian, R., Pflanzen als Indikator der Luftverschmutzung, in: Probleme der Umweltforschung, a.a.O., S. 36 ff.

Hawksworth, D.L., Lichens as Litmus for Air Pollution: A Historical Review, in: International Journal of Environmental Studies, vol. 1, 1971, S. 281 ff.

Hayek, F.A., Der Weg zur Knechtschaft, Erlenbach und Zürich, 1952

Hazelton, J.E., Effluents and Affluence, in: Goldman, M.I. (Hrsg.), a.a.O., S. 134 ff.

Head, J.G., Public Goods and Public Welfare, Durham, N.C., 1974

Head, J.G., Public Policies and Pollution Problems, in: Finanzarchiv, Bd. 33, 1974, S. 1 ff.

Heaney, J.P./ Carter jr., B.J./Pyatt, E.E., Costs for Equivalent Upstream Reduction in Waste Water Discharges, in: Water Resources Research, vol. 7, 1971, S. 458 ff.

Heigl, A., Wie wirkt die Sonderabschreibung?, in: Umwelt 1975, 4, S. 18 ff.

Heinemann, J., Zweierlei Ingenieure?, in: Umwelt 1972, 5, S.14 ff.

Henke, W., Umwelt, Technik, Natur, Kultur, in: Recktenwald, H.C. (Hrsg.), a.a.O., S. 17 ff.

Henkel, P., Unser Beitrag zum Umweltschutz, in: Bayer-Berichte, H. 27, 1971, S. 26 ff.

Henkel, P., Der Graben zwischen Chemie und Öffentlichkeit, in: Umwelt 1973, 3, S. 4

Henschler, D., Versuch einer Zuordnung von chemischen Noxen und Schäden beim Menschen, in: Schaefer, Hans (Hrsg.), a.a.O., S. 46 ff.

Herder-Lexikon Umwelt, Freiburg 1973

Herrmann, G., Probleme der bewußten Beherrschung von Wechselwirkungen zwischen Mensch und natürlicher Umwelt, in: Umwelt 1973, 2, S. 15 ff.

Hetman, F., Society and the Assessment of Technology, Paris 1973

Hettche, H.O., Gesundheit und Großstadtluft, in: Staub, Bd. 2, 1961, S. 48 ff.

Hirohide Hinomoto, Dynamic Programming of Capacity Expansion of Municipal Water Treatment System, in: Water Resources Research, Vol. 8, 1972, S. 1178 ff.

Hirohide Hinomoto, Unit and Total Cost Functions for Water Treatment Based on Koenig's Data, in: Water Resources Research, vol. 7, 1971, S. 1064 ff.

Hödl, E., Umweltpolitik, Die Scheuklappen der "Ökonomisten", in: Wirtschaftswoche, 26. Jg., 1972, Nr. 8, S. 35 ff.

Höffken, F., Probleme der Abfallbehandlung, in: Olschowy, G., (Hrsg.), a.a.O., S. 222 ff.

Höhmann, H.-H./Seidenstecher, G./Vajna, T., Umweltschutz und ökonomisches System in Osteuropa, Stuttgart-Berlin-Köln-Mainz 1973

Hönig, W., Die soziale Verantwortung des Unternehmens, in: NZZ vom 10.2.1971

Hösel, G., Kosten einer befriedigenden Neuordnung der Abfallbeseitigung, in: Schultze, H. (Hrsg.), a.a.O., S. 196 ff.

Hösel, G., Umweltkrise und Gesundheitsgefahren, in: Der Städtetag, 24. Jg., 1971, H. 2, S. 72 ff.

Hötker, D./Wierling, L., Umweltschutz im Ruhrgebiet, in: Bundesbaublatt, 20. Jg., 1971, S. 324 ff.

Hofmann, U., Rechtswidrige Tatbestände - aber selten nachweisbare Schuld, in: Blick durch die Wirtschaft vom 6.9.1971

Horn, C./von Walterskirchen, M.P./Wolff, J. (Hrsg.), Umweltpolitik in Europa, Frauenfeld 1973

Huber, G., Geistige Implikationen der Umweltveränderung, in: Leibundgut, H. (Hrsg.), a.a.O., S. 118 ff.

Hueting, R., The Set-Up of the Statistical System within which the Deterioration of the Human Environment will be Estimated, in: OECD (Hrsg.), Problems of Environmental Economics, a.a.O., S. 93 ff.

Hyman, D.N., The Economics of Governmental Activity, New York u.a. 1973

Internationale Arbeitsgemeinschaft der Wasserwerke am Rhein (IAWR), Memorandum der IAWR, in: Gas - Wasser - Abwasser, 53. Jg., 1973, Nr. 6

Infas, Die inneren Reformen im Spiegel der Bevölkerungsmeinung, Bonn 1971

Irving, R.M./Priddle, G.B. (Hrsg.), Crisis, Readings in Environmental Issues and Strategies, London 1971

Issing, O. (Hrsg.), Ökonomische Probleme der Umweltschutzpolitik, Berlin 1976

Issing, O., Zerstörung der Umwelt - ein Versagen des marktwirtschaftlichen Systems?, in: Recktenwald, H.C. (Hrsg.), a.a.O., S. 127 ff.

Istock, C.A., Modern Environmental Deterioration as a Natural Process, in: International Journal of Environmental Studies, vol. 1, 1971, S. 151 ff.

Jacoby, N.H., The Polluters: Industry or Government? The Institute of Economic Affairs, London 1972, S. 11 ff.

Janocha, P., Verschmutzungsgrenzen für jede Region, in: Umwelt 1975, 4, S. 54 ff.

Jansen, G., Nachweis von Lärmwirkungen (zugleich ein Beitrag zur Ermittlung von Grenzwerten), in: Zentralblatt für Bakteriologie ..., a.a.O., S. 315 ff.

Jansen, P., Was können Systemanalysen zur praktischen Verwirklichung von Umweltschutz beitragen?, in: Zur Problematik des Verursacherprinzips, a.a.O., S. 15 ff.

Jarrett, H. (Hrsg.), Environmental Quality in a Growing Economy, 3. Auflage, Baltimore und London 1971

Jermini, C., Die gesundheitlichen Gefährdungen durch Kohlenmonoxid, in: Universitas, 28. Jg., 1973, S. 1239 ff.

Jeschke, H., Verpackung - ein teurer Service, in: U 1973, 3

Jessel, U., Seven Years Experience in Air Pollution Monitoring in Germany, in: DFG-Mitteilungen, 2/74, S. 41 ff.

Jobst, J., Recycling - Entwicklung und gegenwärtiger Stand, in: U 1975, 4

Jud, S., Lärmimmissionsrichtwerte: Zumutbare Lärmgrenzen, in: Umwelt 1975, 2, S. 31 ff.

Jürgensen, H./Jaeschke, K.-P., Allokationseffekte der social costs im Umweltschutz - Untersuchung zur Anwendung des Verursacherprinzips, unveröffentlichtes Gutachten für das Bundesministerium des Innern, Hamburg 1972

Jürgensen, H./Jaeschke, K.-P., Operationale Verfahren zur Anwendung des Social Costs-Prinzips im Umweltschutz, unveröffentlichtes Gutachten für das Bundesministerium des Innern, Hamburg 1971

Jürging, P., Flechten - Bioindikatoren der Luftverunreinigung?, in: Steubing, L./Kunze, C./Jäger, J. (Hrsg.), a.a.O., S. 141 ff.

Kade, G. Ökonomische und gesellschaftspolitische Aspekte des Umweltschutzes, in: Gewerkschaftliche Monatshefte, 22. Jg., 1971, S. 257 ff.

Kade, G., Marktwirtschaft und Umweltschutz, in: gdi-topies 4/71, S. 5 ff.

Kade, G., Durch das Profitmotiv in die Katastrophe, in: Wirtschaftswoche Nr. 40, 1971, S. 39 ff.

Kapp, K.W., Zur Praxis der Umweltpolitik und der Umweltplanung, in: Kapp, K.W./Vilmar, F. (Hrsg.), a.a.O., S. 153 ff.

Kapp, K.W., 'Recycling' in Contemporary China, in: Kyklos, Bd. 27, 1974, S. 286 ff.

Kapp, K.W./Vilmar, F. (Hrsg.), Sozialisierung der Verluste? München 1972

Karsten, D., Soziale Kontrolle für technischen Fortschritt, in: U 1972, 4, S. 18 ff.

Karsten, D., Umweltpolitik - Argumente für die marktwirtschaftliche Lösung, in: Wirtschaftswoche Nr. 20, 1972, S. 37 ff.

Kasper, R.G. (Hrsg.), Technology Assessment, Understanding the Social Consequences of Technological Applications, New York-Washington-London 1972

Kassarjian, H.H., Incorporating Ecology into Marketing Strategy: The Case of Air Pollution, in: Journal of Marketing, vol. 35, July 1971, S. 61 ff.

Katz, M., Measurement of Air Pollutants, Guide to the Selection of Methods, Genf 1969

Kazantzis, G., The Poison Chain for Mercury in the Environment, in: International Journal of Environmental Studies, vol. 1, 1971, S. 301 ff.

Kenner, E., Wie soll der Umwelt-Fachmann aussehen?, in: Umwelt 1976, 3, S. 228 ff.

Kessels, K., Verursachungsgerechte Abwassergebühren, in: Zur Problematik verursachungsgerechter Berechnungsschlüssel in der Abwasserableitung, a.a.O., S. 17 ff.

Kiese, O., Die Rolle künstlich erzeugter Wärme in der Atmosphäre, in: Steubing, L./Kunze, C./Jäger, J. (Hrsg.), a.a.O., S. 175 ff.

Kimminich, O., Das Recht des Umweltschutzes, München 1972

Kitschler, W., Aufbau eines Informationssystems für Umweltplanung, in: Allgemeines Statistisches Archiv, Bd. 59, 1975, S. 25 ff.

Klausewitz, W./Schäfer, W./Tobias, W., Umwelt 2000, Kleine Senckenbergreihe 3, Frankfurt am Main 1971

Klee, O., Reinigung industrieller Abwässer, Stuttgart 1970

Klee, O., Wie stirbt ein Fluß? in: Kosmos 1971, H. 1, S. 11 ff.

Klee, O., Eine Klärwerke-Kur für den Bodensee, in: Kosmos 1971, H. 12, S. 504 ff.

Klein, A., Reine Luft. Die Verschmutzung der Luft und die technischen und praktischen Möglichkeiten zur Wiederherstellung reiner Luft, Karlsruhe 1971

Klevorick, A.K./Kramer, G.H., Social Choice on Pollution Management: The Genossenschaften, in: Journal of Public Economics, vol. 2, 1973, S. 101 ff.

Klosterkötter, W., Immissionsrichtwerte für Lärm aus psychologisch-physiologischer Sicht, in: Umwelt 1973, 1, S. 28 ff.

Klosterkötter, W., Lärmforschung und Lärmbekämpfung, in: Universitas, 28. Jg., 1973, S. 891 ff.

Klosterkötter, W., Lärmwirkungen und Lebensqualität, in: U 1973, 3

Klosterkötter, W., Lärmwirkungen auf den Menschen, in: Schultze, H. (Hrsg.), a.a.O., S. 261 ff.

Klosterkötter, W./Gono, F., Quellen und gesundheitliche Wirkung des Lärms, in: Zentralblatt für Bakteriologie ..., a.a.O., S. 300 ff.

Knabe, W./Luckat, S., Passiver Immissionsschutz gegen Luftverunreinigungen, in: Umwelt 1974, 4, S. 28 ff.

Knappe, E., Möglichkeiten und Grenzen dezentraler Umweltschutzpolitik. Bekämpfung externer Nachteile durch Verhandlungen, Berlin 1974

Kneese, A.V., Pollution and Pricing, in: American Economic Review, vol. 62, 1972, S. 958.

Kneese, A.V., Pollution and the Profit Motiv, in: Wolozin, H. (Hrsg.), a.a.O., S. 219 ff.

Kneese, A.V., Environmental Pollution: Economics and Policy, in: American Economic Review, vol. 61, 1971, papers and proceedings, S. 153 ff.

Kneese, A.V./Bower, B.T. (Hrsg.), Environmental Quality Analysis, Baltimore und London 1972

Kneese, A.V./Bower, B.T., Die Wassergütewirtschaft. Wirtschaftstheoretische Grundlagen, Technologien, Institutionen. München-Wien 1972

Kneese, A.V./Rolfe, S.E./Harned, J.W., Managing the Environment. International Economic Cooperation for Pollution Control, 2. Auflage, New York-Washington-London 1973

Knelson, J.E.. Luftqualitätskriterien und Immissionsgrenzwerte für Kohlenmonoxid in den Vereinigten Staaten, in: VDI (Hrsg.), Kohlenmonoxid. Entstehung, Messung und Wirkungskriterien, Düsseldorf 1972

Koenig, H.-W., Thermische Belastung der Fließgewässer, in: Olschowy, G. (Hrsg.), a.a.O., S. 51 ff.

Kohl, D.E., The Environmental Movement: What Might it Be?, in: Natural Resources Journal, vol. 15, 1975, S. 327 ff.

Kohn, R.E., A Cost-Effectiveness Model for Air Pollution Control with a Single Stochastic Variable, in: Journal of the American Statistical Association, vol. 67, 1972, S. 19 ff.

Korte, F., Rückstandsprobleme, in: Natur und Landschaft, 44. Jg., 1969, H. 9, S. 225 ff.

Betriebswirtschaftliche Kosten von Umweltschutzmaßnahmen und ihre gesamtwirtschaftliche Auswirkung, Berlin 1972

Koszo, E., Umweltschutz bei Hoechst, in: U 1975, 5, S. 42 ff.

Kovda, V.A., Boden, Mensch und Biosphäre, in: Aufgabe Zukunft - Qualität des Lebens, Bd. 4: Umwelt, a.a.O., S. 116 ff.

Kowalski, E., Strahlengefährdung und Umweltschutz, in: NZZ, FA Nr. 66 vom 7.3.1972

Krane, D., Lärmschutz: Unberechtigte Vorwürfe gegen die "TA Lärm", in: Umwelt 1975, 5, S. 37 ff.

Krengel, R., Die Messung der Umweltverschmutzung - Ein neuer Wohlstandsindikator, in: Gumpel, W./Keese, D. (Hrsg.), a.a.O., S. 431 ff.

Krier, J.E./Montgomery, W.D., Resource Allocation, Information Cost and the Form of Government Intervention, in: Natural Resources Journal, vol. 13, 1973, S. 89 ff.

Krist, T., Grundwissen Umweltschutz. Zahlen, Daten, Fakten, Bestimmungen. Darmstadt 1974

Kuhlmann, A., Ein Instrument der Raumplanung: Vorsorge durch Emissionsprognose, in: Umwelt 1974, 6, S. 30 ff.

Kunz, W./Rittel, H., Projekt UMPLIS (Umwelt-Planungs-Informations-System) - Aufgaben und Aufbau, in: Umwelt 1973, 3, S. 43 ff.

Kuper, G., Laser-Lidar, Was kann es wirklich?, in: Umwelt 1972, 1, S. 40 ff.

Kurir, A., Chemische Pflanzenbekämpfung - Gefahren für Mensch und Tier, in: U 1974, 4 und 5

Lahmann, E., Literaturstudie über die ökonomischen Konsequenzen der Schäden und Belästigungen, die durch die Luftverschmutzung durch Schwefeldioxid sowohl bei Materialien und der Vegetation als auch bei Mensch und Tier hervorgerufen werden, Luxemburg 1974

LaMont Cole, C., A Race for Survival, in: Pole, N. (Hrsg.), a.a.O., S. 16 ff.

Landesverband Bürgerinitiative Umweltschutz Nordrhein-Westfalen e.V., Weniger Geld - mehr Lärm. Schutz der Bürger vor Straßenlärm ungenügend, in: U 1976, 3, S. 40 ff.

Landsberg, H.E., Man-Made Climatic Changes, in: Science, vol. 170, Nr. 3964, v. 18.12.1970, S. 1265 ff.

Lange, G., Die Suche nach der gefährlichen Dosis, in: Umwelt 1973, 5, S. 17 ff.

Lave, L.B., Air Pollution Damage: Some Difficulties in Estimating the Value of Abatement, in: Kneese, A.V./ Bower, B.T. (Hrsg.), a.a.O., S. 213 ff.

Lave, L.B./Seskin, E.P., Air Pollution and Human Health, in: Dorfman, R./Dorfman, N.S. (Hrsg.), a.a.O., S. 356 ff.

Lave, L.B./Seskin, E.P., Health and Air Pollution, in: Swedish Journal of Economics, vol. 73, 1971, S. 76 ff.

Lawther, P.J./Martin, A.E./Wilkins, E.T., Epidemiology of Air Pollution, Report on a Symposium, WHO Public Health Papers No. 15, Genf 1962

Leibundgut, H. (Hrsg.), Schutz unseres Lebensraumes, München-Bern-Wien 1971

Leipert, C., Soziale Indikatoren. Überblick über den Stand der Diskussion, in: Konjunkturpolitik, 19. Jg., 1973, S. 204 ff.

Leitsätze für die Zentrale Trinkwasserversorung, DIN 2000 (Mai 1959), in: Wasserversorgungsnormen, DIN-Taschenbuch 12, 2. geänderte Auflage, hrsg. v. DNA, Berlin-Köln-Frankfurt 1971, S. 42 ff.

Lendi, M., Die Raumplanungsgesetzgebung und ihre Konsequenzen für die Unternehmung, in: von Walterskirchen, M.P. (Hrsg.), a.a.O., S. 205 ff.

Lerner, A.P., Priorities and Pollution: Comment, in: American Economic Review, vol. 64, 1974, S. 715 ff.

Lerner, A.P., The 1971 Report of the President's Council of Economic Advisers: Priorities and Efficiency, in: American Economic Review, vol. 61, 1971, S. 527 ff.

Levi, D.R./Colyer, D., Some Legal and Economic Aspects of Citizien-Initiated Legal Mechanisms for Solving Environmental Quality Problems, in: Intermountain Economic Review, vol. 3 (2), 1972, S. 36 ff.

Lichtwer, L., Zukunftsaspekte der Wiederverwendung, in: U 1975, 4, S. 42 ff.

Lichtwer, L./Schaude, G.R., Nutzen der Fernerkundung der Erde, in: Battelle-Information 18, 1974, S. 34 ff.

Liebmann, H., Die Wasserqualität der Oberbayerischen Seen, in: Olschowy, G. (Hrsg.), a.a.O., S. 64 ff.

Liste von MIK-Werten, in: Umwelt 1974, 6, S. 34 ff.

Littmann, K., Finanzierung von kollektiven Gütern, in: Aufgabe Zukunft - Qualität des Lebens, Bd. 7: Qualitatives Wachstum, a.a.O., S. 11 ff.

Littmann, K., Umweltbelastung - Sozialökonomische Gegenkonzepte. Zur Internalisierung externer Nachteile, Göttingen 1974

Litvinov, N., Water Pollution in the USSR and other Eastern European Countries, in: Bulletin of the WHO, Bd. 26, 1962, S. 439 ff.

Lord Llewellyn-Davies/Cowan, P., Stadtplanung und Wissenschaft, in: Lohmann, M. (Hrsg.), a.a.O., S. 439 ff.

Lohmann, M. (Hrsg.), Gefährdete Zukunft - Prognosen angloamerikanischer Wissenschaftler, München 1970

Lorenz, G., Umweltschutz für eine Großstadt, in: Umweltschutz - aber wie?, a.a.O., S. 51 ff.

Loucks, D.P./Revelle, C.E./Lynn, W.R., Linear Programming Models for Water Pollution Control, in: Management Science, vol. 14, Application, 1967, S. B-166 ff.

Lowenstein, F.W., Man's Health as Depending on His Environment, in: Sioli, H. (Hrsg.), a.a.O., S. 245 ff.

Lüscher, E., Gesundheitsschädliche Wirkungen des Lärms und deren Ursachen, in: Zeitschrift für Präventivmedizin 12/1957, S. 437 ff.

Lüth, P., Was ist Gesundheit? - Was ist Krankheit?, in: Die Neue Gesellschaft, 20. Jg., 1973, S. 831 ff.

Lusky, R., A Model of Recycling and Pollution Control, in: Canadian Journal of Economics, vol. 9, 1976, S. 91 ff.

Maihofer, W., Umweltpolitik in der Bewährung, in: U 1976, 2, S. 12

Maldague, M.E., Landwirtschaft und Forstwesen, in: Offner, H. (Hrsg.), a.a.O., S. 73 ff.

Maldonado, T., Umwelt und Revolte, Zur Dialektik des Entwerfens im Spätkapitalismus, Reinbek 1972

Malorny, G., Allgemeiner Überblick über die Wirkung von Kohlenmonoxid auf den Menschen, in: VDI (Hrsg.), Kohlenmonoxid, a.a.O., S. 47 ff.

Malz, F., Taschenwörterbuch der Umweltplanung, München 1974

Manpower and Training Needs for Air Pollution Control. Report of the Secretary of Health, Education, and Welfare, June 1970, Washington, D.C. 1970

Marburger, E.-A., Die ökonomische Beurteilung der städtischen Umweltbelastung durch Automobilabgase. Methoden und Quantifizierungsversuche, Düsseldorf 1974

Marquardt, H., Die Auslösung von Erbschäden und Krebs durch Umweltfaktoren, in: Universitas, 28. Jg., 1973, S. 1313 ff.

Marquardt, H., Umweltbedingte Mutagenität, in: Schultze, H. (Hrsg.), a.a.O., S. 295 ff.

Martz, G., Methoden der Abwasserreinigung, in: U 1976, 3

Materialien zum Bericht zur Lage der Nation, 1974, BT-Drucksache 7/2423

Materialienband zum Umweltprogramm der Bundesregierung, zu BT-Drucksache VI/2710

May, H./Plassmann, E., Abgasemissionen von Kraftfahrzeugen in Großstädten und industriellen Ballungsgebieten, Köln 1973

McCormick, R.A., Meteorological Aspects of Air Pollution in Urban and Industrial Districts, in: WMO (Hrsg.), a.a.O., S. 1 ff.

McHale, J., Der ökologische Kontext, Frankfurt 1974

McKean, R.N., Some Problems of Criteria and Acquiring Information, in: Jarrett, H. (Hrsg.), a.a.O., S. 61 ff.

Meadows, D. u.a., Die Grenzen des Wachstums. Bericht des Club of Rome zur Lage der Menschheit, Stuttgart 1972

Mendiratta, A.K./Davidson, B., Best Combination of Waste Treatment and Spatially Distributed Discharges of Effluent, in: Water Resources Research, vol. 8, 1972, S. 565 ff.

Menke-Glückert, P., Das Umweltprogramm der Bundesregierung, in: von Weizsäcker, E. (Hrsg.), a.a.O., S. 122 ff.

Menke-Glückert, P., Umweltschutz - Achillesferse oder Herausforderung für die Industriegesellschaft, in: Die Neue Gesellschaft, 1971, S. 581 ff.

Menke-Glückert, P., Vom Umweltschutz zur Umweltpolitik, in: Umwelt 1972, 1, S. 4 f.

Mensing, W., Investitionen zur Reinhaltung der Gewässer, in: Der Landkreis 8-9, 1970, S. 331 ff.

Meyer, Olaf, Frische Luft für kranke Seen. Sanierung durch Sauerstoffanreicherung, in: Umwelt 1973, 4, S. 18 ff.

Meyer-Abich, K.M., Umweltbeeinträchtigungen durch den wirtschaftlich-technischen Prozeß - Beispiel: Energieumwandlungsprozesse, in: Giersch, H. (Hrsg.), a.a.O., S. 3 ff.

Meyer-Abich, K.M., Was kostet die Umweltverschmutzung?, in: Umweltschutz - aber wie?, a.a.O., S. 7 ff.

Meyer-von Gonzenbach, R., Die Beanspruchung der Umwelt durch die Besiedlung, in: Leibundgut, H. (Hrsg.), a.a.O., S. 65 ff.

Meyl, A.H., Abwässer in Küstennähe, in: DFG-Mitteilungen 2/74, S. 28 ff.

Miller, E., Implications of Process Change for Industrial Pollution Abatement Policy, in: Land Economics, vol. 48, 1972, S. 396 ff.

Ministerbericht zur Reaktorsicherheit, Kritische Stellen, in: Umwelt 1974, 6, S. 11 ff.

von Mises, L., Human Action, London-New York 1949

Mishan, E.J., Evaluation of Life and Limb: A Theoretical Approach, in: Journal of Political Economy, vol. 79, 1971, S. 687 ff.

Mishan, E.J., The Postwar Literature on Externalities: An Interpretative Essay, in: Journal of Economic Literature, vol. 9, 1971, S. 1 ff.

Mislin, H., Zerstörung des Lebensraumes und Umweltverantwortung, in: Leibundgut, H. (Hrsg.), a.a.O., S. 19 ff.

Möbius, K., Das Umweltproblem aus wirtschaftlicher Sicht. Kieler Diskussionsbeiträge zu aktuellen wirtschaftspolitischen Fragen, H. 14, Kiel 1971

Möller, H., Zum Begriff der Umweltschäden insbesondere im öffentlichen Sektor, in: Gumpel, W./Keese, D. (Hrsg.), a.a.O., S. 439 ff.

Moll, W.L.H., Taschenbuch für Umweltschutz I: Chemische und technologische Informationen, Darmstadt 1973

Mommsen, E.W., Wirtschaft und Umwelt, in: Vortragsreihe des Deutschen Industrieinstituts, Bd. 21, 1971, H. 4, S. 1 ff.

Moncrief, L.W., The Cultural Basis for Our Environmental Crisis, in: Dorfman, R./Dorfman, N.S. (Hrsg.), a.a.O., S. 284 ff.

Morgan, G.B./Ozolins, G./Tabor, E.C., Air Pollution Surveillance Systems, in: Science, vol. 170, 1970, S. 289 ff.

Müller, F.G., Finanzpolitik und Umweltverschmutzung: Die kanadischen Maßnahmen zur Kontrolle der Wasserverunreinigung, in: Finanzarchiv, Bd. 31, 1973, S. 519 ff.

Müller, H.-J., Stadtreinigung im Rahmen des Umweltschutzes, in: Der Städtetag, 1971, H. 7, S. 405 ff.

Müller, Walter, Umweltschutz gegen Industrieansiedlung: Die Grenzen kommunaler Planungshoheit, in: Juristische Schulung, 1975, 4, S. 228 ff.

Müller, Wilhelm J., Probleme der Reinhaltung von Gewässern, Bielefeld 1973

Müller-Merbach, H., Operations Research. Methoden und Modelle der Optimalplanung, Berlin und Frankfurt 1969

Münchau, F., Grundzüge eines gerechteren Maßstabes für die Verteilung der Entwässerungskosten einer Gemeinde, in: Zur Problematik verursachungsgerechter Berechnungsschlüssel in der Abwasserableitung, a.a.O., S. 7 ff.

Nagel, S., Umweltschutz: Neue Aufgaben der NATO, in: Umwelt 1971, 4, S. 25 ff.

Naudascher, E., Strömungsforschung im Dienste des Umweltschutzes, in: Schultze, H. (Hrsg.), a.a.O., S. 132 ff.

Neue Helvetische Gesellschaft (Hrsg.), Natur - geplündert oder gehegt, Horgen 1961

Nitschke, E., Lärm, in: Schultz, U. (Hrsg.), Lebensqualität, a.a.O., S. 142 ff.

Nowak, F., Entgasung und Vergasung kombiniert, in: U 1976, 4

Nowotny, E., Wirtschaftspolitik und Umweltschutz, Freiburg 1974

Nowotny, E., Zur gesamtwirtschaftlichen Wirkung einer Besteuerung von Urhebern externer Effekte, in: Finanzarchiv, Bd. 31, 1973, S. 420 ff.

Nydegger, A., Die Social Costs des Umweltungleichgewichts, in: von Walterskirchen, M.P. (Hrsg.), a.a.O., S. 143 ff.

Obenhaus, W., Überlegungen für eine Konzeption zur Prüfung der Umweltverträglichkeit öffentlicher Maßnahmen, in: Umwelt 1973, 5, S. 58 ff.

Oberhauser, A., Abgrenzung des Verursacherprinzips und seine Einordnung in die Umweltpolitik, in: Das Verursacherprinzip und seine Instrumente, a.a.O., S. 27 ff.

Oberhauser, A., Gesamtwirtschaftliche Wirkungen der Anwendung des Verursacherprinzips, in: Das Verursacherprinzip und seine Instrumente, a.a.O., S. 51 ff.

Odrich, P., Schütze die Umwelt und rede darüber, in: Blick durch die Wirtschaft vom 12.7.71

Odum, E.P., Ökologie, München-Basel-Wien 1967

OECD, Activities of the OECD in 1972, Paris 1973

OECD, Environmental Damage Costs. Record of a Seminar held at the OECD in August 1972, Paris 1974

OECD, Effects of Traffic and Roads on the Environment in Urban Areas, Paris 1973

OECD, Eutrophication in Large Lakes and Impoundments, Uppsala Symposium, Report Prepared by C.P. Milway, Paris 1970

OECD, Methods of Measuring Air Pollution, Paris 1964

OECD, OECD's Programme on the Environment, in: OECD-Observer No. 50, 1971, S. 7 f.

OECD, OECD at Work for Environment, Paris 1971

OECD, Problems of Environmental Economics, Paris 1972

OECD, Problems in Transfrontier Pollution, Paris 1974

OECD, Science, Growth and Society, A New Perspective. Report of the Secretary General's Ad Hoc Group on New Concepts of Science Policy, Paris 1971

OECD-Environment Directorate, Analysis of Costs of Pollution Control, Paris 1973

OECD-Environment Directorate, Instances, if any, where Cost/ Benefit Analysis Has Been Applied to Environmental Problems - Japan, Paris 1972

OECD-Environment Directorate, Survey of Pollution Control Cost Estimate Made in Member Countries, Paris 1972

Offner, H. (Hrsg.), Die Zukunft der Landschaft in Europa, München 1971

Ohrenschall, A., Umweltfachmann durch Zusatzstudium, in: U 1976, 4

Olschowy, G., Auswirkung der Luftverunreinigung auf den Menschen, in: Olschowy, G. (Hrsg.), a.a.O., S. 127 ff.

Olschowy, G., Zur Belastung des Bodens, in: Olschowy, G. (Hrsg.), a.a.O., S. 138 ff.

Olschowy, G., Bilanz des Abfallproblems, in: Olschowy, G. (Hrsg.), a.a.O., S. 212 ff.

Olschowy, G., Camping auf Müllwiesen, in: U 1972, 1

Olschowy, G., Katalog ökologischer Noxen und der von ihnen bedingten Schäden, in: Schaefer, Hans (Hrsg.), a.a.O., S. 158 ff.

Olschowy, G. (Hrsg.), Belastete Landschaft - Gefährdete Umwelt, München 1971

Olschowy, G., Zersiedlung der freien Landschaft, in: Olschowy, G. (Hrsg.), a.a.O., S. 327 ff.

Olschowy, G./Mrass, W./Kullmer, H.J./Bürger, K., Zur Belastung der Landschaft. Schriftenreihe für Landschaftspflege und Naturschutz, H. 4, Bonn-Bad Godesberg 1969

Orr, L., Incentive for Innovation as the Basis for Effluent Charge Strategy, in: American Economic Review, vol. 66, 1976, papers and proceedings, S. 441 ff.

Orth, H./Cembrowicz, R., Anwendungen der nichtlinearen Programmierung, in: Hahn, H. (Hrsg.), Operations Research und seine Anwendung in der Siedlungswasserwirtschaft, Bielefeld 1972, S. 217 ff.

Osswald, A., Grundprobleme des Umweltschutzes, in: Hessen-Informationen, Schriftenreihe der Hessischen Landesregierung, H. 2, Wiesbaden, o.J., S. 17 ff.

Otto, K., Umweltschutz überfordert Städte, in: Umwelt 1975, 5, S. 13 ff.

Otto, K., Warenbeurteilung nach ökologischen Aspekten, in: Umwelt 1973, 4, S. 46 f.

o.V., Das Beispiel Bosch, in: Die Wirtschaftswoche, Nr. 39 vom 24.9.1971

o.V., How to Estimate the Real Cost of Environmental Damage, in: OECD-Observer, No. 75, 1975, S. 29 f.

o.V., Der Dom im Wettlauf mit der Zeit, in: Umwelt 1972, 6, S. 38 f.

o.V., Dünger aus Klärschlamm, in: U 1974, 2

o.V., Environmental Education in the Universities, A Key to "Relevance", in: OECD-Observer, No. 68, 1974, S. 27 ff.

o.V., Environment - A New Programme of International Co-operation, in: OECD-Observer, No. 58, 1972, S. 27 f.

o.V., Mehrjährige Forschungsprogramme der Gemeinschaft: Vorschläge der Kommission, in: EG-Bulletin, 8. Jg., 1975, H. 7/8, S. 17 ff.

o.V., Gewässerüberwachung in Hessen, in: U 1973, 2

o.V., Grundgesetz für die Luftreinhaltung: Die TA Luft, in: Umwelt 1974, 4, S. 12

o.V., Initiative für Bayerns Luft, in: U 1973, 5

o.V., Krebs zerstört die Akropolis, in: U 1974, 4, S. 12

o.V., Fahrendes Meßlabor für Umweltdaten, in: Umwelt 1971, 6, S. 45

o.V., Nachbarn eines Gewerbegebietes müssen mehr Lärm ertragen, in: Umwelt 1973, 5, S. 68

o.V., OECD and the Environment, in: OECD-Observer, No. 53, 1971, S. 19 ff.

o.V., Some Recent OECD Initiatives in the Field of the Environment, in: OECD-Observer, No. 62, 1973, S. 8 ff.

o.V., Who "Exports" and Who "Imports" Pollution?, in: OECD-Observer, No. 70, 1974, S. 12 f.

o.V., Der Schwerpunkt Umweltschutz: Das Milliardenrätsel, in: Die Wirtschaftswoche, 26. Jg., 1972, H. 8, S. 68 ff.

o.V., Technology Assessment Harnessing Science to Social Goals, in: OECD-Observer, No. 67, 1973, S. 29 ff.

o.V., Umweltschutz - Angst der Gewerkschaften, in: Die Wirtschaftswoche, Nr. 14 vom 3o.3.1973

o.V., Umweltschutz als Mythos. Rede Borlaugs vor der Römer FAO-Konferenz, in: NZZ, FA Nr. 308 vom 1o.11.1971

o.V., Wir und der Umweltschutz, in: Rohrpost 53

o.V., Der Verbraucher von morgen tut nicht mehr alles. Vorschläge an amerikanische Konsumenten, in: Blick durch die Wirtschaft vom 7.10.1971

Pätzold, E., Verbindliche Bewertungskriterien, in: U 1975, 5

Palmstierna, L. und H., Unsere geplünderte Welt, Weinheim und Basel 1972

Passino, R., Industrie und Landschaft, in: Offner, H. (Hrsg.), a.a.O., S. 39 ff.

Paul, M.E., Can Aircraft Noise Nuisance be Measured in Money?, in: Oxford Economic Papers, vol. 23, 1971, S. 297 ff.

Pearce, D., The Economic Evaluation of Noise-Generating and Noise Abatement Projects, in: OECD (Hrsg.), Problems of Environmental Economics, a.a.O., S. 103 ff.

Pearce, D., The Limits of Cost-Benefit Analysis as a Guide to Environmental Policy, in: Kyklos, Bd. 29, 1976, S. 97 ff.

Peltzman, S./Tideman, T.N., Local Versus National Pollution Control: Note, in: American Economic Review, vol. 62, 1972, S. 959 ff.

Pennance, F.G., The Polluters: Industry or Government?, The Institute of Economic Affairs, London 1972, S. 35 ff.

Peters, G.H., Cost Benefit Analyse und staatliche Aktivität, Hamburg 1968

Pfennig, N., Verhalten von Kunststoffen bei der Abfallbeseitigung, in: Probleme der Umweltforschung, a.a.O., S. 140 ff.

Picht, G., Wir brauchen neue Überzeugungen, in: Schlemmer, J. (Hrsg.), a.a.O., S. 130 ff.

Picht, G., Umweltschutz und Politik, in: von Weizsäcker, E. (Hrsg.), a.a.O., S. 80 ff.

Pigou, A.C., The Economics of Welfare, Reprint der 4. Auflage von 1932, London 1952

Pigou, A.C., Volkswirtschaftlicher und privatwirtschaftlicher Reinertrag und die Lehre von der Maximalbefriedigung, in: Mayer, H./Fetter, F.A./Reisch, R. (Hrsg.), Die Wirtschaftstheorie der Gegenwart, Bd. 3, Wien 1928

Piperek, M., "Bauen als Umweltzerstörung". Eine visuelle Bankrotterklärung, in: Umwelt 1974, 1, S. 28 f.

Plaggemeier, W., Zivildienst: Modellversuche mit Umweltschutz, in: Umwelt 1975, 2, S. 41 f.

Plott, C.R., Externalities and Corrective Taxes, in: Staaf, R.J./Tannian, F.X. (Hrsg.), a.a.O., S. 261 ff.

Plourde, C.G., A Model of Waste Accumulation and Disposal, in: Canadian Journal of Economics, vol. 5, 1972, S. 119 ff.

Pötschke, H., Lösung mit Zukunft: Kompostierung, in: U 1974, 1

Pole, N. (Hrsg.), Environmental Solutions, Cambridge 1972

Environmental Pollution. A Challenge to Science and Technology. Report of the Subcommittee on Science, Research, and Development to the Committee on Science and Astronautics, U.S.G.P.O., Washington, D.C. 1966

La Porte, T.R., The Context of Technology Assessment: A Changing Perspective for Public Organization, in: Public Administration Review, 1971, S. 63 ff.

Preuschen, G., Der Einfluß der Landwirtschaftsformen auf die Änderung in der natürlichen Umwelt, in: Sioli, H. (Hrsg.), a.a.O., S. 269 ff.

Preussmann, R., Analytik und Entstehung von N-Nitroso-Verbindungen, in: DFG-Mitteilungen 2/74, S. 21 ff.

Zur Problematik verursachungsgerechter Berechnungsschlüssel in der Abwasserableitung, VIK-Berichte Nr. 186, Essen 1974

Zur Problematik des Verursacherprinzips, Berlin 1972

Probleme der Umweltforschung, Berlin 1973

Randall, A./Ives, B./Eastman, C., Bidding Games for Valuation of Aesthetic Environmental Improvements, in: Journal of Environmental Economics and Management, vol. 1, 1974, S. 132 ff.

Randers, G., NATO's International Governmental Cooperation on Environmental Management, in: Kneese, A.V./Rolfe, S.E./ Harned, J.W. (Hrsg.), a.a.O., S. 343 ff.

Rasch, R., Emissionen aus Müllverbrennungsanlagen bei Müll- und Kunststoffverbrennung, in: Müll und Abfall, 4. Jg., 1972, H. 3, S. 88 ff.

Rasch, R., Kunststoffe in der Müllverbrennung, in: U 1971, 4

Rasenack, D., Kommen die abbaubaren Kunststoffe?, in: Blick durch die Wirtschaft vom 20.8.1971

Der Rat von Sachverständigen für Umweltfragen, Umweltgutachten 1974, Stuttgart und Mainz 1974

Der Rat von Sachverständigen für Umweltfragen, Umweltprobleme des Rheins, 3. Sondergutachten, Stuttgart und Mainz 1976

Rathjens, G.W., National Environmental Policy: Goals and Priorities, in: Grad, F.K./Rathjens, G.W./Rosenthal, H.J. (Hrsg.), a.a.O., S. 11 ff.

Raumordnung und Umweltschutz, hrsg. vom Bundesministerium für Raumordnung, Bauwesen und Städtebau, o.O. und J.

Recktenwald, H.C. (Hrsg.), Das Umweltproblem aus ökonomischer und juristischer Sicht, Göttingen 1975

Recycling in der Materialwirtschaft, hrsg. vom SPIEGEL-Verlag, Hamburg 1975

Redeker, K., Verfahrensrechtliche Bedenken gegen die Verbandsklage, in: Zeitschrift für Rechtspolitik, 9. Jg., 1976, S. 163 f.

Regierungserklärung des Bundeskanzlers vor dem Deutschen Bundestag vom 28.10.1969, in: Bulletin des Presse- und Informationsamtes der Bundesregierung, Nr. 132 vom 29.10.1969

Rehbinder, E., Argumente für die Verbandsklage im Umweltrecht, in: Zeitschrift für Rechtspolitik, 9. Jg., 1976, S. 157 ff.

Rehbinder, E., Grundfragen des Umweltrechts, in: Zeitschrift für Rechtspolitik, 3. Jg., 1970, S. 250 ff.

Rehbinder, E., Umweltschutz: Die Rolle von Gesetzgebung und Rechtsprechung, in: Umwelt 1971, 1, S. 23 ff.

Reichardt, R., Approaches to the measurement of environment, in: International Social Science Journal, vol. 22, 1970, S. 661 ff.

Rembold, G., Rohstoffverknappung und Umweltbelastbarkeit als Determinanten des regionalen, sektorspezifischen Wirtschaftswachstums - ein regionalisierter, multisektoraler Modellansatz -, in: Wirtschaftstheorie, Wirtschaftspolitik und Planung öffentlicher Ausgaben, Karlsruhe 1975, S. 123 ff.

Repenning, K., Das Verursacherprinzip, in: Zur Problematik des Verursacherprinzips, a.a.O., S. 9 ff.

Research into Environmental Pollution, Report of Five WHO Scientific Groups, WHO-Technical Report Series, No. 406, Genf 1968

Ridker, R.G., Economic Costs of Air Pollution. Studies in Measurement, New York-Washington-London 1967

Ridker, R.G./Henning, J.A., The Determinants of Residential Property Values with Special Reference to Air Pollution, in: The Review of Economics and Statistics, vol. 49, 1967, S. 246 ff.

Riederer, J., Plädoyer für die Verwitterung. Steinschäden auch ohne Rauchgas, in: Umwelt 1974, 1, S. 42 f.

Riegel, R., Gewässergütewirtschaft: Immissions- oder Emissionsstandard?, in: Umwelt 1976, 1, S. 41 ff.

Rincke, G., Die Abwasserabgabe als mögliches Optimierungsinstrument aus der Sicht der Wassergütewirtschaft, in: Issing, O. (Hrsg.), a.a.O., S. 99 ff.

Rincke, G., Anwendbarkeit des Verursacherprinzips am Beispiel der Wassergütewirtschaft, in: Das Verursacherprinzip und seine Instrumente, a.a.O., S. 109 ff.

Riordan, C., Multistage Marginal Cost Model of Investment Pricing Decisions: Application to Urban Water Supply Treatment Facilities, in: Water Resources Research, vol. 7, 1971, S. 463 ff.

Rodi, D., Umweltschutz in Forschung und Lehre im Bereich der Biologie an Pädagogischen Hochschulen, in: Steubing, L./ Kunze, C./Jäger, J. (Hrsg.), a.a.O., S. 207 ff.

Rönicke, G., Die Atmosphäre, ihre Entwicklung und gegenwärtige Situation. Änderungen durch den Einfluß des Menschen, in: Sioli, H. (Hrsg.), a.a.O., S. 35 ff.

Rönicke, G., Messung der Luftverunreinigung im Rahmen eines Netzes von Backgroundstationen, in: Olschowy, G. (Hrsg.), a.a.O., S. 107 ff.

Rokosch, P., Mit Flugzeug und Kamera, in: U 1972, 5, S. 32 ff.

Ronge, V., Die Umwelt im kapitalistischen System, in: Glagow, M. (Hrsg.), a.a.O., S. 97 ff.

Roth, C., Programme, aber keine Pläne. Zum Planungsbegriff am Beispiel Umweltproblematik, in: Umwelt 1972,4, S. 14 ff.

Rupp, H.H., Mobilisierung des Umweltschutzrechts durch Beteiligung der Aktivbürgerschaft an seinem Vollzug; unveröffentlichtes Manuskript eines Vortrags an der Johannes Gutenberg-Universität Mainz, Mainz 1976

Rupp, H.H., Popularklage im Umweltschutzrecht?, in: Zeitschrift für Rechtspolitik, 5. Jg., 1972, H. 2, S. 32 ff.

Rupp, H.H., Rechtsgutachten zur Intensivierung des Umweltschutzes durch Verstärkung der Initiative Privater und zur Harmonisierung des Umweltschutzrechts der Mitgliedstaaten in den Europäischen Gemeinschaften, Mainz 1974/75

Rupp, H.H., Die verfassungsrechtliche Seite des Umweltschutzes, in: Juristenzeitung Nr. 13 vom 2. Juli 1971

Rupp, H.H. Umweltschutz und Demokratie, in: Umweltschutz - aber wie?, a.a.O., S. 60 ff.

Russell, C.S., Models for Investigation of Industrial Response to Residuals Management Actions, in: Swedish Journal of Economics, vol. 73, 1971, S. 143 ff.

Russell, C.S./Spofford jr. W.O., A Quantitative Framework for Residuals Management Decisions, in: Kneese, A.V./ Bower, B.T. (Hrsg.), a.a.O., S. 115 ff.

Russell, C.S./Vaughan, W.J., A Linear Programming Model of Residuals Management for Integrated Iron and Steel Production, in: Journal of Environmental Economics and Management, vol. 1, 1974, S. 17 ff.

Sachs, I., Development, Environment and Technology Assessment, in: International Social Science Journal, vol. 25, 1973, S. 273 ff.

Der Sachverständigenrat zur Begutachtung der gesamtwirtschaftlichen Entwicklung, Vor dem Aufschwung, Jahresgutachten 1975/76, Stuttgart und Mainz 1975

Saladin, P., Gleichgewichtssicherung als Staatsaufgabe, in: NZZ, FA Nr. 195, vom 22./23.8.1976

Salgo, H., The Obsolescence of Growth: Capitalism and the Environmental Crisis, in: Review of Radical Political Economics, vol. 5, H. 3, 1973, S. 26 ff.

Sander, J., Ernährung und Krebs, in: Schultze, H. (Hrsg.), a.a.O., S. 301 ff.

Sandscheper, G., Luftüberwachungsnetz für die Niederlande, in: Umwelt 1971, 6, S. 34 f.

Sax, J.L., Legal Redress of Environmental Disruption in the United States: The Role of Courts, in: Tsuru, S. (Hrsg.), a.a.O., S. 223 ff.

Sax, J.L., Standing to Sue: A Critical Review of the Mineral King Decision, in: Natural Resources Journal, vol. 13, 1973, S. 76 ff.

Sax, J.L., Legal Strategies Applicable to Environmental Quality Management Decisions, in: Kneese, A.V./Bower, B.T. (Hrsg.), a.a.O., S. 333 ff.

Schaafhausen, J., Industrie zu Maßnahmen bereit, in: Wirtschaftsdienst, 50. Jg., 1970, S. 639 f.

Schaafhausen, J., Wasser- und Luftreinhaltung aus der Sicht der Industrie, in: Wasser und Abwasser, 1968, S. 9 ff.

Schackmann, H., Umwelt und Wirtschaft im Ruhrgebiet. Schriften der Volks- und Betriebswirtschaftlichen Vereinigung im Rheinisch-Westfälischen Industriegebiet, 14. Sonderveröffentlichung, Düsseldorf 1973

Schäfer, Dieter, Soziale Schäden, soziale Kosten und soziale Sicherung, Berlin 1972

Schäfer, Friedrich, Das Verursacherprinzip in der Umweltschutzpolitik, in: Umwelt 1972, 2, S. 4 ff.

Schaefer, Gerhard, Kybernetische Modelle als Hilfsmittel zur Darstellung ökologischer Zusammenhänge, in: Steubing, L./Kunze, C./Jäger, J. (Hrsg.), a.a.O., S. 181 ff.

Schaefer, Hans (Hrsg.), Folgen der Zivilisation. Therapie oder Untergang?, Frankfurt 1974

Schaefer, Hans, Hinweise auf Umweltschäden aus Lebenserwartung, spezifischen Sterblichkeiten, Sterbeziffern und Krankheitshäufigkeiten, in: Schaefer, Hans (Hrsg.), a.a.O., S. 72 ff.

Schaefer, Hans, Der Mensch in der technisch veränderten Welt, in: Schaefer, Hans (Hrsg.), a.a.O., S. 22 ff.

Schaefer, Hans, Die Ökologie als Problem des Umweltschutzes, in: Schaefer, Hans (Hrsg.), a.a.O., S. 95 ff.

Schäfer, Wilhelm, Der kritische Raum. Über den Bevölkerungsdruck bei Tier und Mensch. Kleine Senckenbergreihe 4, Frankfurt am Main 1971

Schär, M., Der Mensch als Nutznießer und Opfer der technischen Entwicklung, in: Leibundgut, H. (Hrsg.), a.a.O., S. 28 ff.

van Schaik, R.J., The Impact of the Economic Situation on Environmental Policies, in: OECD-Observer, No. 79, 1976, S. 25 f.

Schatz, K.-W., Administrative und marktwirtschaftliche Maßnahmen zur Lösung des Umweltschutzproblems, in: Giersch, H. (Hrsg.), a.a.O., S. 125 ff.

Schellhaaß, H.M., Kraftfahrzeugsteuer - Für eine marktgerechte Lösung, in: Wirtschaftswoche Nr. 28, 1971, S. 22 ff.

Schenk, K.E., Externe Effekte und rationale Wirtschaftspolitik, in: Hamburger Jahrbuch, 13. Jg., 1968, S. 283 ff.

Scherrer, H.U., Gesamtwertung der Umweltbelastung, in: NZZ, FA Nr. 131, vom 14.5.1972

Schlemmer, J. (Hrsg.), Neue Ziele für das Wachstum, München 1973

Schlieper, U., Pareto-Optima, externe Effekte und die Theorie des Zweitbesten, Köln-Berlin-Bonn-München 1969

Schlipköter, H.-W., Auswirkung von Autoabgasen auf die Stadtbevölkerung, in: Forschung '74, Frankfurt 1973, S. 30 ff.

Schlipköter, H.-W., Belastungen des Menschen durch die Umweltverschmutzung, in: Probleme der Umweltforschung, a.a.O., S. 54 ff.

Schlipköter, H.-W., Industrieansiedlung und Umweltschutz, in: Raumforschung und Raumordnung, 30. Jg. 1972, S. 202 ff.

Schlipköter, H.-W., Die Luftverunreinigung als gesundheitliches Problem, in: Schultze, H. (Hrsg.), a.a.O., S. 199 ff.

Schlipköter, H.-W., MIK-Werte dienen dem Schutz der Bevölkerung, in: Umwelt 1973, 5, S. 36 ff.

Schlipköter, H.-W., MIK-Wert-Vorschläge für die Schwermetalle Blei, Zink und Cadmium, in: Umwelt 1973, 2, S. 12 ff.

Schlipköter, H.-W., Krank von der Stadtluft, in: U 1973, 2

Schlipköter, H.-W./Beck, E.G., Die zellschädigende Wirkung von Blei, in: Umwelt 1972, 5, S. 50 ff.

Schlipköter, H.-W./Dolgner, R., Epidemiologische Untersuchungen im Zusammenhang mit lufthygienischen Fragen, in: Zentralblatt für Bakteriologie ..., S. 272 ff.

Schlippenbach, S. Graf v., Viele Milliarden fließen für sauberes Wasser und reine Luft, in: Blick durch die Wirtschaft vom 21.6.1971

Schmid, R., Gefährdete Pflanzen in der heutigen Welt, in: Universitas, 28. Jg., 1973, S. 1351 ff.

Schmidt, Ferdinand, Krebsursache: Abgas oder Tabakrauch, in: Umwelt 1971, 6, S. 28 ff.

Schmidt, Helmut, Wirtschaftspolitische Möglichkeiten, Programme und Maßnahmen zum Umweltschutz, in: Kapp, K.W./ Vilmar, F. (Hrsg.), a.a.O., S. 171 ff.

Schmidt, Helmut, Umweltzerstörung und Sozialkosten, in: Kapp, K.W./Vilmar, F. (Hrsg.), a.a.O., S. 79 ff.

Schmidt, Kurt, Zur politischen Reaktion auf Nachfragewogen in der Staatswirtschaft, in: Finanzarchiv, Bd. 33, 1974, S. 30 ff.

Schmidt-Burbach, G.M., Klimaänderung im urbanen Bereich, in: U 1973, 4, S. 20 ff.

Schneider, Lothar, Umweltschutz in Ludwigshafen, in: Der Städtetag, 1971, 4, S. 194 ff.

Schneider, Wilhelm, Verschmutzende Saubermacher. Bedrohliche Phosphatverschmutzung unserer Gewässer, in: Umwelt 1971, 3, S. 26 f.

Schneider, Wolfgang, Verursacherprinzip oder die Belastung aller?, in: Gumpel, W./Keese, G. (Hrsg.), a.a.O., S. 457 ff.

Schoeck, H., Ökospasmus oder die Angst vor Kernkraftwerken, in: Umwelt 1976, 2, S. 125 ff.

Scholder, K., Zur Definition und Systematisierung der Umweltforschung, in: Umwelt 1972, 6, S. 36 ff.

Schrafl, A.E., Öffentliche Verantwortung des Unternehmers, in: NZZ, FA Nr. 111 vom 25.4.1971

Schreiber, M., Kosten der Luftreinhaltung, in: Wasser, Luft und Betrieb, Bd. 15, 1971, H. 3, S. 105 ff., H. 4, S. 145 ff. und H. 5, S. 179 ff.

Schütz, H., Umweltschutz - Meßwagen, Einzelbericht L 3474 zu H & B-Meßwerte, o.O. und J.

Schulte, H.J., Maximale Emissions-Konzentrationen für 20 Stoffe erarbeitet, in: Umwelt 1973, 6, S. 37 f.

Schultz, U. (Hrsg.), Lebensqualität, Frankfurt/Main 1975

Schultz, U. (Hrsg.), Umwelt aus Beton oder Unsere unmenschlichen Städte, Reinbek 1971

Schultze, C.L. u.a., Setting National Priorities, The 1973 Budget, Washington, D.C. 1972

Schultze, C.L. u.a., Setting National Priorities, The 1972 Budget, Washington, D.C. 1971

Schultze, H. (Hrsg.), Umwelt-Report. Unser verschmutzter Planet, Frankfurt 1972

Schultze, P.M., Region und Informationssystem, unveröffentlichte Habilitationsschrift, Mainz 1975

Schumacher, D., Hilfsmittel für die Umweltplanung, in: U 1973, 5

Schwabe, G.H., Die Rolle des Menschen - Anmerkungen zu einer kritisch-angewandten Ökologie, in: Steubing, L./Kunze, C./Jäger, J. (Hrsg.), a.a.O., S. 239 ff.

Schwarzes Kollektiv, Ökologie und Macht, in: Kursbuch 33, Berlin 1973, S. 95 ff.

Schwoerbel, J., Biologie des Wassers, in: Schröder, B. (Hrsg.), Wasser, Frankfurt/Main 1970, S. 177 ff.

Seidenfus, H.S., Umweltschutz, politisches System und wirtschaftliche Macht, in: Schneider, H.K./Watrin, C. (Hrsg.), Macht und ökonomisches Gesetz, Bd. 2, Berlin 1972, S. 809 ff.

Siebert, A., Jugend und Umweltschutz. Materialien Umweltschutz und Raumordnung, H. 8, hrsg. von der Akademie für Raumforschung und Landesplanung, Hannover 1974.

Siebert, H., Analyse der Instrumente der Umweltpolitik, Göttingen 1976

Siebert, H., Das produzierte Chaos, Ökonomie und Umwelt, Stuttgart-Berlin-Köln-Mainz 1973

Siebert, H., Environment and Regional Growth, in: Zeitschrift für Nationalökonomie, Bd. 33, 1973, S. 79 ff.

Siebert, H., Erfolgsbedingungen einer Abgabenlösung (Steuern/Gebühren) in der Umweltpolitik, in: Issing, O. (Hrsg.), a.a.O., S. 35 ff.

Siebert, H., Gebühren als Instrument der Umweltpolitik, in: WISU, 3. Jg., 1974, S. 13 ff.

Siebert, H., Probleme von Nutzen-Kosten-Analysen umweltschützender Maßnahmen, in: Wirtschaftsdienst, 53, Jg., 1973, S. 131 ff.

Siebert, H., Regional Planning - land use approaches to environmental quality management, Discussion paper 67/75 des Instituts für Volkswirtschaftslehre und Statistik der Universität Mannheim

Siegrist, H.R., Die Auswirkungen der Energiewirtschaft auf die Umwelt, in: Leibundgut, H. (Hrsg.), a.a.O., S. 51 ff.

Siemens AG, Forschung und Entwicklung, München o.J., S. 40 ff.

Simonis, W., Eutrophierung, in: Schaefer, Hans (Hrsg.), a.a.O., S. 169 ff.

Simonis, W., Pestizide und ihre Akkumulation in den "Nahrungsketten", in: Schaefer, Hans (Hrsg.), a.a.O., S. 256 ff.

Sioli, H. (Hrsg.), Ökologie und Lebensschutz in internationaler Sicht, Freiburg 1973

Smith, R.E., Political Control of Technology to Preserve Human Values, in: The Engineering Economist, vol. 15, 1970, S. 217 ff.

Smith, V.L., Dynamics of Waste Accumulation: Disposal Versus Recycling, in: Quarterly Journal of Economics, vol. 86, 1972, S. 600 ff.

Sobers, D.G., Planning for the Environmental Revolution, in: Armstrong, T.R. (Hrsg.), a.a.O., S. 63 ff.

Sohmen, E., Allokationstheorie und Wirtschaftspolitik, Tübingen 1976

Solow, R.M., The Economist's Approach to Pollution and its Control, in: Science, vol. 173, No. 3996 v. 6.8.1971

Sontheimer, H., Untersuchungen zur Belastung des Rheins mit organischen Stoffen, in: Gas- und Wasserfach. GWF, Wasser 111, 1970, 8, S. 420 ff.

Speer, J., Zur Definition, Systematik und Organisation der Umweltforschung, in: DFG-Mitteilungen 4/73, S. 3 ff.

Sprenger, R.-U., Struktur und Entwicklung von Umweltschutzaufwendungen in der Industrie, Berlin und München 1975

Staaf, R.J./Tannian, F.X. (Hrsg.), Externalities. Theoretical Dimensions of Political Economy, New York-London o.J.

Stahl, K./Curdes, G., Umweltplanung in der Industriegesellschaft. Lösungen und ihre Probleme, Hamburg 1970

Staudt, E./Metze, G., Technology Assessment, in: WiSt, 5. Jg., 1976, S. 81 f.

Steckert, U., Umweltschutz als kommunale Aufgabe, in: Umwelt 1971, 6, S. 15 f.

Steckeweh, P., Umweltschutz und Städtebau, in: Bundesbaublatt, Bd. 20, 1971, S. 70 ff.

Stegmaier, W., Dünger aus Klärschlamm, in: U 1976, 3

Stehfest, H., Standards, in: Problematik des Verursacherprinzips, a.a.O., S. 43 ff.

Steiger, H., Umweltschutz durch planende Gestaltung, in: Zeitschrift für Rechtspolitik, 4. Jg., 1971, S. 133 ff.

Stein, J.L., Priorities and Pollution: Reply, in: American Economic Review, vol. 64, 1974, S. 718 ff.

Stein, J.L., The 1971 Report of the President's Council of Economic Advisers: Microeconomic Aspects of Public Policy, in: American Economic Review, vol. 61, 1971, S. 531 ff.

Steinbuch, K., Die Kontrolle der Technik und die Probleme unserer Gesellschaft in Gegenwart und Zukunft, in: Universitas,27. Jg., 1972, S. 229 ff.

Steinbuch, K., Mensch, Technik, Zukunft. Basiswissen für Probleme von morgen, Stuttgart 1971

Stelte, W., Die Kontamination von Lebensmitteln mit schädlichen Stoffen aus der Umwelt, in: Schaefer, Hans (Hrsg.), a.a.O., S. 60 ff.

Stephens, J.K., "A Theoretical Note on the Capacity of the Market System to Abate Pollution": A Reply, in: Land Economics, vol. 48, 1972, S. 304 f.

Steubing, L./Kunze, C./Jäger, J. (Hrsg.), Belastung und Belastbarkeit von Ökosystemen. Tagungsbericht der Gesellschaft für Ökologie, Gießen 1972

Stockmann, H.-U., Die natürlichen Faktoren in der Planung, in: Institut für Raumforschung, Informationen, Bd. 20, 1970, S. 365 ff.

Stöwe, H./Härtter, E., Lehrbuch der Mathematik für Volks- und Betriebswirte, Göttingen 1967

Stratmann, H., Emissionsüberwachung und Immissionsschutz, IBM-Seminar "Umweltschutz und Datenverarbeitung" vom 7. bis 9. März 1973 in Bad Liebenzell

Straub, H., Kompostierung der Abfälle, sinnvollste Methode, in: Umwelt 1973, 3, S. 56 ff.

Streibel, M., Umweltpolitik in der Bundesrepublik Deutschland, in: Horn, C./von Walterskirchen, M.P./Wolff, J. (Hrsg.), a.a.O., S. 233 ff.

Summary Report of the Cornell Workshop on Energy and the Environment, U.S.G.P.O., Washington, D.C. 1972

Swan, J.A., Attitudes and Values and Environmental Education, in: Armstrong, T.R. (Hrsg.), a.a.O., S. 124 ff.

Swoboda, H., Probleme der Umweltpolitik, in: Wirtschaft und Gesellschaft, 1. Jg., 1975, 1, S. 77 ff.

Tabasaran, O., Abfallbeseitigung: Pyrolytische Behandlung von Hausmüll und Abwasserschlamm, in: Umwelt 1976, 2, S. 81 f.

Tax Foundation Inc., Pollution Control: Perspectives on the Government Role, A Summary, New York 1971

Taylor, G.R., Das Selbstmordprogramm. Zukunft oder Untergang der Menschheit, Frankfurt 1971

Thom, G.C./Ott, W.R., Air Pollution Indices. A Compendium and Assessment of Indices Used in the United States and Canada, U.S.G.P.O., Washington, D.C. 1975

Thomas, H.A., Ein mathematisches Modell zur Diskussion von Umwelt-Gütenormen, in: Umwelt 1973, 2, S. 37 ff.

Thoss, R., Zur Planung des Umweltschutzes, in: Raumforschung und Raumordnung, 30. Jg., 1972, S. 180 ff.

Thoss, R., Verursacherprinzip - Kompensation oder Verhinderung von Umweltschäden?, in: Schultze, H. (Hrsg.), a.a.O., S. 21 ff.

Thoss, R., Ziel, Ansatz und Methoden eines integrierten Optimierungsmodells zur Verbesserung des Umweltschutzes, in: Seminarberichte 8 der Gesellschaft für Regionalforschung, Münster 1974, S. 3 ff.

Tietenberg, T.H., On Taxation and the Control of Externalities: Comment, in: American Economic Review, vol. 64, 1974, S. 462 ff.

Timm, B., Ausführungen auf der 20. ordentlichen Hauptversammlung der BASF am 28.6.1972

Timm, B., Leben mit der Chemie - heute und morgen, in: Universitas, 28. Jg., 1973, S. 12o1 ff.

Tinbergen, J., Centralization and Decentralization in Economic Policy, Amsterdam 1954

The Torrey Canyon, Report of the Committee of Scientists on the Scientific and Technological Aspects of the Torrey Canyon Desaster, H.M.S.O., London 1967

Tourismus in der Bundesrepublik Deutschland - Grundlagen und Ziele , BT-Drucksache 7/3840

Tschumi, P.A., Bevölkerungswachstum, Wirtschaft und Umweltschutz, in: NZZ, FA Nr. 236 vom 29.8.1971

Tsuru, S. (Hrsg.), Proceedings of the International Symposium on Environmental Disruption, Tokio 1970

Tullock, G., Öffentliche Entscheidungen als öffentliche Güter, in: Frey, B.S./Meißner, W. (Hrsg.), Zwei Ansätze der politischen Ökonomie, Marxismus und ökonomische Theorie der Politik, Frankfurt am Main 1974, S. 97 ff.

Turvey, R., On Divergences between Social Cost and Private Cost, in: Economica, N.S., Bd. 30, 1963, S. 309 ff.

Uhrhammer, C., Umweltverschmutzung durch Profitinteressen?, in: Dörge, F. (Hrsg.), a.a.O., S. 69 ff.

Ui Jun, Der japanische Kapitalismus als Vorhut der ökologischen Katastrophe, in: Kursbuch 33, Berlin 1973, S. 163 ff.

Ulrich, B., Die Filterfunktion von Böden, in: Steubing, L./ Kunze, C./Jäger, J. (Hrsg.), a.a.O., S. 169 ff.

Umwelt-ABC, Wiesbaden 1972

Umweltforschungskatalog '75, Berlin 1975

Umweltmarkt von A bis Z, Sonderausgabe von U, Dezember 1976

Das Umweltprogramm der Bundesregierung, 3. Auflage, Stuttgart-Köln-Berlin-Mainz 1973

Umweltschutz (1): Wasserhaushalt, Binnengewässer, hohe See und Küstengewässer, Aus den öffentlichen Anhörungen des Innenausschusses und des Ausschusses für Jugend, Familie und Gesundheit des Deutschen Bundestages, Zur Sache 3/71

Umweltschutz (2): Luftreinhaltung und Abfallbeseitigung, Aus den öffentlichen Anhörungen des Innenausschusses des Deutschen Bundestages, Zur Sache 3/72

Umweltschutz (3): Lärmbekämpfung, Bundes-Immissionsschutzgesetz, Aus der öffentlichen Anhörung des Innenausschusses des Deutschen Bundestages, Zur Sache 4/73

Umweltschutz (4): Das Risiko Kernenergie, Aus der öffentlichen Anhörung des Innenausschusses des Deutschen Bundestages, Zur Sache 2/75

Umweltschutz - aber wie? Rechtliche Hindernisse, rechtliche Möglichkeiten. Schriften der evangelischen Akademie in Hessen und Nassau, H. 95, Frankfurt 1972

UNESCO, Use and Conservation of the Biosphere. Proceedings of the Intergovernmental Conference of Experts on the Scientific Basis for Rational Use and Conservation of the Resources of the Biosphere, Paris 4-13 Sept. 1968, Paris 1970

U.S. Council of Economic Advisers, The Annual Report of the Council of Economic Advisers, 1966, Washington, D.C. 1966

U.S. Council of Economic Advisers, The Annual Report of the Council of Economic Advisers, 1971, Washington, D.C. 1971

U.S. Council on Environmental Quality, Environmental Quality, The First Annual Report, Washington, D.C. 1970

U.S. Council on Environmental Quality, Environmental Quality, The Second Annual Report, Washington, D.C. 1971

U.S. Council on Environmental Quality, Environmental Quality, The Third Annual Report, Washington, D.C. 1972

U.S. Council on Environmental Quality, Environmental Quality, The Fourth Annual Report, Washington, D.C. 1973

U.S. Council on Environmental Quality/Department of Commerce/ Environmental Protection Agency, The Economic Impact of Pollution Control, U.S.G.P.O., Washington, D.C. 1972

U.S. Department of Commerce, The Noise Around us. Findings and Recommendations, Sept. 1970, U.S.G.P.O., Washington, D.C. 1971

U.S. Department of Health, Education, and Welfare, Man's Health and the Environment. Some Research Needs, Washington, D.C. 1970

U.S. Department of the Interior/Federal Water Pollution Control Administration, The Cost of Clean Water, 2 Bde., U.S.G.P.O., Washington, D.C. 1968

U.S. Department of the Interior/Federal Water Pollution Control Administration, The Cost of Clean Water, Summary Report, Washington, D.C. 1968

U.S. Department of the Interior/Federal Water Pollution Control Administration, The Economics of Clean Water, 2 Bde., U.S.G.P.O., Washington, D.C. 1970

U.S. Department of the Interior/Federal Water Pollution Control Administration, The Economics of Clean Water, Summary Report, U.S.G.P.O., Washington, D.C. 1970

U.S. Environmental Protection Agency, The Cost of Clean Water, Annual Report of the Administrator of the Environmental Protection Agency to the Congress of the United States, U.S.G.P.O., Washington, D.C. 1971

U.S. Environmental Protection Agency, Effects of Noise on People, U.S.G.P.O., Washington, D.C. 1971

U.S. Environmental Protection Agency, Toward a New Environmental Ethic, U.S.G.P.O., Washington, D.C. 1971

U.S. Environmental Protection Agency, Don't Leave it All to the Experts. The Citizen's Role in Environmental Decision Making, U.S.G.P.O., Washington, D.C. 1972

U.S. Environmental Protection Agency, The Economic Impact of Noise, U.S.G.P.O., Washington, D.C. 1971

U.S. Environmental Protection Agency, Research and Monitoring, U.S.G.P.O., Washington, D.C. 1972

Valentin, H., Arbeitsmedizinische Untersuchungen von Berufstätigen, in: Der Städtetag 1971, 3, S. 177 f.

Vaughan, R.D., Environmental Quality - A National Goal, in: Gluckman, L.A. (Hrsg.), Planning for Solid Waste Management, U.S.G.P.O., Washington, D.C. 1971, S. 111 f.

VDI (Hrsg.), Wirtschaftliche und gesellschaftliche Auswirkungen des technischen Fortschritts, Düsseldorf 1971

VDI (Hrsg.), Kohlenmonoxid. Entstehung, Messung und Wirkungskriterien, Düsseldorf 1972

VDI-Aktionszentrum Technik und Umwelt, Umweltstudium ist abzulehnen, in: Umwelt 1973, 6, S. 45

Verband der Deutschen Feinmechanischen und Optischen Industrie e.V. (Hrsg.), Umweltmeßtechnik. Instrumente der Feinmechanik und Optik, Köln 1974

Das Verursacherprinzip und seine Instrumente, Berlin 1974

Vester, F., Der Weg des vorausschauenden Steuerns. Prinzip und Bedeutung kybernetischer Technologien, in: Umwelt 1974, 1, S. 11 ff.

Villiers, A.J. de, The Effects of Air Pollution on Health, in: Irving, R.M/Priddle, G.B.(Hrsg.), a.a.O., S. 112 ff.

Vilmar, F., Vergeudungskapitalismus oder Wirtschaftsdemokratie, in: Kapp, K.W./Vilmar, F. (Hrsg.), a.a.O., S. 12 ff.

Vogl, J. Bayerns Luftmeßsystem, in: U 1974, 3

Wachsmann, F., Gefahren durch ionisierende Strahlungen, in: Schultze, H. (Hrsg.), a.a.O., S. 335 f.

Wäldle, T., Bürgerklage und Umweltverträglichkeitsprüfung, in: Zeitschrift für Rechtspolitik, 8. Jg., 1975, S. 105 ff.

Wahl, K., Recycling: Systematisches Vorgehen bei Industrieabfällen, in: Umwelt 1975, 5, S. 42 f.

Waller, R.A., Environmental Quality, its Measurement and Control, in: Regional Studies, vol. 4, 1970, H. 2, S. 177 ff.

Walser, B., Sind Atomreaktoren gefährlich?, in: NZZ, FA Nr. 134 vom 18.5.1971

von Walterskirchen, M.P., Bemerkungen zur Umweltpolitik, in: Horn, C./von Walterskirchen, M.P./Wolff, J. (Hrsg.), a.a.O., S. 9 ff.

von Walterskirchen, M.P.(Hrsg.), Umweltschutz und Wirtschaftswachstum. 1. Symposium für wirtschaftliche und rechtliche Fragen des Umweltschutzes an der Hochschule St. Gallen vom 19. bis 21. Okt. 1971, Frauenfeld und Stuttgart 1972

Waterkamp, R., Interventionsstaat und Planung. Raumordnung, Regional- und Strukturpolitik, Köln 1973

Watson jr., W.D., Costs of Air Pollution Control in the Coal-Fired Electric Power Industry, in: Quarterly Review of Economics and Business, vol. 12, 3. 1972, S. 63 ff.

Watson jr., W.D., Costs and Benefits of Fly Ash Control, in: Journal of Economics and Business, vol. 26, 3, 1974, S. 167 ff.

Weber, Wilhelm, Wohlfahrtstheoretische Aspekte der Besteuerung: Zielkonflikte und Theorie des Zweitbesten, in: Haller, H. u.a. (Hrsg.), Theorie und Praxis des finanzpolitischen Interventionismus, Fritz Neumark zum 70. Geburtstag, Tübingen 1970, S. 185 ff.

von Weizsäcker, E. (Hrsg.), Humanökologie und Umweltschutz, Studien zur Friedensforschung, Bd. 8, Stuttgart und München 1972

Wellenstein, G., Chemie aus dem Hubschrauber, in: U 1974, 2

Wenders, J.T., Methods of Pollution Control and the Rate of Change in Pollution Abatement Technology, in: Water Resources Research, vol. 11, 1975, S. 393 ff.

White, L.J., Effluent Charges as a Faster Means of Achieving Pollution Abatement, in: Public Policy, vol. 24, 1976, S. 111 ff.

White jr., L.T., Die historischen Wurzeln unserer ökologischen Krise, in: Lohmann, M. (Hrsg.), a.a.O., S. 20 ff.

WHO, Measurement of Levels of Health. Report of a Study Group, Technical Report Series No. 137, Genf 1957

WHO, European Standards for Drinking-Water, 2. Auflage, Genf 1970

Wieand, K.F., Air Pollution and Property Values: A Study of the Saint Louis Area, in: Journal of Regional Science, vol. 13, 1, 1973, S. 91 ff.

Wiik, K., Ein multiregionales Entscheidungsmodell zur Optimierung der Abwasserbelastung, Seminarbericht 8 der Gesellschaft für Regionalforschung, Münster 1974, S. 53 ff.

Wille, E., Mittel- und langfristige Finanzplanung, in: Neumark, F. (Hrsg.), Handbuch der Finanzwissenschaft, 3. Auflage, Bd. 1, Tübingen 1976, S. 427 ff.

Wille, E., Planung und Information, Berlin 1970

Wittmann, W., Einführung in die Finanzwissenschaft, Bd. 2, Die öffentlichen Einnahmen, 2. Auflage, Stuttgart 1975

WMO, Air Pollutants, Meteorology, and Plant Injury, Technical Note No. 96, Genf 1968

WMO, (Hrsg.), Meteorological Aspects of Air Pollution, Technical Note No. 106, Genf 1970

WMO, Meteorology and the Human Environment, WMO-No. 313, Genf 1971

Wohlgemuth, R., Umweltgebühren als Alternative zur Auflage, in: Umwelt 1974, 6, S. 46

Wolozin, H. (Hrsg.), The Economics of Pollution, Morristown, N.J., 1974

Würgler, H., Ökonomische und politische Ursachen der Umweltveränderung, in: Leibundgut, H. (Hrsg.), a.a.O., S. 96 ff.

Wulf, J., Umweltpolitik: Probleme, Phasen, Forschungsstrategien, in: Jahrbuch für Sozialwissenschaft, Bd. 24, 1973, S. 18o ff.

WWF-Deutschland (Hrsg.), Wasser- und Luftverschmutzung, Lärm, Abfälle - Was tut die Industrie?, Bonn 1969

Young, H.P./Thompson, R.G., Least-Cost Allocation and Valuation Model for Water Resources, in: Water Resources Research, vol. 9, 1973, S. 1186 ff.

Zander, H., Trinkwasser - Ein kostbares Lebensmittel, in: U 1975,3

Zentralblatt für Bakteriologie, Parasitenkunde, Infektionskrankheiten und Hygiene, I. Abt. Orig. B., Bd. 155, H. 3, 1971

Zerbe, R.O., Theoretical Efficiency in Pollution Control, in: Western Economic Journal, vol. 8, No. 4, 1970, S. 364 ff.

Zetkin/Schaldach, Wörterbuch der Medizin, 5. Auflage, München 1974

Zilleßen, H., Ansprüche und Arbeit der Bürgerinitiativen, in: Umwelt 1974, 2, S. 40 ff.

Zimmermann, Klaus, Die Last des Umweltschutzes: Überlegungen zum Konzept der "Volkswirtschaftlichen Kosten" des Sachverständigenrates für Umweltfragen, in: Kyklos, Bd. 27, 1974, S. 840 ff.

Zimmermann, Klaus, Vorausschätzung staatlicher Umweltkosten, in: Umwelt 1976, 2, S. 130 ff.

Zipse, E., Patentierung - Hilfe für den Umweltschutz, in: U 1973, 2

Zschocke, H., Ungelöstes Problem der Umweltgestaltung in Westdeutschland, in: Glagow, M. (Hrsg.), a.a.O., S. 142 ff.

Zuckerman, S., Technologie und Gesellschaft. Eine Herausforderung an die Privatwirtschaft. Grundsatzbericht vor dem XXIII. Kongress der IHK Wien, o.O. 1971